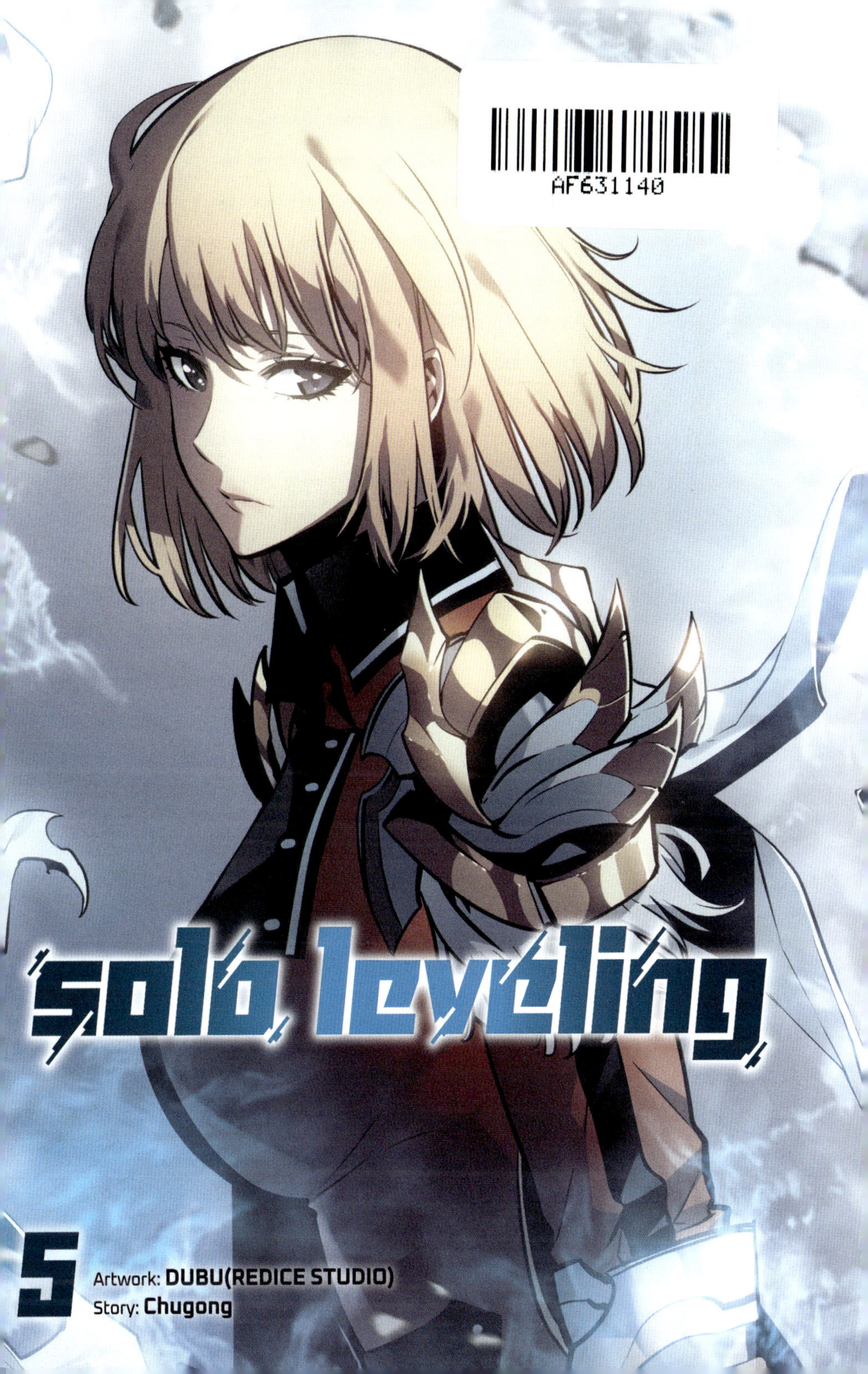
solo leveling
5
Artwork: DUBU(REDICE STUDIO)
Story: Chugong

Charaktere

Jin-Woo Sung

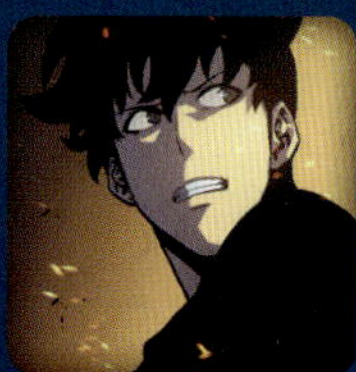

S-Rang-Hunter

Hae-In Cha

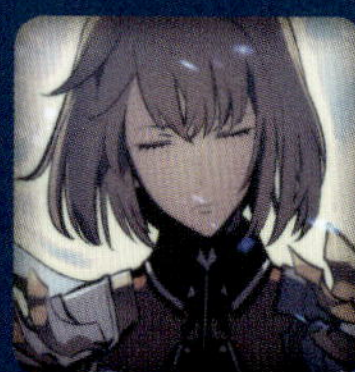

S-Rang-Hunter,
Gilde: Hunters

Ki-Hun Son

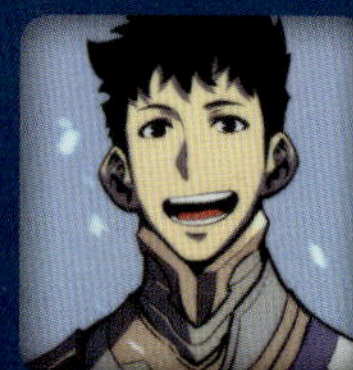

A-Rang-Hunter,
Gilde: Hunters

Gun-Hee Go

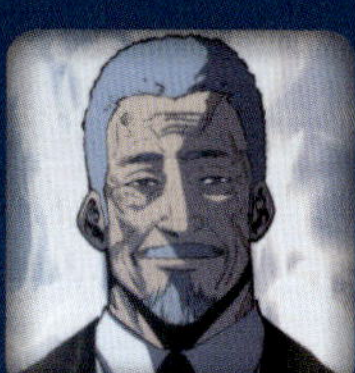

S-Rang-Hunter,
Hunter-Vereinigung

Jin-Cheol Woo

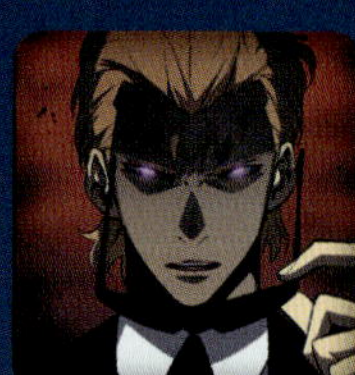

A-Rang-Hunter,
Hunter-Vereinigung

Jin-Ho Yoo

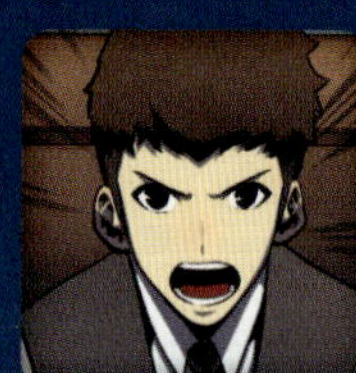

D-Rang-Hunter

Inhalt

Kapitel 11
Der neue Star des Bergbauteams
5

Kapitel 12
Der S-Rang-Gepäckträger
75

Kapitel 13
Der zehnte S-Rang-Hunter
229

solo leveling

Kapitel 11

Der neue Star des Berg- bauteams

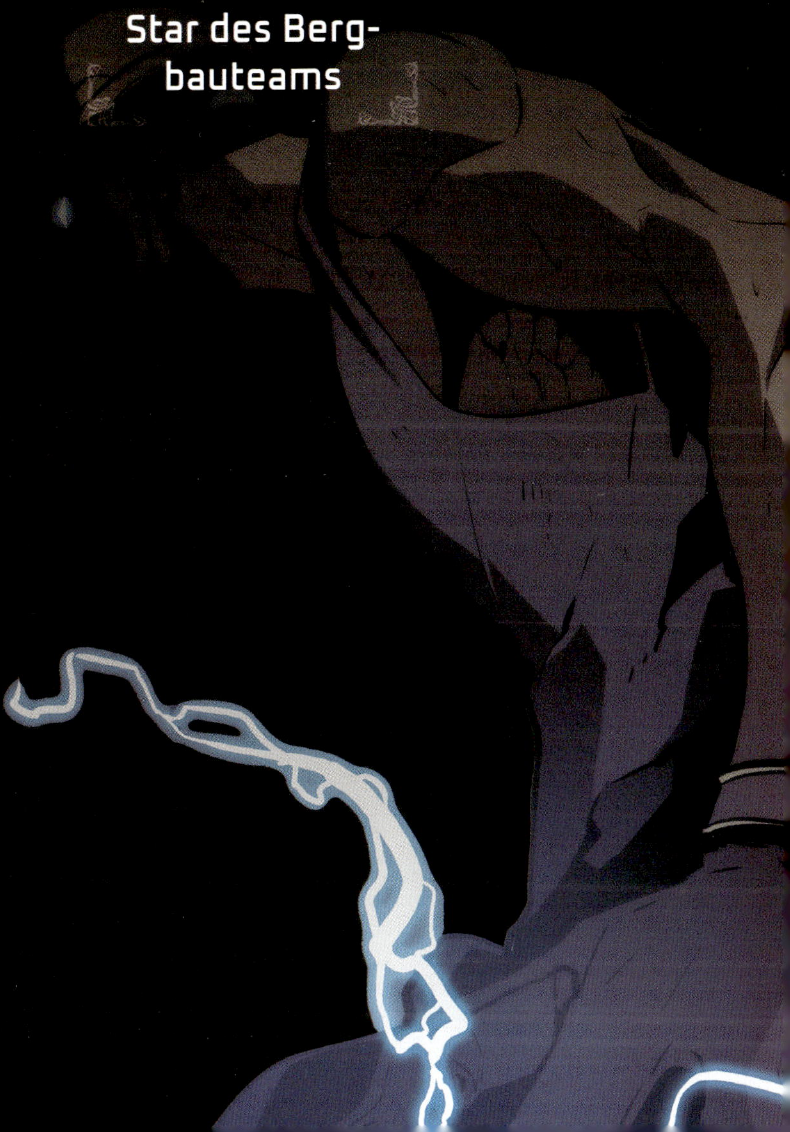

solo leveling

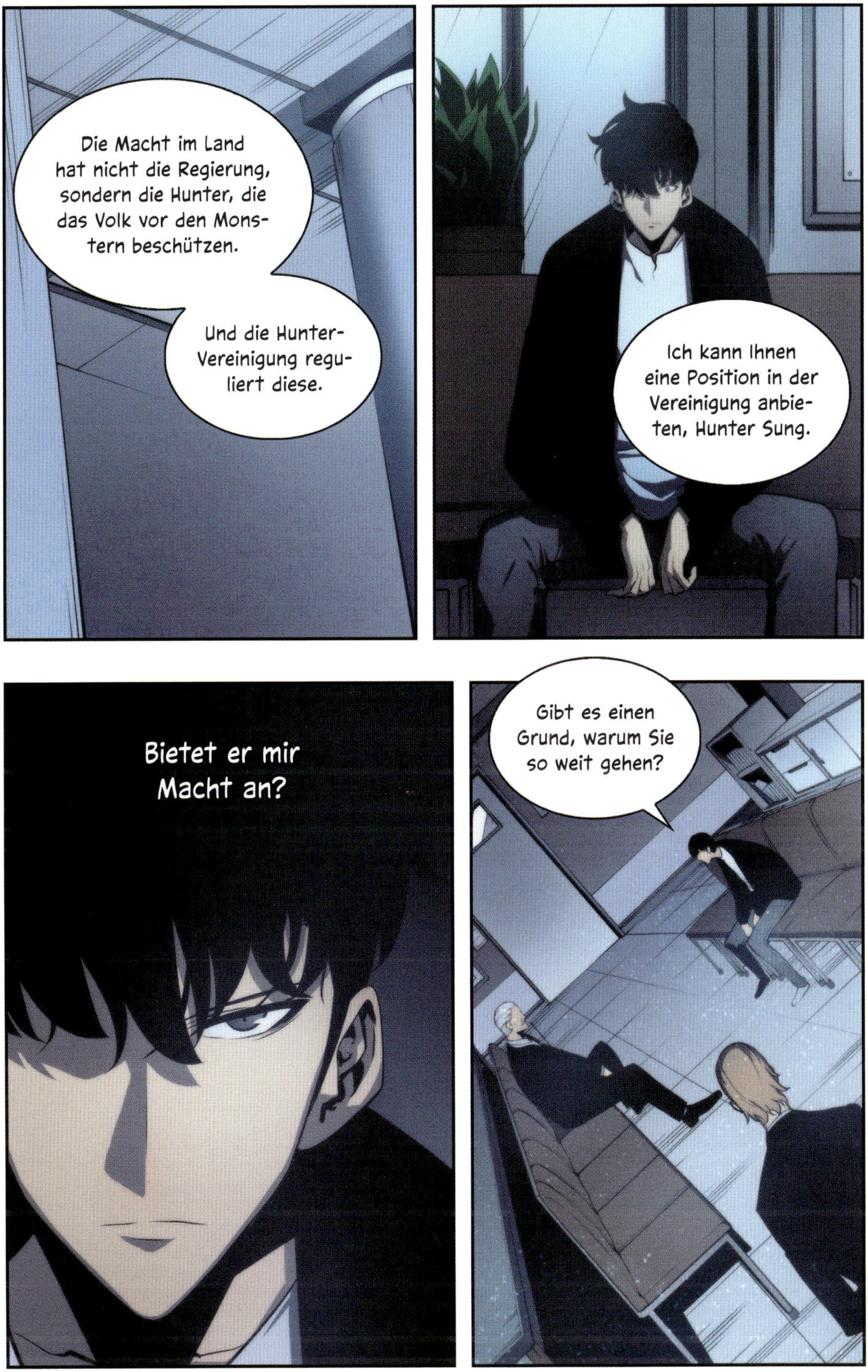
Die Macht im Land hat nicht die Regierung, sondern die Hunter, die das Volk vor den Monstern beschützen.
Und die Hunter-Vereinigung reguliert diese.
Ich kann Ihnen eine Position in der Vereinigung anbieten, Hunter Sung.
Bietet er mir Macht an?
Gibt es einen Grund, warum Sie so weit gehen?

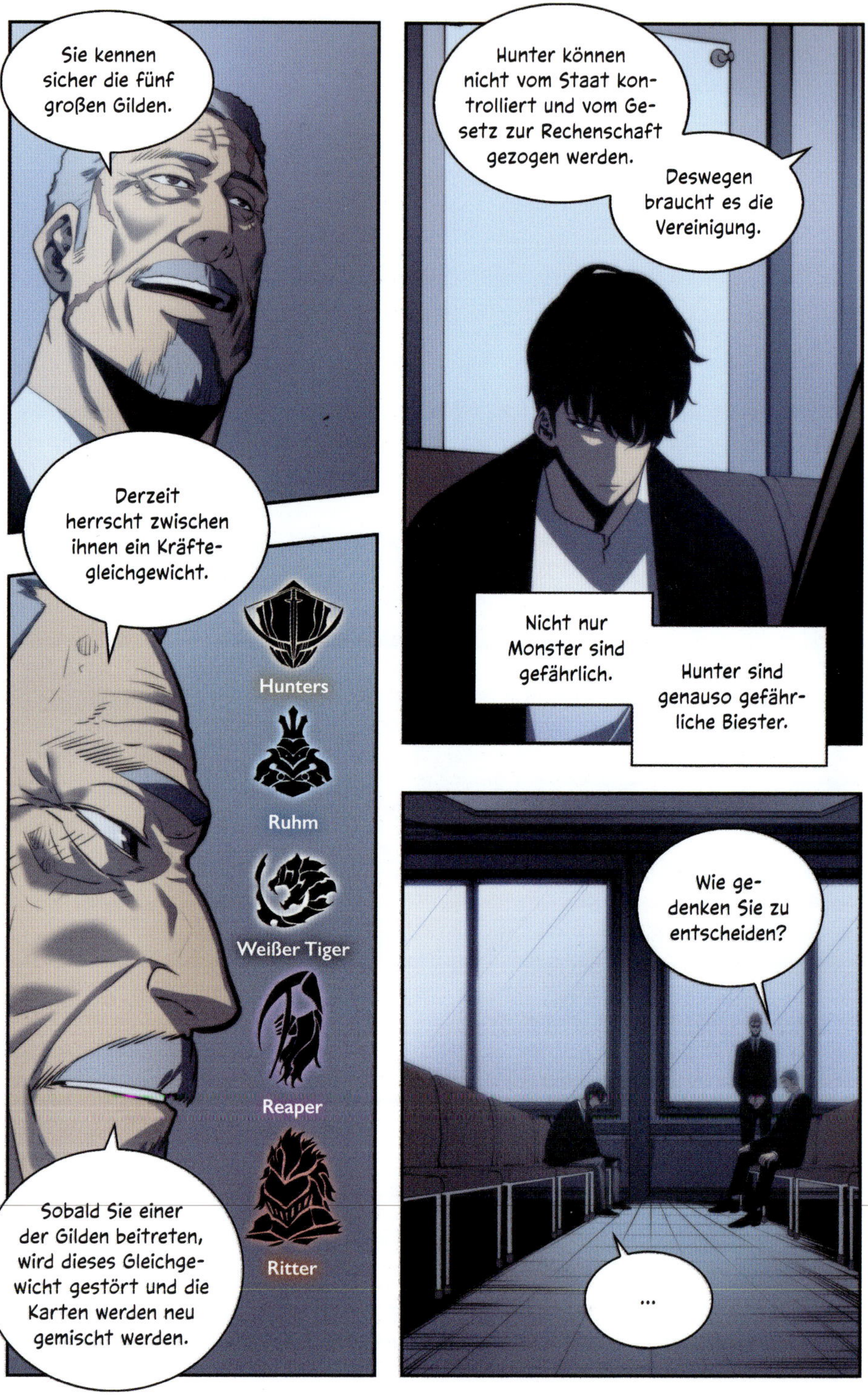
Sie kennen sicher die fünf großen Gilden.
Derzeit herrscht zwischen ihnen ein Kräfte-gleichgewicht.
Hunters
Ruhm
Weißer Tiger
Reaper
Ritter
Sobald Sie einer der Gilden beitreten, wird dieses Gleichge-wicht gestört und die Karten werden neu gemischt werden.
Hunter können nicht vom Staat kon-trolliert und vom Ge-setz zur Rechenschaft gezogen werden.
Deswegen braucht es die Vereinigung.
Nicht nur Monster sind gefährlich.
Hunter sind genauso gefähr-liche Biester.
Wie ge-denken Sie zu entscheiden?
...

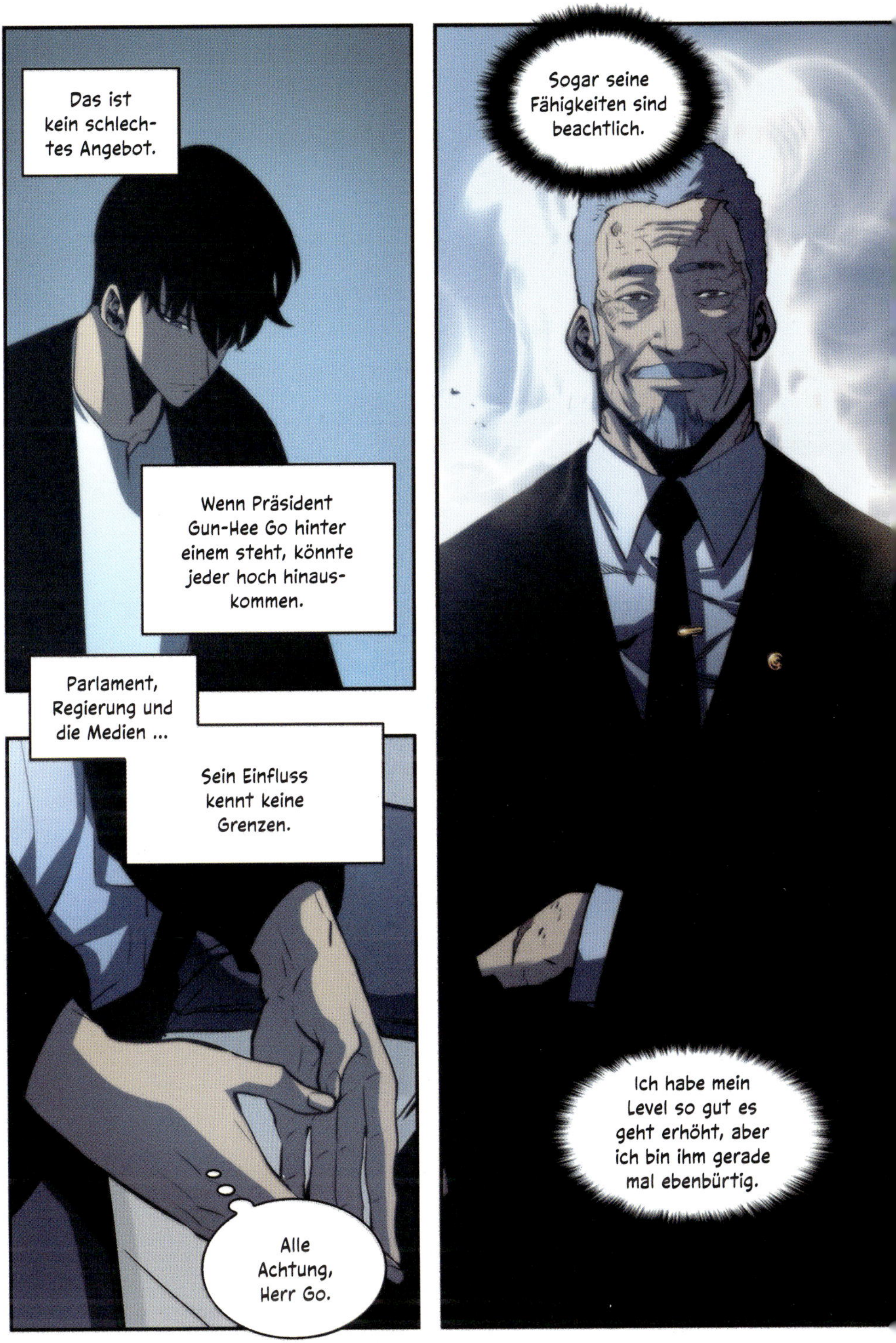
Das ist kein schlechtes Angebot.
Wenn Präsident Gun-Hee Go hinter einem steht, könnte jeder hoch hinauskommen.
Parlament, Regierung und die Medien ...
Sein Einfluss kennt keine Grenzen.
Alle Achtung, Herr Go.
Sogar seine Fähigkeiten sind beachtlich.
Ich habe mein Level so gut es geht erhöht, aber ich bin ihm gerade mal ebenbürtig.

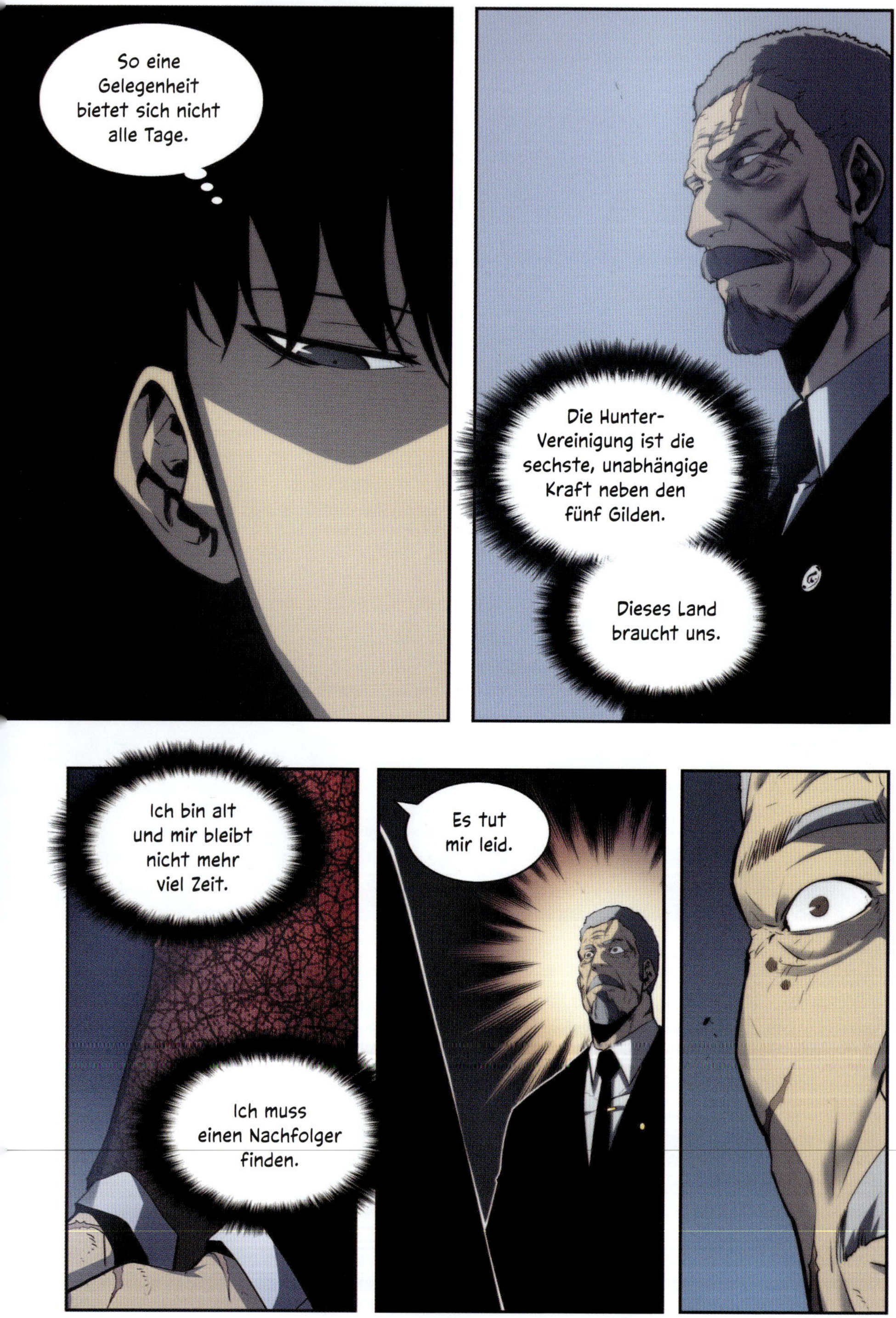
So eine Gelegenheit bietet sich nicht alle Tage.
Die Hunter-Vereinigung ist die sechste, unabhängige Kraft neben den fünf Gilden.
Dieses Land braucht uns.
Ich bin alt und mir bleibt nicht mehr viel Zeit.
Ich muss einen Nachfolger finden.
Es tut mir leid.

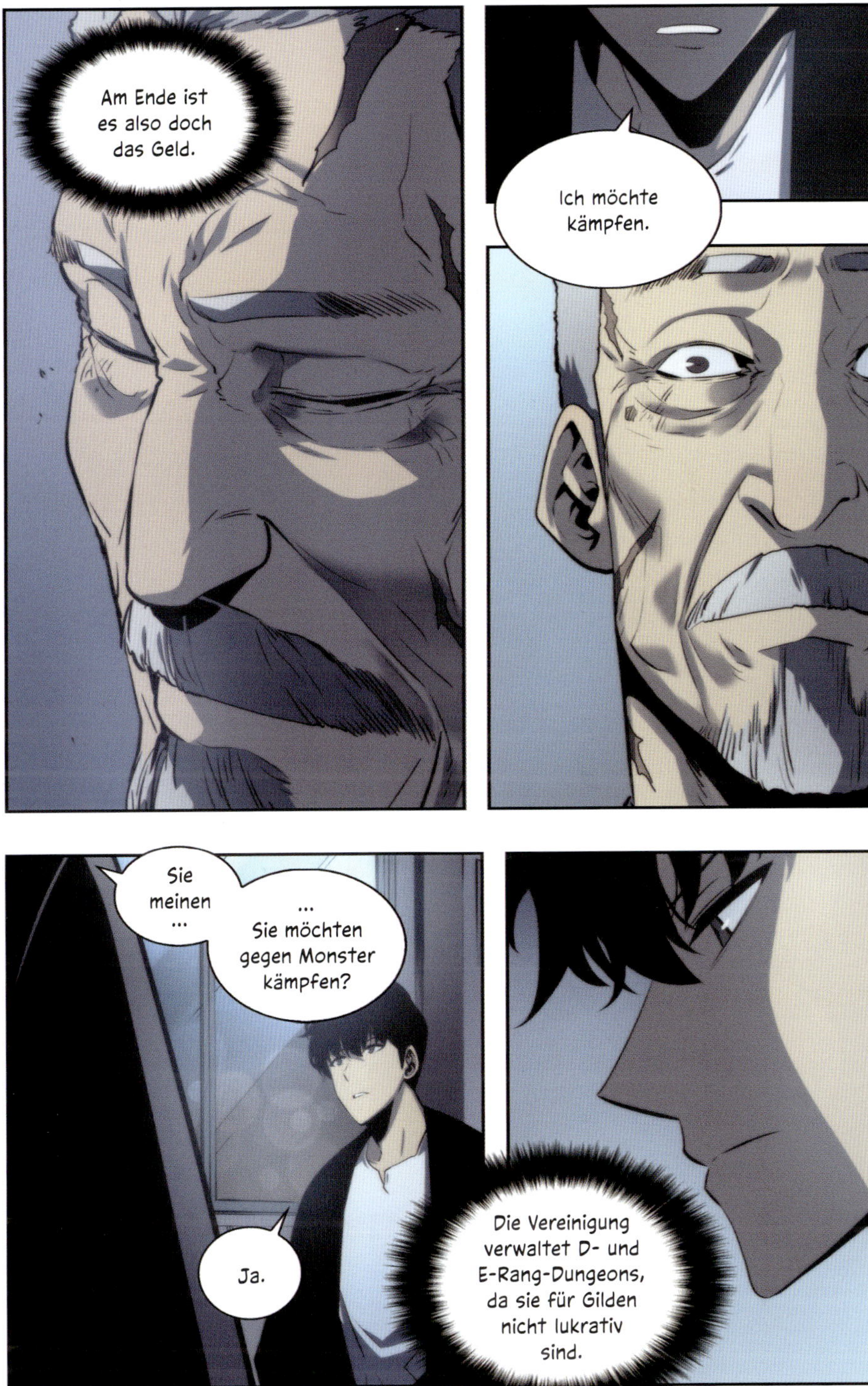
Am Ende ist es also doch das Geld.
Ich möchte kämpfen.
Sie meinen ...
... Sie möchten gegen Monster kämpfen?
Ja.
Die Vereinigung verwaltet D- und E-Rang-Dungeons, da sie für Gilden nicht lukrativ sind.

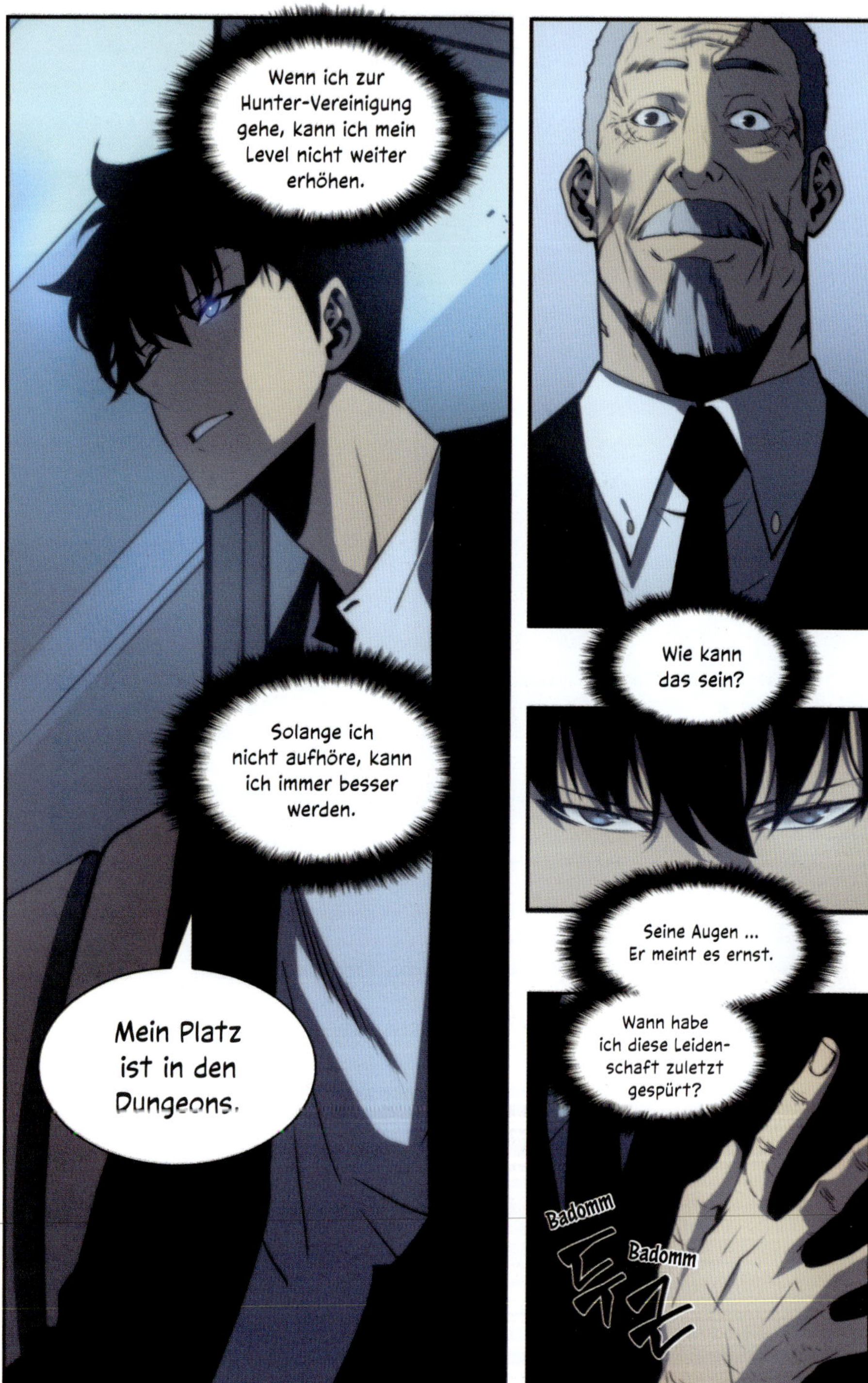
Wenn ich zur Hunter-Vereinigung gehe, kann ich mein Level nicht weiter erhöhen.
Solange ich nicht aufhöre, kann ich immer besser werden.
Mein Platz ist in den Dungeons.
Wie kann das sein?
Seine Augen ... Er meint es ernst.
Wann habe ich diese Leiden-schaft zuletzt gespürt?
Badomm
Badomm

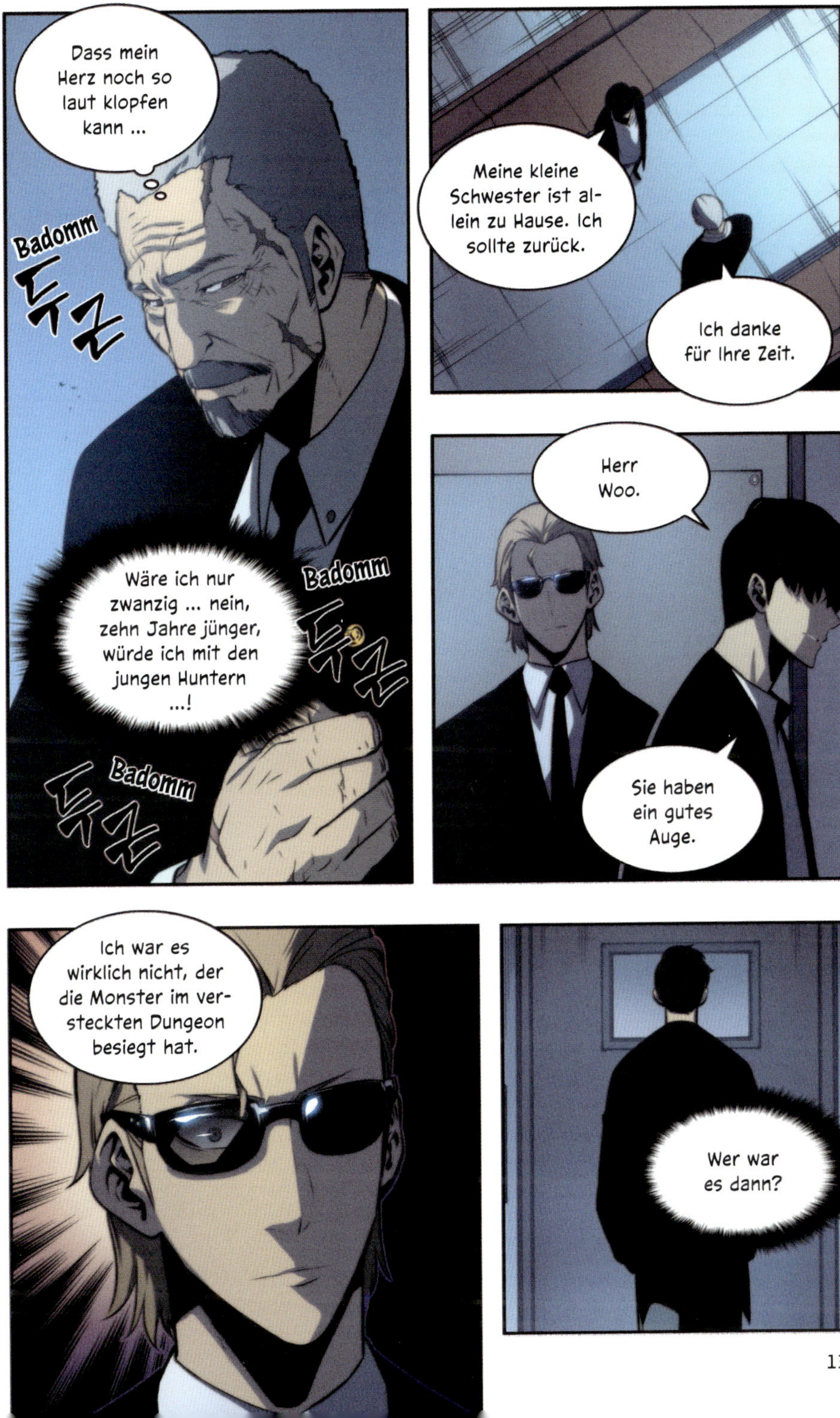
Dass mein Herz noch so laut klopfen kann ...
Badomm
Wäre ich nur zwanzig ... nein, zehn Jahre jünger, würde ich mit den jungen Huntern ...!
Badomm
Badomm
Meine kleine Schwester ist allein zu Hause. Ich sollte zurück.
Ich danke für Ihre Zeit.
Herr Woo.
Sie haben ein gutes Auge.
Ich war es wirklich nicht, der die Monster im versteckten Dungeon besiegt hat.
Wer war es dann?

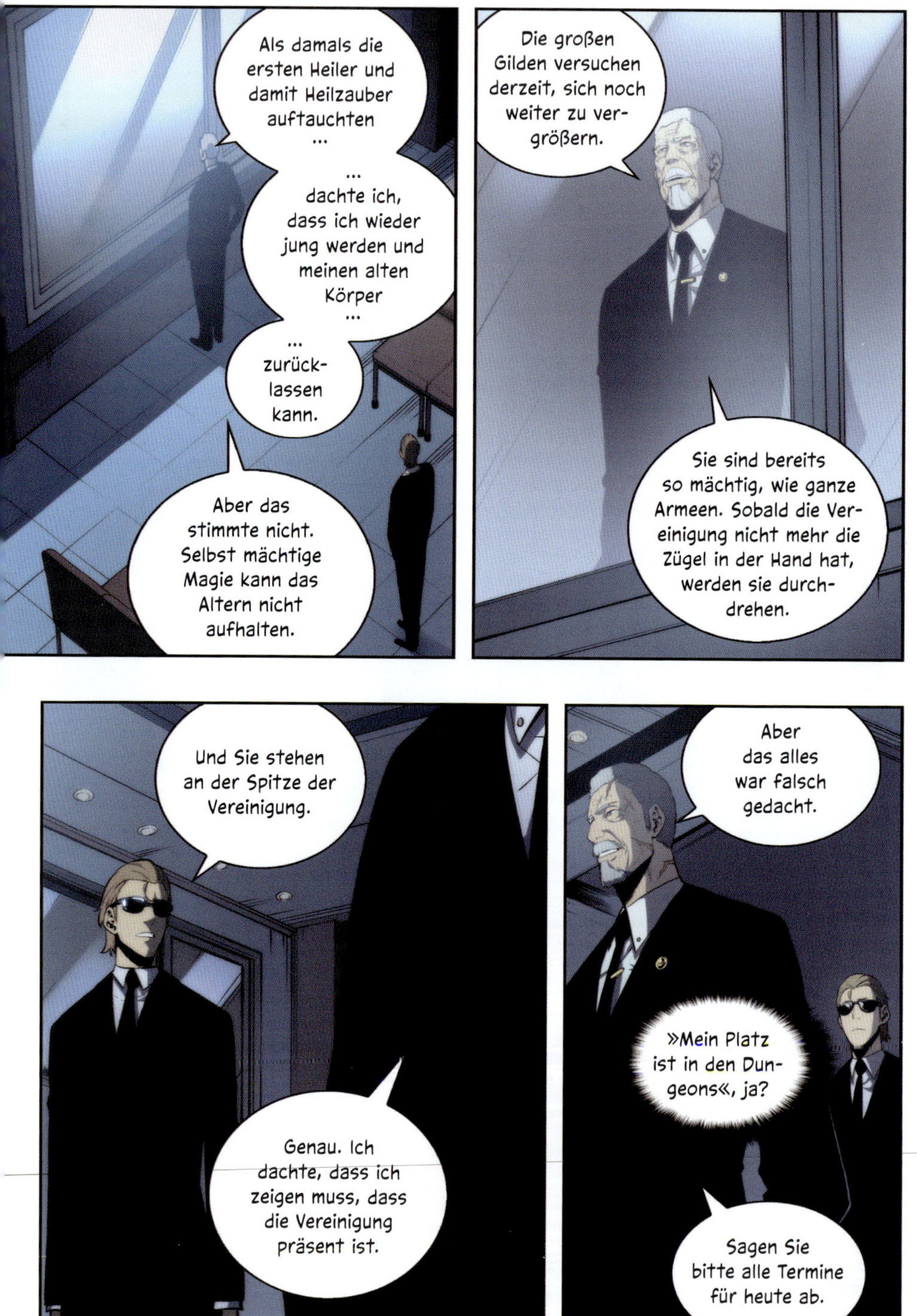
Als damals die ersten Heiler und damit Heilzauber auftauchten ...
... dachte ich, dass ich wieder jung werden und meinen alten Körper ...
... zurücklassen kann.
Aber das stimmte nicht. Selbst mächtige Magie kann das Altern nicht aufhalten.
Die großen Gilden versuchen derzeit, sich noch weiter zu vergrößern.
Sie sind bereits so mächtig, wie ganze Armeen. Sobald die Vereinigung nicht mehr die Zügel in der Hand hat, werden sie durchdrehen.
Und Sie stehen an der Spitze der Vereinigung.
Genau. Ich dachte, dass ich zeigen muss, dass die Vereinigung präsent ist.
Aber das alles war falsch gedacht.
»Mein Platz ist in den Dungeons«, ja?
Sagen Sie bitte alle Termine für heute ab.

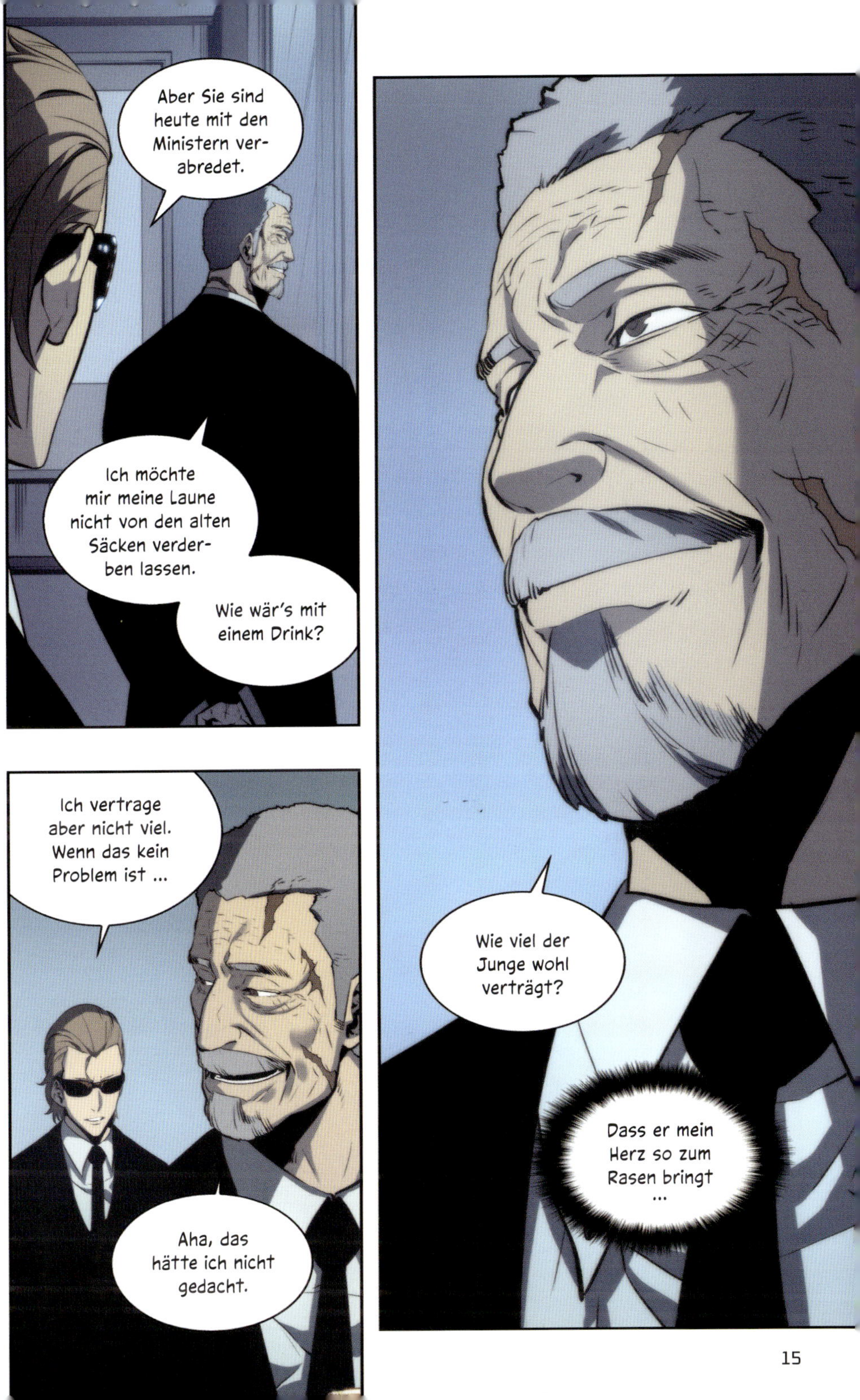
Aber Sie sind heute mit den Ministern verabredet.
Ich möchte mir meine Laune nicht von den alten Säcken verderben lassen.
Wie wär's mit einem Drink?
Ich vertrage aber nicht viel. Wenn das kein Problem ist ...
Aha, das hätte ich nicht gedacht.
Wie viel der Junge wohl verträgt?
Dass er mein Herz so zum Rasen bringt ...

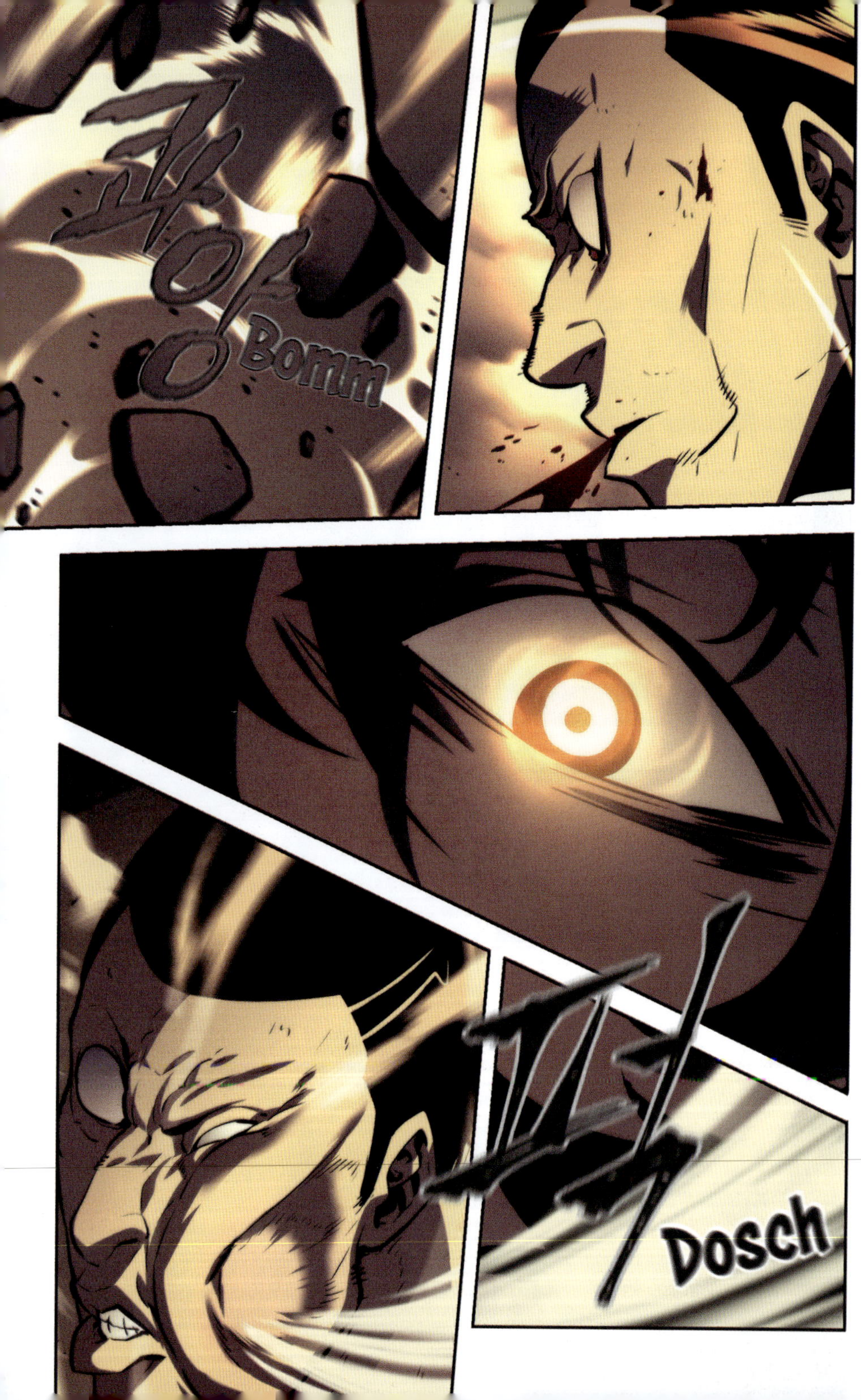

콰앙
Bomm
Dosch

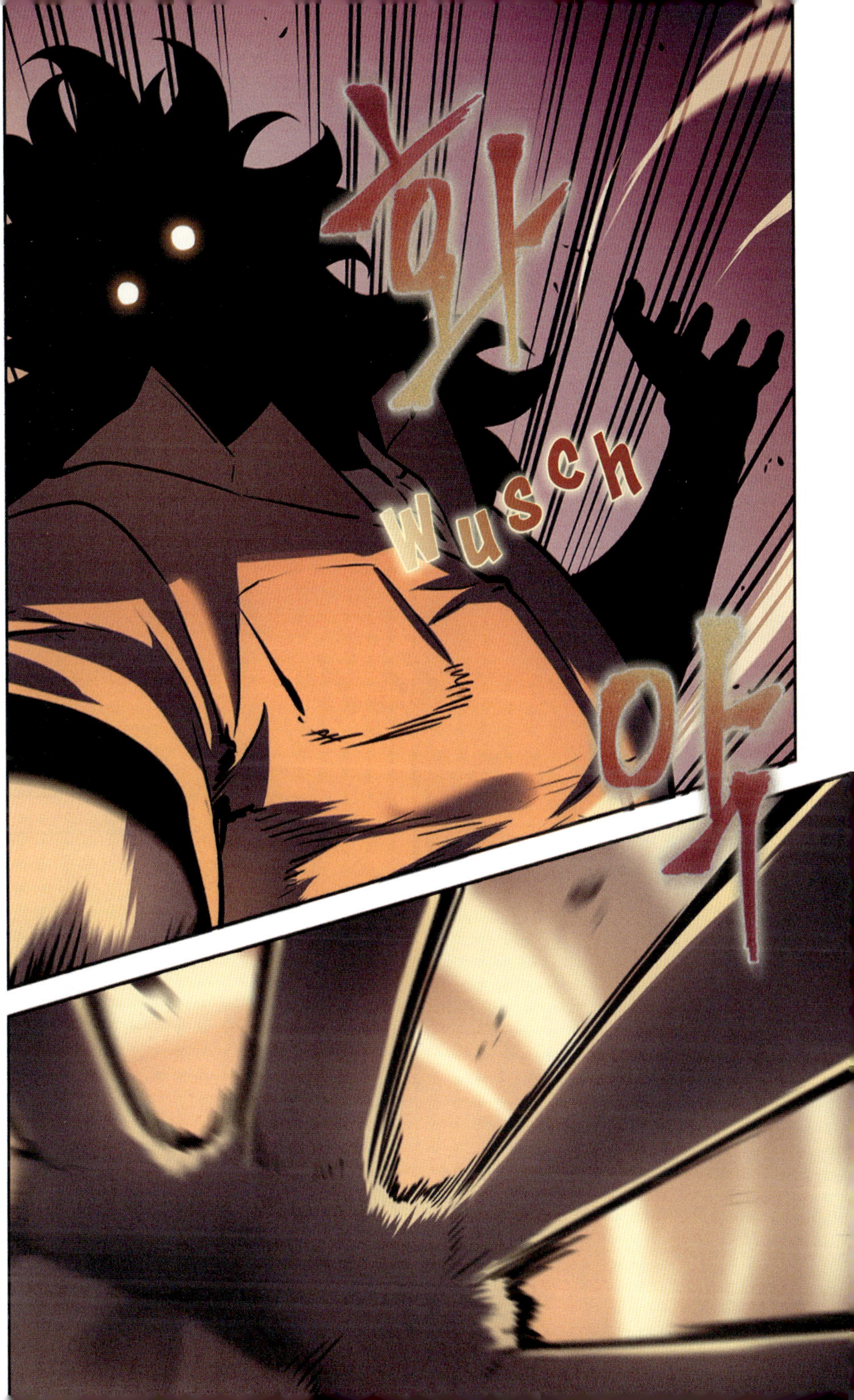
Wusch

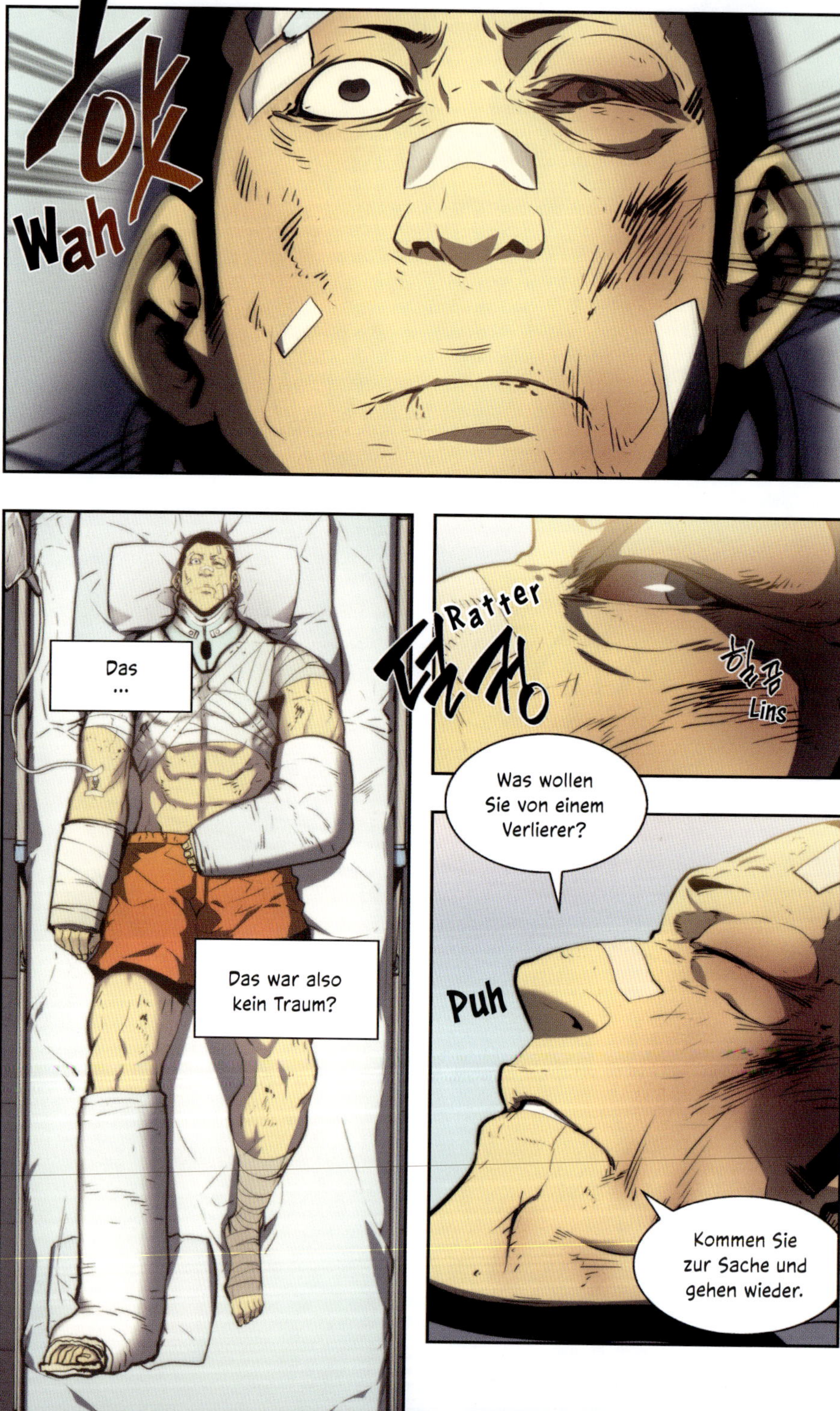

Wah
Das
...
Ratter
Lins
Was wollen
Sie von einem
Verlierer?
Das war also
kein Traum?
Puh
Kommen Sie
zur Sache und
gehen wieder.

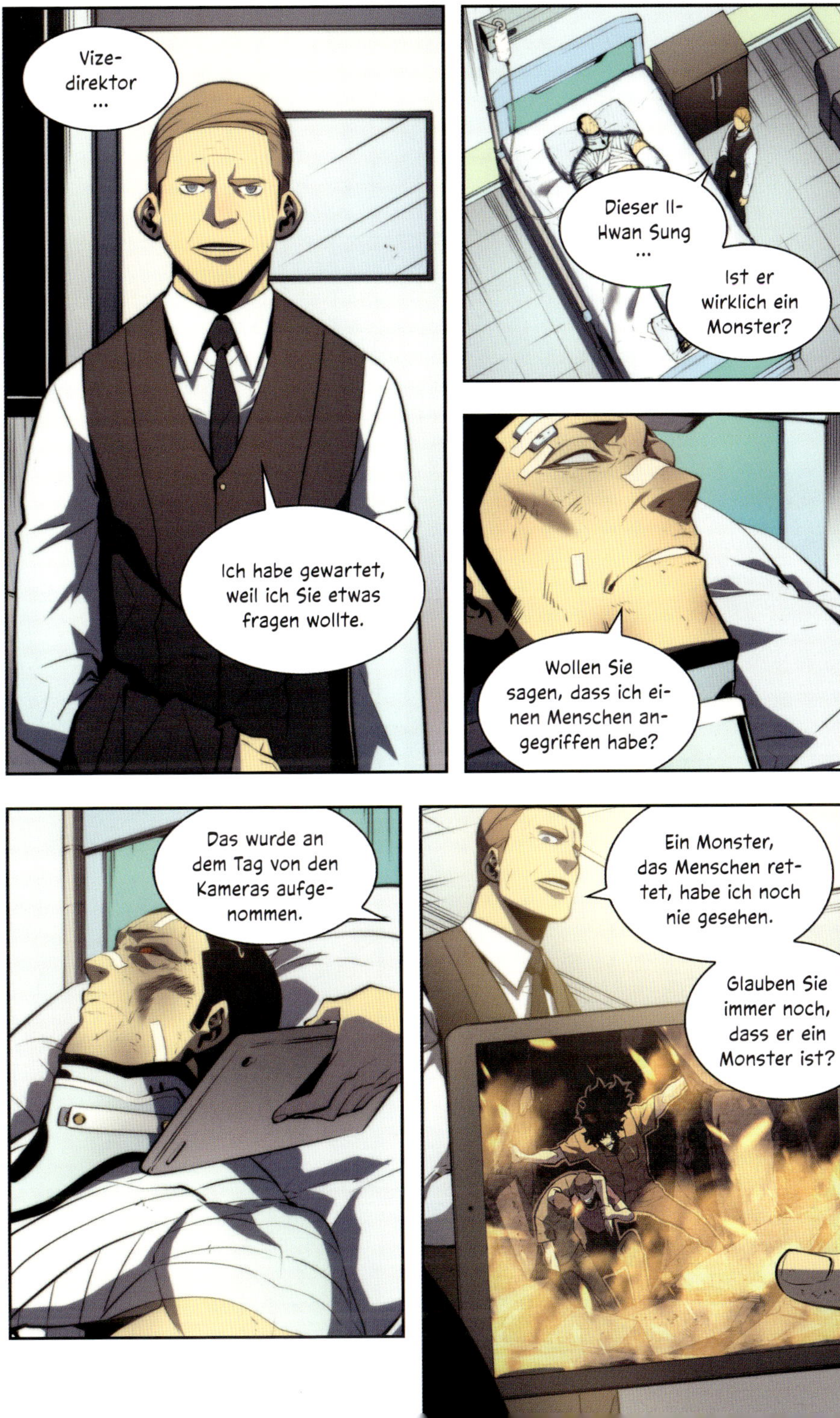

Vize-direktor ...
Dieser Il-Hwan Sung ...
Ist er wirklich ein Monster?
Ich habe gewartet, weil ich Sie etwas fragen wollte.
Wollen Sie sagen, dass ich ei-nen Menschen an-gegriffen habe?
Das wurde an dem Tag von den Kameras aufge-nommen.
Ein Monster, das Menschen ret-tet, habe ich noch nie gesehen.
Glauben Sie immer noch, dass er ein Monster ist?

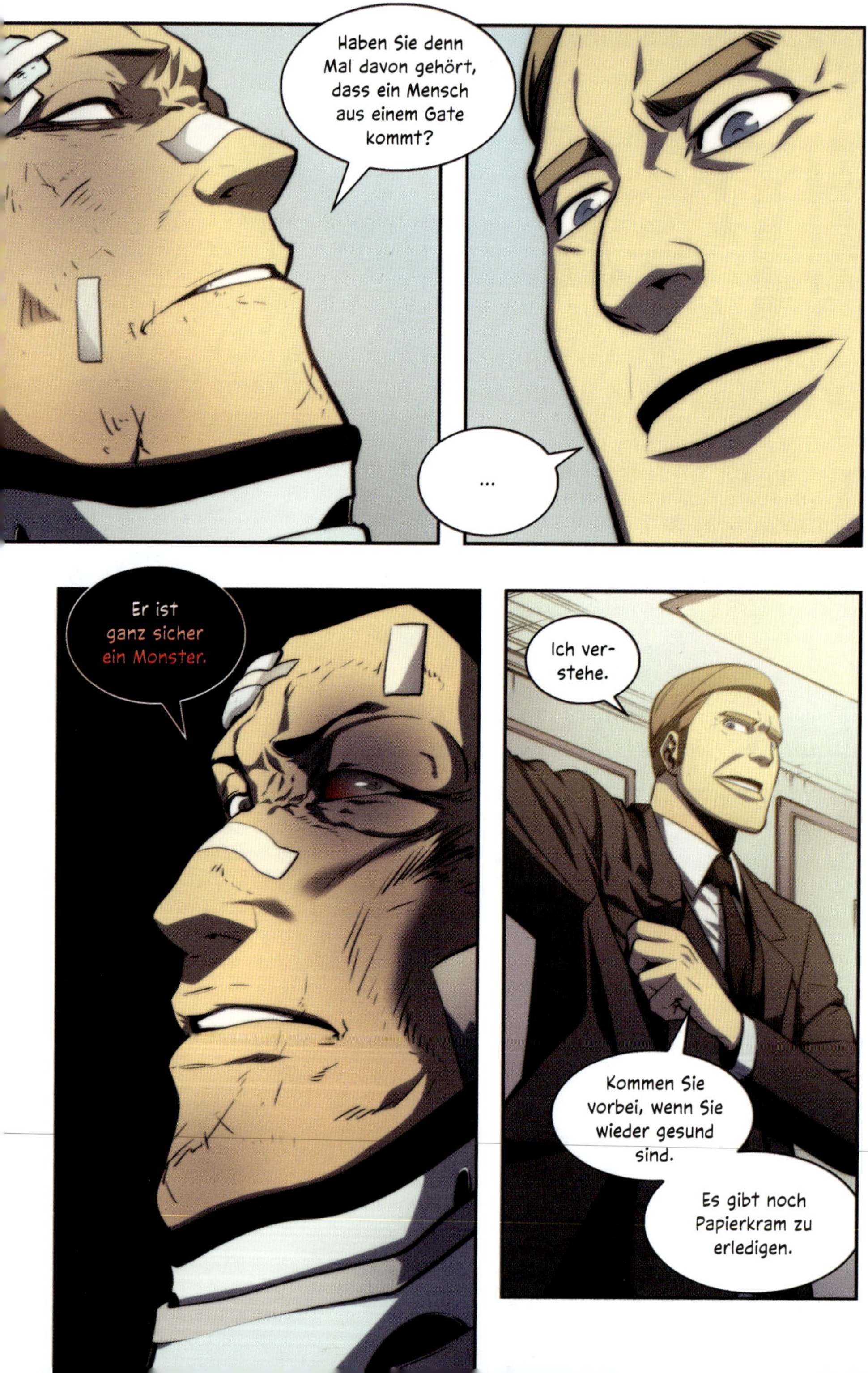
Haben Sie denn Mal davon gehört, dass ein Mensch aus einem Gate kommt?
...
Er ist ganz sicher ein Monster.
Ich verstehe.
Kommen Sie vorbei, wenn Sie wieder gesund sind.
Es gibt noch Papierkram zu erledigen.

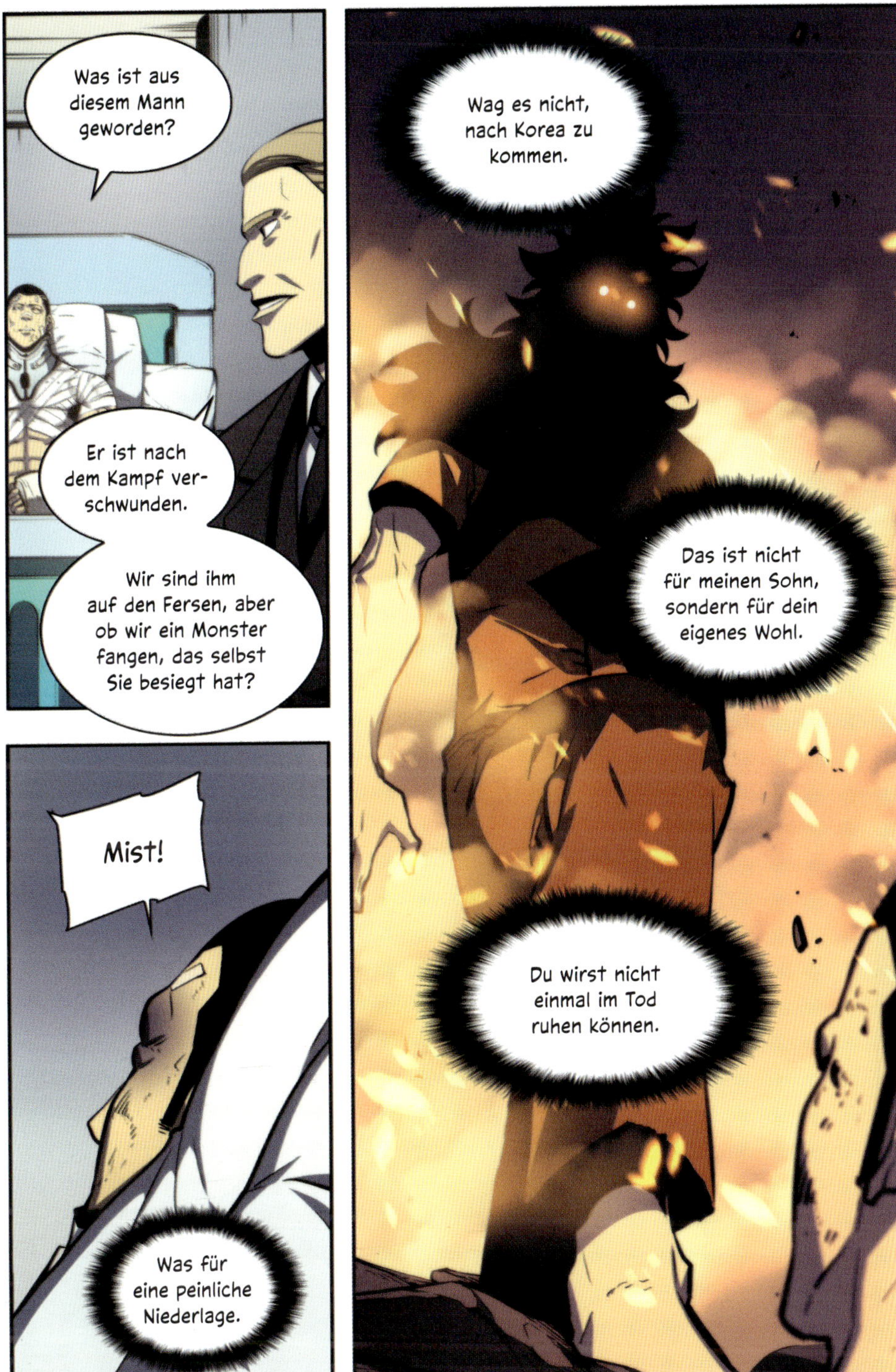
Was ist aus diesem Mann geworden?
Er ist nach dem Kampf verschwunden.
Wir sind ihm auf den Fersen, aber ob wir ein Monster fangen, das selbst Sie besiegt hat?
Mist!
Was für eine peinliche Niederlage.
Wag es nicht, nach Korea zu kommen.
Das ist nicht für meinen Sohn, sondern für dein eigenes Wohl.
Du wirst nicht einmal im Tod ruhen können.

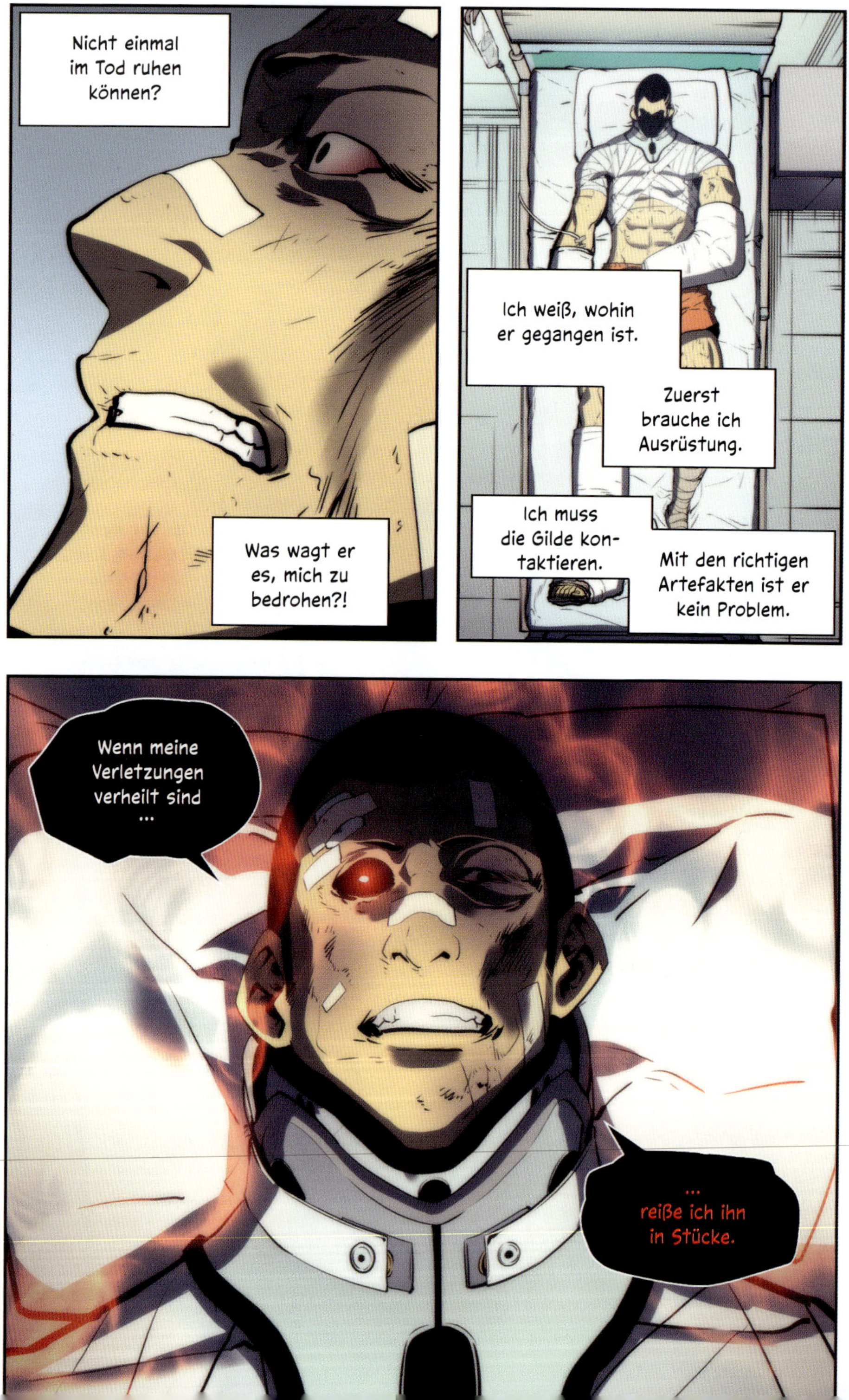
Nicht einmal im Tod ruhen können?
Was wagt er es, mich zu bedrohen?!
Ich weiß, wohin er gegangen ist.
Zuerst brauche ich Ausrüstung.
Ich muss die Gilde kontaktieren.
Mit den richtigen Artefakten ist er kein Problem.
Wenn meine Verletzungen verheilt sind ...
... reiße ich ihn in Stücke.

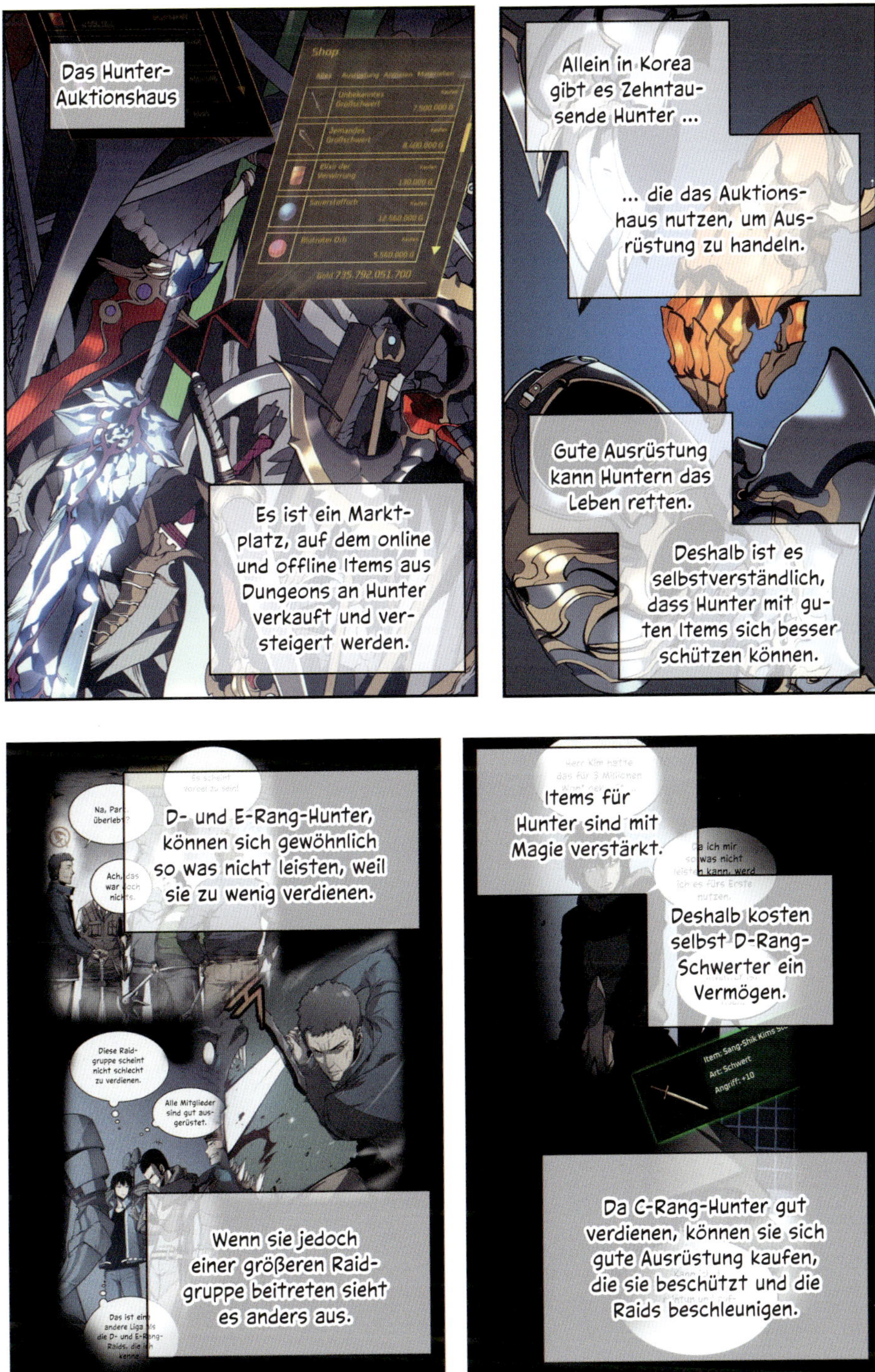
Das Hunter-Auktionshaus
Es ist ein Marktplatz, auf dem online und offline Items aus Dungeons an Hunter verkauft und versteigert werden.
Allein in Korea gibt es Zehntausende Hunter ...
... die das Auktionshaus nutzen, um Ausrüstung zu handeln.
Gute Ausrüstung kann Huntern das Leben retten.
Deshalb ist es selbstverständlich, dass Hunter mit guten Items sich besser schützen können.
D- und E-Rang-Hunter, können sich gewöhnlich so was nicht leisten, weil sie zu wenig verdienen.
Diese Raidgruppe scheint nicht schlecht zu verdienen.
Alle Mitglieder sind gut ausgerüstet.
Wenn sie jedoch einer größeren Raidgruppe beitreten sieht es anders aus.
Items für Hunter sind mit Magie verstärkt.
Deshalb kosten selbst D-Rang-Schwerter ein Vermögen.
Art: Schwert
Angriff: +10
Da C-Rang-Hunter gut verdienen, können sie sich gute Ausrüstung kaufen, die sie beschützt und die Raids beschleunigen.

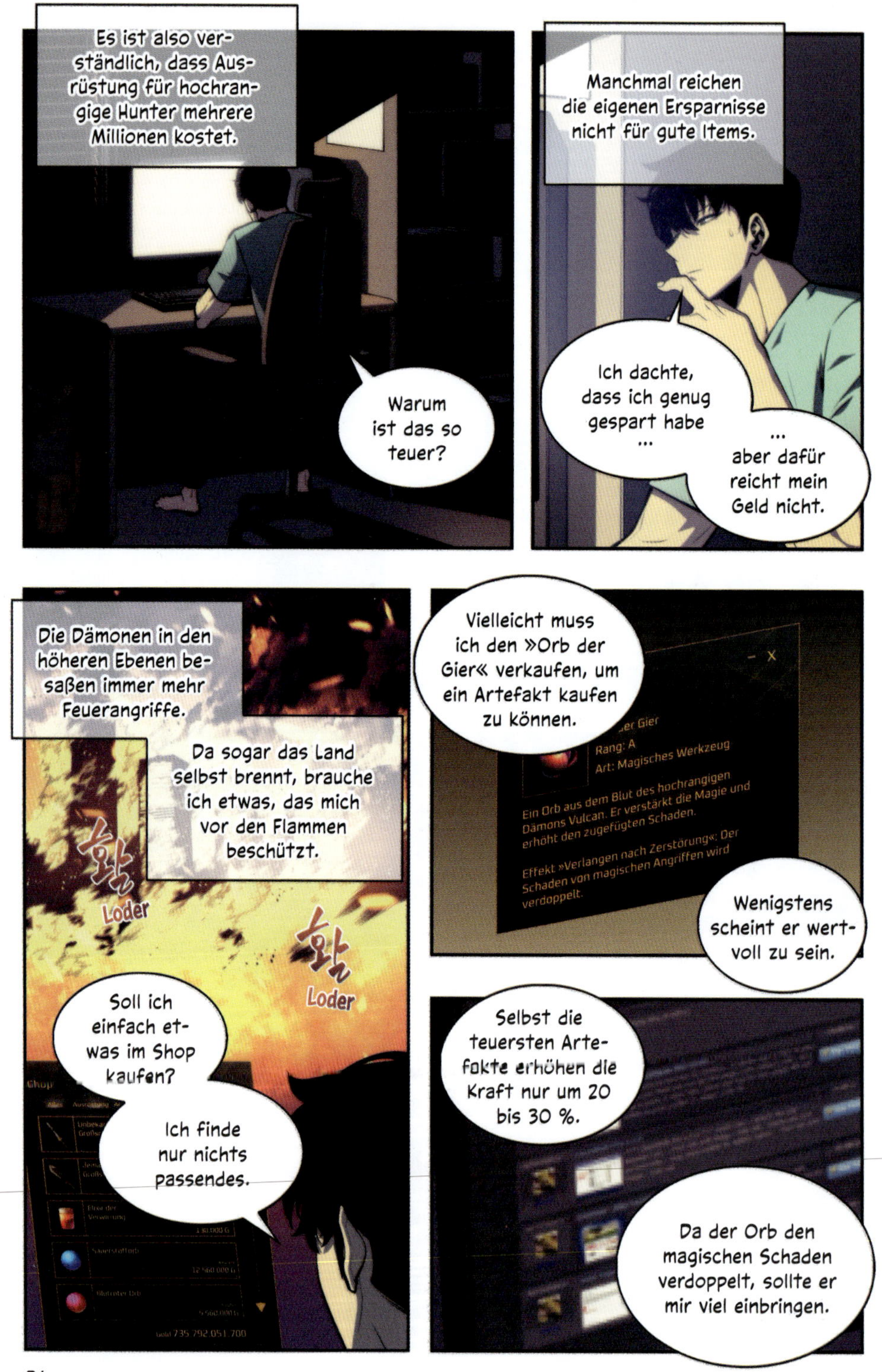
Es ist also verständlich, dass Ausrüstung für hochrangige Hunter mehrere Millionen kostet.
Warum ist das so teuer?
Manchmal reichen die eigenen Ersparnisse nicht für gute Items.
Ich dachte, dass ich genug gespart habe ...
... aber dafür reicht mein Geld nicht.
Die Dämonen in den höheren Ebenen besaßen immer mehr Feuerangriffe.
Da sogar das Land selbst brennt, brauche ich etwas, das mich vor den Flammen beschützt.
화르
Loder
화르
Loder
Soll ich einfach etwas im Shop kaufen?
Ich finde nur nichts passendes.
Vielleicht muss ich den »Orb der Gier« verkaufen, um ein Artefakt kaufen zu können.
Rang: A
Art: Magisches Werkzeug
Ein Orb aus dem Blut des hochrangigen Dämons Vulcan. Er verstärkt die Magie und erhöht den zugefügten Schaden.
Effekt »Verlangen nach Zerstörung«: Der Schaden von magischen Angriffen wird verdoppelt.
Wenigstens scheint er wertvoll zu sein.
Selbst die teuersten Artefakte erhöhen die Kraft nur um 20 bis 30 %.
Da der Orb den magischen Schaden verdoppelt, sollte er mir viel einbringen.

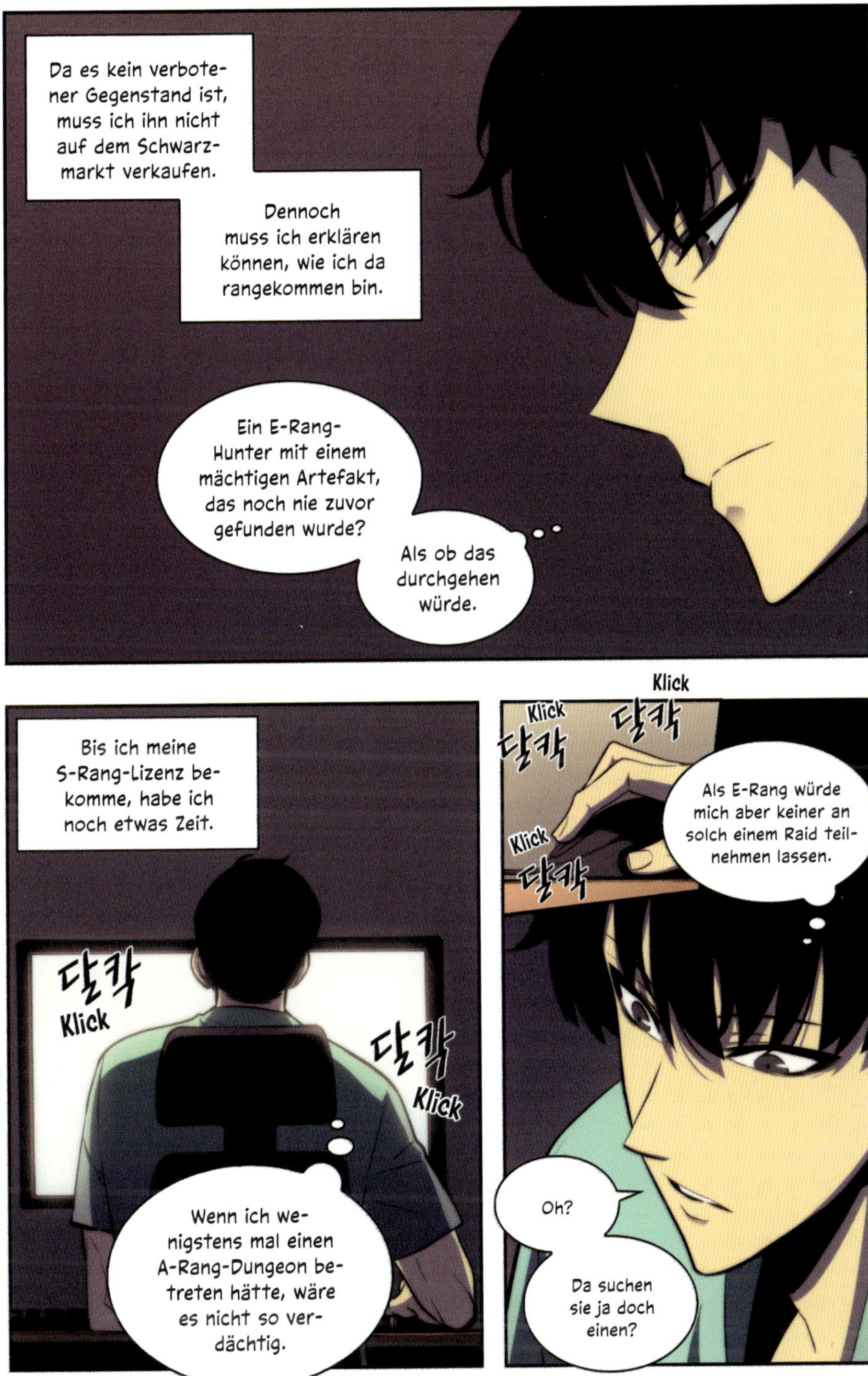
Da es kein verbotener Gegenstand ist, muss ich ihn nicht auf dem Schwarzmarkt verkaufen.
Dennoch muss ich erklären können, wie ich da rangekommen bin.
Ein E-Rang-Hunter mit einem mächtigen Artefakt, das noch nie zuvor gefunden wurde?
Als ob das durchgehen würde.
Bis ich meine S-Rang-Lizenz bekomme, habe ich noch etwas Zeit.
달칵 Klick
달칵 Klick
Wenn ich wenigstens mal einen A-Rang-Dungeon betreten hätte, wäre es nicht so verdächtig.
Klick
Klick 달칵
달칵
Klick 달칵
Als E-Rang würde mich aber keiner an solch einem Raid teilnehmen lassen.
Oh?
Da suchen sie ja doch einen?

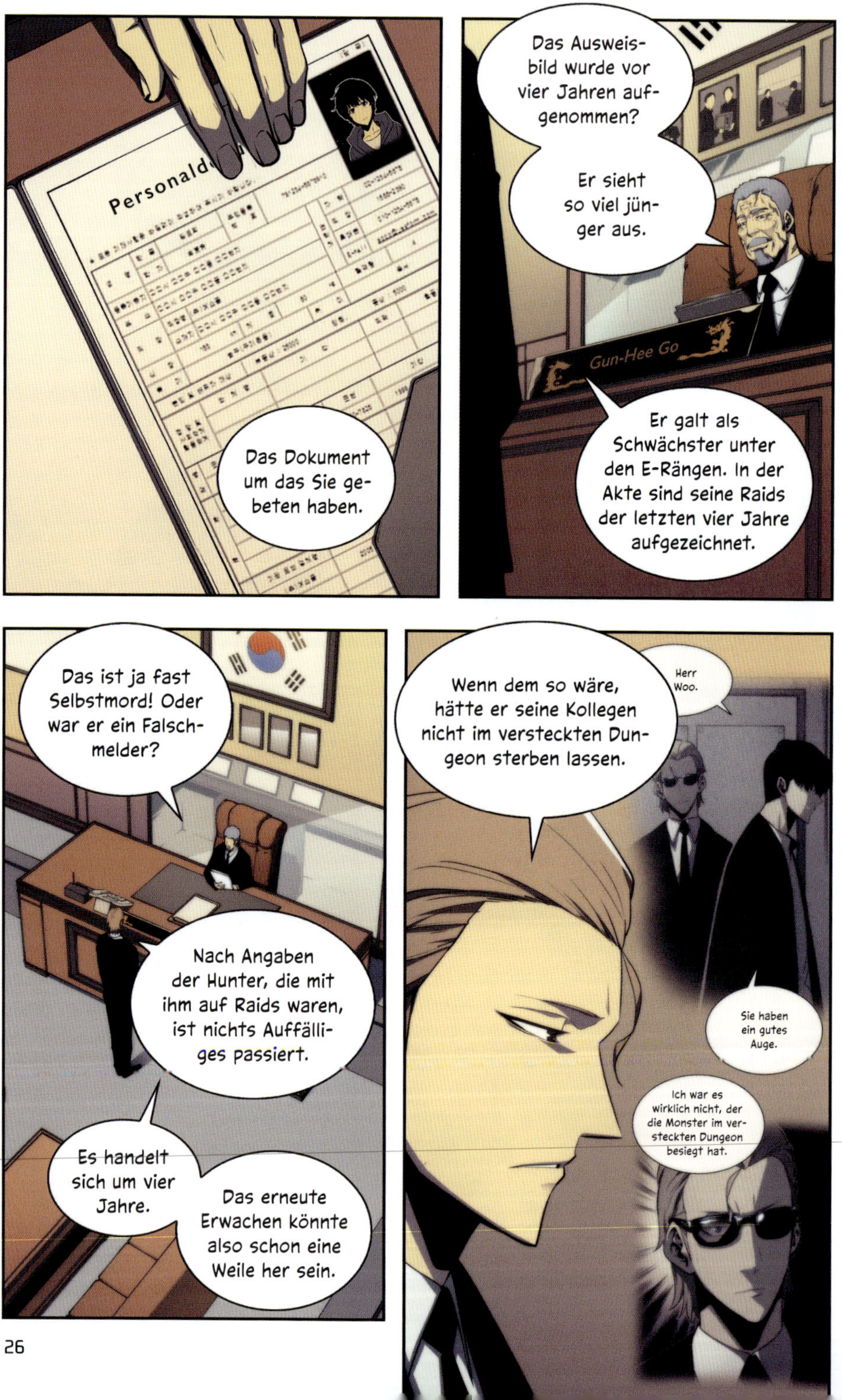
Personald
Das Dokument um das Sie gebeten haben.
Das Ausweisbild wurde vor vier Jahren aufgenommen?
Er sieht so viel jünger aus.
Gun-Hee Go
Er galt als Schwächster unter den E-Rängen. In der Akte sind seine Raids der letzten vier Jahre aufgezeichnet.
Das ist ja fast Selbstmord! Oder war er ein Falschmelder?
Nach Angaben der Hunter, die mit ihm auf Raids waren, ist nichts Auffälliges passiert.
Es handelt sich um vier Jahre.
Das erneute Erwachen könnte also schon eine Weile her sein.
Wenn dem so wäre, hätte er seine Kollegen nicht im versteckten Dungeon sterben lassen.
Herr Woo.
Sie haben ein gutes Auge.
Ich war es wirklich nicht, der die Monster im versteckten Dungeon besiegt hat.

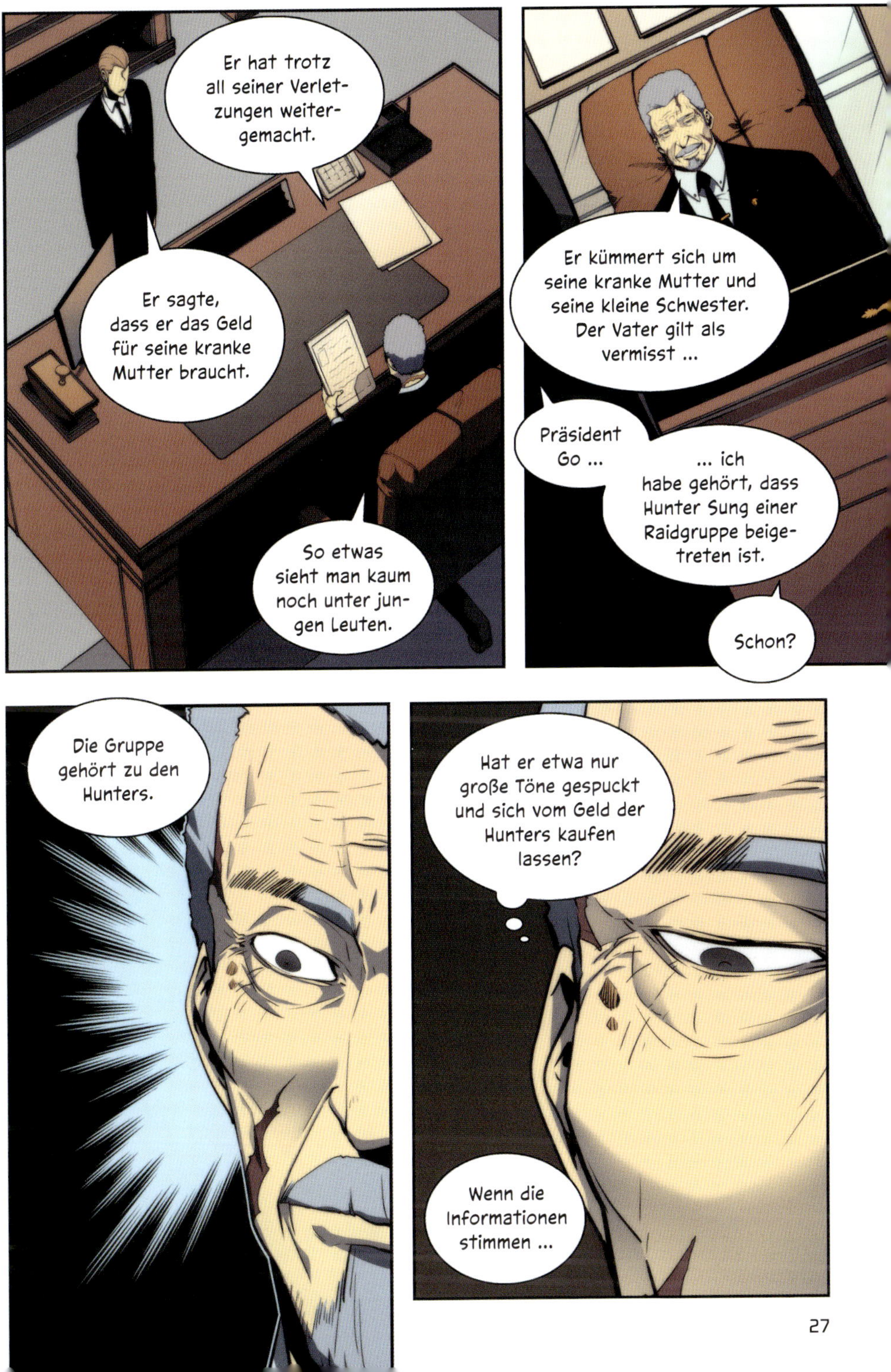
Er hat trotz all seiner Verletzungen weitergemacht.
Er sagte, dass er das Geld für seine kranke Mutter braucht.
So etwas sieht man kaum noch unter jungen Leuten.
Er kümmert sich um seine kranke Mutter und seine kleine Schwester. Der Vater gilt als vermisst ...
Präsident Go ...
... ich habe gehört, dass Hunter Sung einer Raidgruppe beigetreten ist.
Schon?
Die Gruppe gehört zu den Hunters.
Hat er etwa nur große Töne gespuckt und sich vom Geld der Hunters kaufen lassen?
Wenn die Informationen stimmen ...

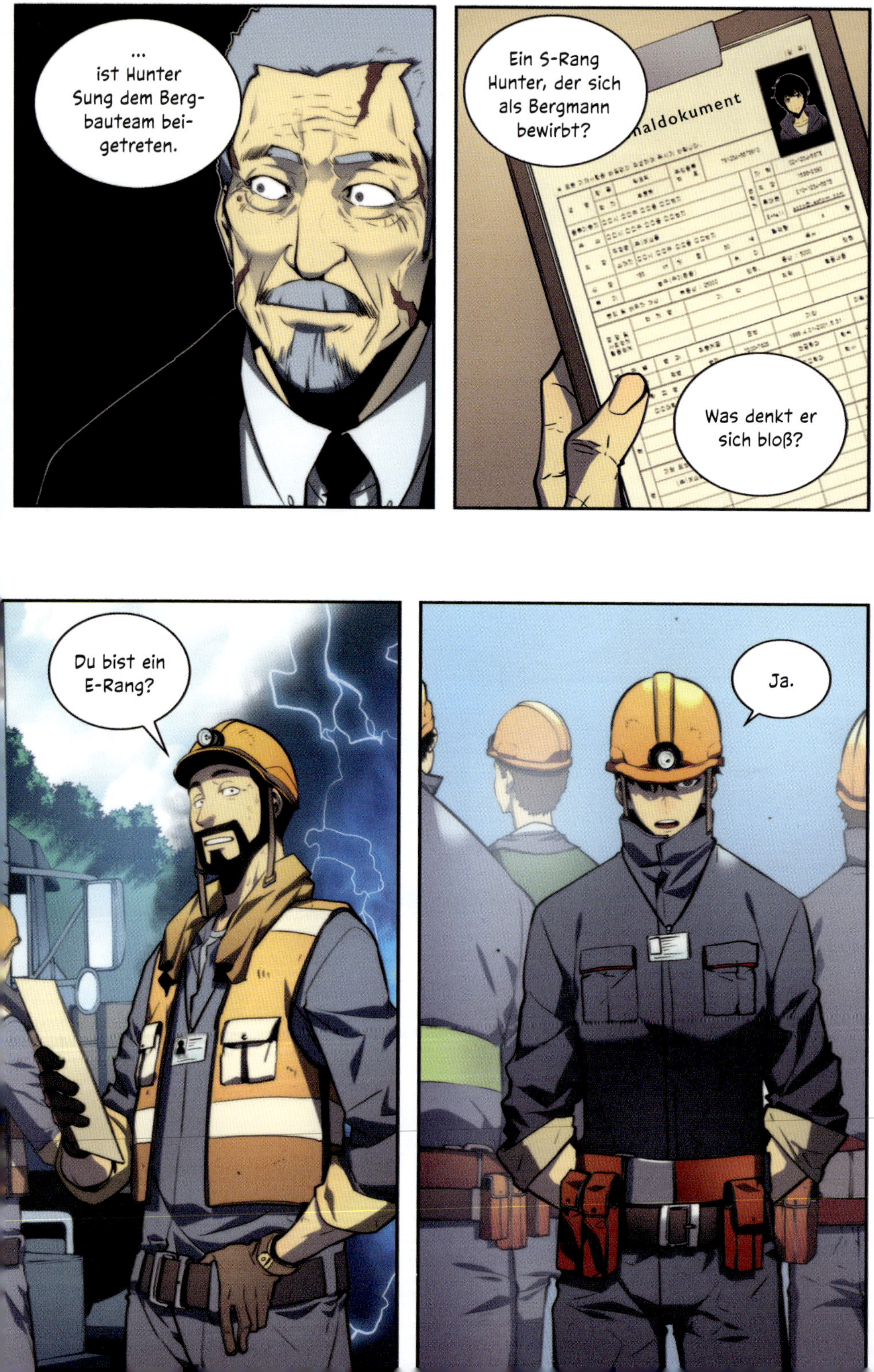

... ist Hunter Sung dem Bergbauteam beigetreten.
Ein S-Rang Hunter, der sich als Bergmann bewirbt?
Was denkt er sich bloß?
Du bist ein E-Rang?
Ja.

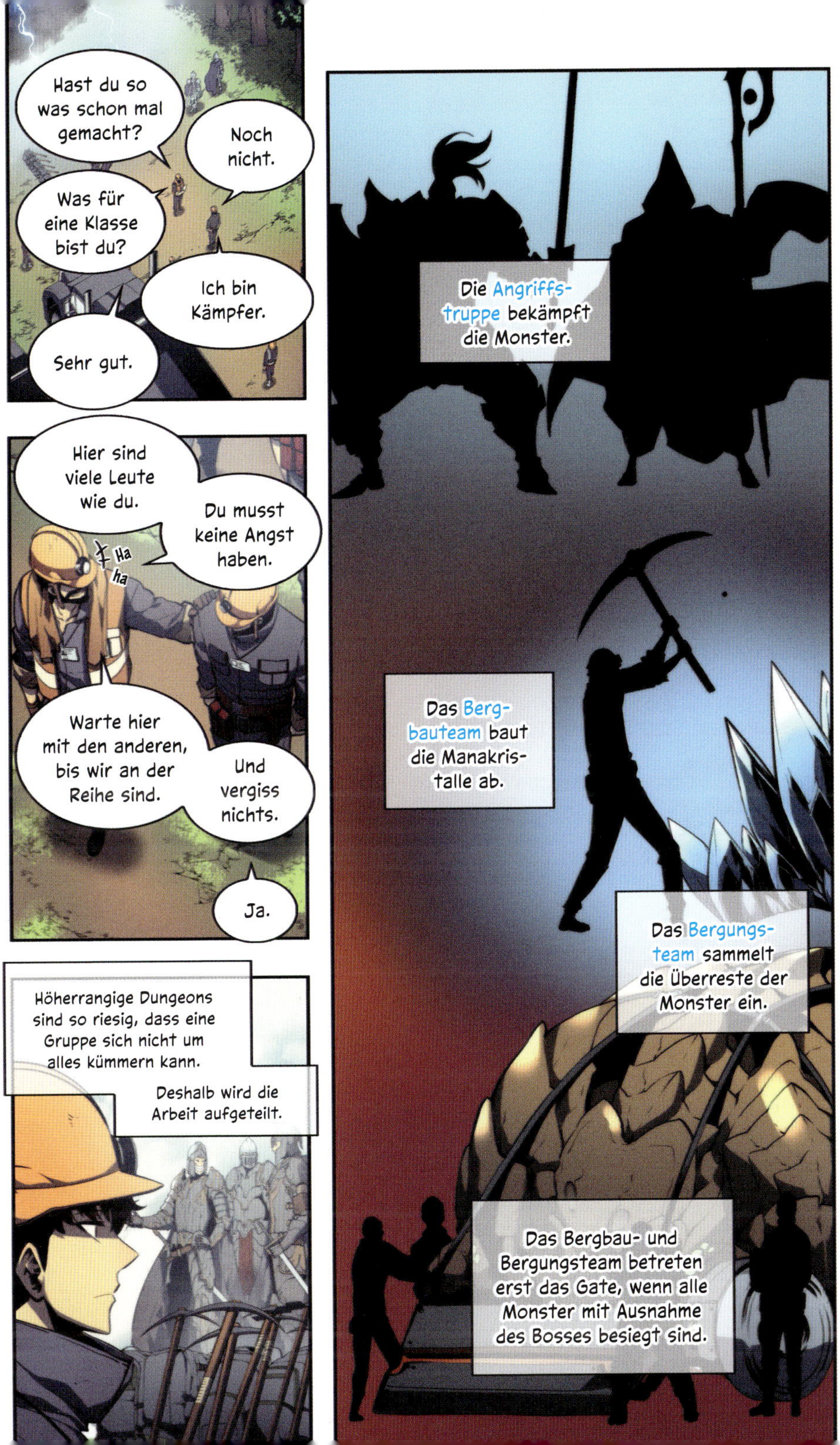

Hast du so was schon mal gemacht?
Noch nicht.
Was für eine Klasse bist du?
Ich bin Kämpfer.
Sehr gut.
Hier sind viele Leute wie du.
Du musst keine Angst haben.
Ha ha
Warte hier mit den anderen, bis wir an der Reihe sind.
Und vergiss nichts.
Ja.
Höherrangige Dungeons sind so riesig, dass eine Gruppe sich nicht um alles kümmern kann.
Deshalb wird die Arbeit aufgeteilt.
Die Angriffstruppe bekämpft die Monster.
Das Bergbauteam baut die Manakristalle ab.
Das Bergungsteam sammelt die Überreste der Monster ein.
Das Bergbau- und Bergungsteam betreten erst das Gate, wenn alle Monster mit Ausnahme des Bosses besiegt sind.

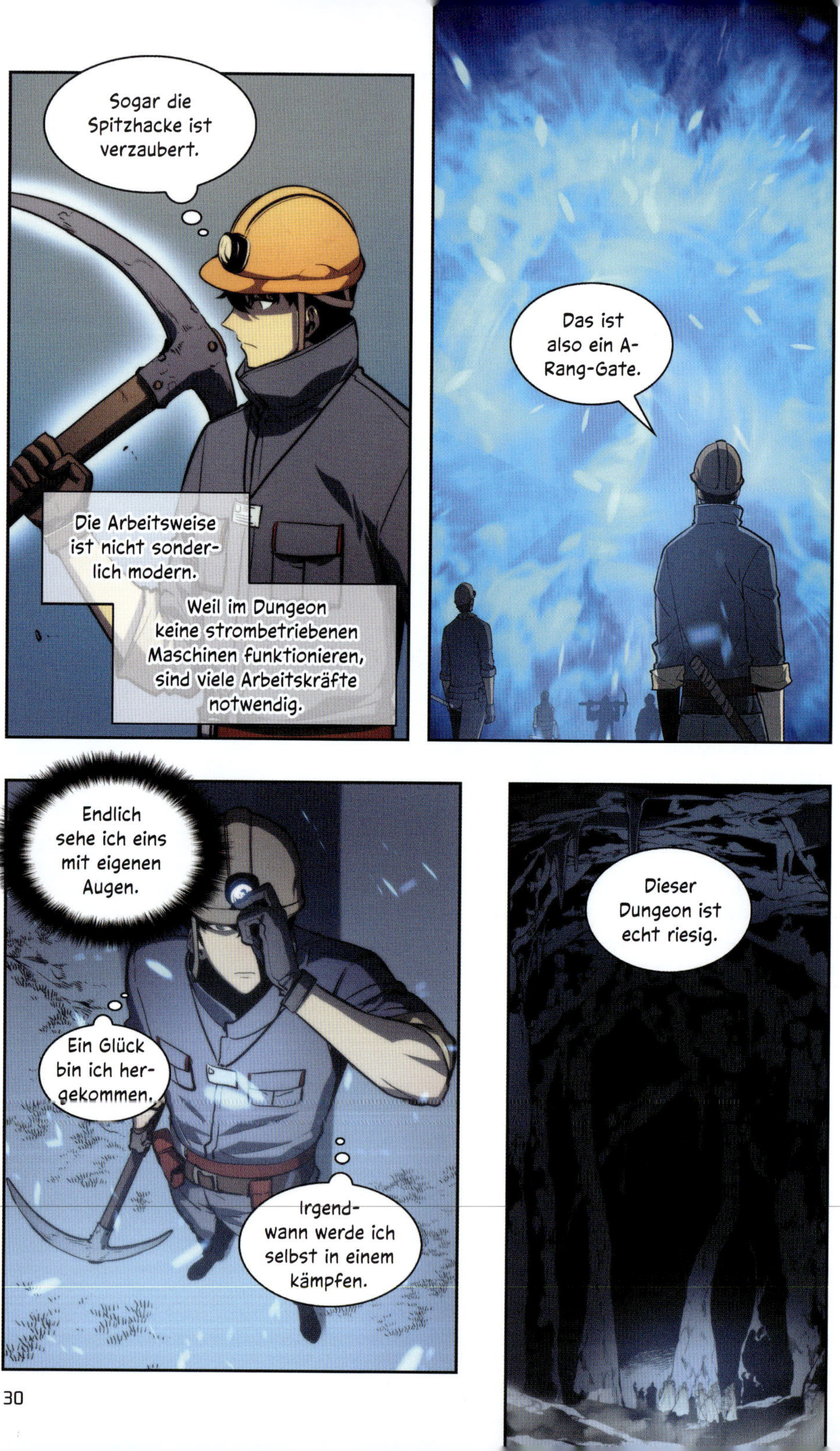

Sogar die Spitzhacke ist verzaubert.
Die Arbeitsweise ist nicht sonderlich modern.
Weil im Dungeon keine strombetriebenen Maschinen funktionieren, sind viele Arbeitskräfte notwendig.
Das ist also ein A-Rang-Gate.
Endlich sehe ich eins mit eigenen Augen.
Ein Glück bin ich hergekommen.
Irgendwann werde ich selbst in einem kämpfen.
Dieser Dungeon ist echt riesig.

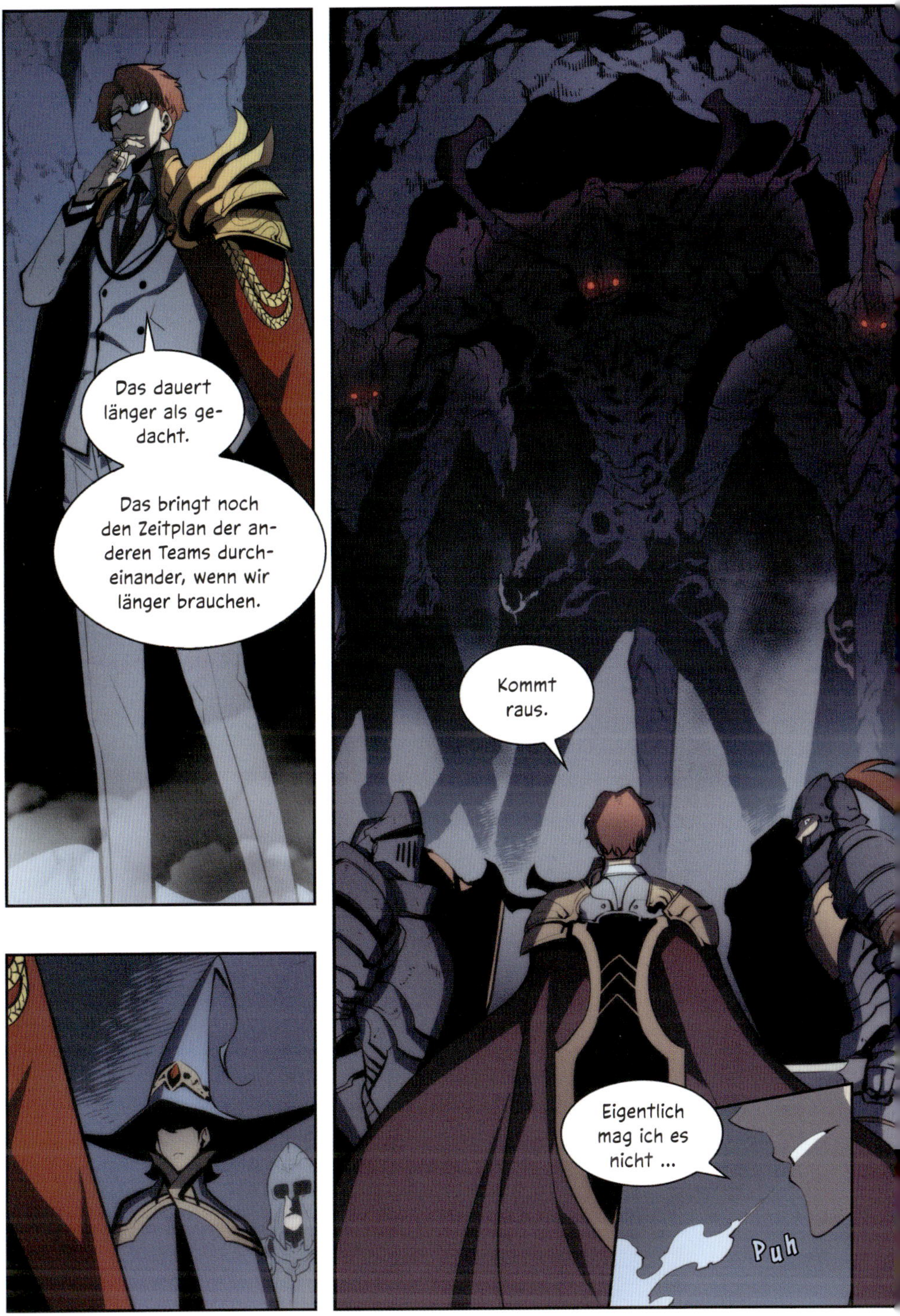
Das dauert länger als gedacht.
Das bringt noch den Zeitplan der anderen Teams durcheinander, wenn wir länger brauchen.
Kommt raus.
Eigentlich mag ich es nicht ...
Puh

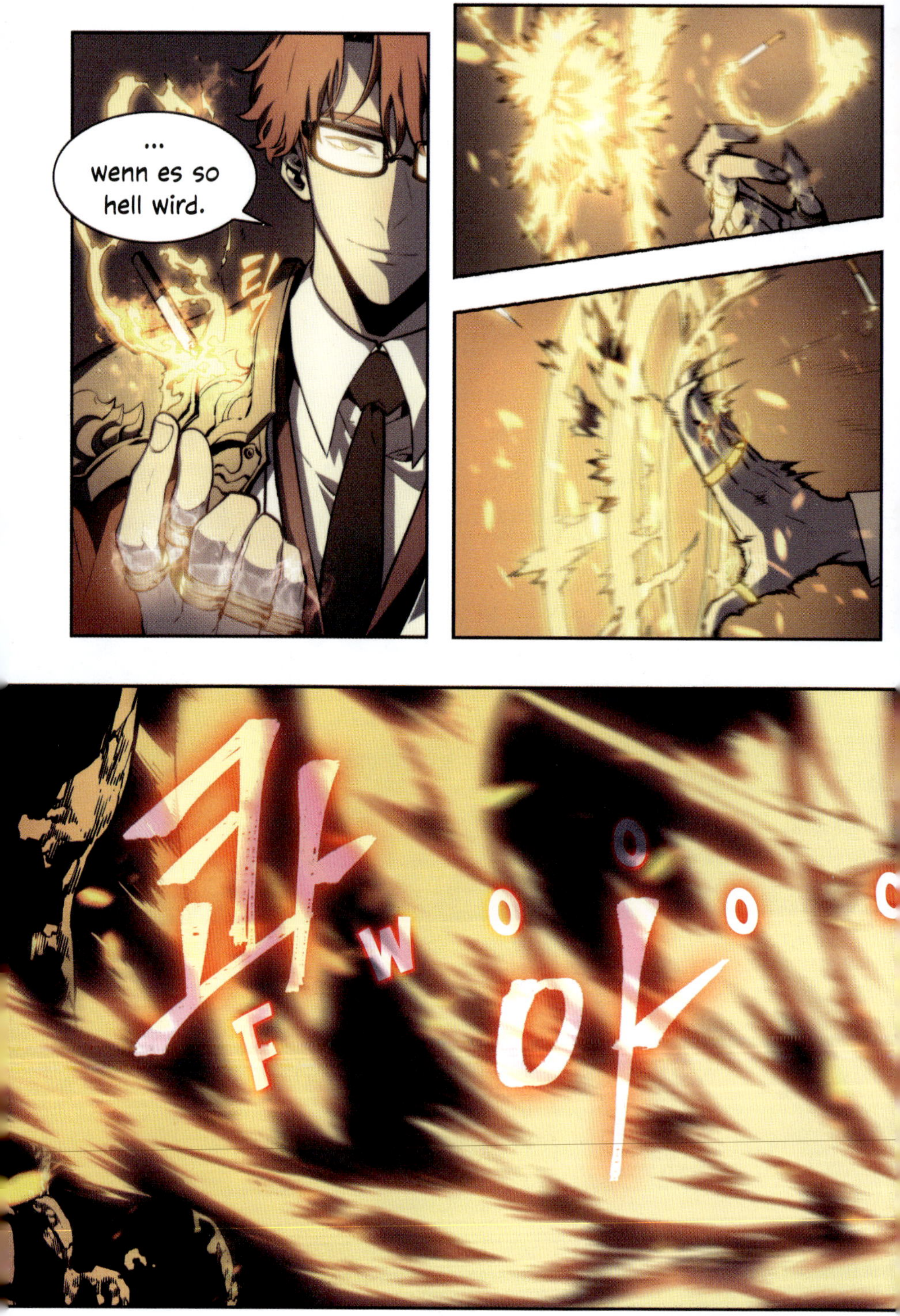
... wenn es so hell wird.
FWOOO

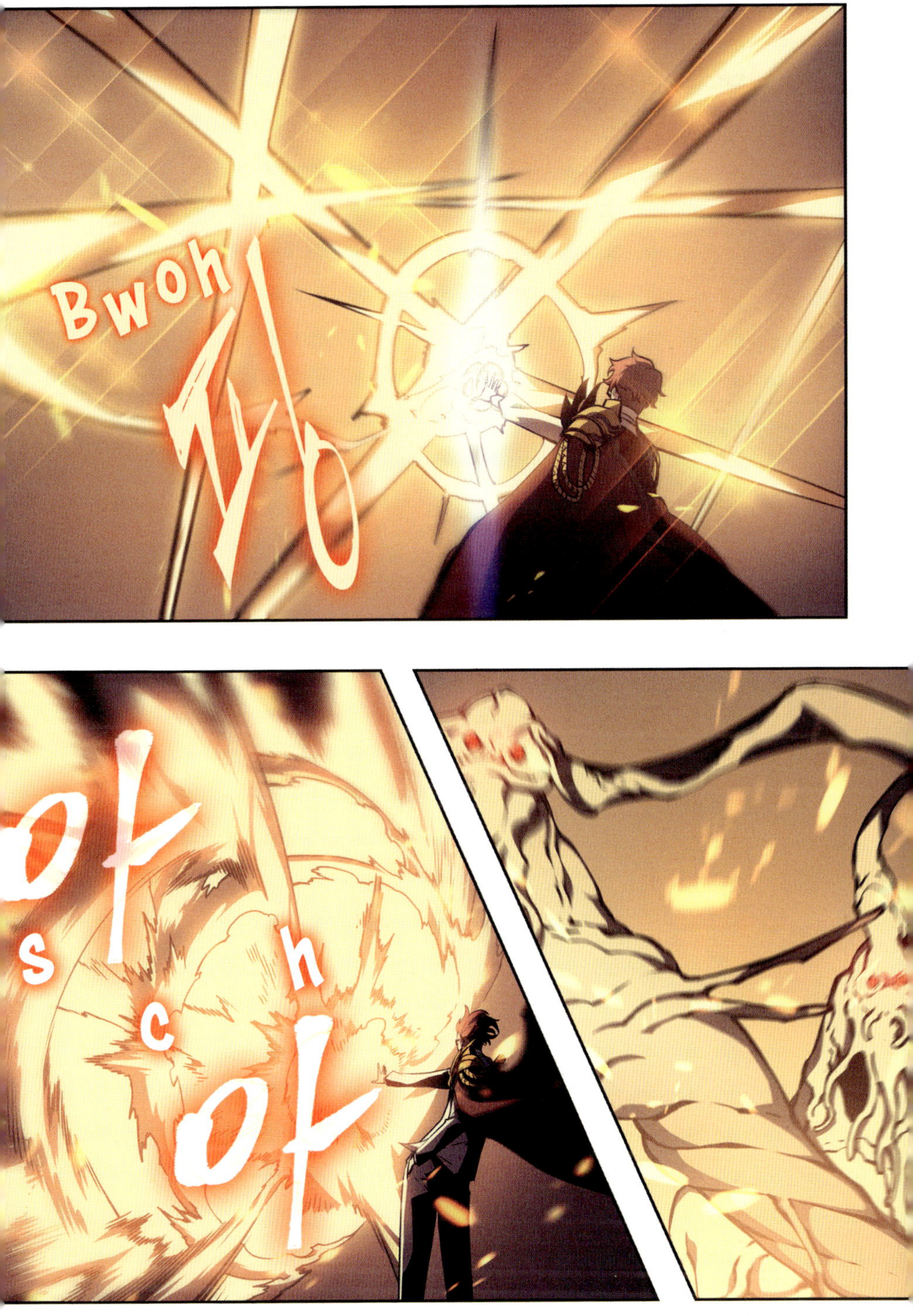
Bwoh
sch

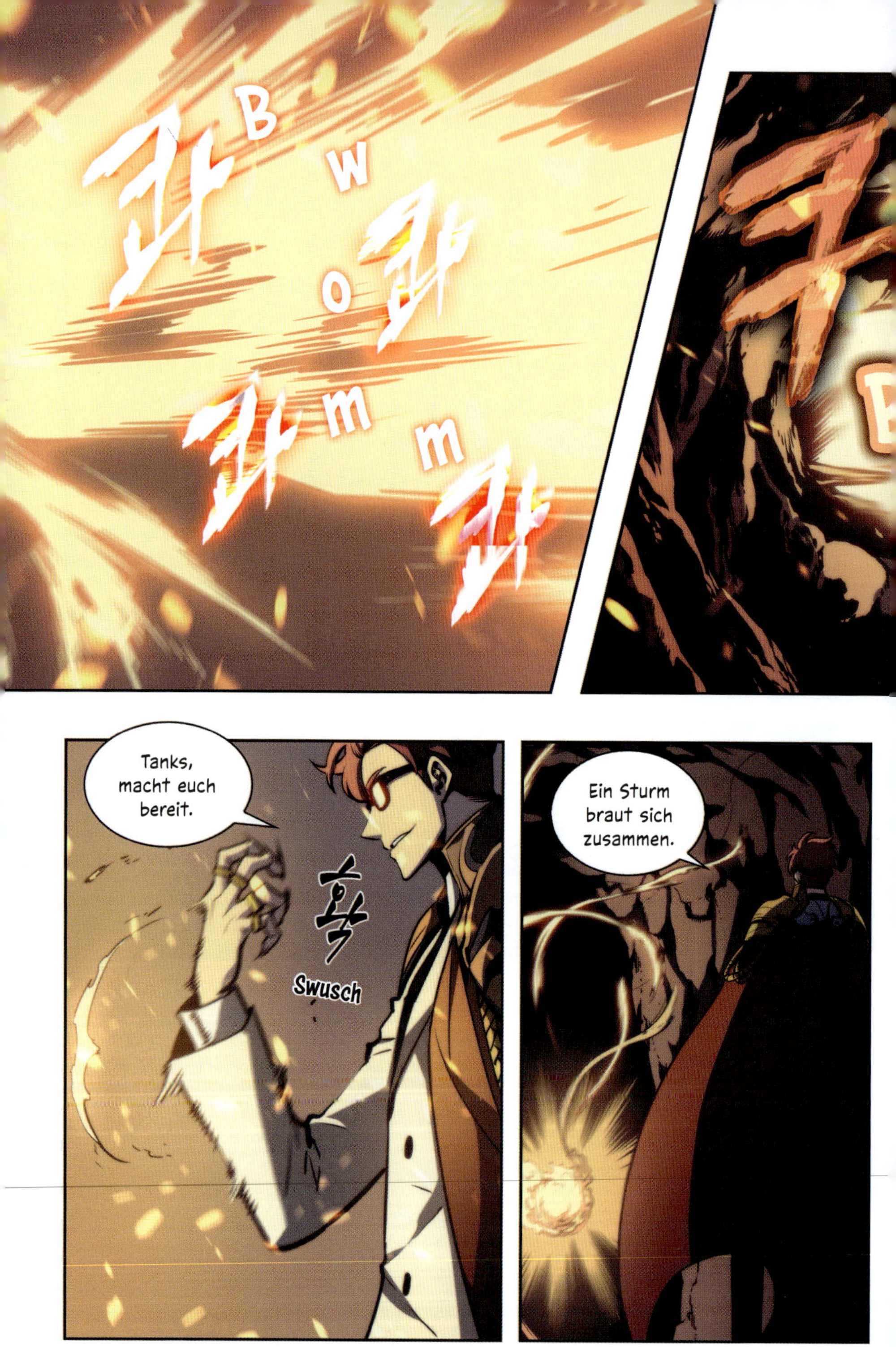
콰 콰 콰 콰
Bwomm
쿠
Tanks, macht euch bereit.
훅
Swusch
Ein Sturm braut sich zusammen.

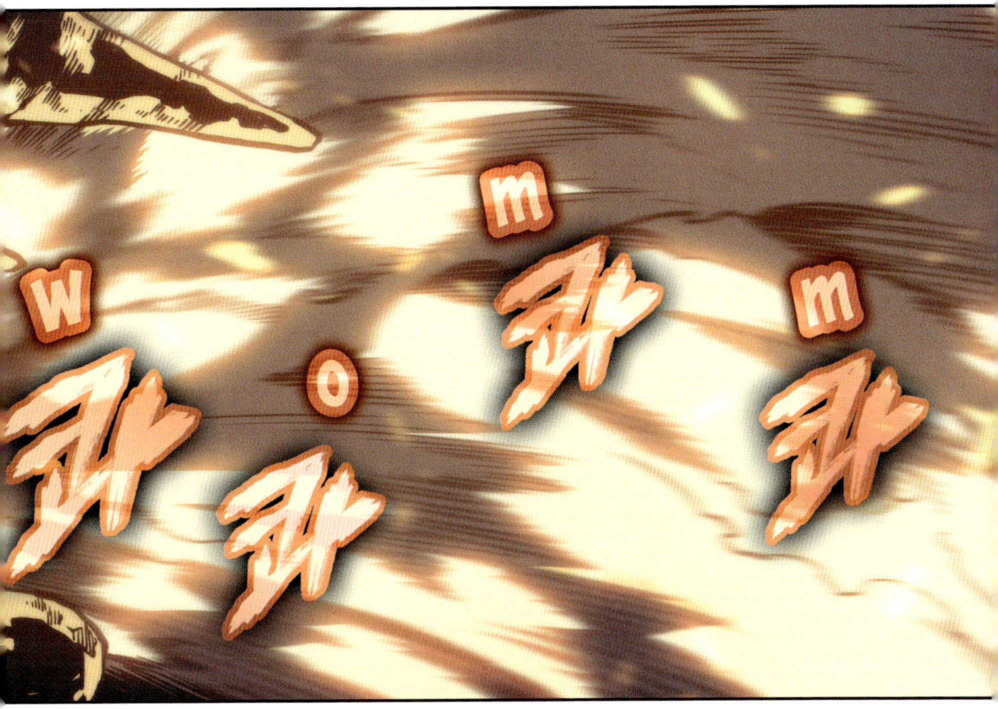
W o m m
콰 콰 콰 콰

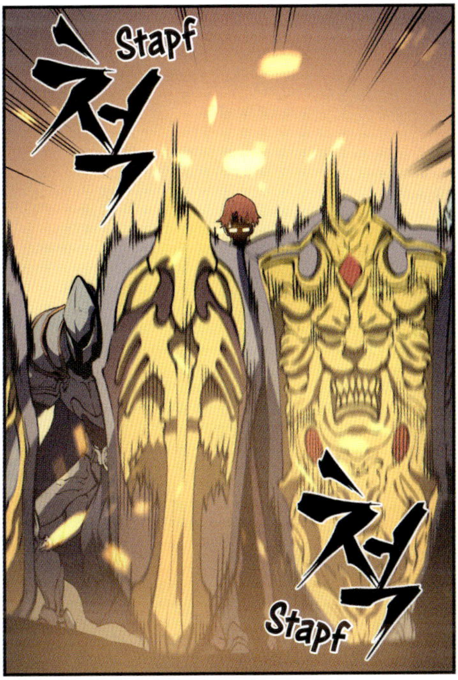
척
Stapf
척
Stapf

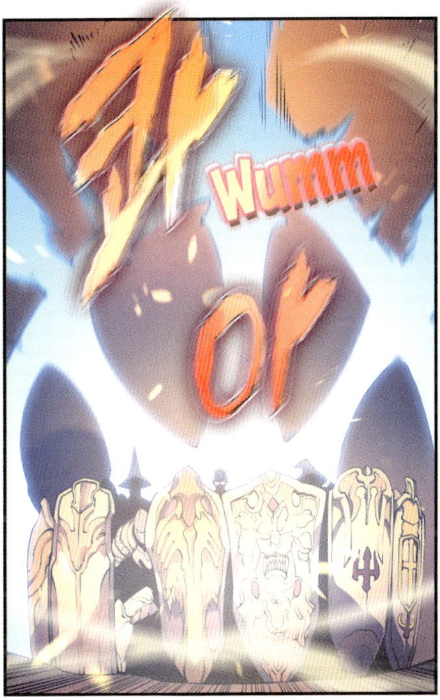
콰아
Wumm

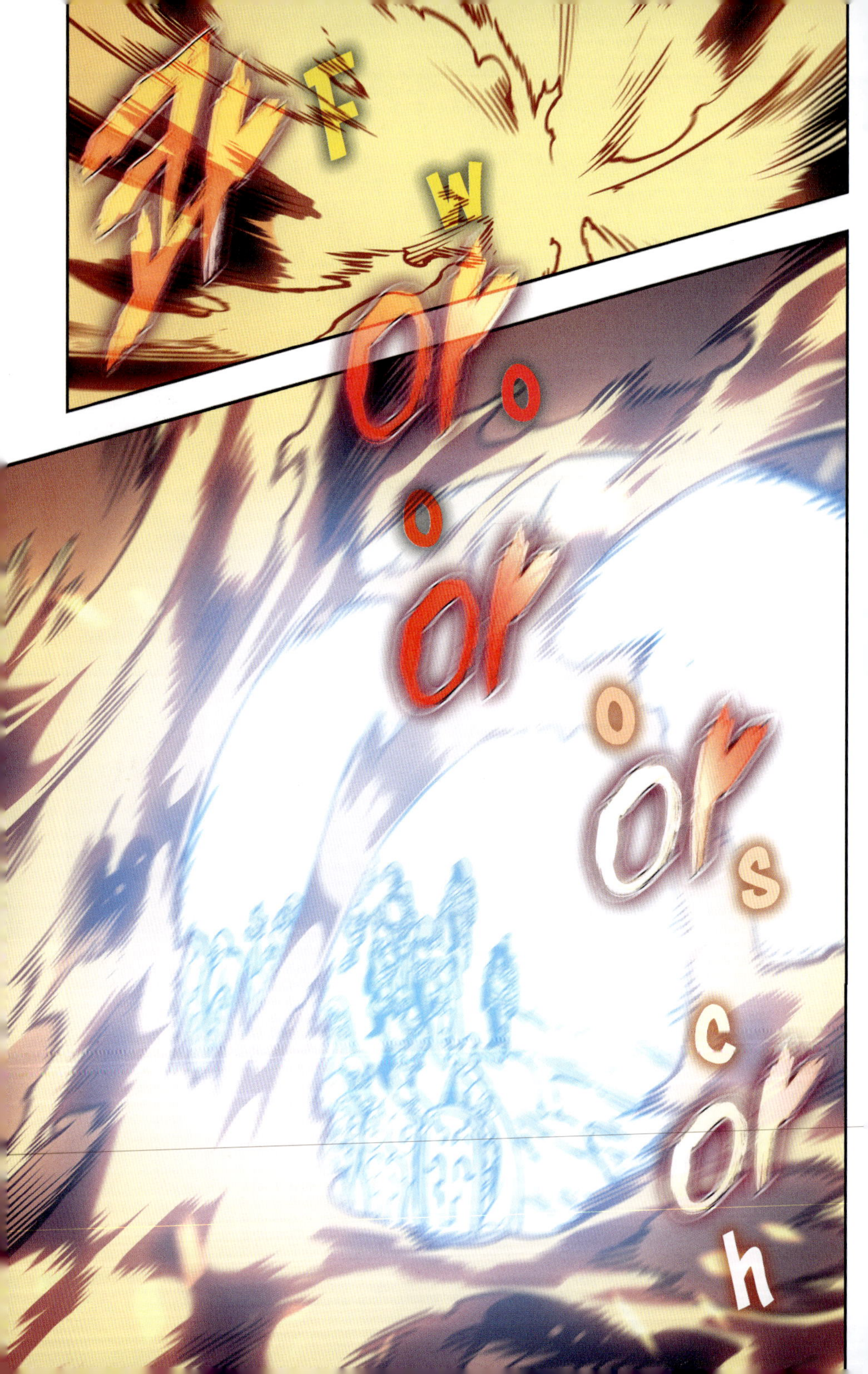
Fwooosch

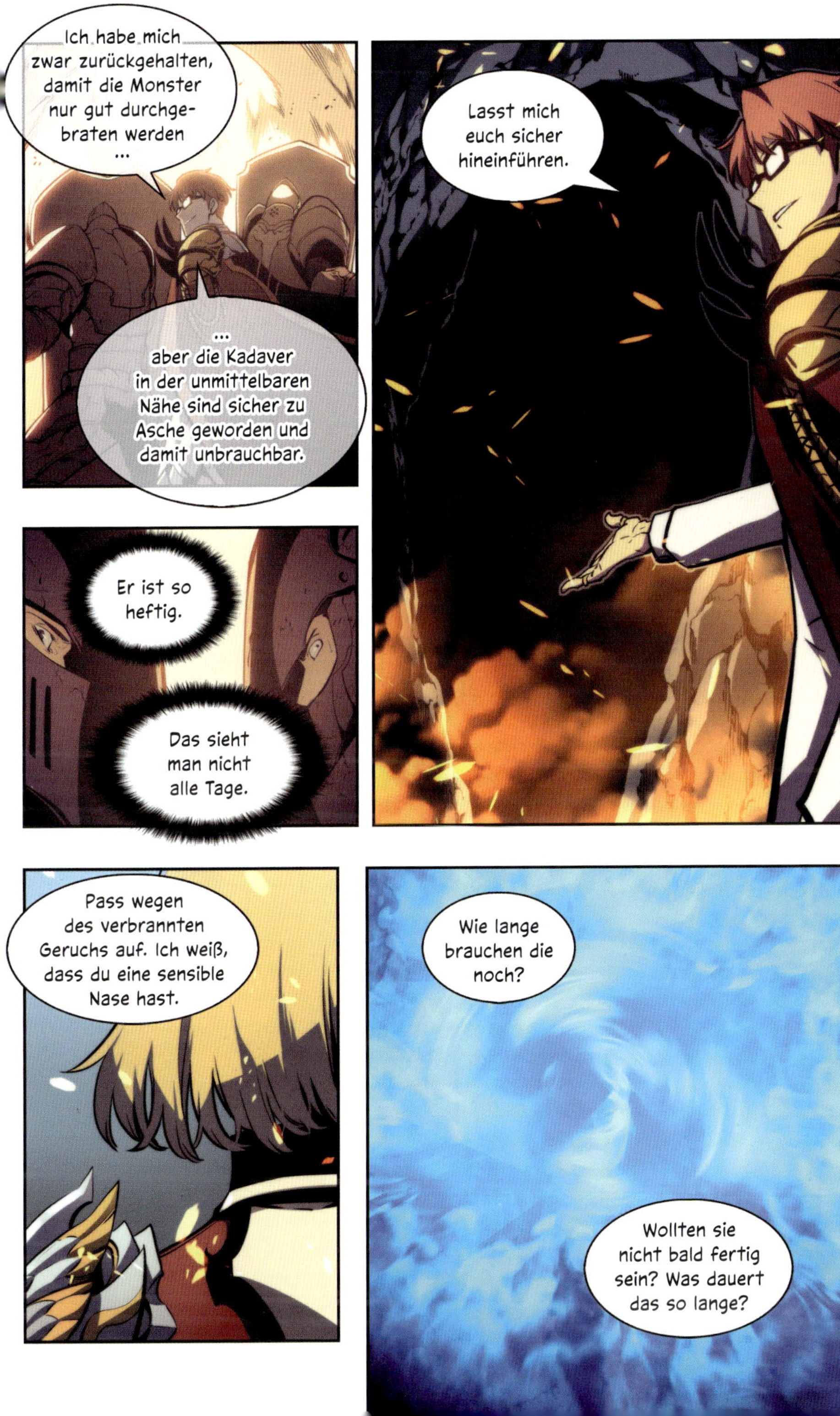
Ich habe mich zwar zurückgehalten, damit die Monster nur gut durchgebraten werden ...
... aber die Kadaver in der unmittelbaren Nähe sind sicher zu Asche geworden und damit unbrauchbar.
Lasst mich euch sicher hineinführen.
Er ist so heftig.
Das sieht man nicht alle Tage.
Pass wegen des verbrannten Geruchs auf. Ich weiß, dass du eine sensible Nase hast.
Wie lange brauchen die noch?
Wollten sie nicht bald fertig sein? Was dauert das so lange?

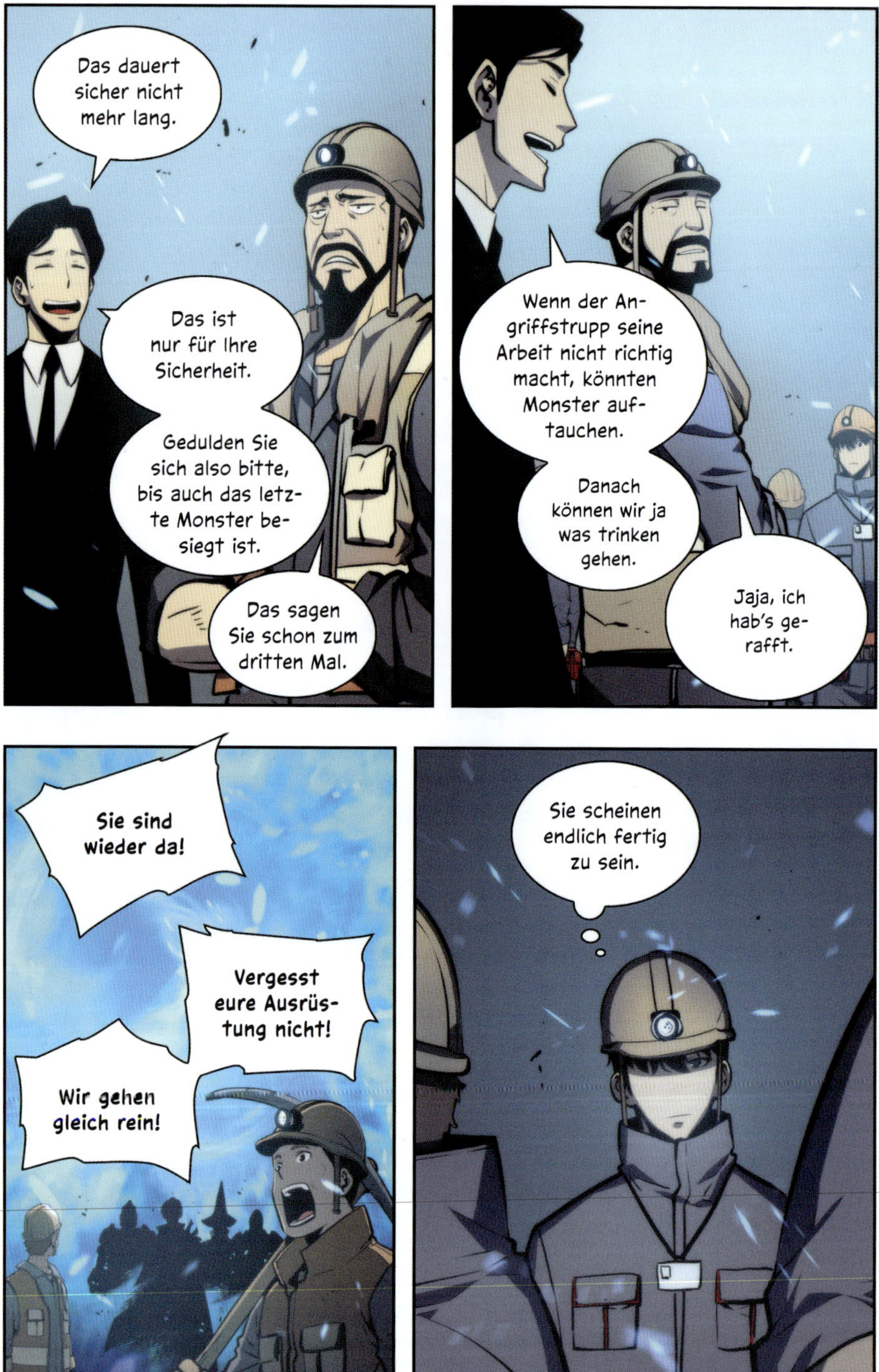

Das dauert sicher nicht mehr lang.
Das ist nur für Ihre Sicherheit.
Gedulden Sie sich also bitte, bis auch das letzte Monster besiegt ist.
Das sagen Sie schon zum dritten Mal.
Wenn der Angriffstrupp seine Arbeit nicht richtig macht, könnten Monster auftauchen.
Danach können wir ja was trinken gehen.
Jaja, ich hab's gerafft.
Sie sind wieder da!
Vergesst eure Ausrüstung nicht!
Wir gehen gleich rein!
Sie scheinen endlich fertig zu sein.

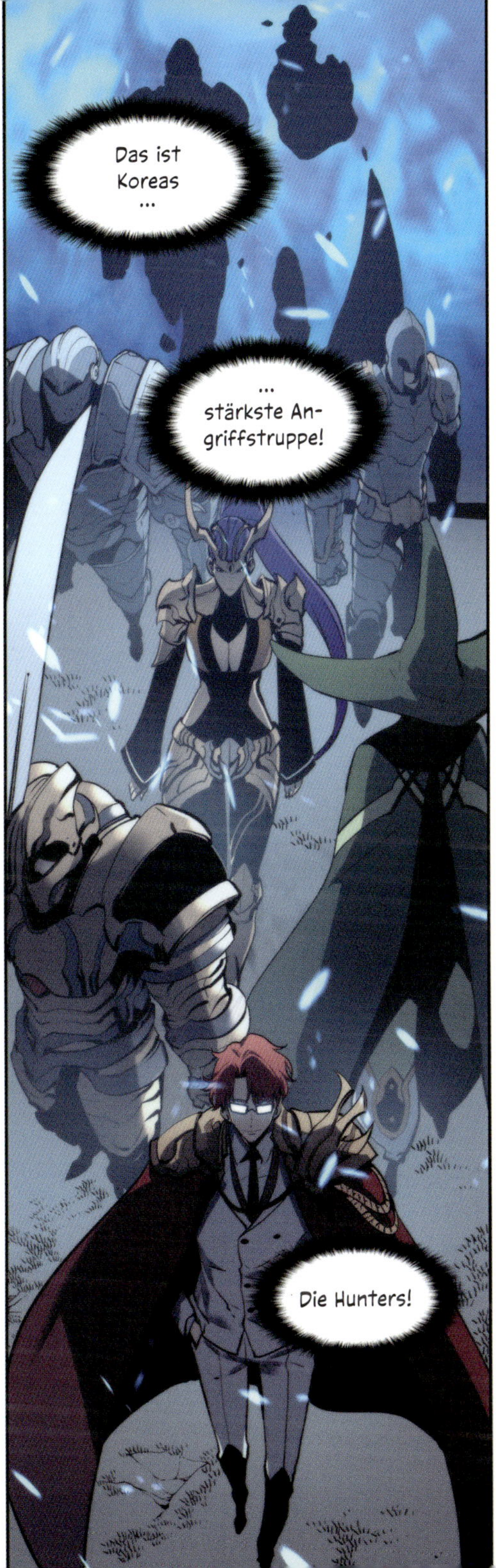
Das ist Koreas ...
... stärkste Angriffstruppe!
Die Hunters!

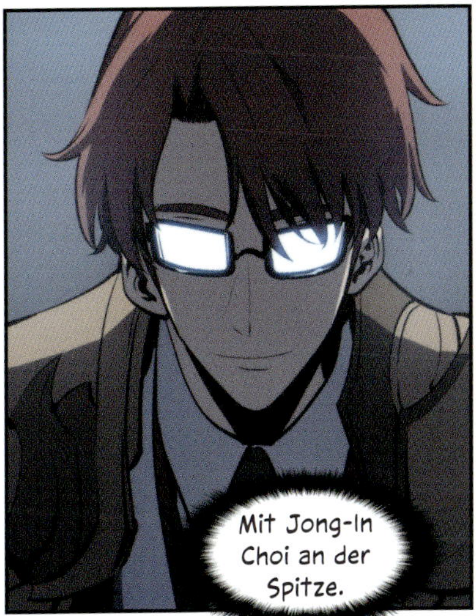
Mit Jong-In Choi an der Spitze.

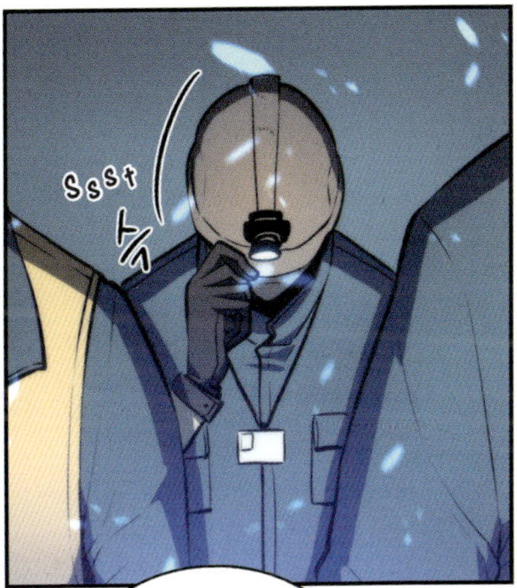
Ssst

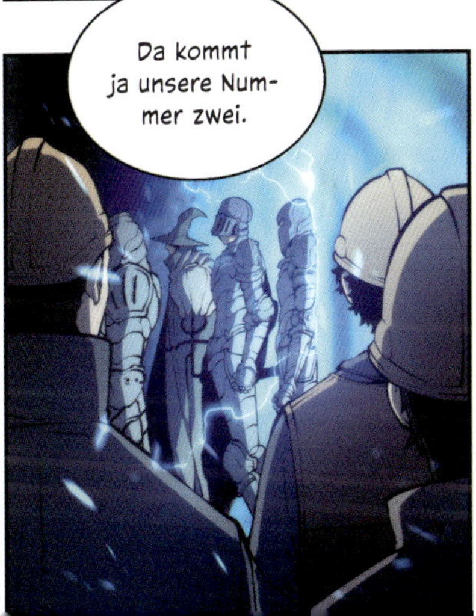
Da kommt ja unsere Nummer zwei.

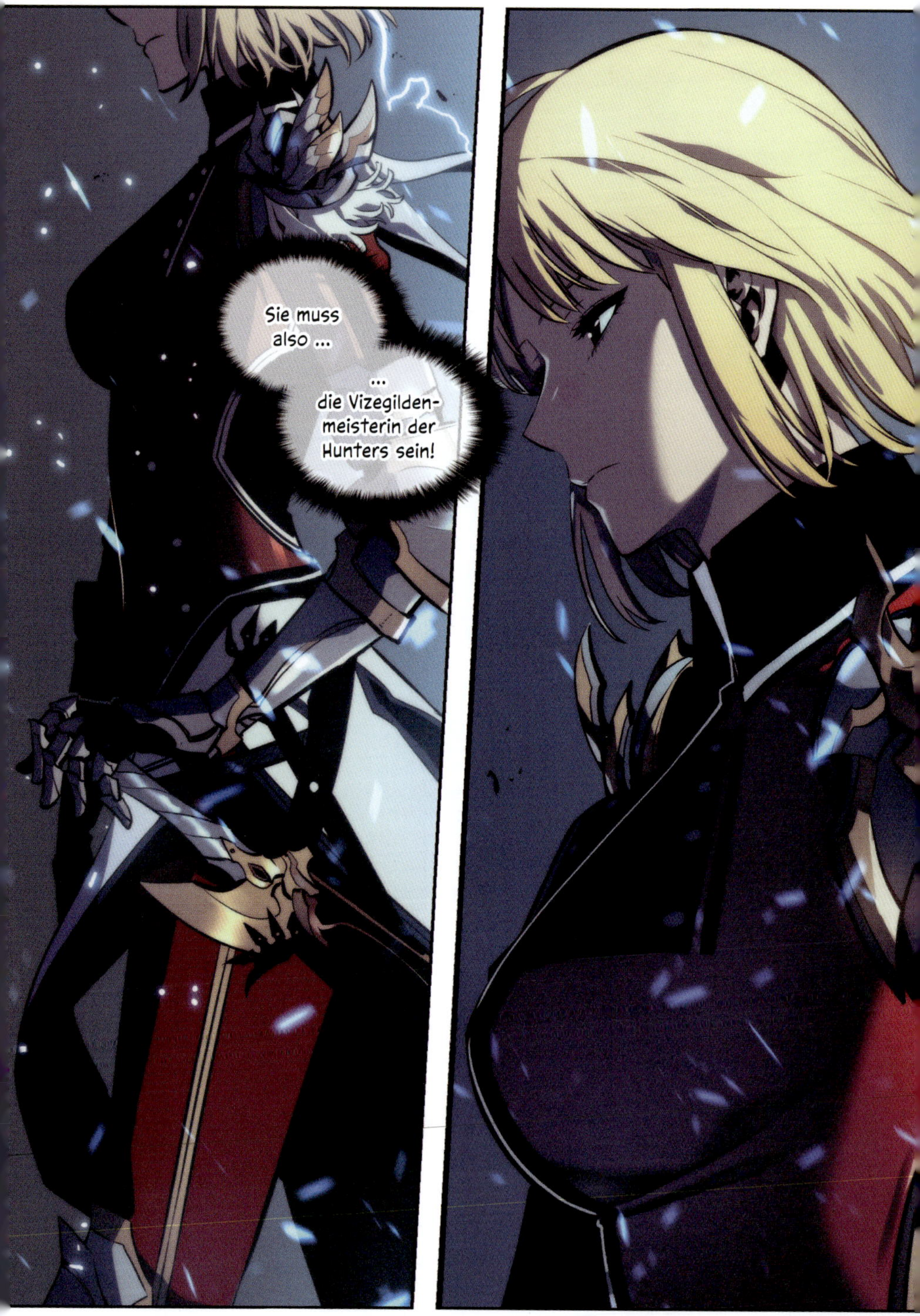
Sie muss also ...
... die Vizegildenmeisterin der Hunters sein!

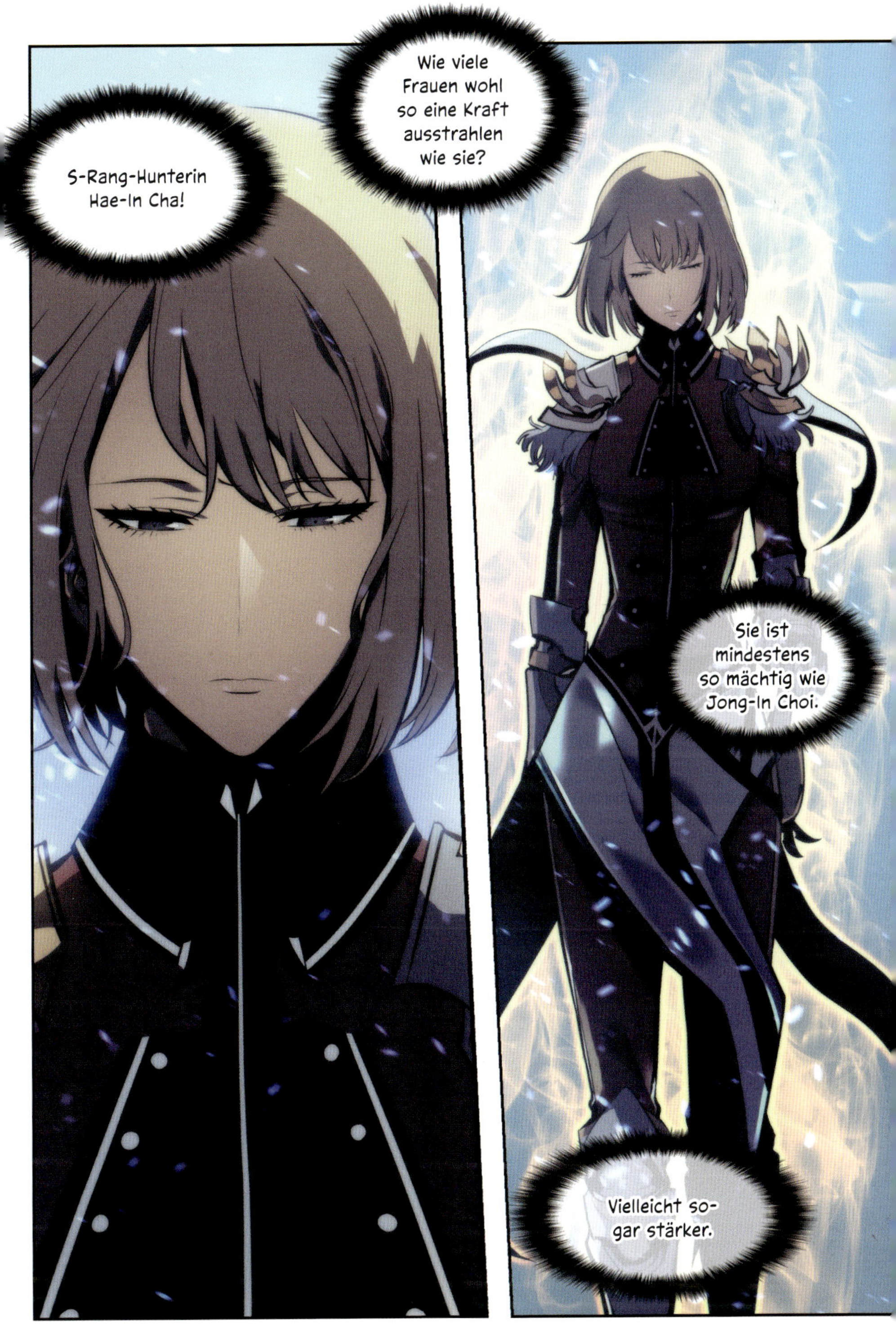
S-Rang-Hunterin Hae-In Cha!
Wie viele Frauen wohl so eine Kraft ausstrahlen wie sie?
Sie ist mindestens so mächtig wie Jong-In Choi.
Vielleicht sogar stärker.

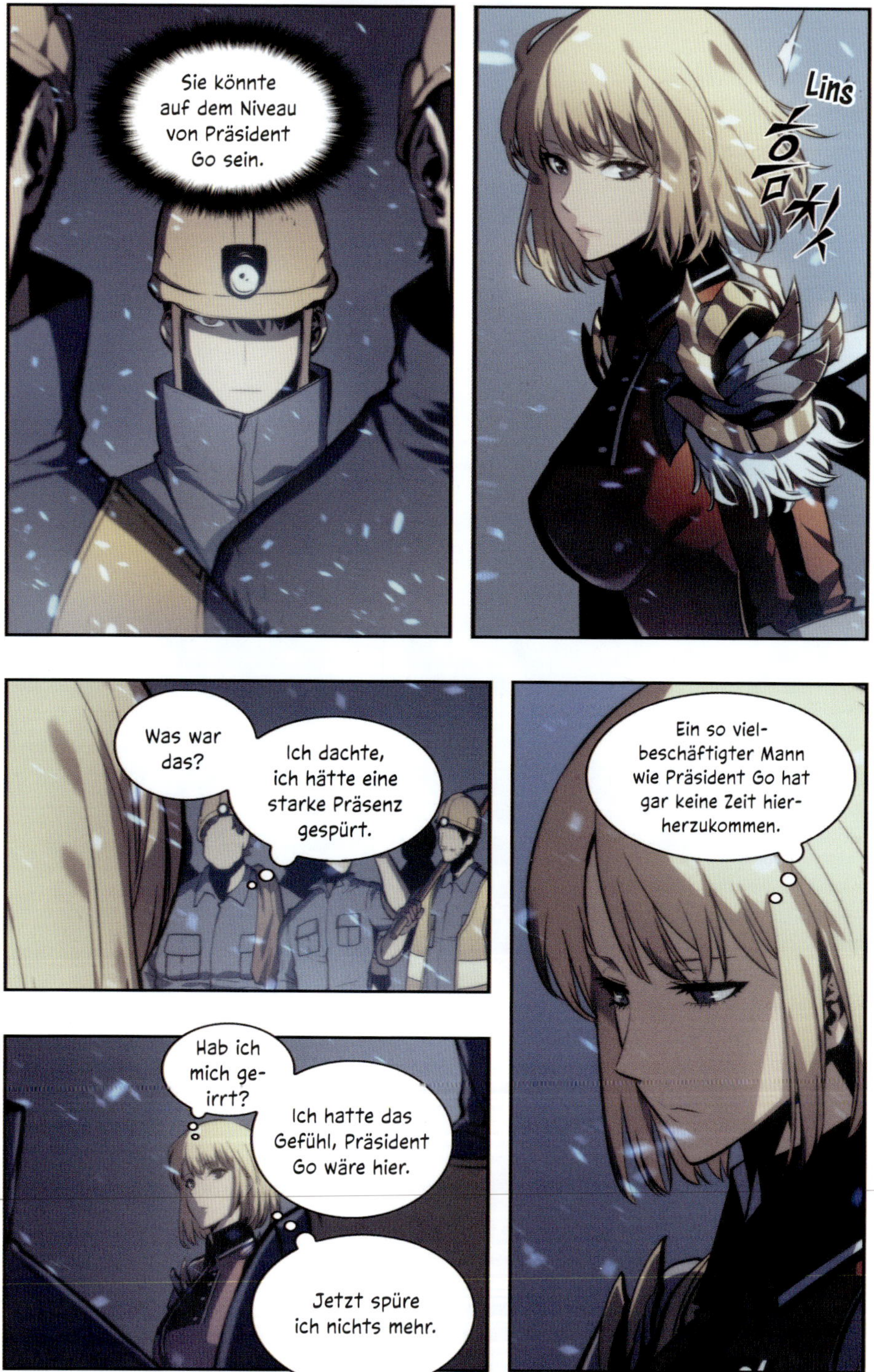
Sie könnte auf dem Niveau von Präsident Go sein.
Lins
흠칫
Was war das?
Ich dachte, ich hätte eine starke Präsenz gespürt.
Hab ich mich ge- irrt?
Ich hatte das Gefühl, Präsident Go wäre hier.
Jetzt spüre ich nichts mehr.
Ein so viel- beschäftigter Mann wie Präsident Go hat gar keine Zeit hier- herzukommen.

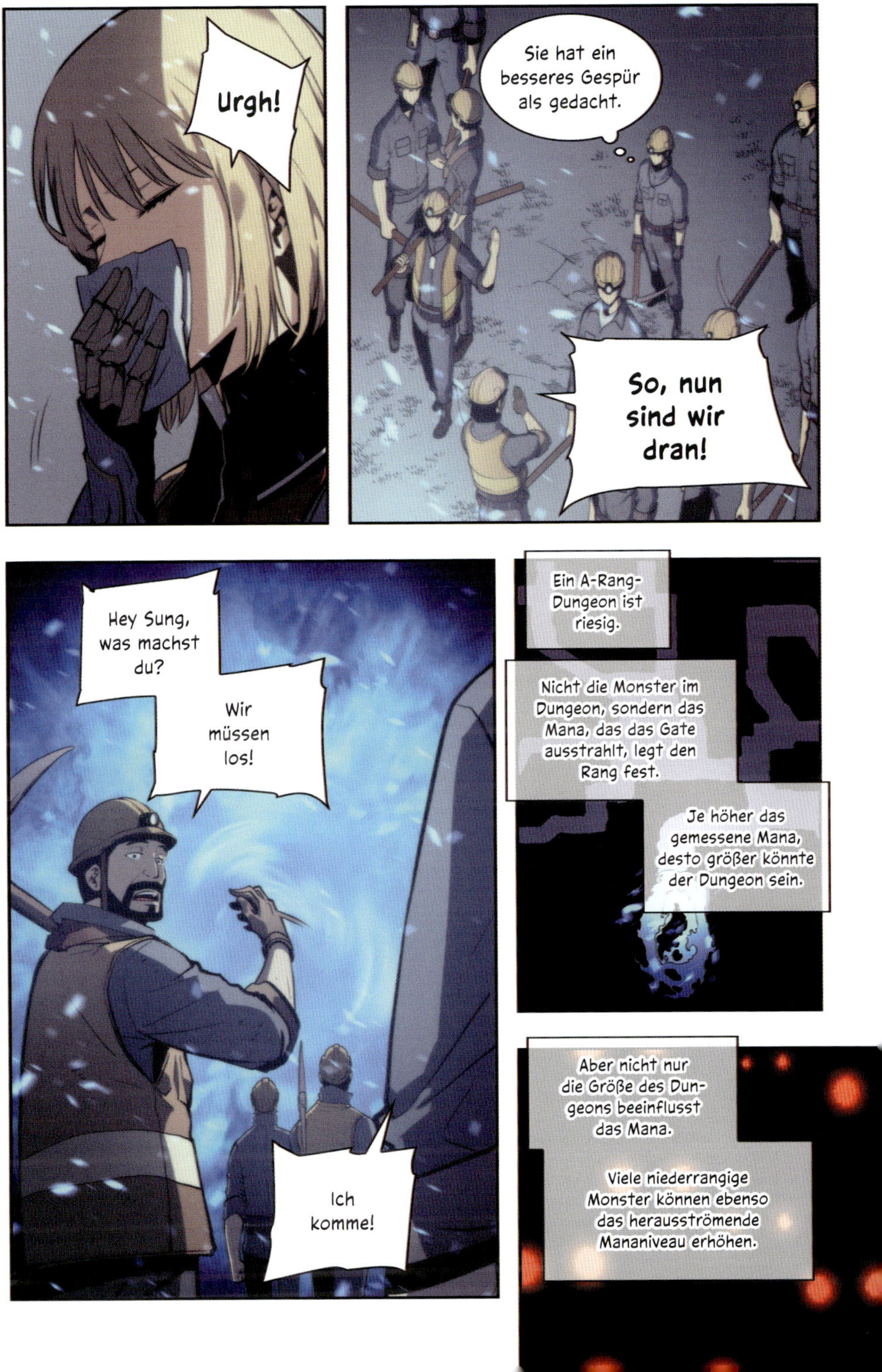

Urgh!
Sie hat ein besseres Gespür als gedacht.
So, nun sind wir dran!
Hey Sung, was machst du?
Wir müssen los!
Ich komme!
Ein A-Rang-Dungeon ist riesig.
Nicht die Monster im Dungeon, sondern das Mana, das das Gate ausstrahlt, legt den Rang fest.
Je höher das gemessene Mana, desto größer könnte der Dungeon sein.
Aber nicht nur die Größe des Dungeons beeinflusst das Mana.
Viele niederrangige Monster können ebenso das herausströmende Mananiveau erhöhen.

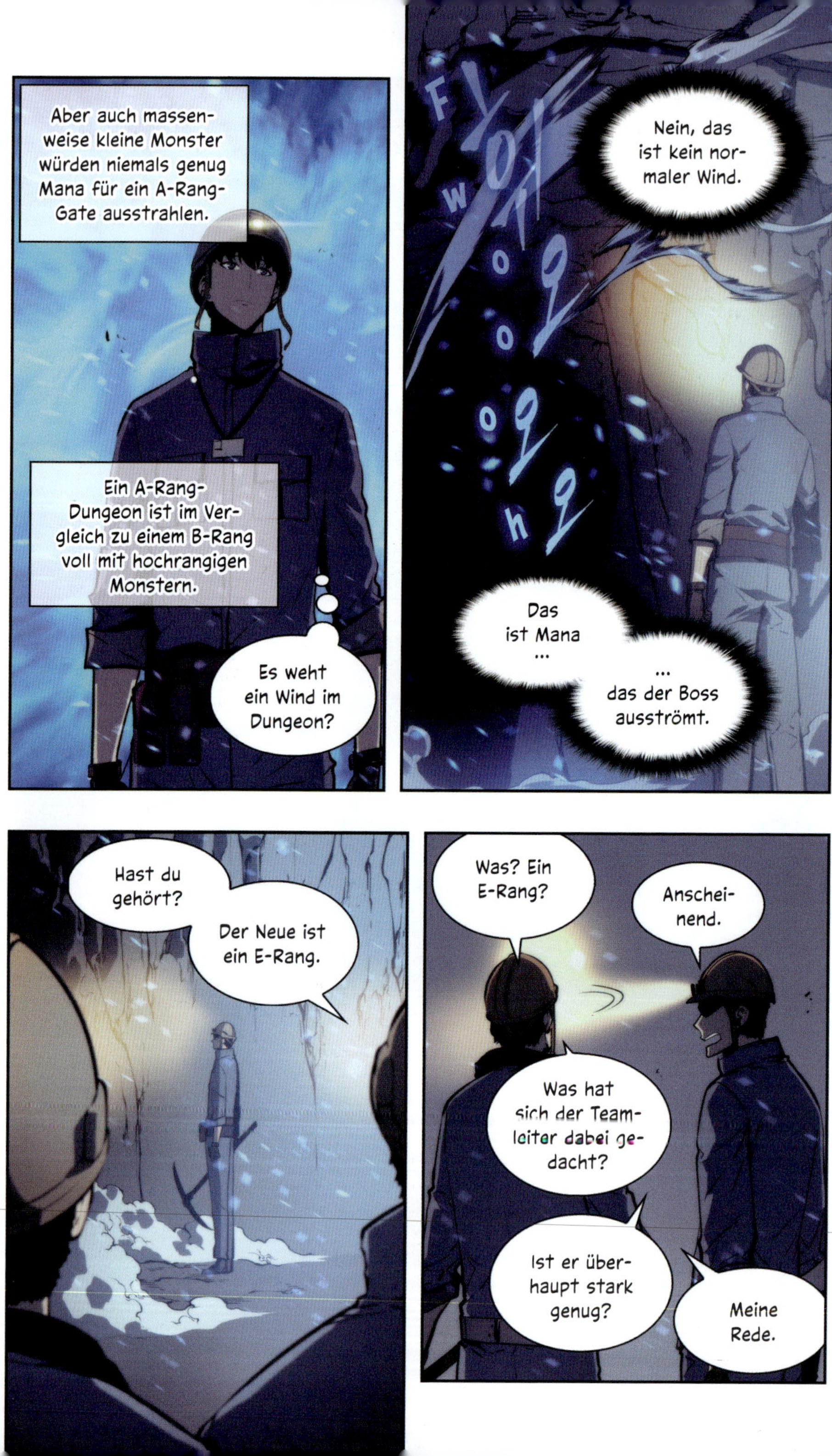

Aber auch massenweise kleine Monster würden niemals genug Mana für ein A-Rang-Gate ausstrahlen.
Ein A-Rang-Dungeon ist im Vergleich zu einem B-Rang voll mit hochrangigen Monstern.
Es weht ein Wind im Dungeon?
FLYOW
Woooh
Nein, das ist kein normaler Wind.
Das ist Mana ...
... das der Boss ausströmt.
Hast du gehört?
Der Neue ist ein E-Rang.
Was? Ein E-Rang?
Anscheinend.
Was hat sich der Teamleiter dabei gedacht?
Ist er überhaupt stark genug?
Meine Rede.

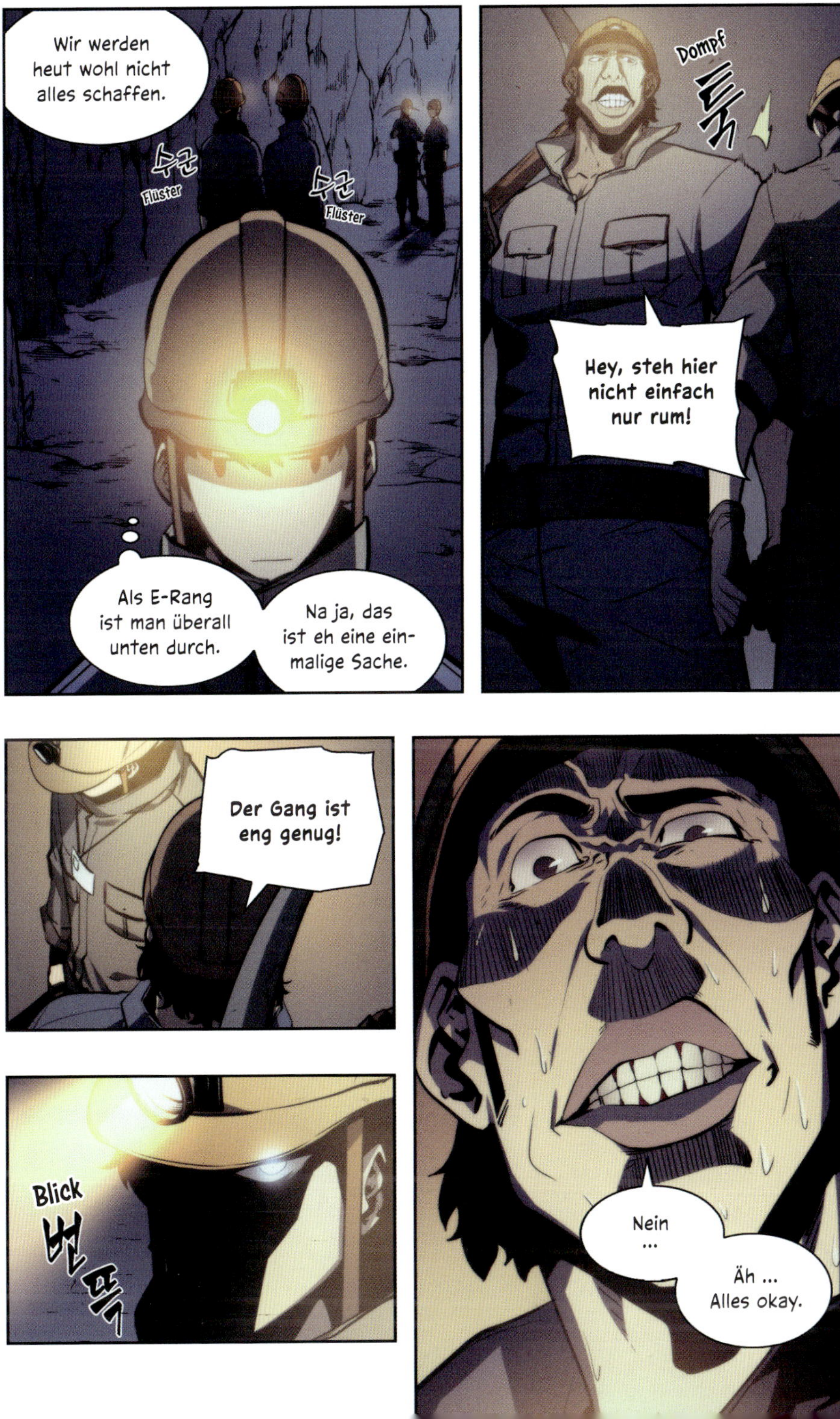
Wir werden heut wohl nicht alles schaffen.
수군
Flüster
수군
Flüster
Als E-Rang ist man überall unten durch.
Na ja, das ist eh eine einmalige Sache.
Dompf
툭
Hey, steh hier nicht einfach nur rum!
Der Gang ist eng genug!
Blick
번뜩
Nein …
Äh … Alles okay.

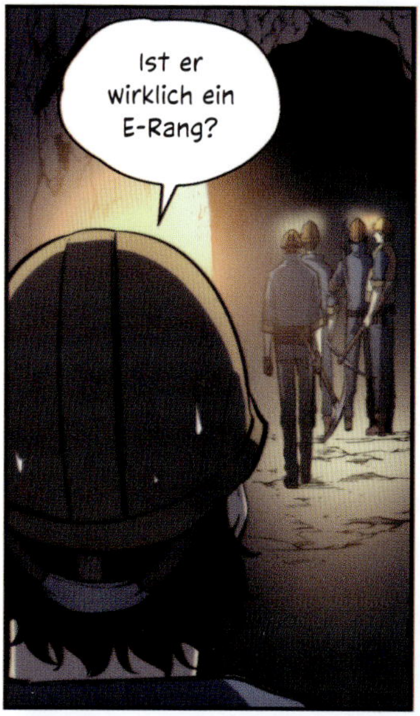
Ist er wirklich ein E-Rang?

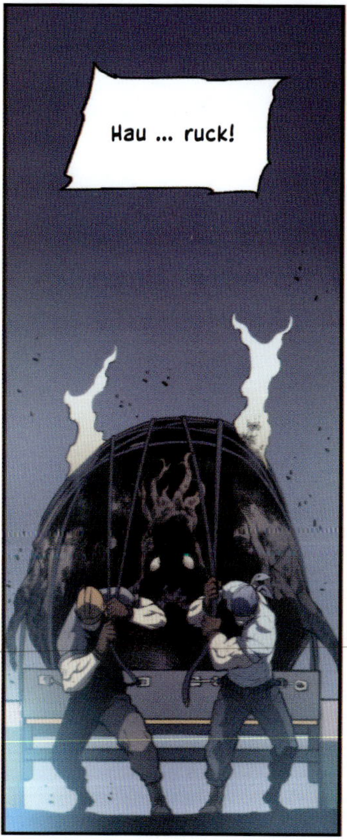
Hau ... ruck!

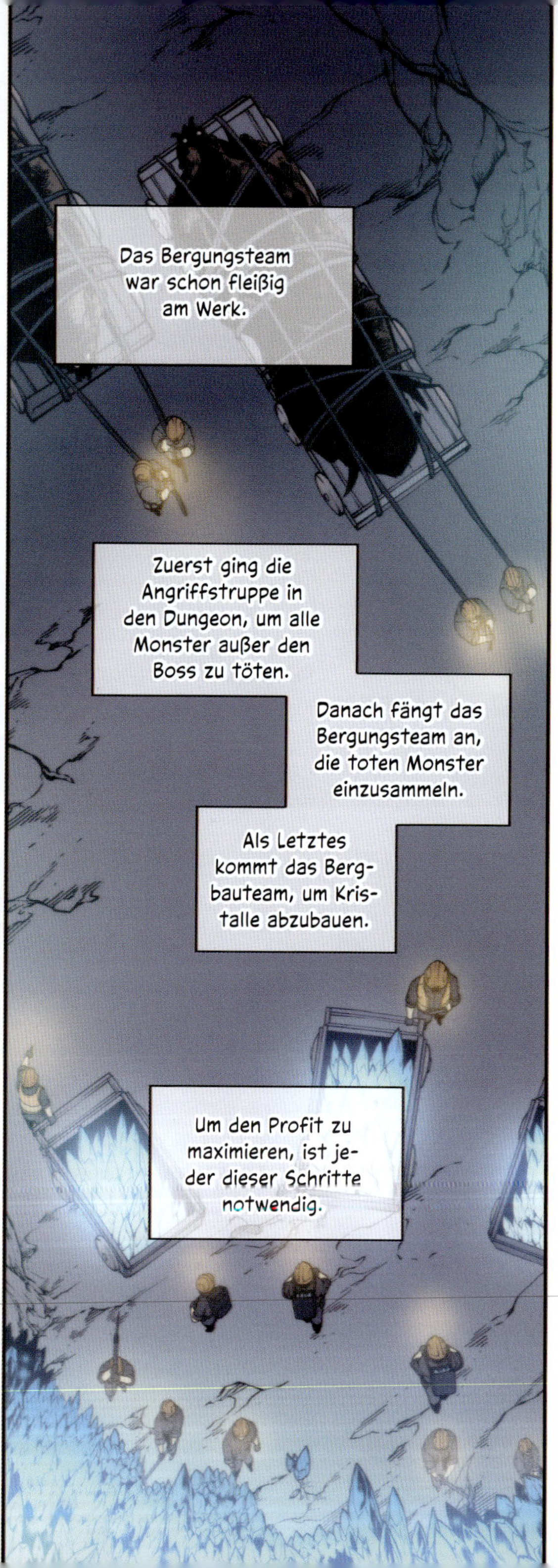
Das Bergungsteam war schon fleißig am Werk.
Zuerst ging die Angriffstruppe in den Dungeon, um alle Monster außer den Boss zu töten.
Danach fängt das Bergungsteam an, die toten Monster einzusammeln.
Als Letztes kommt das Bergbauteam, um Kristalle abzubauen.
Um den Profit zu maximieren, ist jeder dieser Schritte notwendig.

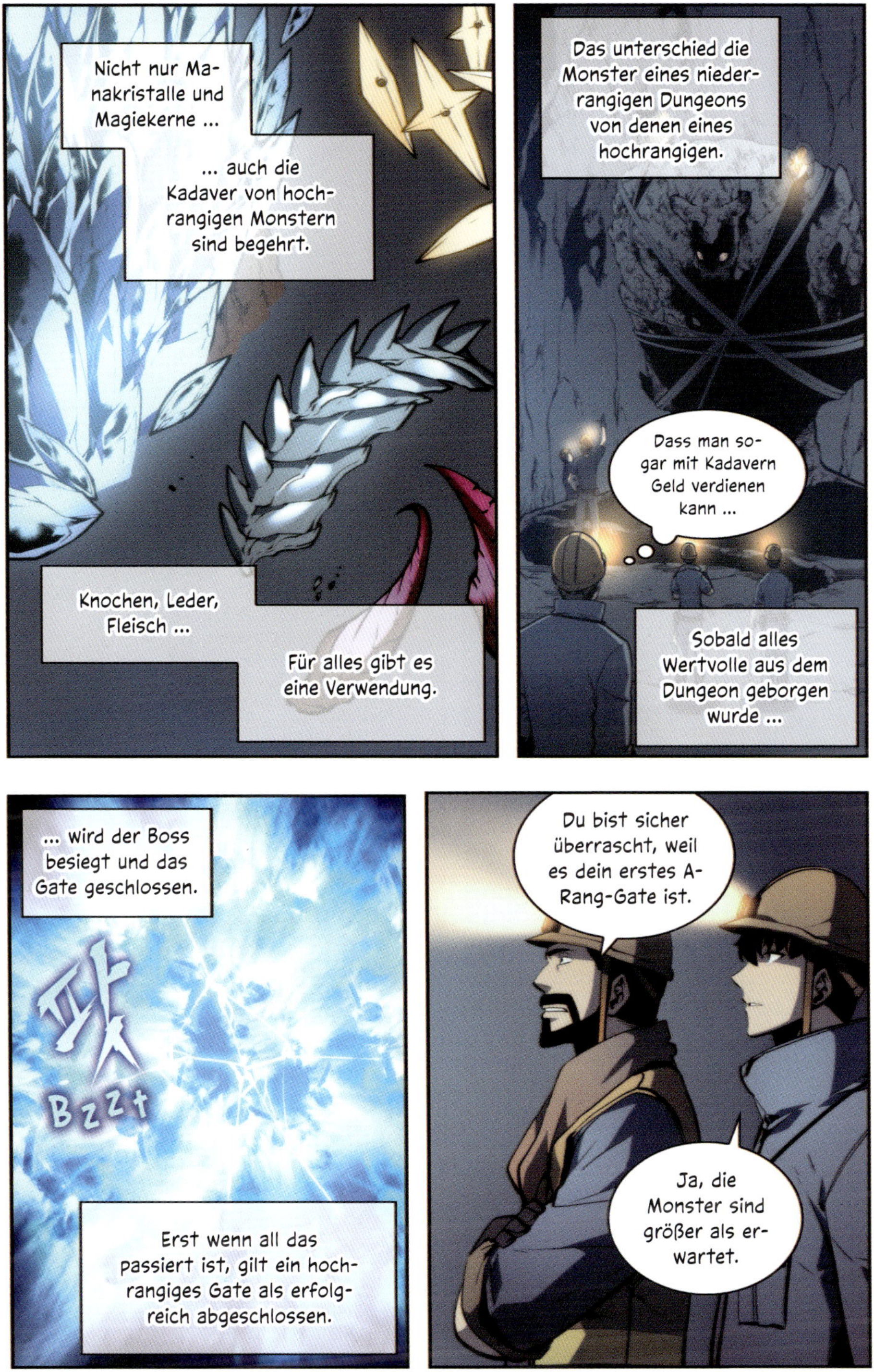
Nicht nur Manakristalle und Magiekerne ...
... auch die Kadaver von hochrangigen Monstern sind begehrt.
Knochen, Leder, Fleisch ...
Für alles gibt es eine Verwendung.
Das unterschied die Monster eines niederrangigen Dungeons von denen eines hochrangigen.
Dass man sogar mit Kadavern Geld verdienen kann ...
Sobald alles Wertvolle aus dem Dungeon geborgen wurde ...
... wird der Boss besiegt und das Gate geschlossen.
Bzzt
Erst wenn all das passiert ist, gilt ein hochrangiges Gate als erfolgreich abgeschlossen.
Du bist sicher überrascht, weil es dein erstes A-Rang-Gate ist.
Ja, die Monster sind größer als erwartet.

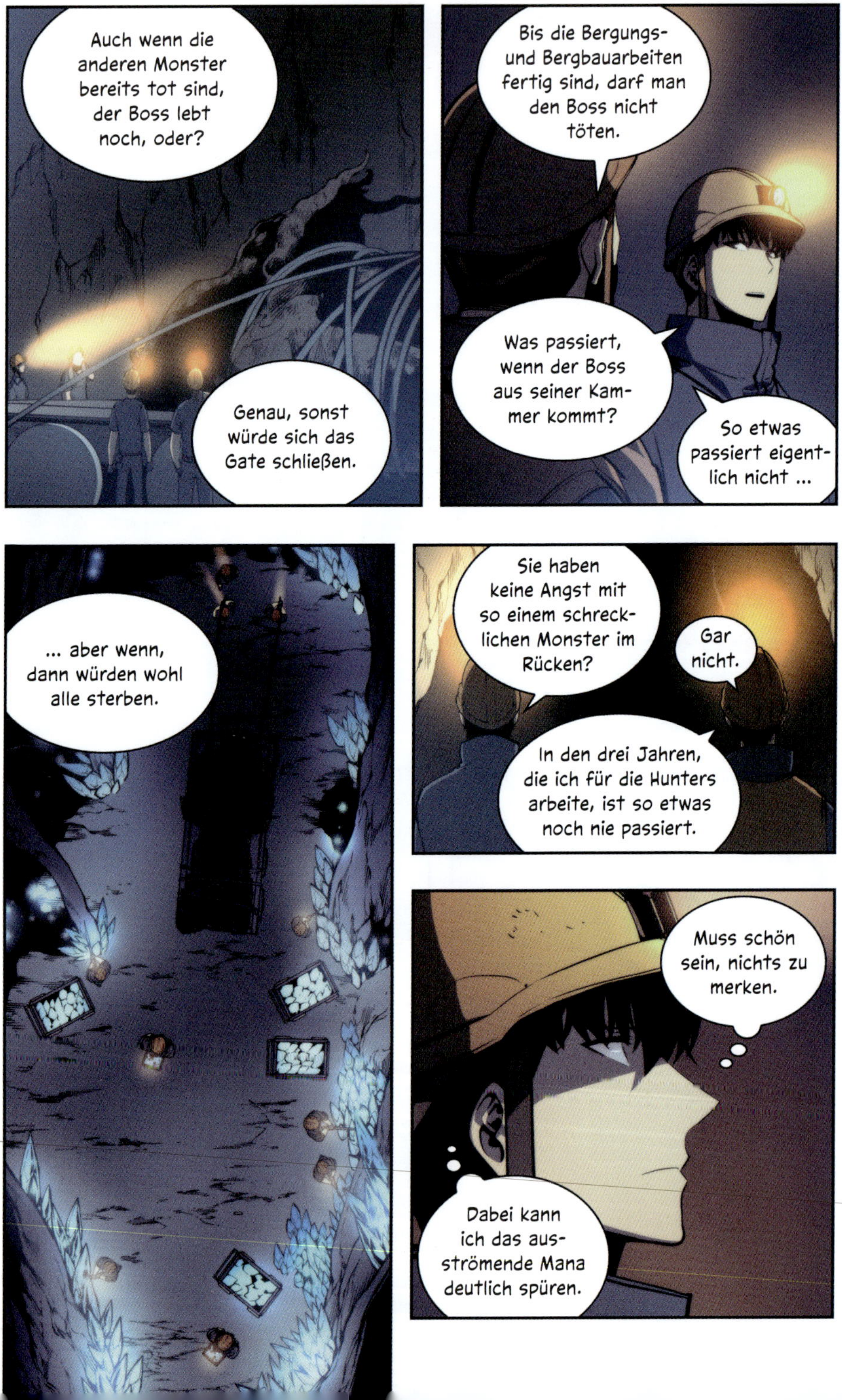
Auch wenn die anderen Monster bereits tot sind, der Boss lebt noch, oder?
Genau, sonst würde sich das Gate schließen.
Bis die Bergungs- und Bergbauarbeiten fertig sind, darf man den Boss nicht töten.
Was passiert, wenn der Boss aus seiner Kammer kommt?
So etwas passiert eigentlich nicht ...
... aber wenn, dann würden wohl alle sterben.
Sie haben keine Angst mit so einem schrecklichen Monster im Rücken?
Gar nicht.
In den drei Jahren, die ich für die Hunters arbeite, ist so etwas noch nie passiert.
Muss schön sein, nichts zu merken.
Dabei kann ich das ausströmende Mana deutlich spüren.

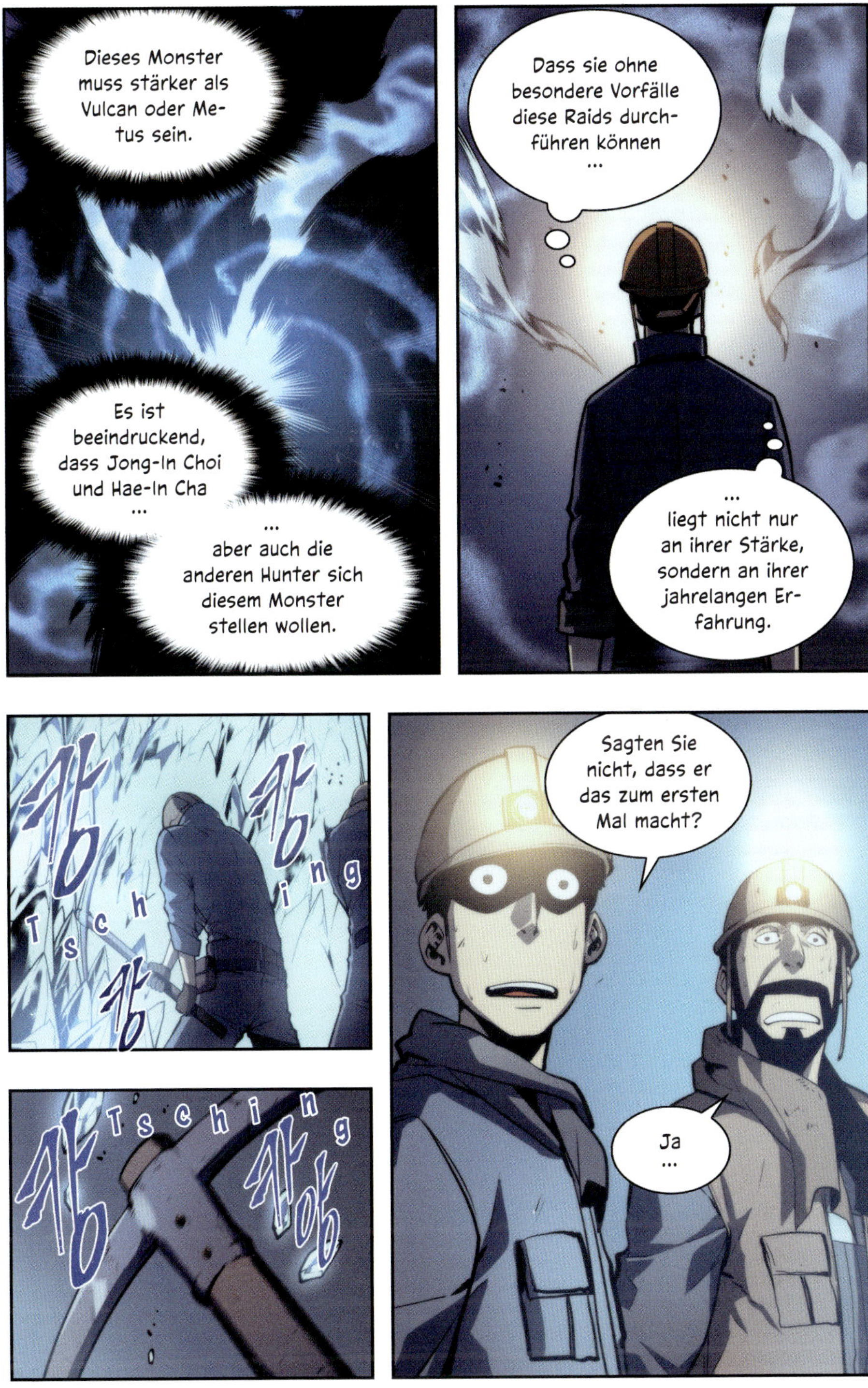
Dieses Monster muss stärker als Vulcan oder Metus sein.
Es ist beeindruckend, dass Jong-In Choi und Hae-In Cha ...
... aber auch die anderen Hunter sich diesem Monster stellen wollen.
Dass sie ohne besondere Vorfälle diese Raids durchführen können ...
... liegt nicht nur an ihrer Stärke, sondern an ihrer jahrelangen Erfahrung.
Tsching
Tsching
Sagten Sie nicht, dass er das zum ersten Mal macht?
Ja ...

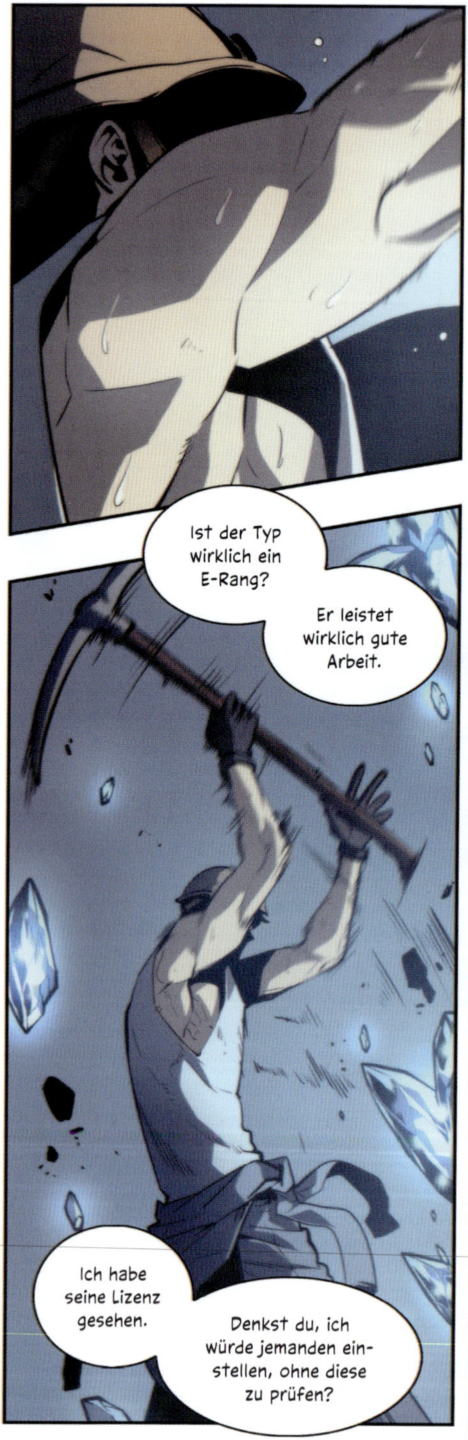

Ist der Typ wirklich ein E-Rang?
Er leistet wirklich gute Arbeit.
Ich habe seine Lizenz gesehen.
Denkst du, ich würde jemanden einstellen, ohne diese zu prüfen?

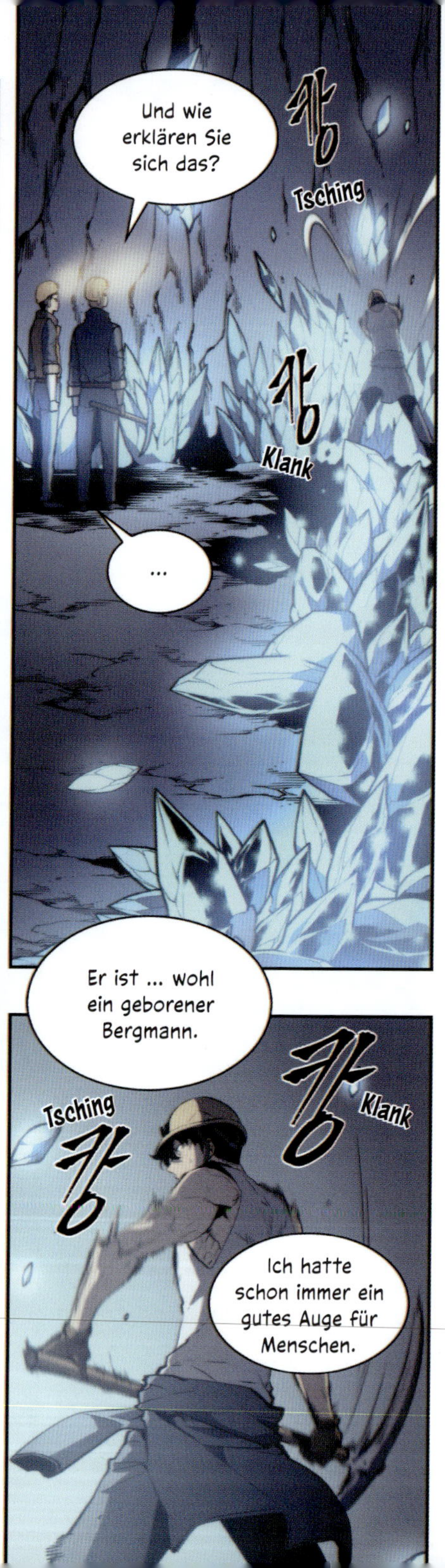

Und wie erklären Sie sich das?
강
Tsching
강
Klank
...
Er ist ... wohl ein geborener Bergmann.
강
Tsching
강
Klank
Ich hatte schon immer ein gutes Auge für Menschen.

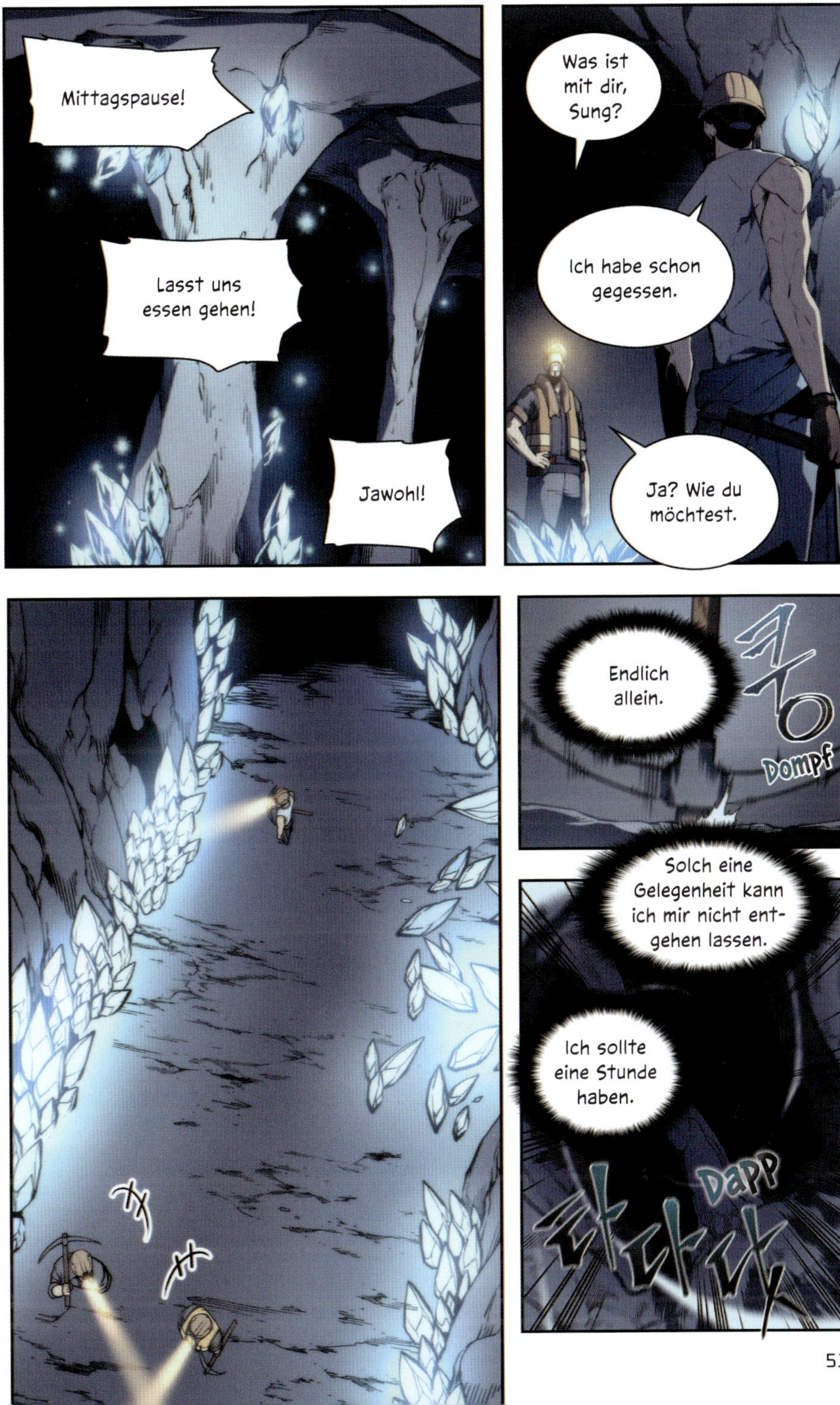

Mittagspause!
Lasst uns essen gehen!
Jawohl!
Was ist mit dir, Sung?
Ich habe schon gegessen.
Ja? Wie du möchtest.
Endlich allein.
Dompf
Solch eine Gelegenheit kann ich mir nicht ent-gehen lassen.
Ich sollte eine Stunde haben.
Dapp

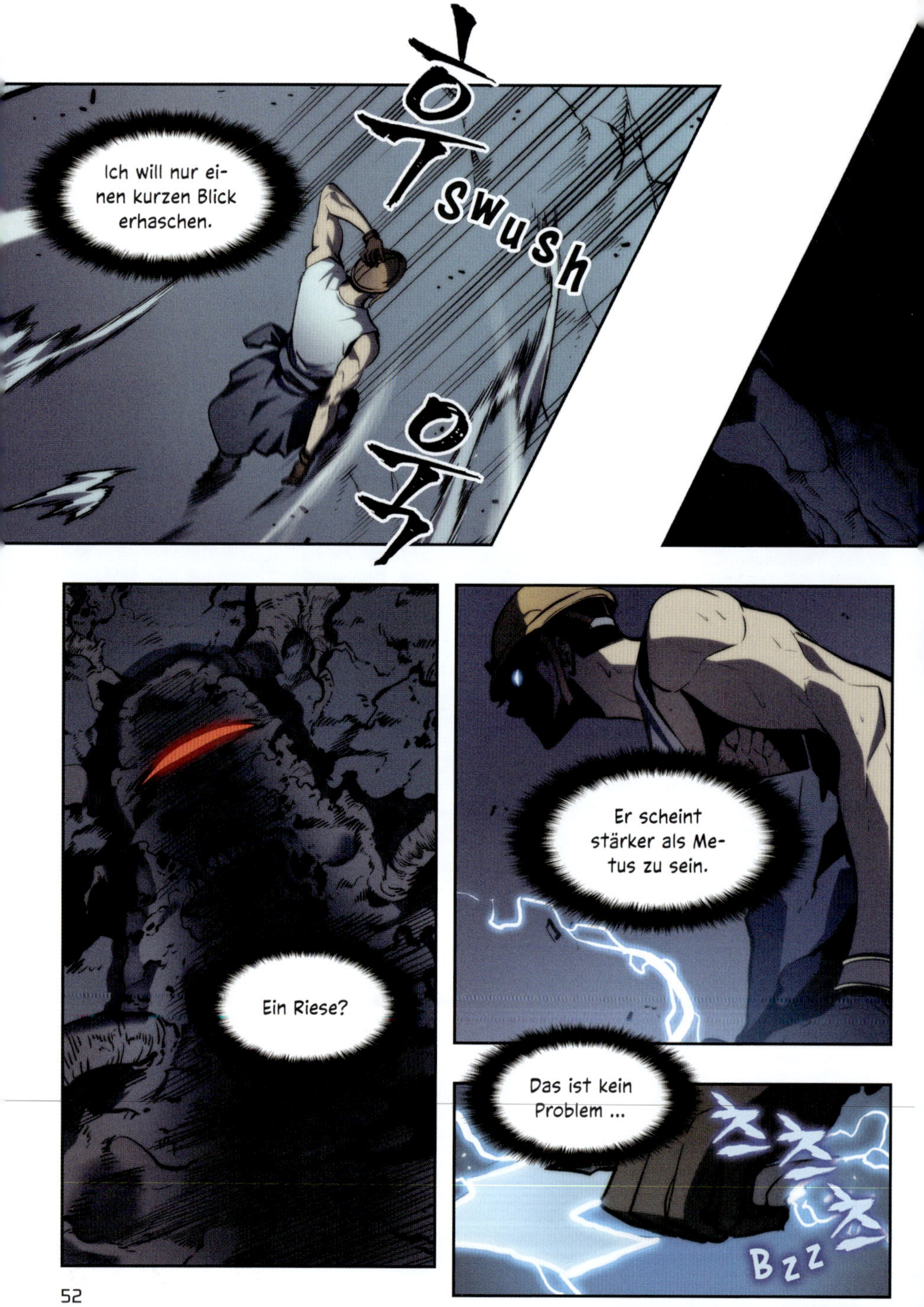

Ich will nur ei-
nen kurzen Blick
erhaschen.
후
swush
우
Ein Riese?
Er scheint
stärker als Me-
tus zu sein.
Das ist kein
Problem ...
츠츠츠
Bzz

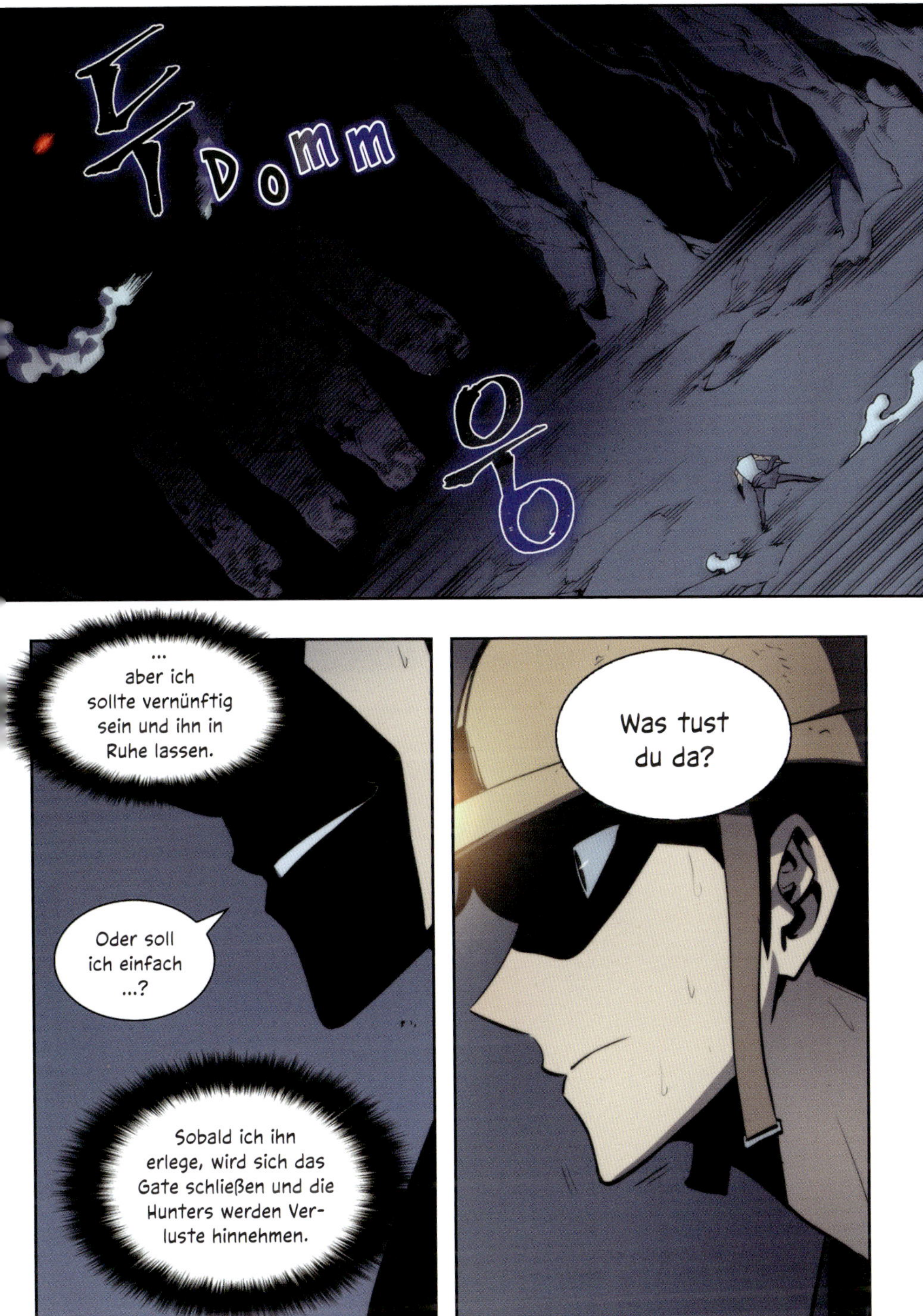
Domm
... aber ich sollte vernünftig sein und ihn in Ruhe lassen.
Oder soll ich einfach ...?
Sobald ich ihn erlege, wird sich das Gate schließen und die Hunters werden Ver-luste hinnehmen.
Was tust du da?

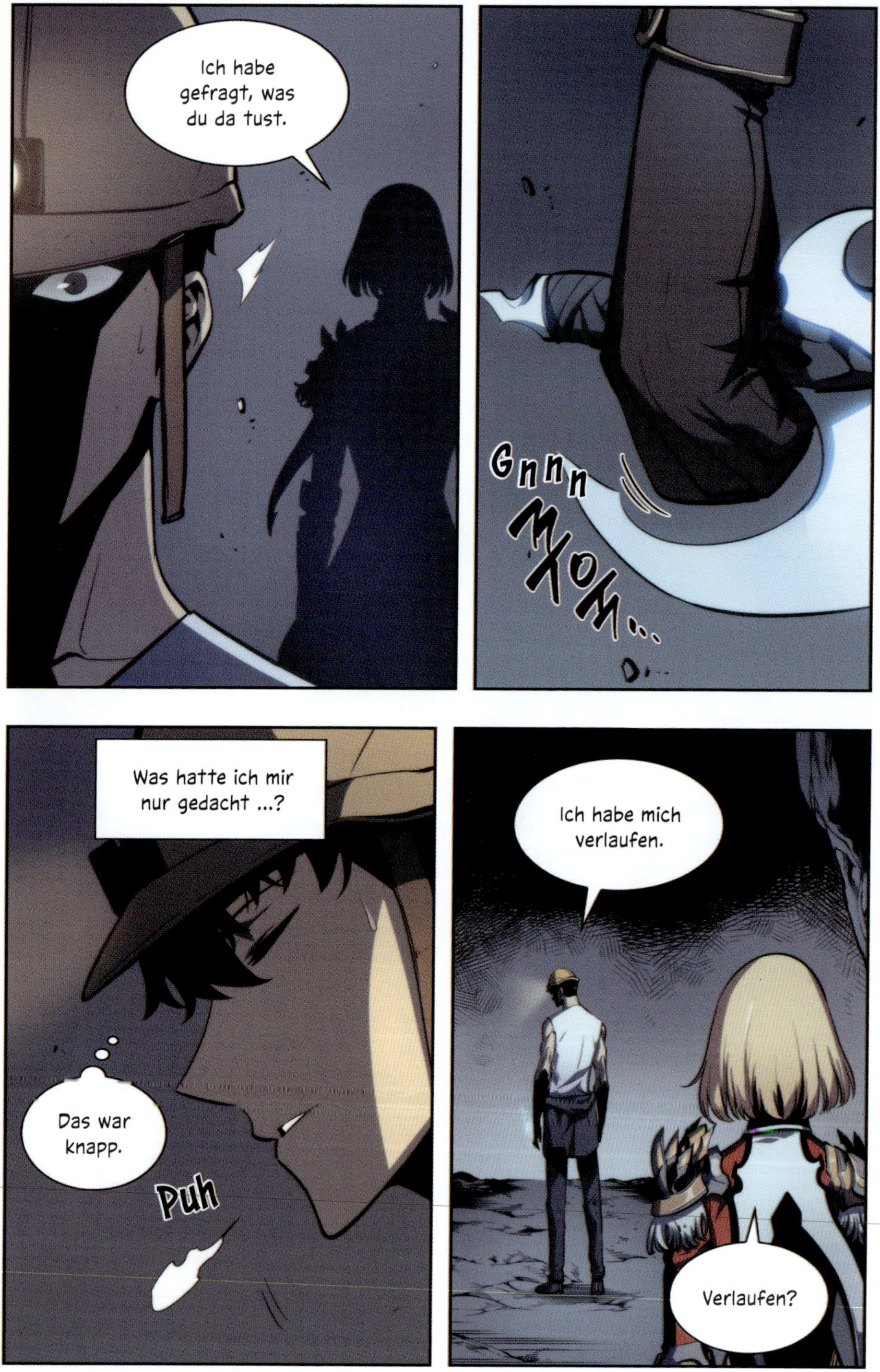
Ich habe gefragt, was du da tust.
Gnnn
WOOM ...
Was hatte ich mir nur gedacht ...?
Das war knapp.
Puh
Ich habe mich verlaufen.
Verlaufen?

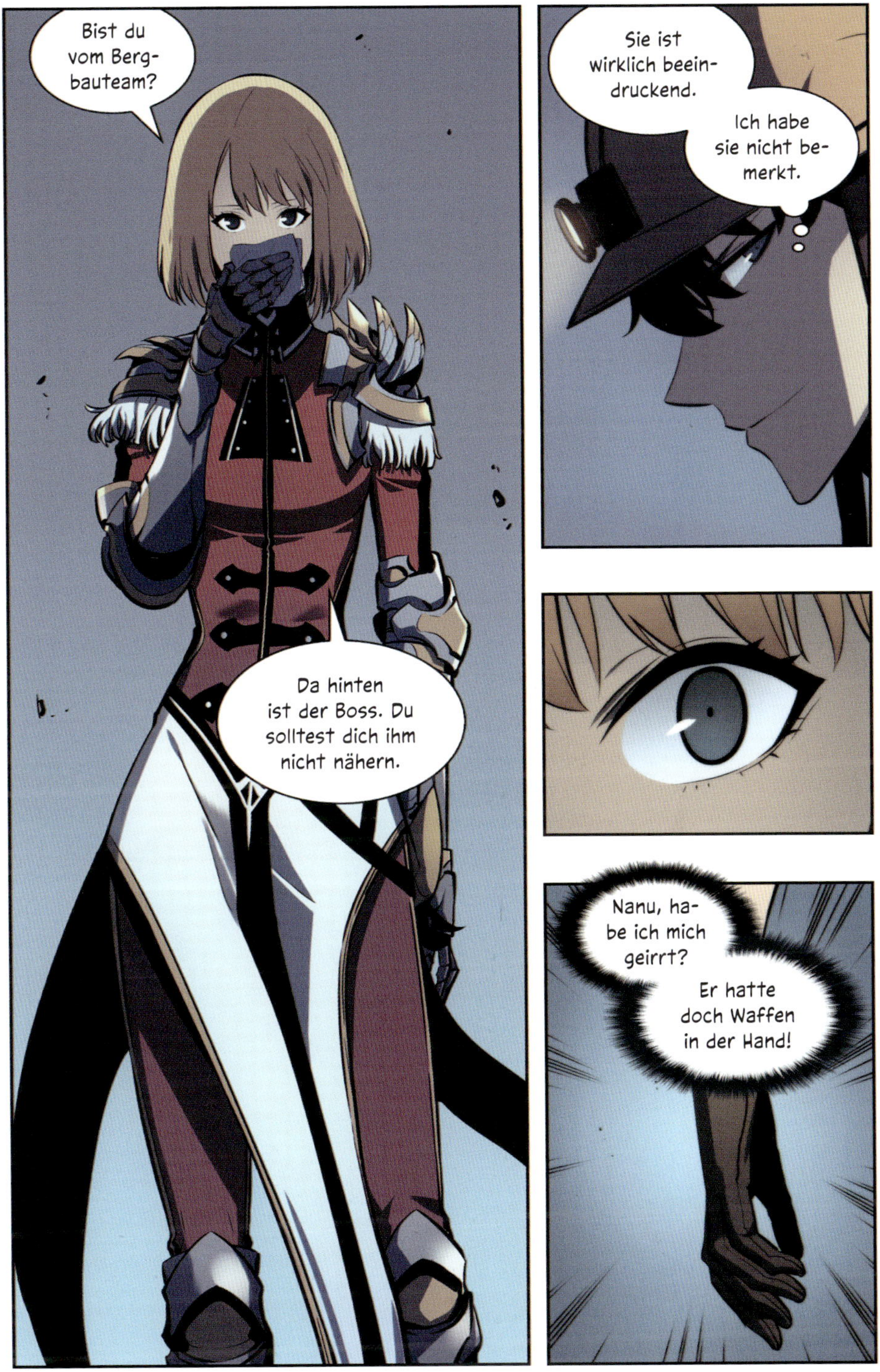

Bist du vom Bergbauteam?
Da hinten ist der Boss. Du solltest dich ihm nicht nähern.
Sie ist wirklich beeindruckend.
Ich habe sie nicht bemerkt.
Nanu, habe ich mich geirrt?
Er hatte doch Waffen in der Hand!

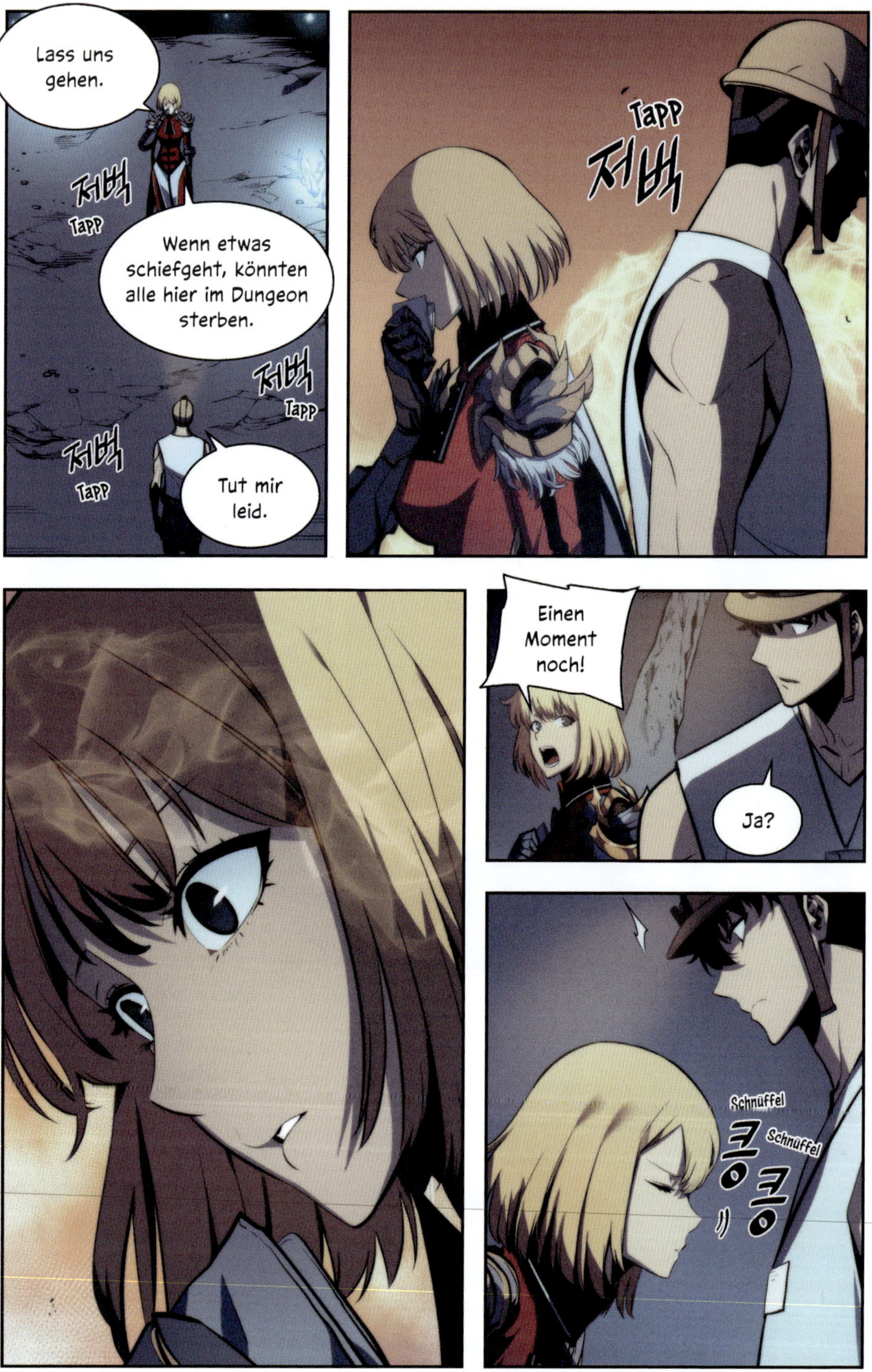
Lass uns gehen.
저벅
Tapp
Wenn etwas schiefgeht, könnten alle hier im Dungeon sterben.
저벅
Tapp
저벅
Tapp
Tut mir leid.
Tapp
저벅
Einen Moment noch!
Ja?
Schnüffel
Schnüffel
킁킁

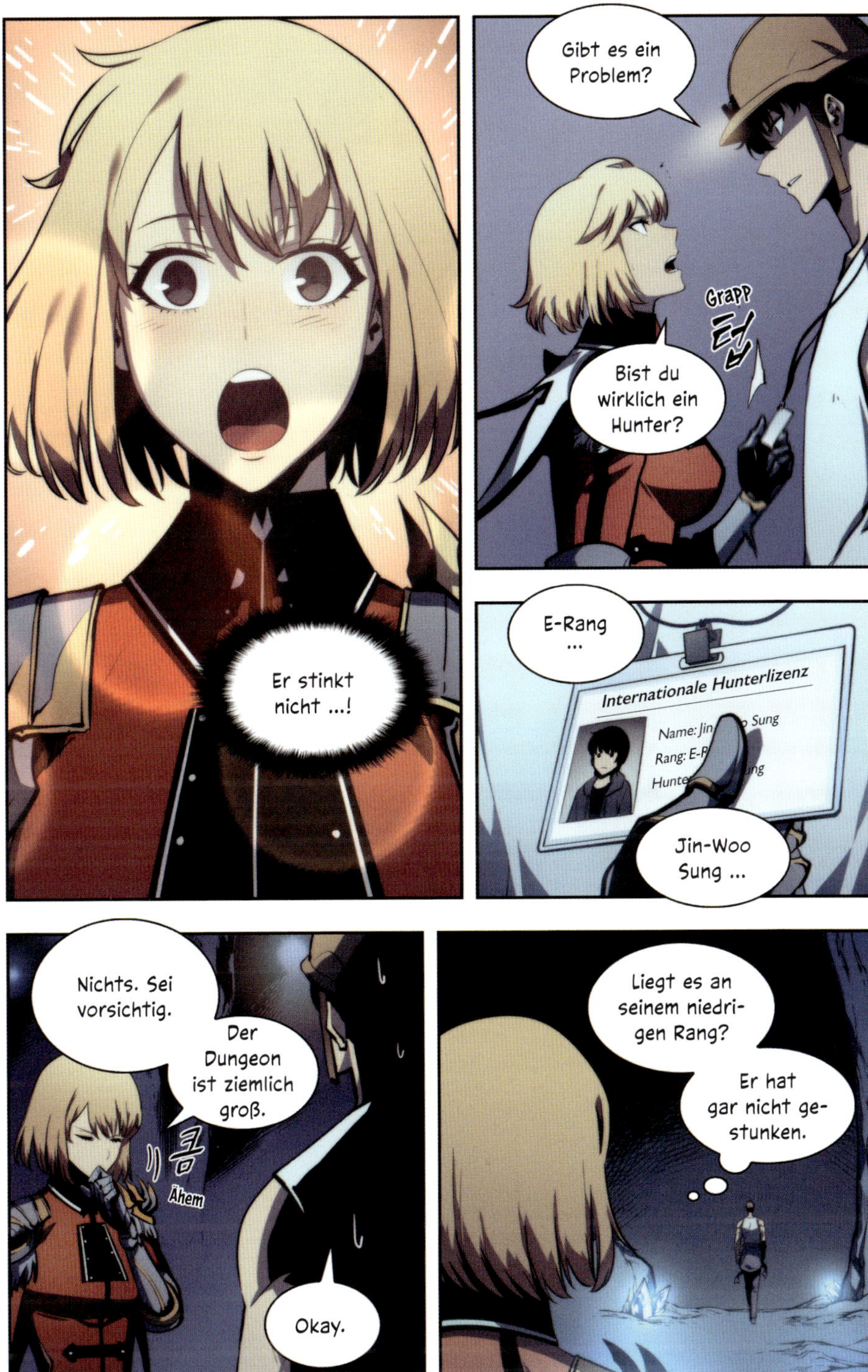
Er stinkt nicht ...!
Gibt es ein Problem?
Grapp
Bist du wirklich ein Hunter?
E-Rang ...
Internationale Hunterlizenz
Jin-Woo Sung ...
Nichts. Sei vorsichtig.
Der Dungeon ist ziemlich groß.
Ähem
Okay.
Liegt es an seinem niedrigen Rang?
Er hat gar nicht gestunken.

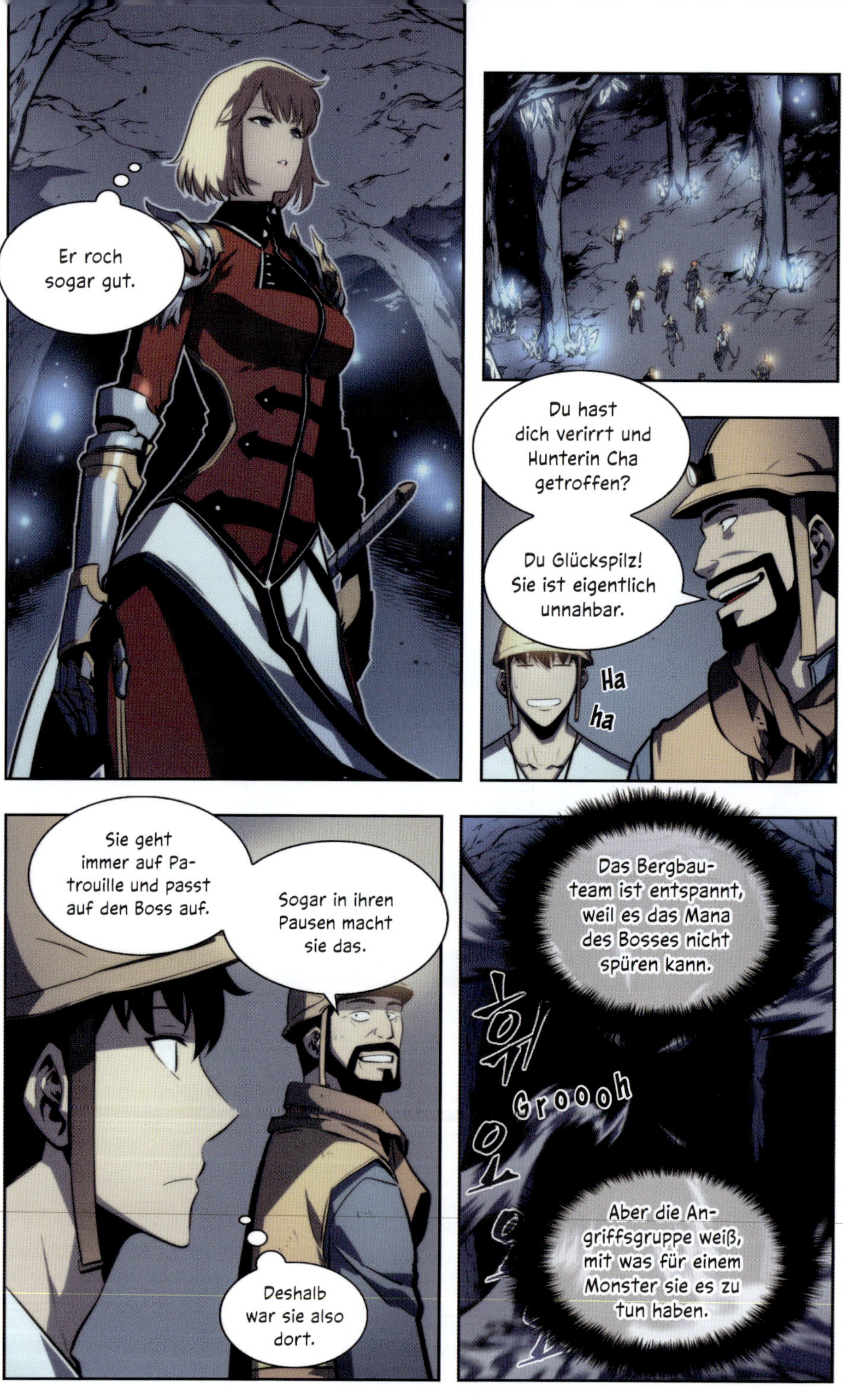
Er roch sogar gut.
Du hast dich verirrt und Hunterin Cha getroffen?
Du Glückspilz! Sie ist eigentlich unnahbar.
Ha ha
Sie geht immer auf Patrouille und passt auf den Boss auf.
Sogar in ihren Pausen macht sie das.
Deshalb war sie also dort.
Das Bergbauteam ist entspannt, weil es das Mana des Bosses nicht spüren kann.
Groooh
Aber die Angriffsgruppe weiß, mit was für einem Monster sie es zu tun haben.

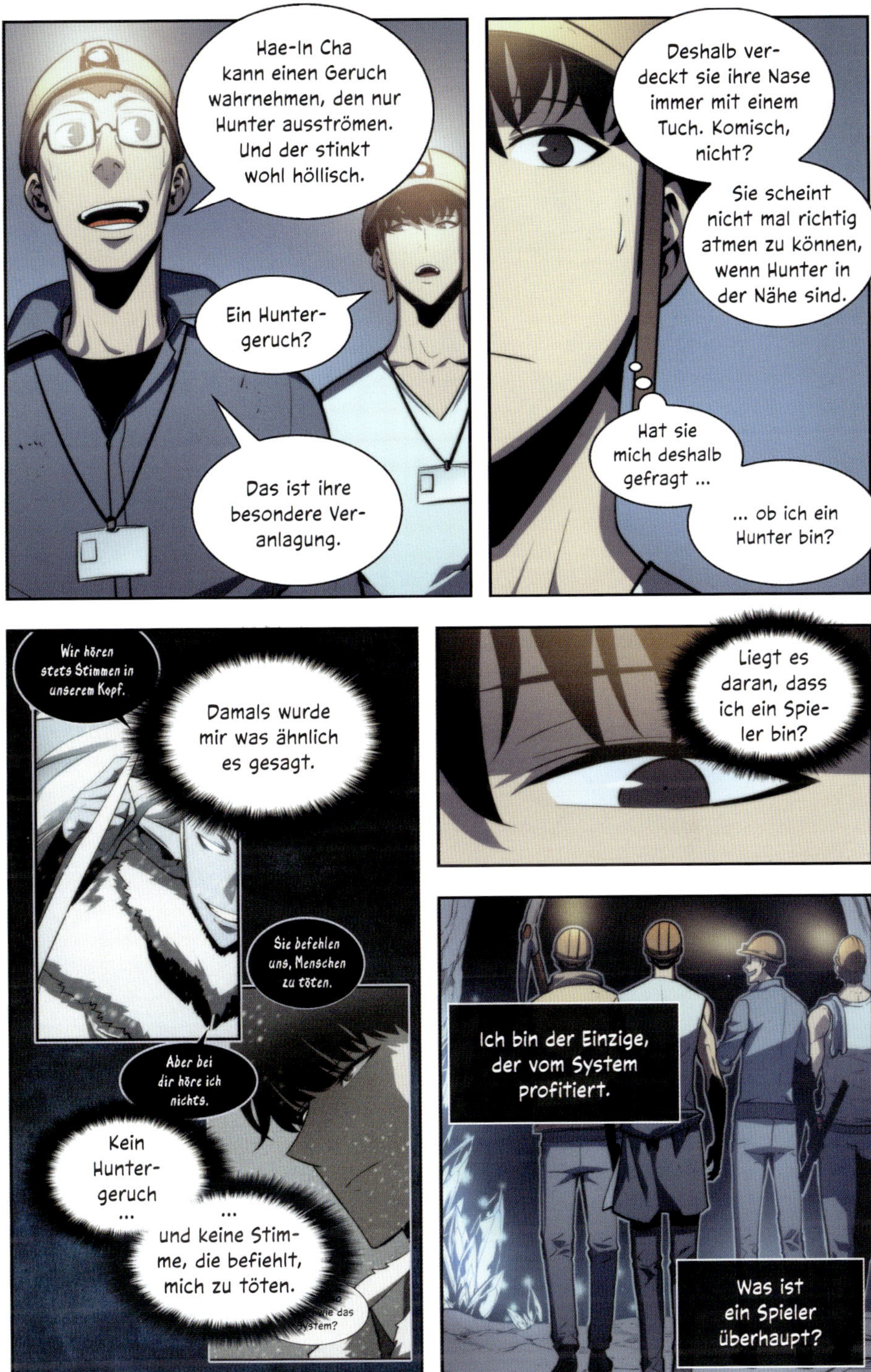
Hae-In Cha kann einen Geruch wahrnehmen, den nur Hunter ausströmen. Und der stinkt wohl höllisch.
Ein Hunter-geruch?
Das ist ihre besondere Ver-anlagung.
Deshalb ver-deckt sie ihre Nase immer mit einem Tuch. Komisch, nicht?
Sie scheint nicht mal richtig atmen zu können, wenn Hunter in der Nähe sind.
Hat sie mich deshalb gefragt ...
... ob ich ein Hunter bin?
Wir hören stets Stimmen in unserem Kopf.
Damals wurde mir was ähnlich es gesagt.
Sie befehlen uns, Menschen zu töten.
Aber bei dir höre ich nichts.
Kein Hunter-geruch ...
... und keine Stim-me, die befiehlt, mich zu töten.
Liegt es daran, dass ich ein Spie-ler bin?
Ich bin der Einzige, der vom System profitiert.
Was ist ein Spieler überhaupt?

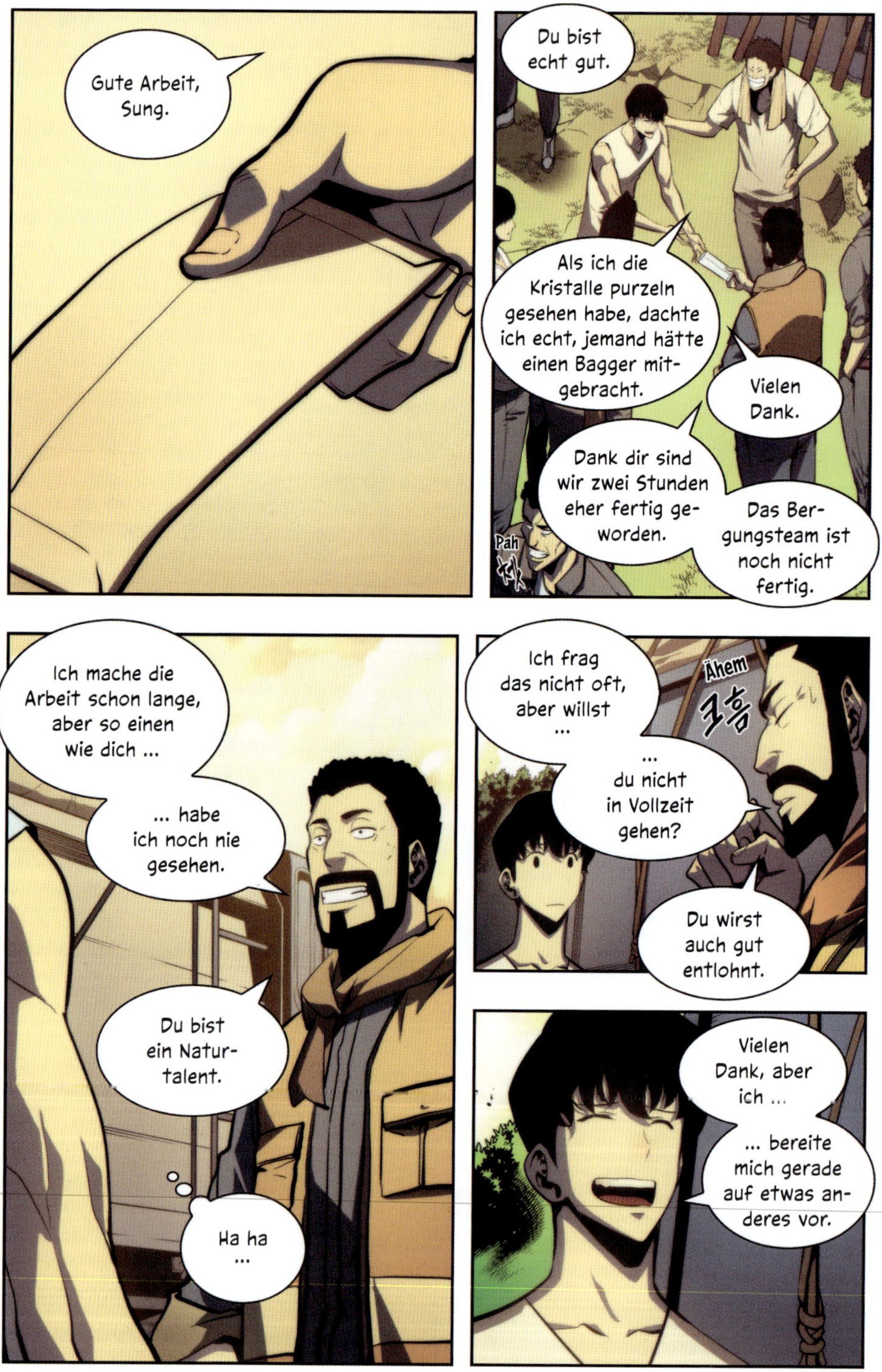
Gute Arbeit, Sung.
Du bist echt gut.
Als ich die Kristalle purzeln gesehen habe, dachte ich echt, jemand hätte einen Bagger mitgebracht.
Vielen Dank.
Dank dir sind wir zwei Stunden eher fertig geworden.
Pah
Das Bergungsteam ist noch nicht fertig.
Ich mache die Arbeit schon lange, aber so einen wie dich ...
... habe ich noch nie gesehen.
Du bist ein Naturtalent.
Ha ha ...
Ich frag das nicht oft, aber willst ...
Ähem
... du nicht in Vollzeit gehen?
Du wirst auch gut entlohnt.
Vielen Dank, aber ich ...
... bereite mich gerade auf etwas anderes vor.

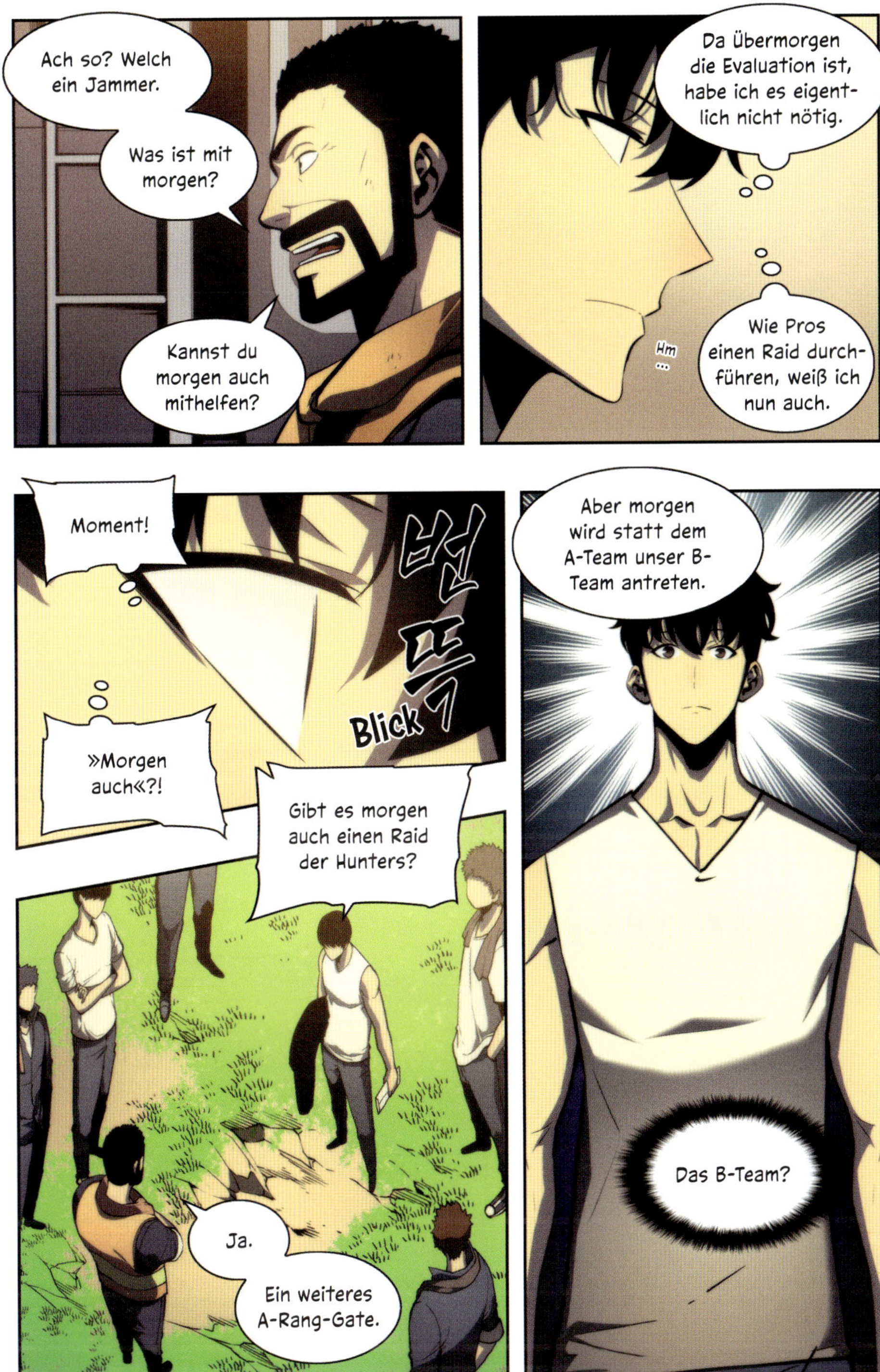
Ach so? Welch ein Jammer.
Was ist mit morgen?
Kannst du morgen auch mithelfen?
Da Übermorgen die Evaluation ist, habe ich es eigentlich nicht nötig.
Wie Pros einen Raid durchführen, weiß ich nun auch.
Hm ...
Moment!
번뜩
Blick
»Morgen auch«?!
Gibt es morgen auch einen Raid der Hunters?
Ja.
Ein weiteres A-Rang-Gate.
Aber morgen wird statt dem A-Team unser B-Team antreten.
Das B-Team?

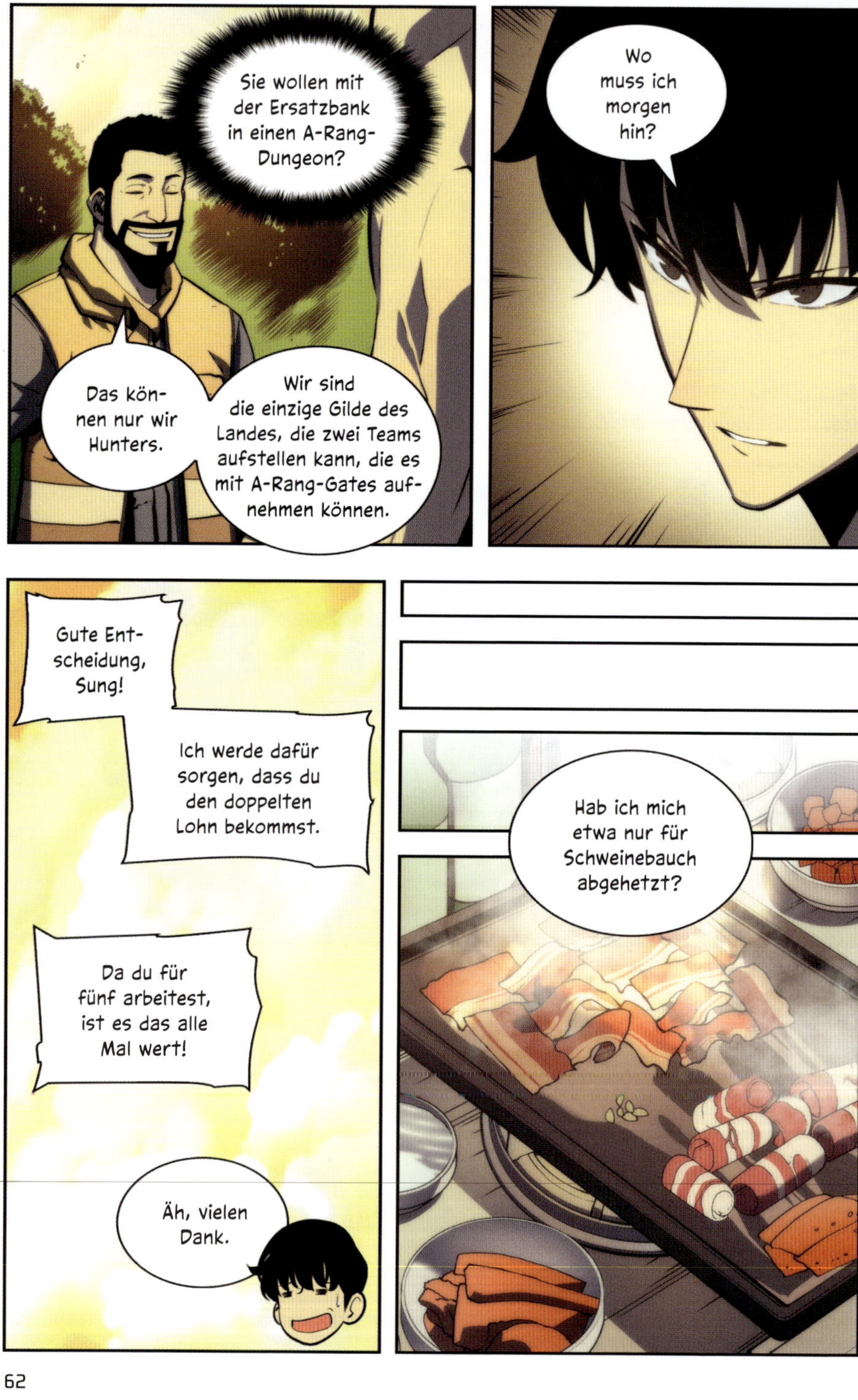
Sie wollen mit der Ersatzbank in einen A-Rang-Dungeon?
Das können nur wir Hunters.
Wir sind die einzige Gilde des Landes, die zwei Teams aufstellen kann, die es mit A-Rang-Gates aufnehmen können.
Wo muss ich morgen hin?
Gute Entscheidung, Sung!
Ich werde dafür sorgen, dass du den doppelten Lohn bekommst.
Da du für fünf arbeitest, ist es das alle Mal wert!
Äh, vielen Dank.
Hab ich mich etwa nur für Schweinebauch abgehetzt?

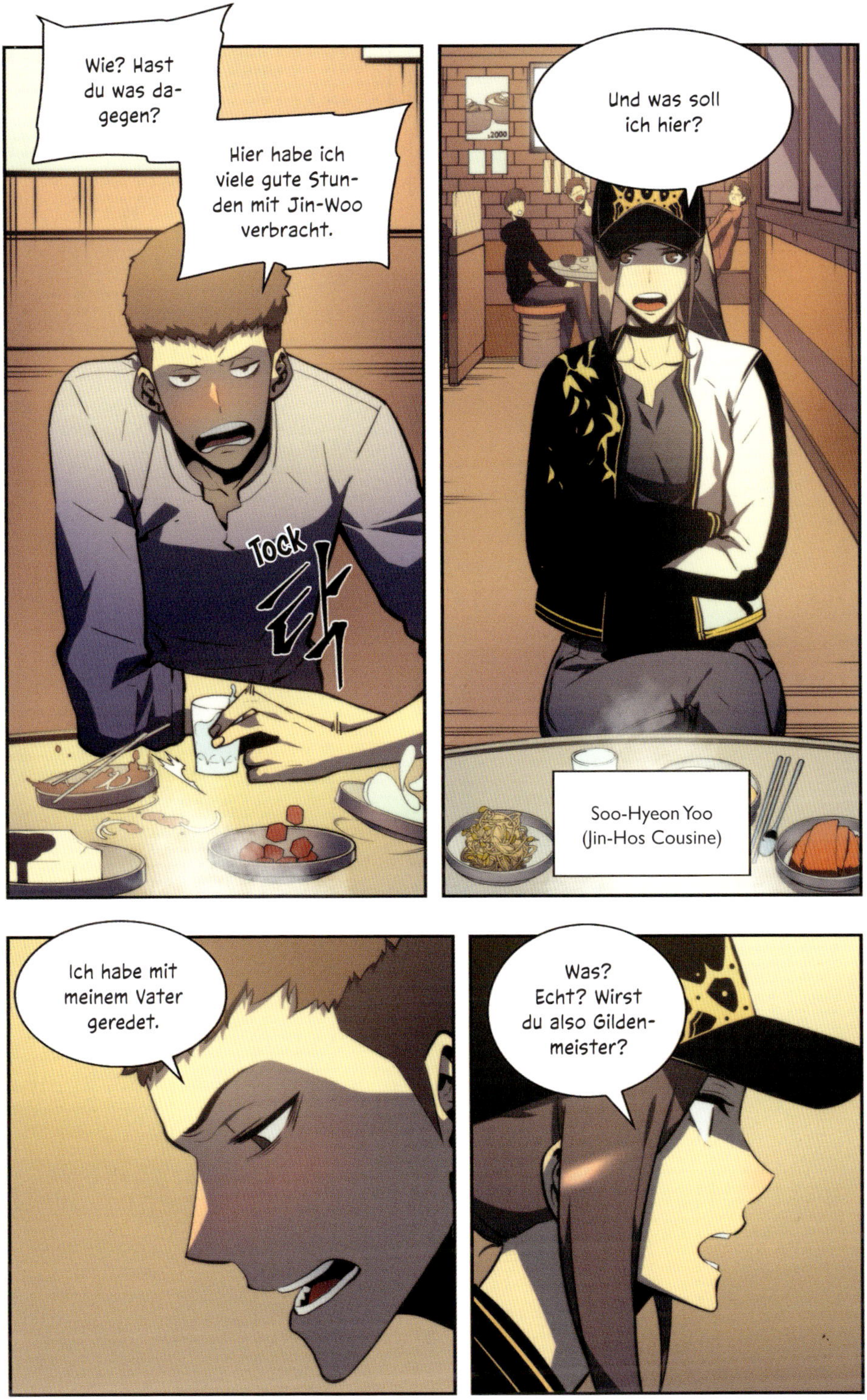

Wie? Hast du was dagegen?
Hier habe ich viele gute Stunden mit Jin-Woo verbracht.
Tock
Und was soll ich hier?
Soo-Hyeon Yoo (Jin-Hos Cousine)
Ich habe mit meinem Vater geredet.
Was? Echt? Wirst du also Gildenmeister?

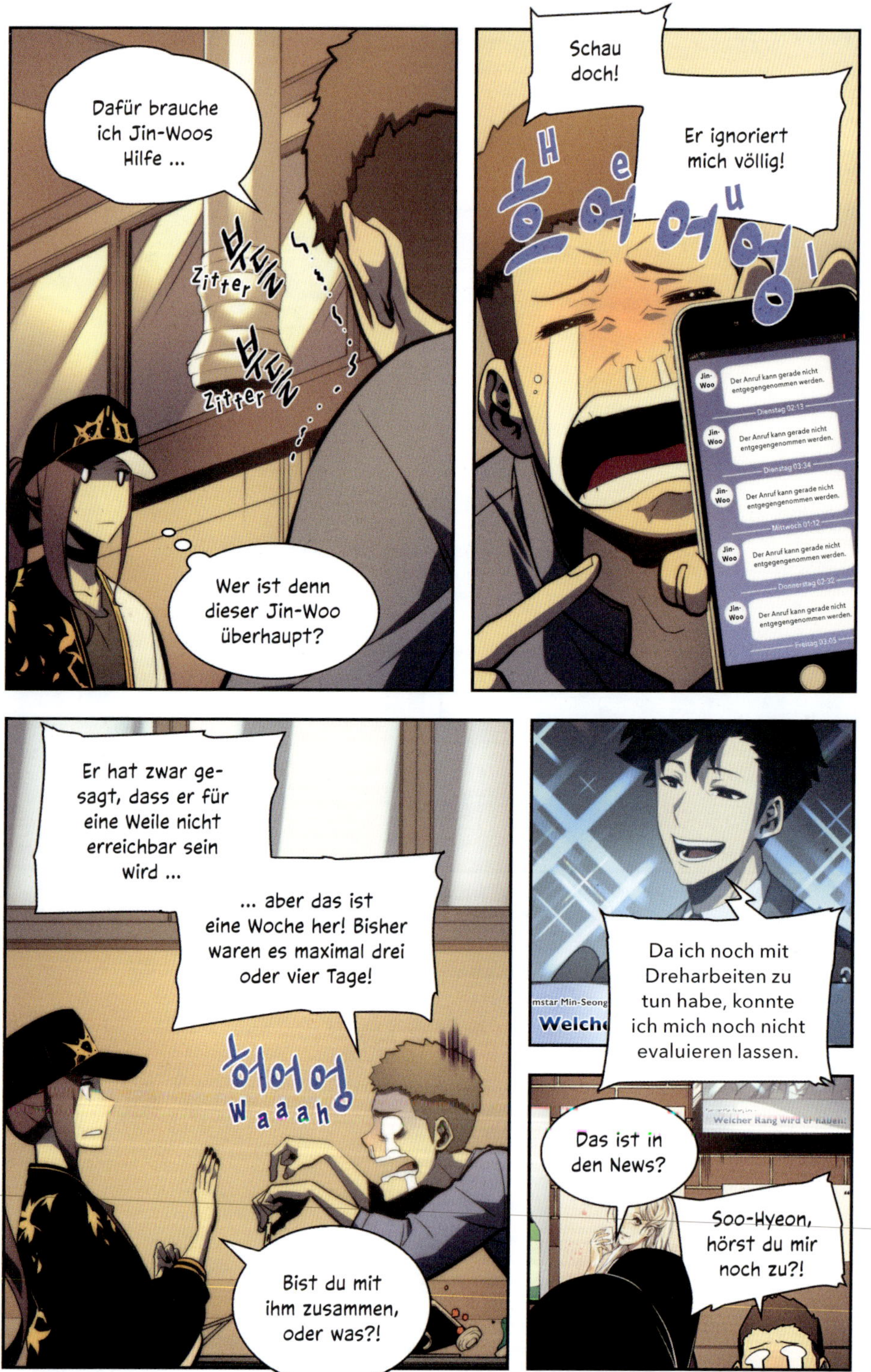
Dafür brauche ich Jin-Woos Hilfe ...
Zitter
Zitter
Wer ist denn dieser Jin-Woo überhaupt?
Schau doch!
Er ignoriert mich völlig!
Heul
Jin-Woo Der Anruf kann gerade nicht entgegengenommen werden.
Dienstag 02:13
Jin-Woo Der Anruf kann gerade nicht entgegengenommen werden.
Dienstag 03:34
Jin-Woo Der Anruf kann gerade nicht entgegengenommen werden.
Mittwoch 01:12
Jin-Woo Der Anruf kann gerade nicht entgegengenommen werden.
Donnerstag 02:32
Jin-Woo Der Anruf kann gerade nicht entgegengenommen werden.
Freitag 03:05
Er hat zwar gesagt, dass er für eine Weile nicht erreichbar sein wird ...
... aber das ist eine Woche her! Bisher waren es maximal drei oder vier Tage!
Waaah
Bist du mit ihm zusammen, oder was?!
Da ich noch mit Dreharbeiten zu tun habe, konnte ich mich noch nicht evaluieren lassen.
Das ist in den News?
Soo-Hyeon, hörst du mir noch zu?!

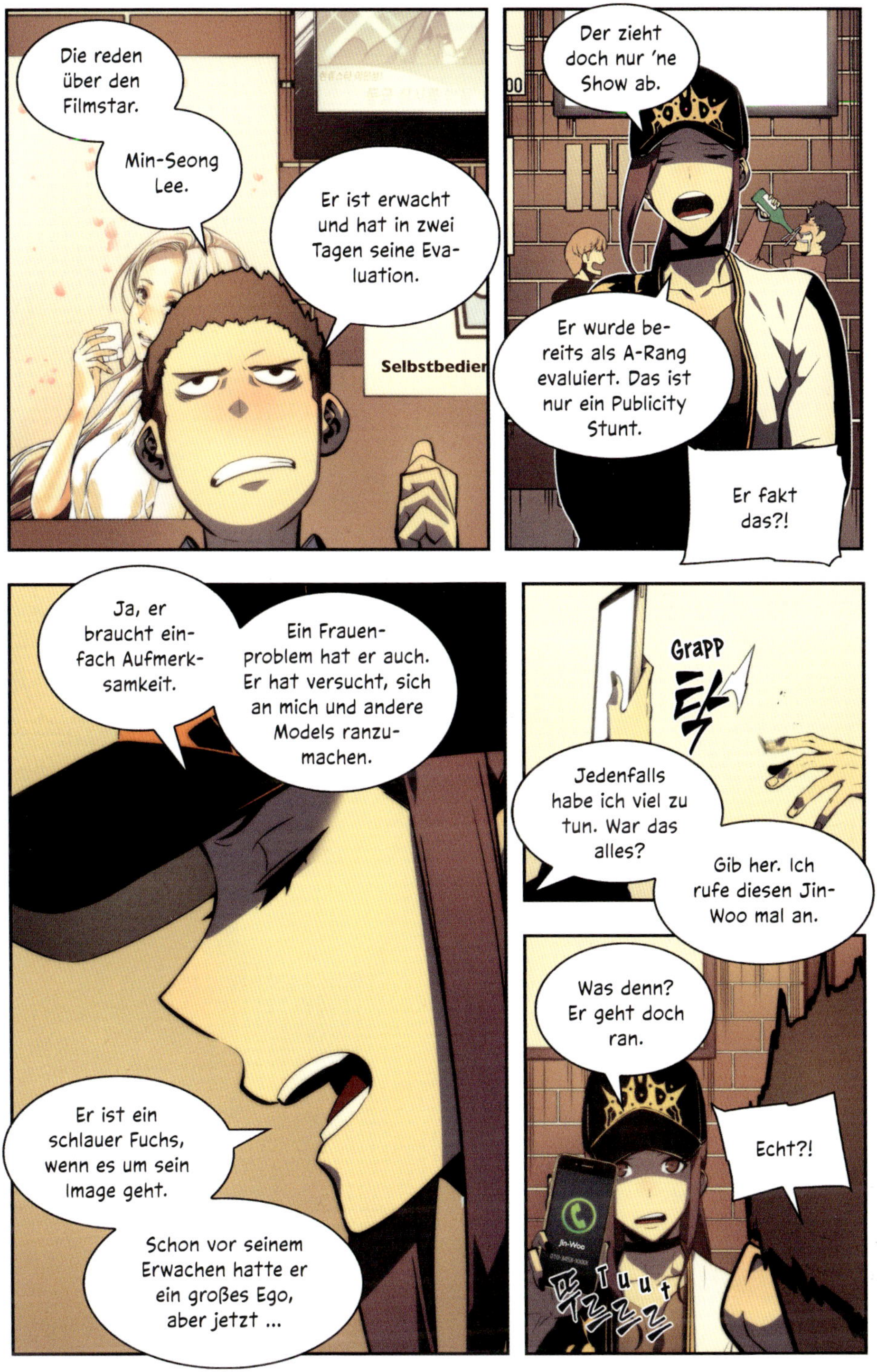
Die reden über den Filmstar.
Min-Seong Lee.
Er ist erwacht und hat in zwei Tagen seine Evaluation.
Selbstbedien
Der zieht doch nur 'ne Show ab.
Er wurde bereits als A-Rang evaluiert. Das ist nur ein Publicity Stunt.
Er fakt das?!
Ja, er braucht einfach Aufmerksamkeit.
Ein Frauenproblem hat er auch. Er hat versucht, sich an mich und andere Models ranzumachen.
Er ist ein schlauer Fuchs, wenn es um sein Image geht.
Schon vor seinem Erwachen hatte er ein großes Ego, aber jetzt ...
Grapp
Jedenfalls habe ich viel zu tun. War das alles?
Gib her. Ich rufe diesen Jin-Woo mal an.
Was denn? Er geht doch ran.
Echt?!
Jin-Woo
Tuut

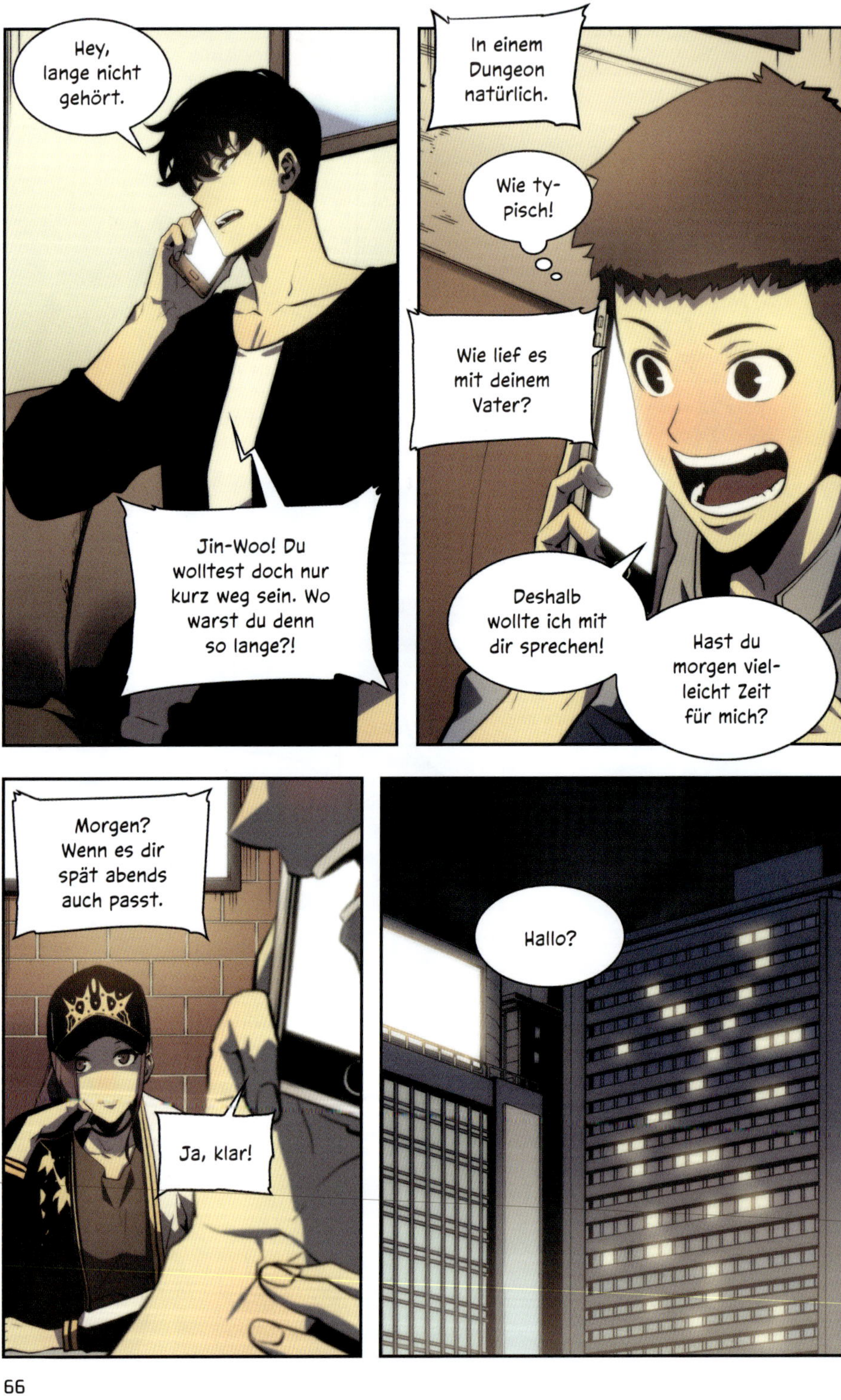
Hey, lange nicht gehört.
Jin-Woo! Du wolltest doch nur kurz weg sein. Wo warst du denn so lange?!
In einem Dungeon natürlich.
Wie ty-pisch!
Wie lief es mit deinem Vater?
Deshalb wollte ich mit dir sprechen!
Hast du morgen viel-leicht Zeit für mich?
Morgen? Wenn es dir spät abends auch passt.
Ja, klar!
Hallo?

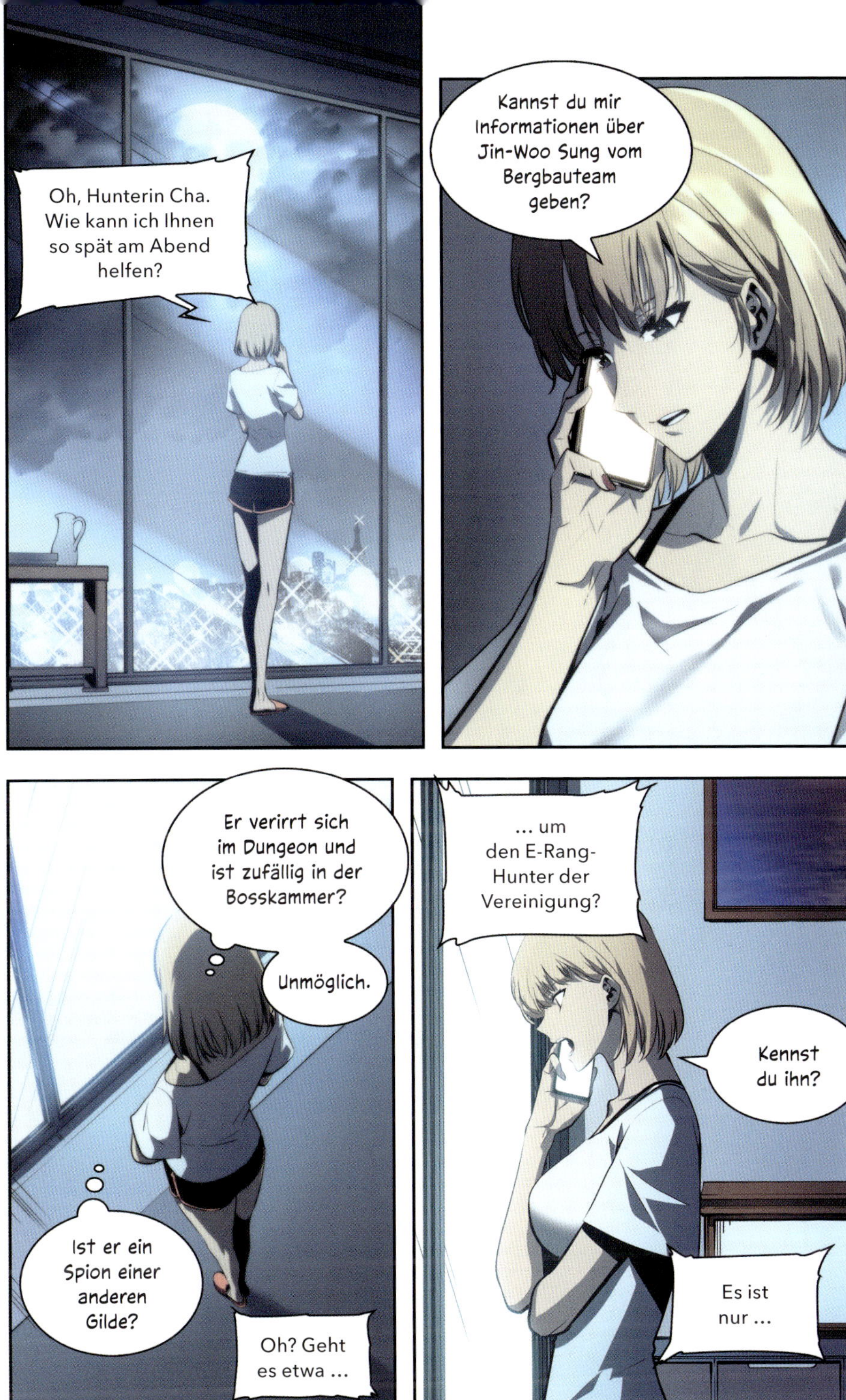
Oh, Hunterin Cha. Wie kann ich Ihnen so spät am Abend helfen?
Kannst du mir Informationen über Jin-Woo Sung vom Bergbauteam geben?
Er verirrt sich im Dungeon und ist zufällig in der Bosskammer?
Unmöglich.
Ist er ein Spion einer anderen Gilde?
Oh? Geht es etwa ...
... um den E-Rang-Hunter der Vereinigung?
Kennst du ihn?
Es ist nur ...

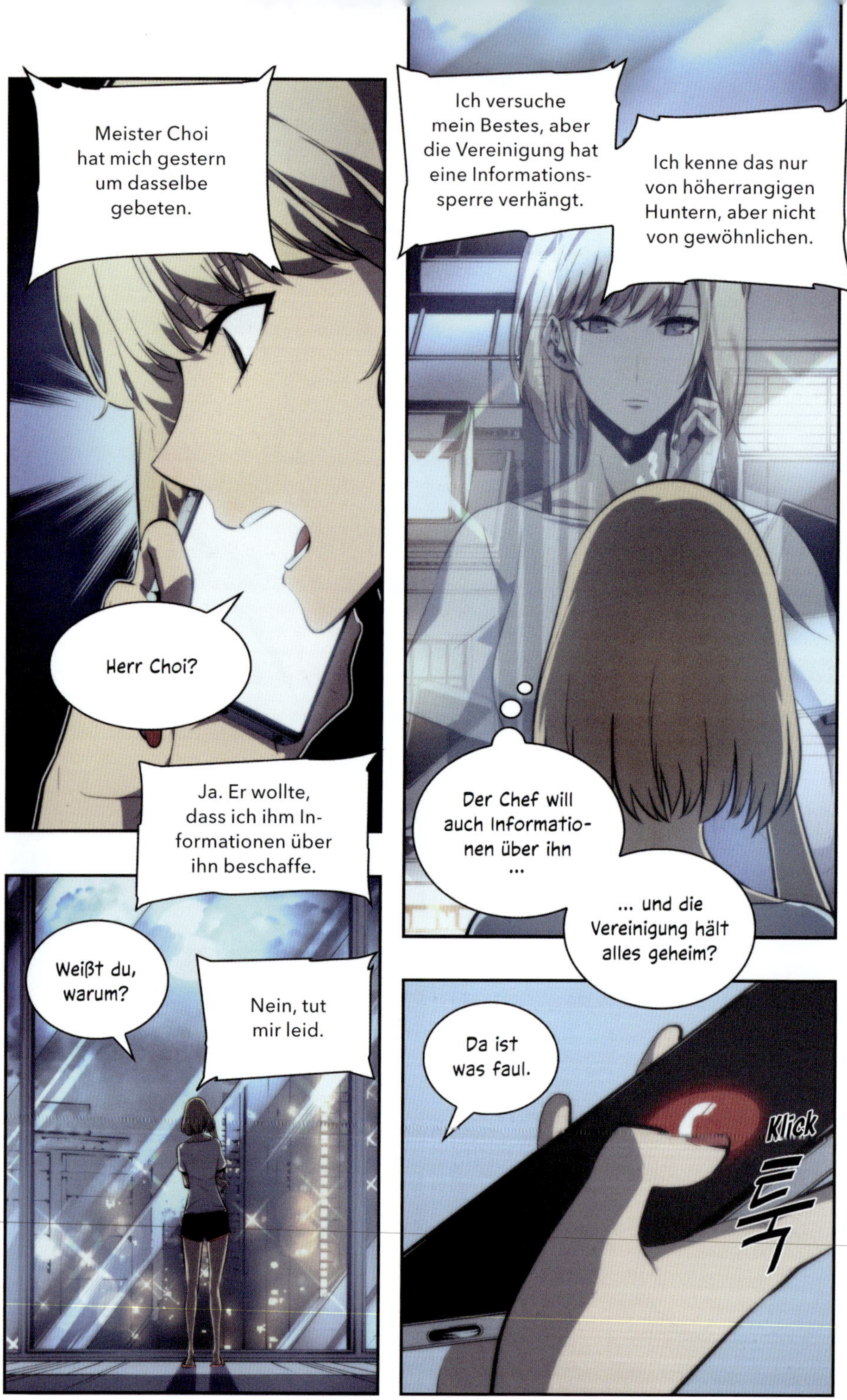
Meister Choi hat mich gestern um dasselbe gebeten.
Herr Choi?
Ja. Er wollte, dass ich ihm Informationen über ihn beschaffe.
Weißt du, warum?
Nein, tut mir leid.
Ich versuche mein Bestes, aber die Vereinigung hat eine Informationssperre verhängt.
Ich kenne das nur von höherrangigen Huntern, aber nicht von gewöhnlichen.
Der Chef will auch Informationen über ihn …
… und die Vereinigung hält alles geheim?
Da ist was faul.
Klick

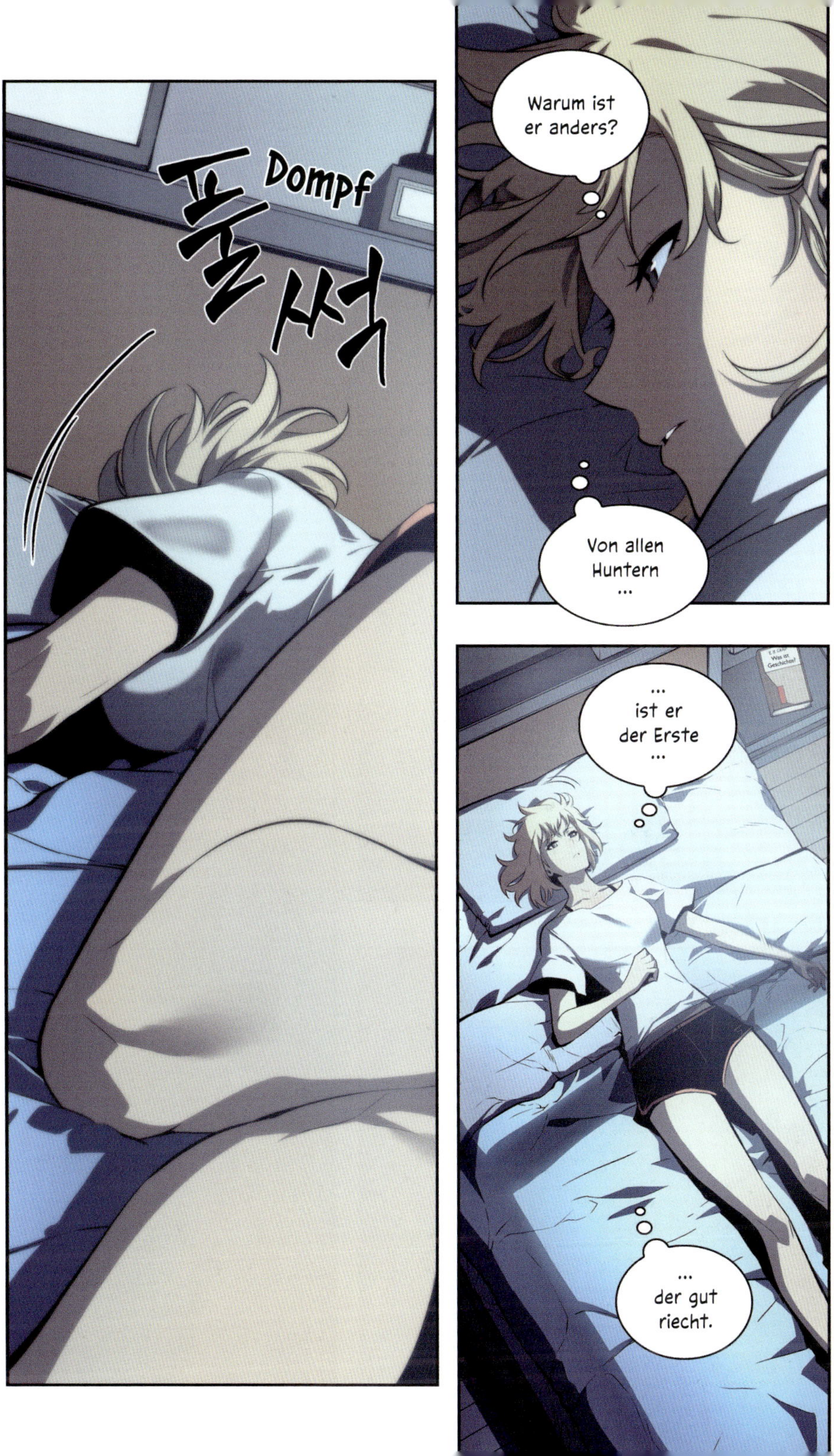
폴썩
Dompf
Warum ist er anders?
Von allen Huntern ...
... ist er der Erste ...
... der gut riecht.

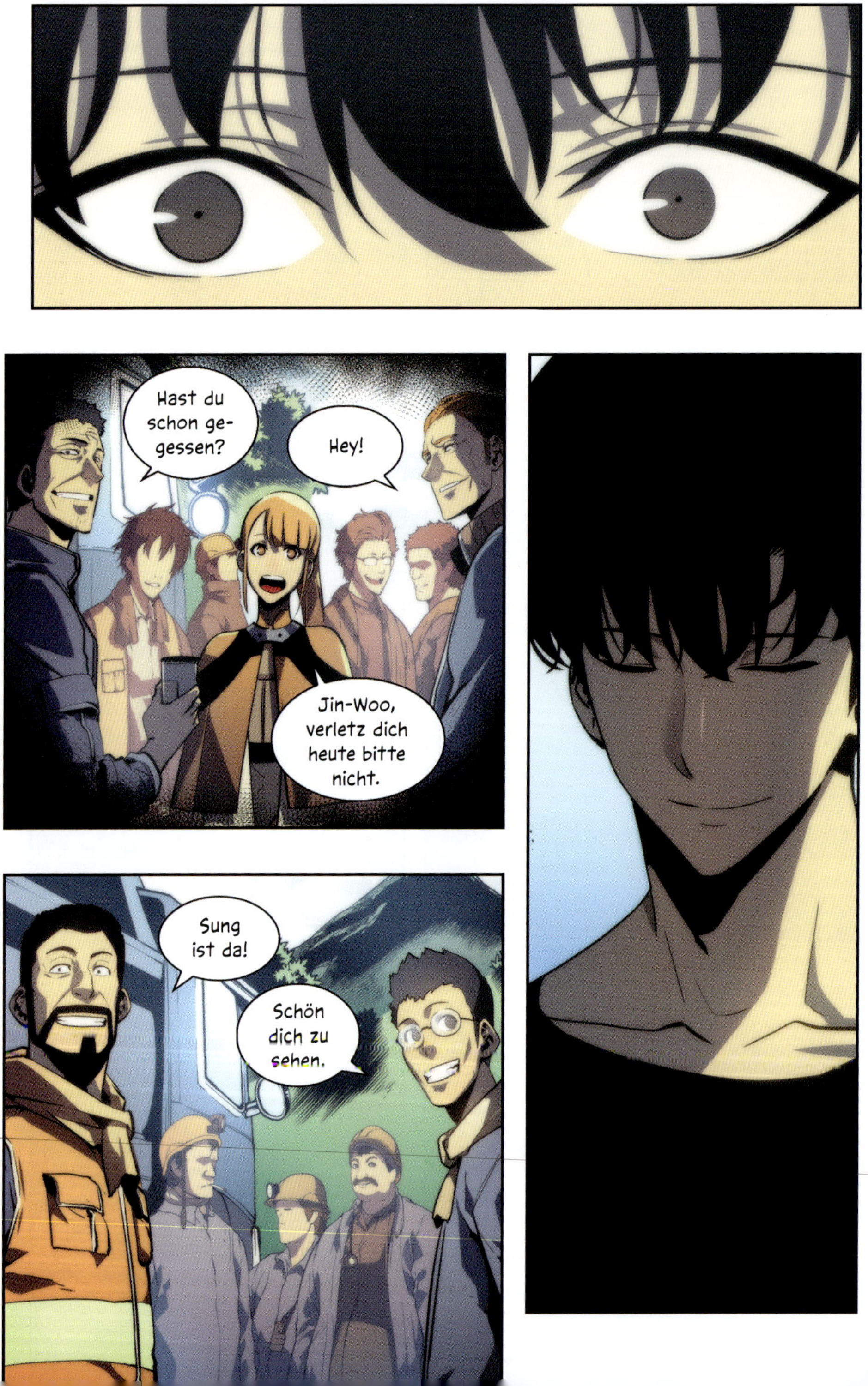
Hast du schon ge-gessen?
Hey!
Jin-Woo, verletz dich heute bitte nicht.
Sung ist da!
Schön dich zu sehen.

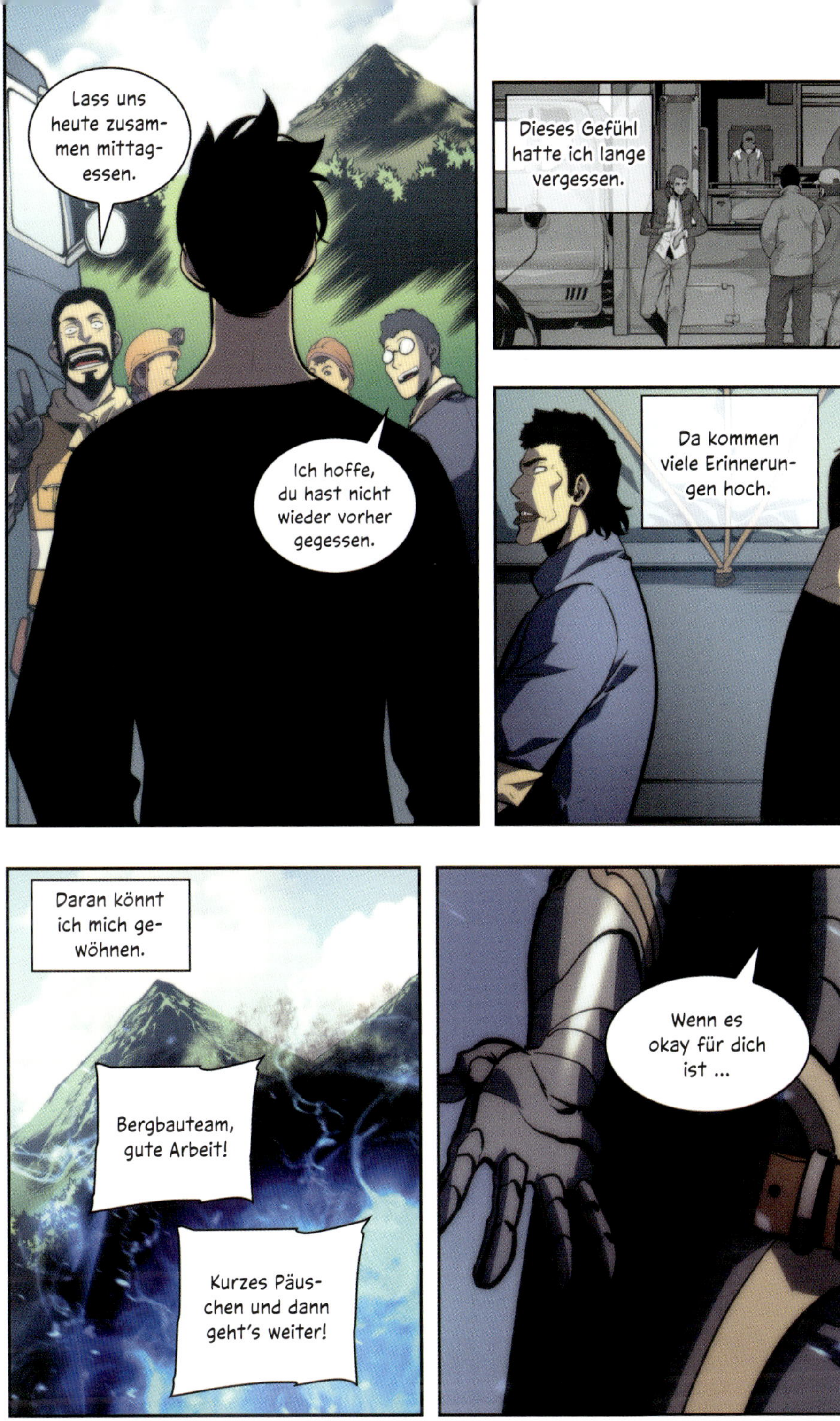
Lass uns heute zusammen mittagessen.
Ich hoffe, du hast nicht wieder vorher gegessen.
Dieses Gefühl hatte ich lange vergessen.
Da kommen viele Erinnerungen hoch.
Daran könnt ich mich gewöhnen.
Bergbauteam, gute Arbeit!
Kurzes Päuschen und dann geht's weiter!
Wenn es okay für dich ist ...

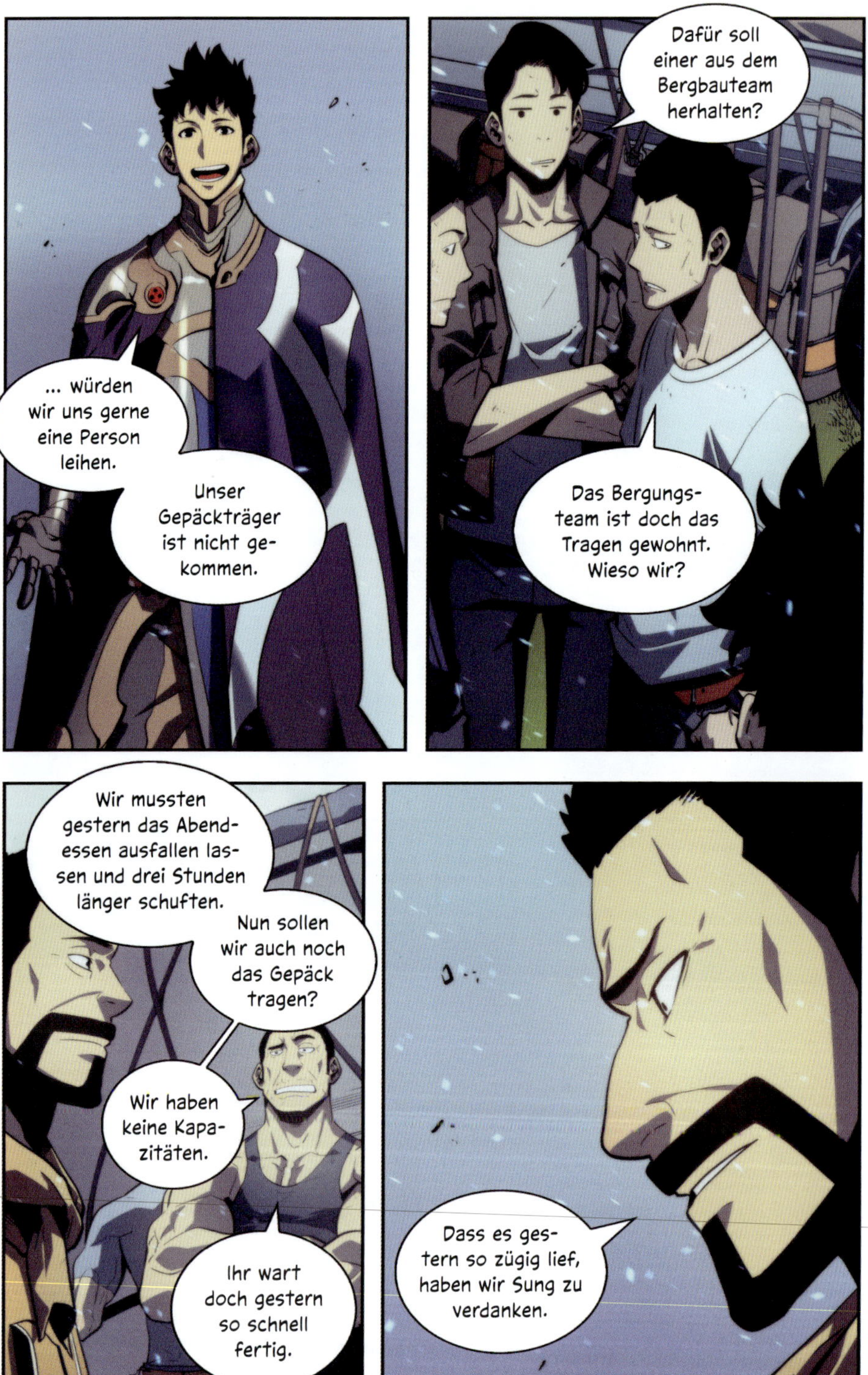
... würden wir uns gerne eine Person leihen.
Unser Gepäckträger ist nicht gekommen.
Dafür soll einer aus dem Bergbauteam herhalten?
Das Bergungsteam ist doch das Tragen gewohnt. Wieso wir?
Wir mussten gestern das Abendessen ausfallen lassen und drei Stunden länger schuften.
Nun sollen wir auch noch das Gepäck tragen?
Wir haben keine Kapazitäten.
Ihr wart doch gestern so schnell fertig.
Dass es gestern so zügig lief, haben wir Sung zu verdanken.

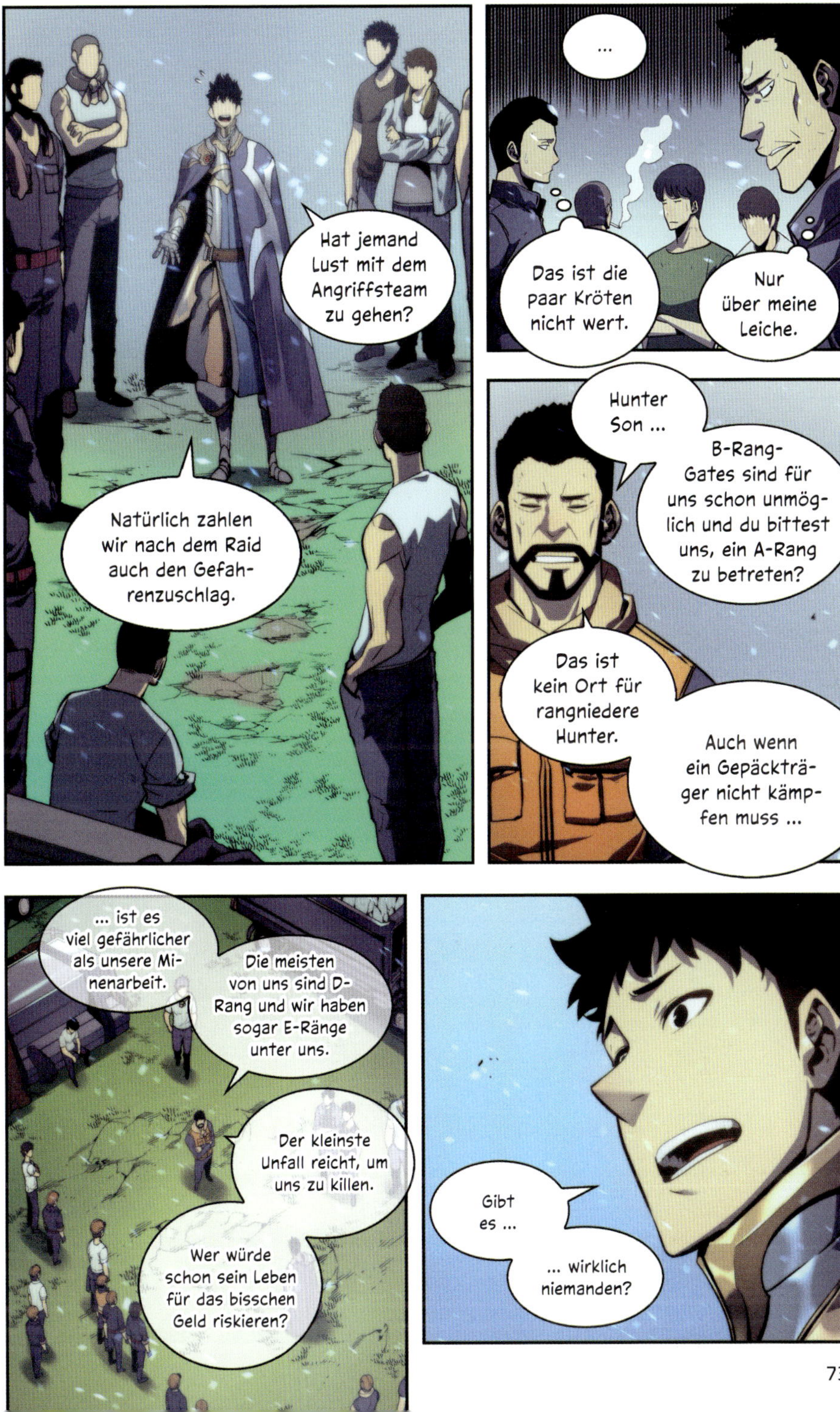
Hat jemand Lust mit dem Angriffsteam zu gehen?
Natürlich zahlen wir nach dem Raid auch den Gefahrenzuschlag.
...
Das ist die paar Kröten nicht wert.
Nur über meine Leiche.
Hunter Son ...
B-Rang-Gates sind für uns schon unmöglich und du bittest uns, ein A-Rang zu betreten?
Das ist kein Ort für rangniedere Hunter.
Auch wenn ein Gepäckträger nicht kämpfen muss ...
... ist es viel gefährlicher als unsere Minenarbeit.
Die meisten von uns sind D-Rang und wir haben sogar E-Ränge unter uns.
Der kleinste Unfall reicht, um uns zu killen.
Wer würde schon sein Leben für das bisschen Geld riskieren?
Gibt es ...
... wirklich niemanden?

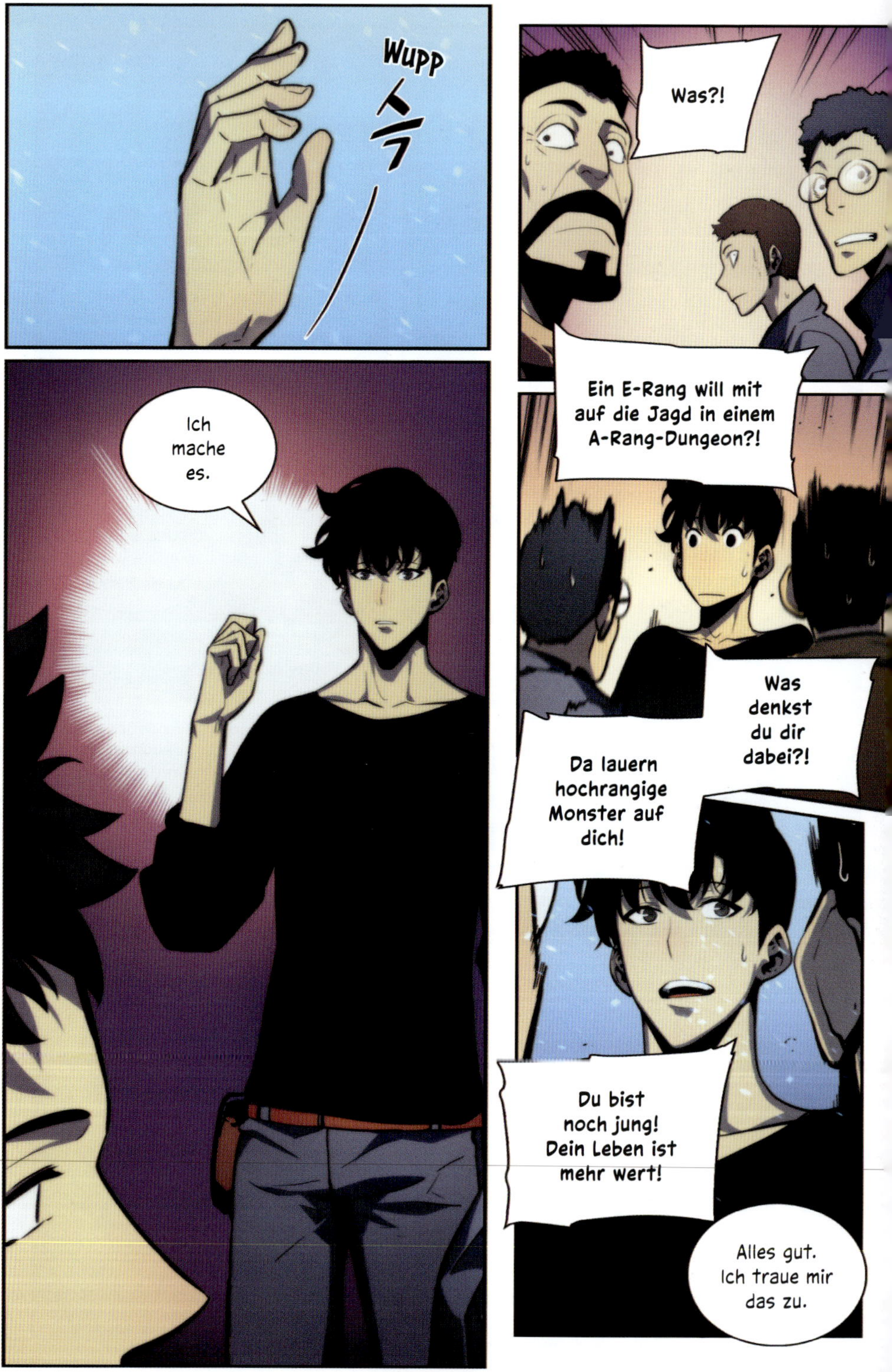

Wupp
Ich mache es.
Was?!
Ein E-Rang will mit auf die Jagd in einem A-Rang-Dungeon?!
Was denkst du dir dabei?!
Da lauern hochrangige Monster auf dich!
Du bist noch jung! Dein Leben ist mehr wert!
Alles gut. Ich traue mir das zu.

Kapitel 12

Der S-Rang-Gepäckträger

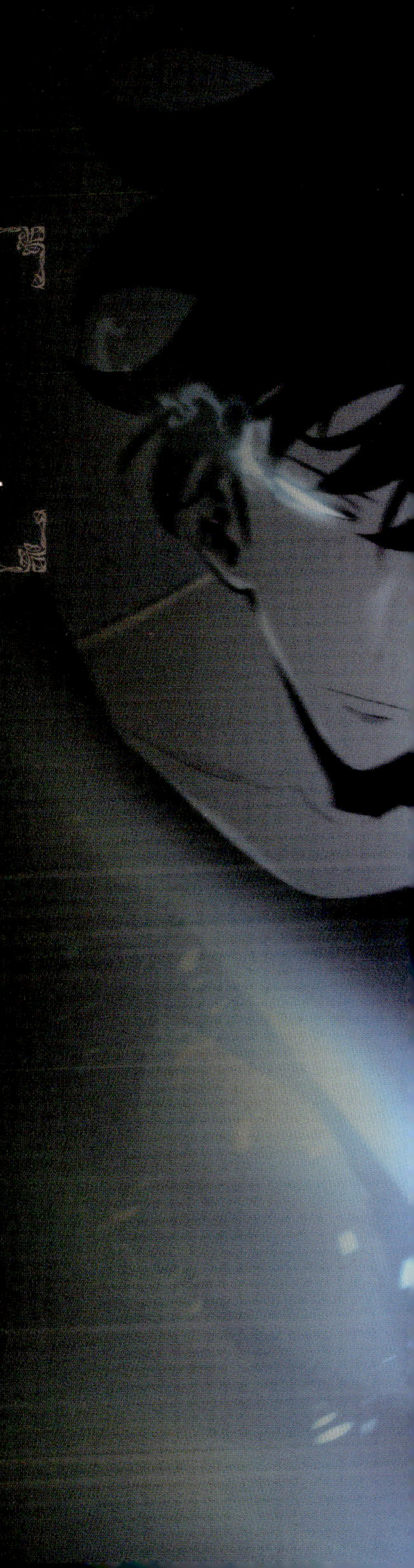

solo leveling

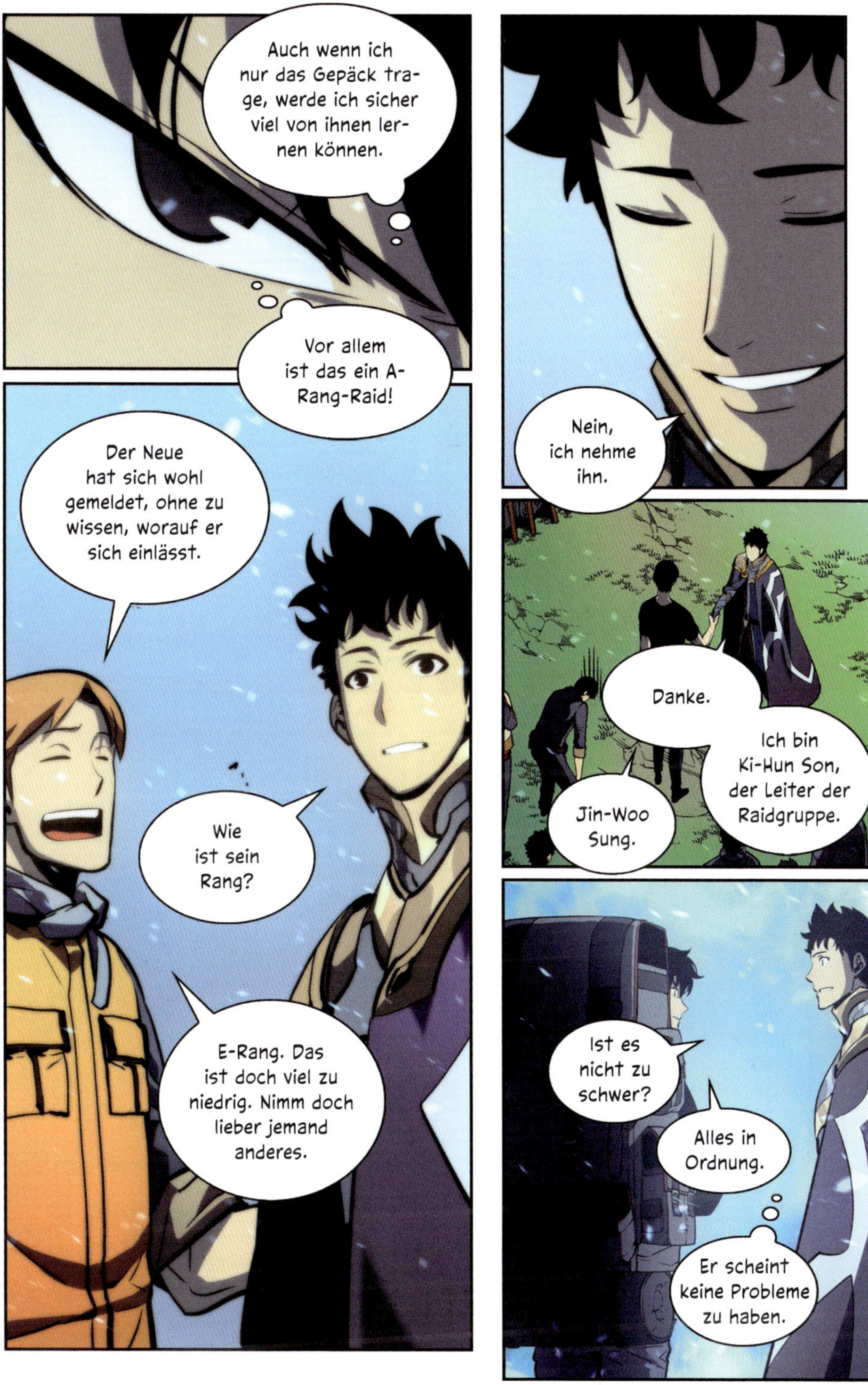
Auch wenn ich nur das Gepäck tra-ge, werde ich sicher viel von ihnen ler-nen können.
Vor allem ist das ein A-Rang-Raid!
Der Neue hat sich wohl gemeldet, ohne zu wissen, worauf er sich einlässt.
Wie ist sein Rang?
E-Rang. Das ist doch viel zu niedrig. Nimm doch lieber jemand anderes.
Nein, ich nehme ihn.
Danke.
Ich bin Ki-Hun Son, der Leiter der Raidgruppe.
Jin-Woo Sung.
Ist es nicht zu schwer?
Alles in Ordnung.
Er scheint keine Probleme zu haben.

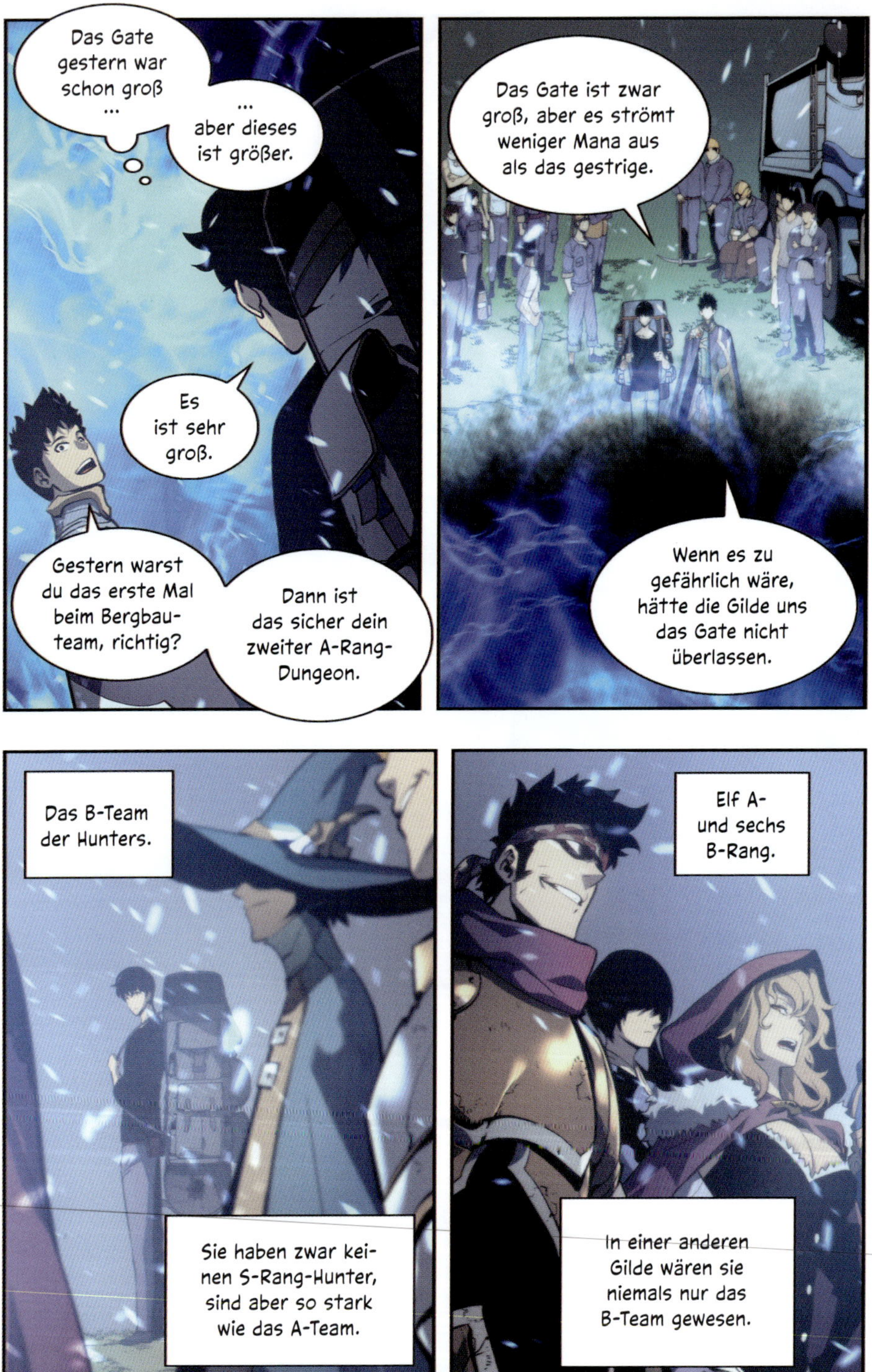
Das Gate gestern war schon groß ...
... aber dieses ist größer.
Es ist sehr groß.
Gestern warst du das erste Mal beim Bergbau-team, richtig?
Dann ist das sicher dein zweiter A-Rang-Dungeon.
Das Gate ist zwar groß, aber es strömt weniger Mana aus als das gestrige.
Wenn es zu gefährlich wäre, hätte die Gilde uns das Gate nicht überlassen.
Das B-Team der Hunters.
Sie haben zwar kei-nen S-Rang-Hunter, sind aber so stark wie das A-Team.
Elf A- und sechs B-Rang.
In einer anderen Gilde wären sie niemals nur das B-Team gewesen.

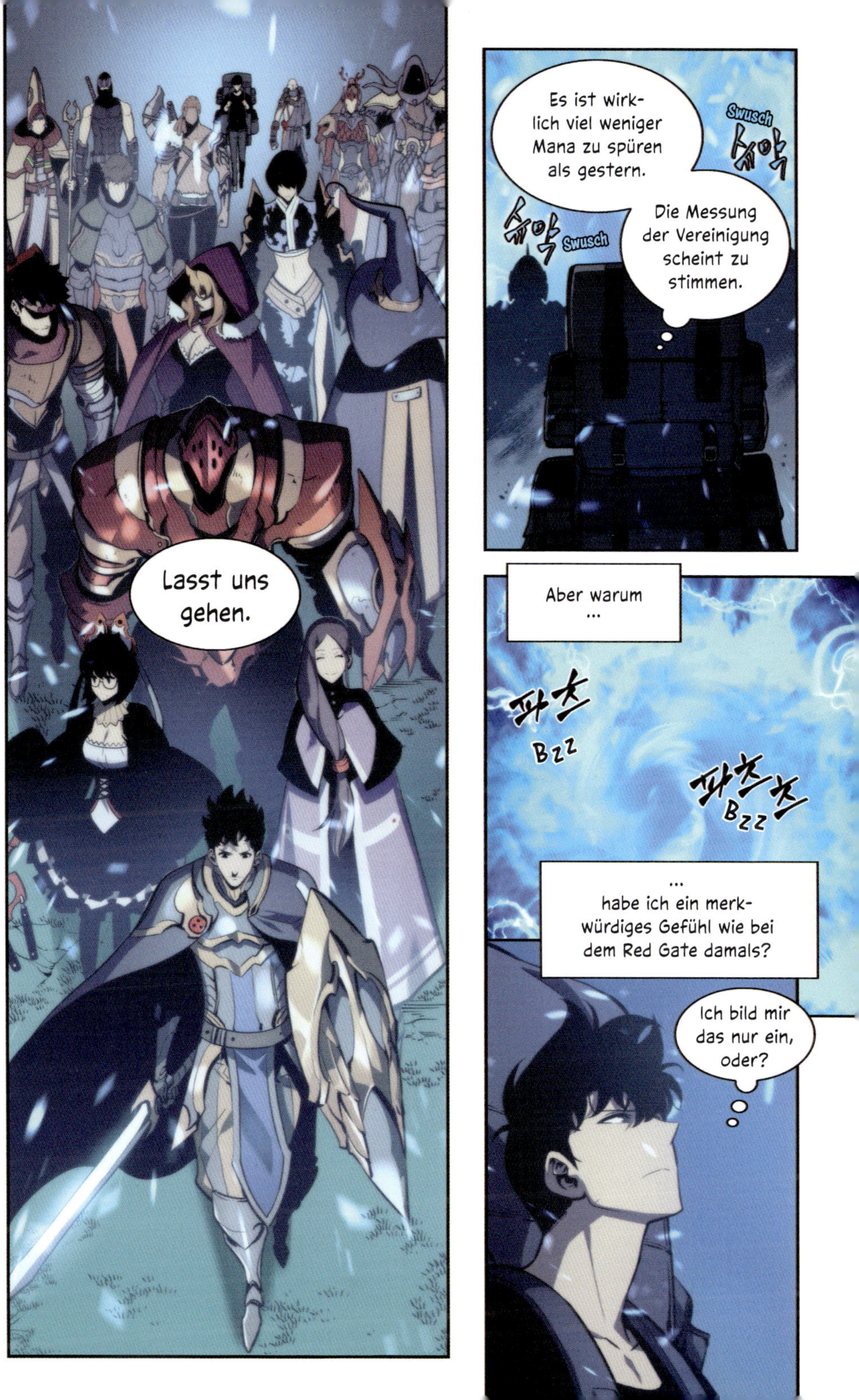
Lasst uns gehen.
Es ist wirklich viel weniger Mana zu spüren als gestern.
Swusch
Swusch
Die Messung der Vereinigung scheint zu stimmen.
Aber warum …
파츠
Bzz
파츠츠
Bzz
… habe ich ein merkwürdiges Gefühl wie bei dem Red Gate damals?
Ich bild mir das nur ein, oder?

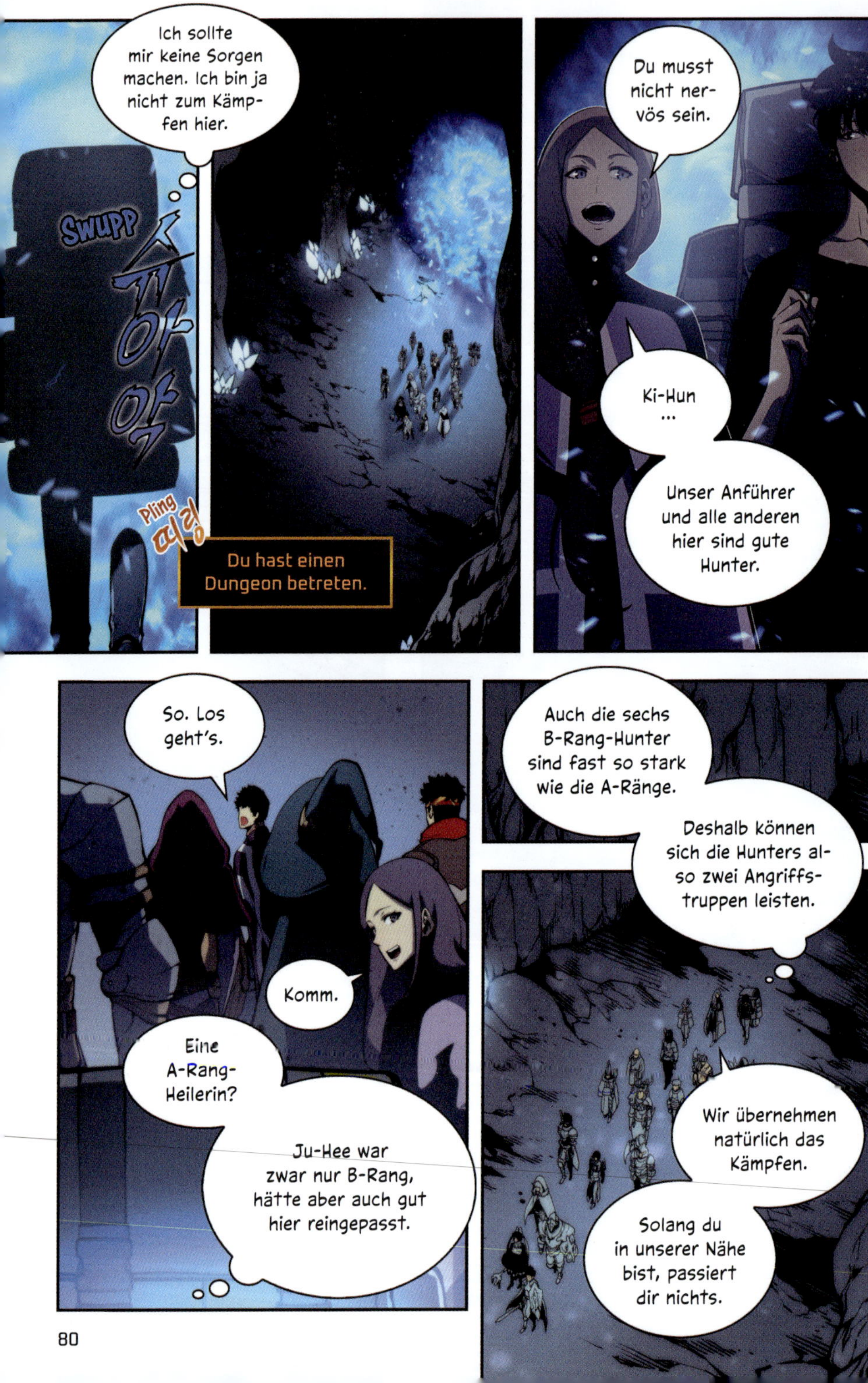
Ich sollte mir keine Sorgen machen. Ich bin ja nicht zum Kämpfen hier.
SWUPP
Pling
Du hast einen Dungeon betreten.
Du musst nicht nervös sein.
Ki-Hun …
Unser Anführer und alle anderen hier sind gute Hunter.
So. Los geht's.
Komm.
Eine A-Rang-Heilerin?
Ju-Hee war zwar nur B-Rang, hätte aber auch gut hier reingepasst.
Auch die sechs B-Rang-Hunter sind fast so stark wie die A-Ränge.
Deshalb können sich die Hunters also zwei Angriffstruppen leisten.
Wir übernehmen natürlich das Kämpfen.
Solang du in unserer Nähe bist, passiert dir nichts.

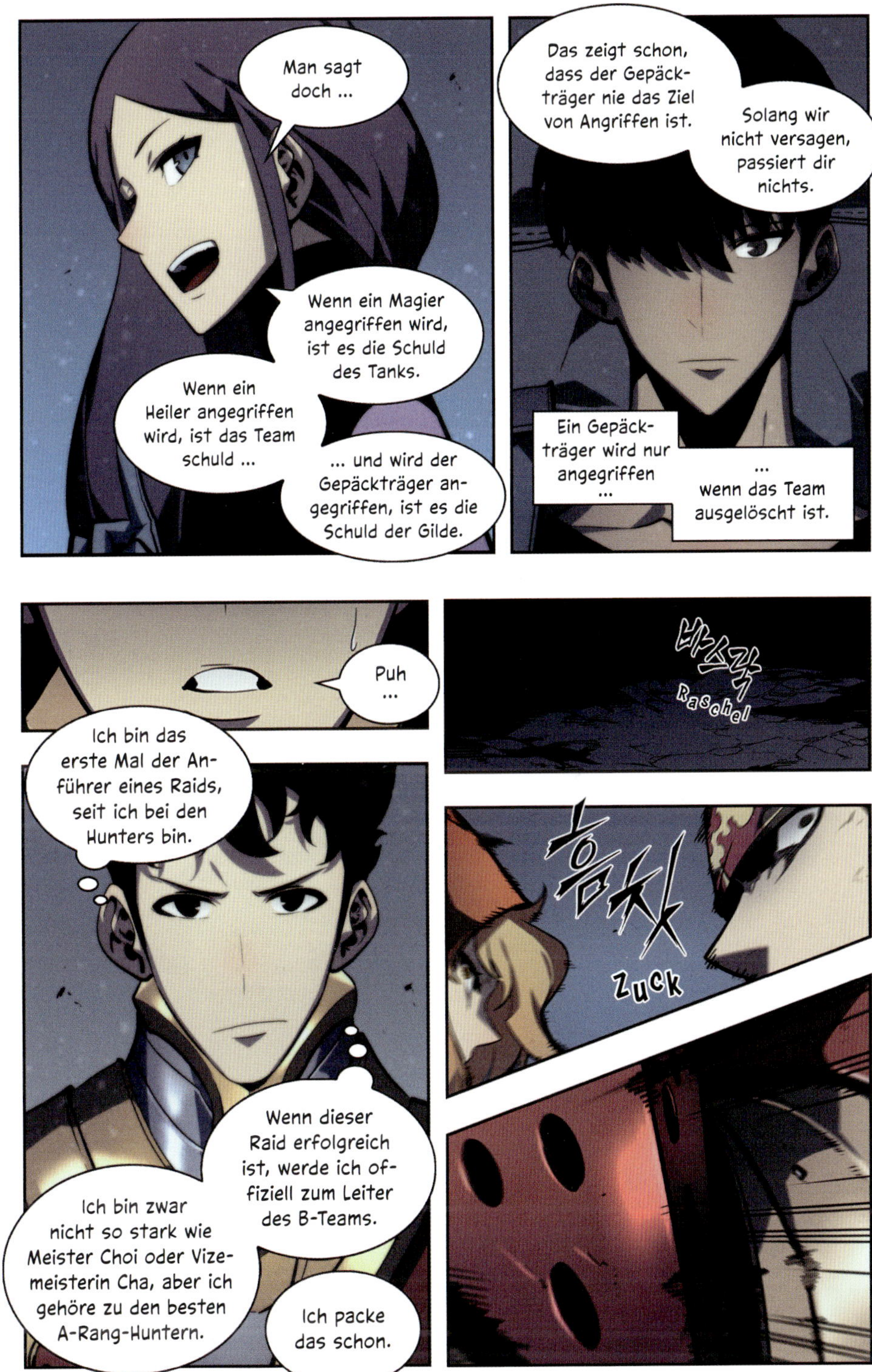
Man sagt doch ...
Wenn ein Magier angegriffen wird, ist es die Schuld des Tanks.
Wenn ein Heiler angegriffen wird, ist das Team schuld ...
... und wird der Gepäckträger angegriffen, ist es die Schuld der Gilde.
Das zeigt schon, dass der Gepäckträger nie das Ziel von Angriffen ist.
Solang wir nicht versagen, passiert dir nichts.
Ein Gepäckträger wird nur angegriffen ...
... wenn das Team ausgelöscht ist.
Puh ...
바스락
Raschel
Ich bin das erste Mal der Anführer eines Raids, seit ich bei den Hunters bin.
흠칫
Zuck
Wenn dieser Raid erfolgreich ist, werde ich offiziell zum Leiter des B-Teams.
Ich bin zwar nicht so stark wie Meister Choi oder Vizemeisterin Cha, aber ich gehöre zu den besten A-Rang-Huntern.
Ich packe das schon.

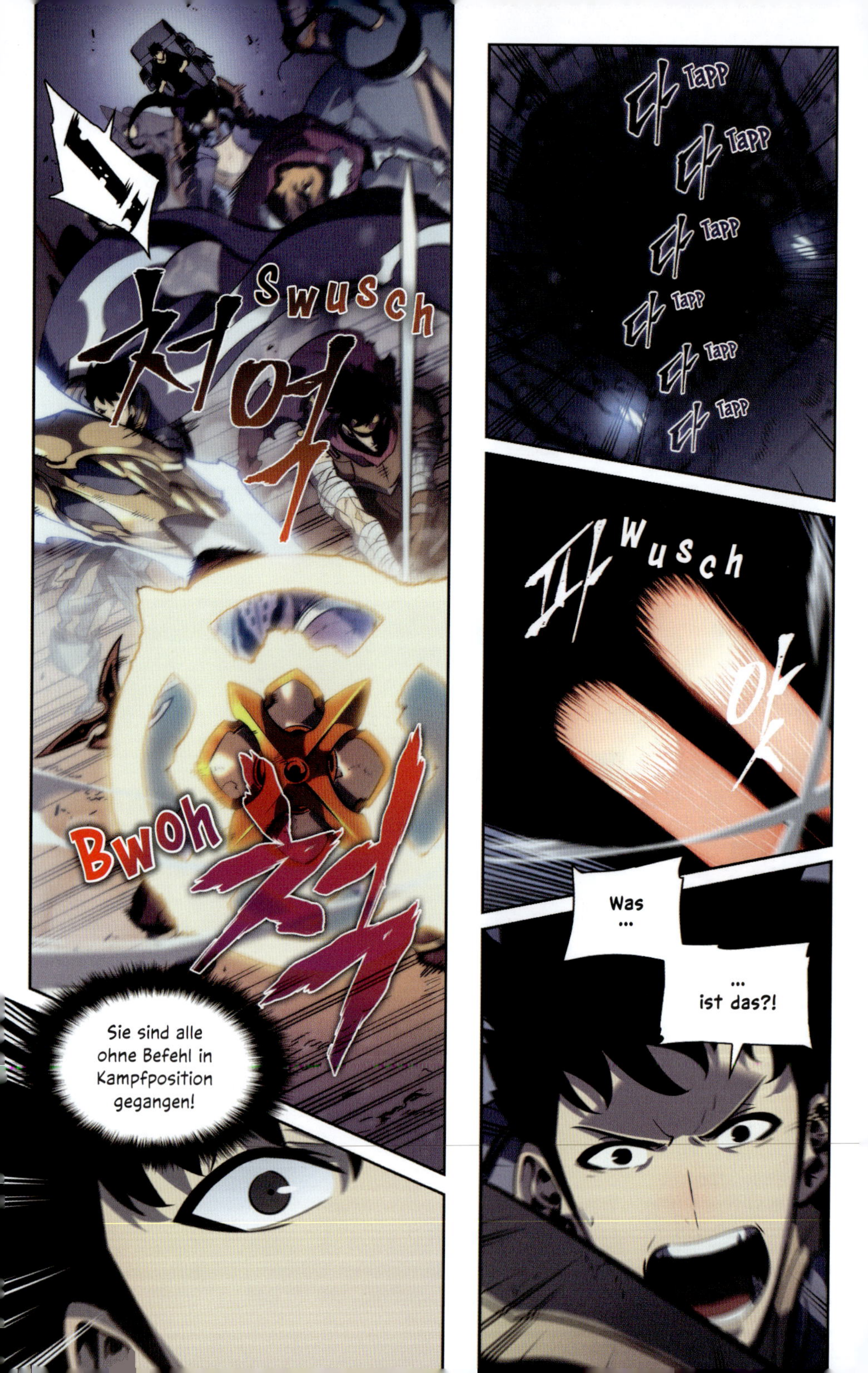

처엌
Swusch
Bwoh
컥
Sie sind alle ohne Befehl in Kampfposition gegangen!
다 Tapp
다 Tapp
다 Tapp
다 Tapp
다 Tapp
다 Tapp
파
Wusch
앗
Was ...
... ist das?!

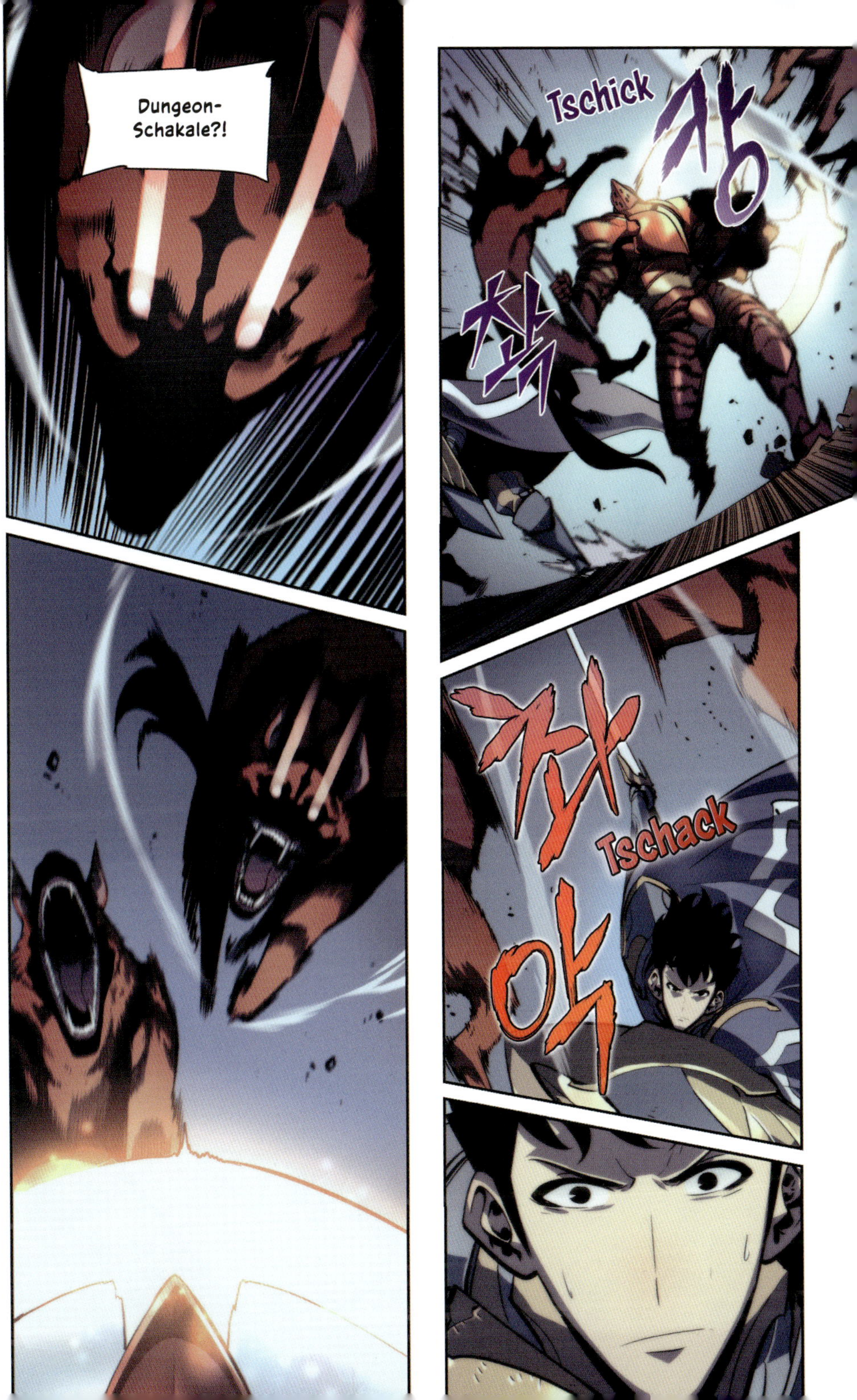
Dungeon-Schakale?!
Tschick
Tschack

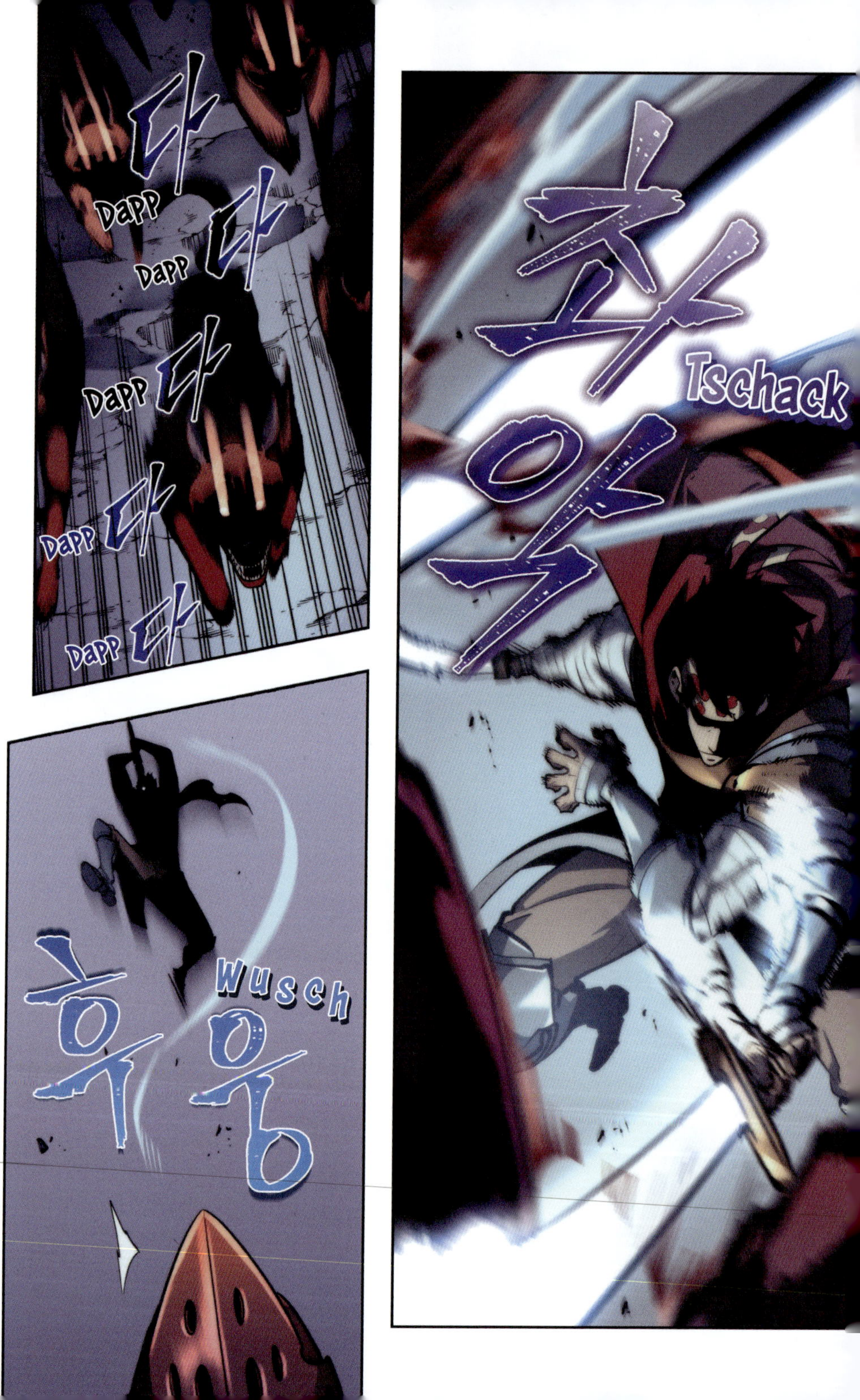

다 Dapp
다 Dapp
다 Dapp
다 Dapp
다 Dapp
Wusch
Tschack

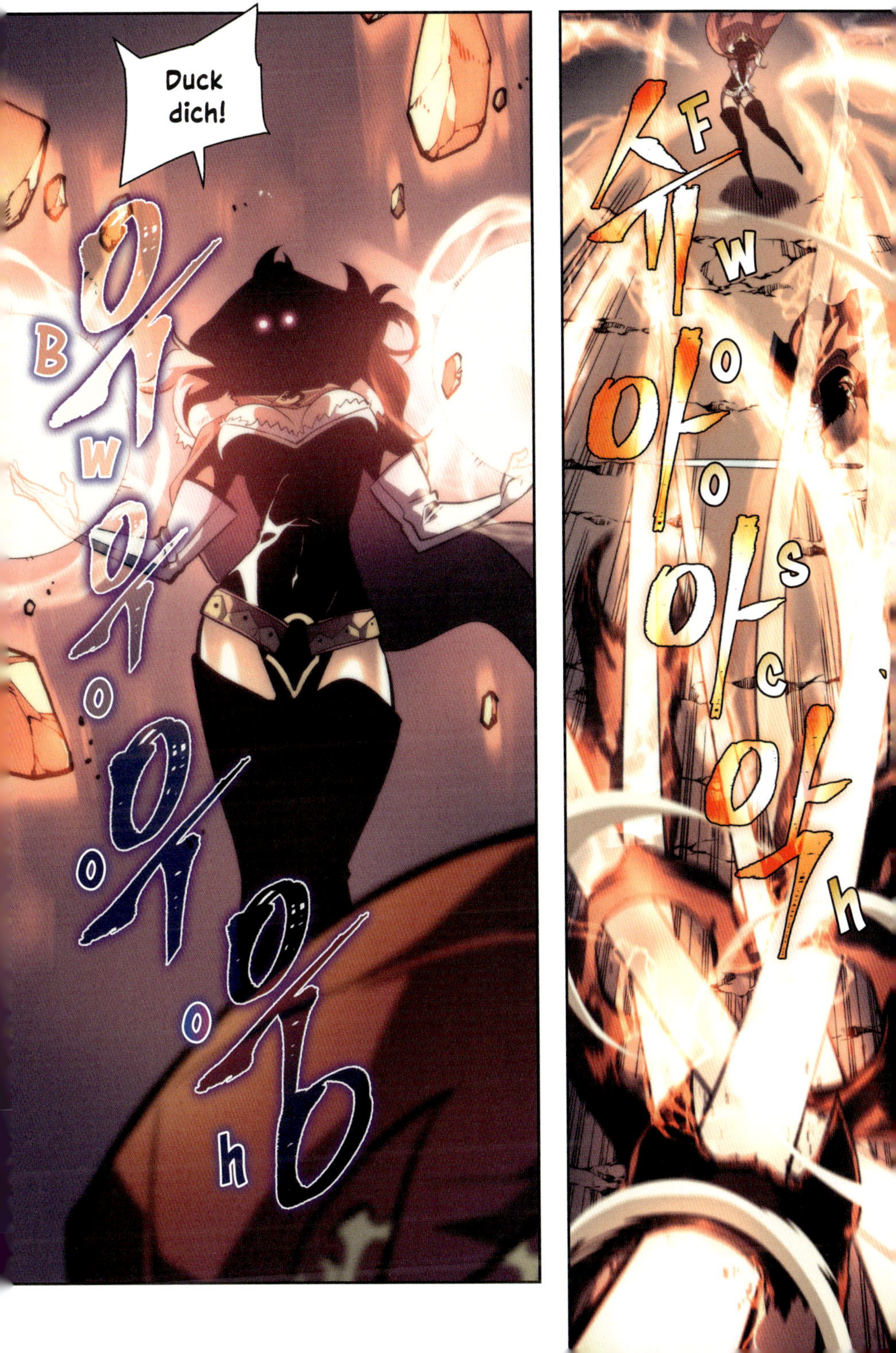
Duck dich!
Bwoooh
Fwoosch

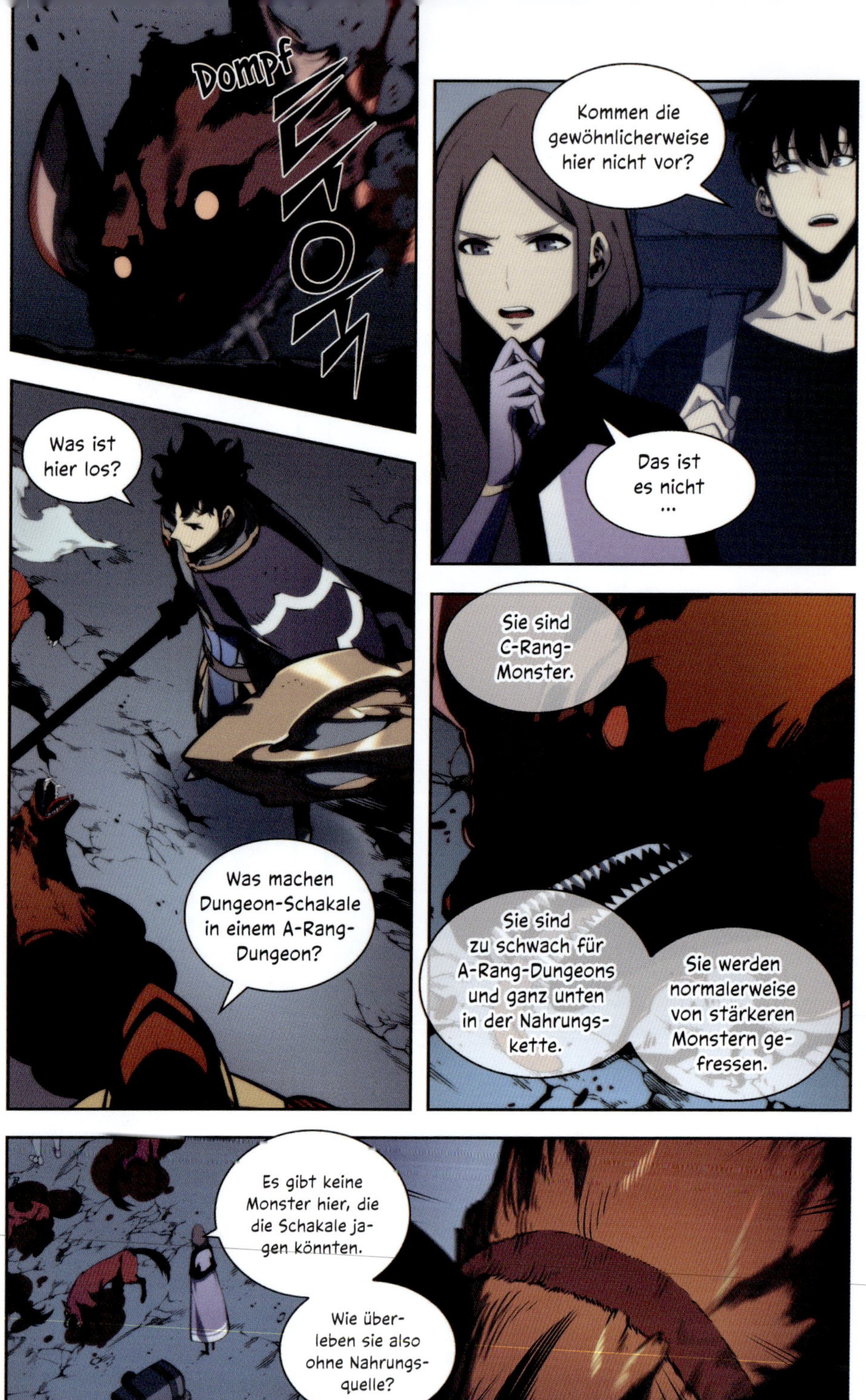
Dompf
Kommen die gewöhnlicherweise hier nicht vor?
Das ist es nicht ...
Was ist hier los?
Was machen Dungeon-Schakale in einem A-Rang-Dungeon?
Sie sind C-Rang-Monster.
Sie sind zu schwach für A-Rang-Dungeons und ganz unten in der Nahrungskette.
Sie werden normalerweise von stärkeren Monstern gefressen.
Es gibt keine Monster hier, die die Schakale jagen könnten.
Wie überleben sie also ohne Nahrungsquelle?

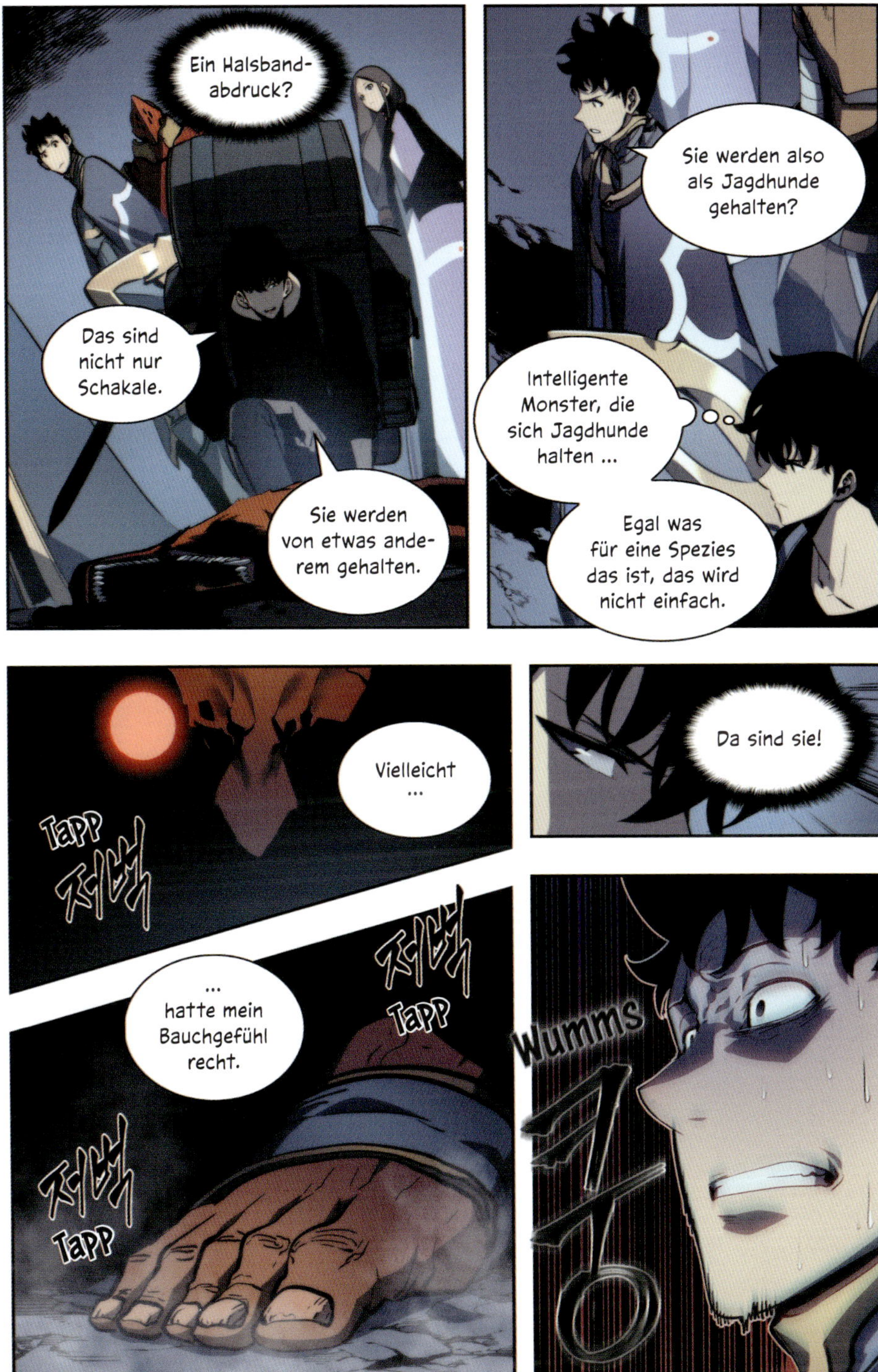
Ein Halsband-abdruck?
Das sind nicht nur Schakale.
Sie werden von etwas anderem gehalten.
Sie werden also als Jagdhunde gehalten?
Intelligente Monster, die sich Jagdhunde halten ...
Egal was für eine Spezies das ist, das wird nicht einfach.
Vielleicht ...
Tapp
... hatte mein Bauchgefühl recht.
Tapp
Tapp
Da sind sie!
Wumms

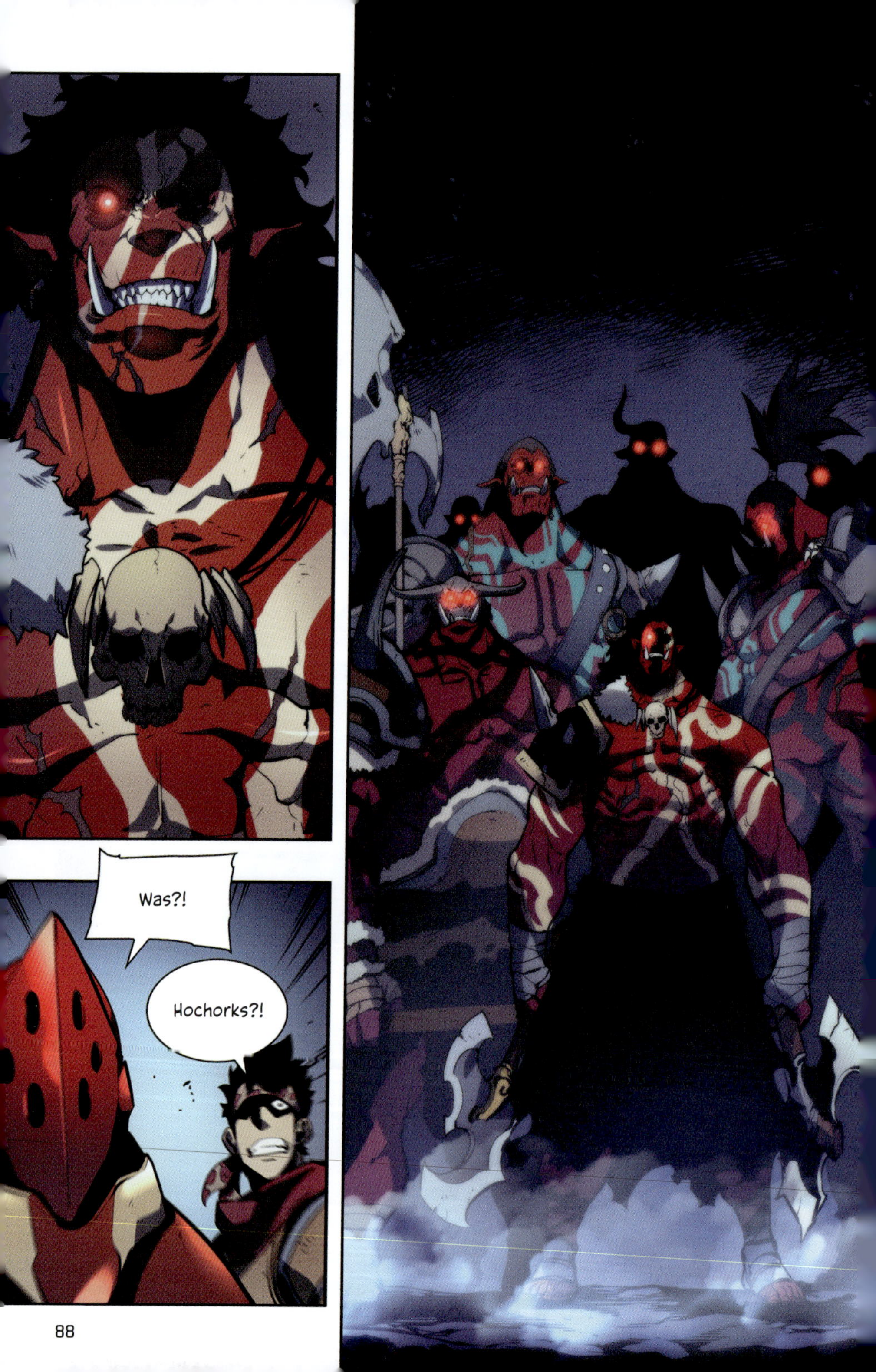
Was?!
Hochorks?!

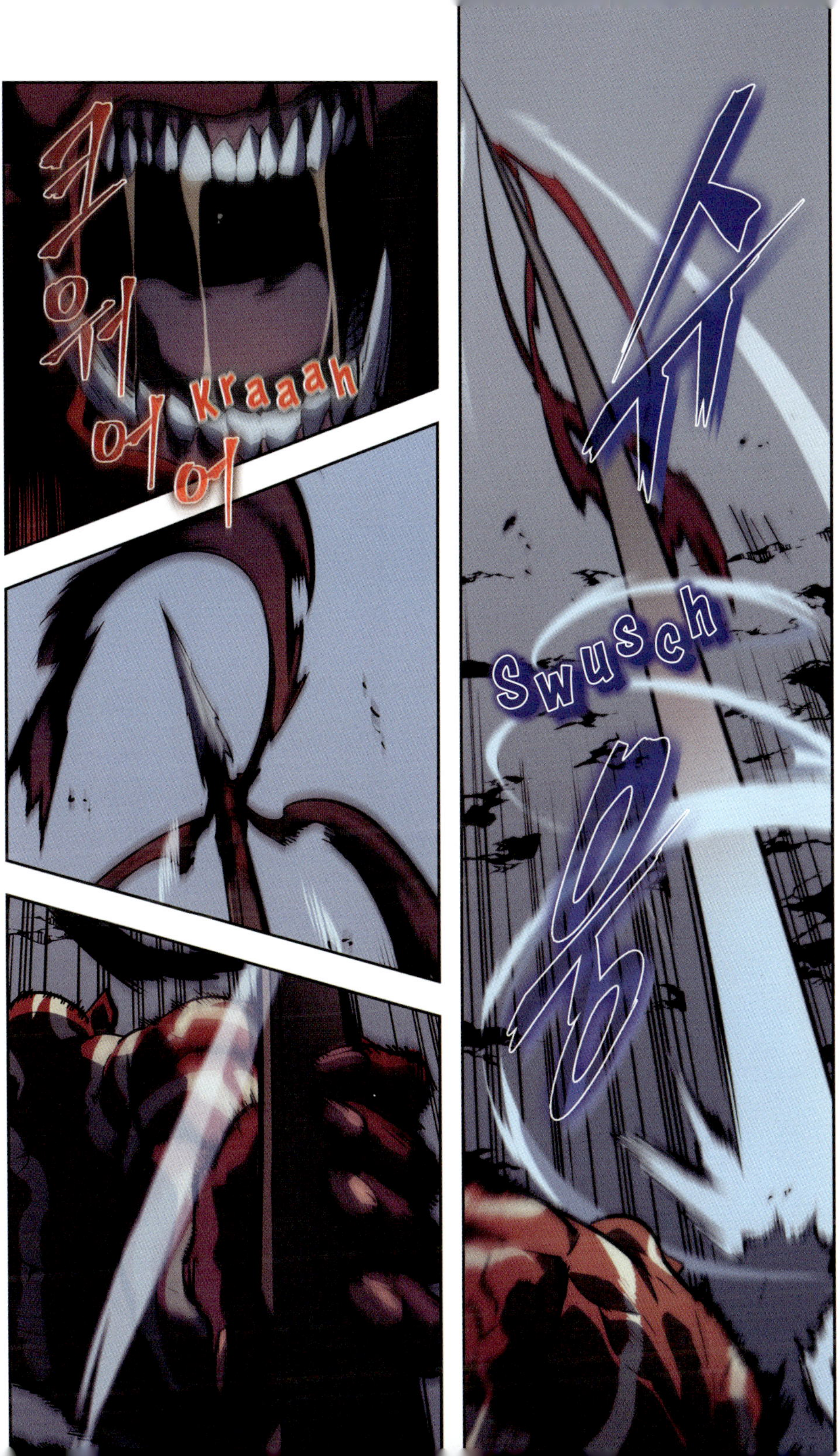
kraaah
Swusch

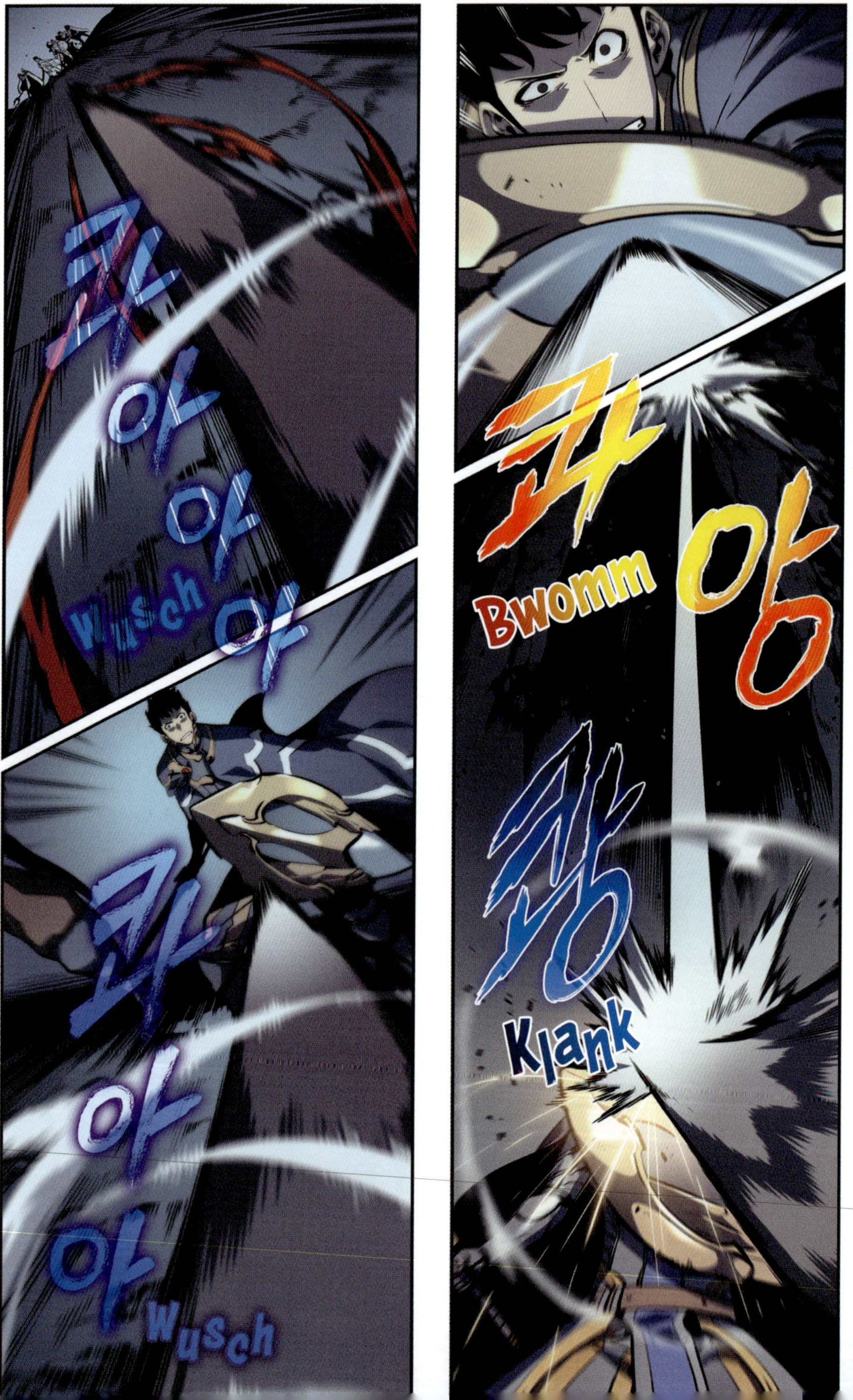

콰아아아
Wusch
콰아아아
Wusch
콰앙
Bwomm
쾅
Klank

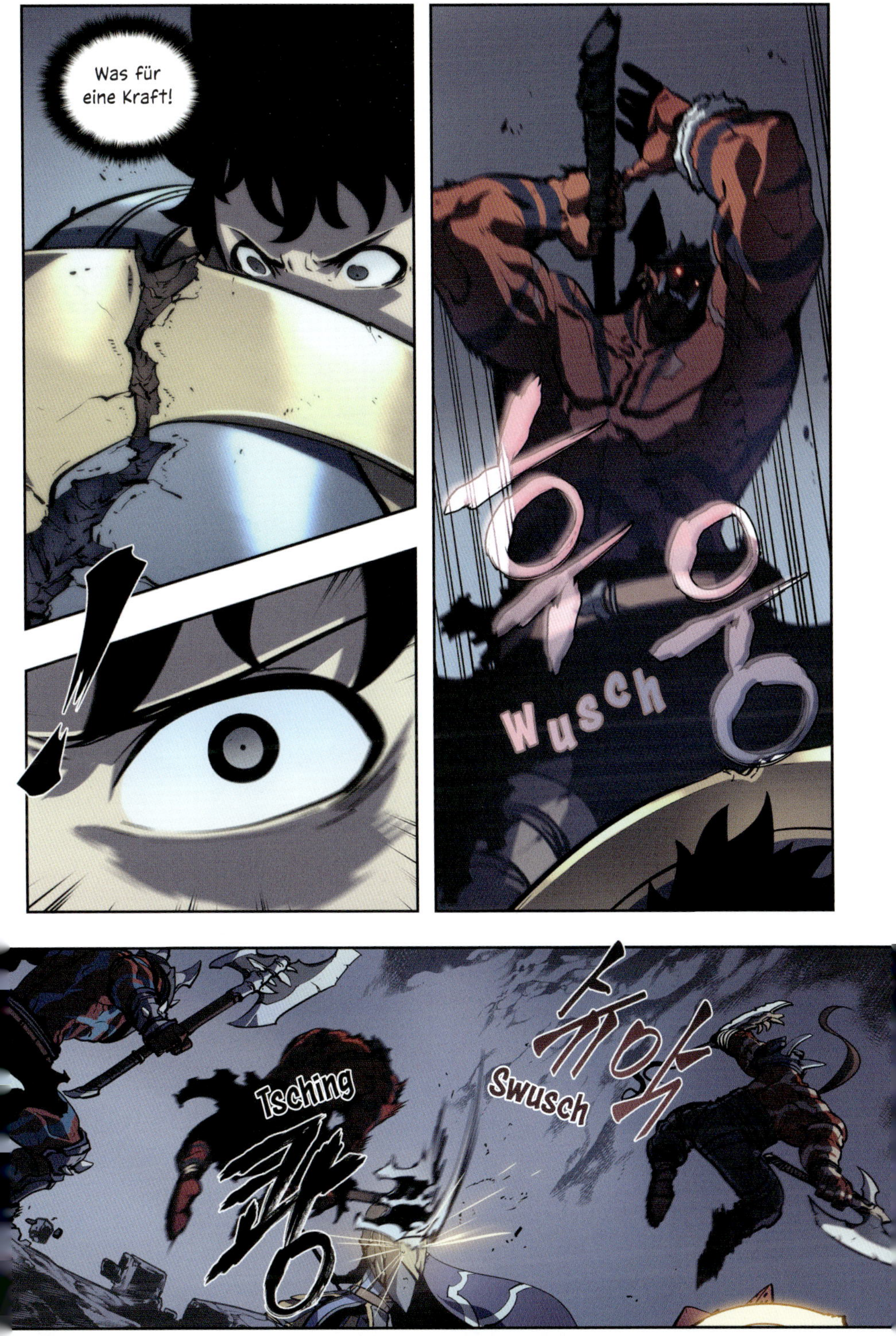
Was für
eine Kraft!
!
후우웅
Wusch
쾅
Tsching
쉬약
Swusch

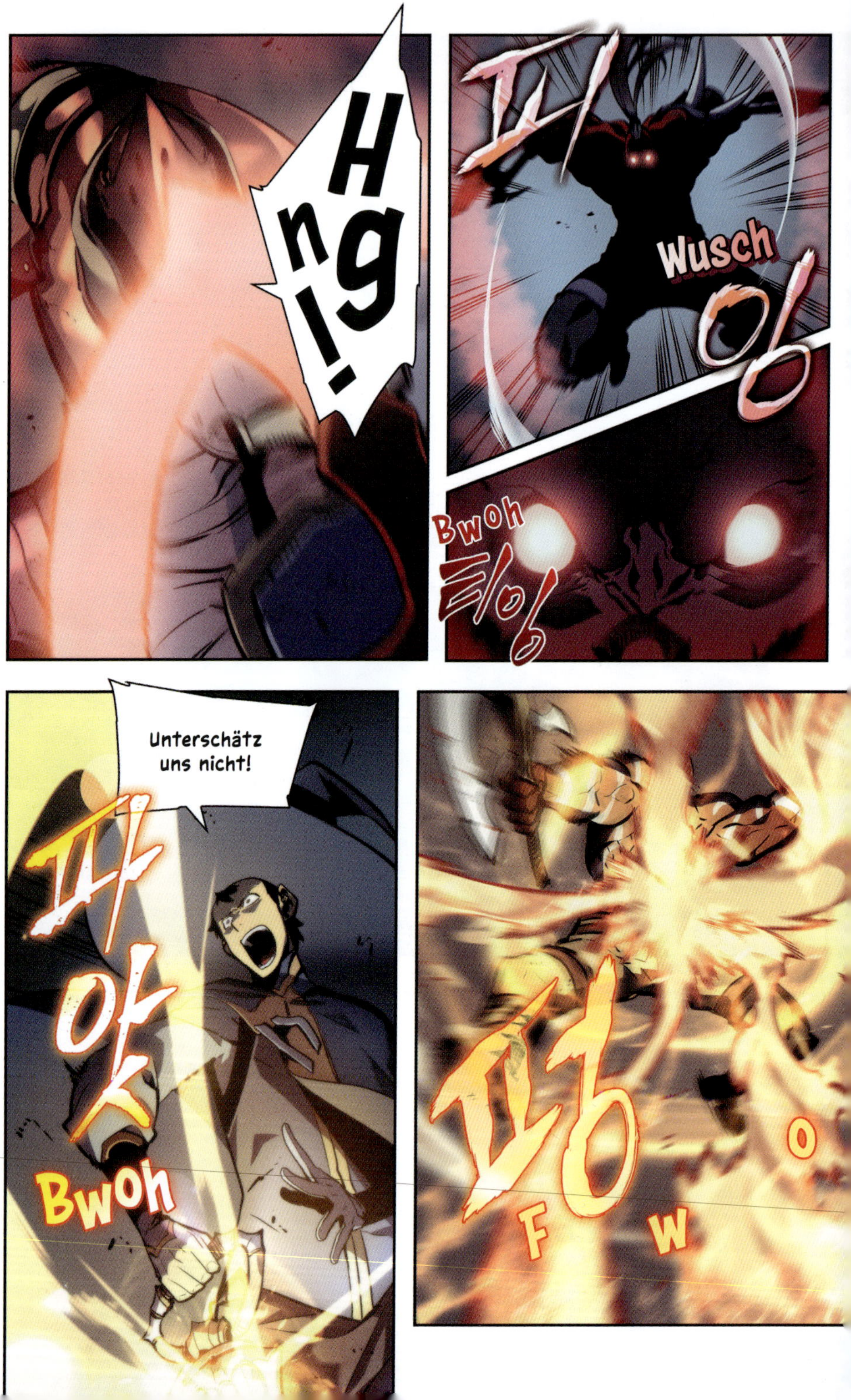
Hng!
Wusch
Bwoh
Unterschätz uns nicht!
Bwoh

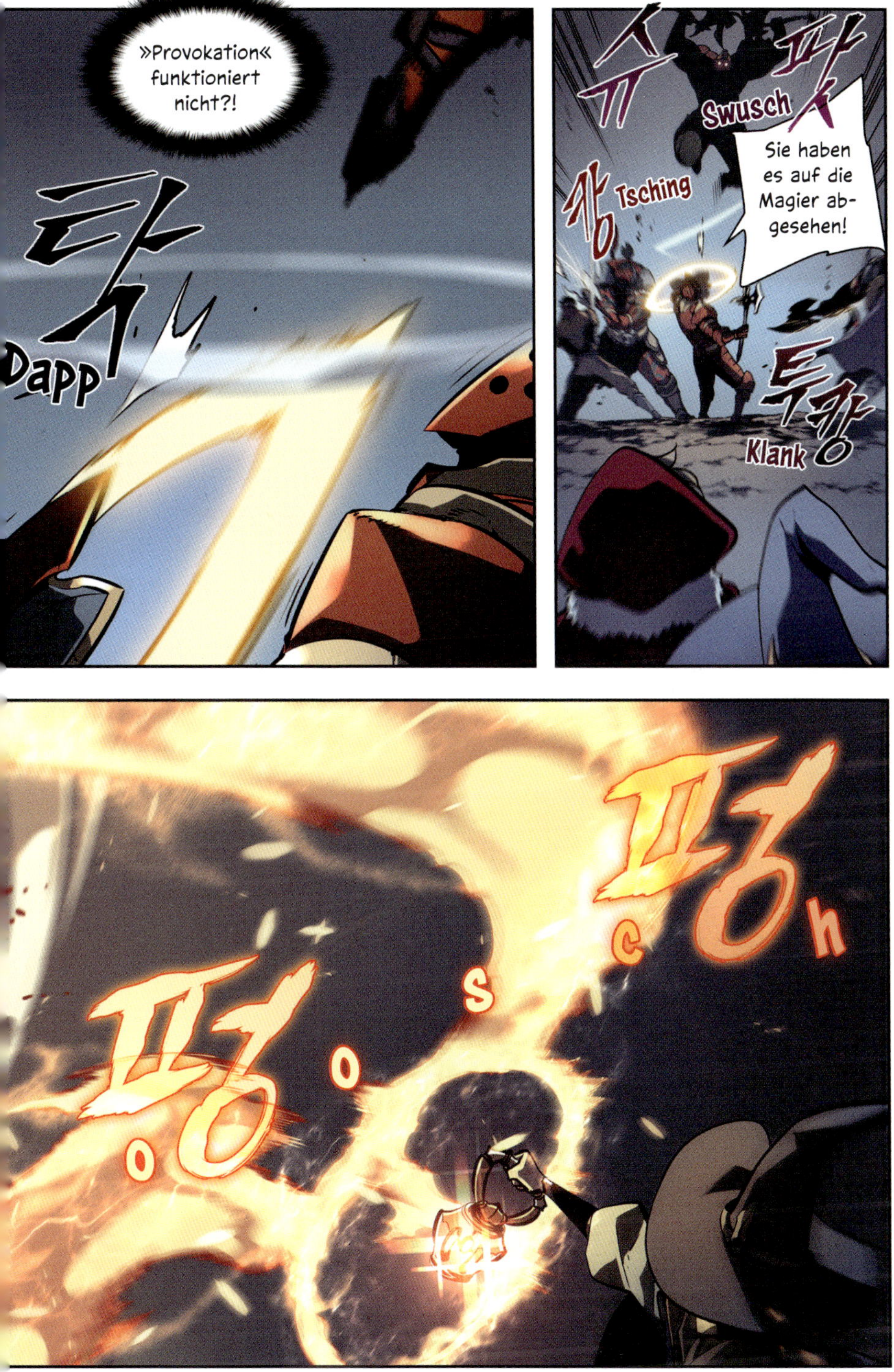
»Provokation« funktioniert nicht?!
탁
Dapp
슈
Swusch
팍
Sie haben es auf die Magier abgesehen!
캉
Tsching
투캉
Klank
펑
펑
S o o c h

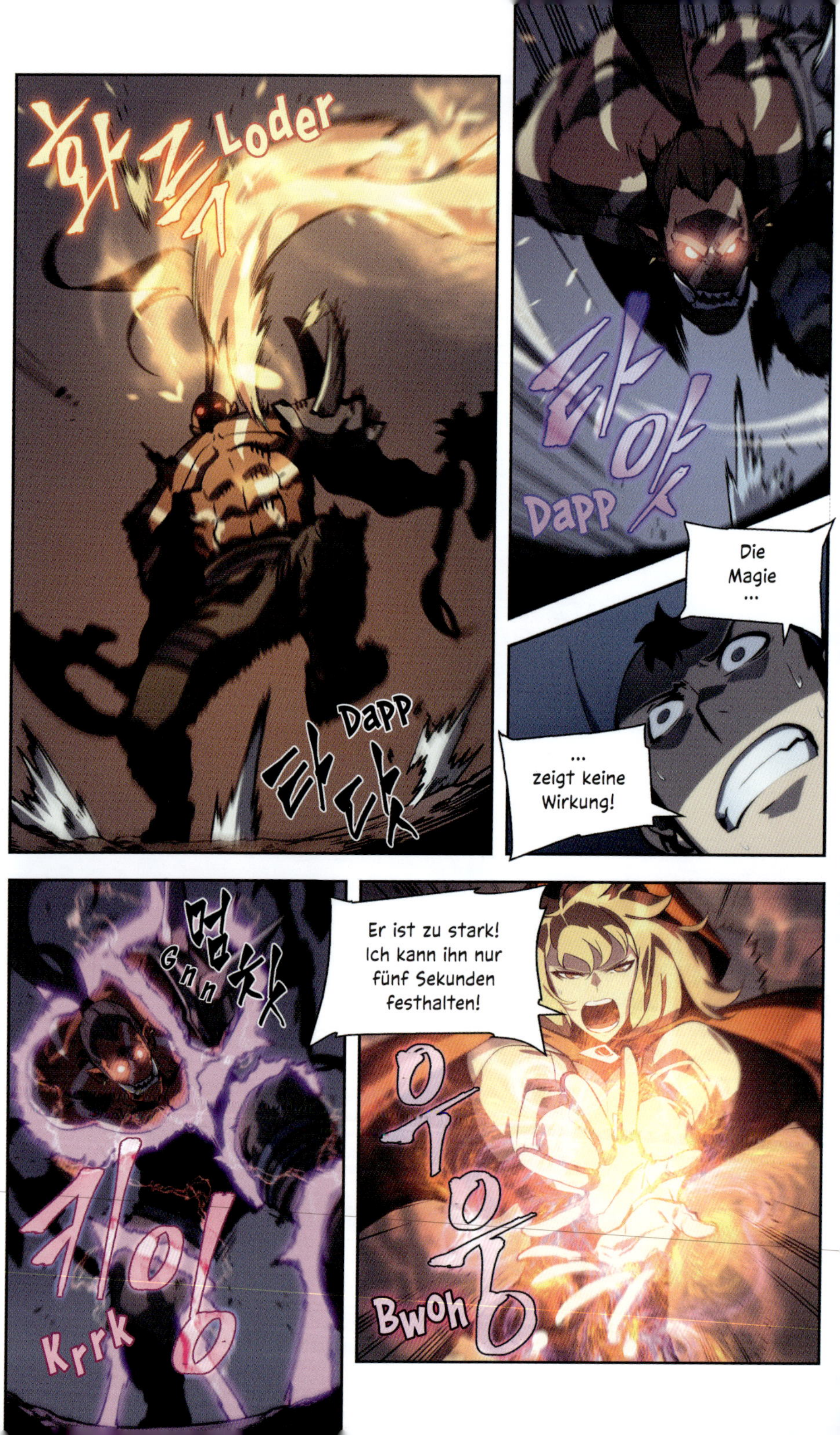
Loder
Dapp
Dapp
Die Magie ...
... zeigt keine Wirkung!
Gnn
Krrk
Er ist zu stark! Ich kann ihn nur fünf Sekunden festhalten!
Bwoh

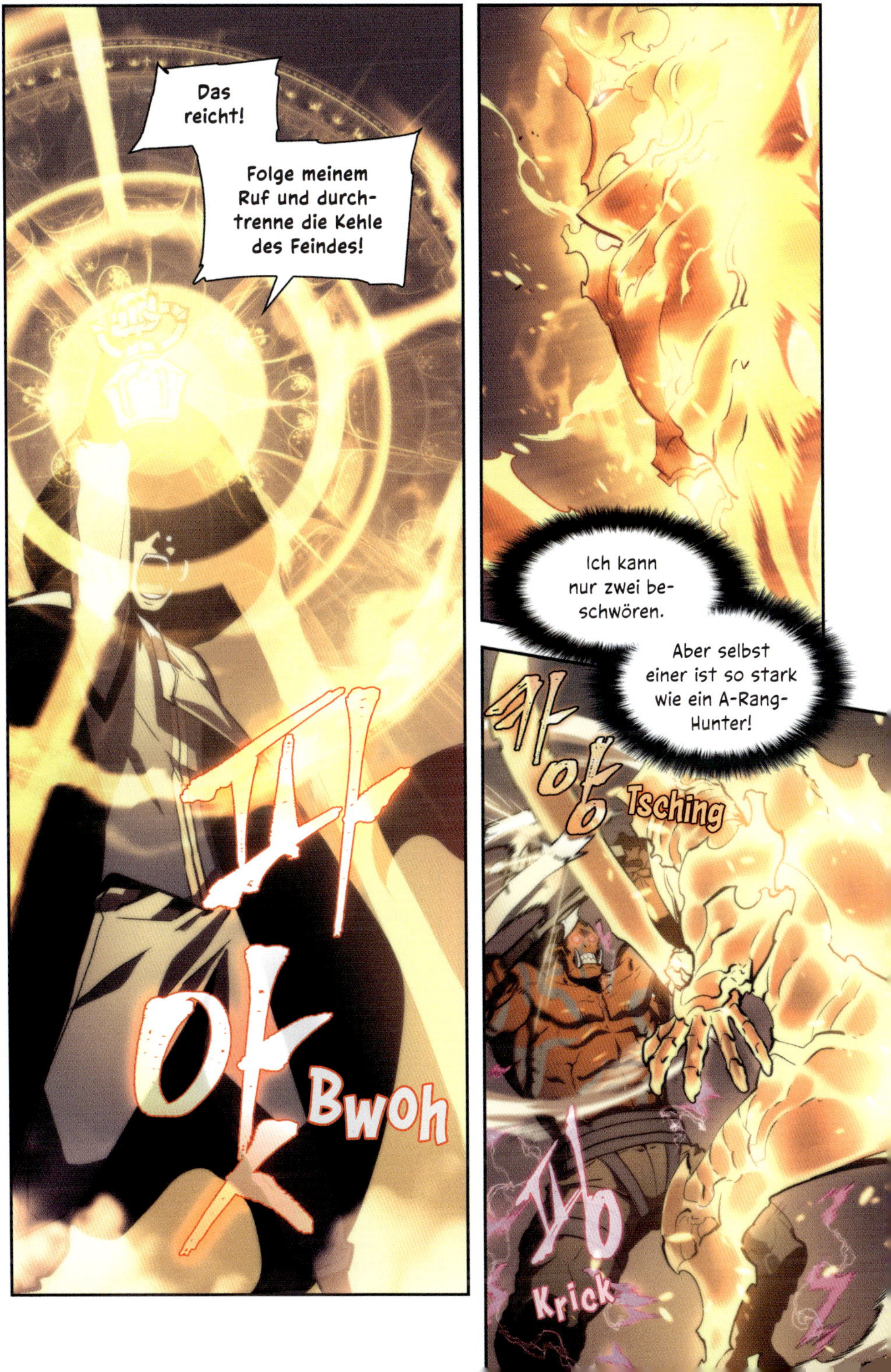
Das reicht!
Folge meinem Ruf und durchtrenne die Kehle des Feindes!
Bwoh
Ich kann nur zwei beschwören.
Aber selbst einer ist so stark wie ein A-Rang-Hunter!
Tsching
Krick

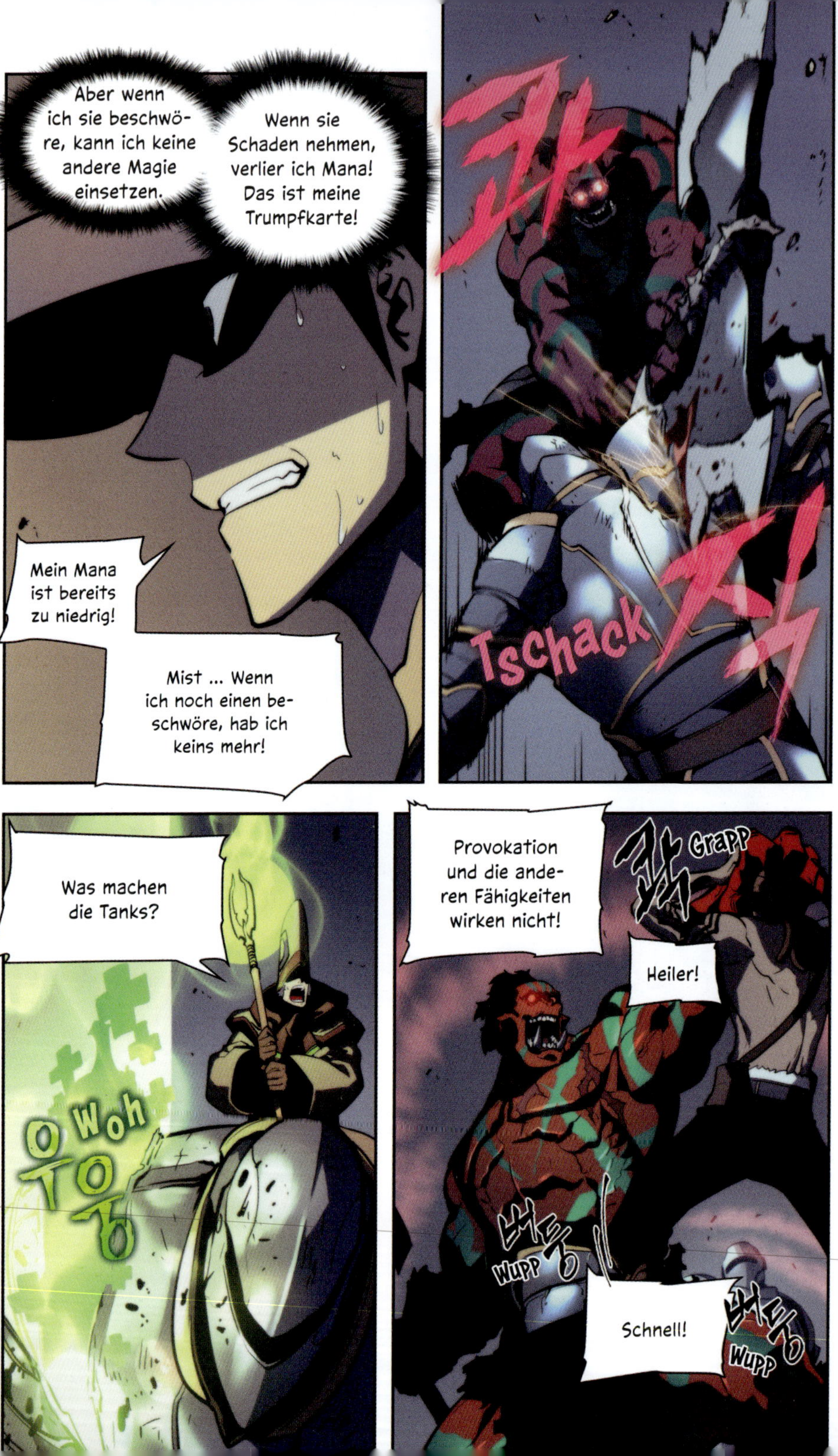

Aber wenn ich sie beschwöre, kann ich keine andere Magie einsetzen.
Wenn sie Schaden nehmen, verlier ich Mana! Das ist meine Trumpfkarte!
Mein Mana ist bereits zu niedrig!
Mist ... Wenn ich noch einen beschwöre, hab ich keins mehr!
Tschack
Was machen die Tanks?
Woh
Provokation und die anderen Fähigkeiten wirken nicht!
Grapp
Heiler!
Wupp
Schnell!
Wupp

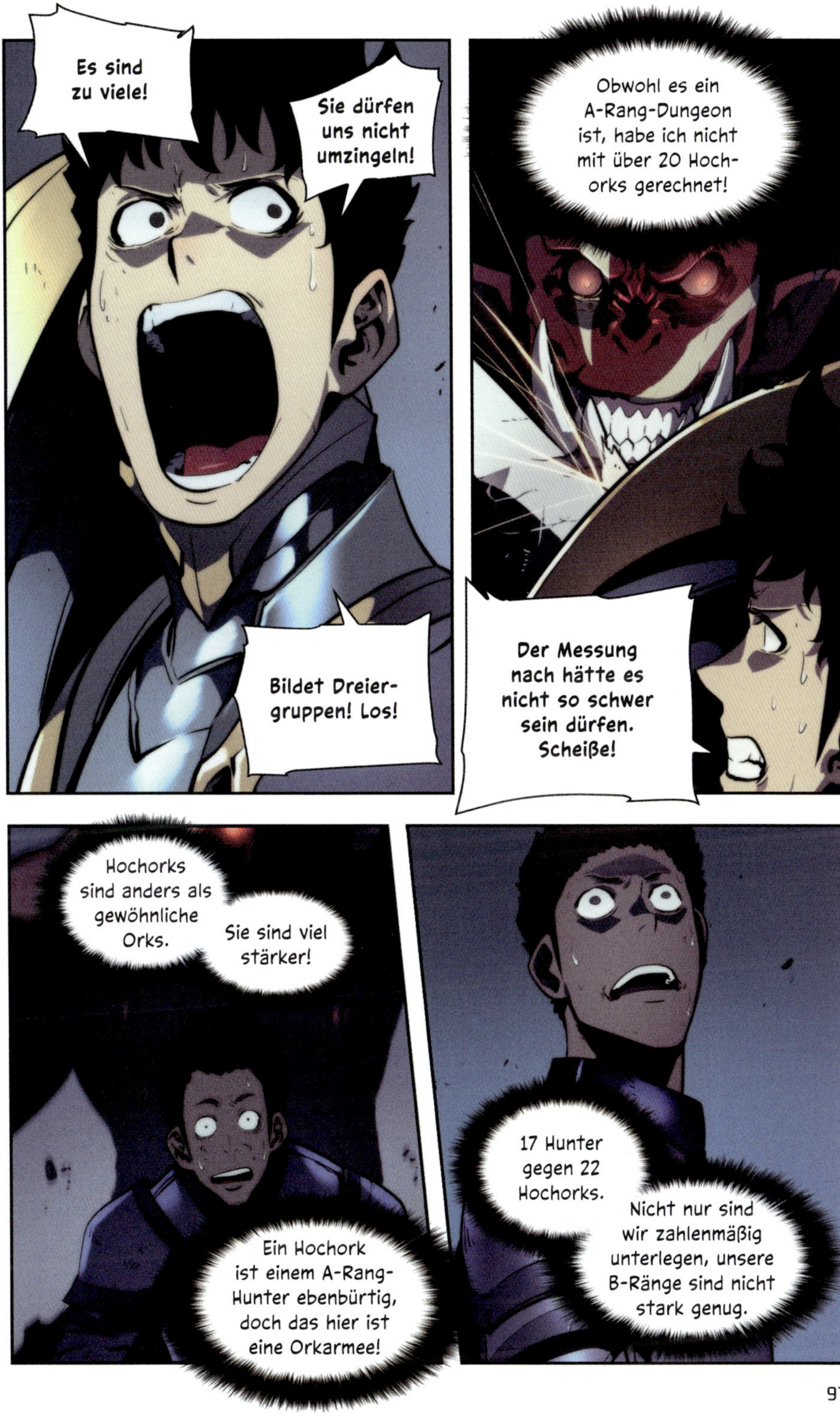
Es sind zu viele!
Sie dürfen uns nicht umzingeln!
Obwohl es ein A-Rang-Dungeon ist, habe ich nicht mit über 20 Hochorks gerechnet!
Bildet Dreiergruppen! Los!
Der Messung nach hätte es nicht so schwer sein dürfen. Scheiße!
Hochorks sind anders als gewöhnliche Orks.
Sie sind viel stärker!
Ein Hochork ist einem A-Rang-Hunter ebenbürtig, doch das hier ist eine Orkarmee!
17 Hunter gegen 22 Hochorks.
Nicht nur sind wir zahlenmäßig unterlegen, unsere B-Ränge sind nicht stark genug.

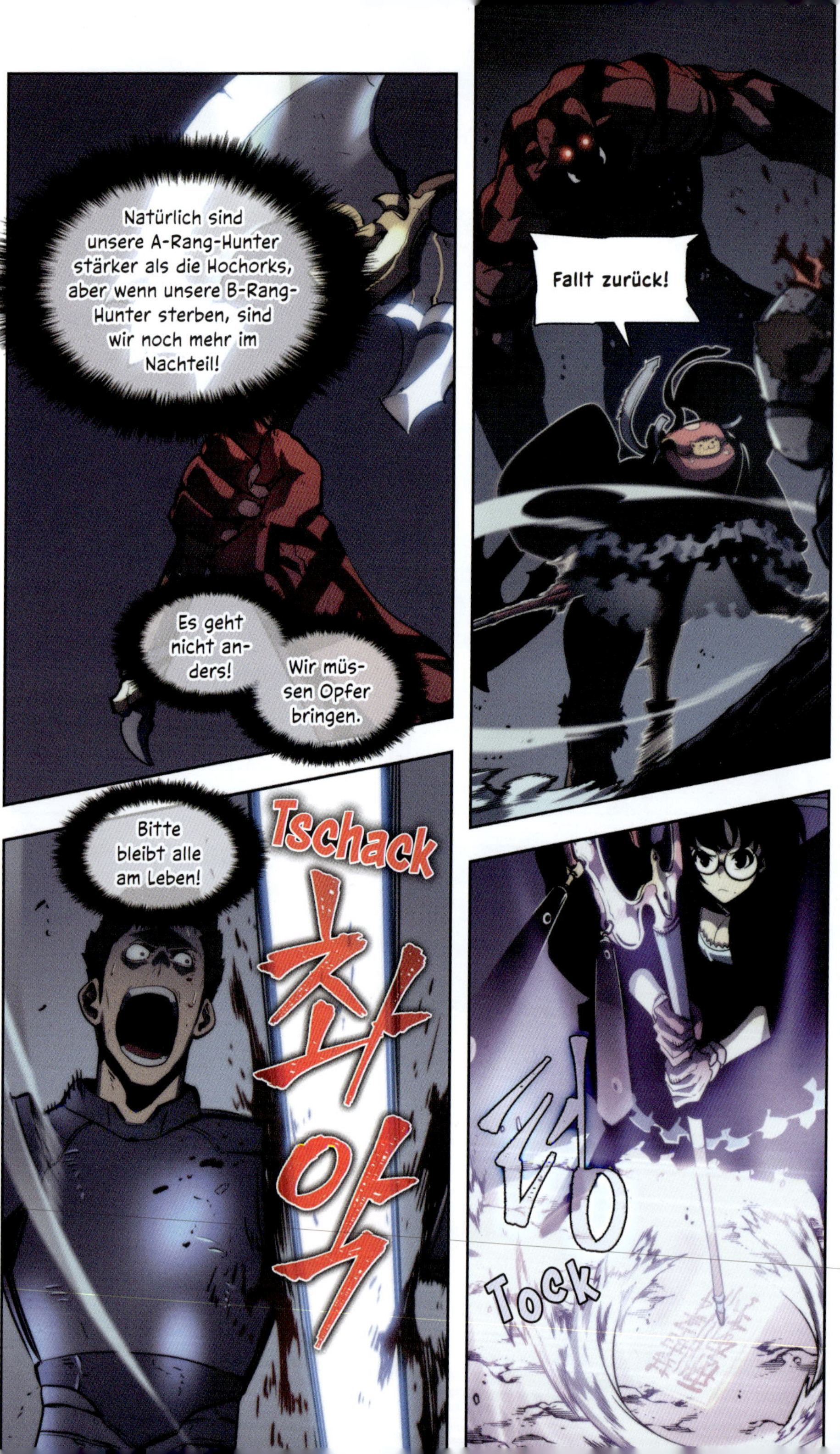

Natürlich sind unsere A-Rang-Hunter stärker als die Hochorks, aber wenn unsere B-Rang-Hunter sterben, sind wir noch mehr im Nachteil!
Es geht nicht anders!
Wir müssen Opfer bringen.
Fallt zurück!
Bitte bleibt alle am Leben!
Tschack
촤악
Tock

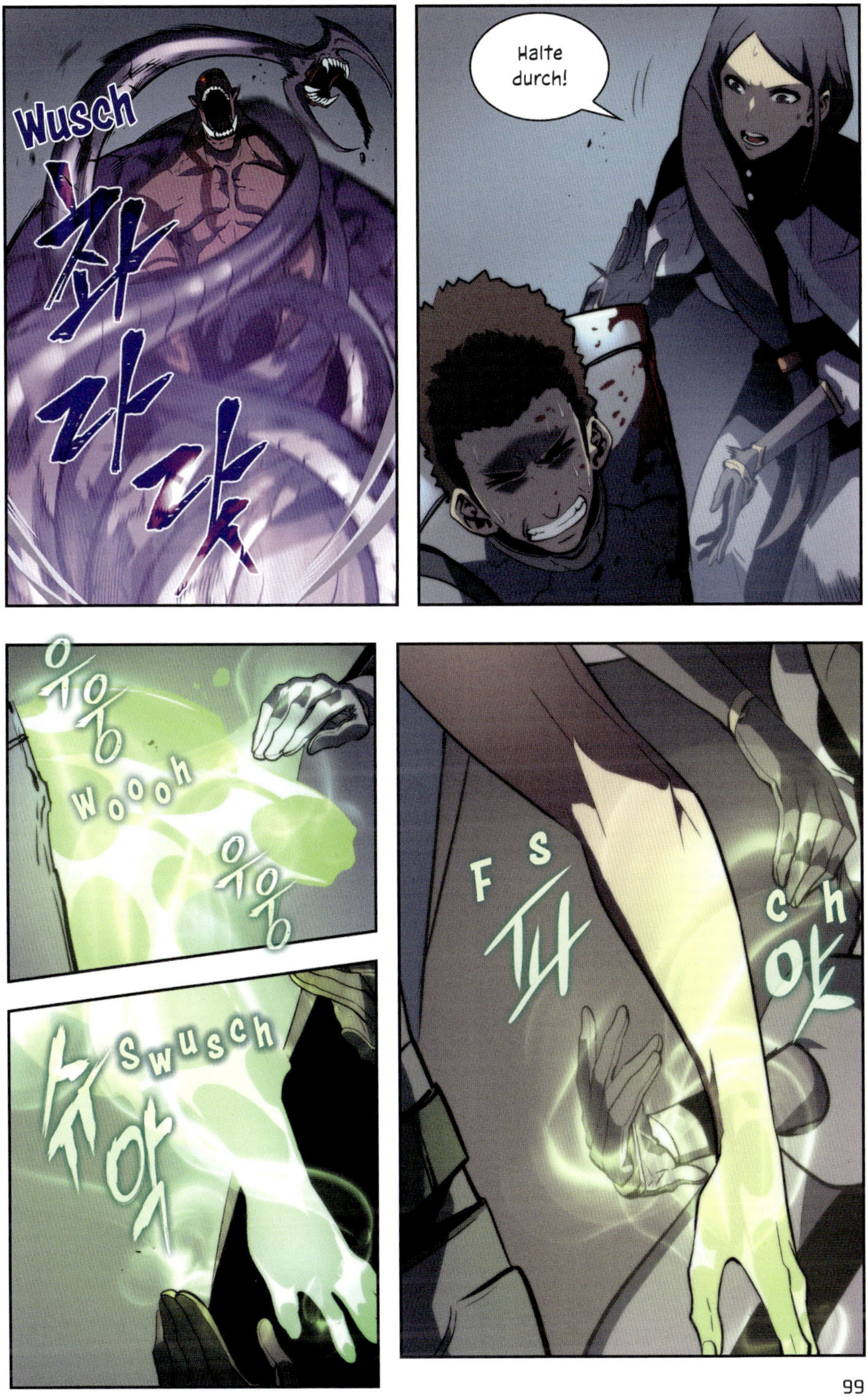
Wusch
Halte durch!
우웅
Woooh
우웅
Swusch
FS
ch

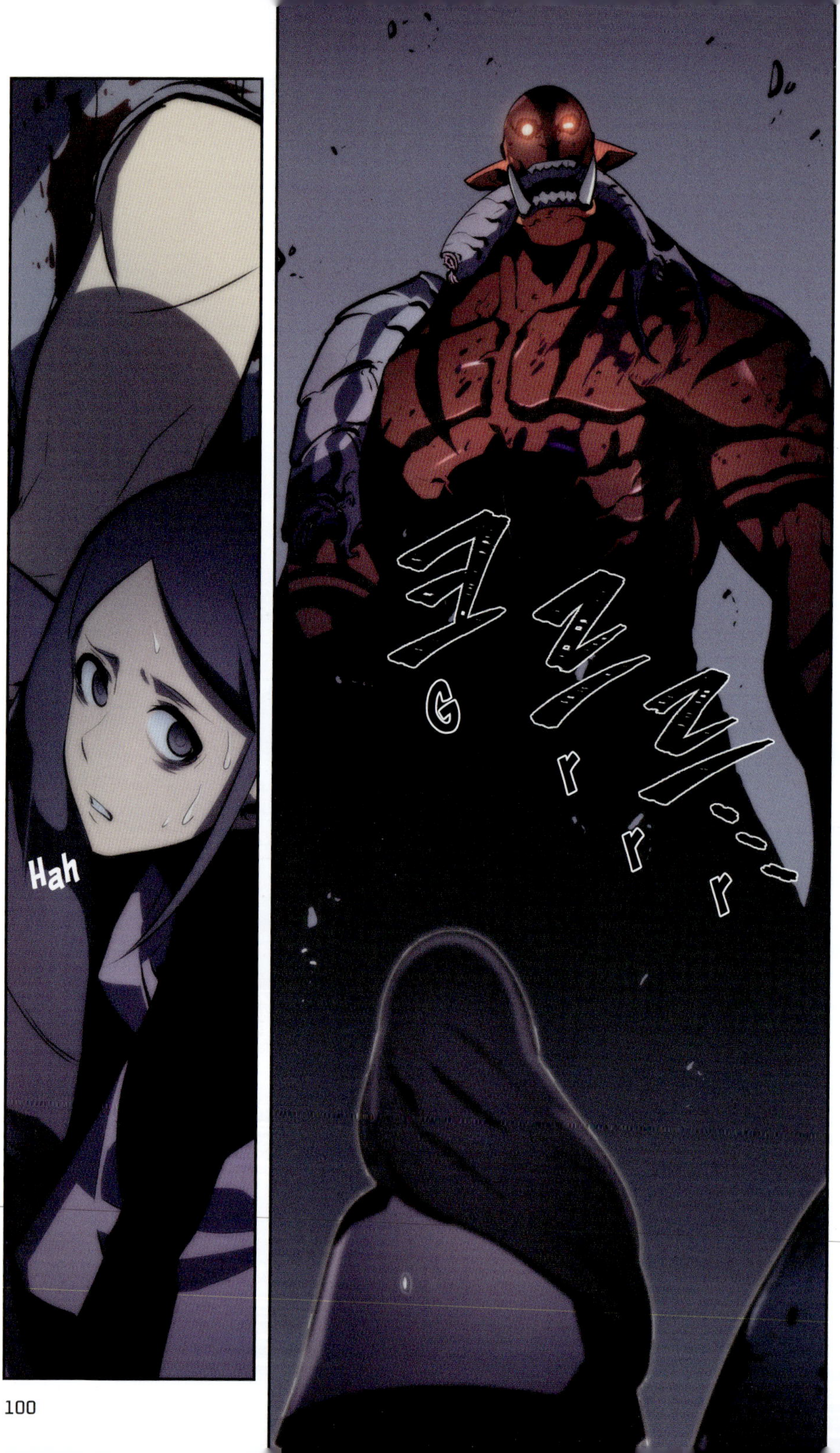
Hah
Grrrr...

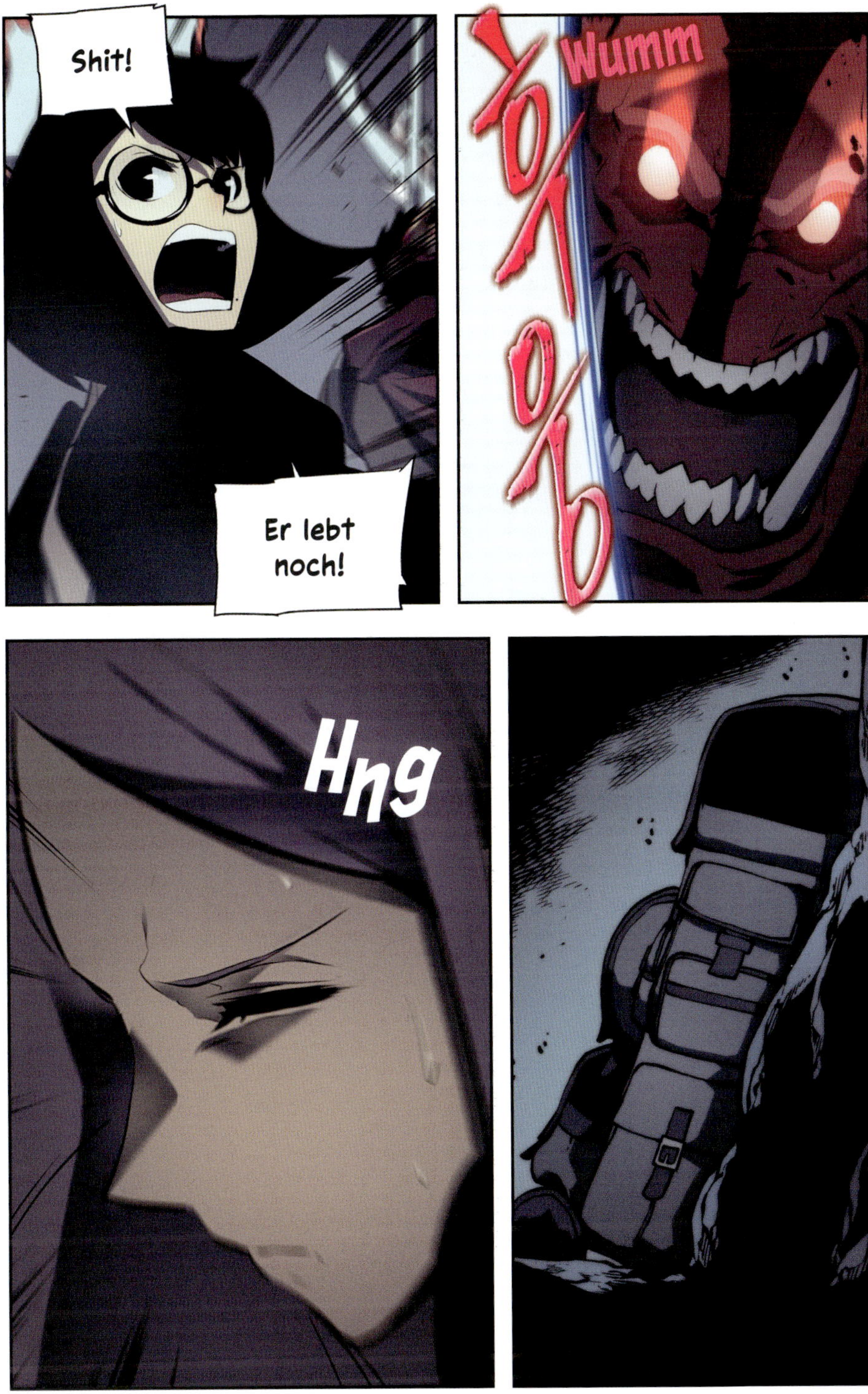
Shit!
Er lebt noch!
Wumm
Hng

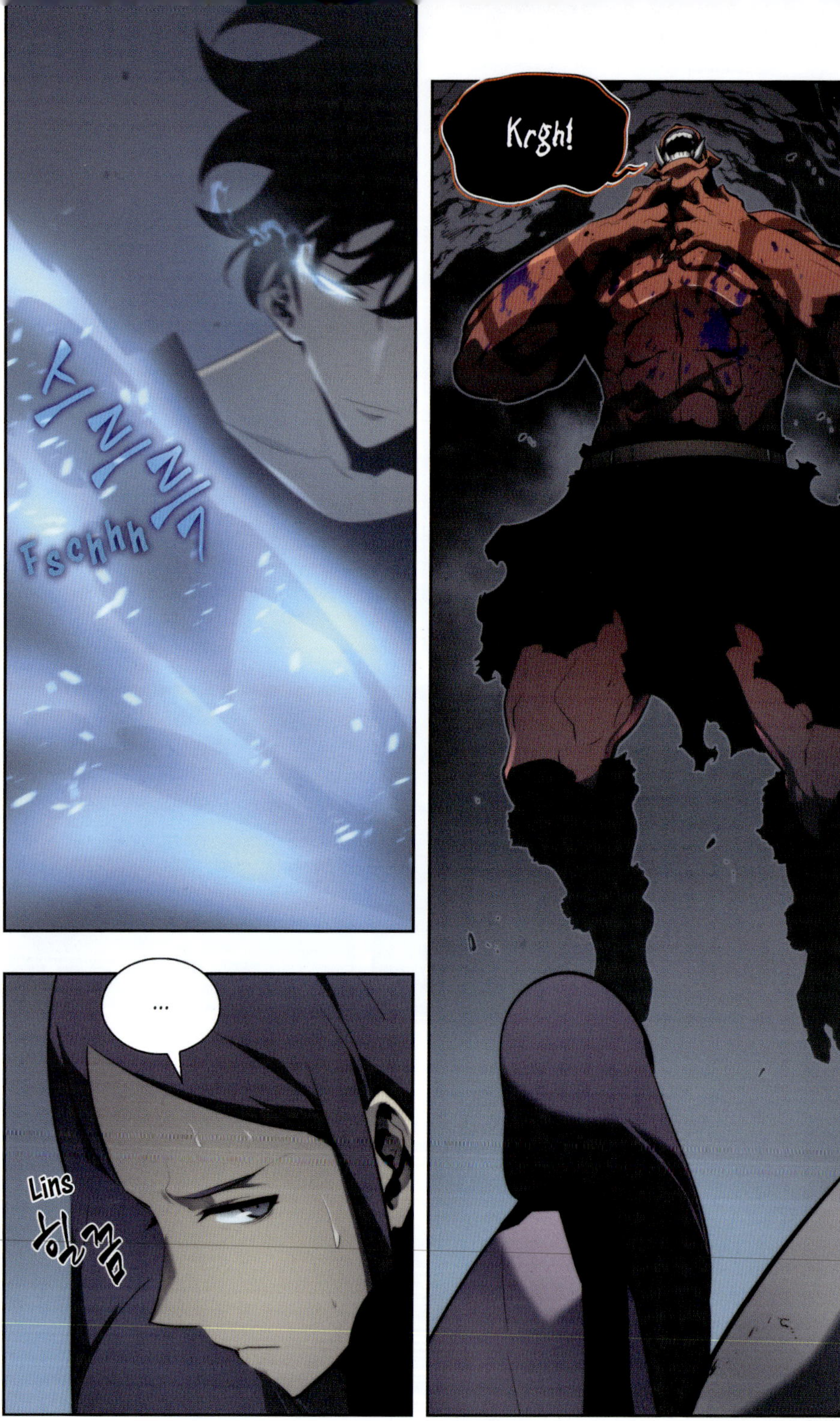
Fschhh
Krgh!
...
Lins

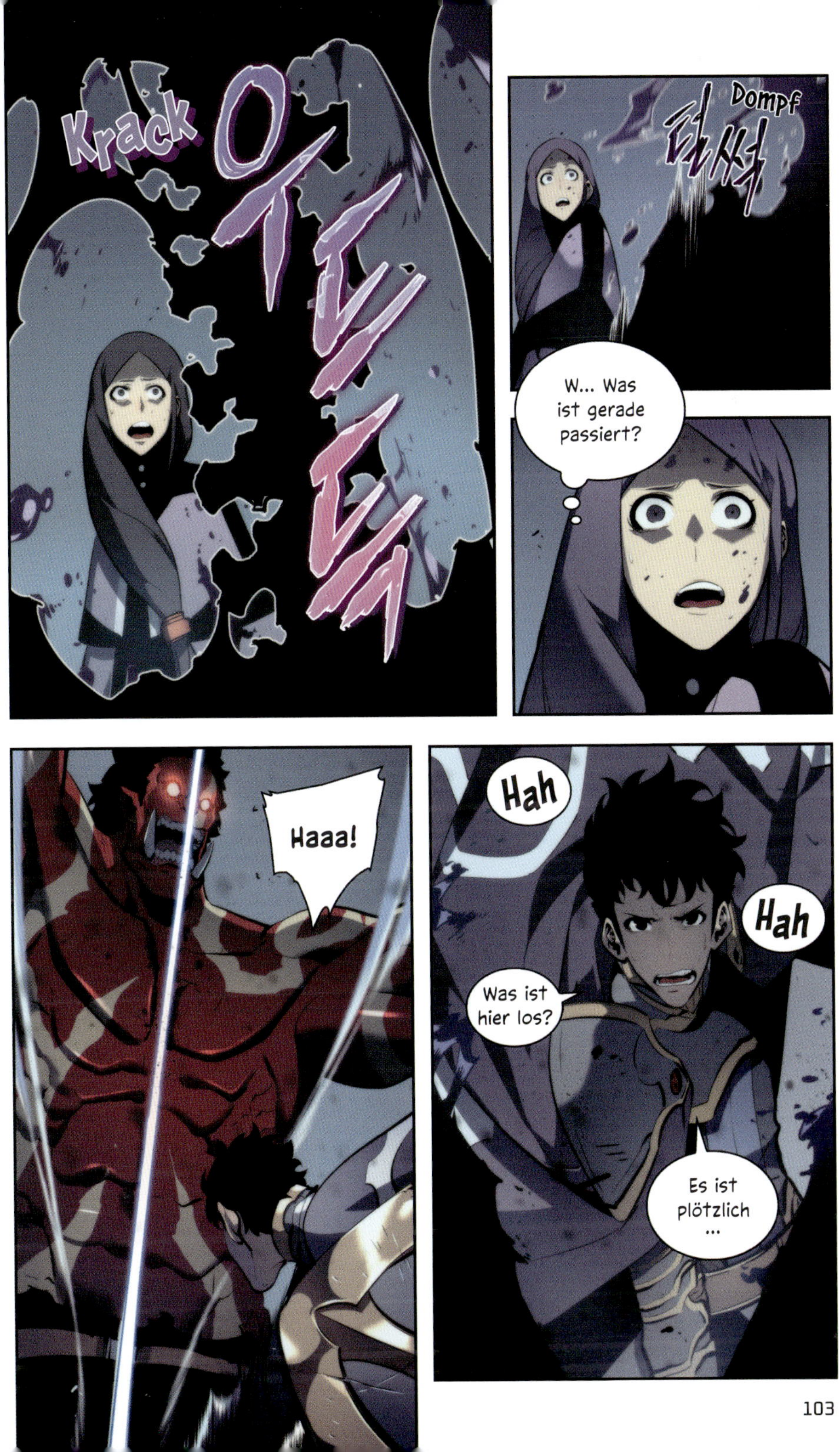
Krack
Dompf
W... Was ist gerade passiert?
Haaa!
Hah
Hah
Was ist hier los?
Es ist plötzlich ...

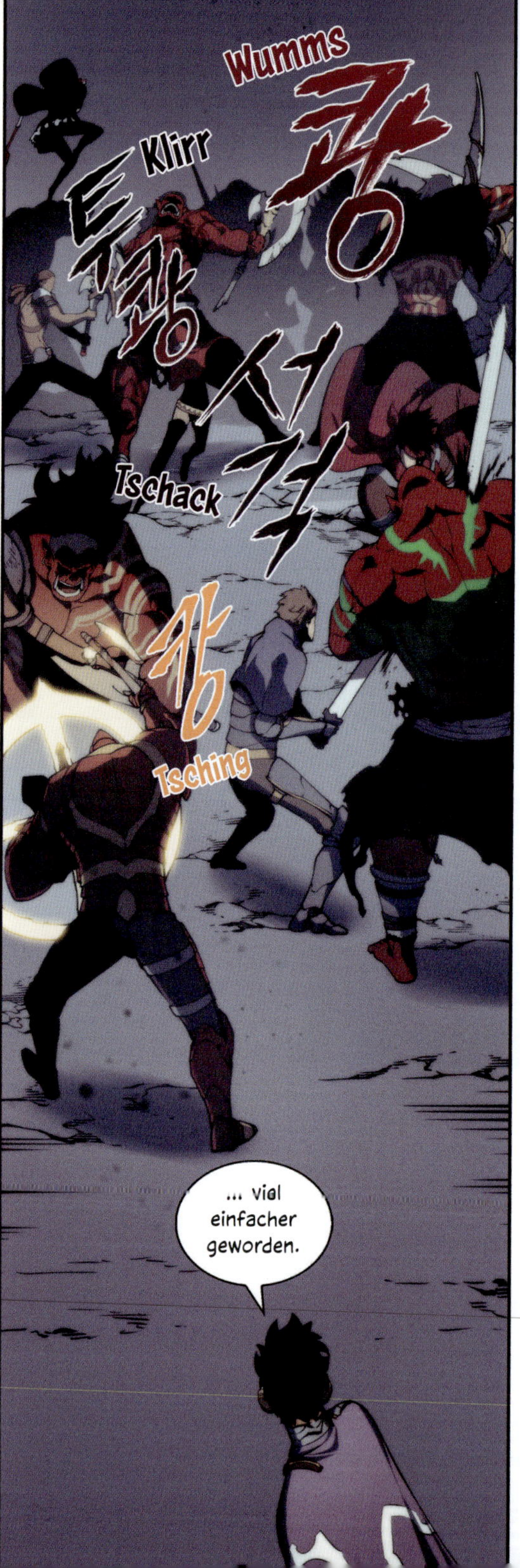
Wumms
쾅
Klirr
Tschack
서걱
Tsching
캉
... viel
einfacher
geworden.
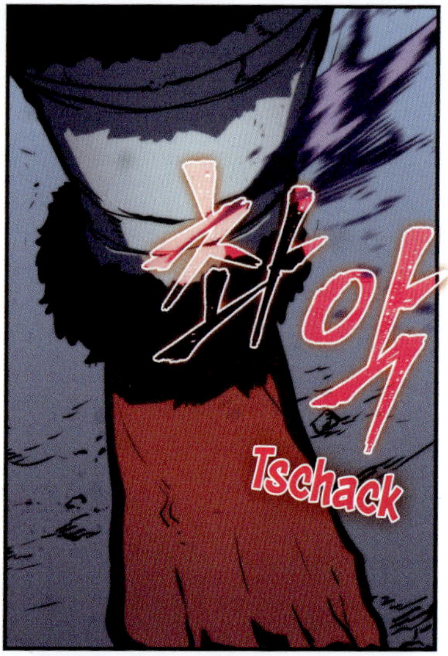
Tschack
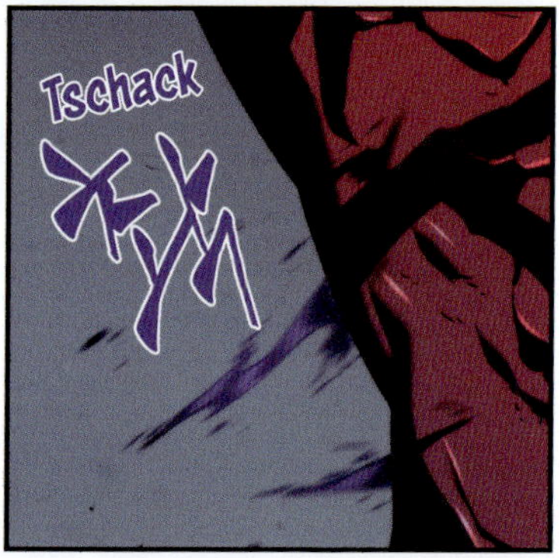
Tschack
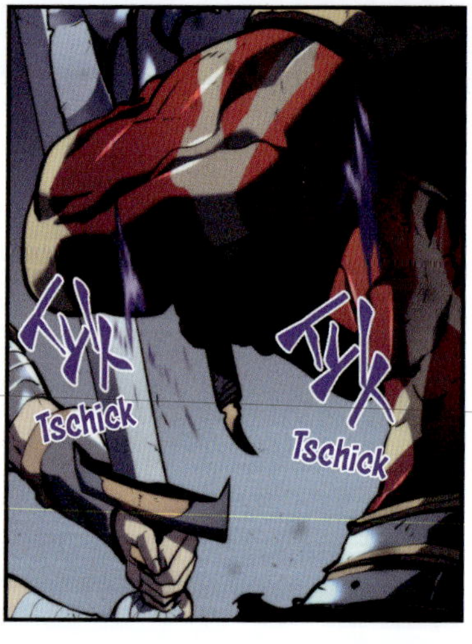
Tschick
Tschick

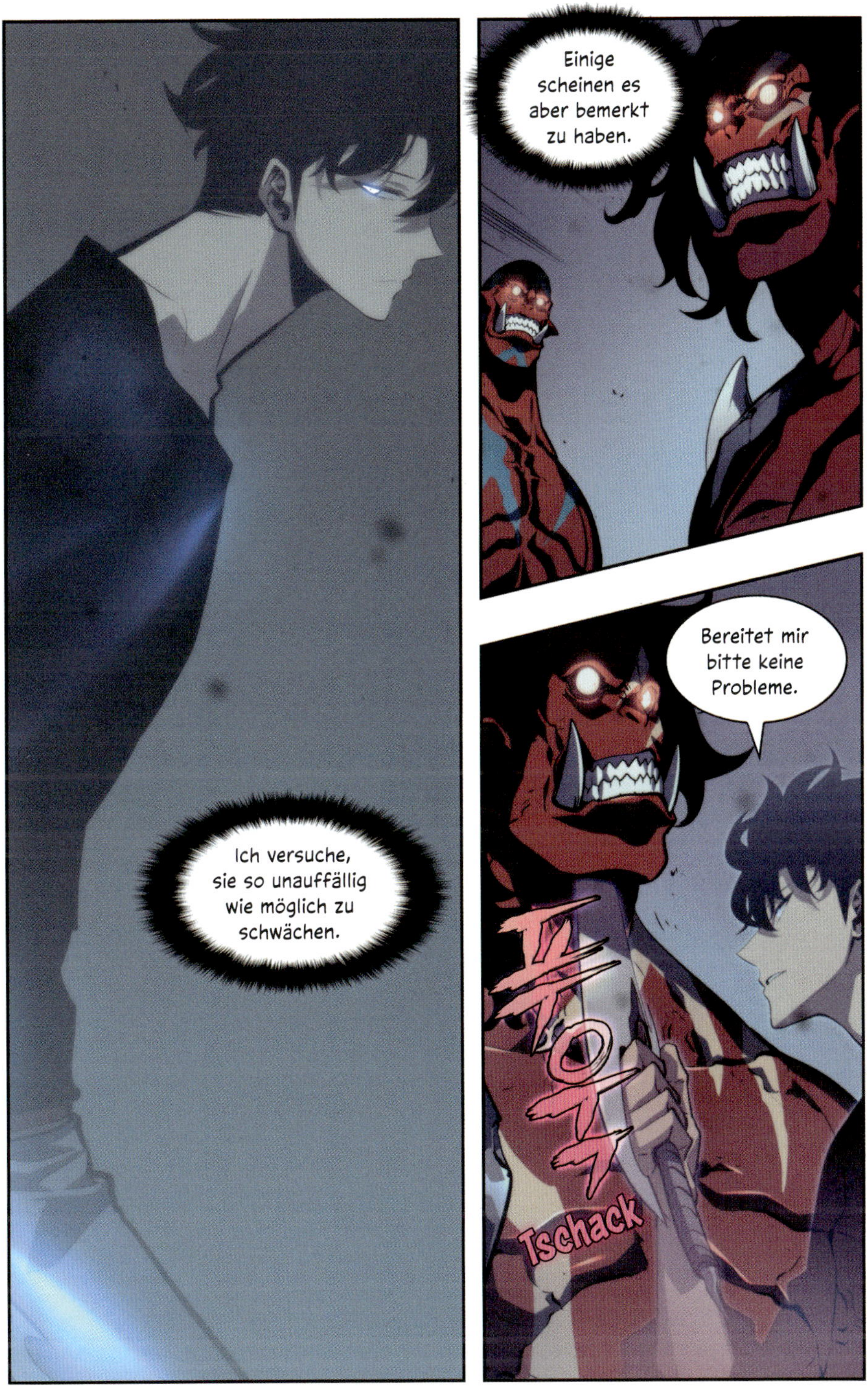
Einige scheinen es aber bemerkt zu haben.
Ich versuche, sie so unauffällig wie möglich zu schwächen.
Bereitet mir bitte keine Probleme.
Tschack

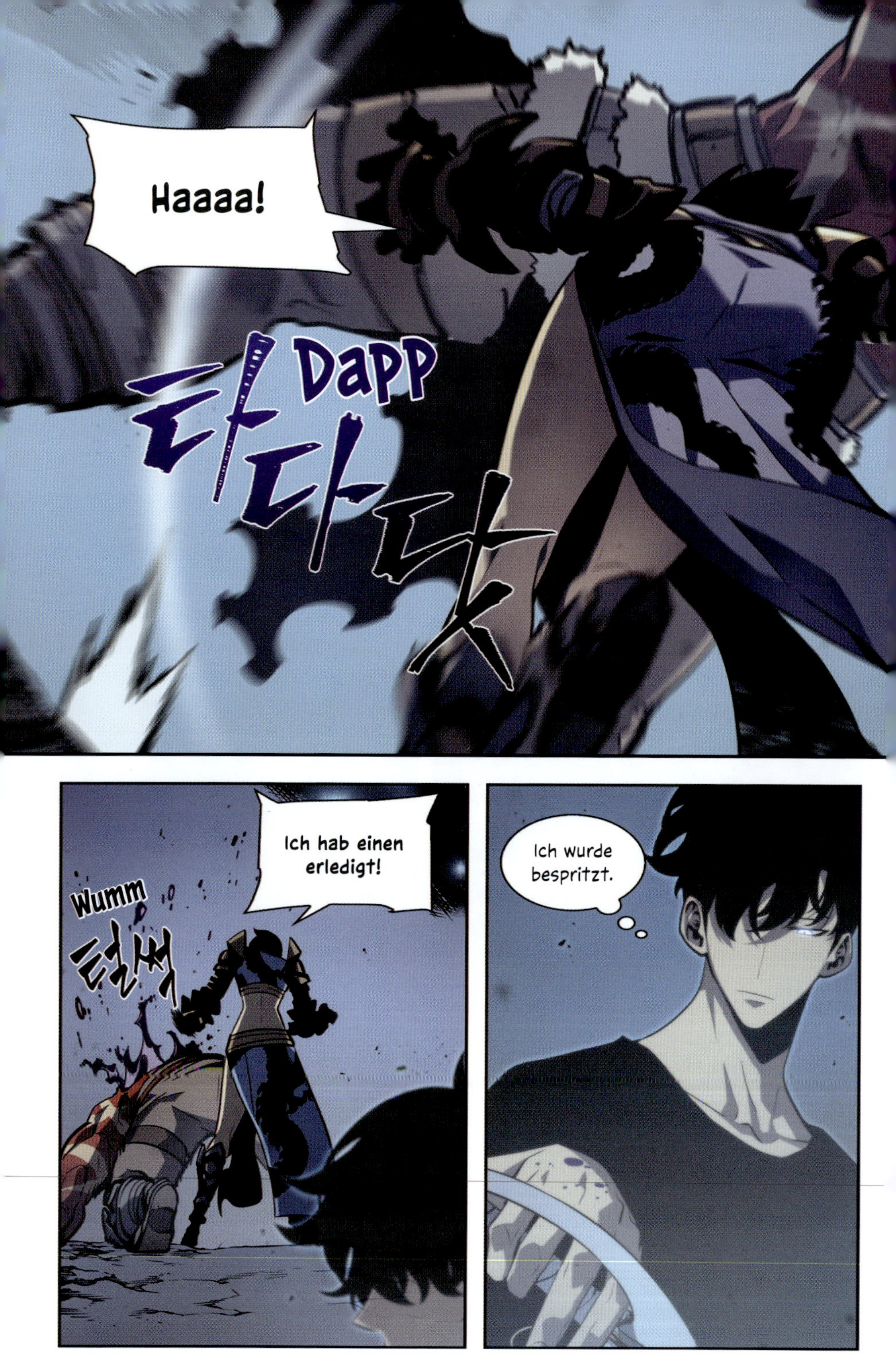
Haaaa!
Dapp
타다닷
Ich hab einen erledigt!
Wumm
털썩
Ich wurde bespritzt.

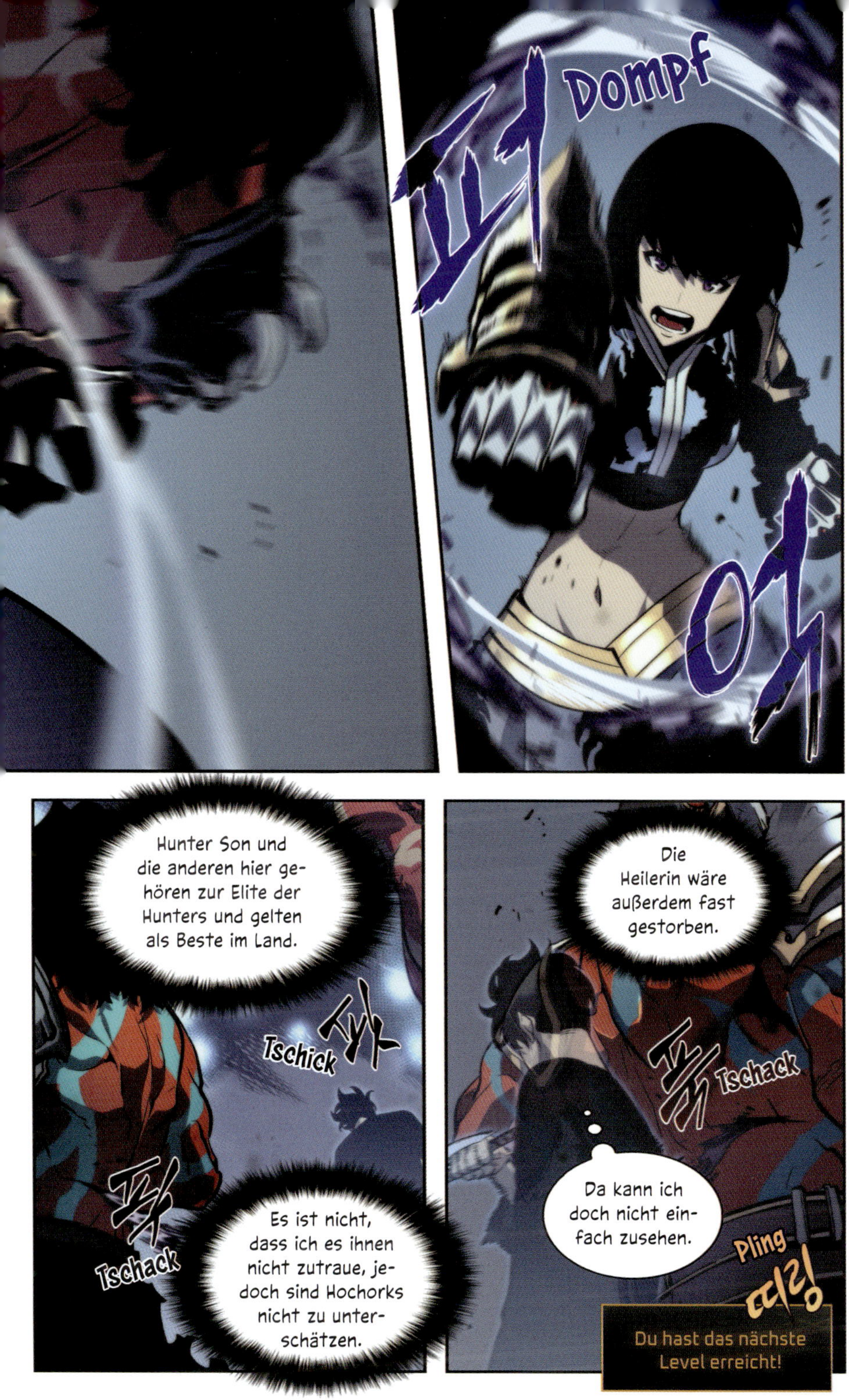

Dompf
Hunter Son und die anderen hier gehören zur Elite der Hunters und gelten als Beste im Land.
Tschick
Tschack
Es ist nicht, dass ich es ihnen nicht zutraue, jedoch sind Hochorks nicht zu unterschätzen.
Die Heilerin wäre außerdem fast gestorben.
Tschack
Da kann ich doch nicht einfach zusehen.
Pling
Du hast das nächste Level erreicht!

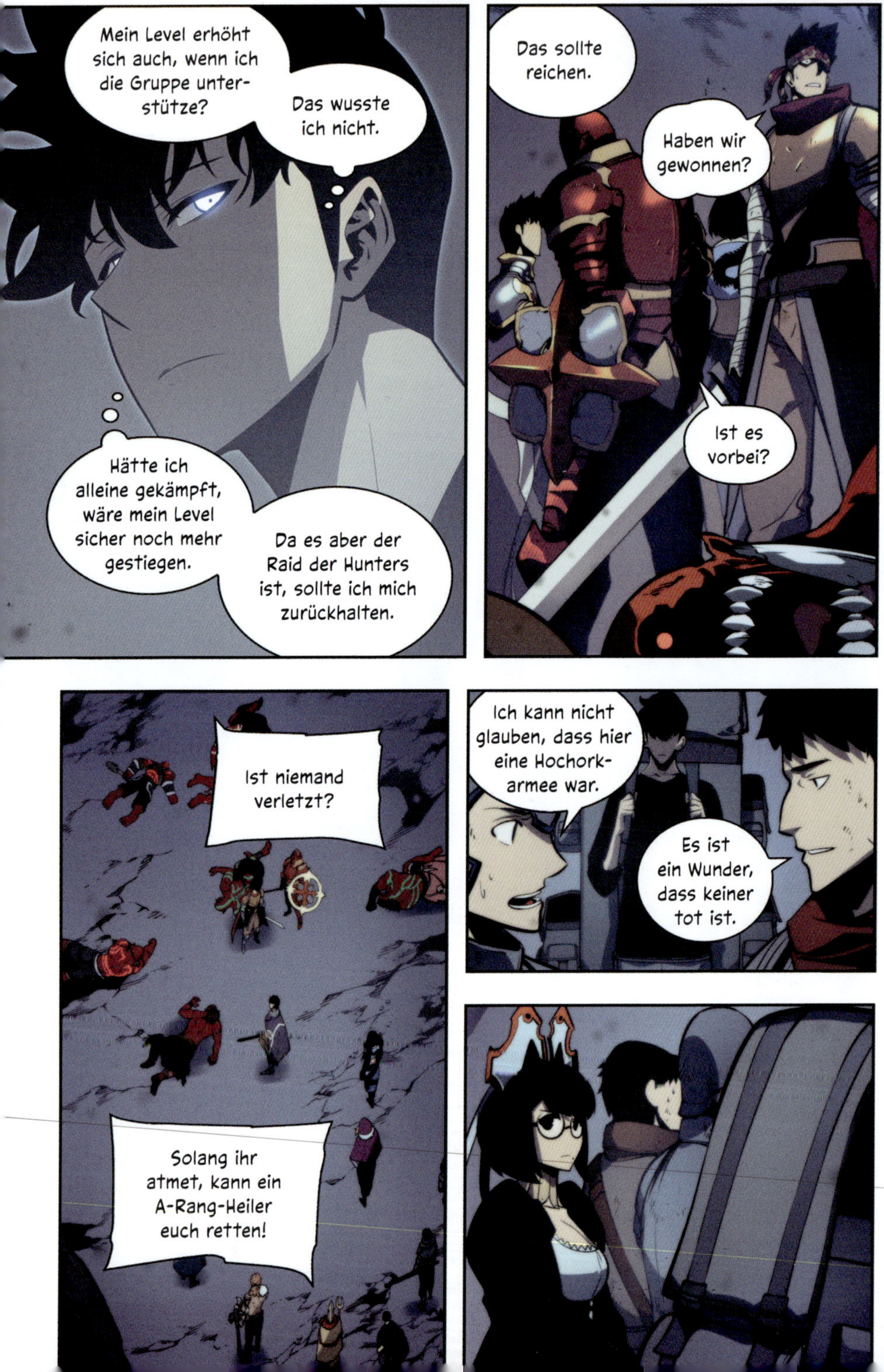
Mein Level erhöht sich auch, wenn ich die Gruppe unterstütze?
Das wusste ich nicht.
Hätte ich alleine gekämpft, wäre mein Level sicher noch mehr gestiegen.
Da es aber der Raid der Hunters ist, sollte ich mich zurückhalten.
Das sollte reichen.
Haben wir gewonnen?
Ist es vorbei?
Ist niemand verletzt?
Solang ihr atmet, kann ein A-Rang-Heiler euch retten!
Ich kann nicht glauben, dass hier eine Hochorkarmee war.
Es ist ein Wunder, dass keiner tot ist.

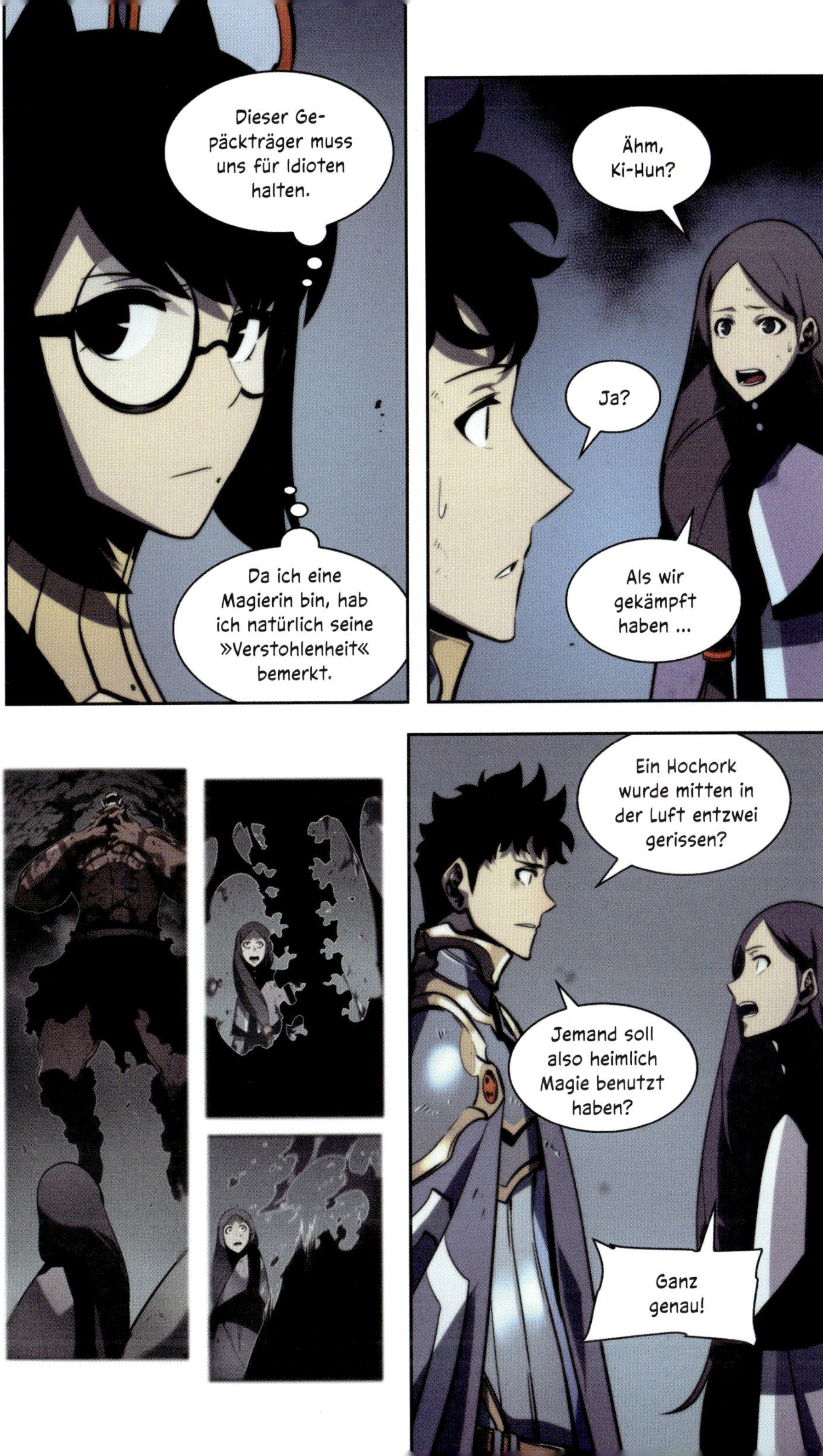
Dieser Gepäckträger muss uns für Idioten halten.
Da ich eine Magierin bin, hab ich natürlich seine »Verstohlenheit« bemerkt.
Ähm, Ki-Hun?
Ja?
Als wir gekämpft haben ...
Ein Hochork wurde mitten in der Luft entzwei gerissen?
Jemand soll also heimlich Magie benutzt haben?
Ganz genau!

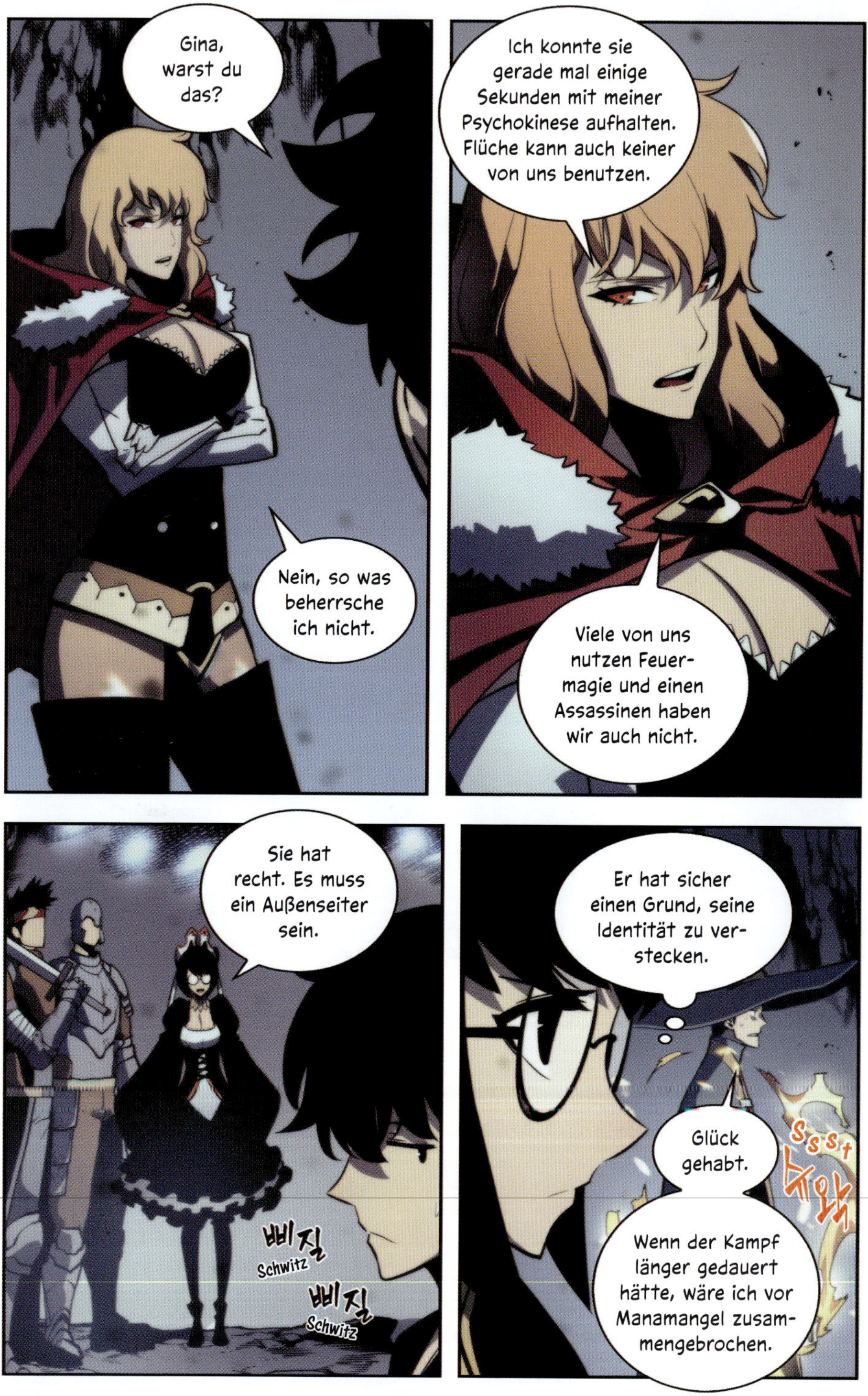
Gina, warst du das?
Nein, so was beherrsche ich nicht.
Ich konnte sie gerade mal einige Sekunden mit meiner Psychokinese aufhalten. Flüche kann auch keiner von uns benutzen.
Viele von uns nutzen Feuermagie und einen Assassinen haben wir auch nicht.
Sie hat recht. Es muss ein Außenseiter sein.
빠질
Schwitz
빠질
Schwitz
Er hat sicher einen Grund, seine Identität zu verstecken.
Glück gehabt.
Wenn der Kampf länger gedauert hätte, wäre ich vor Manamangel zusammengebrochen.
Ssst

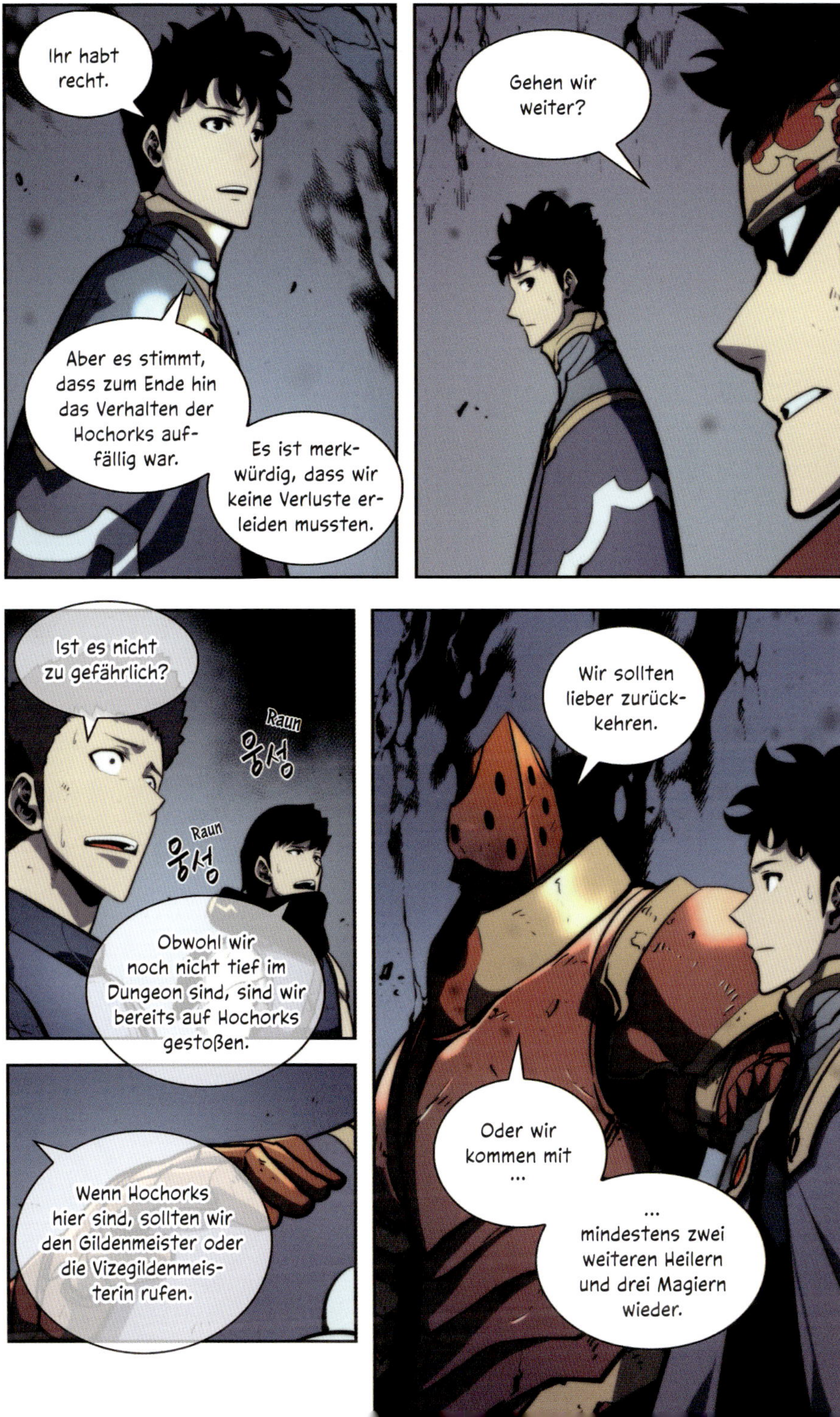

Ihr habt recht.
Aber es stimmt, dass zum Ende hin das Verhalten der Hochorks auffällig war.
Es ist merkwürdig, dass wir keine Verluste erleiden mussten.
Gehen wir weiter?
Ist es nicht zu gefährlich?
Raun
웅성
Raun
웅성
Obwohl wir noch nicht tief im Dungeon sind, sind wir bereits auf Hochorks gestoßen.
Wenn Hochorks hier sind, sollten wir den Gildenmeister oder die Vizegildenmeisterin rufen.
Wir sollten lieber zurückkehren.
Oder wir kommen mit …
… mindestens zwei weiteren Heilern und drei Magiern wieder.

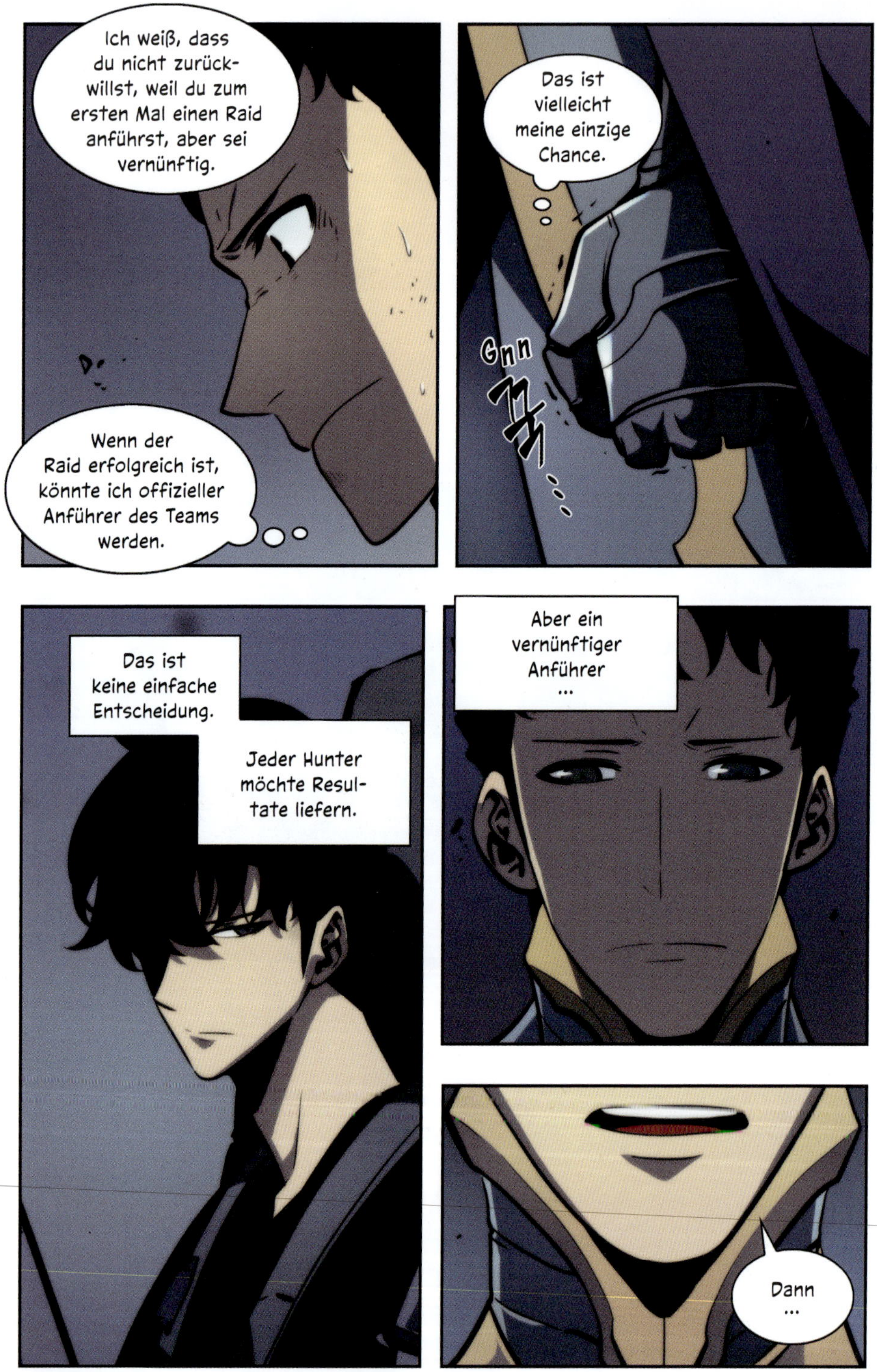
Ich weiß, dass du nicht zurück-willst, weil du zum ersten Mal einen Raid anführst, aber sei vernünftig.
Wenn der Raid erfolgreich ist, könnte ich offizieller Anführer des Teams werden.
Das ist vielleicht meine einzige Chance.
Gnn
Das ist keine einfache Entscheidung.
Jeder Hunter möchte Resul-tate liefern.
Aber ein vernünftiger Anführer ...
Dann ...

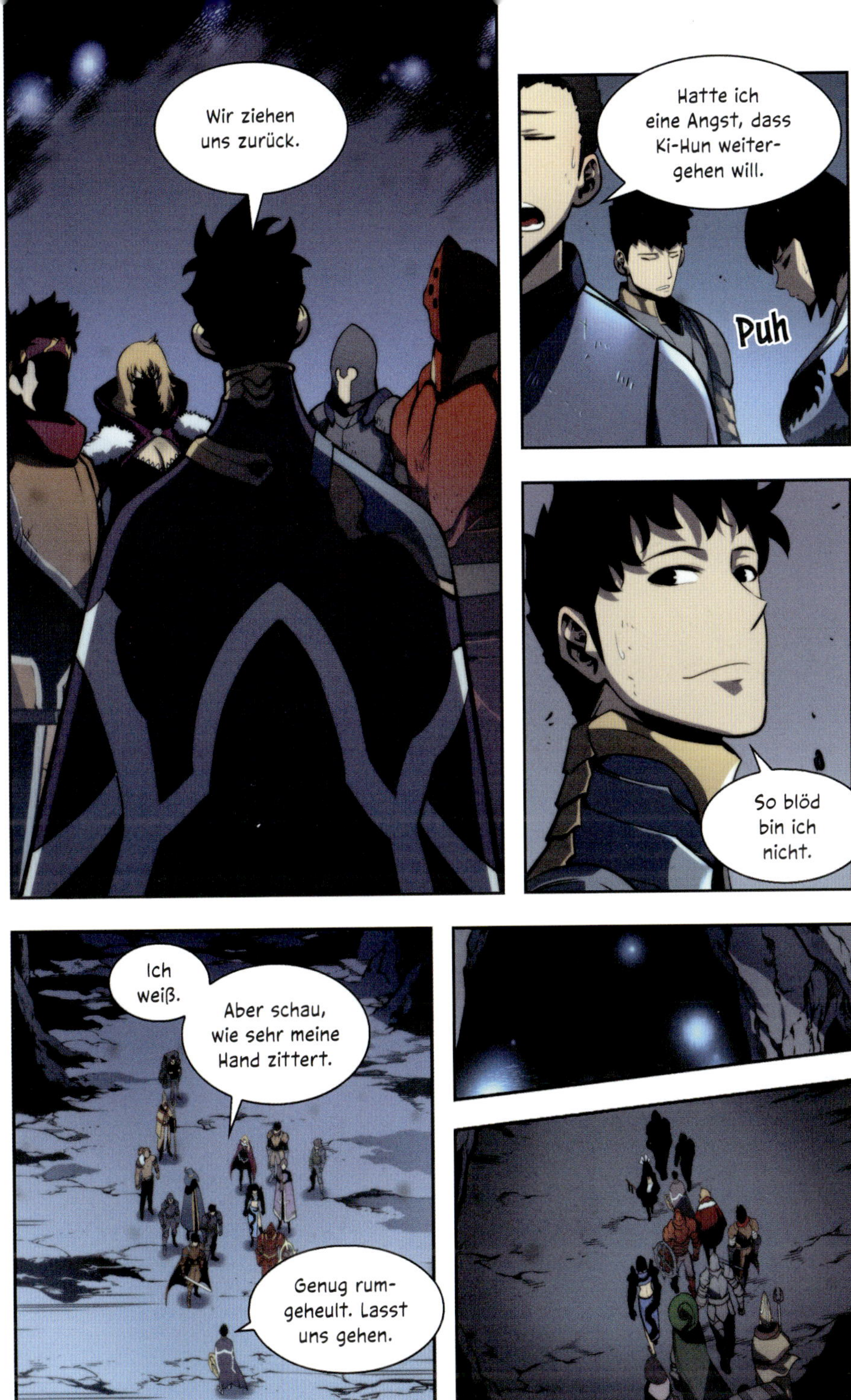
Wir ziehen uns zurück.
Hatte ich eine Angst, dass Ki-Hun weitergehen will.
Puh
So blöd bin ich nicht.
Ich weiß.
Aber schau, wie sehr meine Hand zittert.
Genug rumgeheult. Lasst uns gehen.

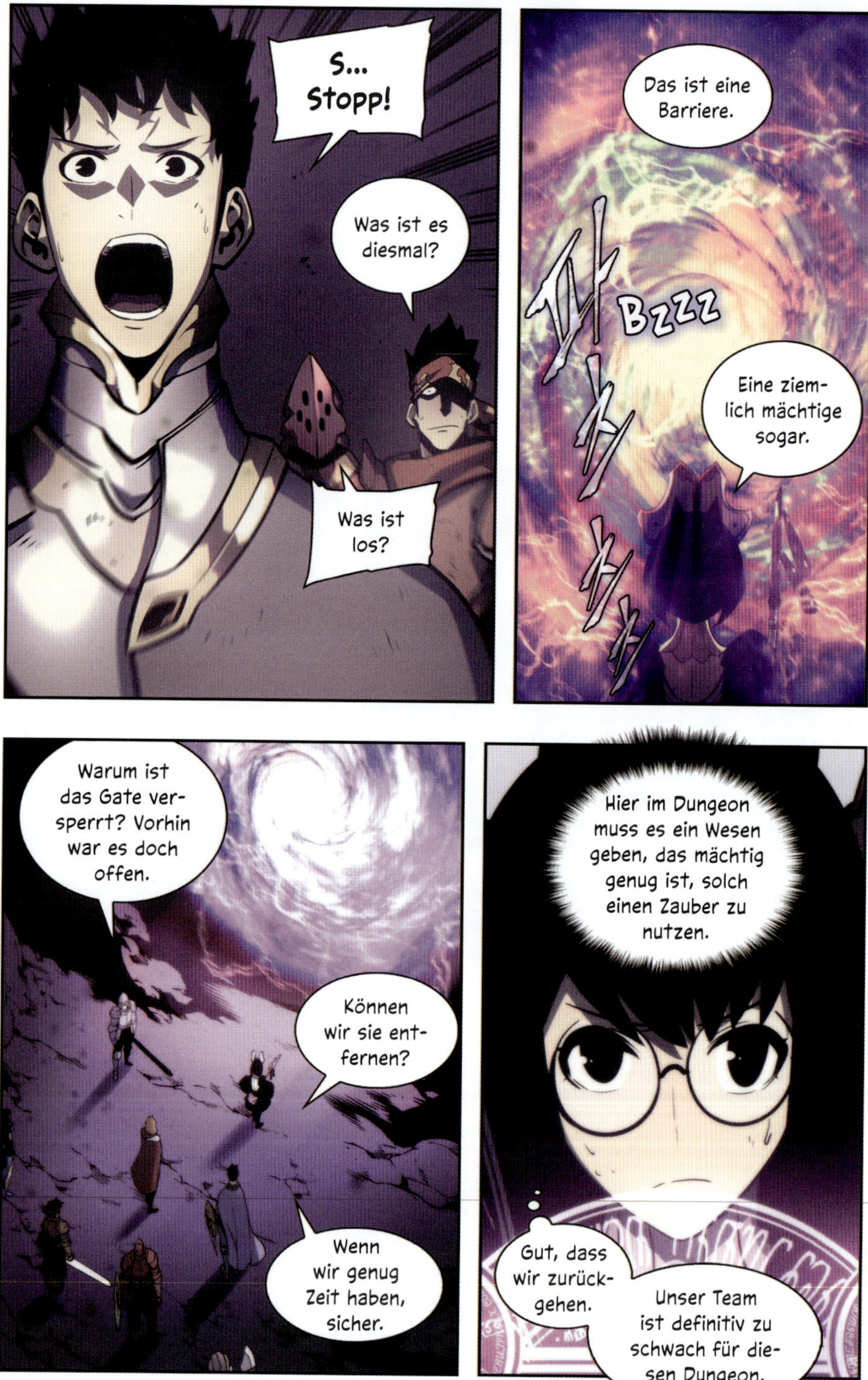
S... Stopp!
Was ist es diesmal?
Was ist los?
Das ist eine Barriere.
Bzzz
Eine ziemlich mächtige sogar.
Warum ist das Gate versperrt? Vorhin war es doch offen.
Können wir sie entfernen?
Wenn wir genug Zeit haben, sicher.
Hier im Dungeon muss es ein Wesen geben, das mächtig genug ist, solch einen Zauber zu nutzen.
Gut, dass wir zurückgehen.
Unser Team ist definitiv zu schwach für diesen Dungeon.

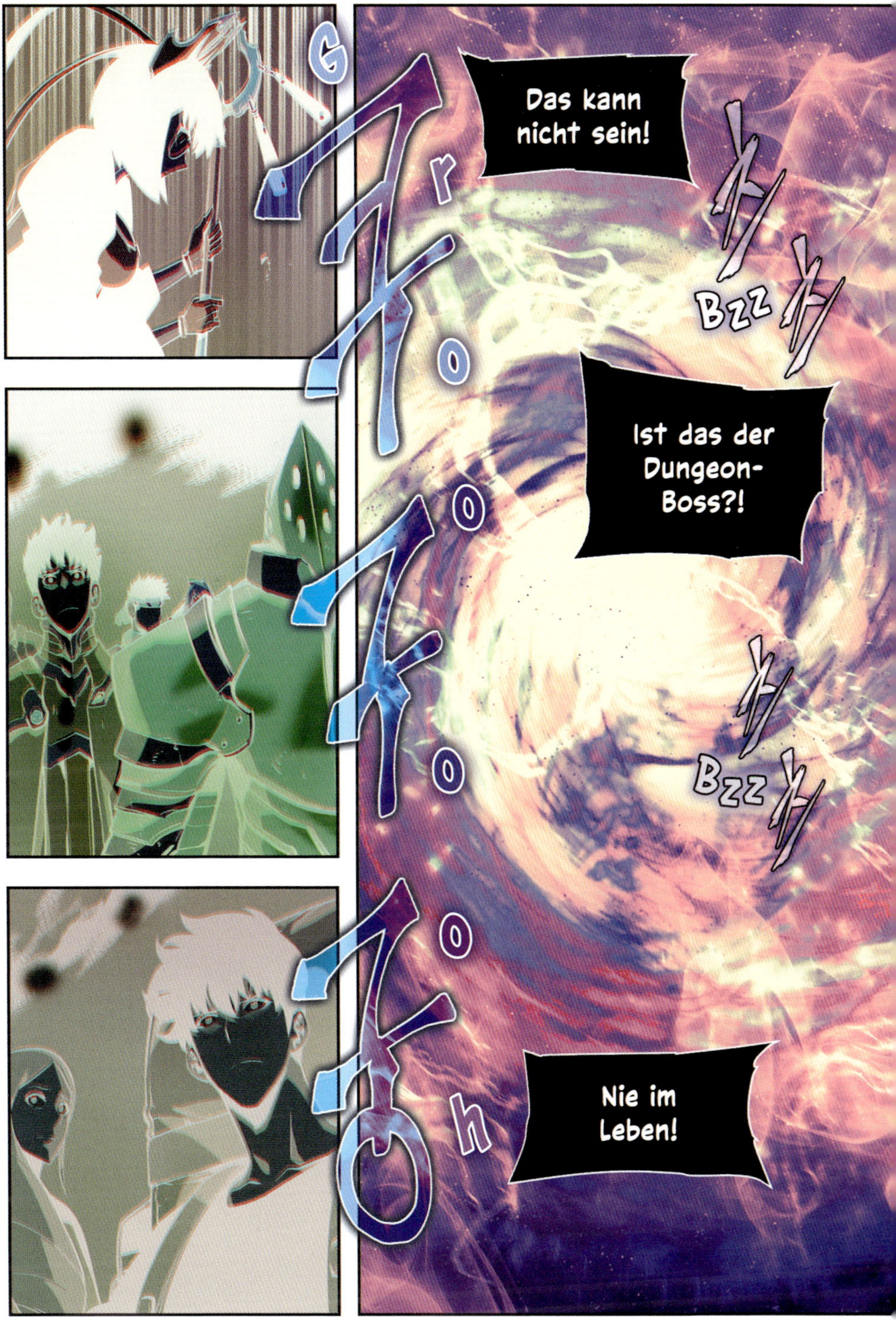
Grooooh
Das kann nicht sein!
Bzz
Ist das der Dungeon-Boss?!
Bzz
Nie im Leben!

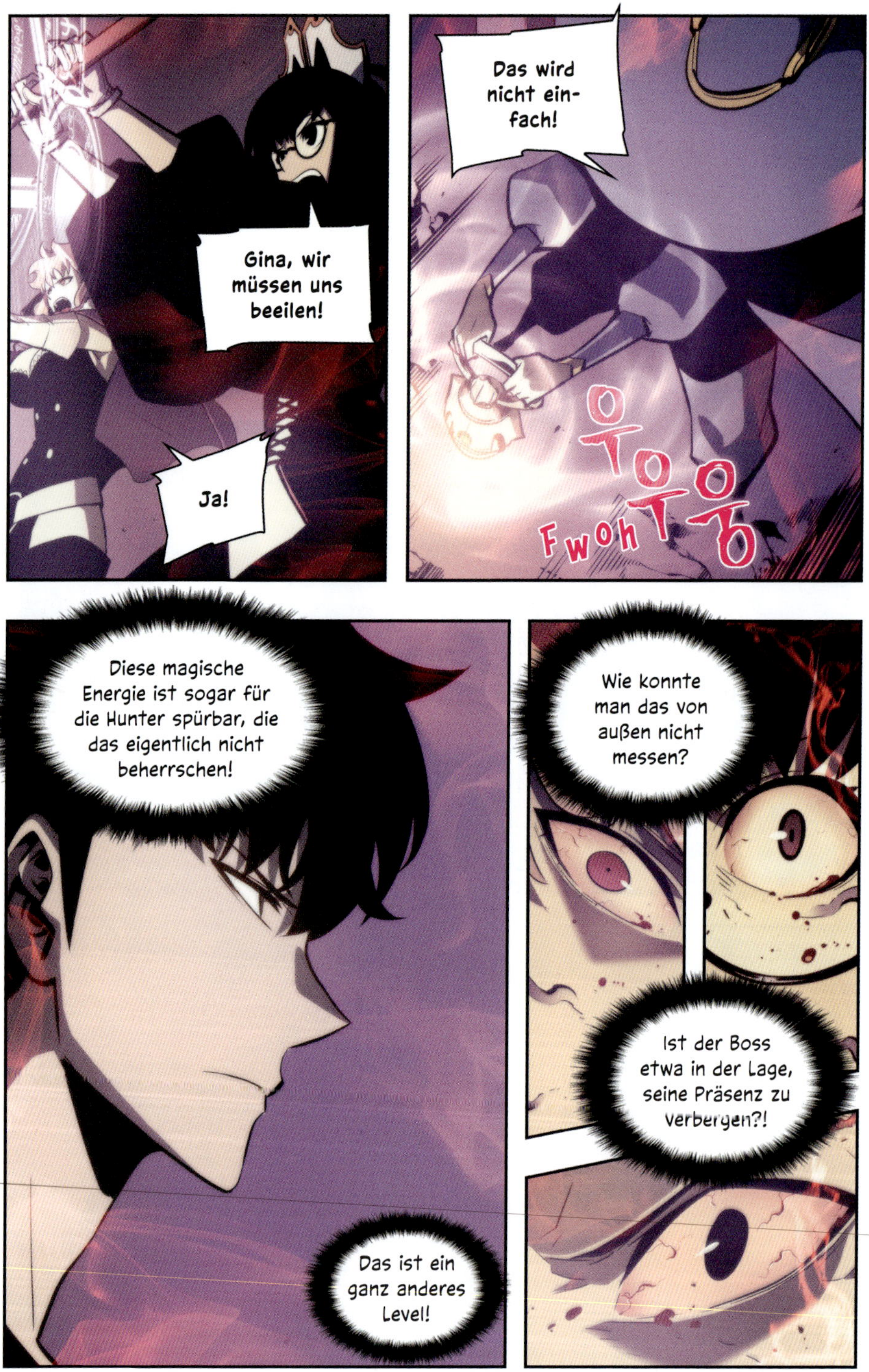
Gina, wir müssen uns beeilen!
Ja!
Das wird nicht ein-fach!
우우웅
Fwoh
Diese magische Energie ist sogar für die Hunter spürbar, die das eigentlich nicht beherrschen!
Das ist ein ganz anderes Level!
Wie konnte man das von außen nicht messen?
Ist der Boss etwa in der Lage, seine Präsenz zu verbergen?!

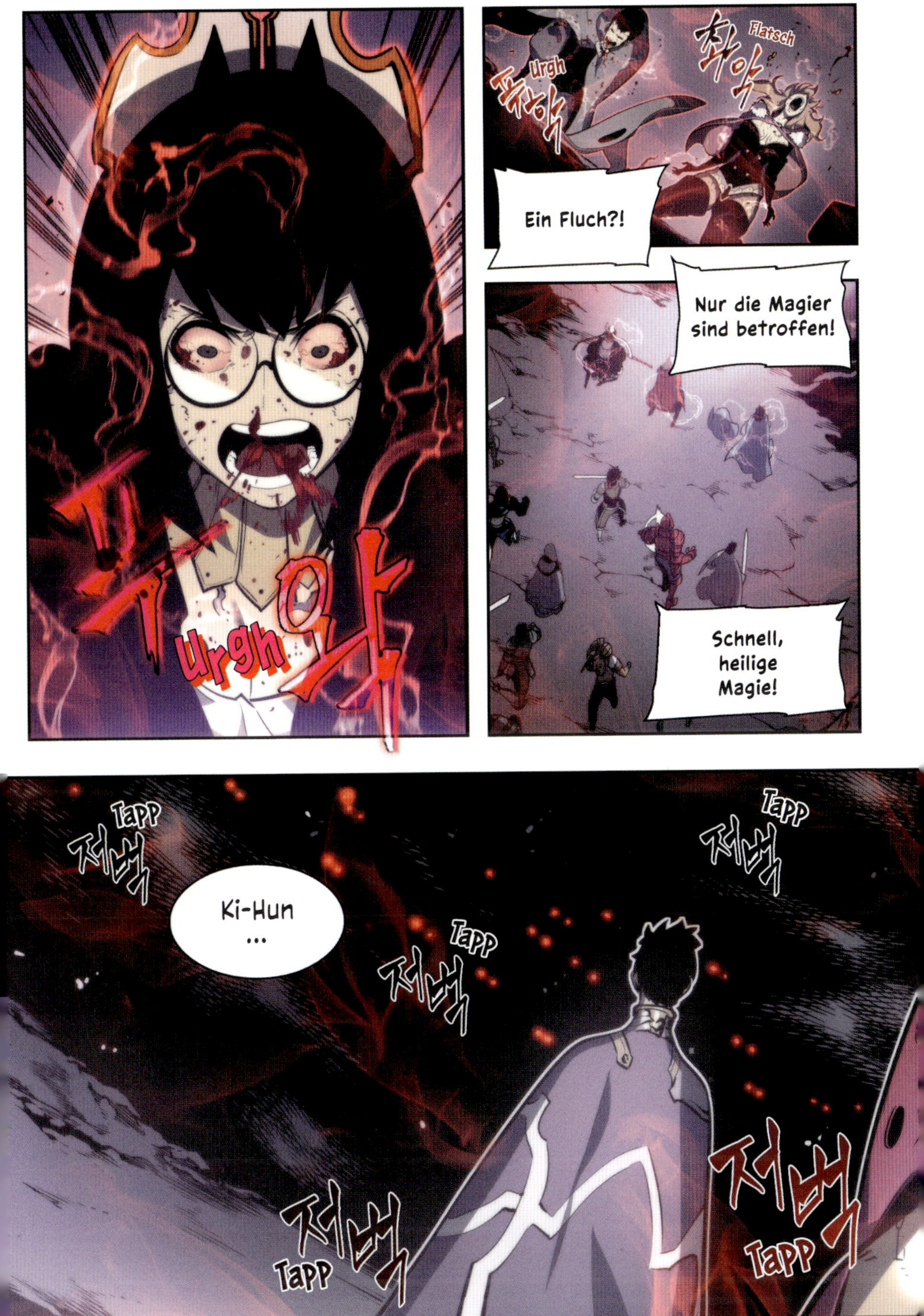

Urgh
Urgh
Flatsch
Ein Fluch?!
Nur die Magier sind betroffen!
Schnell, heilige Magie!
Tapp
Tapp
Ki-Hun ...
Tapp
Tapp
Tapp

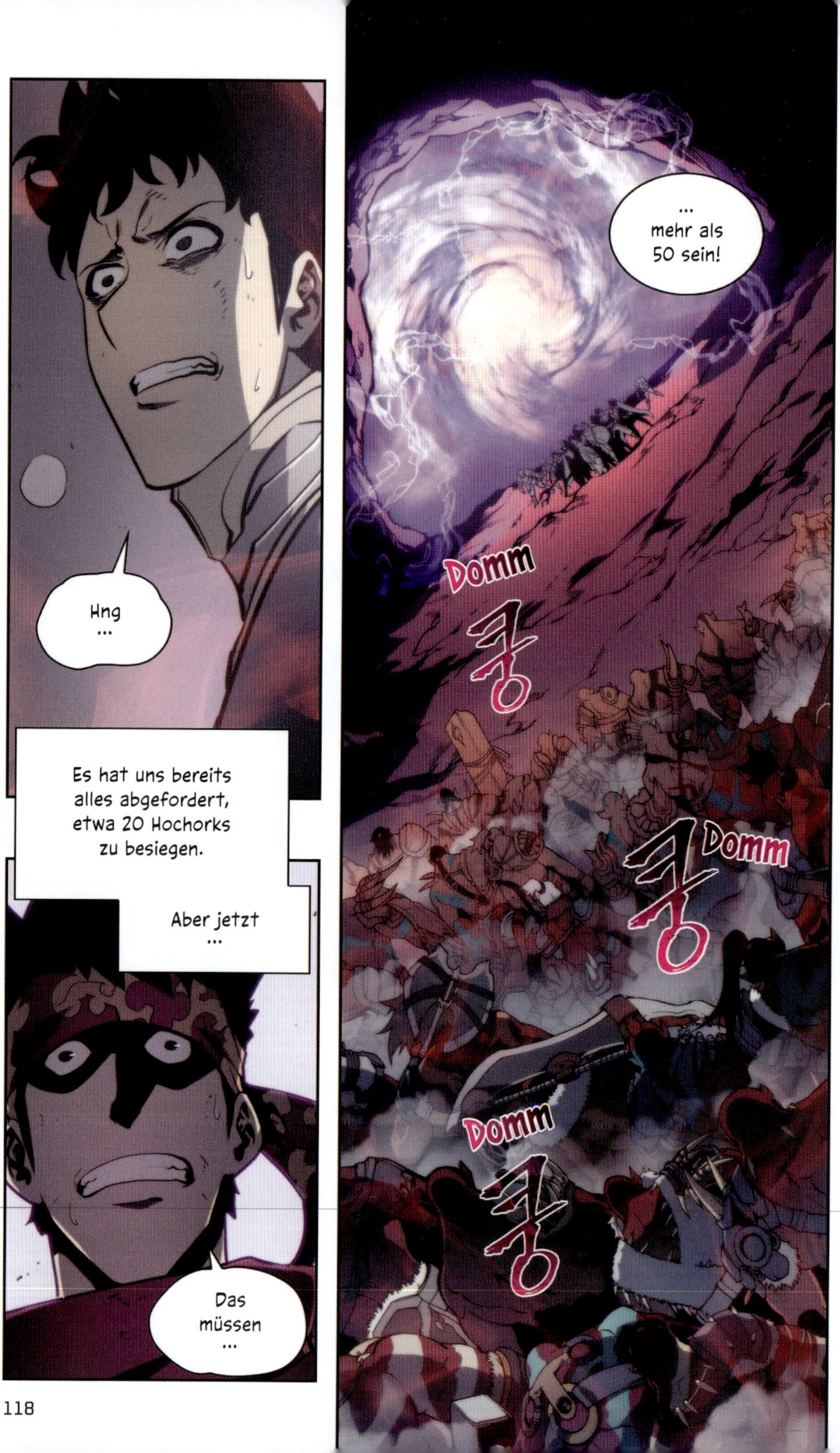
Hng
...
Es hat uns bereits alles abgefordert, etwa 20 Hochorks zu besiegen.
Aber jetzt
...
Das müssen
...
...
mehr als 50 sein!
Domm
쿵
Domm
쿵
Domm
쿵

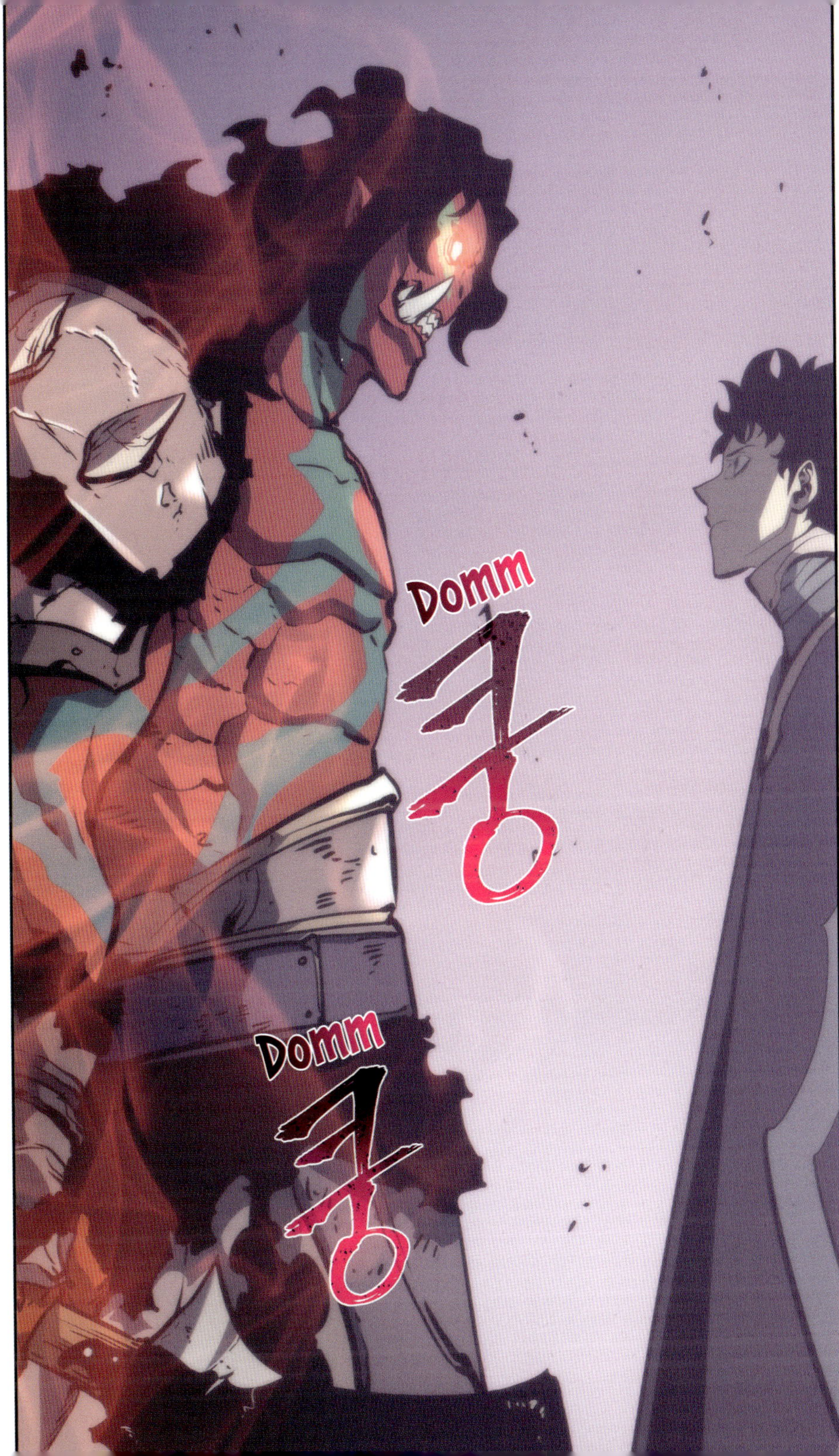
Domm
쿵
Domm
쿵

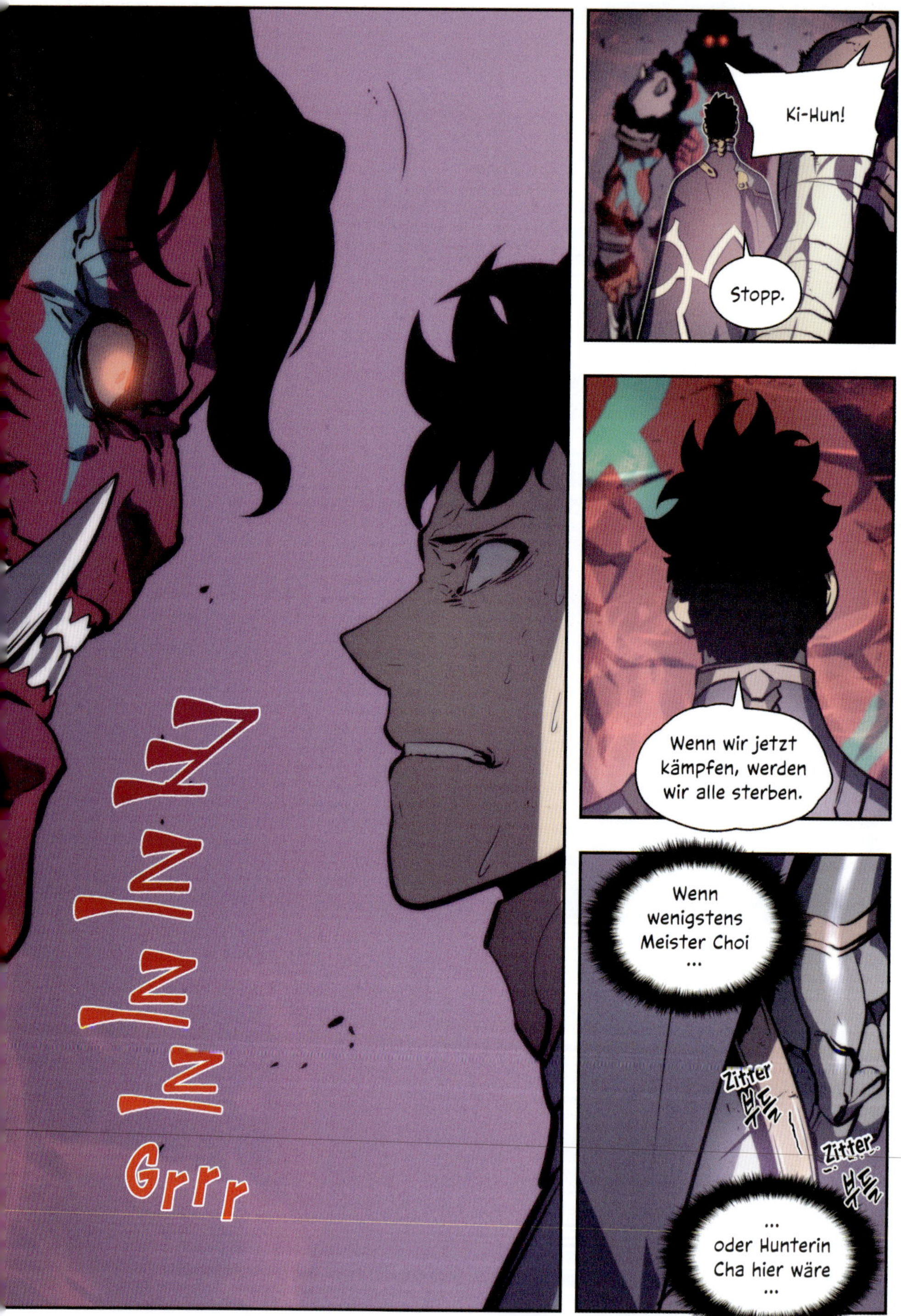
Grrr
Ki-Hun!
Stopp.
Wenn wir jetzt kämpfen, werden wir alle sterben.
Wenn wenigstens Meister Choi ...
Zitter
Zitter
... oder Hunterin Cha hier wäre ...

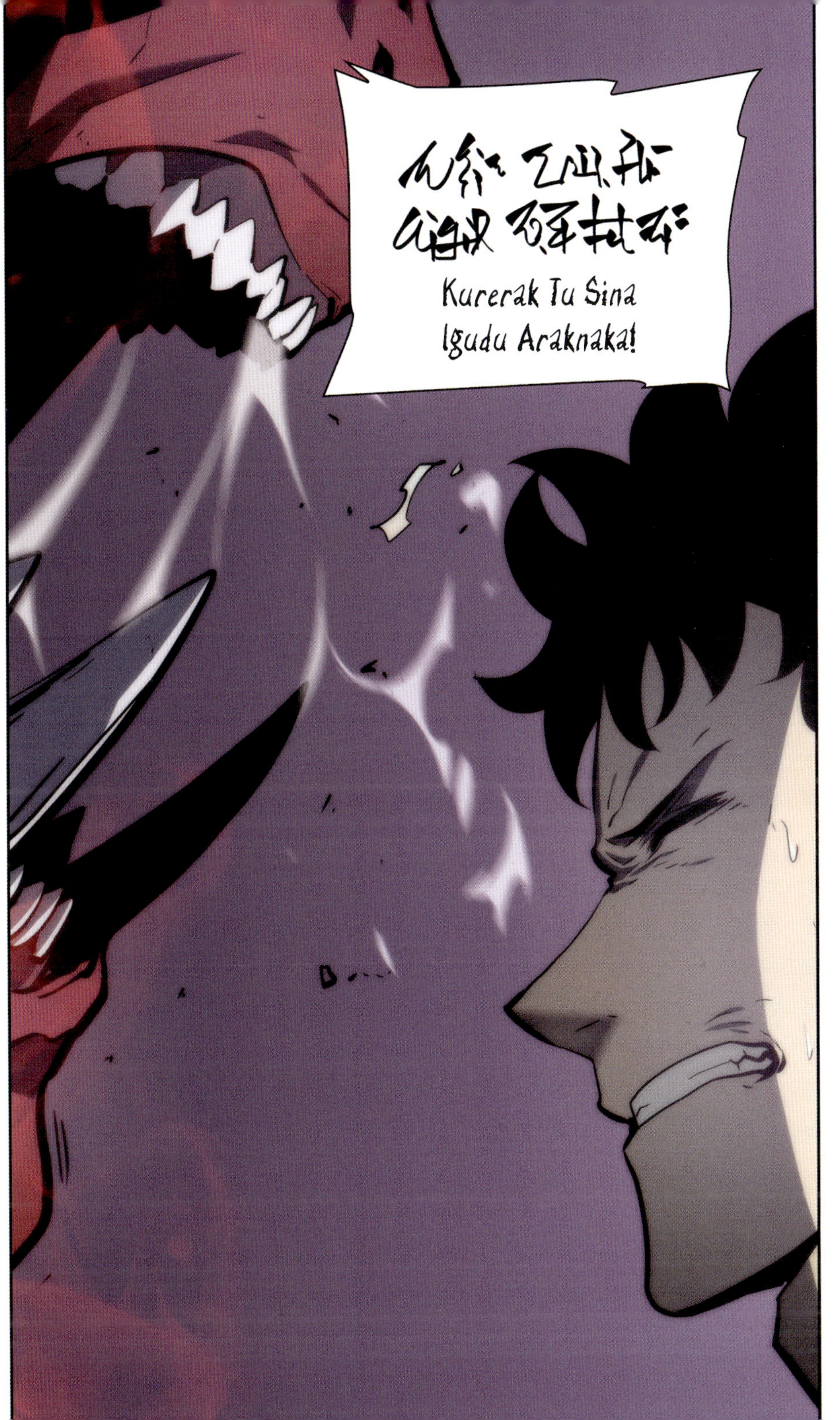
Kurerak Tu Sina
Igudu Araknaka!

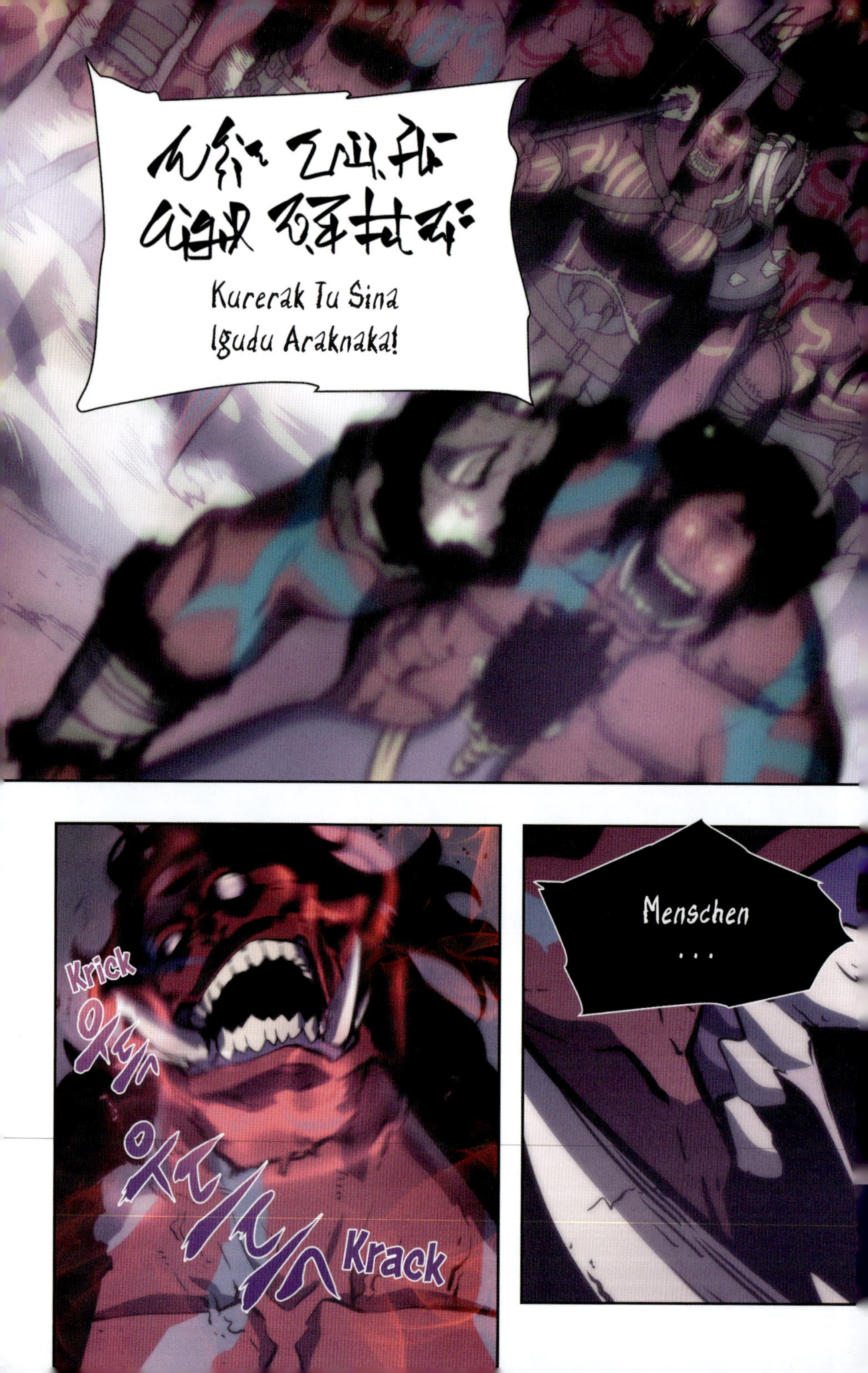
Kurerak Tu Sina
Igudu Araknaka!
Krick
Krack
Menschen
...

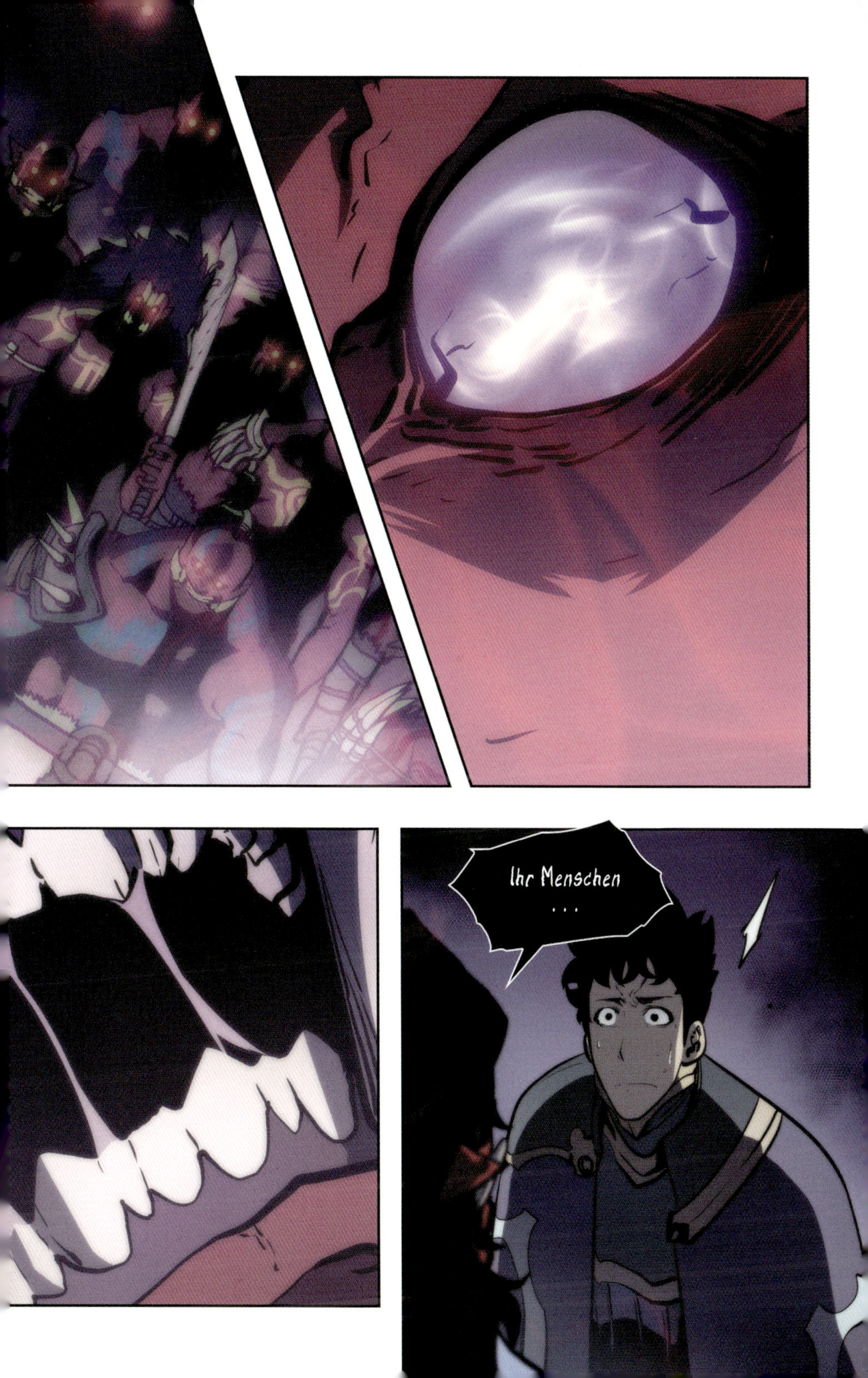
Ihr Menschen
...

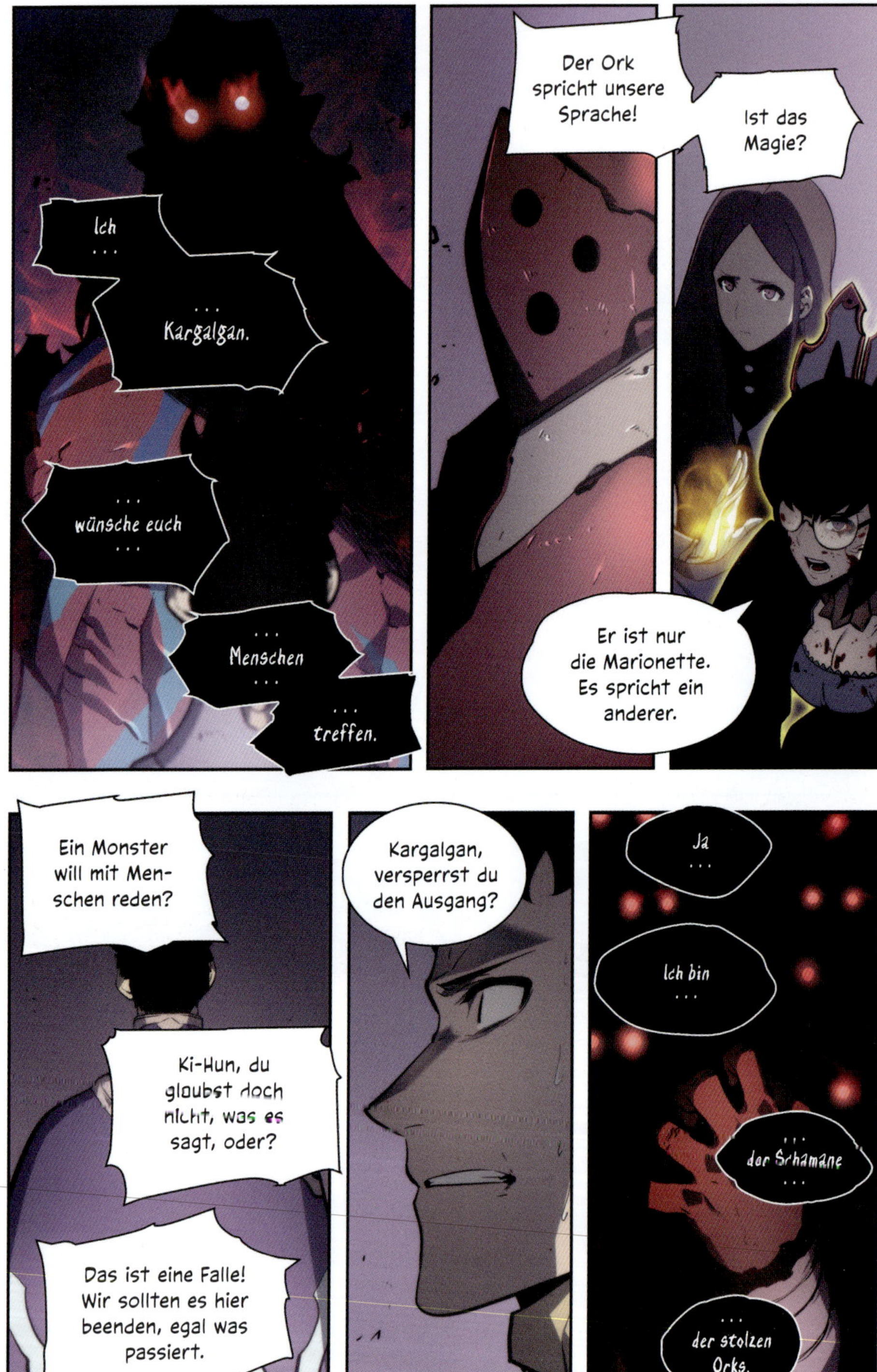
Ich ...
... Kargalgan.
... wünsche euch ...
... Menschen ...
... treffen.
Der Ork spricht unsere Sprache!
Ist das Magie?
Er ist nur die Marionette. Es spricht ein anderer.
Ein Monster will mit Menschen reden?
Ki-Hun, du glaubst doch nicht, was es sagt, oder?
Das ist eine Falle! Wir sollten es hier beenden, egal was passiert.
Kargalgan, versperrst du den Ausgang?
Ja ...
Ich bin ...
... der Schamane ...
... der stolzen Orks.

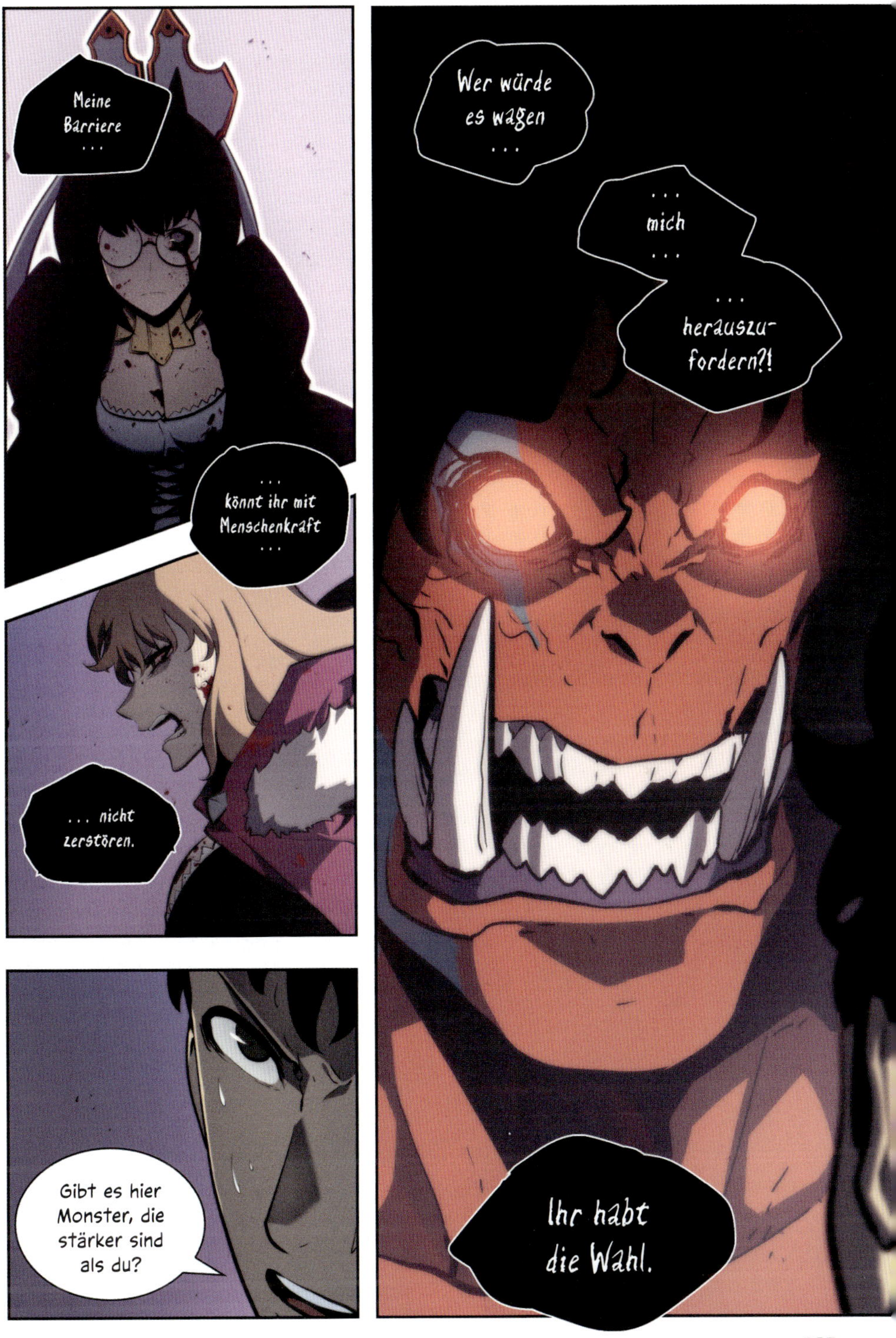
Meine Barriere …
… könnt ihr mit Menschenkraft …
… nicht zerstören.
Gibt es hier Monster, die stärker sind als du?
Wer würde es wagen …
… mich …
… herauszu-fordern?!
Ihr habt die Wahl.

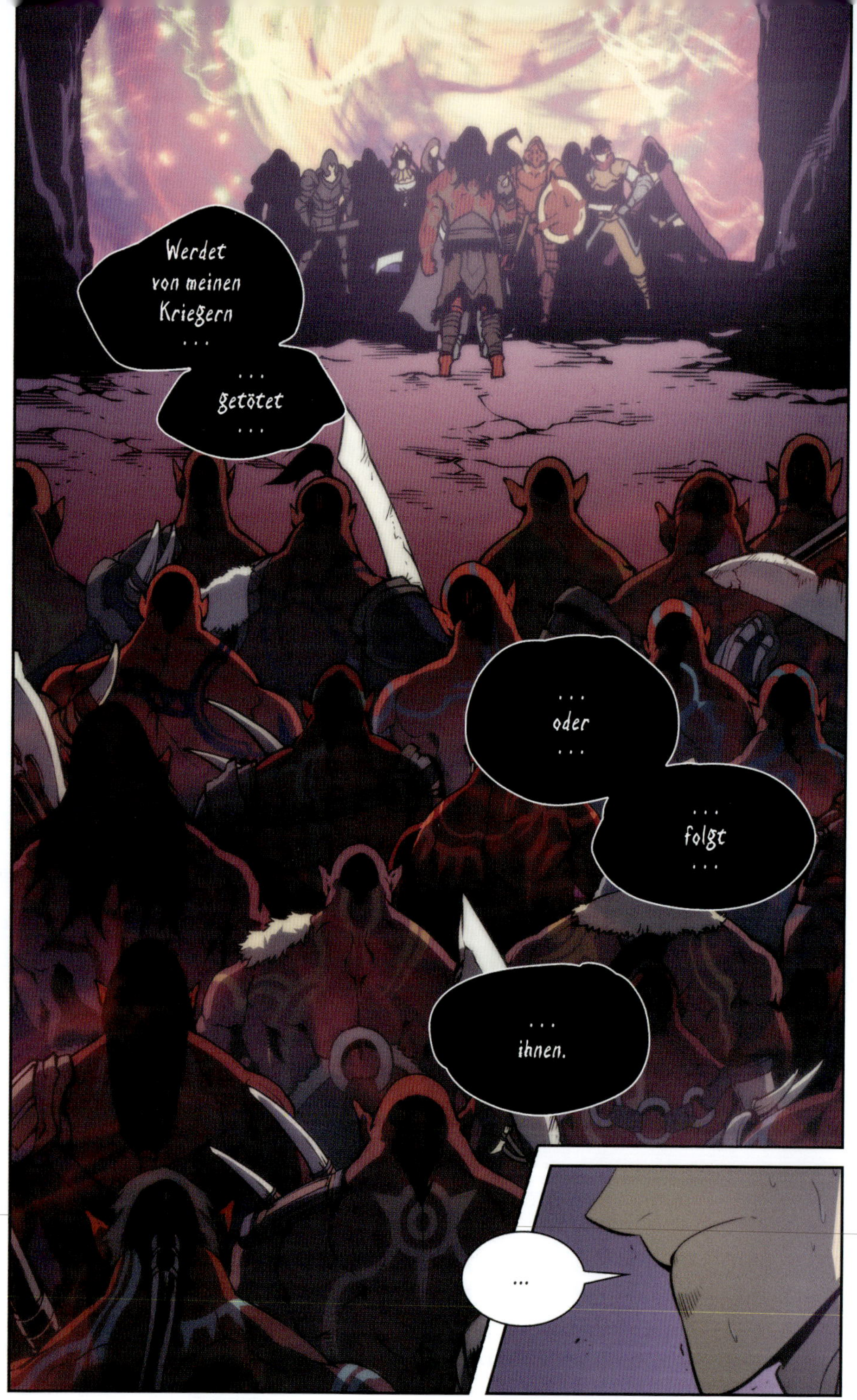
Werdet von meinen Kriegern ...
... getötet ...
... oder ...
... folgt ...
... ihnen.
...

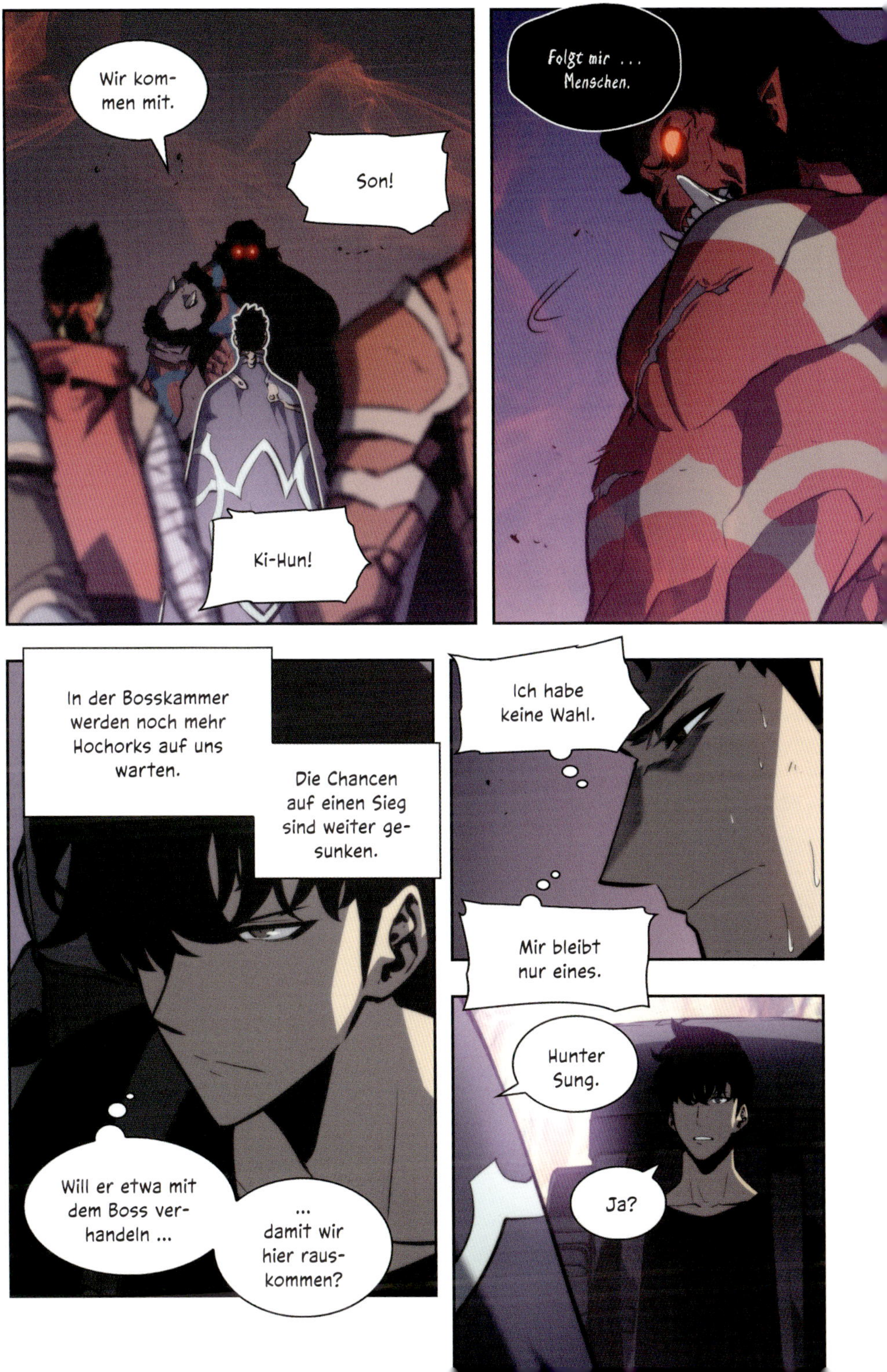
Wir kommen mit.
Son!
Ki-Hun!
Folgt mir ... Menschen.
In der Bosskammer werden noch mehr Hochorks auf uns warten.
Die Chancen auf einen Sieg sind weiter gesunken.
Will er etwa mit dem Boss verhandeln ...
... damit wir hier rauskommen?
Ich habe keine Wahl.
Mir bleibt nur eines.
Hunter Sung.
Ja?

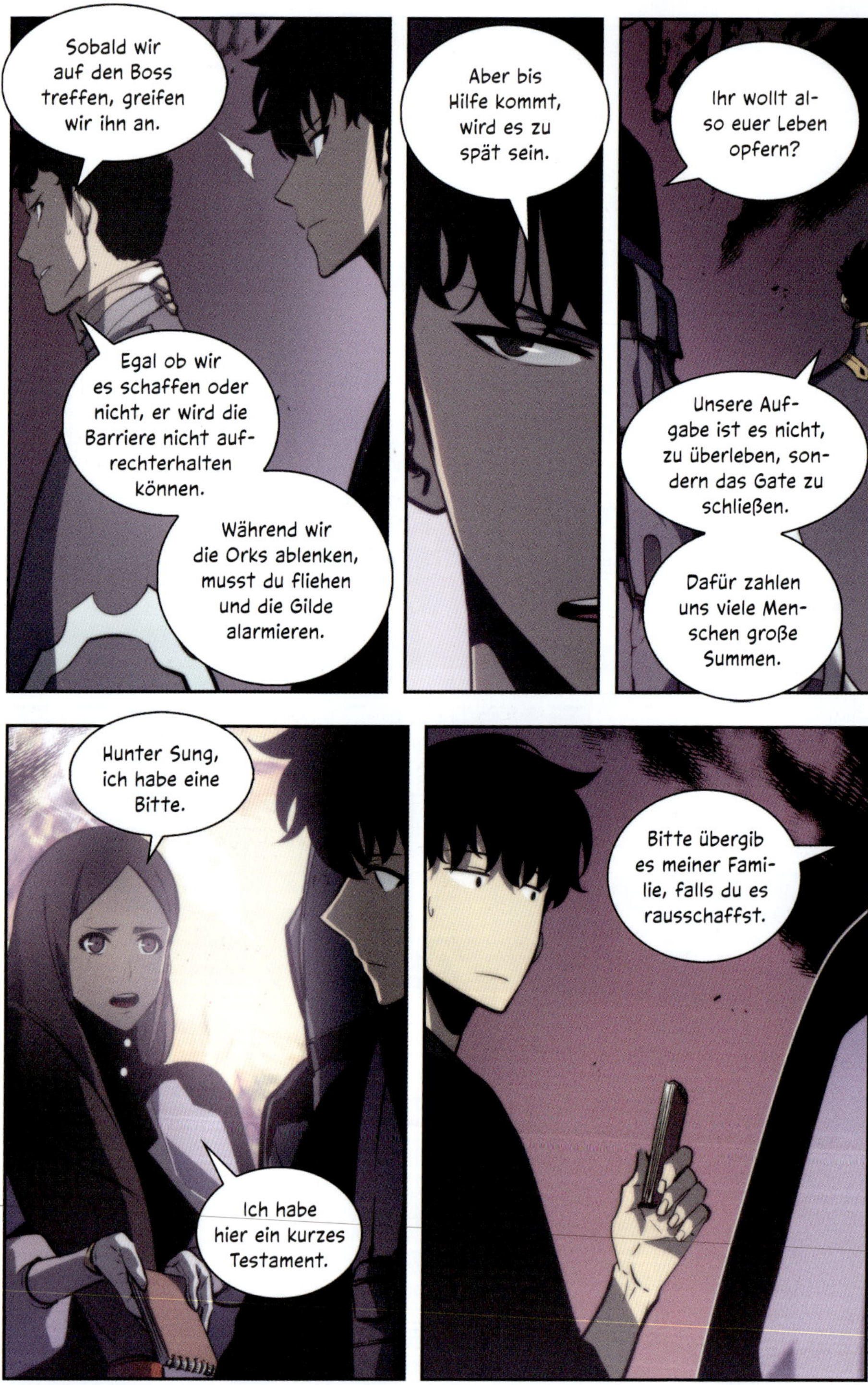
Sobald wir auf den Boss treffen, greifen wir ihn an.
Egal ob wir es schaffen oder nicht, er wird die Barriere nicht aufrechterhalten können.
Während wir die Orks ablenken, musst du fliehen und die Gilde alarmieren.
Aber bis Hilfe kommt, wird es zu spät sein.
Ihr wollt also euer Leben opfern?
Unsere Aufgabe ist es nicht, zu überleben, sondern das Gate zu schließen.
Dafür zahlen uns viele Menschen große Summen.
Hunter Sung, ich habe eine Bitte.
Ich habe hier ein kurzes Testament.
Bitte übergib es meiner Familie, falls du es rausschaffst.

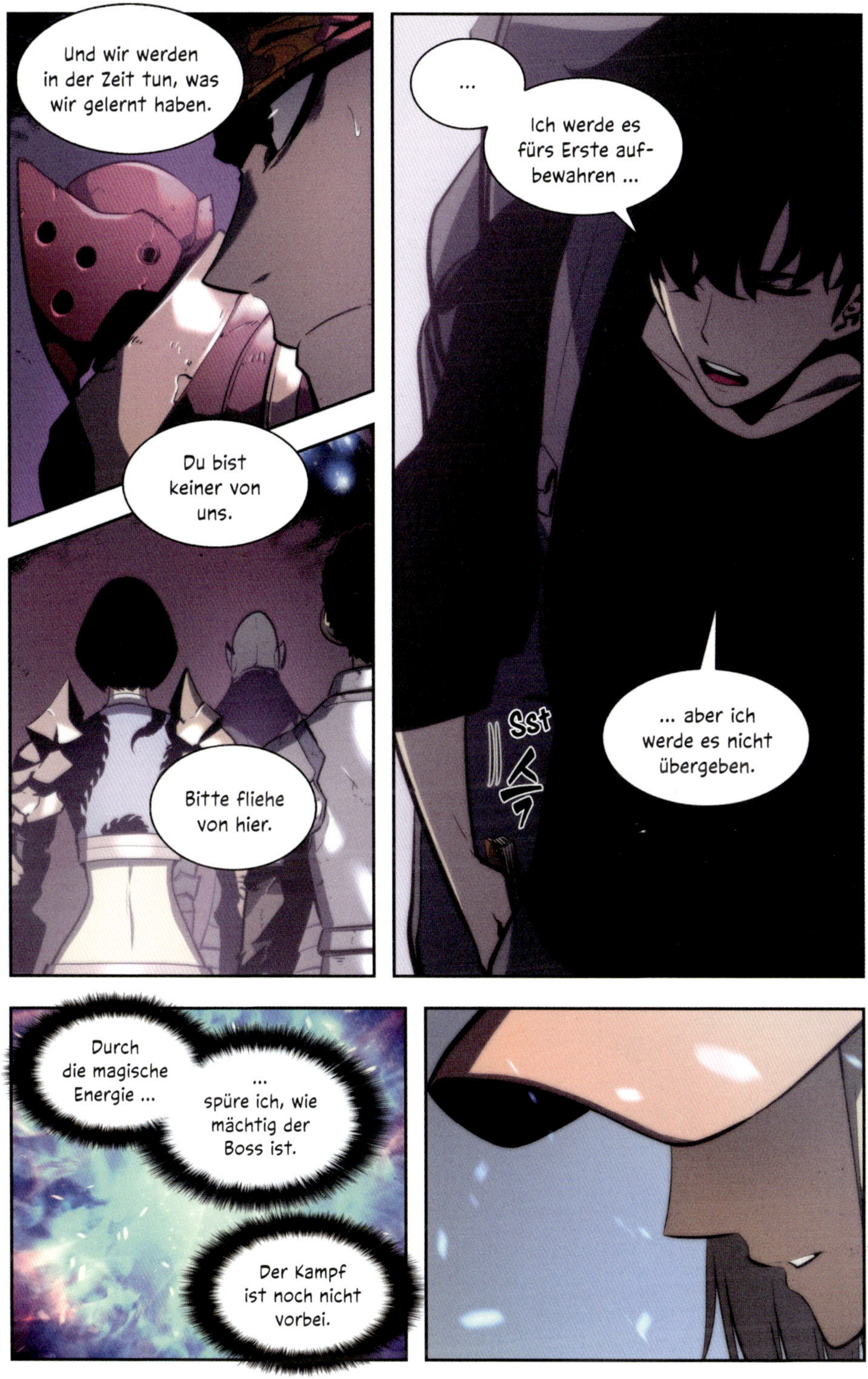
Und wir werden in der Zeit tun, was wir gelernt haben.
Du bist keiner von uns.
Bitte fliehe von hier.
...
Ich werde es fürs Erste aufbewahren ...
Sst
... aber ich werde es nicht übergeben.
Durch die magische Energie ...
... spüre ich, wie mächtig der Boss ist.
Der Kampf ist noch nicht vorbei.

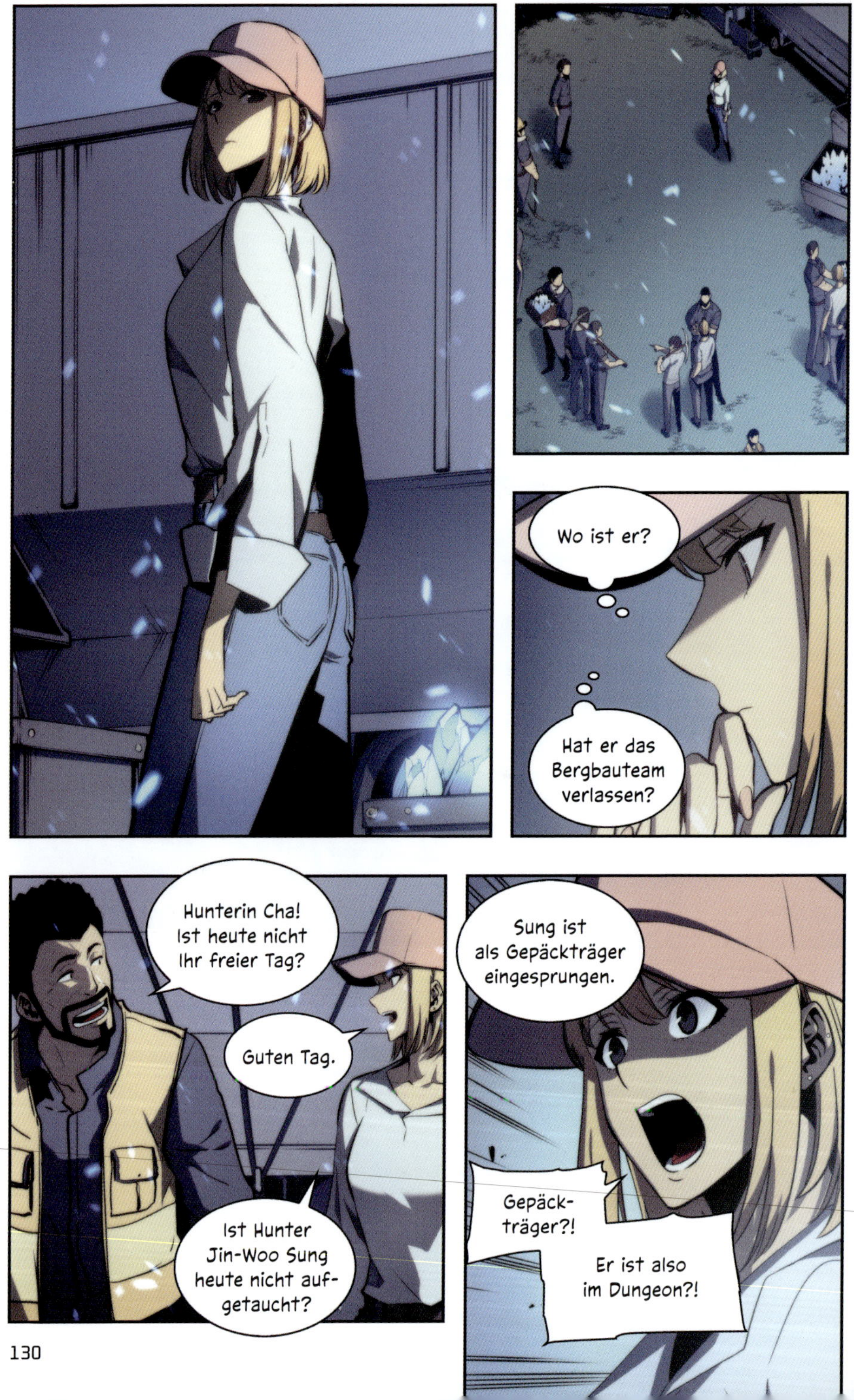
Wo ist er?
Hat er das Bergbauteam verlassen?
Hunterin Cha! Ist heute nicht Ihr freier Tag?
Guten Tag.
Ist Hunter Jin-Woo Sung heute nicht auf-getaucht?
Sung ist als Gepäckträger eingesprungen.
Gepäck-träger?!
Er ist also im Dungeon?!

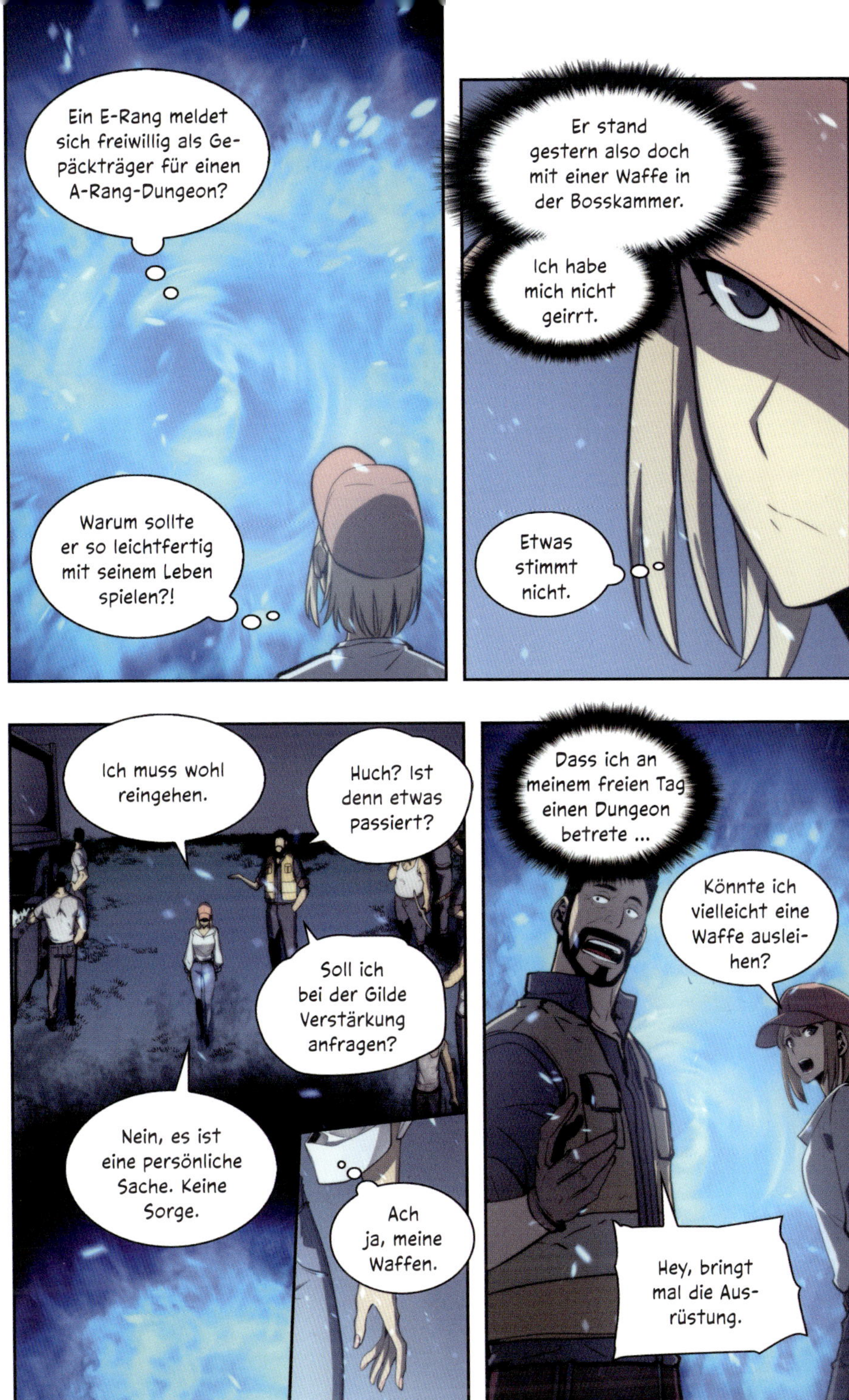
Ein E-Rang meldet sich freiwillig als Gepäckträger für einen A-Rang-Dungeon?
Warum sollte er so leichtfertig mit seinem Leben spielen?!
Er stand gestern also doch mit einer Waffe in der Bosskammer.
Ich habe mich nicht geirrt.
Etwas stimmt nicht.
Ich muss wohl reingehen.
Huch? Ist denn etwas passiert?
Soll ich bei der Gilde Verstärkung anfragen?
Nein, es ist eine persönliche Sache. Keine Sorge.
Ach ja, meine Waffen.
Dass ich an meinem freien Tag einen Dungeon betrete ...
Könnte ich vielleicht eine Waffe ausleihen?
Hey, bringt mal die Ausrüstung.

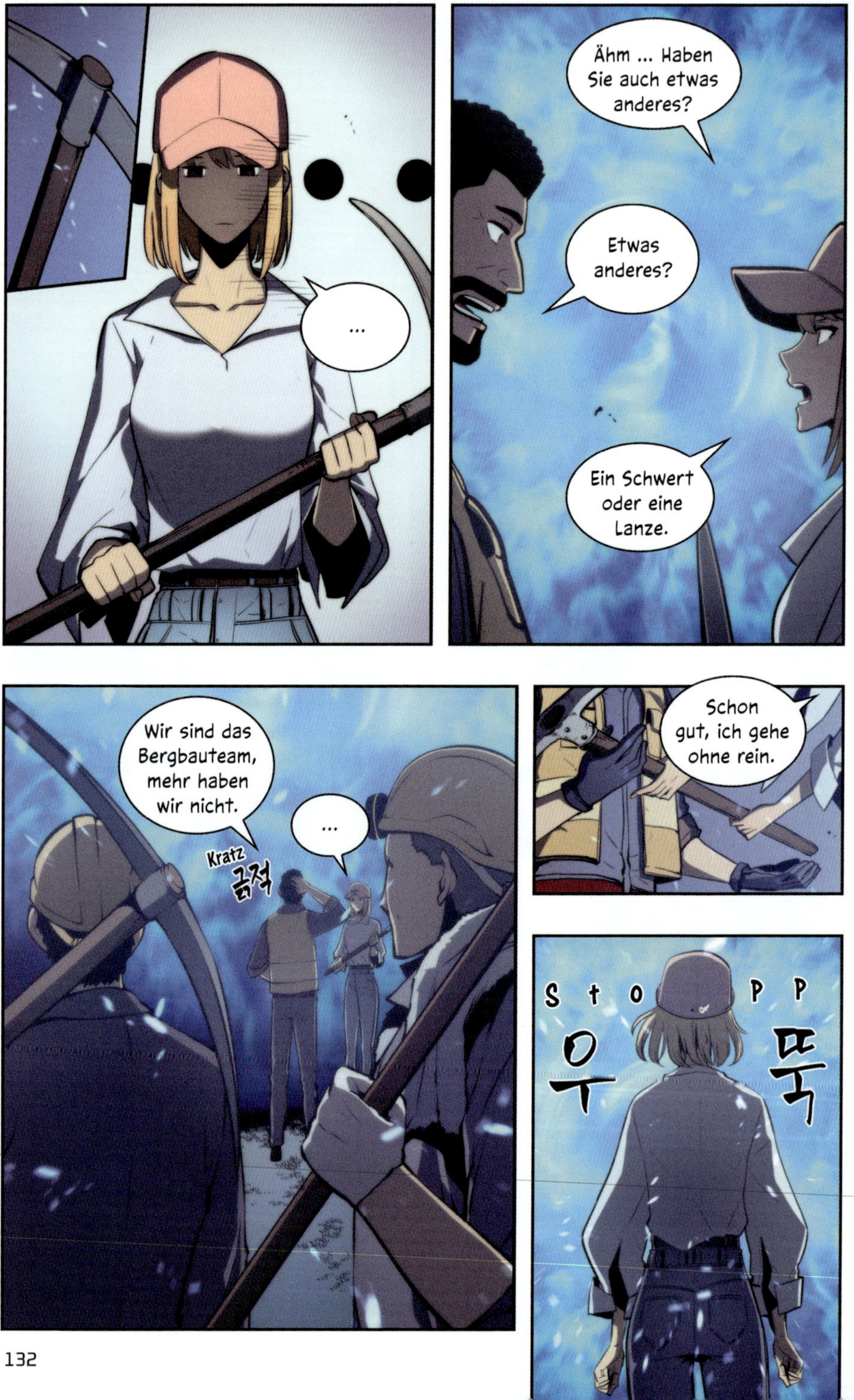
...
Ähm ... Haben Sie auch etwas anderes?
Etwas anderes?
Ein Schwert oder eine Lanze.
Wir sind das Bergbauteam, mehr haben wir nicht.
Kratz
긁적
...
Schon gut, ich gehe ohne rein.
STOPP
우뚝

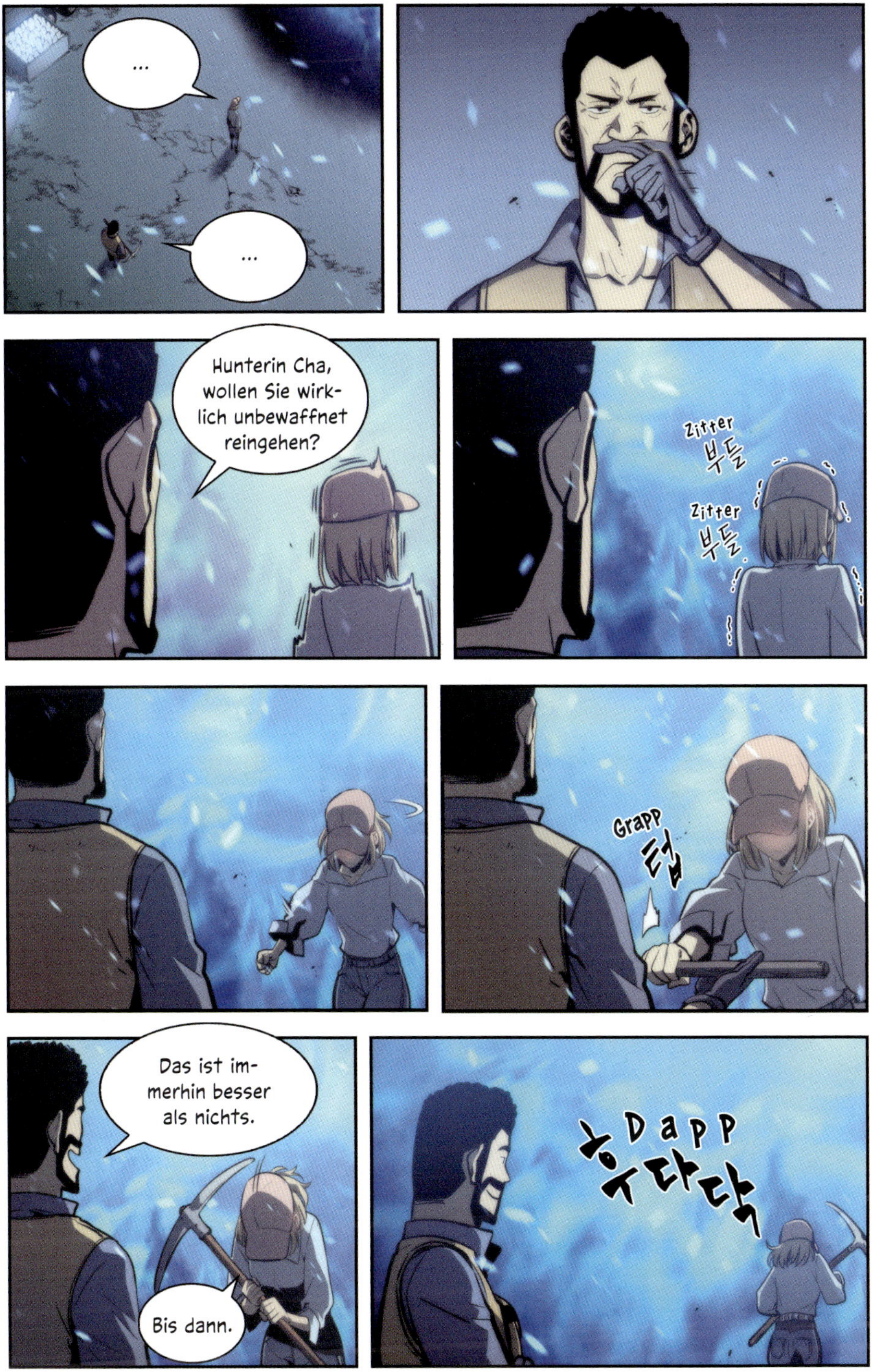
...
...
Hunterin Cha, wollen Sie wirklich unbewaffnet reingehen?
Zitter 부들
Zitter 부들
Grapp 텁
Das ist immerhin besser als nichts.
Bis dann.
Dapp 후다닥

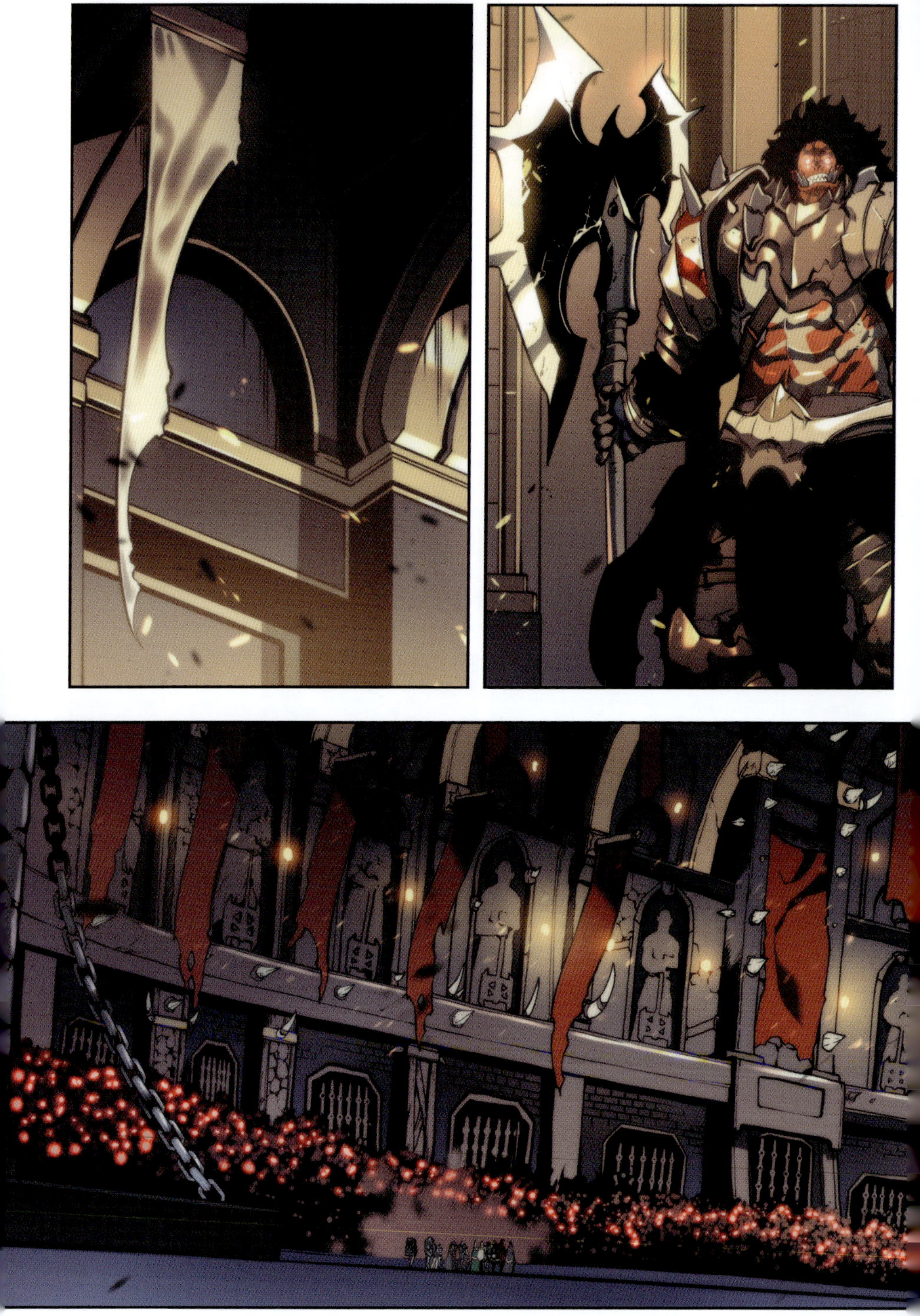

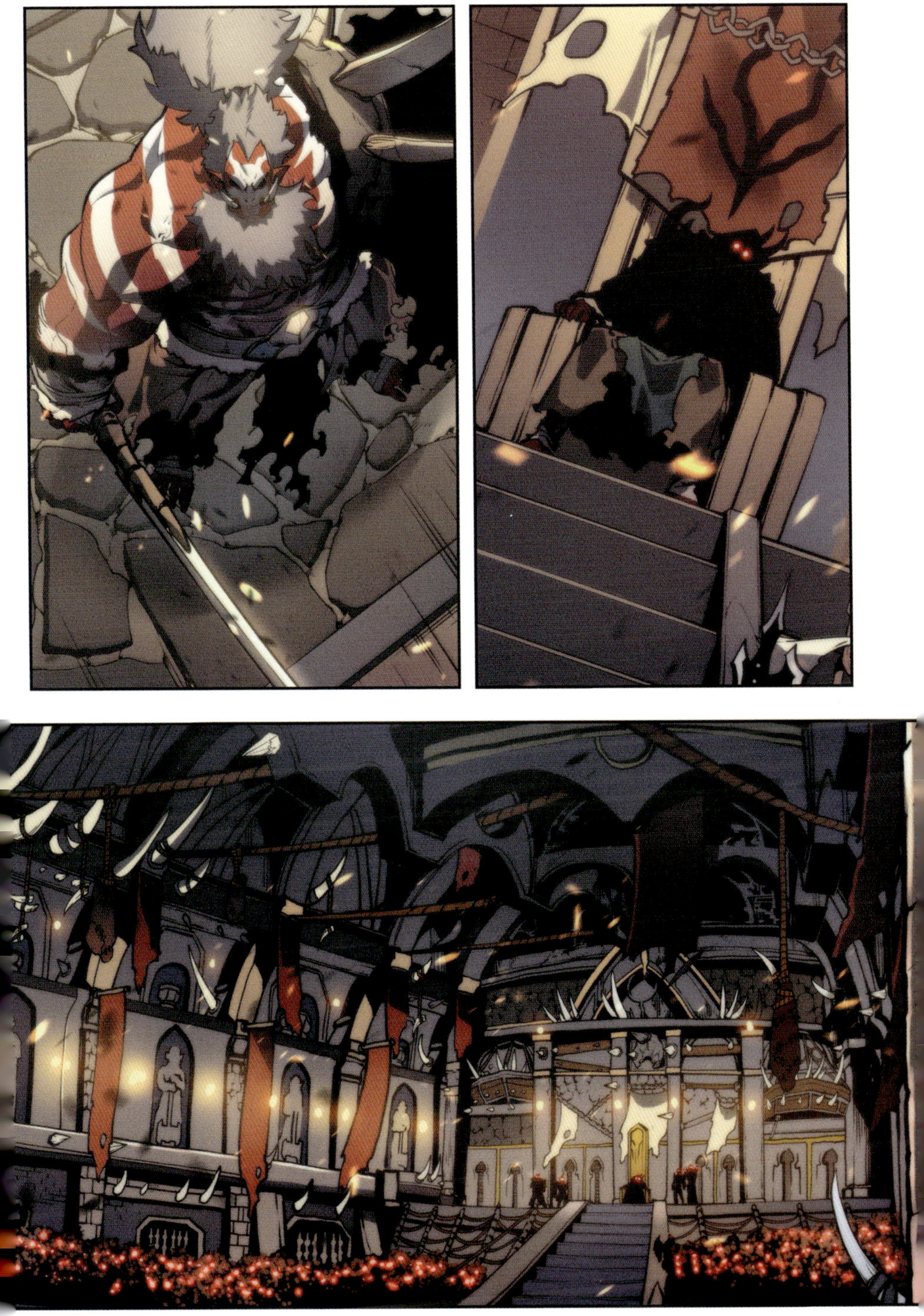

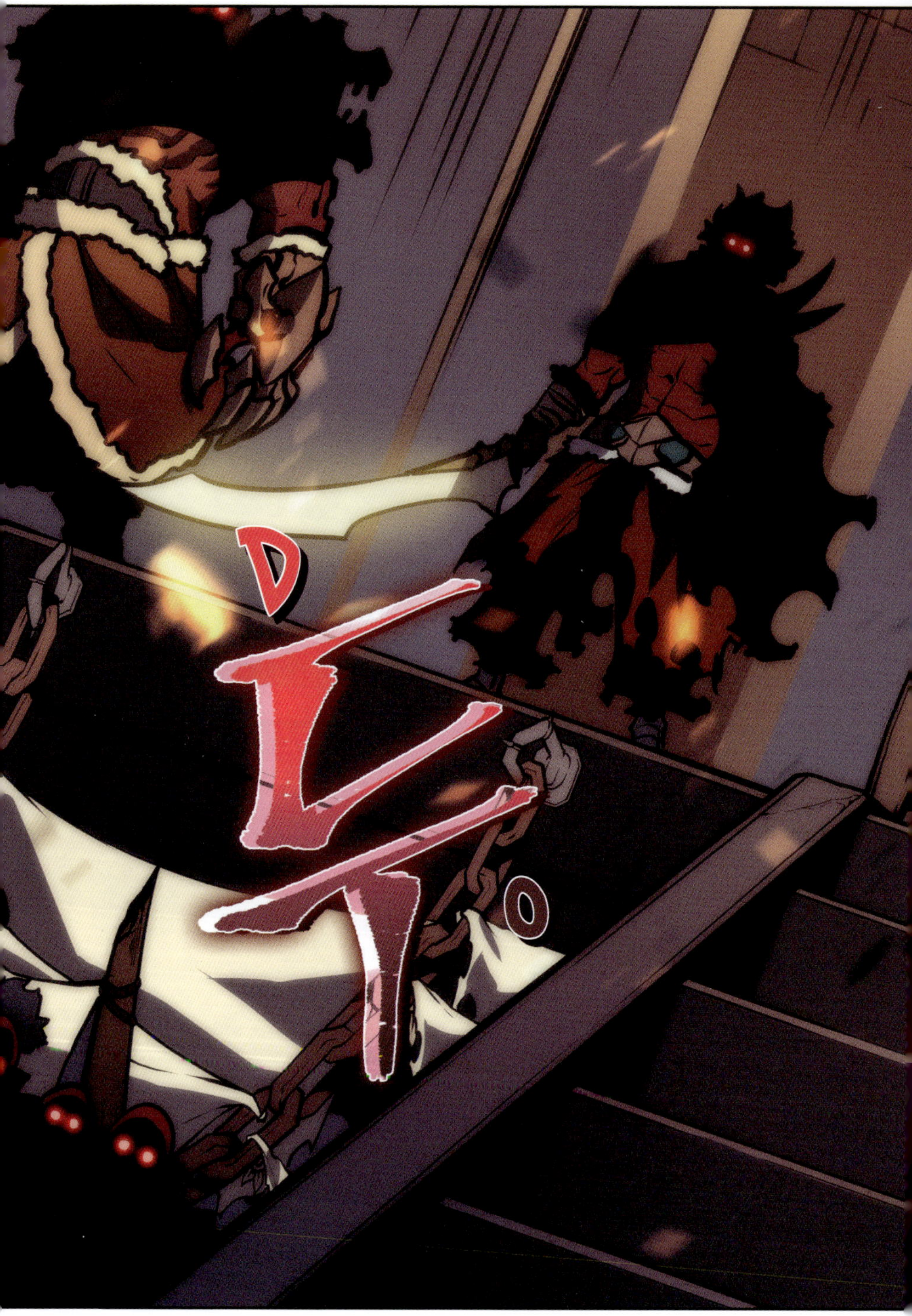

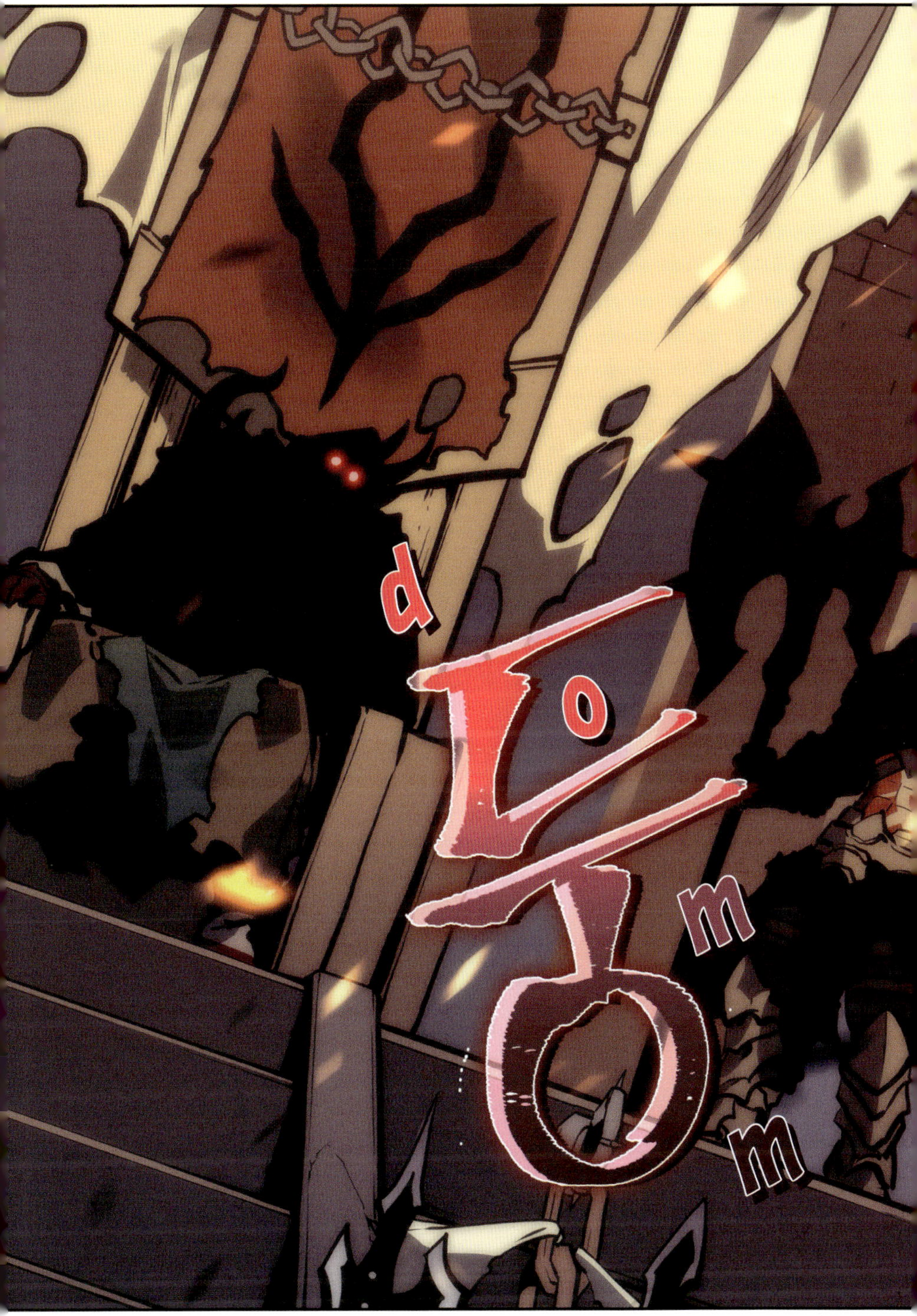
d o m m

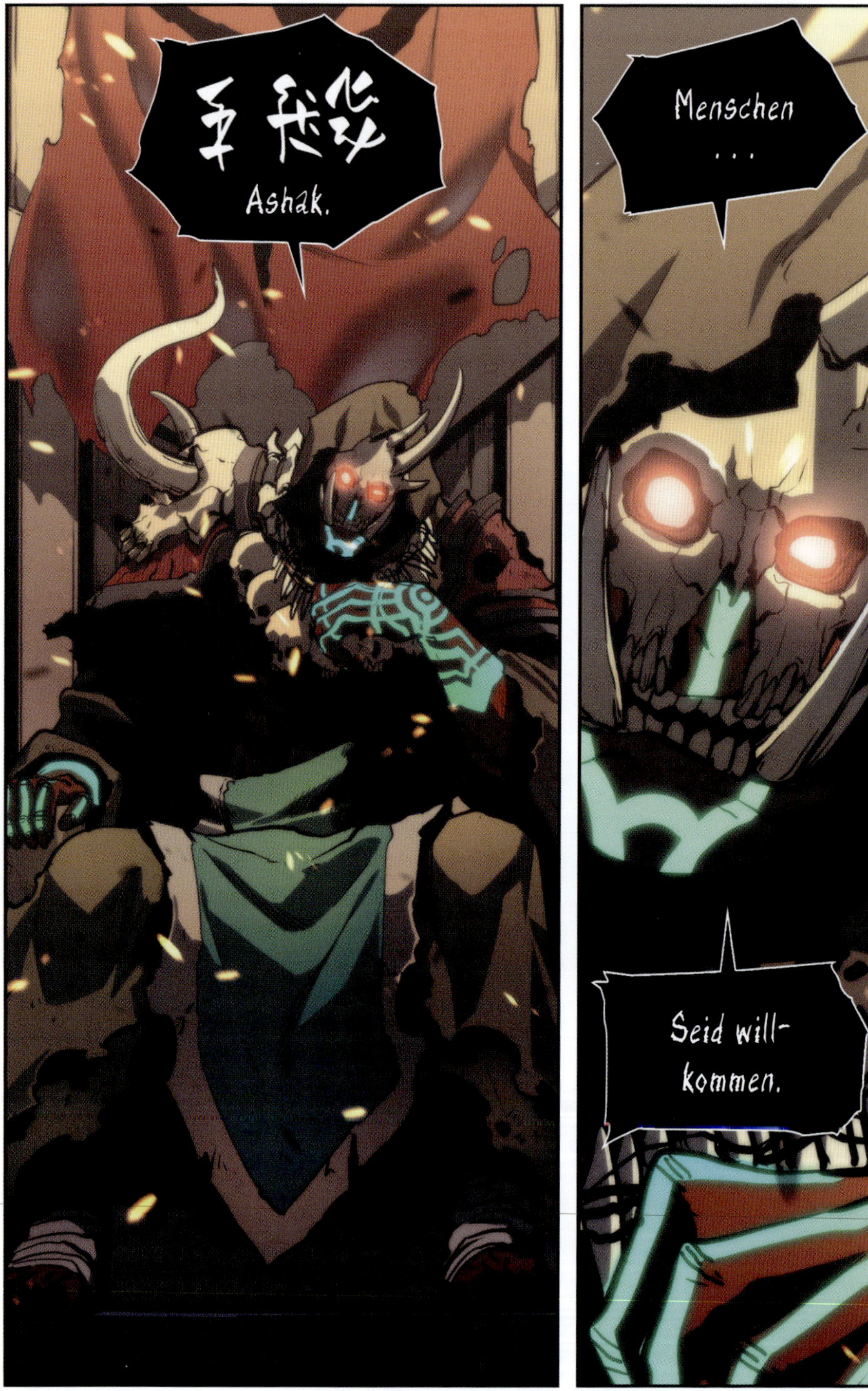

Ashak.
Menschen ...
Seid willkommen.

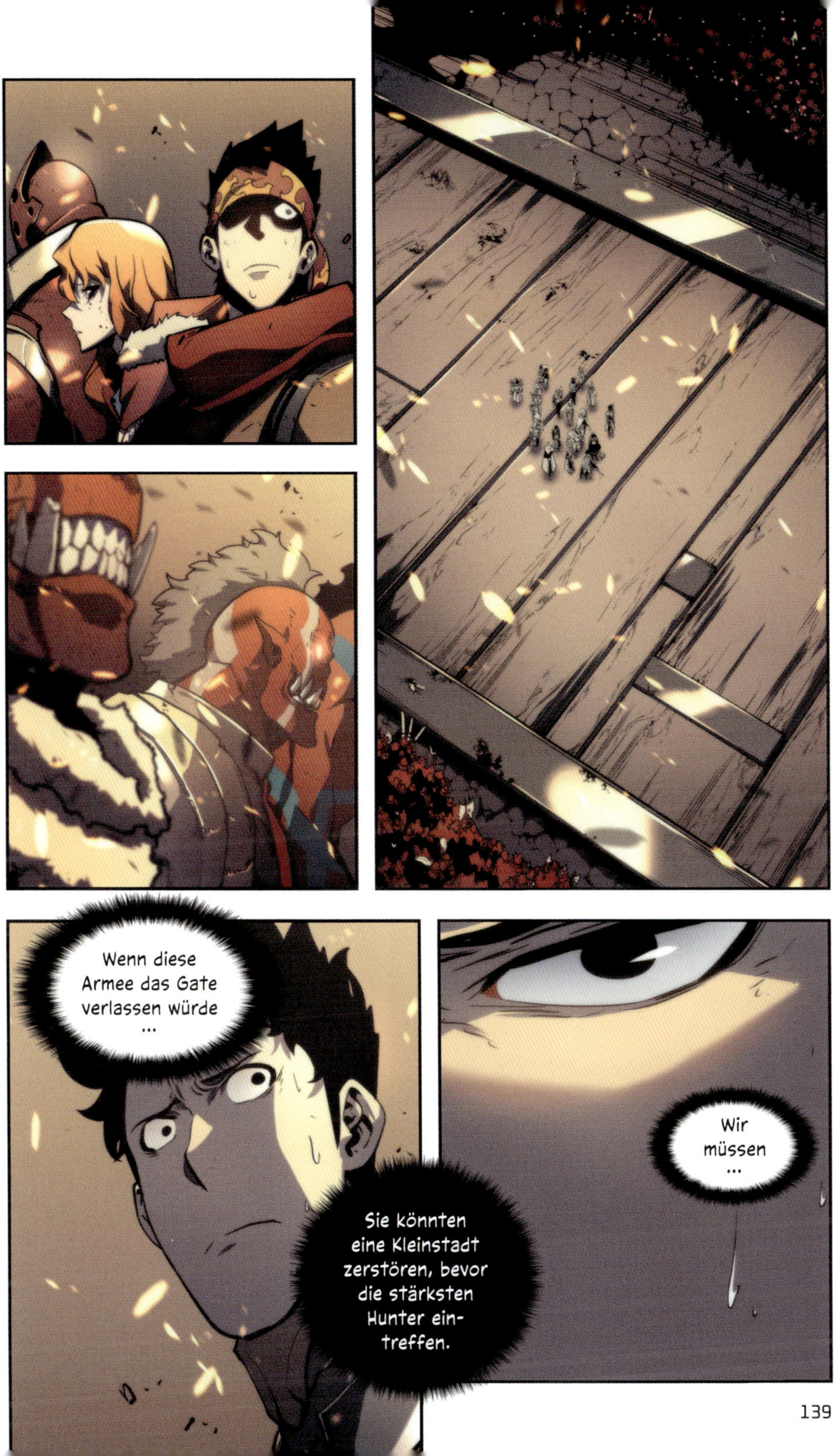
Wenn diese Armee das Gate verlassen würde ...
Sie könnten eine Kleinstadt zerstören, bevor die stärksten Hunter eintreffen.
Wir müssen ...

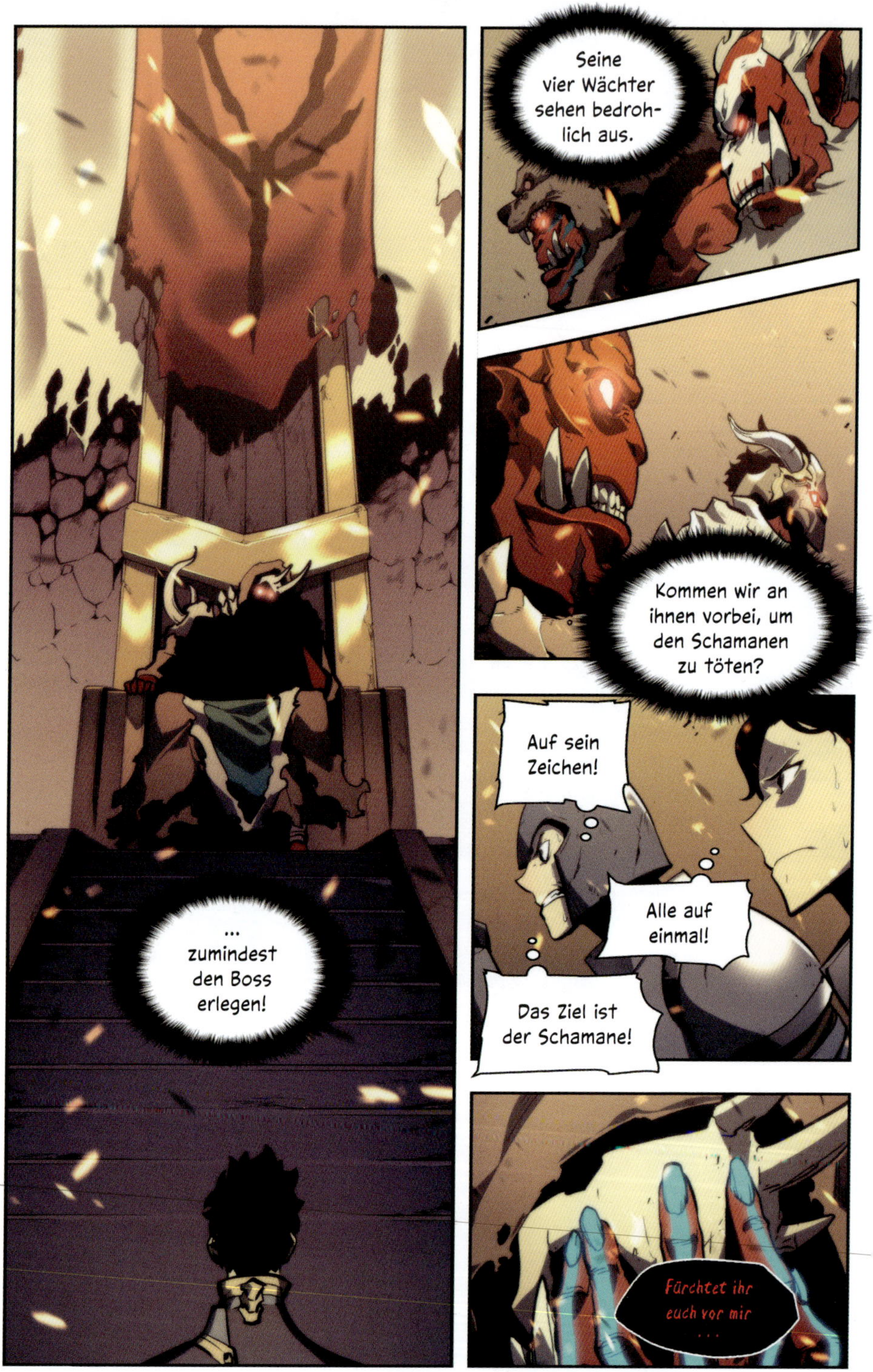
... zumindest den Boss erlegen!
Seine vier Wächter sehen bedroh-lich aus.
Kommen wir an ihnen vorbei, um den Schamanen zu töten?
Auf sein Zeichen!
Alle auf einmal!
Das Ziel ist der Schamane!
Fürchtet ihr euch vor mir . . .

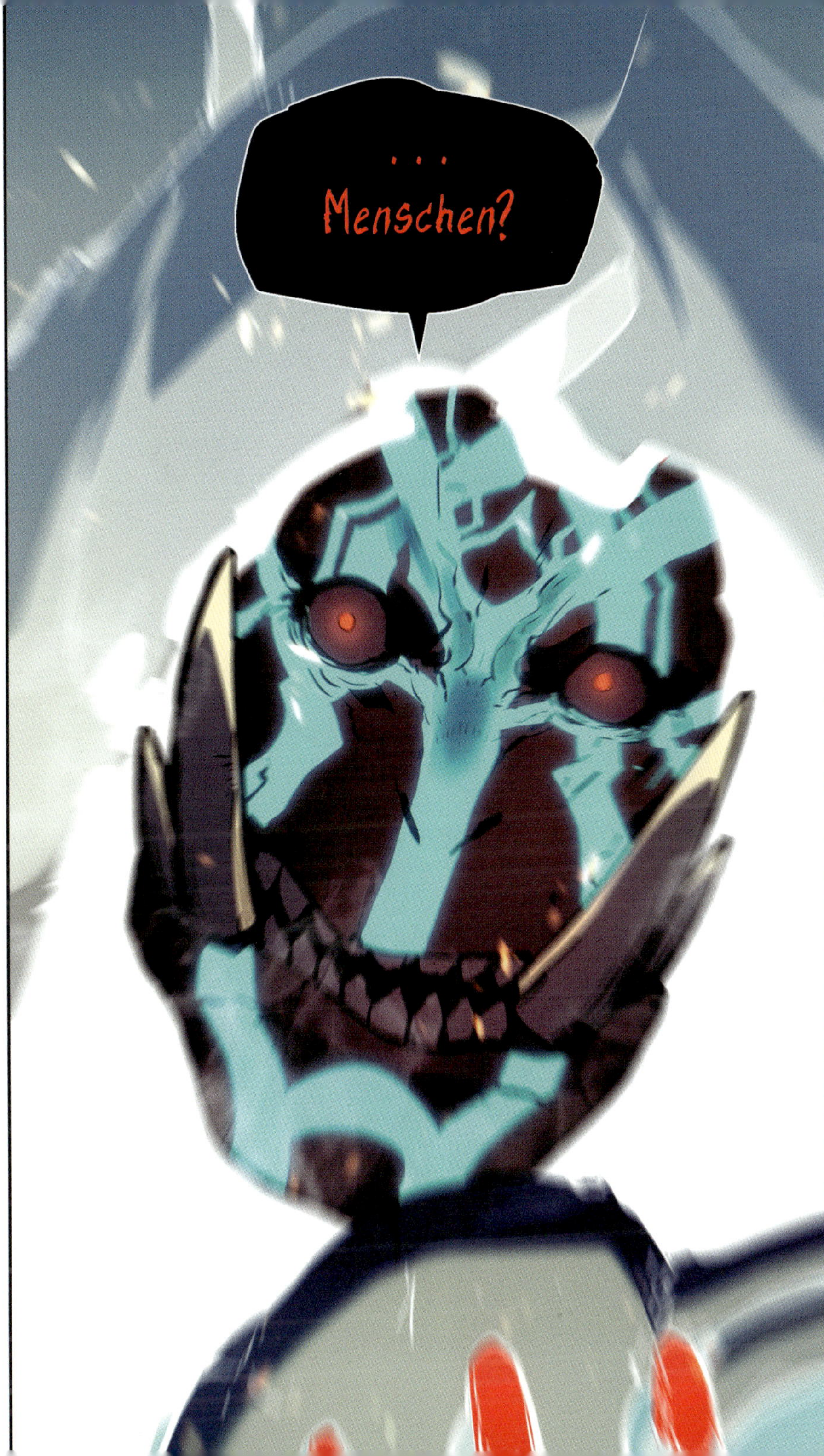
... Menschen?

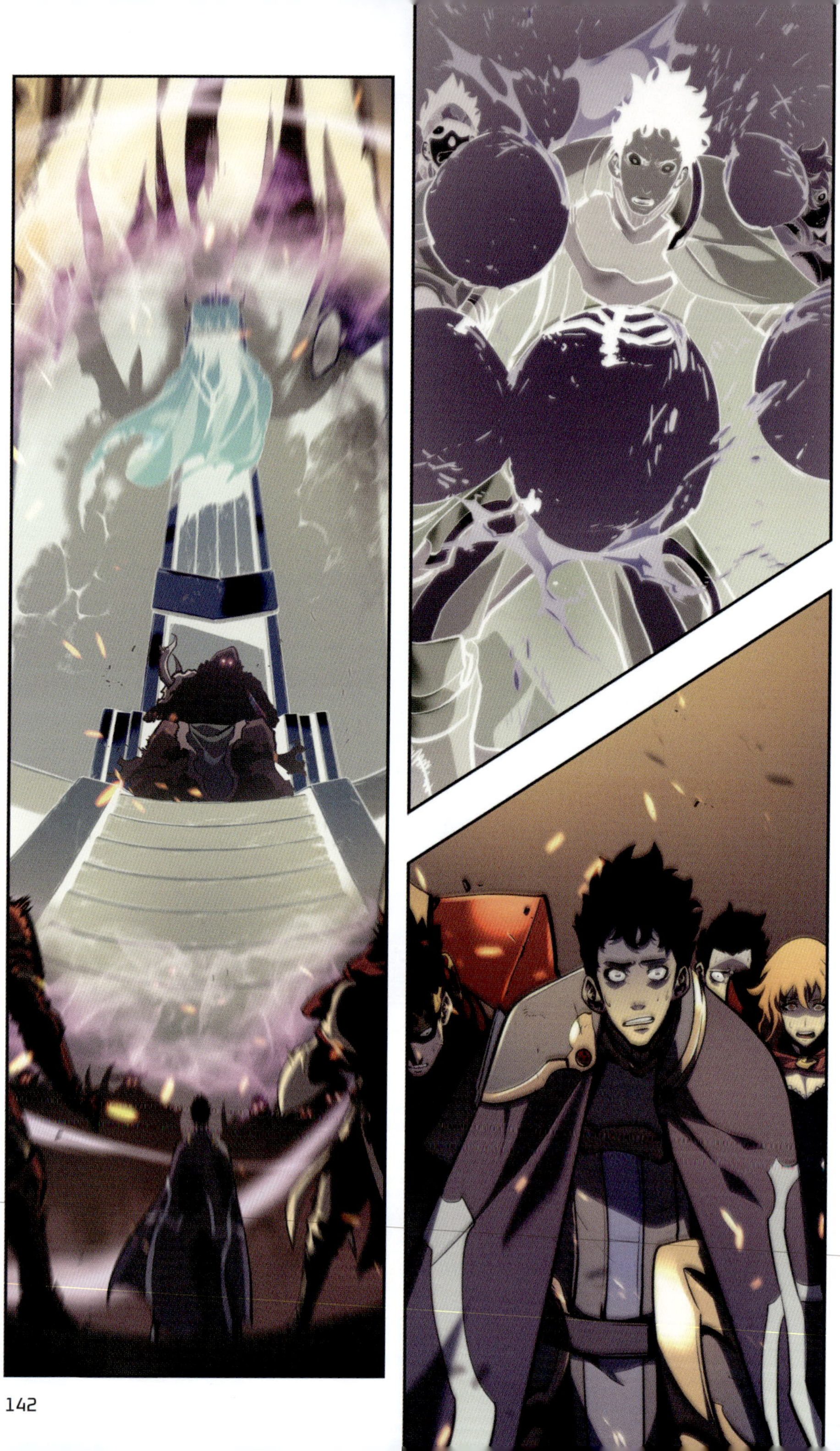

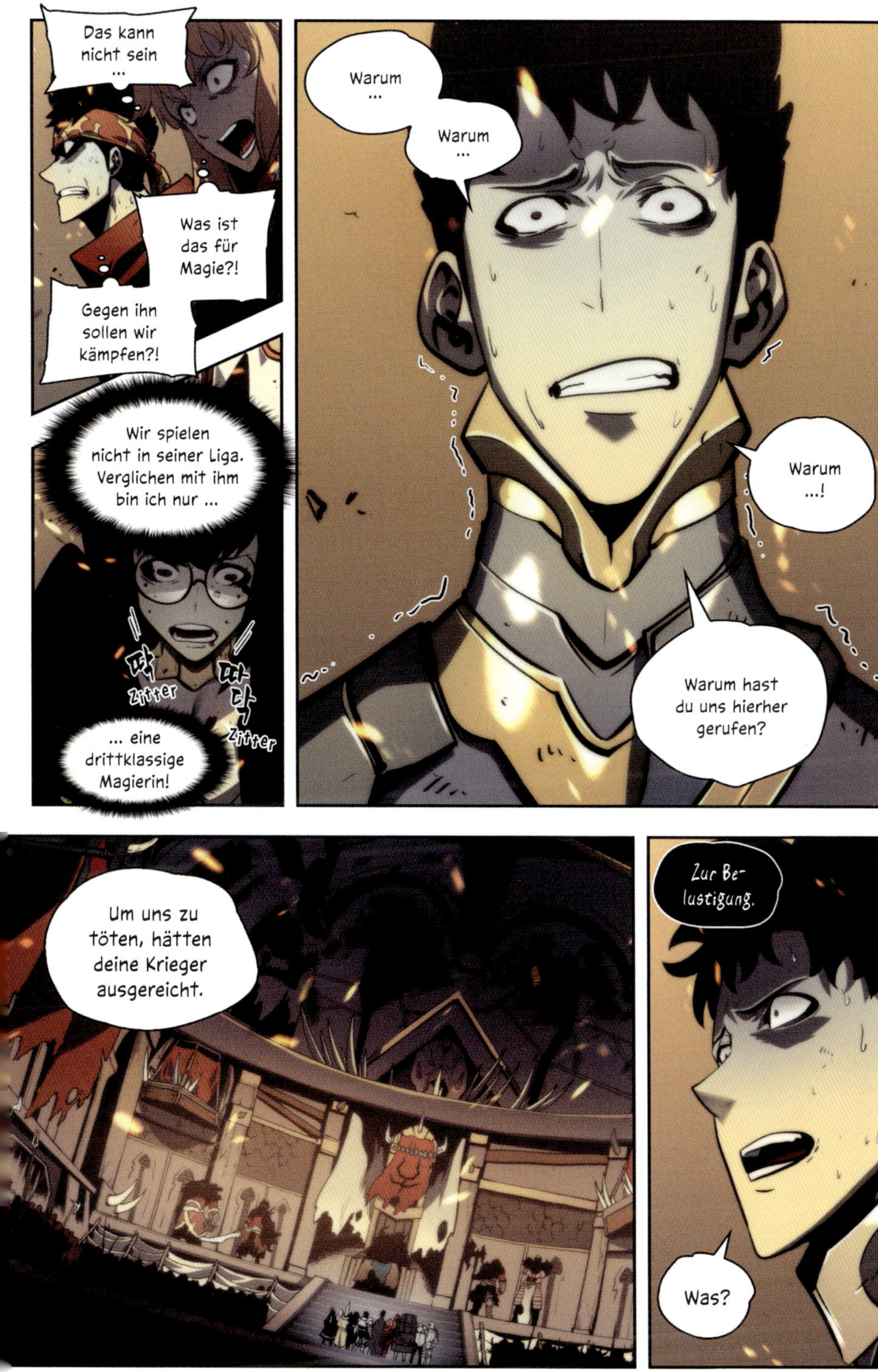
Das kann nicht sein ...
Was ist das für Magie?!
Gegen ihn sollen wir kämpfen?!
Wir spielen nicht in seiner Liga. Verglichen mit ihm bin ich nur ...
딱
Zitter
따
닥
Zitter
... eine drittklassige Magierin!
Warum ...
Warum ...
Warum ...!
Warum hast du uns hierher gerufen?
Um uns zu töten, hätten deine Krieger ausgereicht.
Zur Belustigung.
Was?

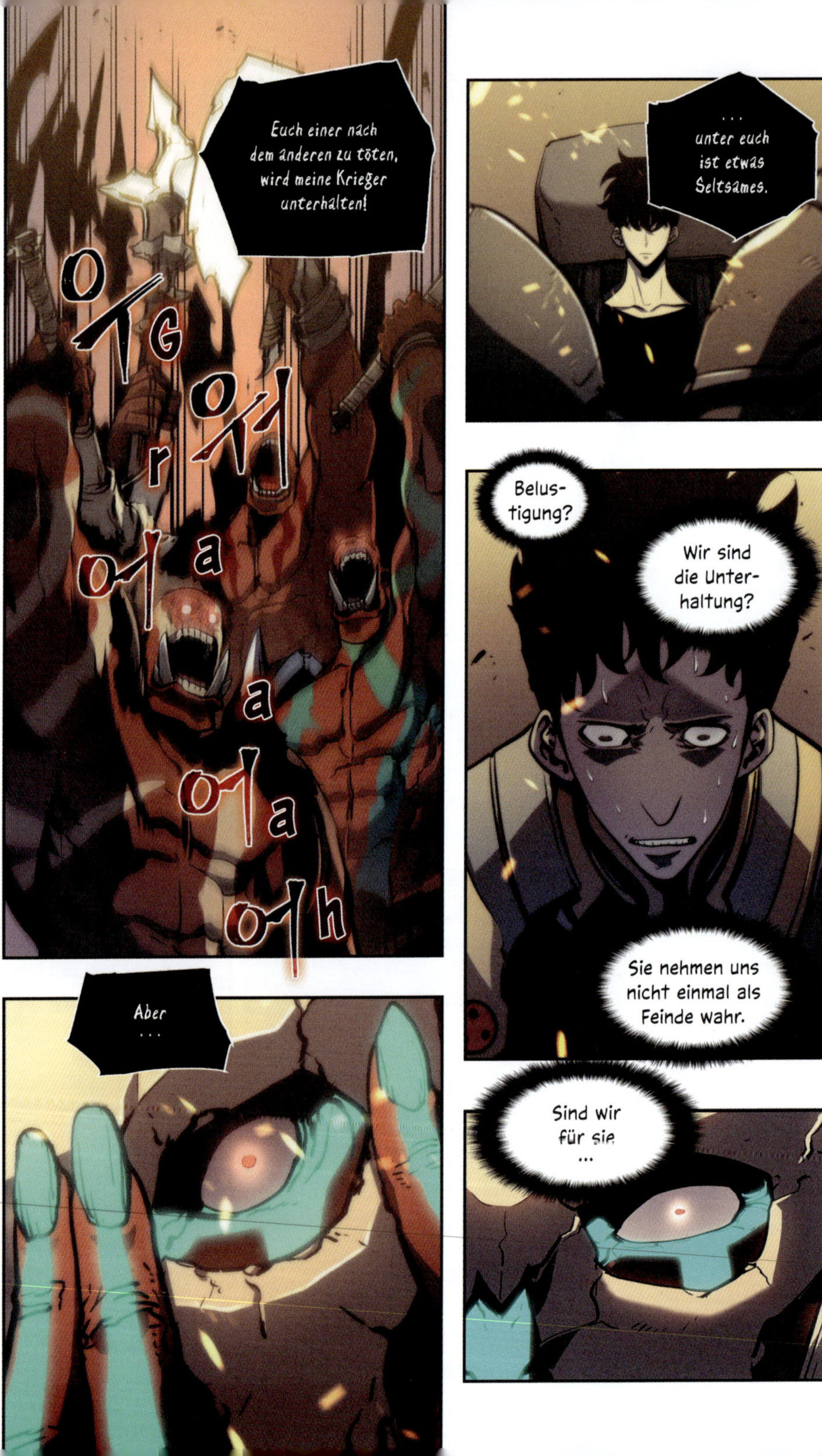
Euch einer nach dem anderen zu töten, wird meine Krieger unterhalten!
... unter euch ist etwas Seltsames.
Belus-tigung?
Wir sind die Unter-haltung?
Sie nehmen uns nicht einmal als Feinde wahr.
Aber ...
Sind wir für sie ...

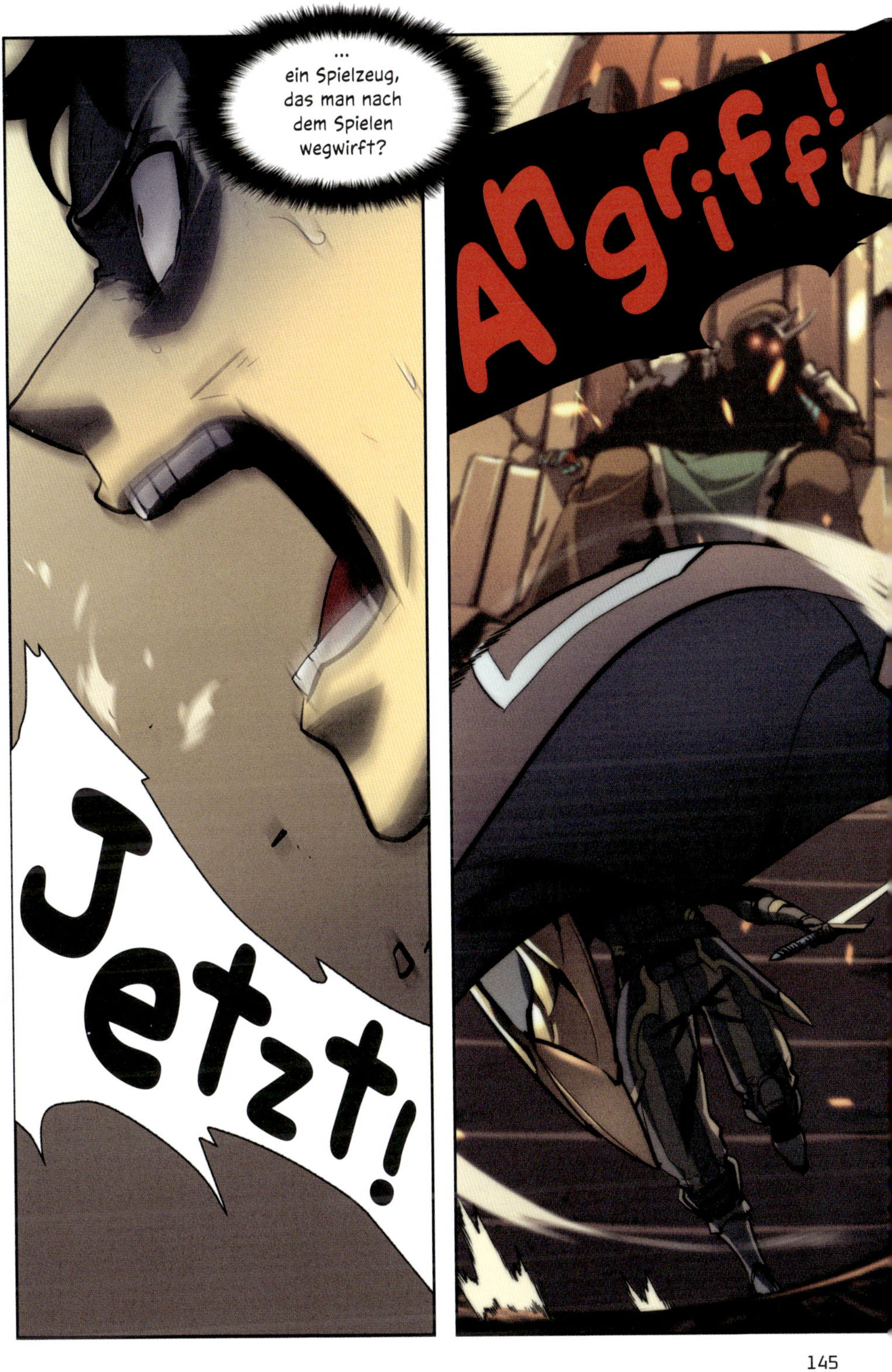

... ein Spielzeug, das man nach dem Spielen wegwirft?
Angriff!
Jetzt!

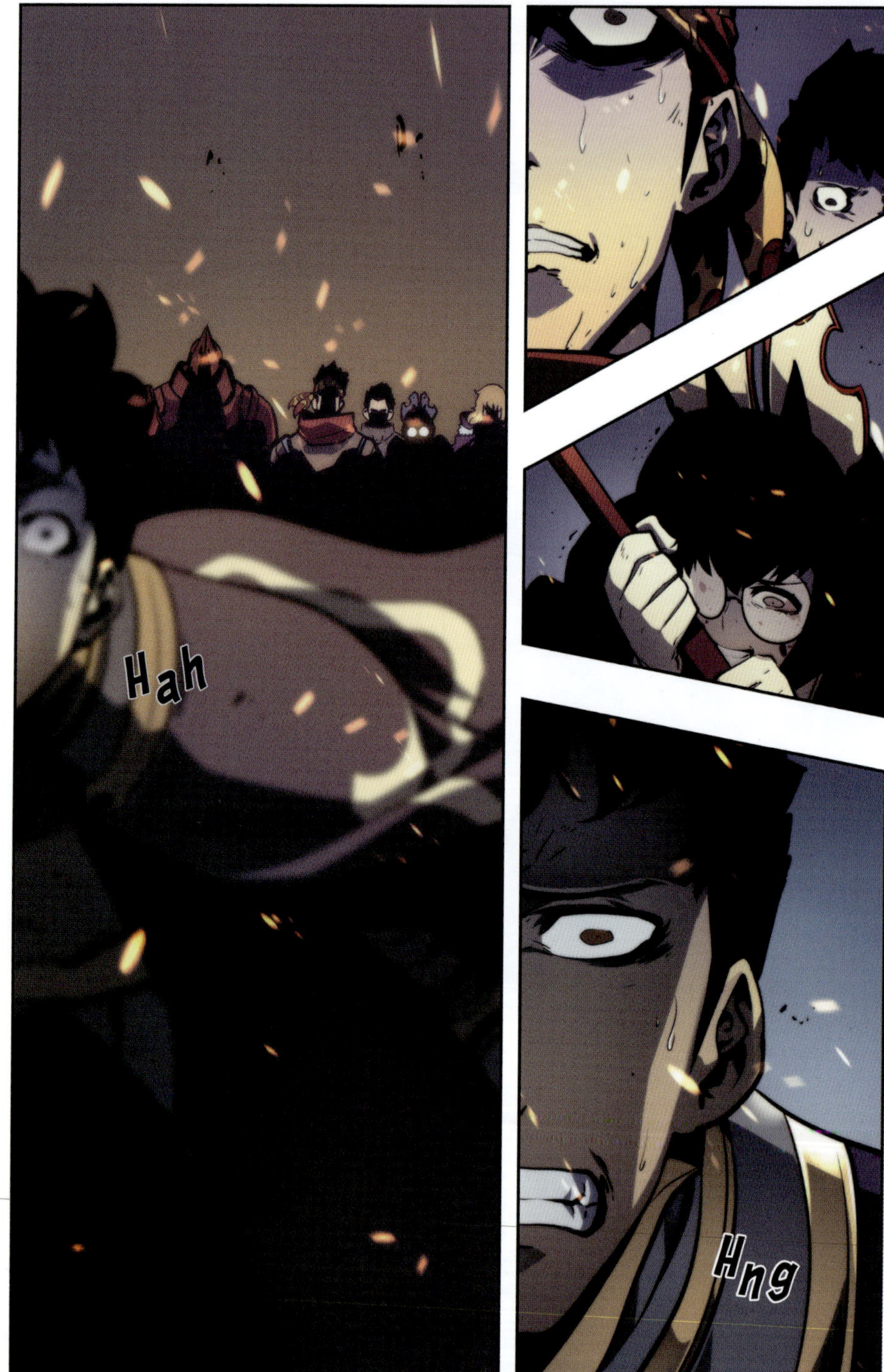
Hah
Hng

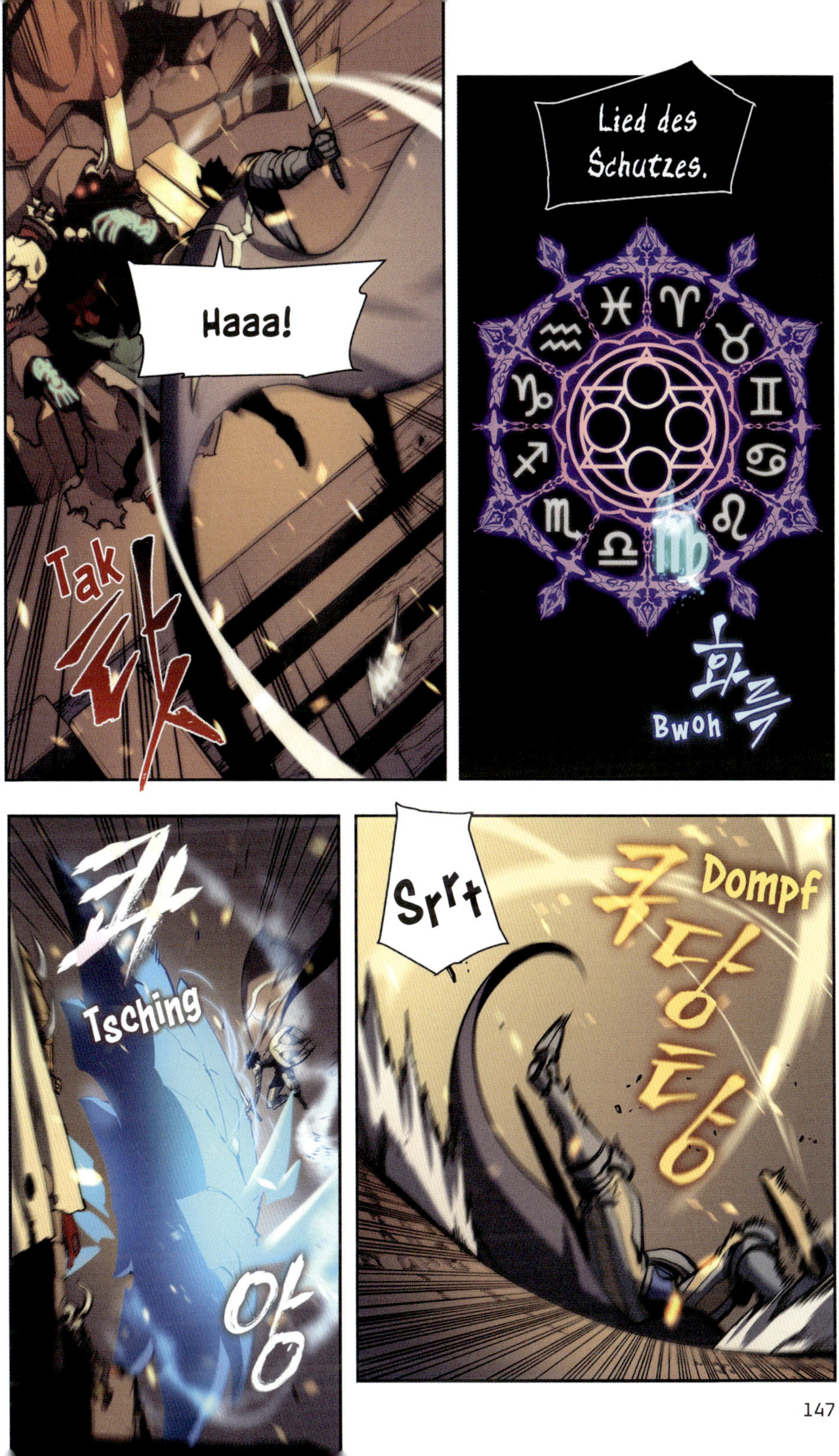
Haaa!
Tak
Lied des Schutzes.
화륵
Bwoh
콰
Tsching
앙
Srrt
쿠당탕
Dompf

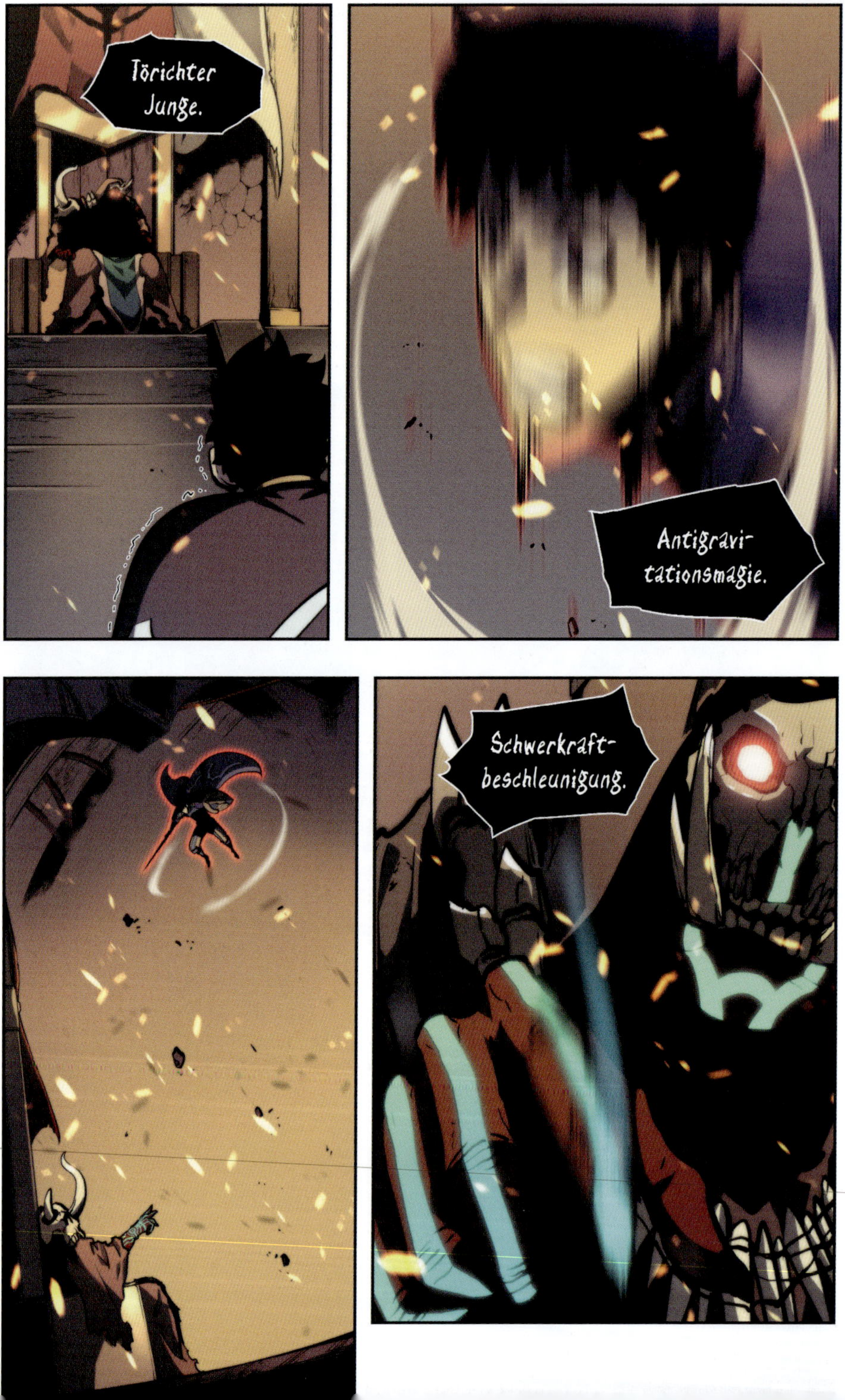
Törichter Junge.
Antigravitationsmagie.
Schwerkraftbeschleunigung.

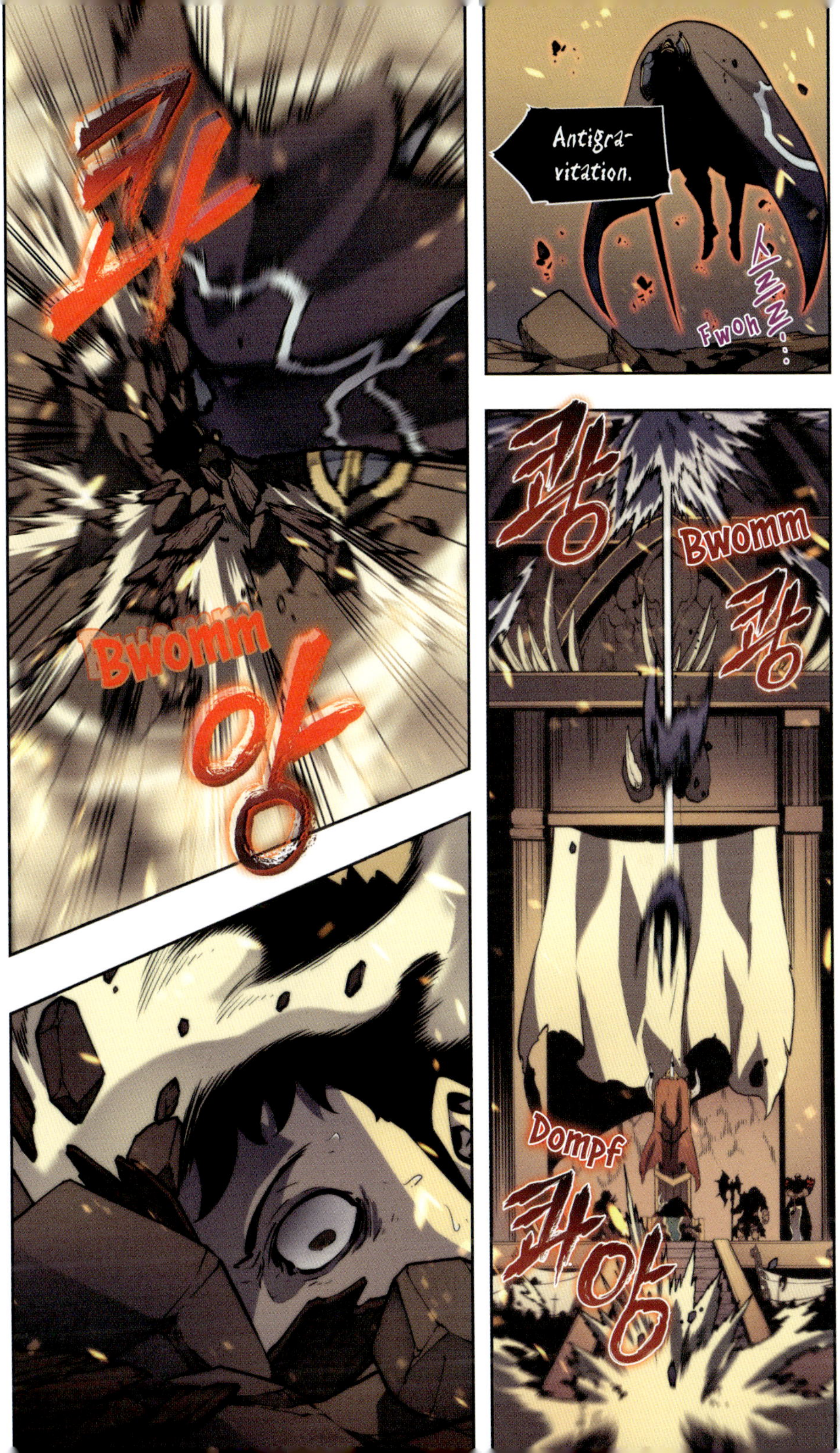

Bwomm
Antigra-
vitation.
Fwoh
쾅
Bwomm
쾅
Dompf

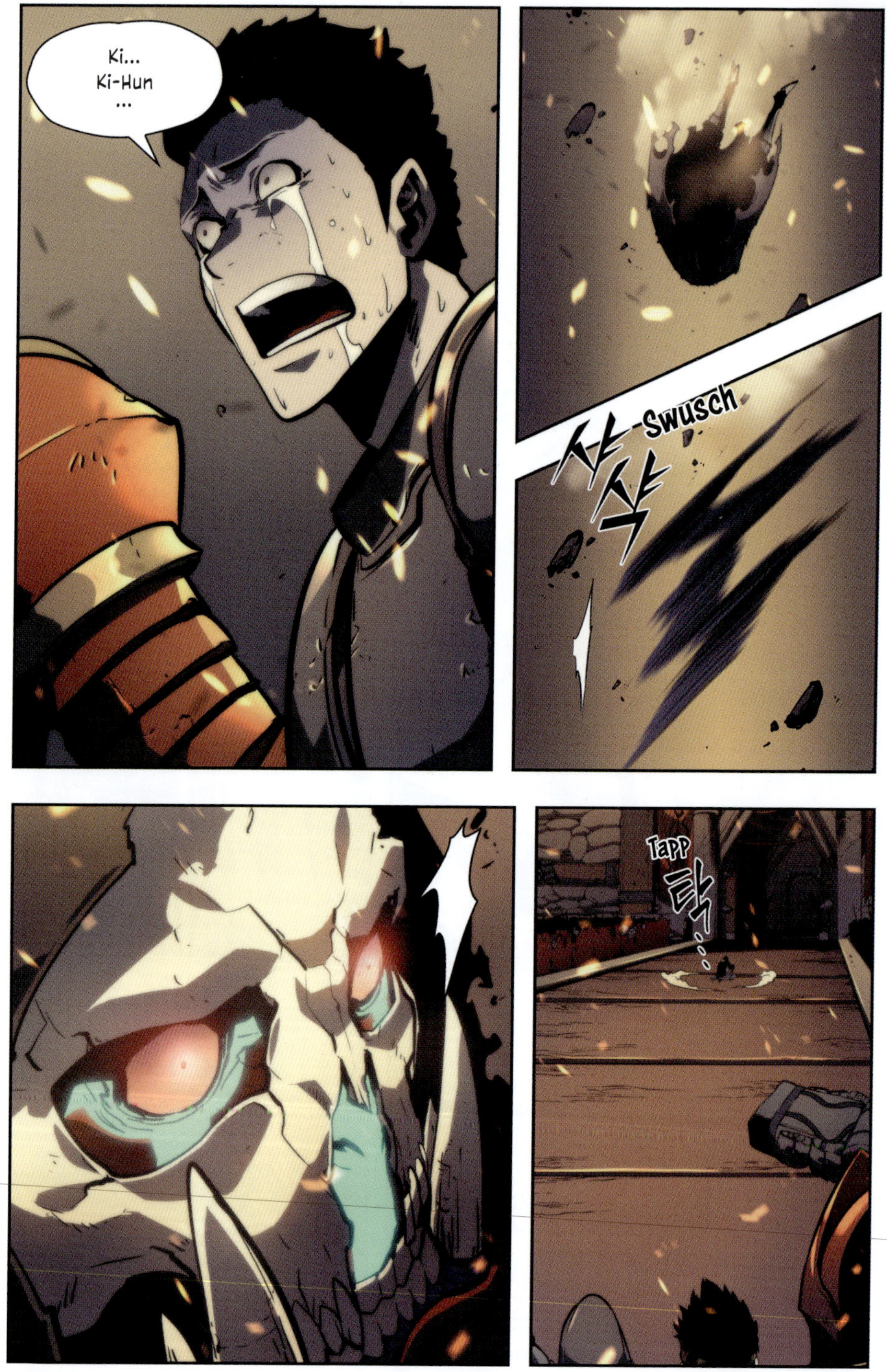

Ki...
Ki-Hun
...
Swusch
샤샥
Tapp
탁

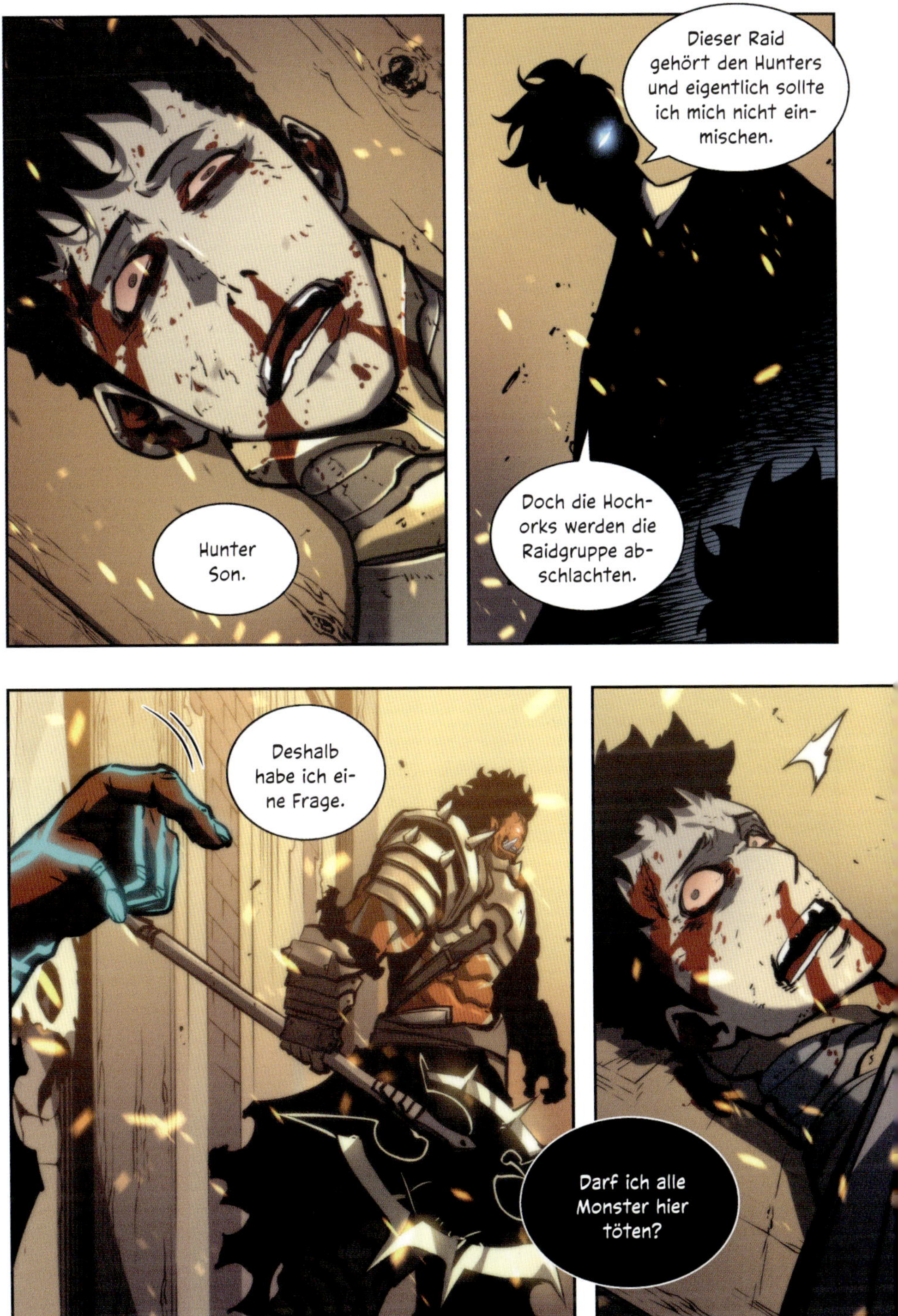
Hunter Son.
Dieser Raid gehört den Hunters und eigentlich sollte ich mich nicht einmischen.
Doch die Hochorks werden die Raidgruppe abschlachten.
Deshalb habe ich eine Frage.
Darf ich alle Monster hier töten?

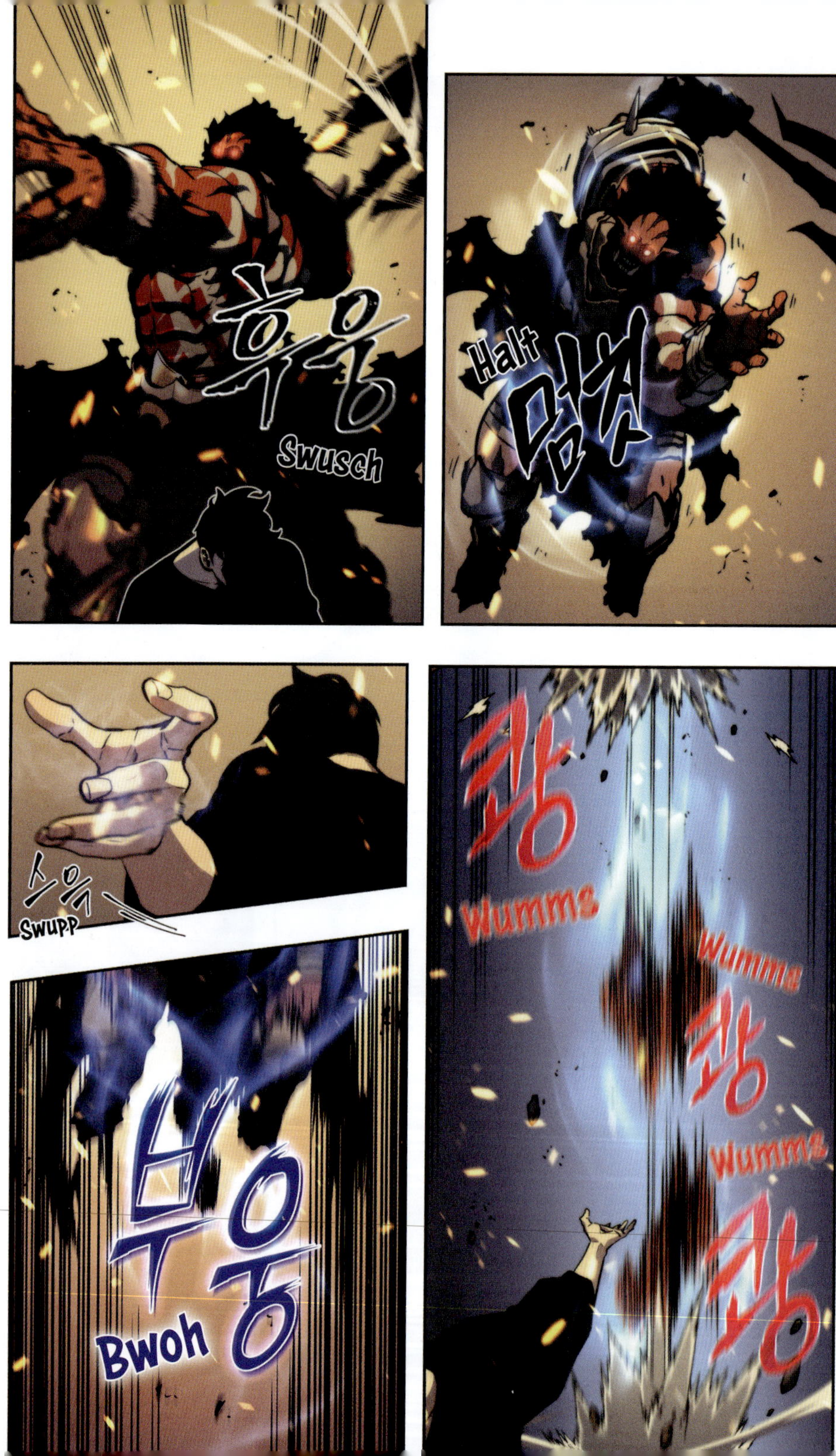

후웅
Swusch
Halt
멈칫
스읏
Swupp
부웅
Bwoh
쾅
Wumms
Wumms
쾅
Wumms
쾅

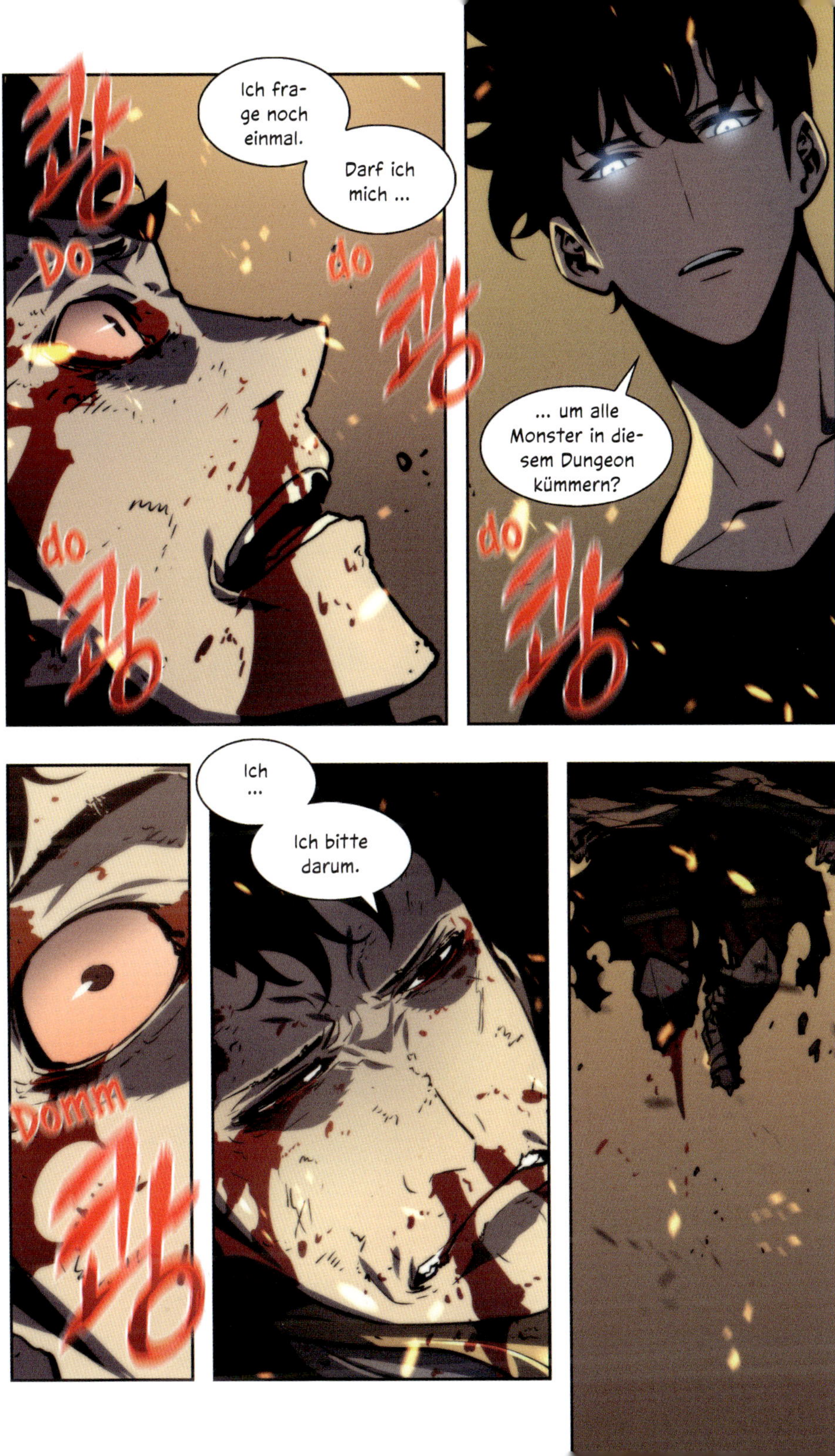
Ich frage noch einmal.
Darf ich mich ...
Do
do
do
... um alle Monster in diesem Dungeon kümmern?
do
Ich ...
Ich bitte darum.
Domm

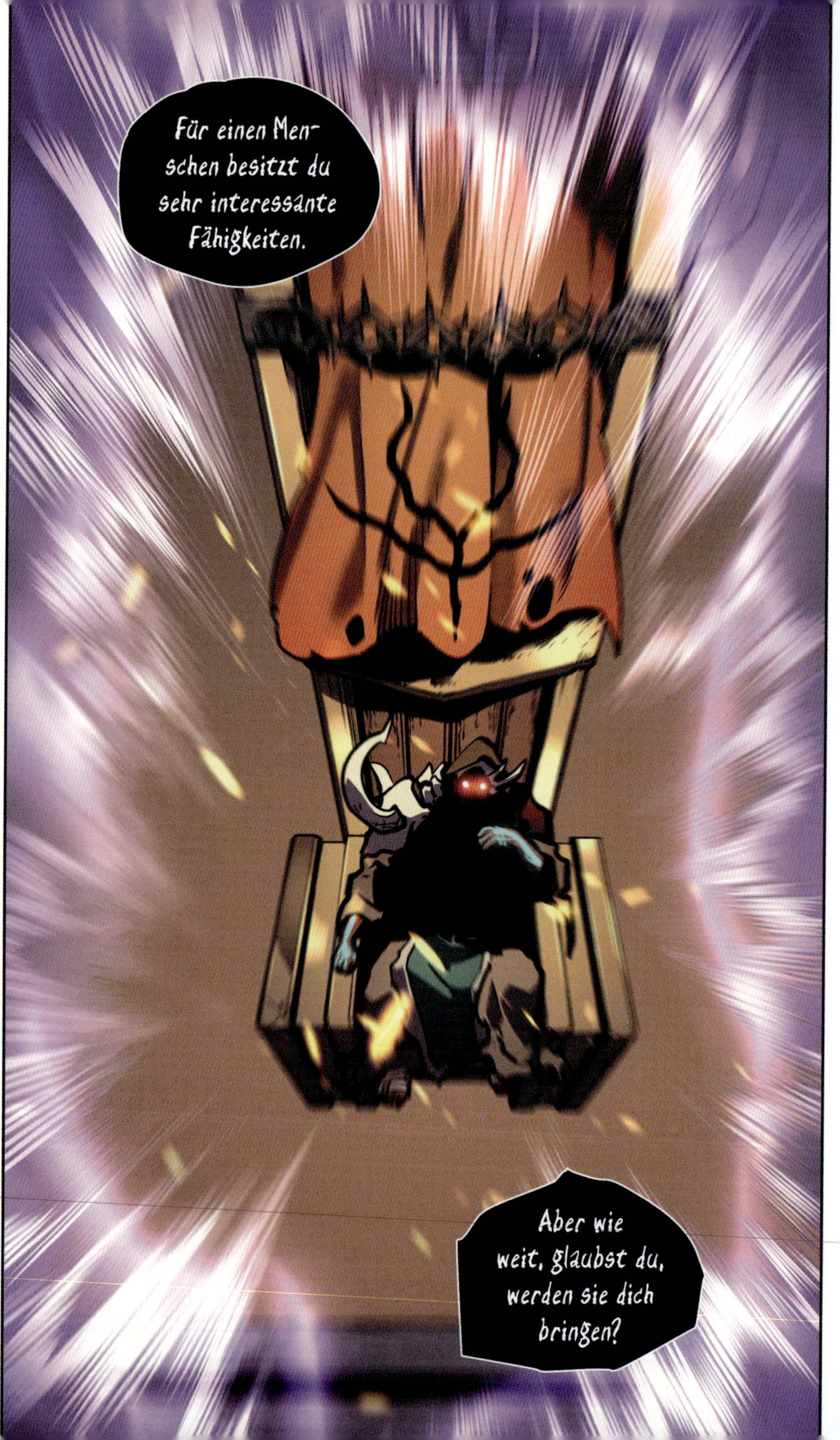
Für einen Menschen besitzt du sehr interessante Fähigkeiten.
Aber wie weit, glaubst du, werden sie dich bringen?

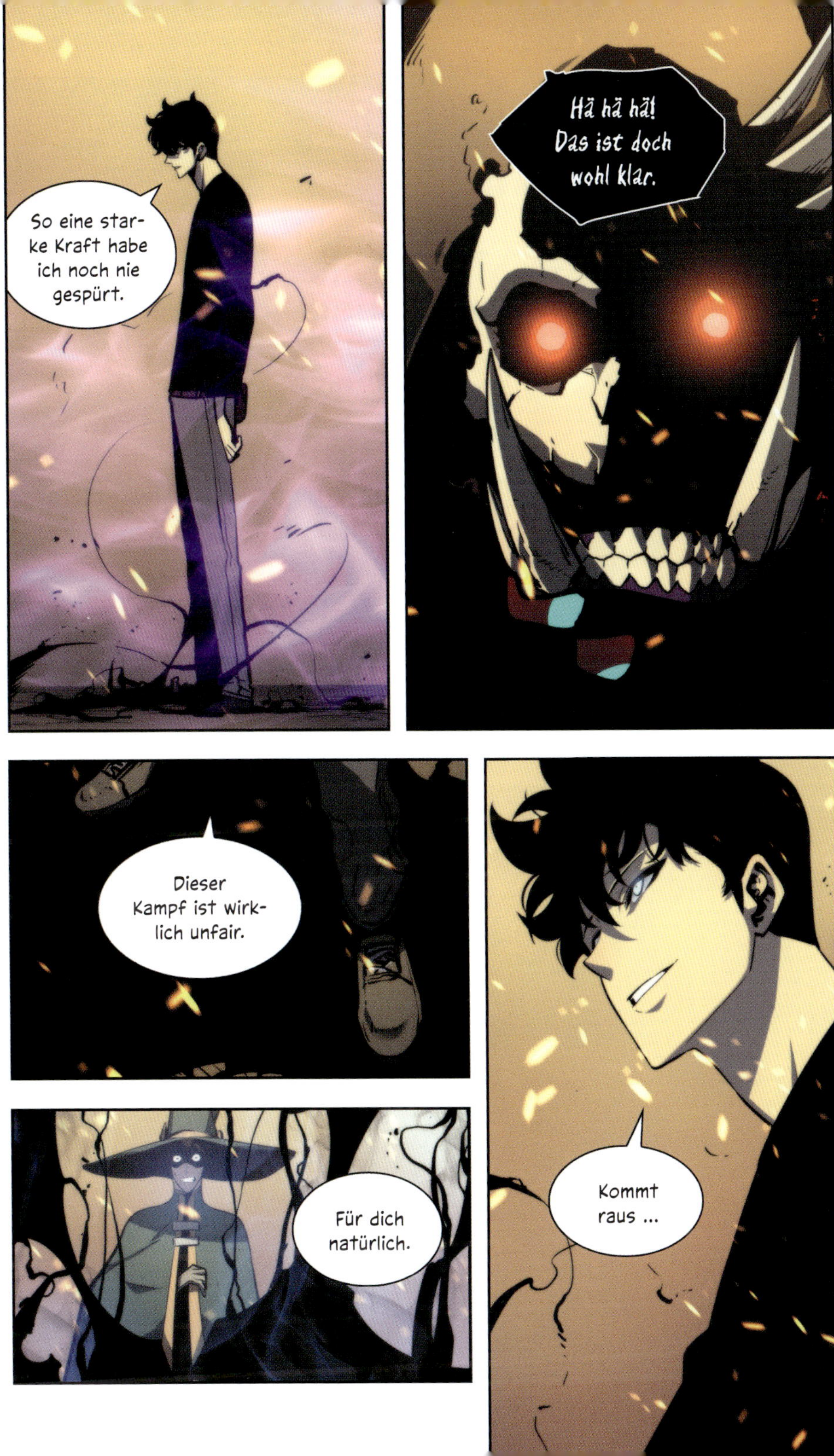
So eine star-ke Kraft habe ich noch nie gespürt.
Hä hä hä! Das ist doch wohl klar.
Dieser Kampf ist wirk-lich unfair.
Für dich natürlich.
Kommt raus ...

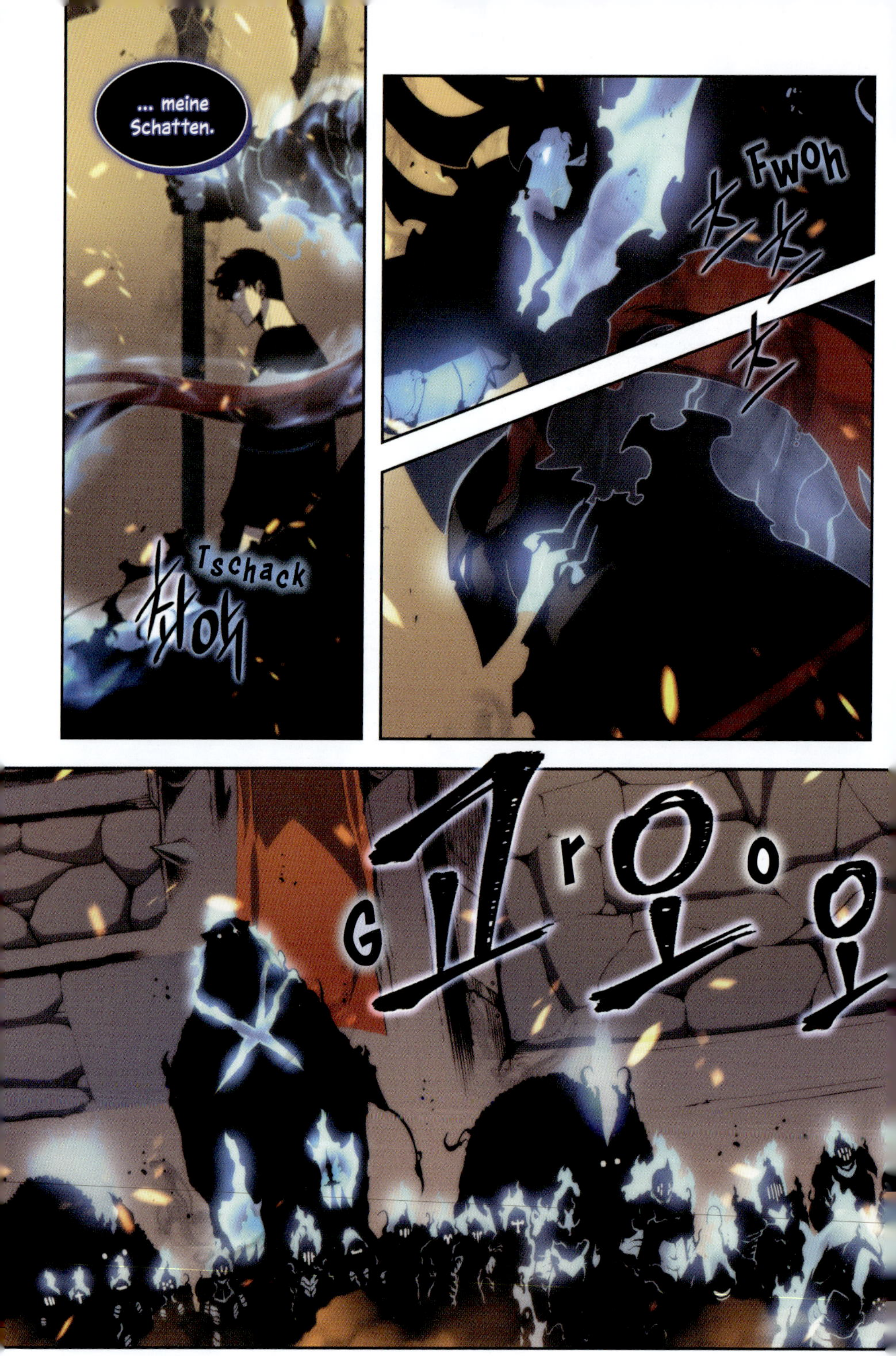
... meine Schatten.
Tschack
Fwoh
Groo

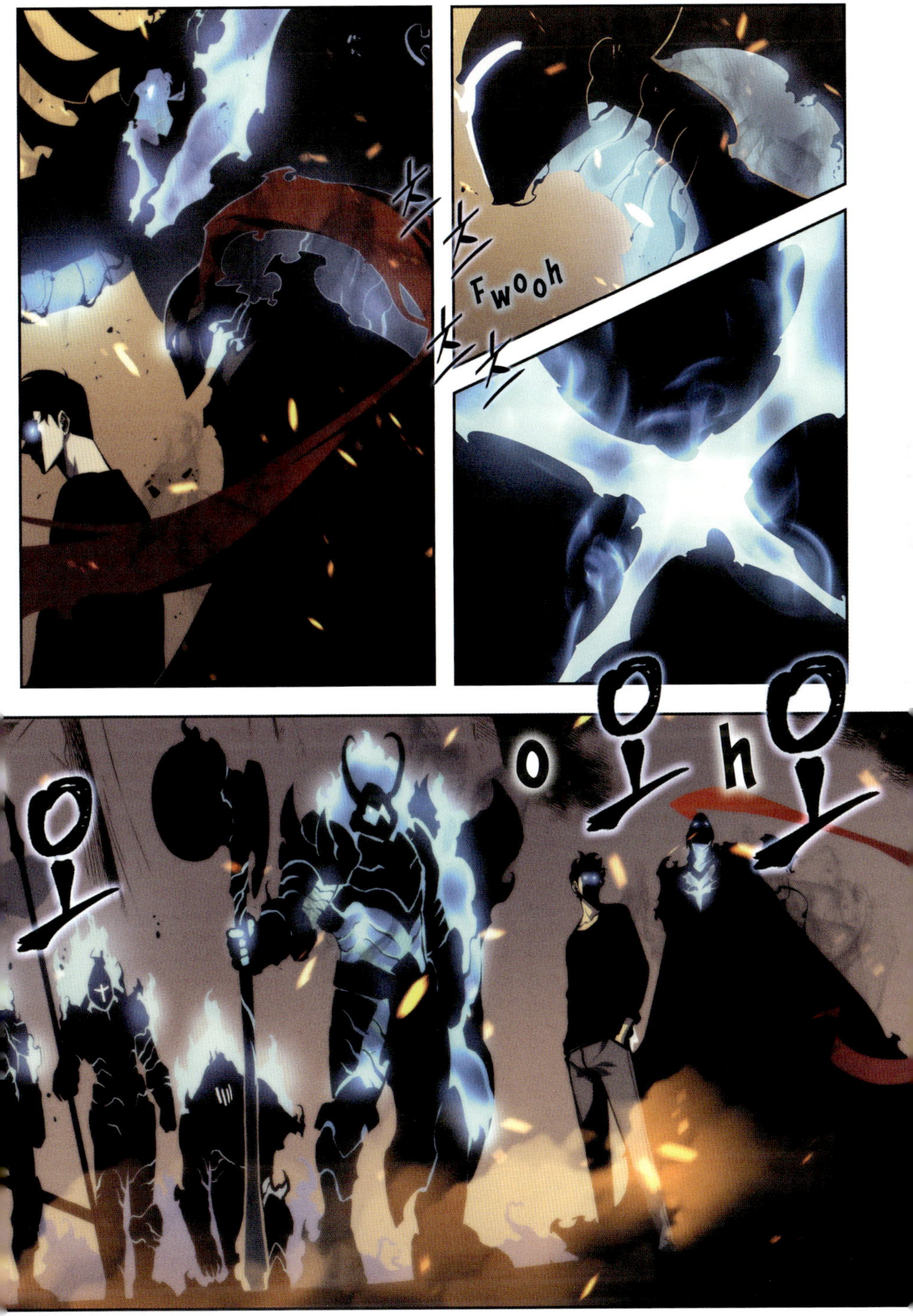
Fwooh
oohh

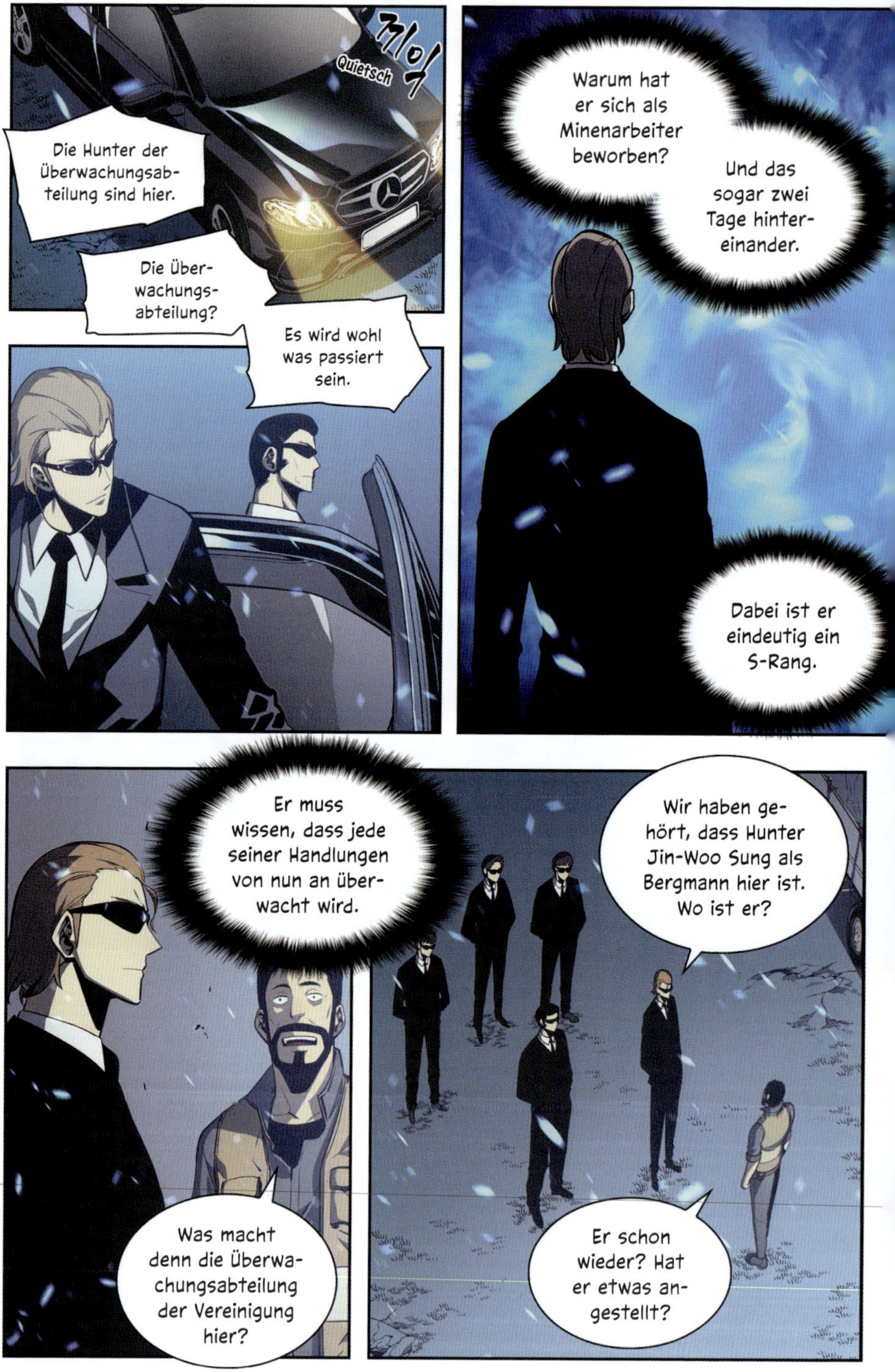
끼이익
Quietsch
Die Hunter der Überwachungsabteilung sind hier.
Die Überwachungsabteilung?
Es wird wohl was passiert sein.
Warum hat er sich als Minenarbeiter beworben?
Und das sogar zwei Tage hintereinander.
Dabei ist er eindeutig ein S-Rang.
Er muss wissen, dass jede seiner Handlungen von nun an überwacht wird.
Wir haben gehört, dass Hunter Jin-Woo Sung als Bergmann hier ist. Wo ist er?
Was macht denn die Überwachungsabteilung der Vereinigung hier?
Er schon wieder? Hat er etwas angestellt?

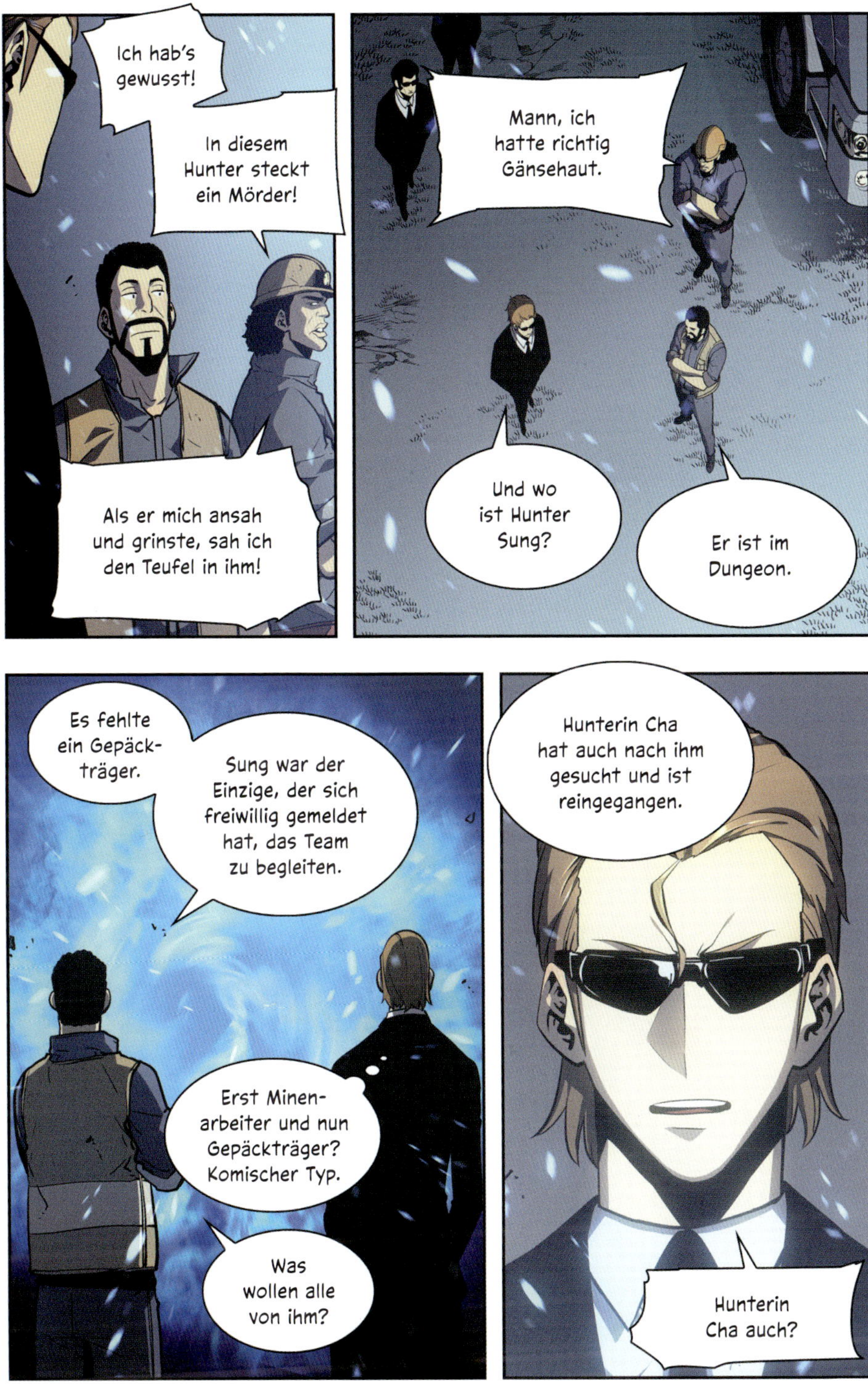

Ich hab's gewusst!
In diesem Hunter steckt ein Mörder!
Als er mich ansah und grinste, sah ich den Teufel in ihm!
Mann, ich hatte richtig Gänsehaut.
Und wo ist Hunter Sung?
Er ist im Dungeon.
Es fehlte ein Gepäck-träger.
Sung war der Einzige, der sich freiwillig gemeldet hat, das Team zu begleiten.
Erst Minen-arbeiter und nun Gepäckträger? Komischer Typ.
Was wollen alle von ihm?
Hunterin Cha hat auch nach ihm gesucht und ist reingegangen.
Hunterin Cha auch?

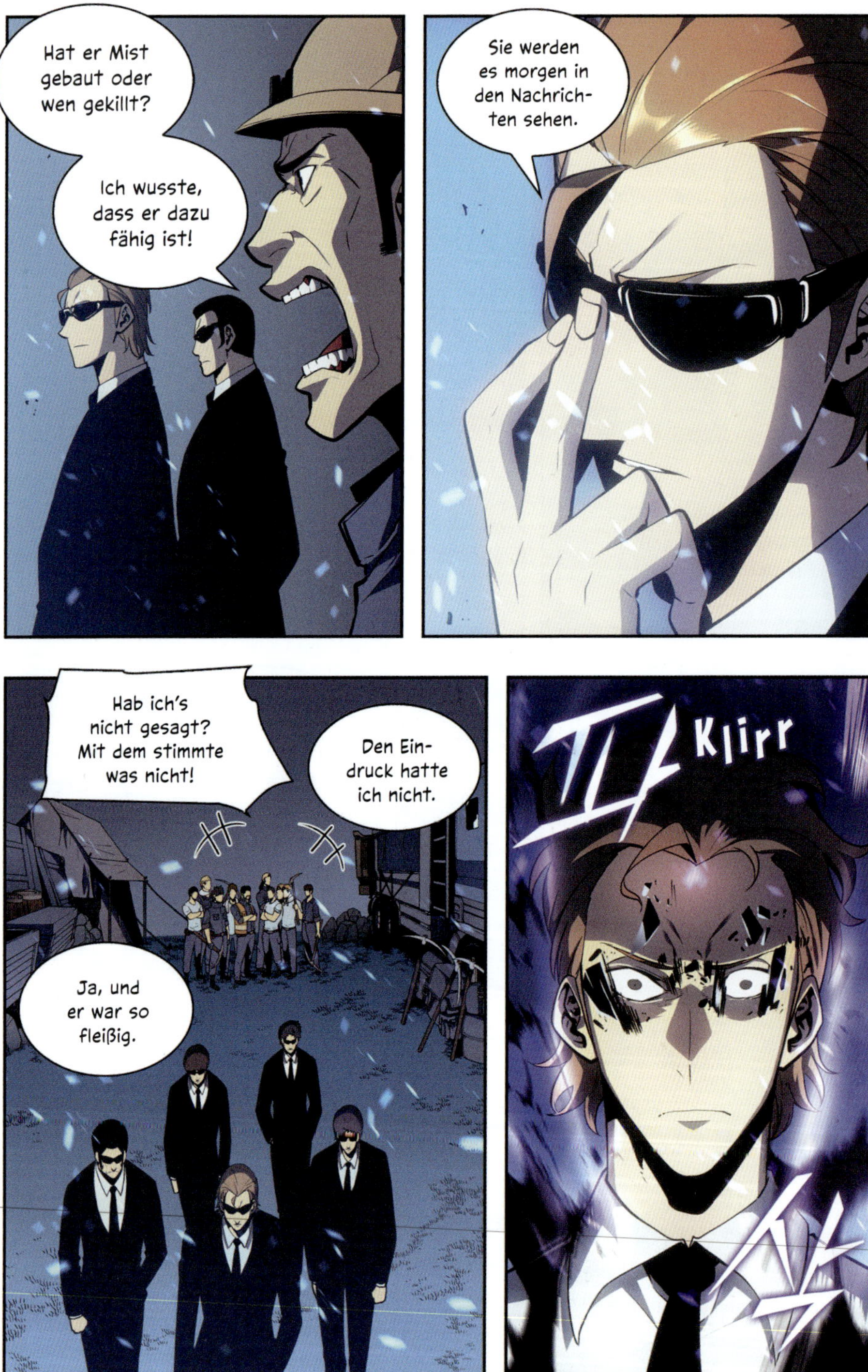
Hat er Mist gebaut oder wen gekillt?
Ich wusste, dass er dazu fähig ist!
Sie werden es morgen in den Nachrichten sehen.
Hab ich's nicht gesagt? Mit dem stimmte was nicht!
Den Eindruck hatte ich nicht.
Ja, und er war so fleißig.
Klirr

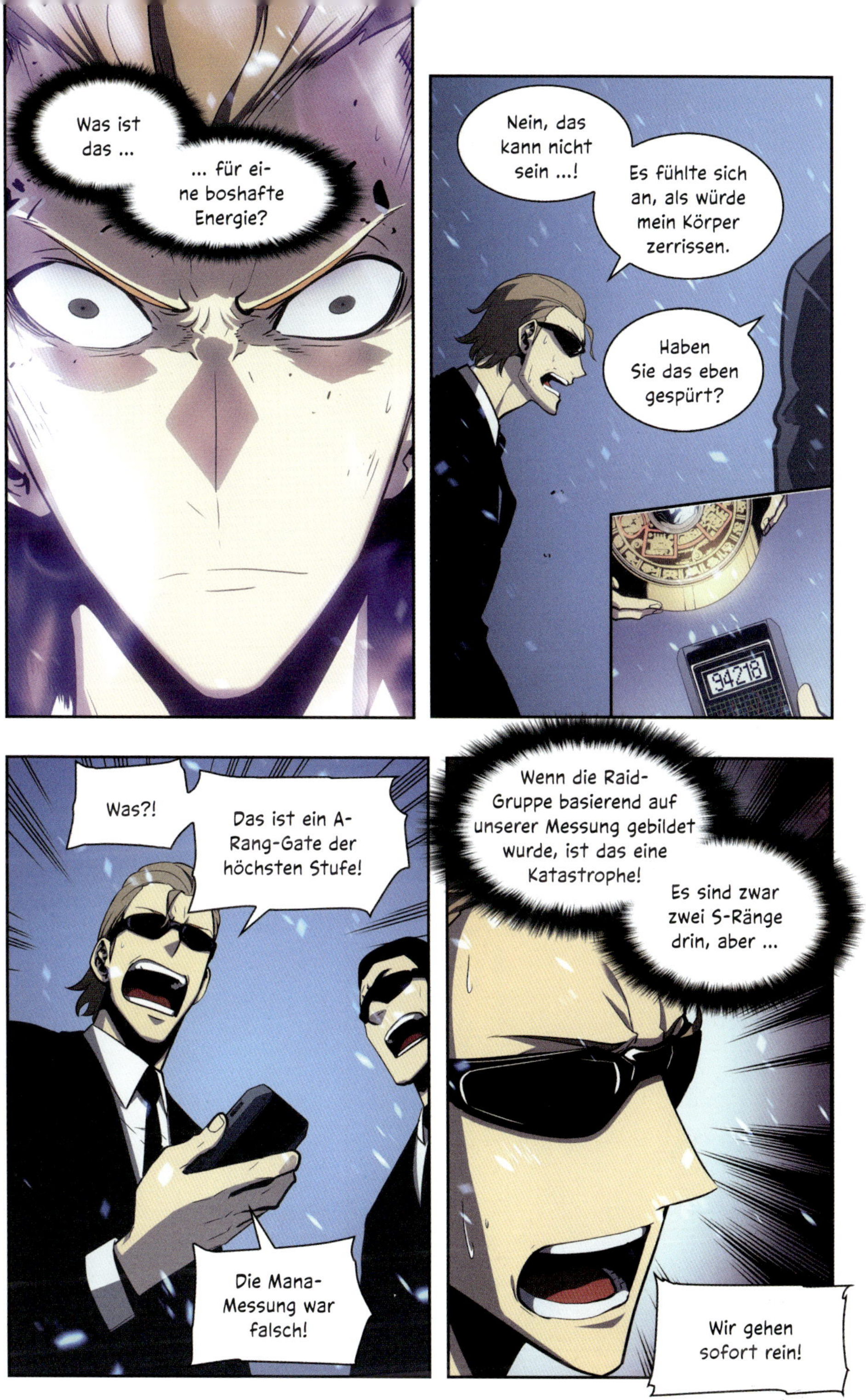
Was ist das ...
... für eine boshafte Energie?
Nein, das kann nicht sein ...!
Es fühlte sich an, als würde mein Körper zerrissen.
Haben Sie das eben gespürt?
94218
Was?!
Das ist ein A-Rang-Gate der höchsten Stufe!
Die Mana-Messung war falsch!
Wenn die Raid-Gruppe basierend auf unserer Messung gebildet wurde, ist das eine Katastrophe!
Es sind zwar zwei S-Ränge drin, aber ...
Wir gehen sofort rein!

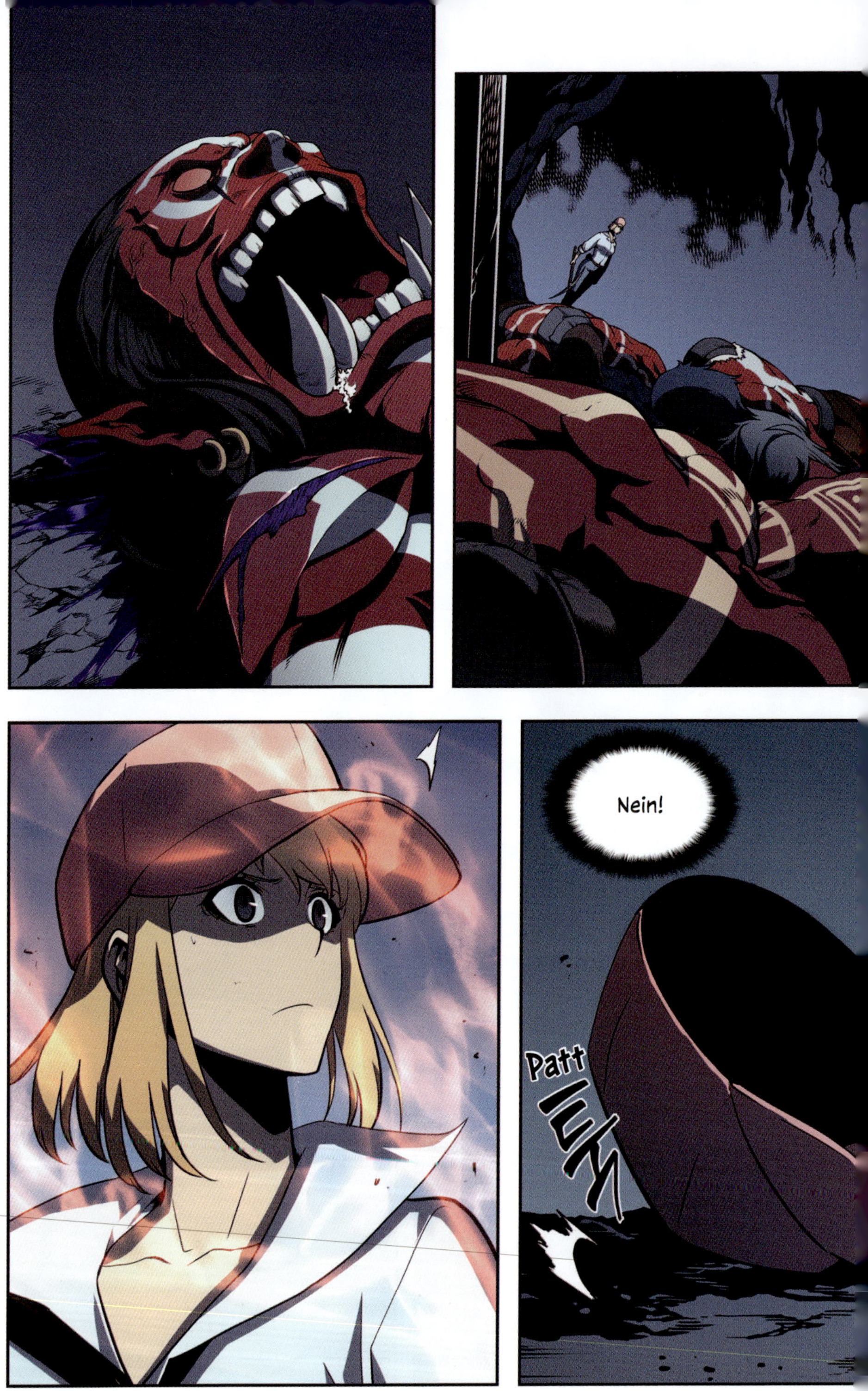
Nein!
Patt

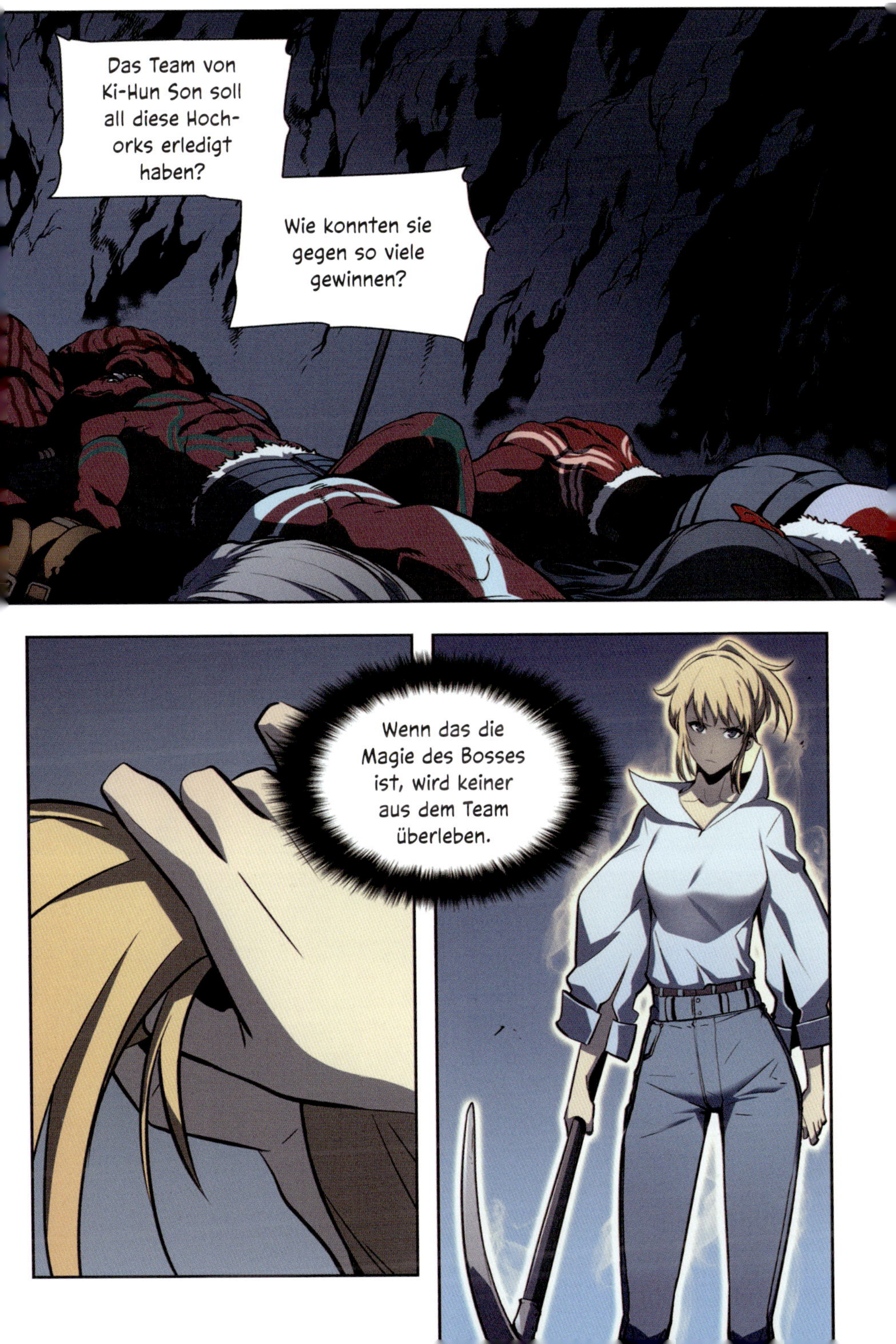
Das Team von Ki-Hun Son soll all diese Hoch-orks erledigt haben?
Wie konnten sie gegen so viele gewinnen?
Wenn das die Magie des Bosses ist, wird keiner aus dem Team überleben.

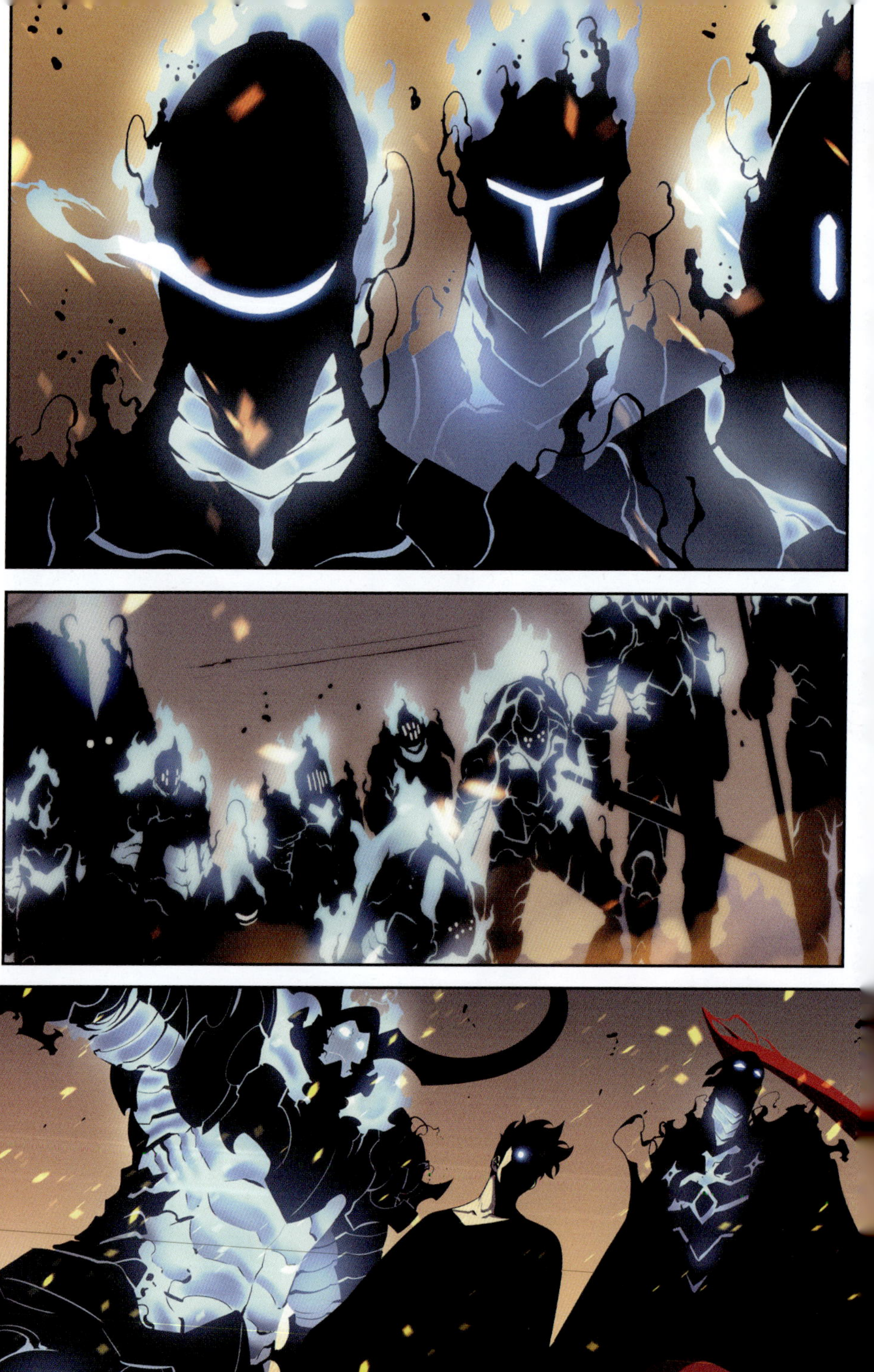

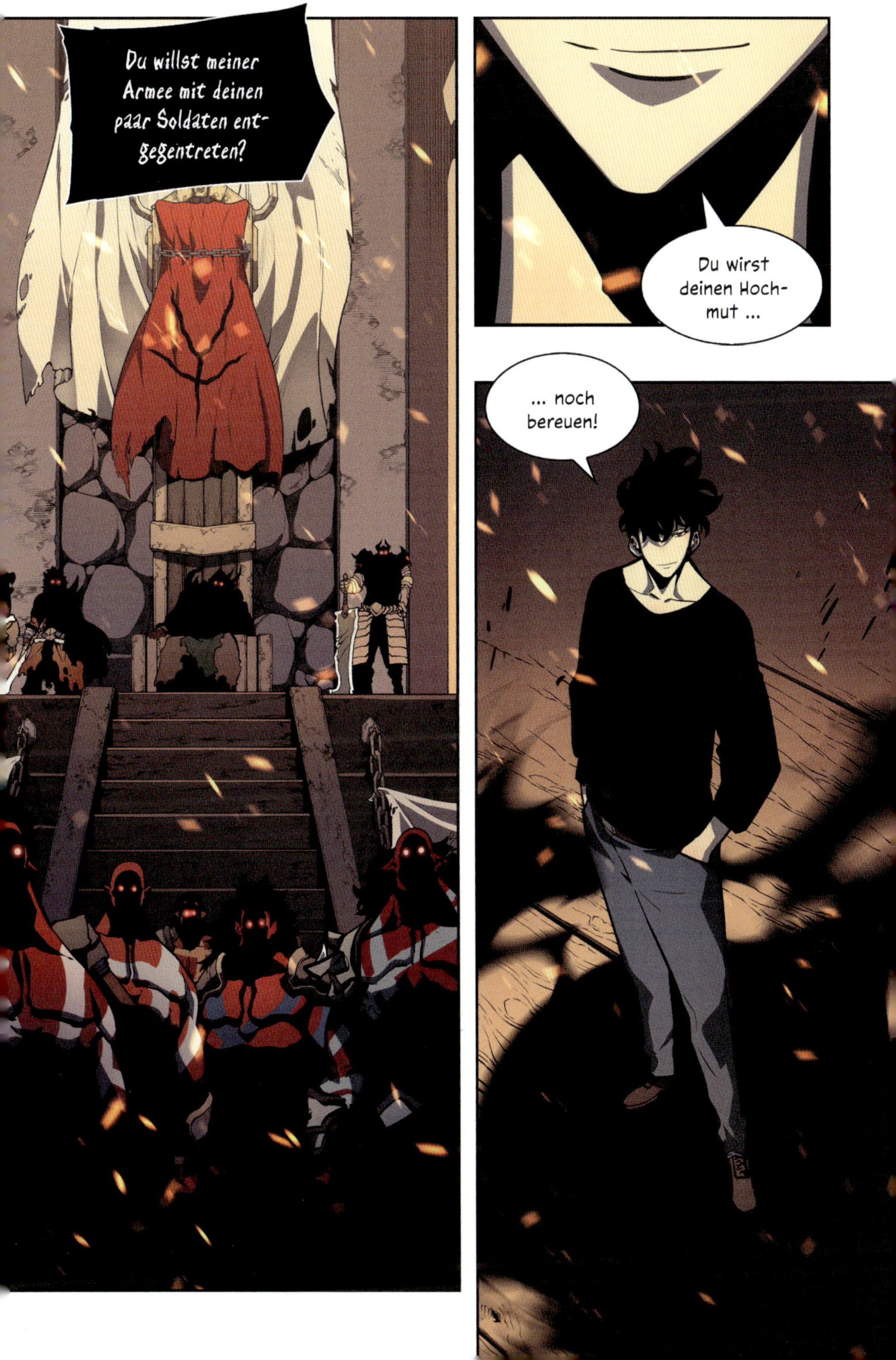
Du willst meiner Armee mit deinen paar Soldaten ent-gegentreten?
Du wirst deinen Hoch-mut ...
... noch bereuen!

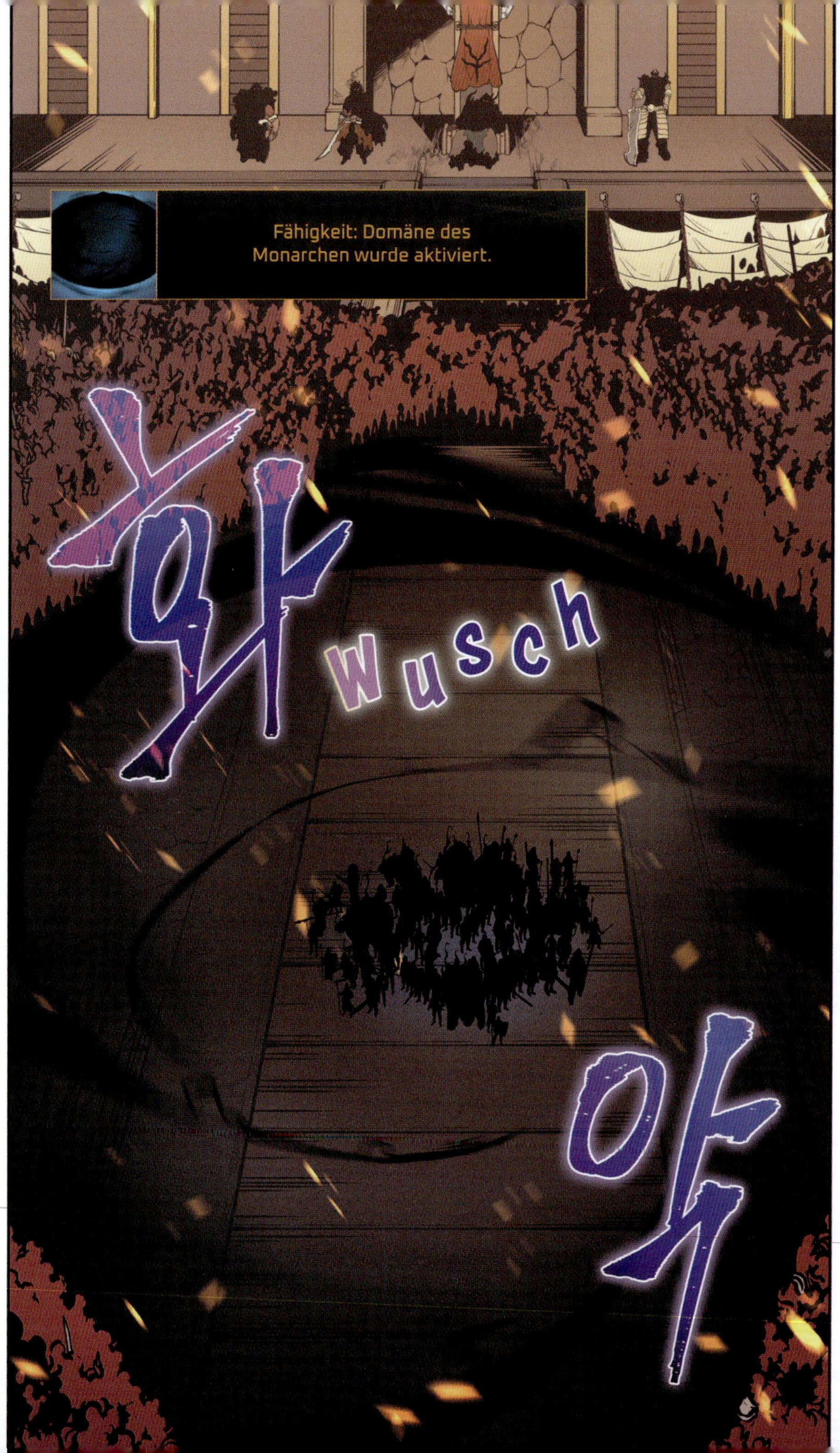
Fähigkeit: Domäne des Monarchen wurde aktiviert.
화
Wusch
아

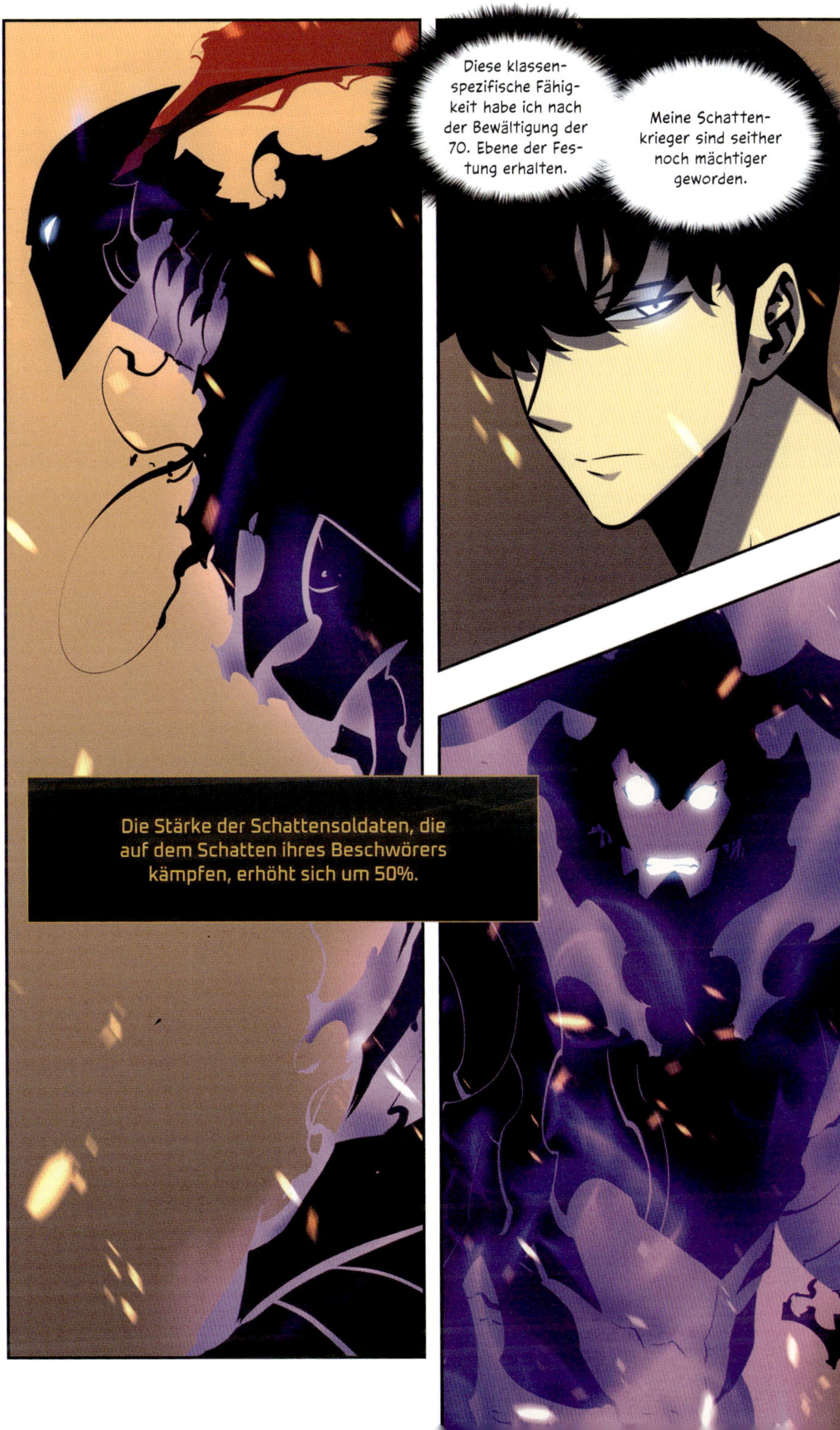

Diese klassenspezifische Fähigkeit habe ich nach der Bewältigung der 70. Ebene der Festung erhalten.
Meine Schattenkrieger sind seither noch mächtiger geworden.
Die Stärke der Schattensoldaten, die auf dem Schatten ihres Beschwörers kämpfen, erhöht sich um 50%.

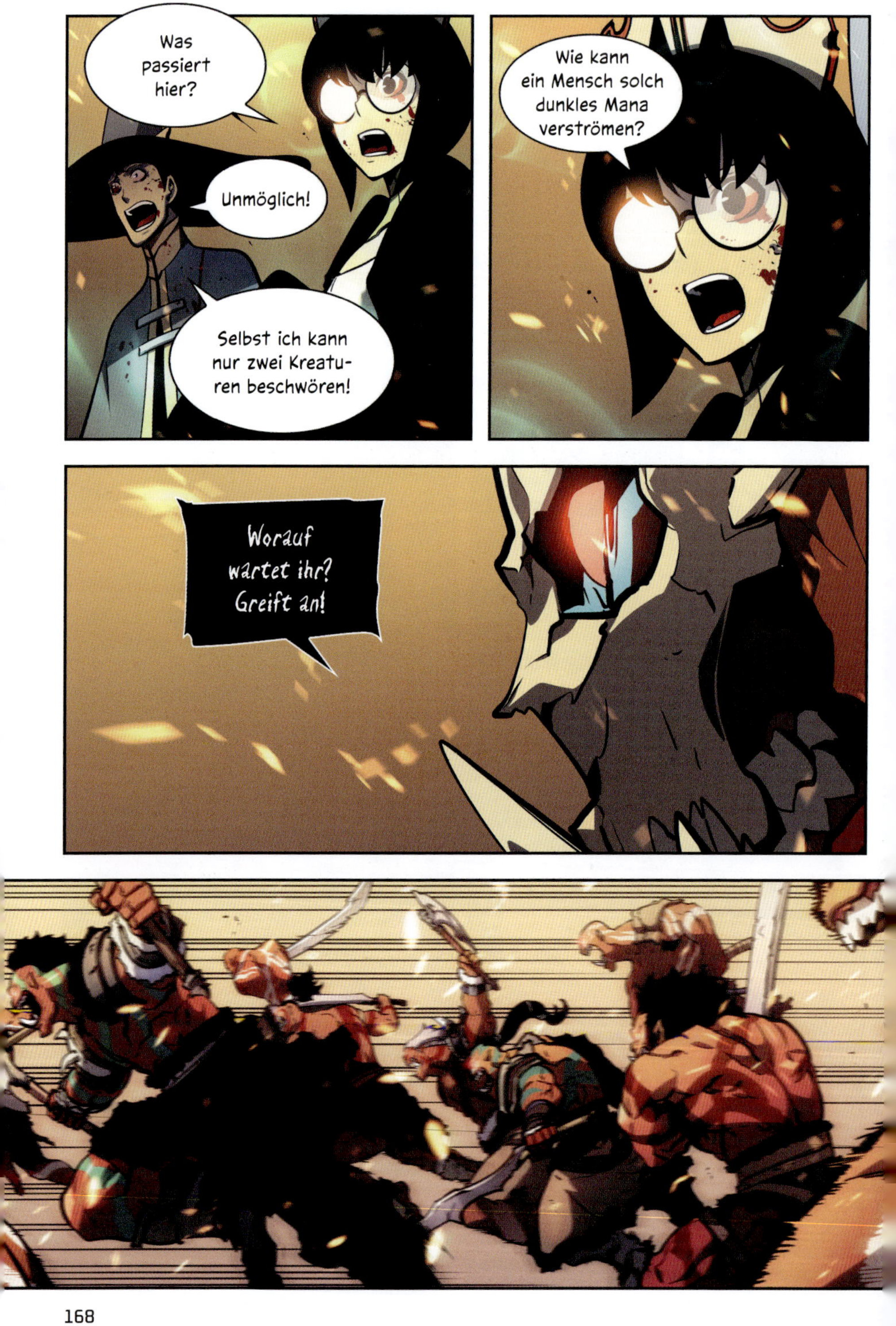
Was passiert hier?
Unmöglich!
Selbst ich kann nur zwei Kreaturen beschwören!
Wie kann ein Mensch solch dunkles Mana verströmen?
Worauf wartet ihr? Greift an!

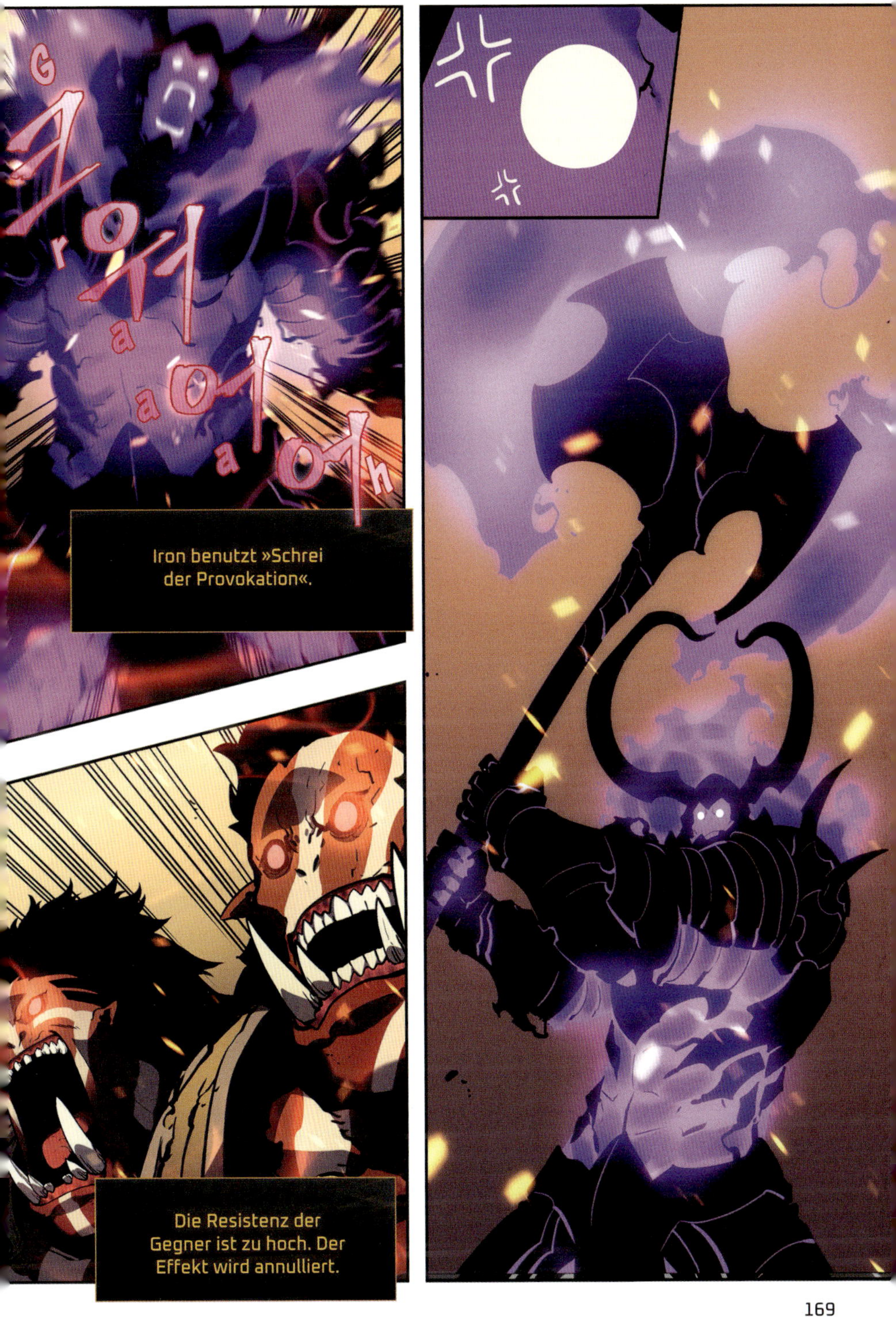
크워어어
Graaan
Iron benutzt »Schrei der Provokation«.
Die Resistenz der Gegner ist zu hoch. Der Effekt wird annulliert.

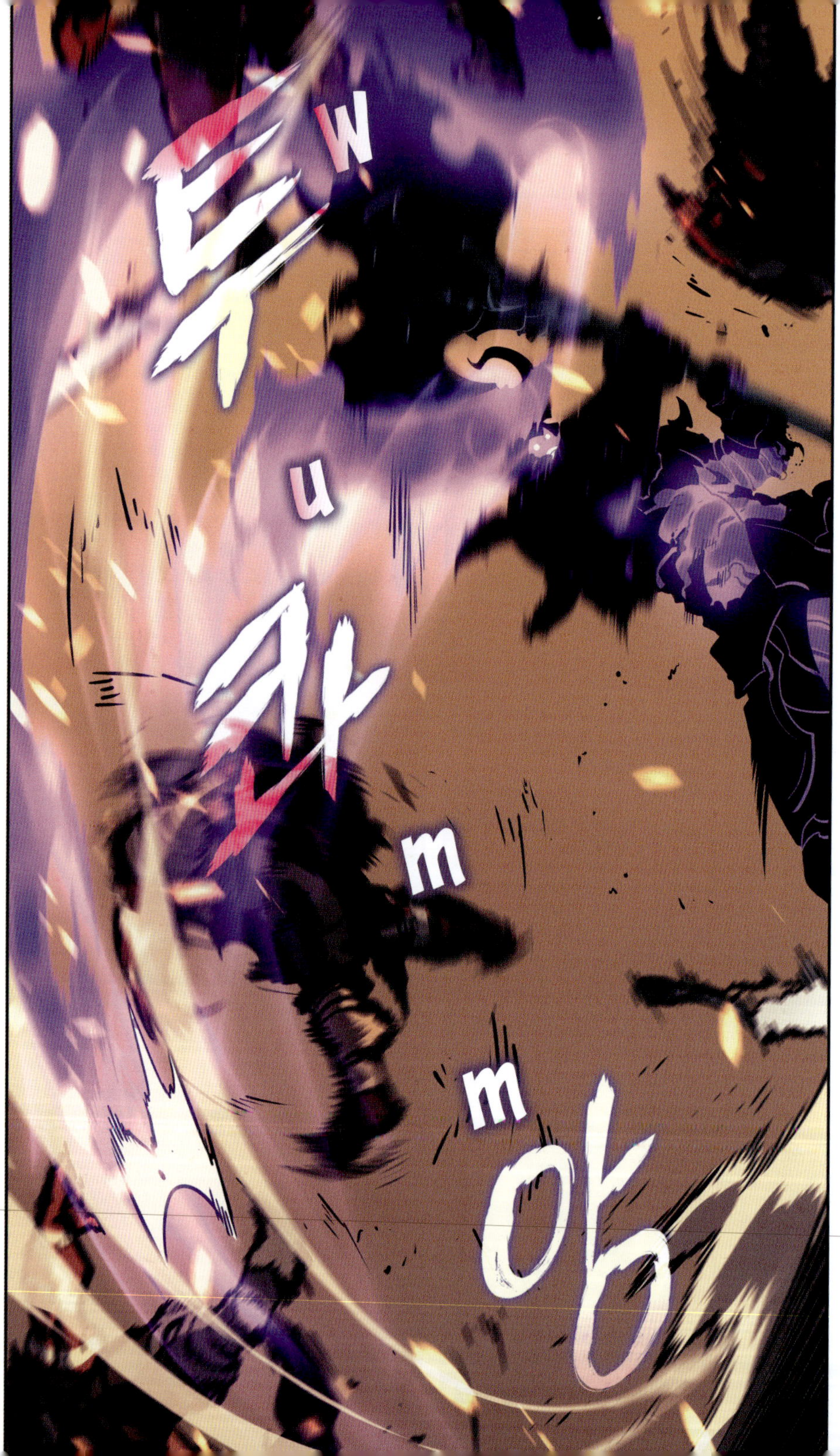
Wumm

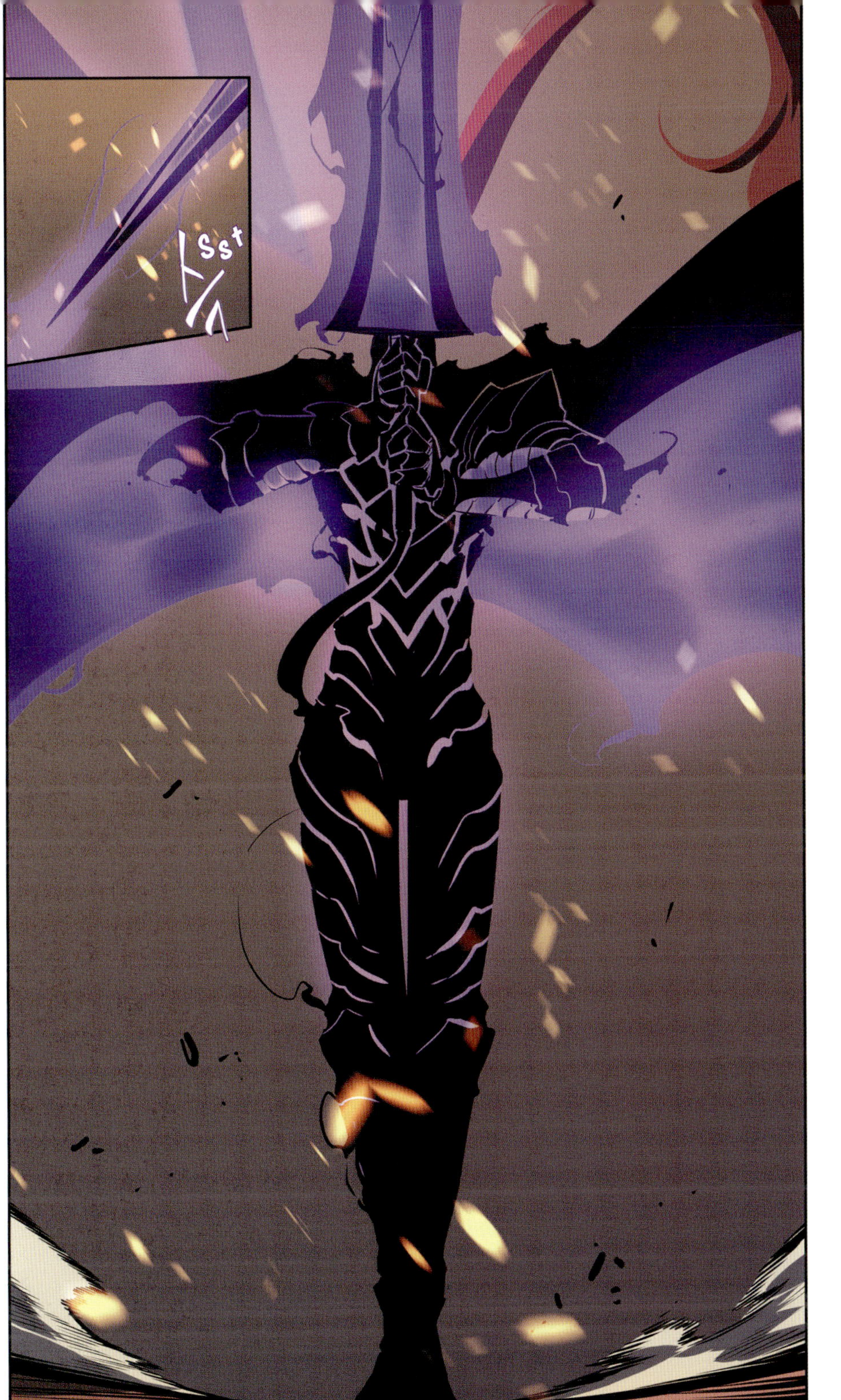
Sst

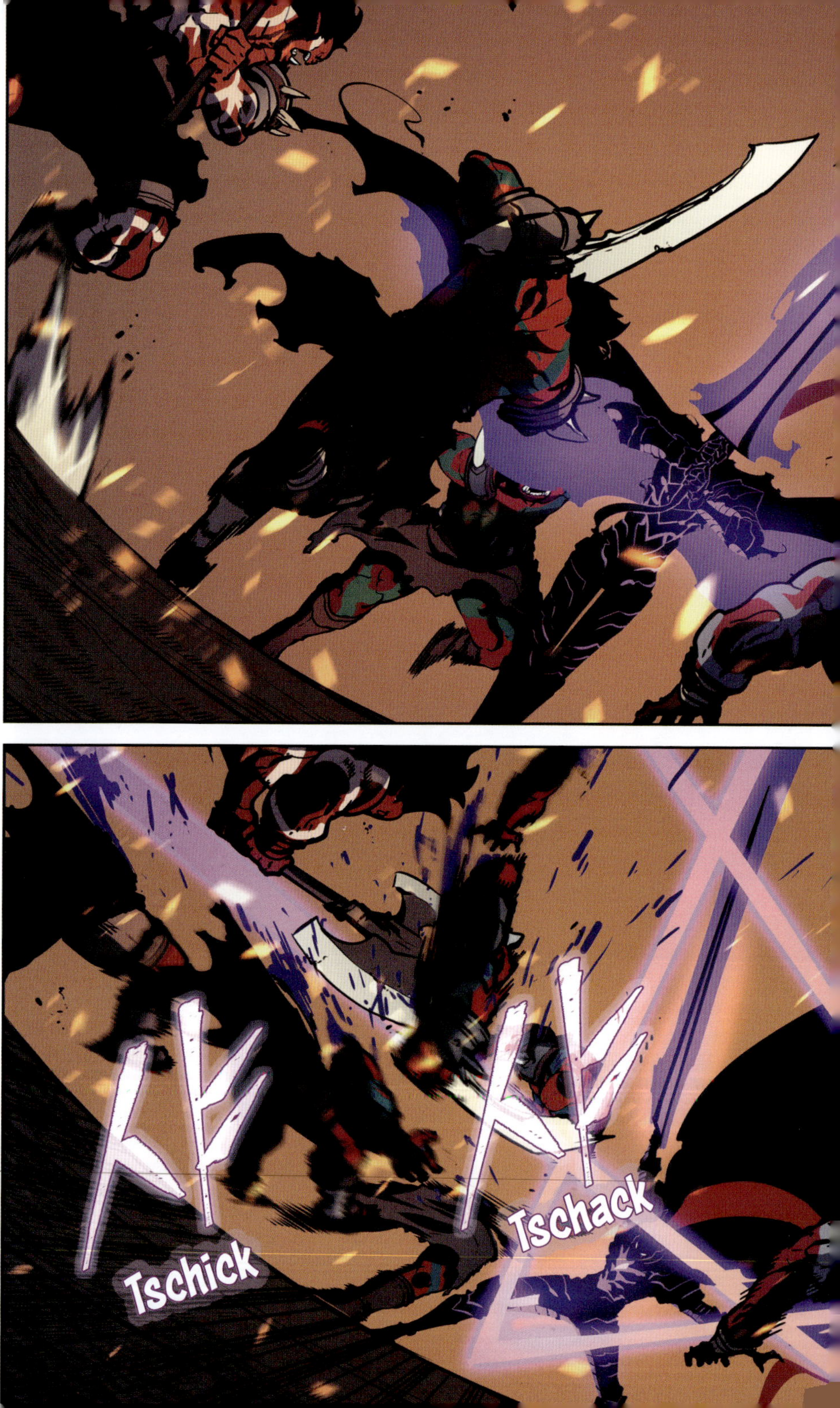
Tschick
Tschack

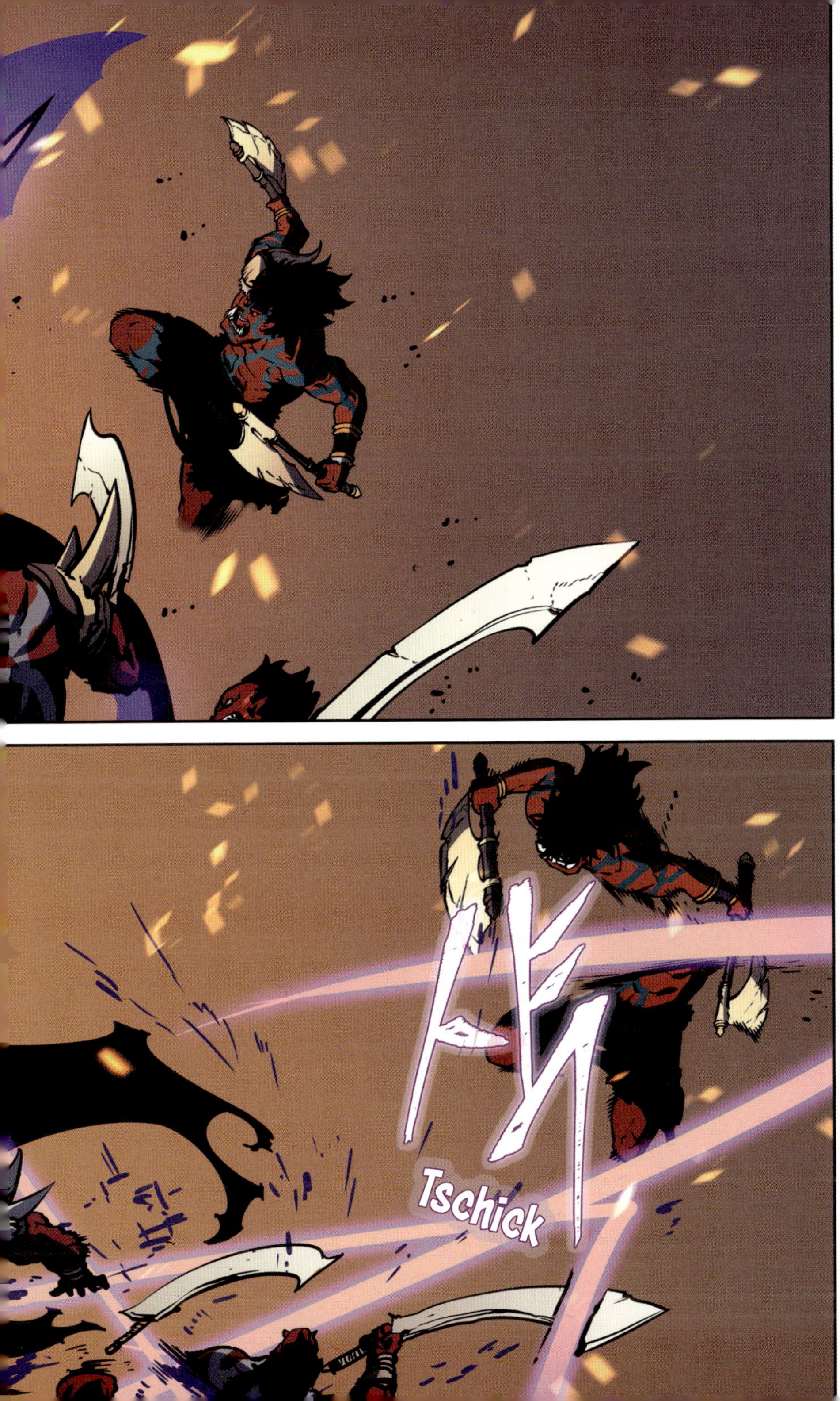
Tschick

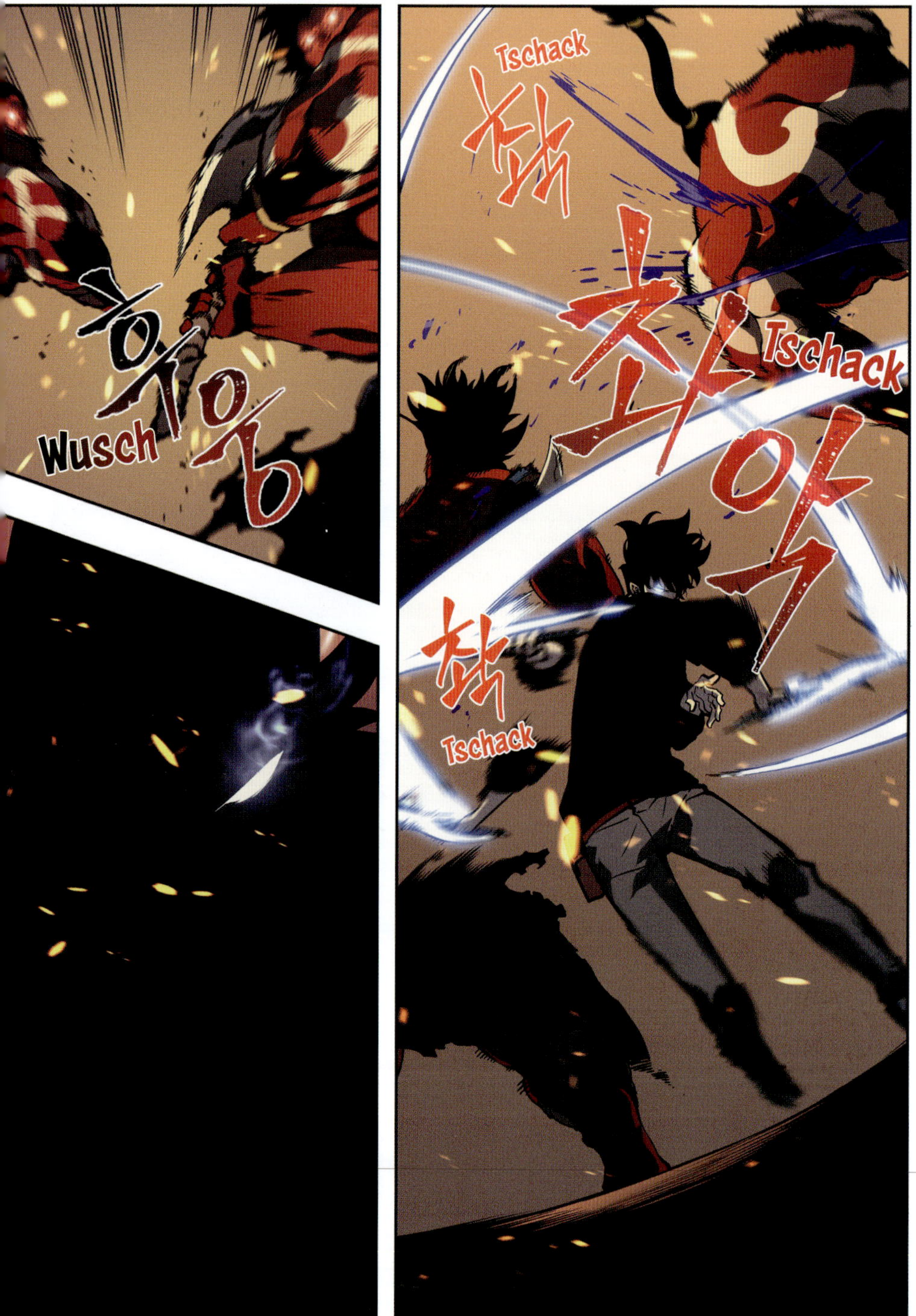
Wusch
Tschack
Tschack
Tschack

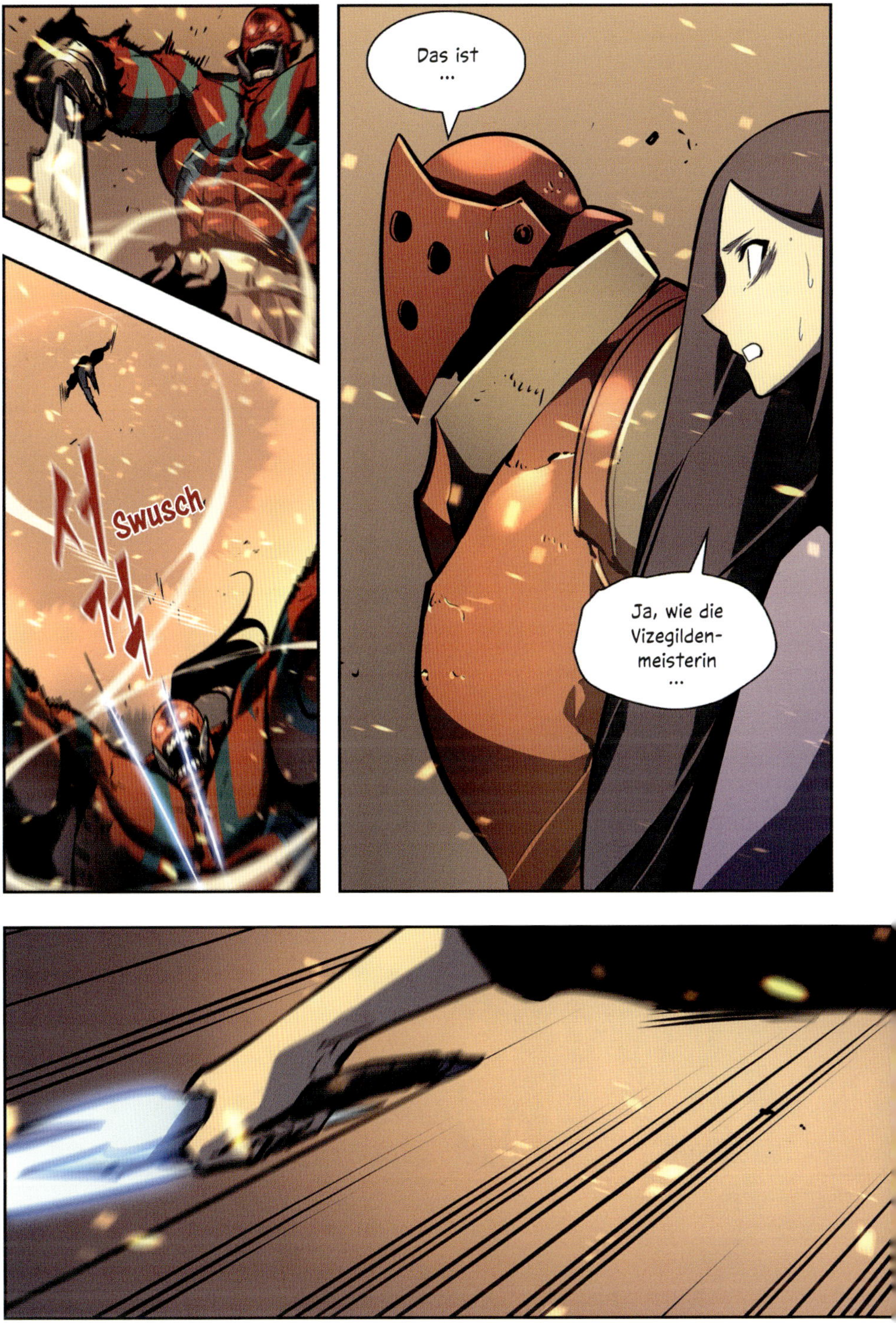
서걱
Swusch
Das ist
...
Ja, wie die
Vizegilden-
meisterin
...

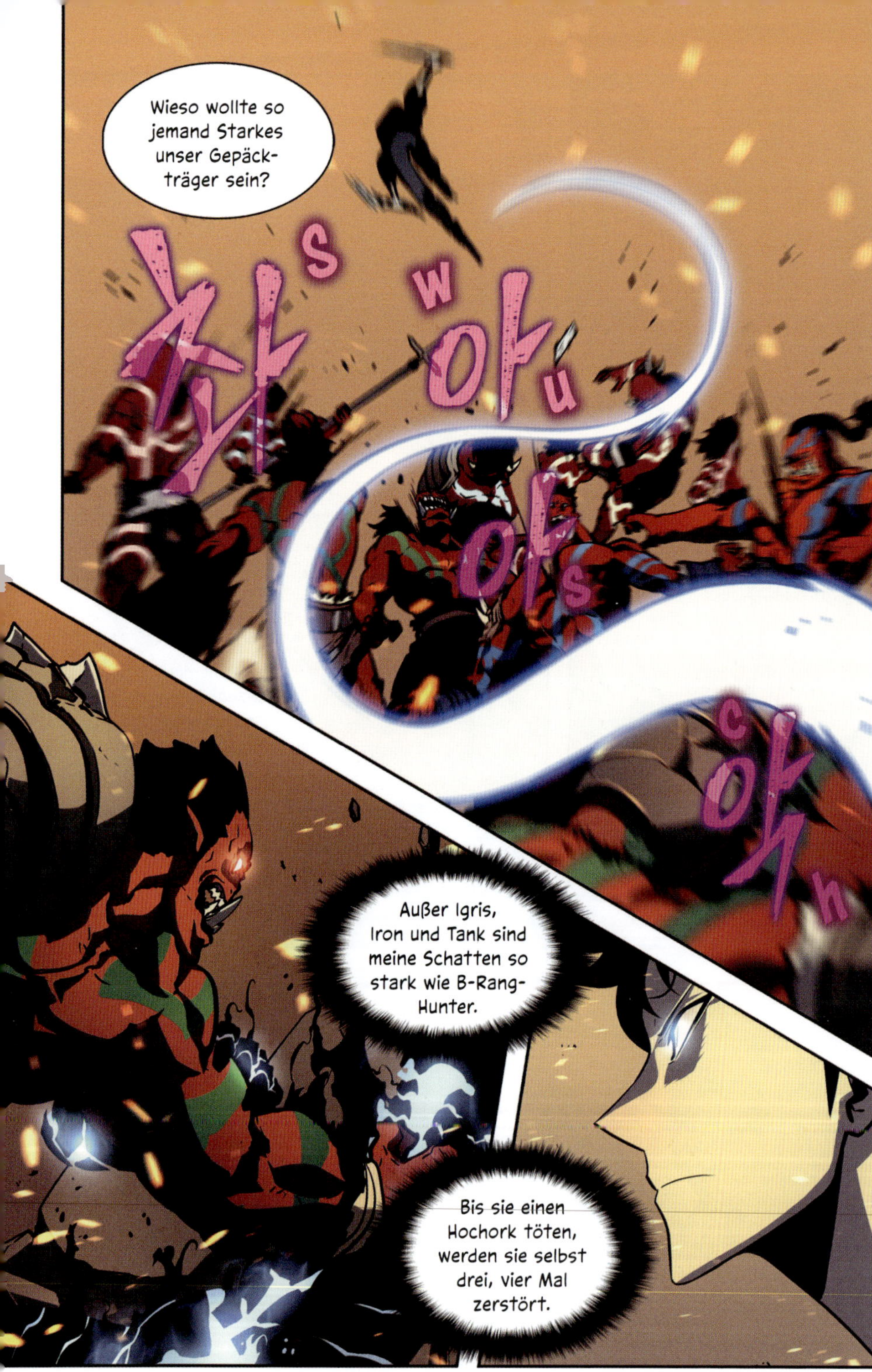
Wieso wollte so jemand Starkes unser Gepäckträger sein?
swusch
Außer Igris, Iron und Tank sind meine Schatten so stark wie B-Rang-Hunter.
Bis sie einen Hochork töten, werden sie selbst drei, vier Mal zerstört.

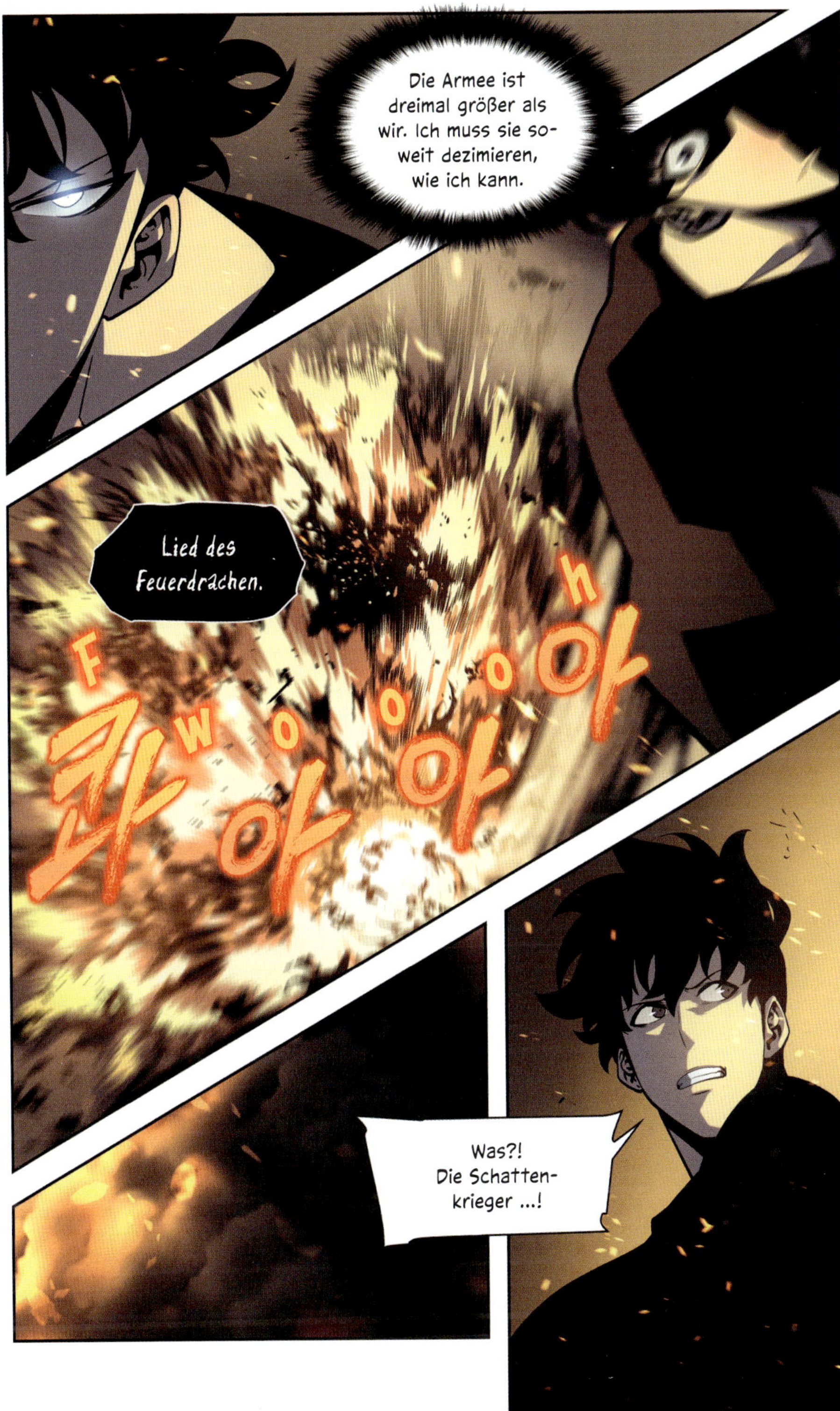
Die Armee ist dreimal größer als wir. Ich muss sie soweit dezimieren, wie ich kann.
Lied des Feuerdrachen.
Fwoooh
콰아아아
Was?! Die Schattenkrieger ...!

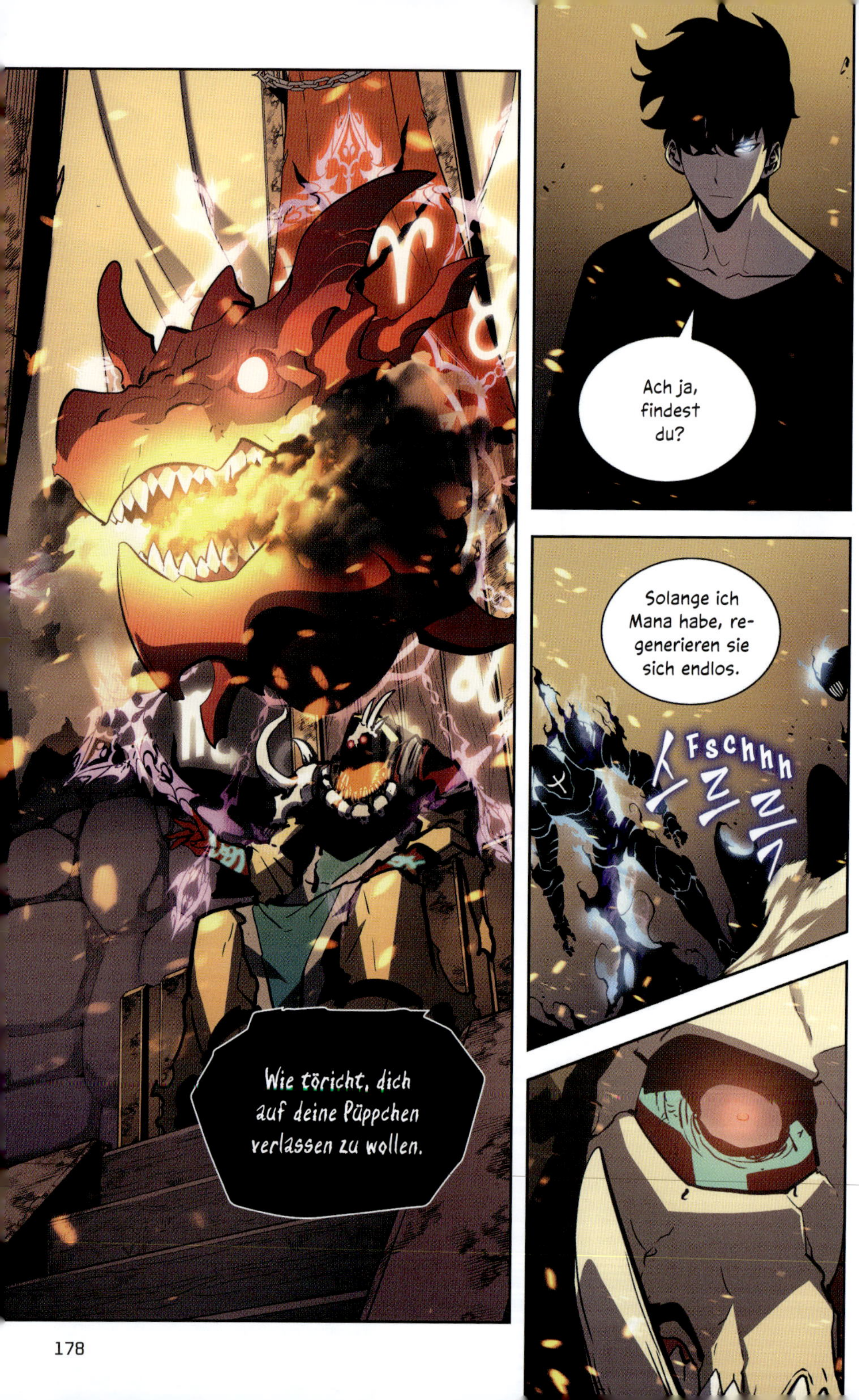
Wie töricht, dich auf deine Püppchen verlassen zu wollen.
Ach ja, findest du?
Solange ich Mana habe, regenerieren sie sich endlos.
Fschhh

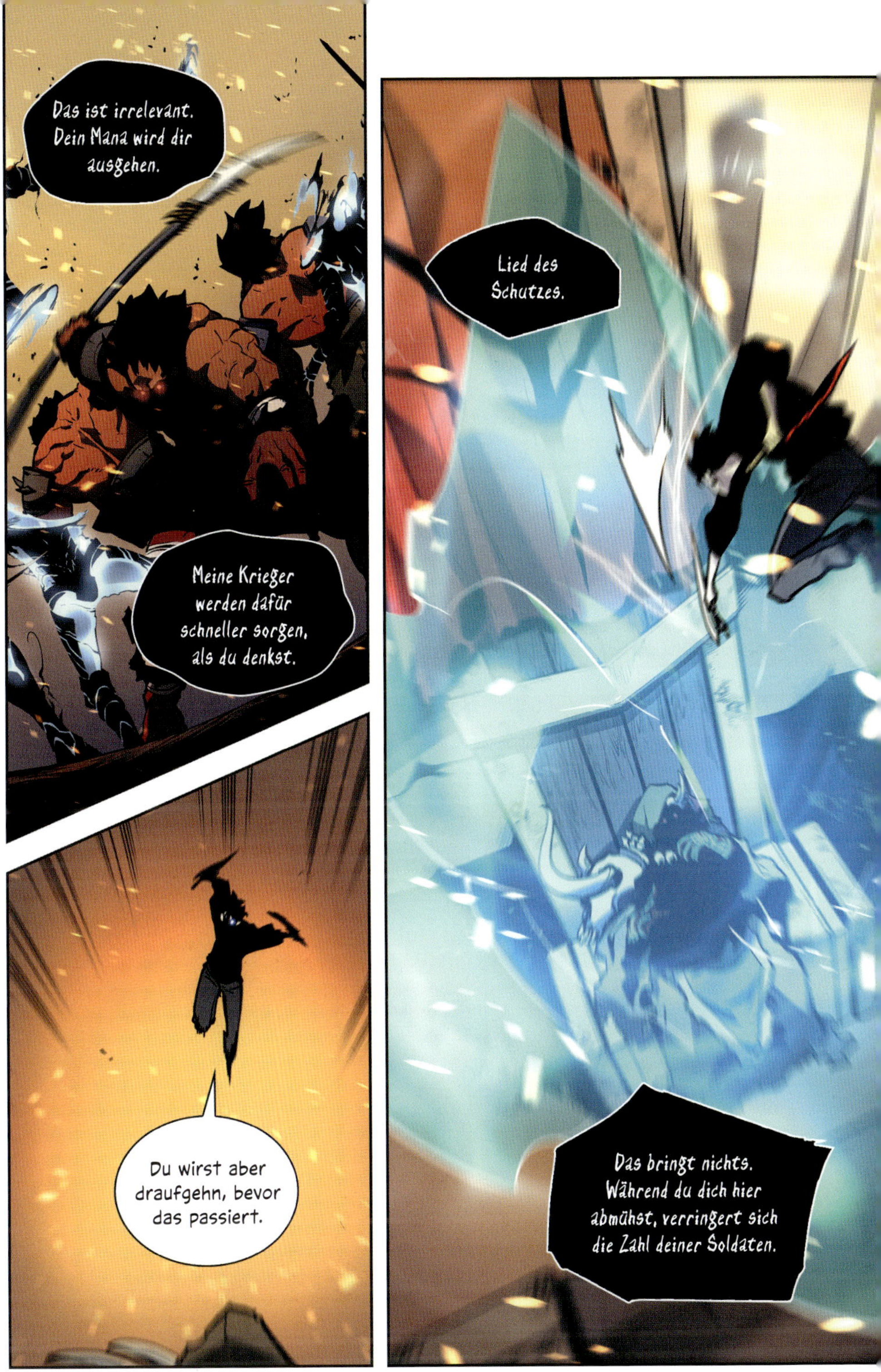

Das ist irrelevant. Dein Mana wird dir ausgehen.
Meine Krieger werden dafür schneller sorgen, als du denkst.
Du wirst aber draufgehn, bevor das passiert.
Lied des Schutzes.
Das bringt nichts. Während du dich hier abmühst, verringert sich die Zahl deiner Soldaten.

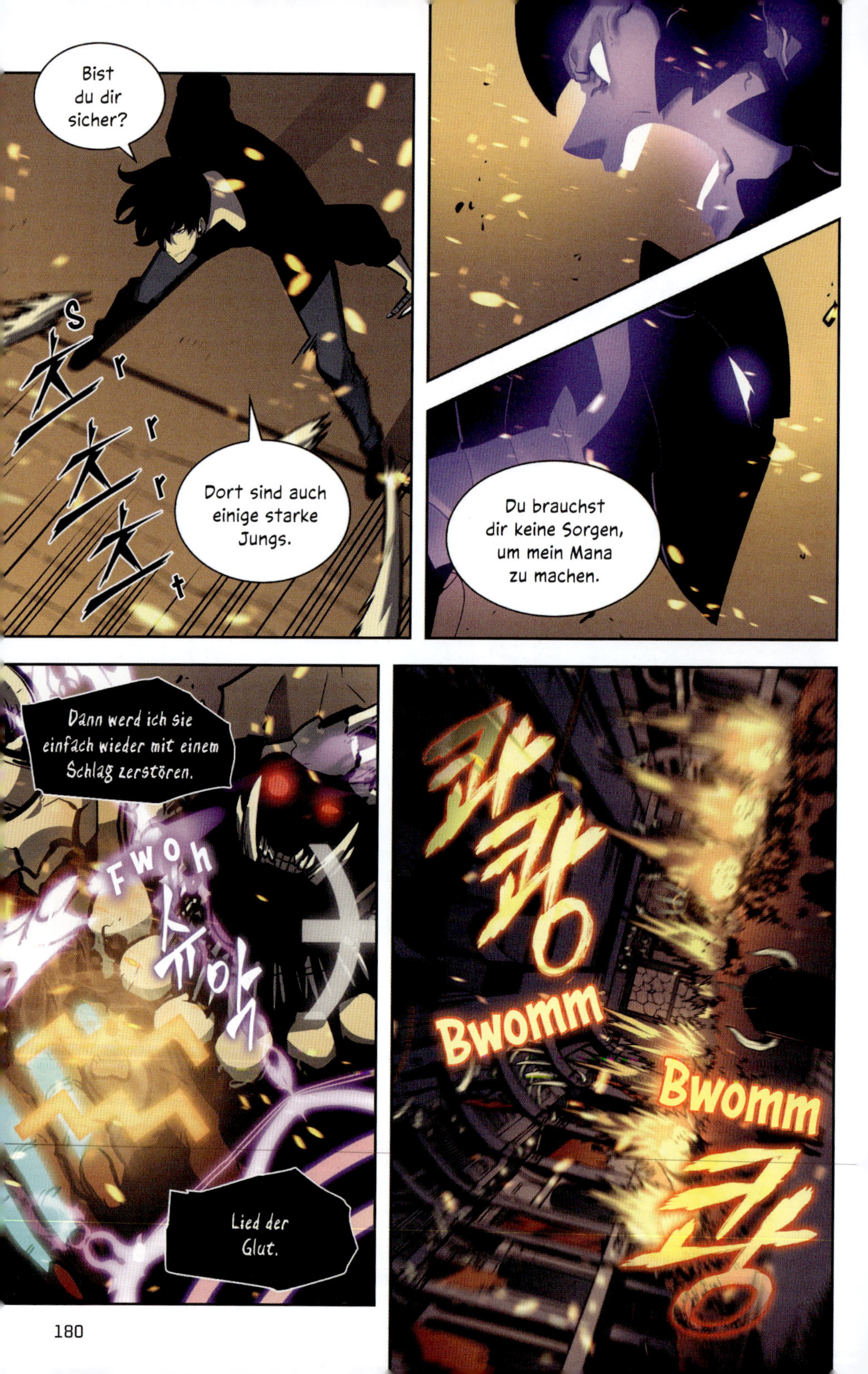
Bist du dir sicher?
Srrrt
Dort sind auch einige starke Jungs.
Du brauchst dir keine Sorgen, um mein Mana zu machen.
Dann werd ich sie einfach wieder mit einem Schlag zerstören.
FWOh
Lied der Glut.
콰광
Bwomm
Bwomm
쾅

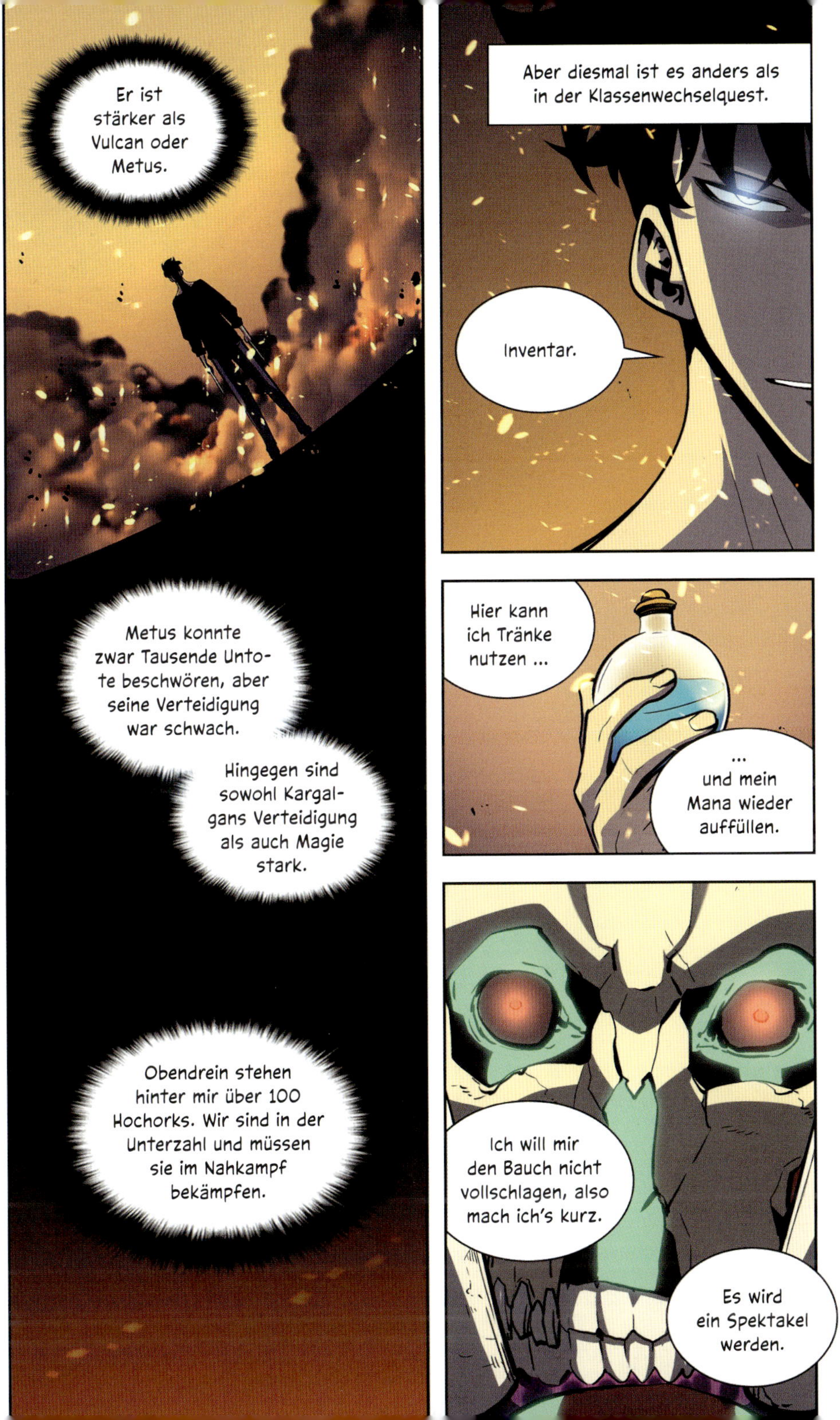
Er ist stärker als Vulcan oder Metus.
Metus konnte zwar Tausende Untote beschwören, aber seine Verteidigung war schwach.
Hingegen sind sowohl Kargalgans Verteidigung als auch Magie stark.
Obendrein stehen hinter mir über 100 Hochorks. Wir sind in der Unterzahl und müssen sie im Nahkampf bekämpfen.
Aber diesmal ist es anders als in der Klassenwechselquest.
Inventar.
Hier kann ich Tränke nutzen ...
... und mein Mana wieder auffüllen.
Ich will mir den Bauch nicht vollschlagen, also mach ich's kurz.
Es wird ein Spektakel werden.

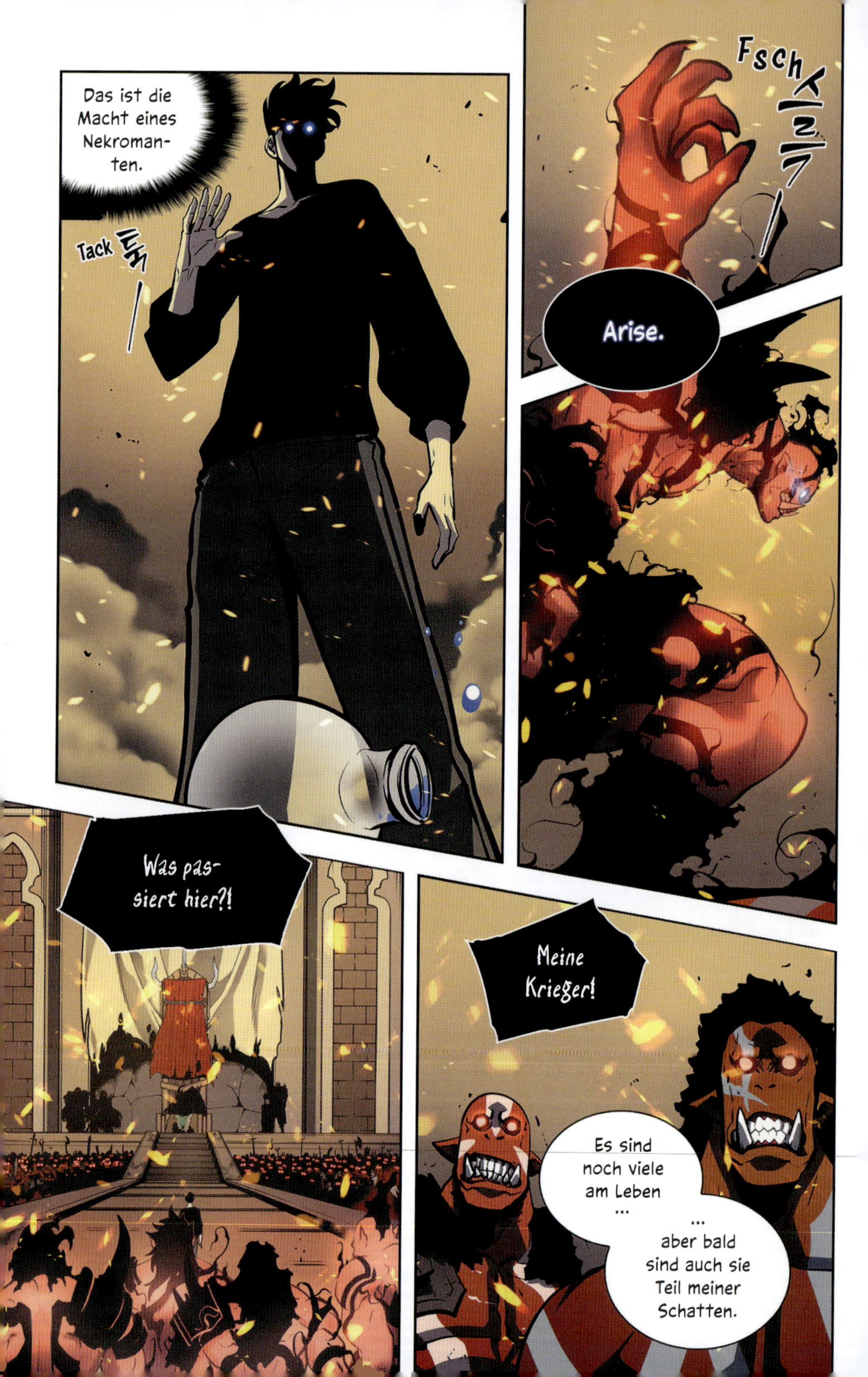
Das ist die Macht eines Nekromanten.
Tack
Fsch
Arise.
Was passiert hier?!
Meine Krieger!
Es sind noch viele am Leben …
… aber bald sind auch sie Teil meiner Schatten.

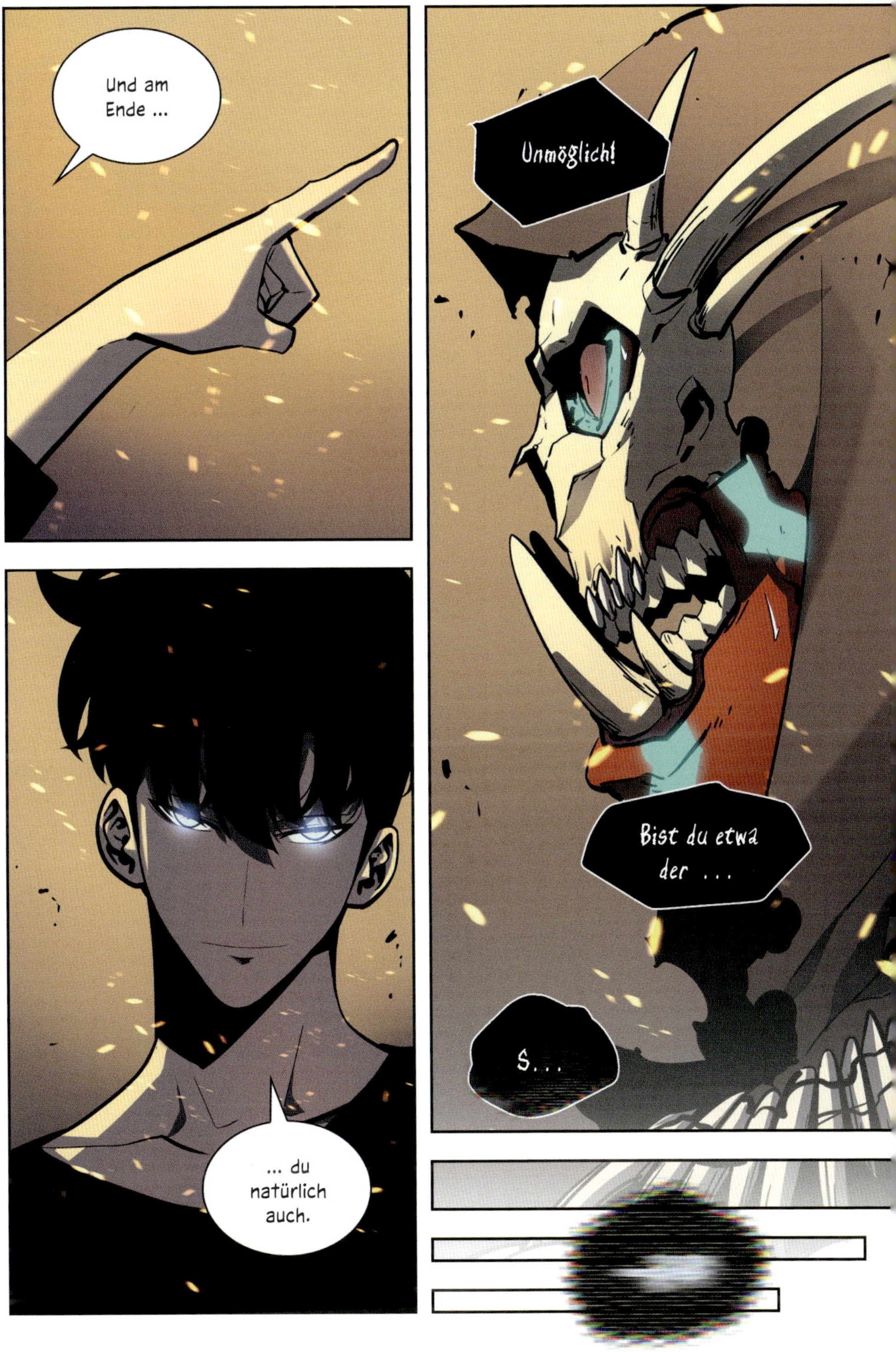
Und am Ende ...
... du natürlich auch.
Unmöglich!
Bist du etwa der ...
S...

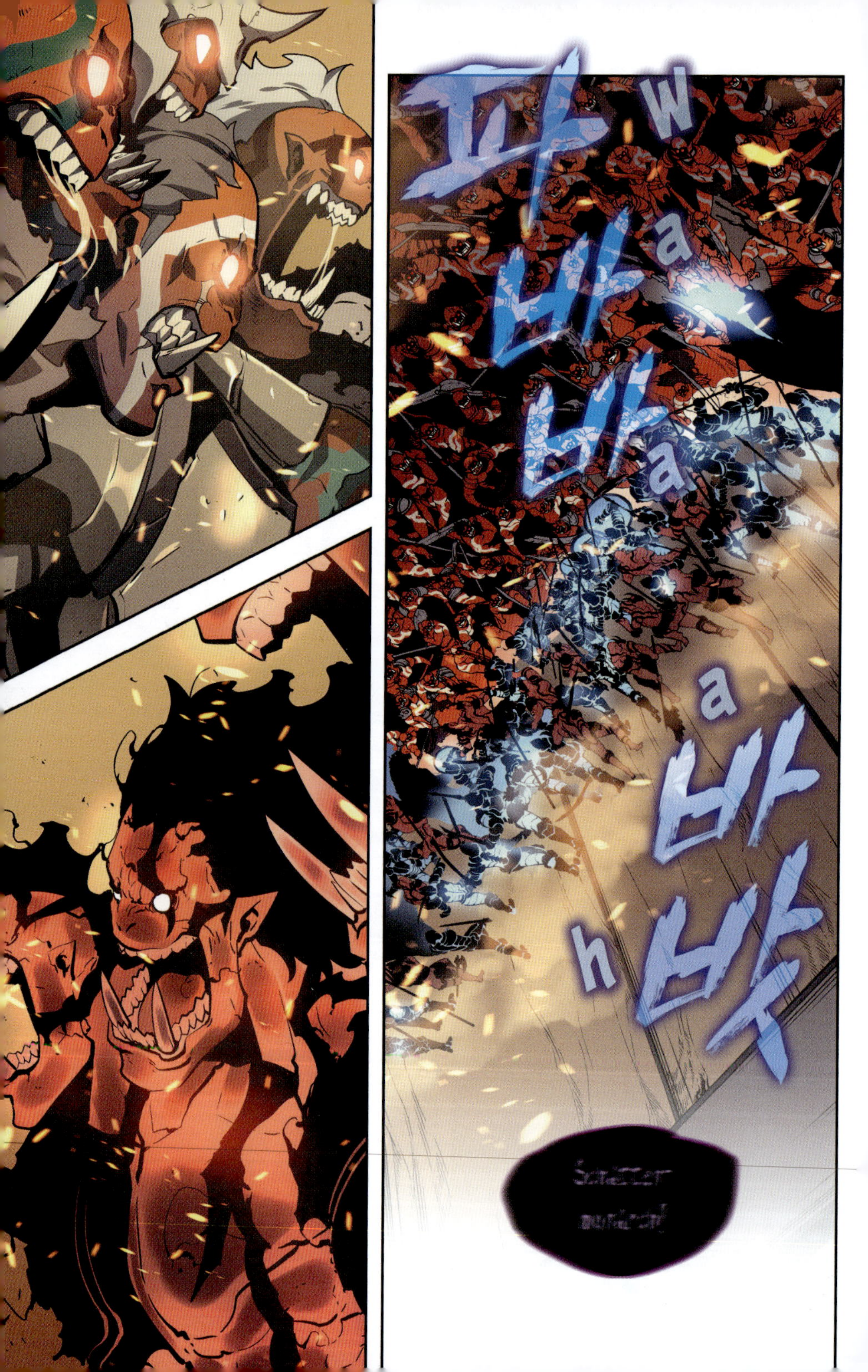
파
바
바
바박
w
a
a
a
h

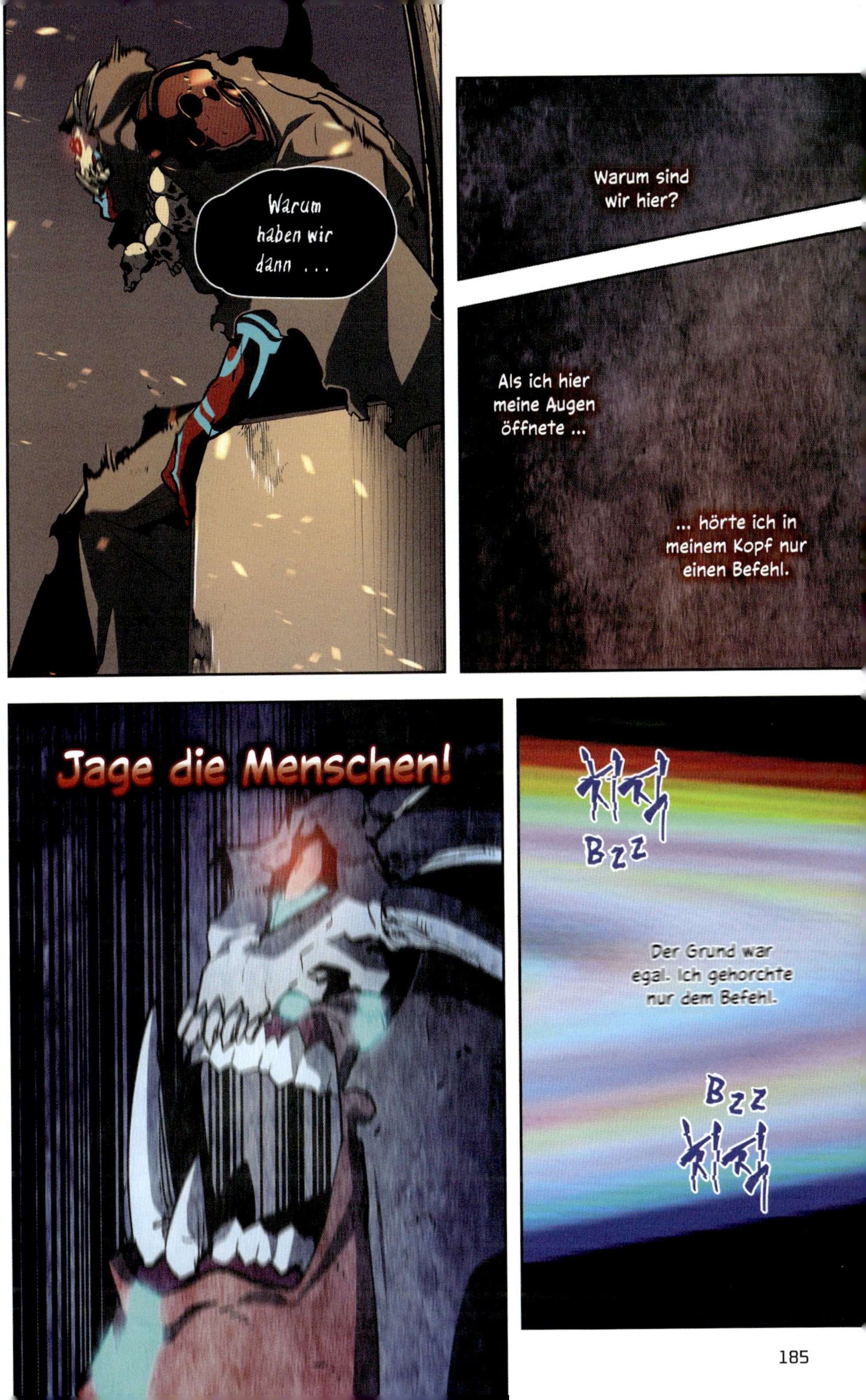
Warum haben wir dann …
Warum sind wir hier?
Als ich hier meine Augen öffnete …
… hörte ich in meinem Kopf nur einen Befehl.
Jage die Menschen!
치직
Bzz
Der Grund war egal. Ich gehorchte nur dem Befehl.
Bzz
치직

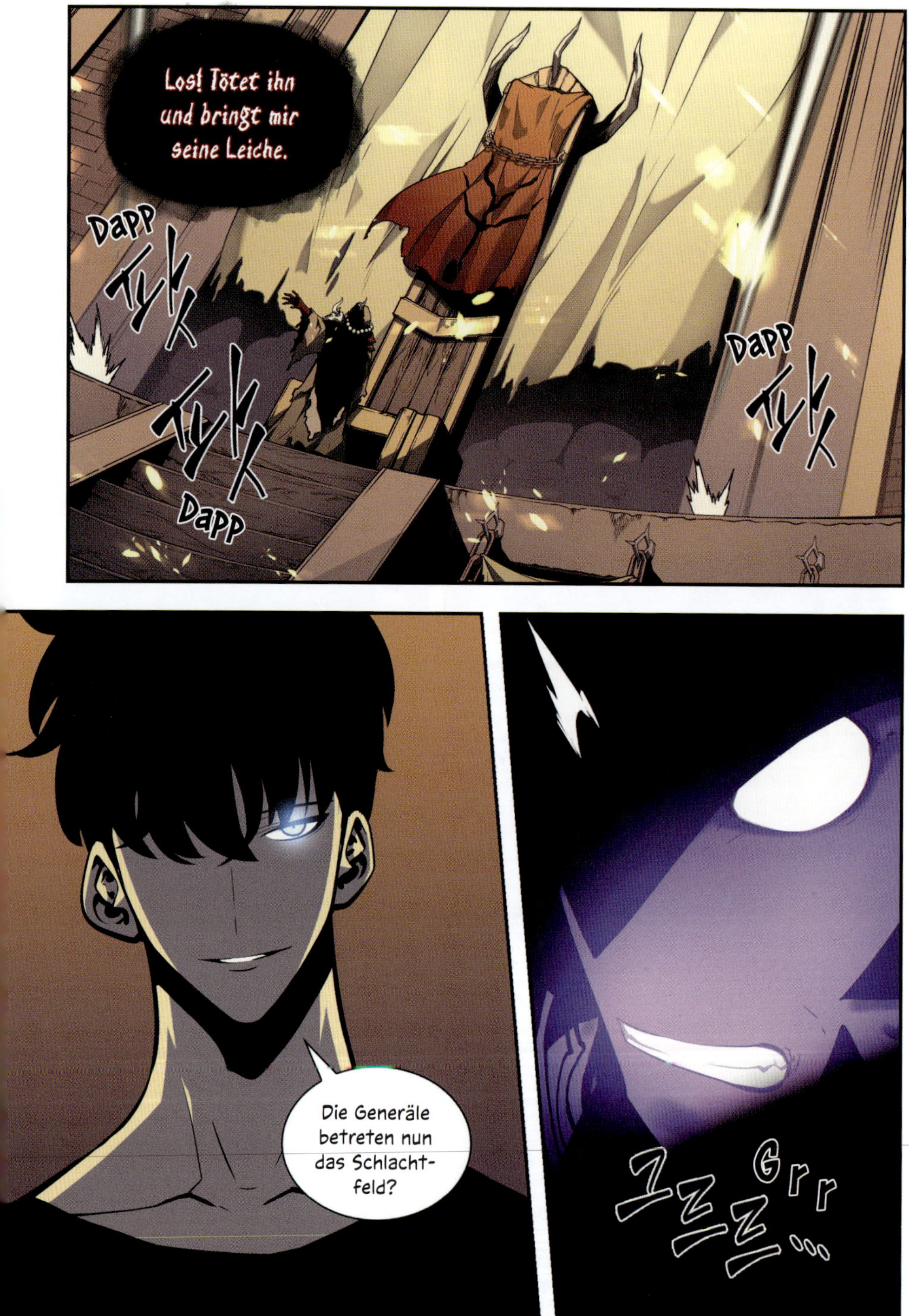
Los! Tötet ihn und bringt mir seine Leiche.
Dapp
Dapp
Dapp
Die Generäle betreten nun das Schlacht-feld?
Grr...

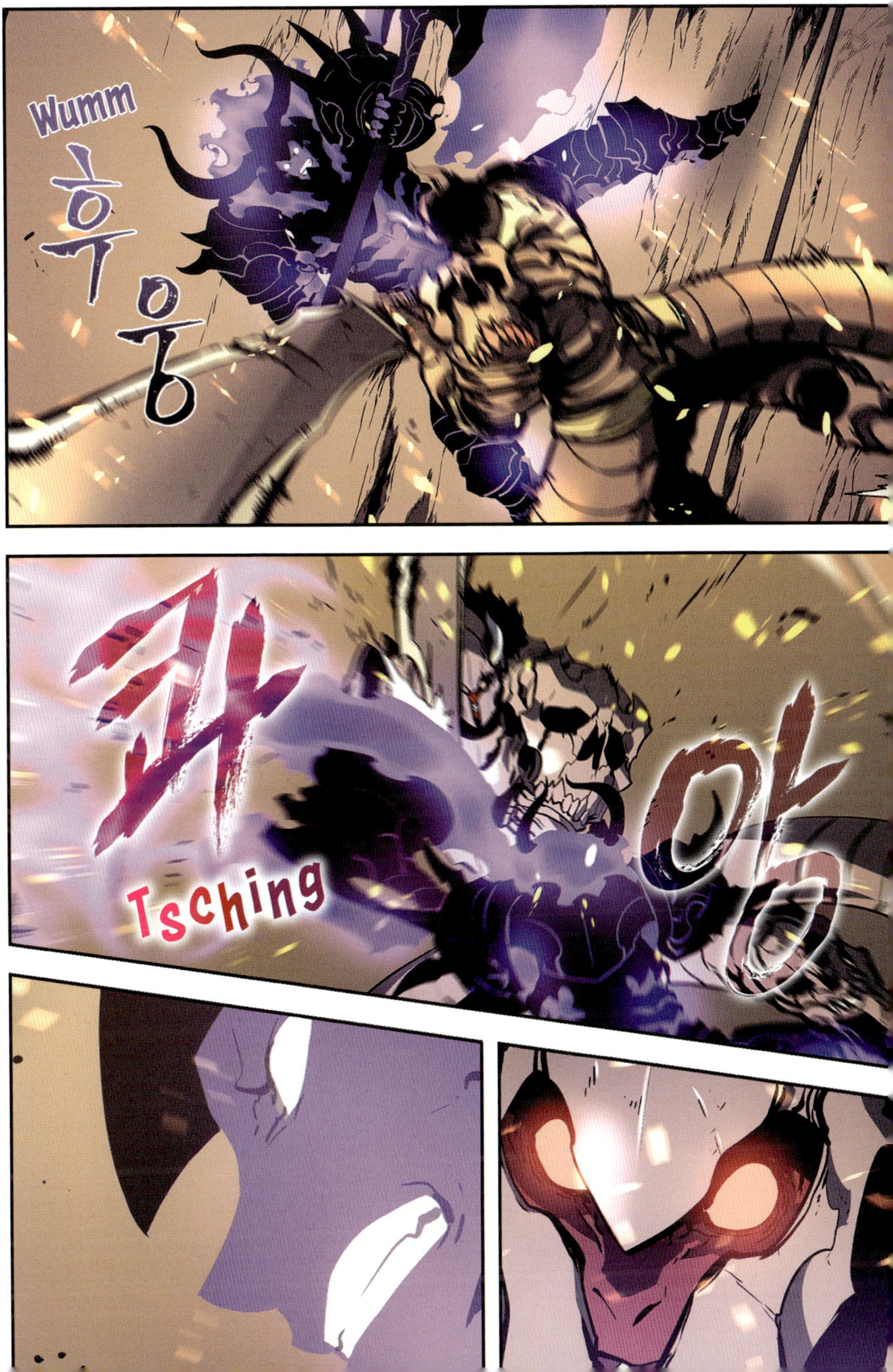
Wumm
후웅
콰앙
Tsching

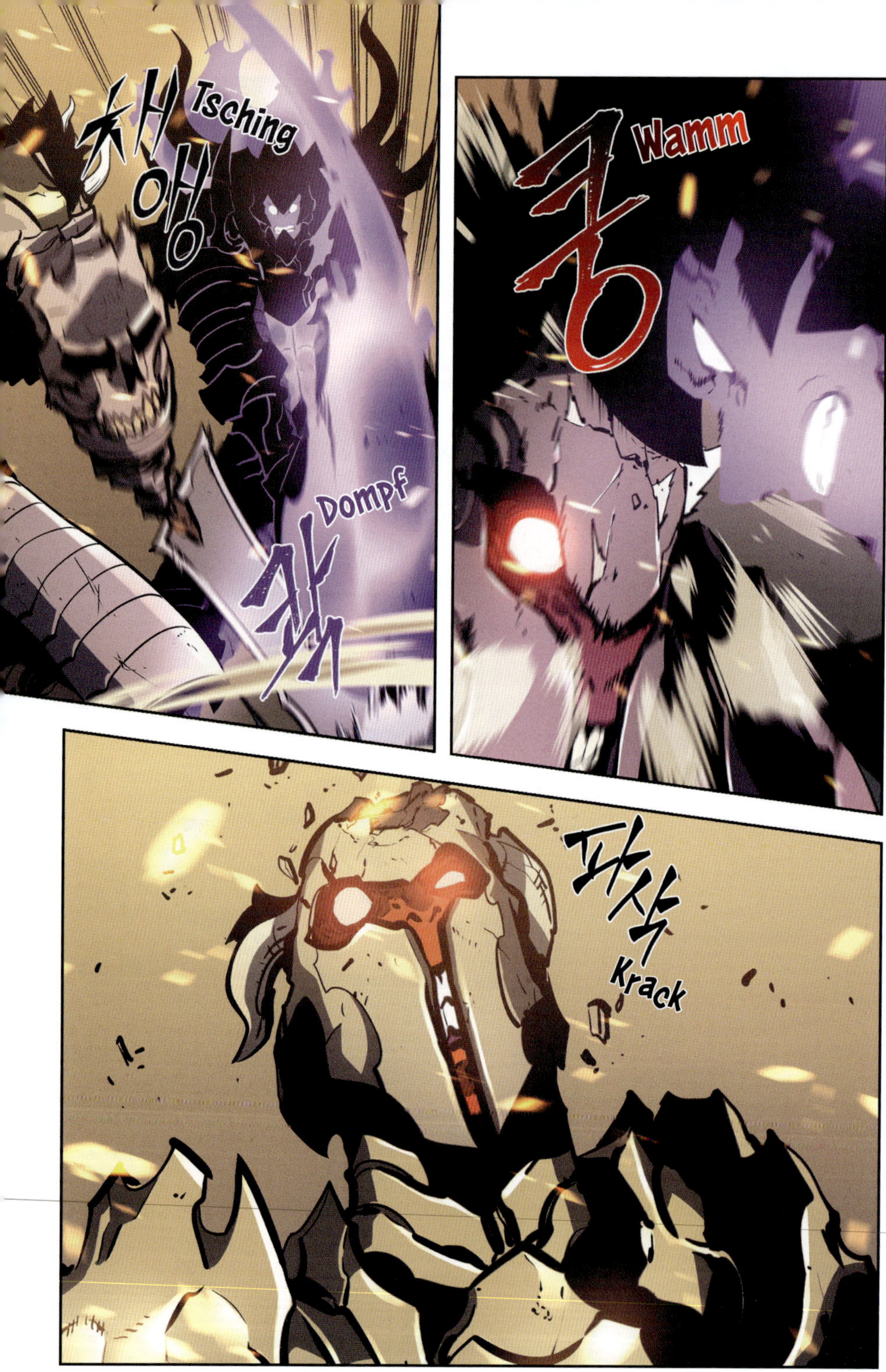
Tsching
Dompf
쿵
Wamm
파삭
Krack

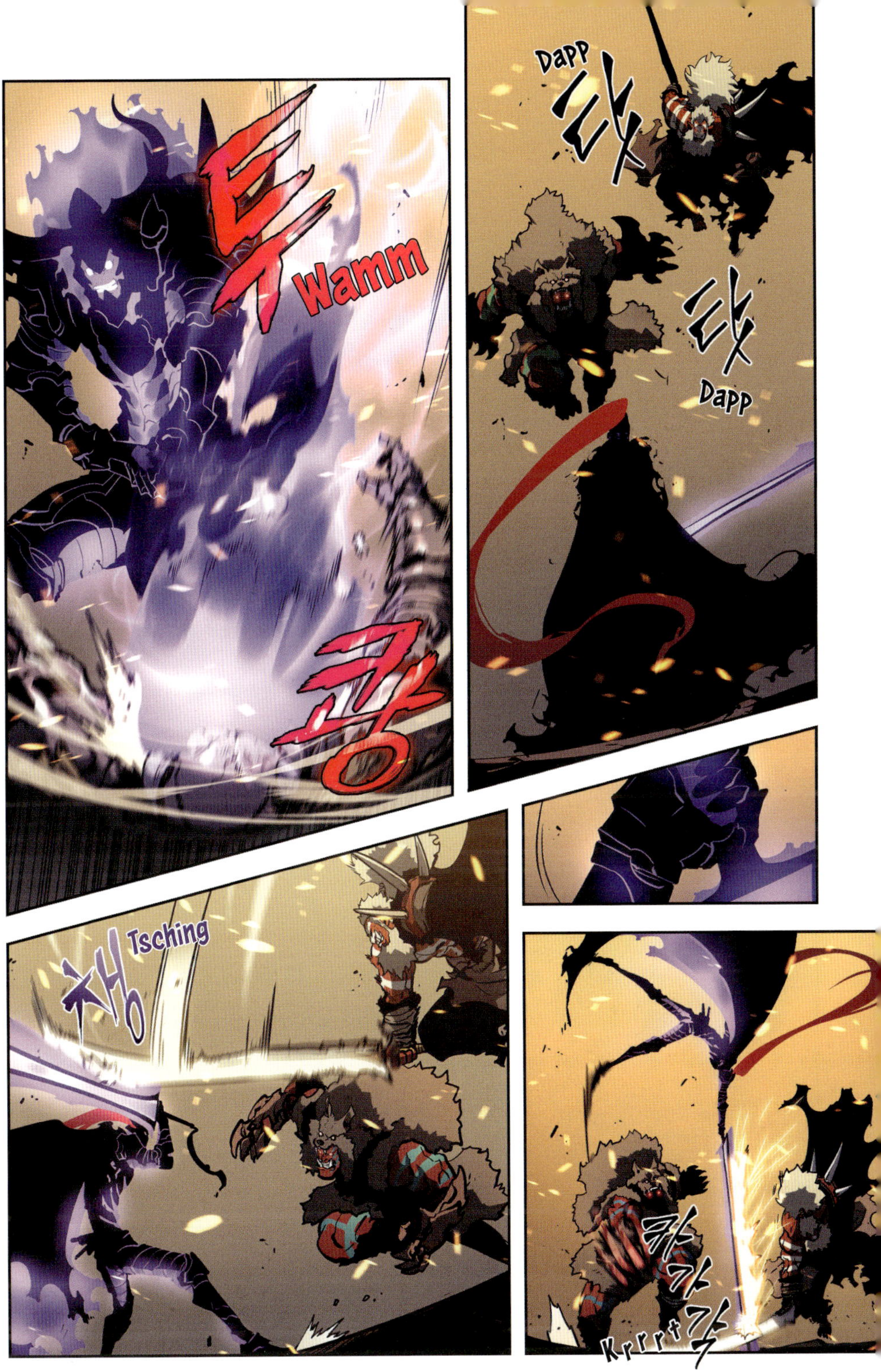
Wamm
쾅
Dapp
Dapp
챙
Tsching
Krrrt

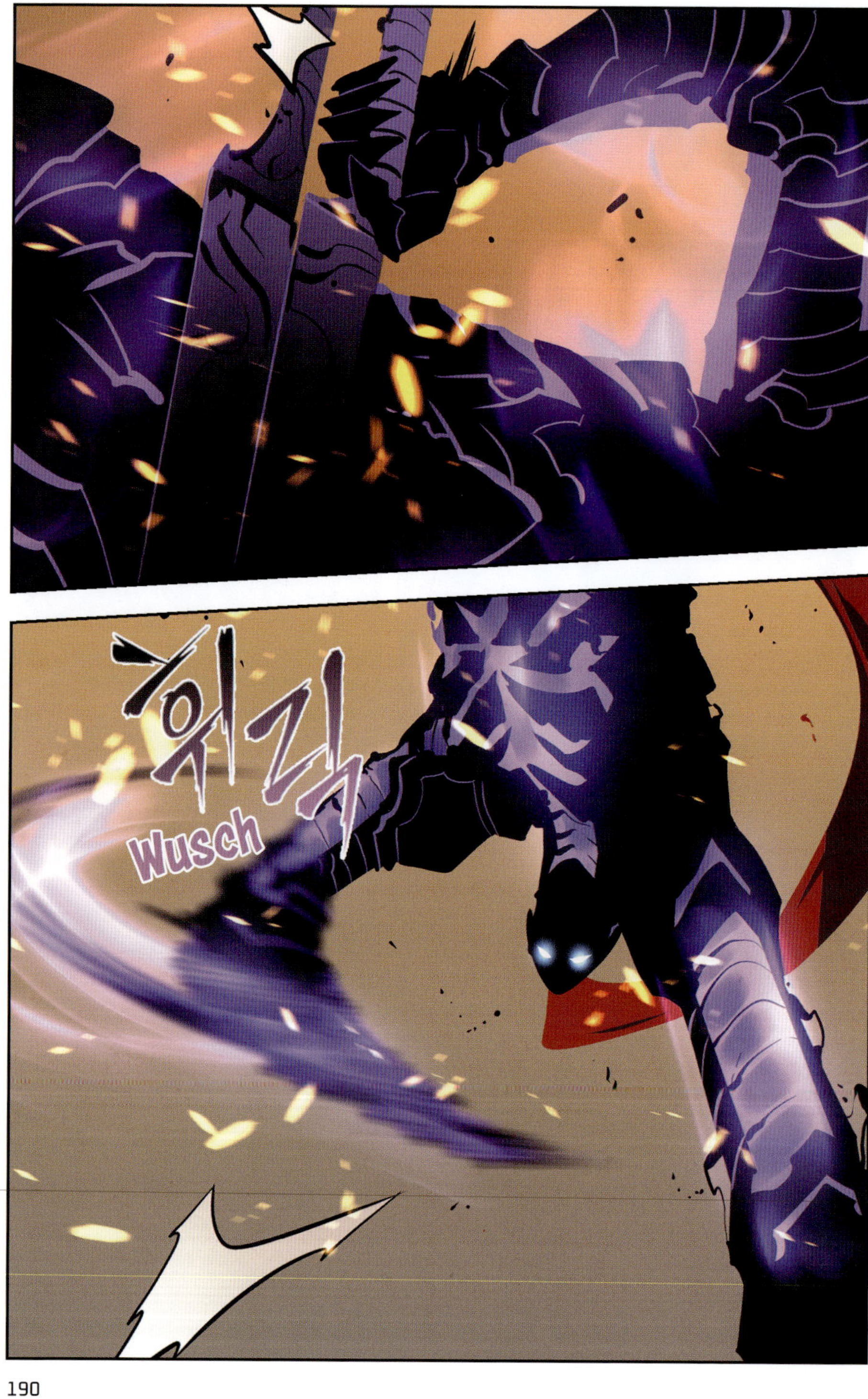
휘리릭
Wusch

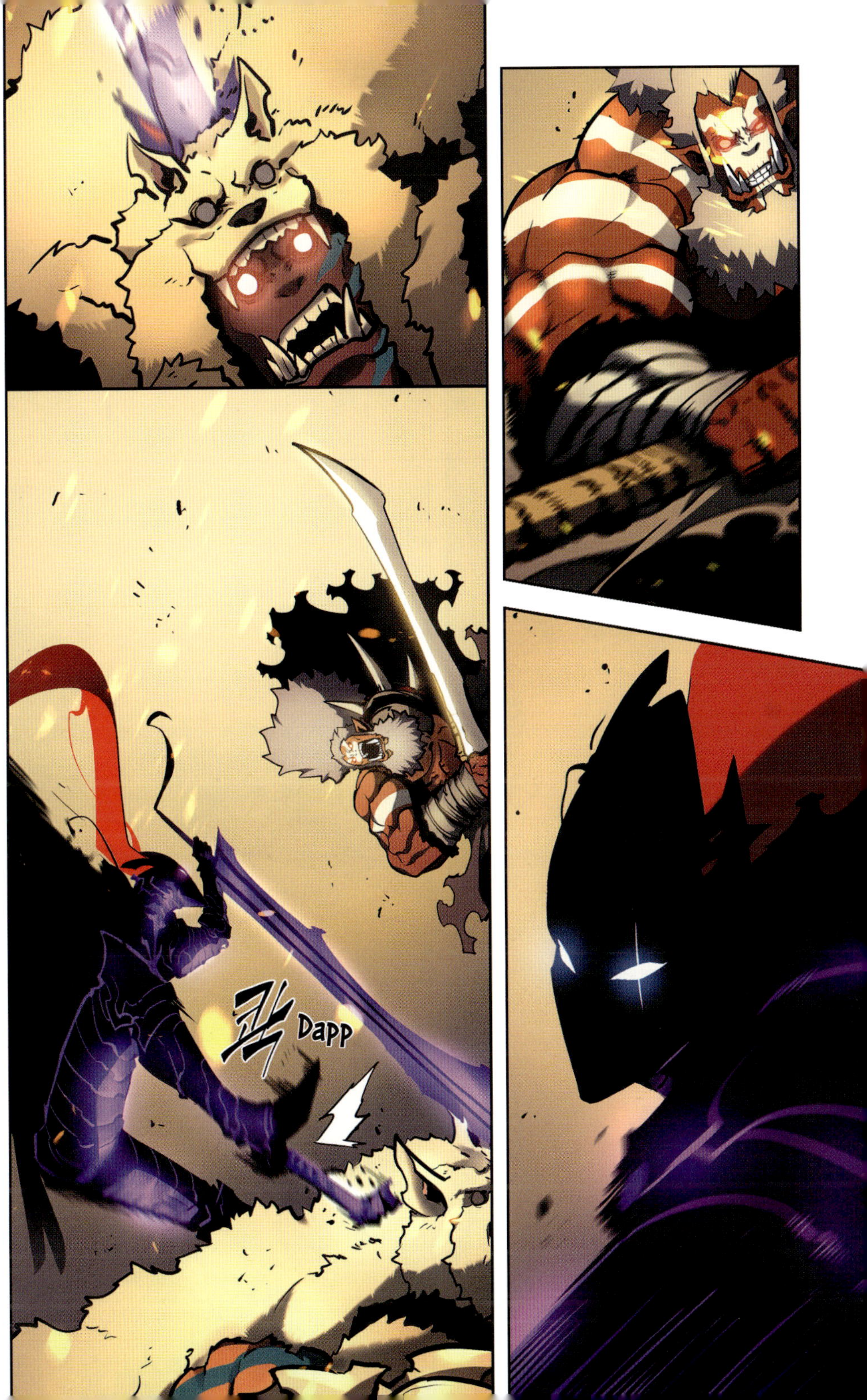
Dapp

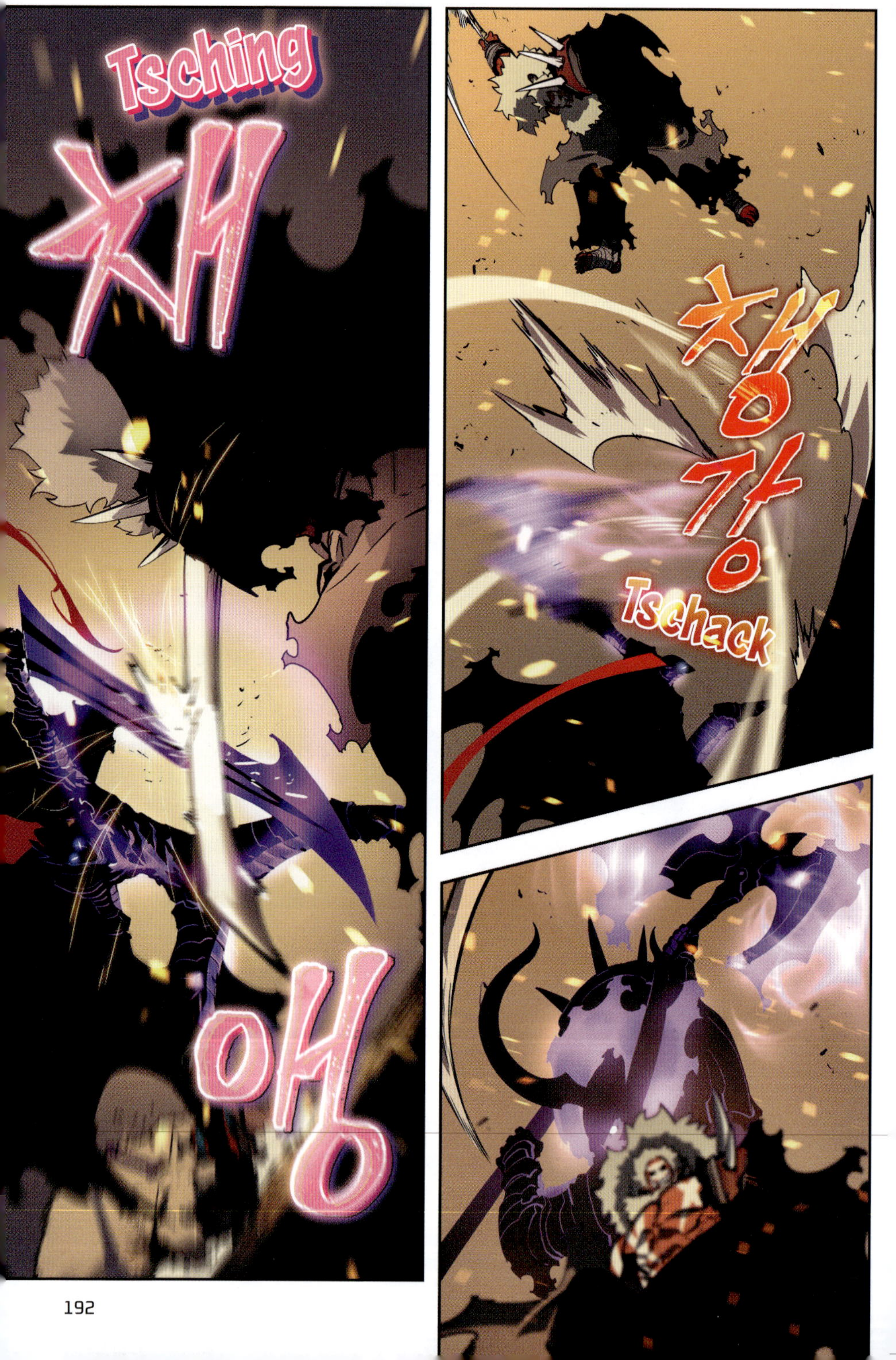
Tsching
챙
Tschack
챙강

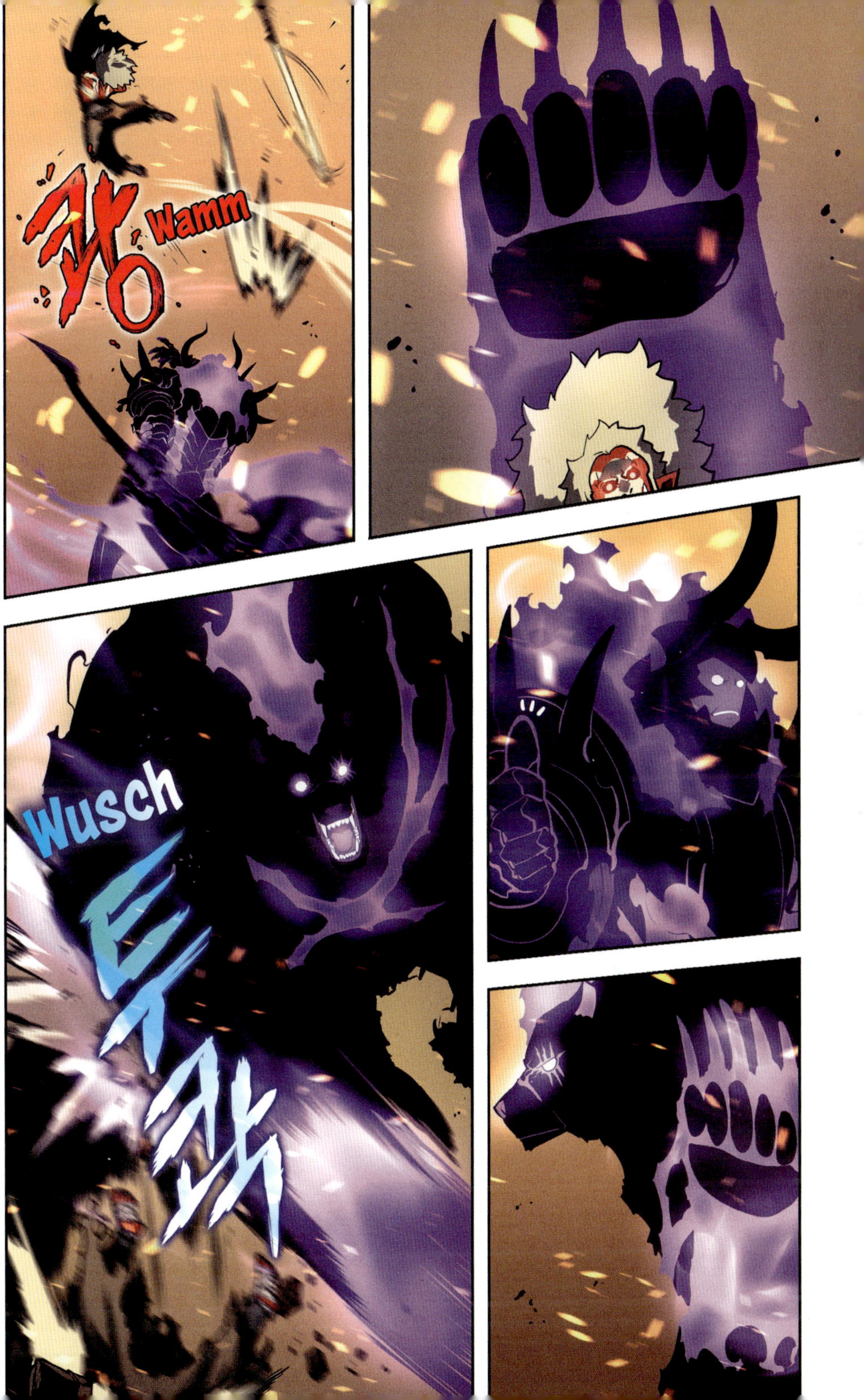
쾅
Wamm
Wusch
투콰

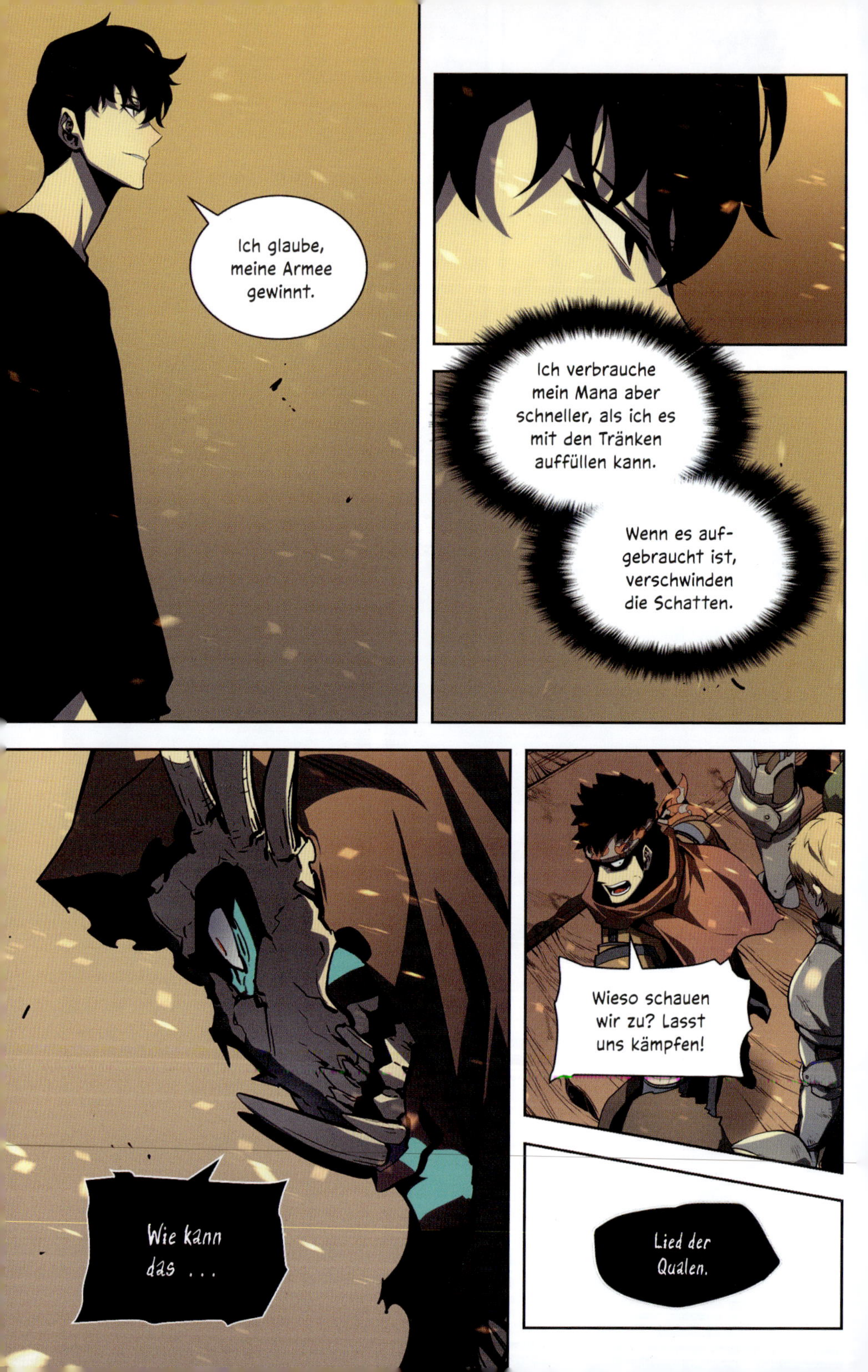
Ich glaube, meine Armee gewinnt.
Ich verbrauche mein Mana aber schneller, als ich es mit den Tränken auffüllen kann.
Wenn es aufgebraucht ist, verschwinden die Schatten.
Wie kann das ...
Wieso schauen wir zu? Lasst uns kämpfen!
Lied der Qualen.

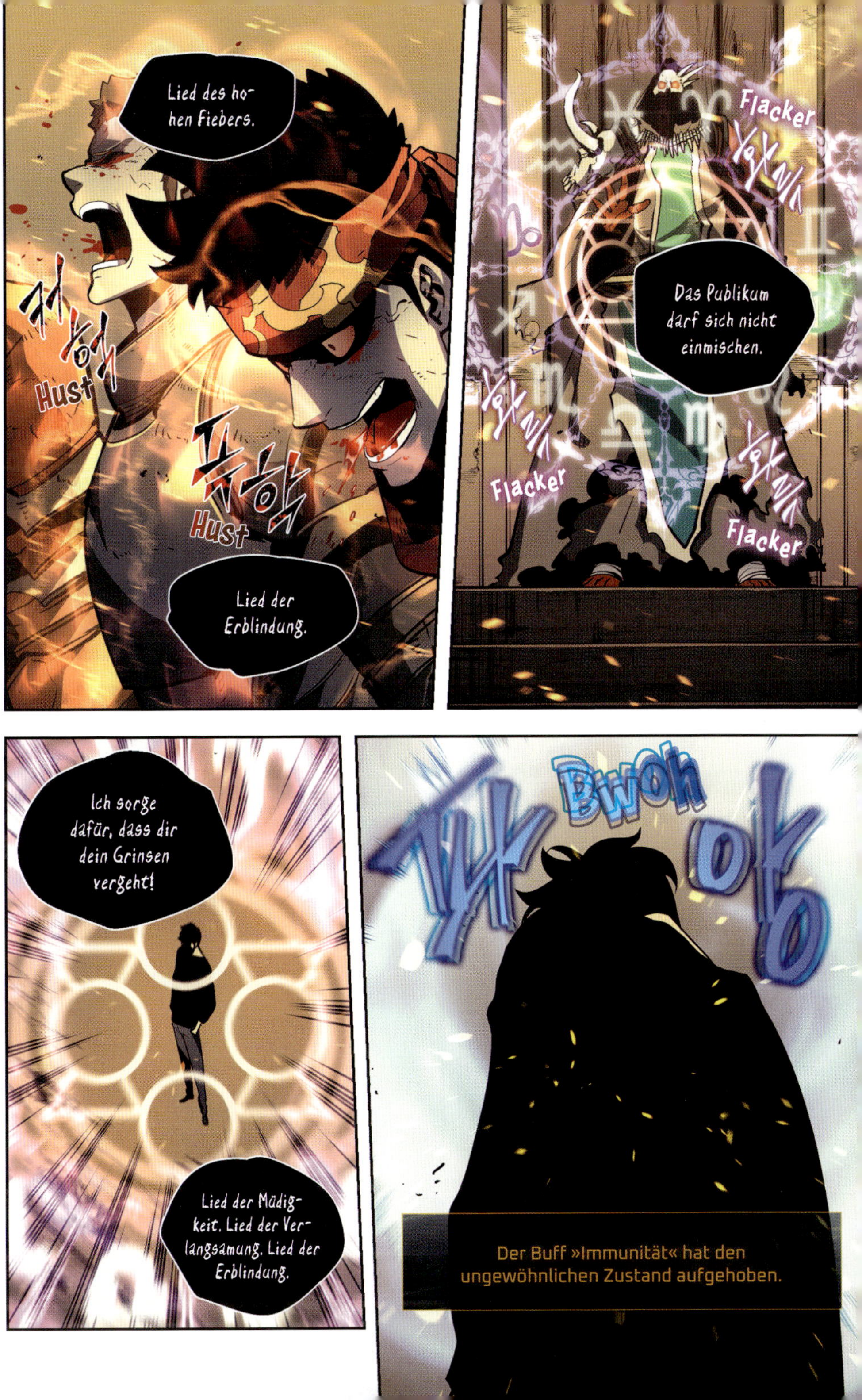

Lied des hohen Fiebers.
Hust
Hust
Lied der Erblindung.
Flacker
Das Publikum darf sich nicht einmischen.
Flacker
Flacker
Ich sorge dafür, dass dir dein Grinsen vergeht!
Lied der Müdigkeit. Lied der Verlangsamung. Lied der Erblindung.
Bwoh
Der Buff »Immunität« hat den ungewöhnlichen Zustand aufgehoben.

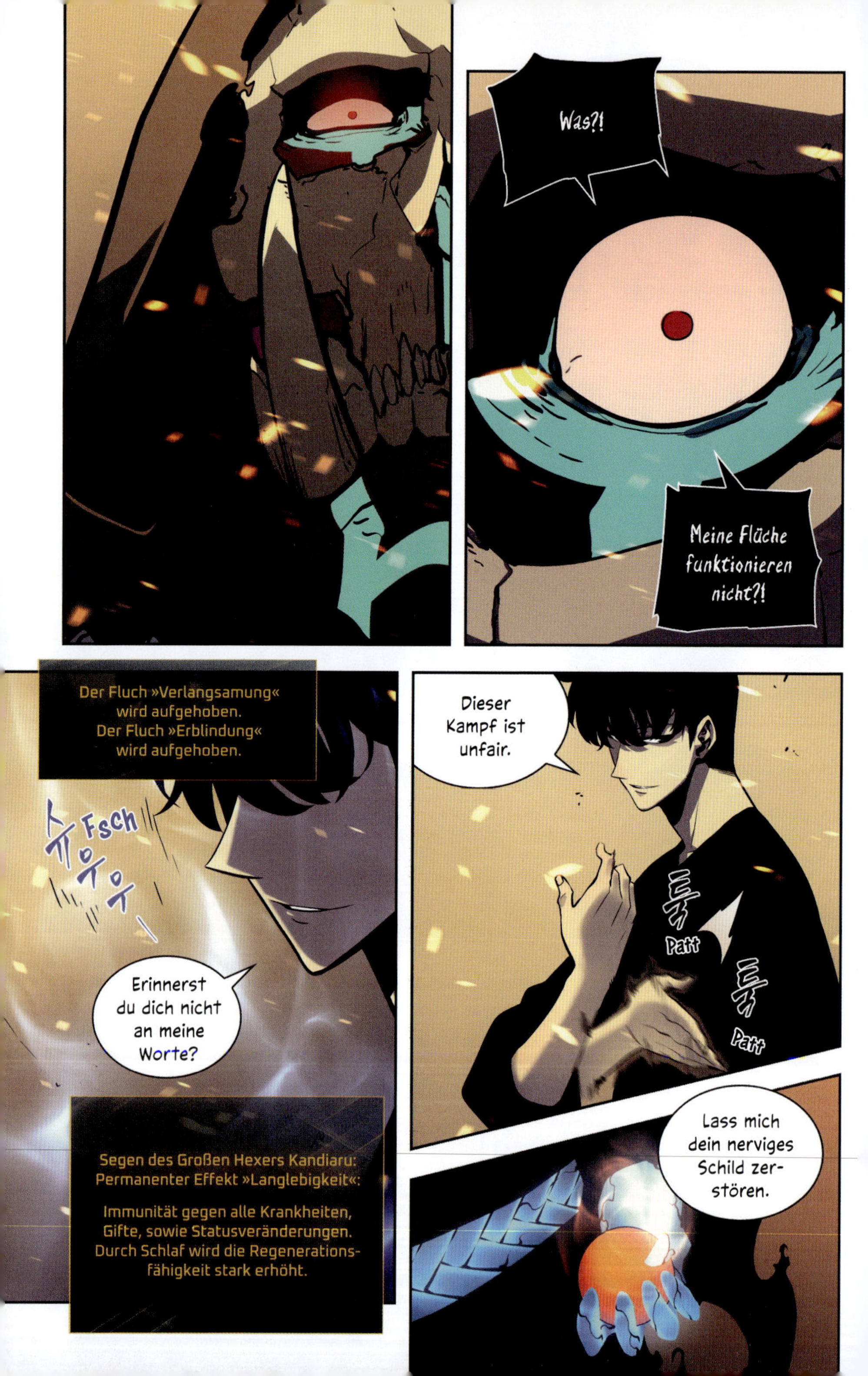
Was?!
Meine Flüche funktionieren nicht?!
Der Fluch »Verlangsamung« wird aufgehoben.
Der Fluch »Erblindung« wird aufgehoben.
Fsch
Erinnerst du dich nicht an meine Worte?
Segen des Großen Hexers Kandiaru:
Permanenter Effekt »Langlebigkeit«:
Immunität gegen alle Krankheiten, Gifte, sowie Statusveränderungen. Durch Schlaf wird die Regenerationsfähigkeit stark erhöht.
Dieser Kampf ist unfair.
Patt
Patt
Lass mich dein nerviges Schild zerstören.

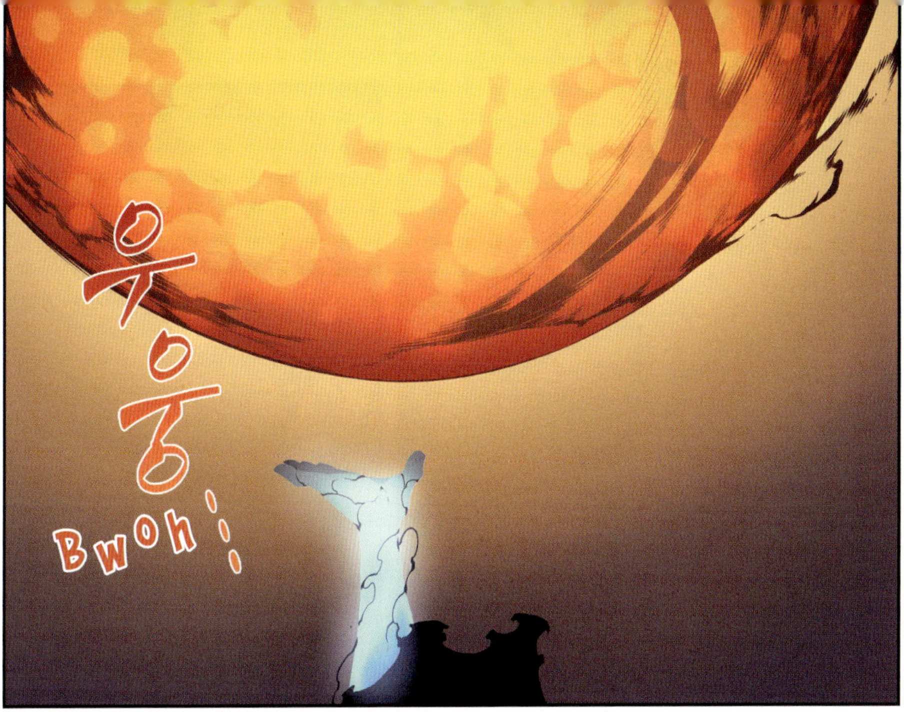
우웅
Bwoh...

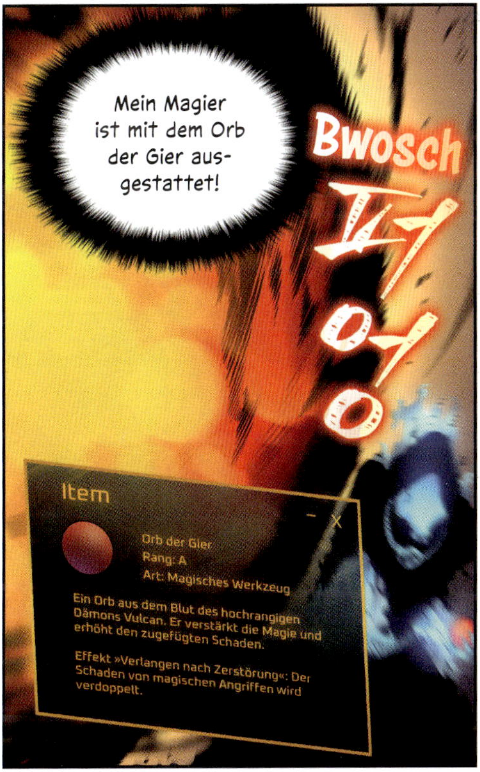
Mein Magier ist mit dem Orb der Gier aus-gestattet!
Bwosch
퍼엉
Item
Orb der Gier
Rang: A
Art: Magisches Werkzeug
Ein Orb aus dem Blut des hochrangigen Dämons Vulcan. Er verstärkt die Magie und erhöht den zugefügten Schaden.
Effekt »Verlangen nach Zerstörung«: Der Schaden von magischen Angriffen wird verdoppelt.

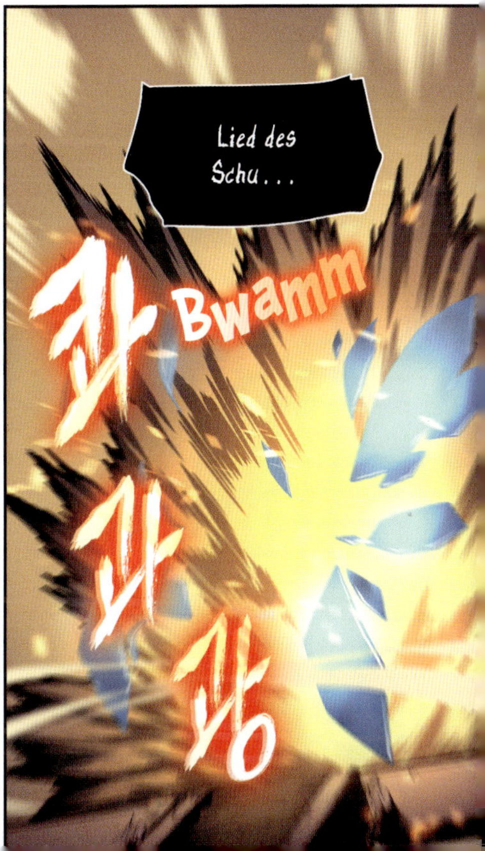
Lied des Schu...
콰과광
Bwamm

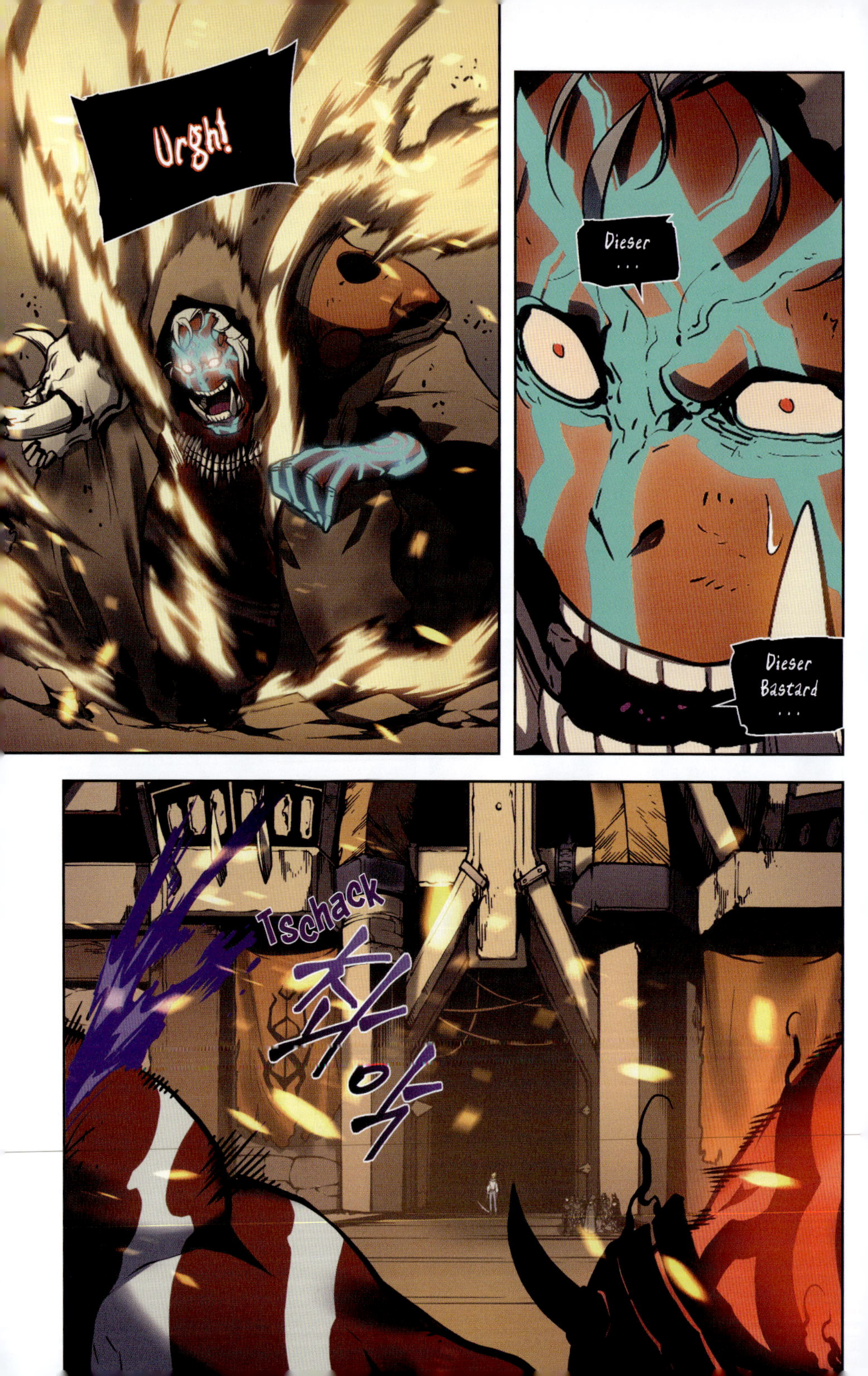
Urgh!
Dieser ...
Dieser Bastard ...
Tschack

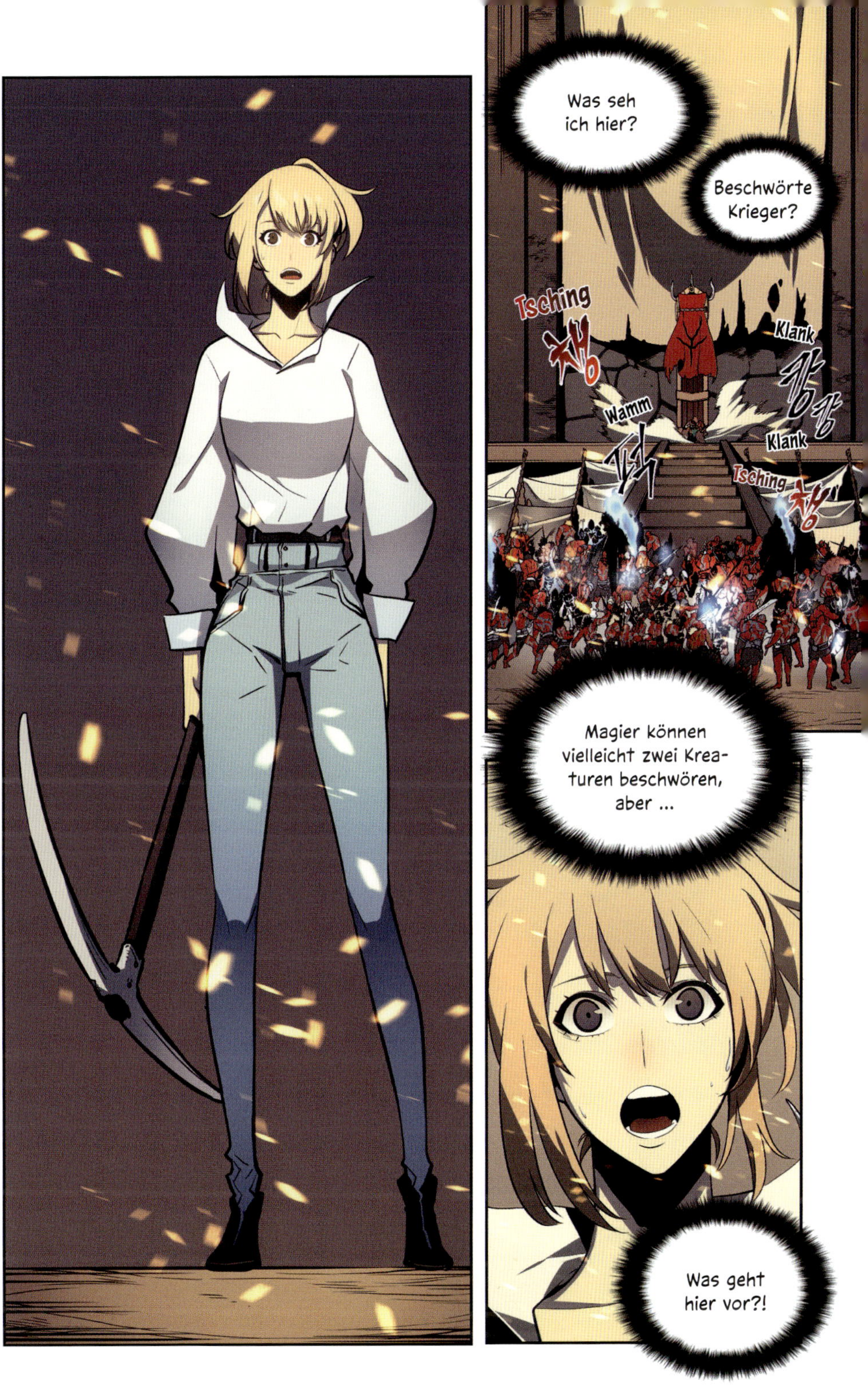

Was seh ich hier?
Beschwörte Krieger?
Tsching
Klank
Wamm
Klank
Tsching
Magier können vielleicht zwei Kreaturen beschwören, aber ...
Was geht hier vor?!

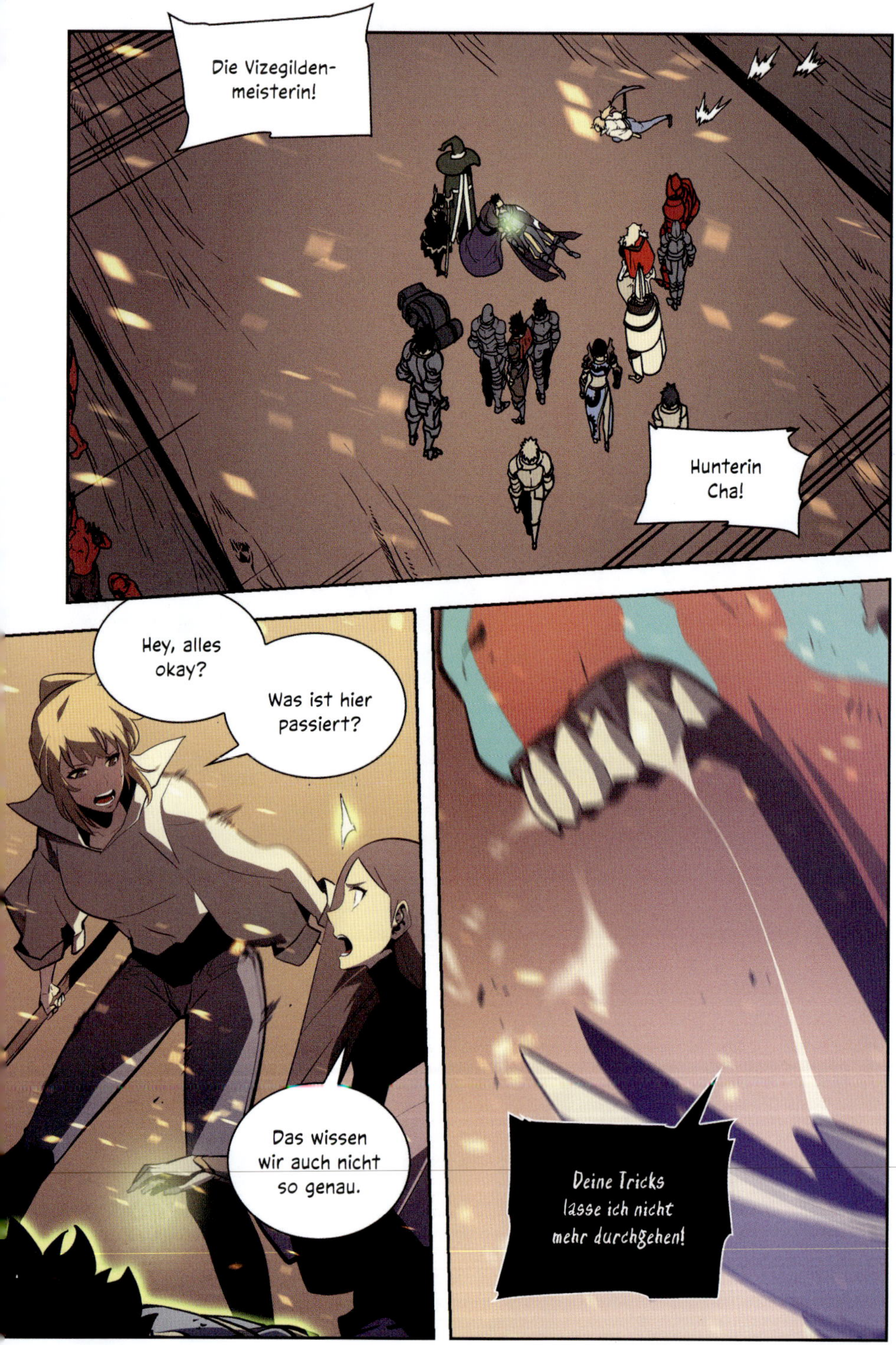

Die Vizegilden-meisterin!
Hunterin Cha!
Hey, alles okay?
Was ist hier passiert?
Das wissen wir auch nicht so genau.
Deine Tricks lasse ich nicht mehr durchgehen!

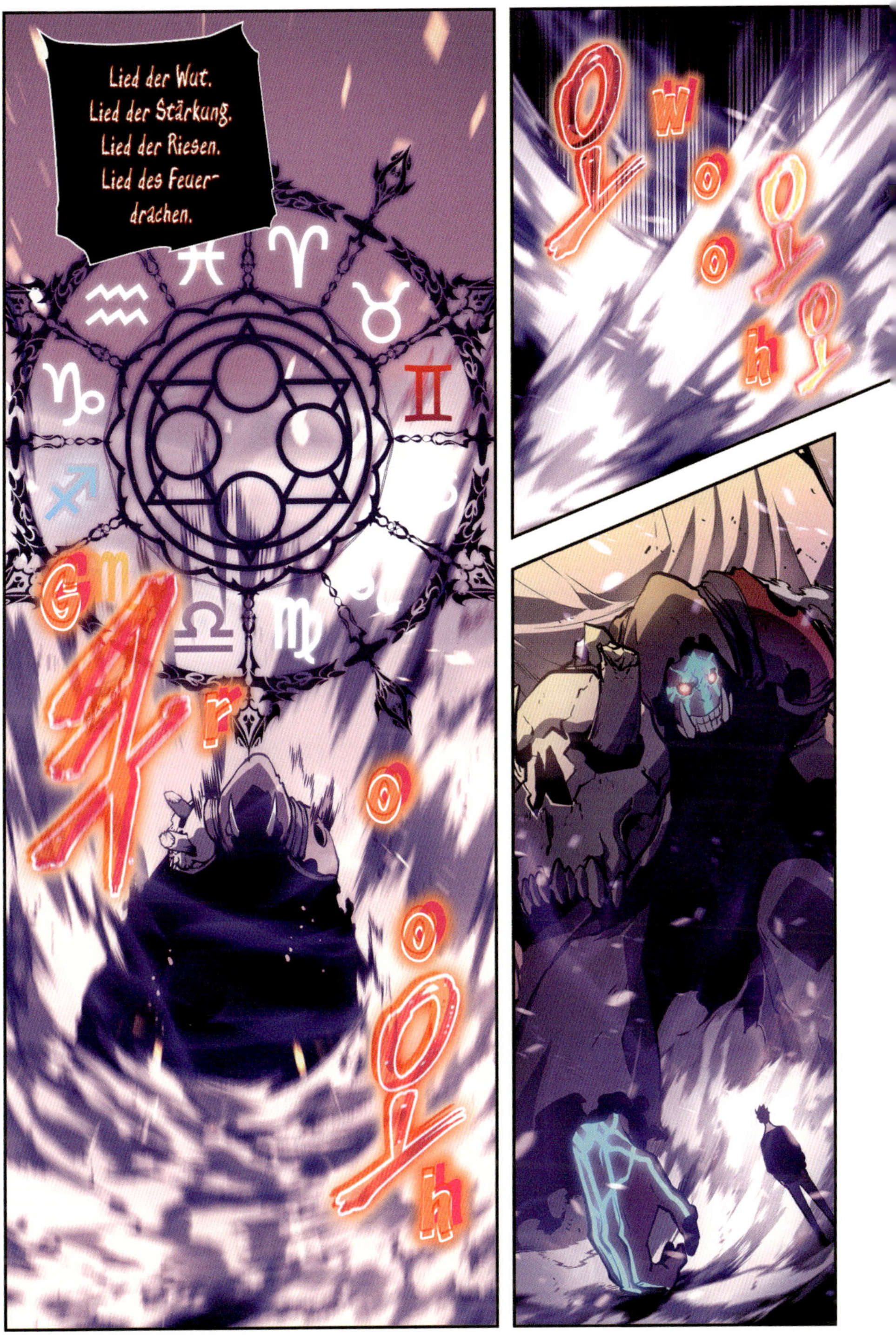
Lied der Wut.
Lied der Stärkung.
Lied der Riesen.
Lied des Feuer-
drachen.
Grroooh
Owooooh

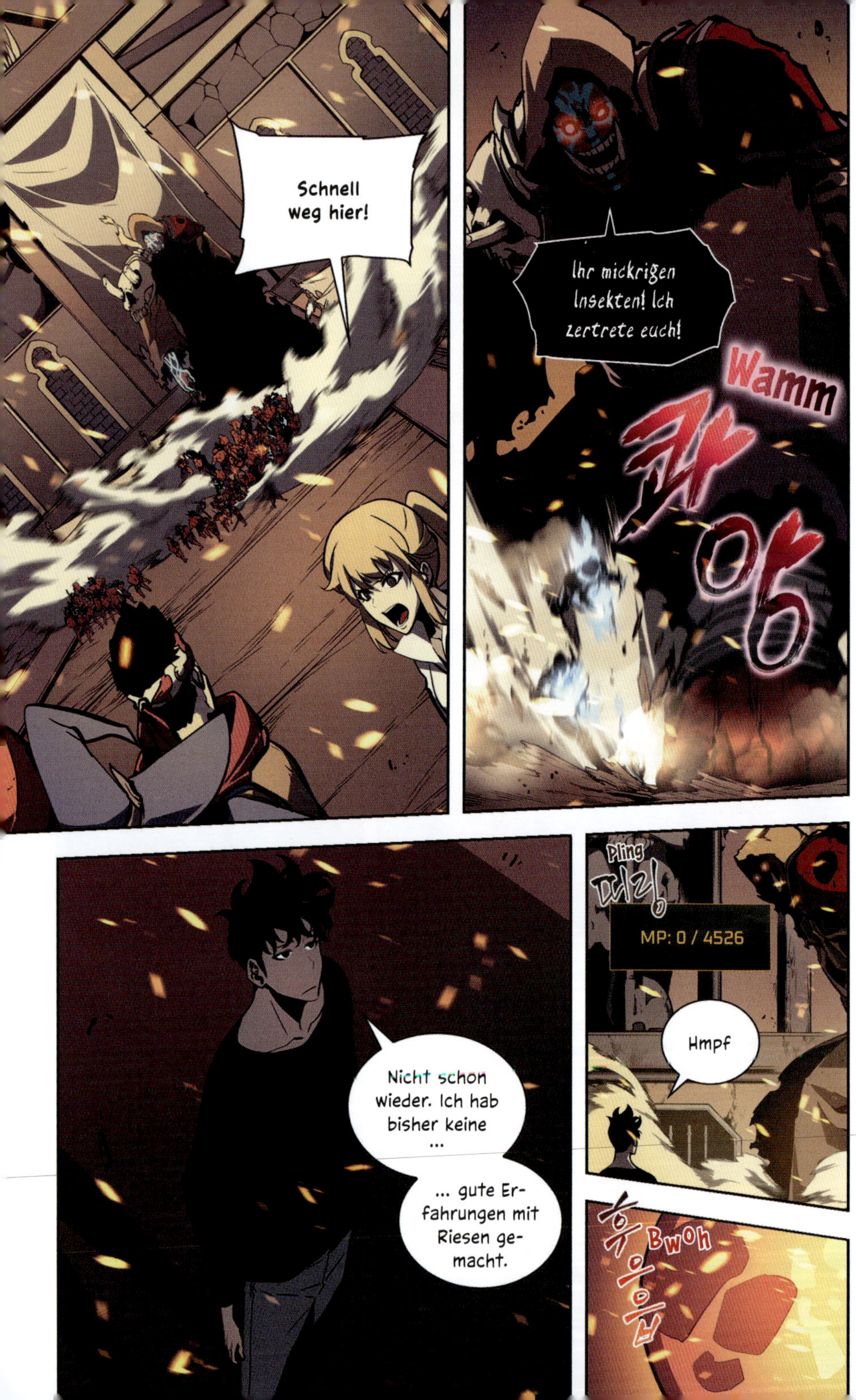
Schnell weg hier!
Ihr mickrigen Insekten! Ich zertrete euch!
Wamm
콰앙
Nicht schon wieder. Ich hab bisher keine ...
... gute Erfahrungen mit Riesen gemacht.
Pling
띠링
MP: 0 / 4526
Hmpf
Bwoh

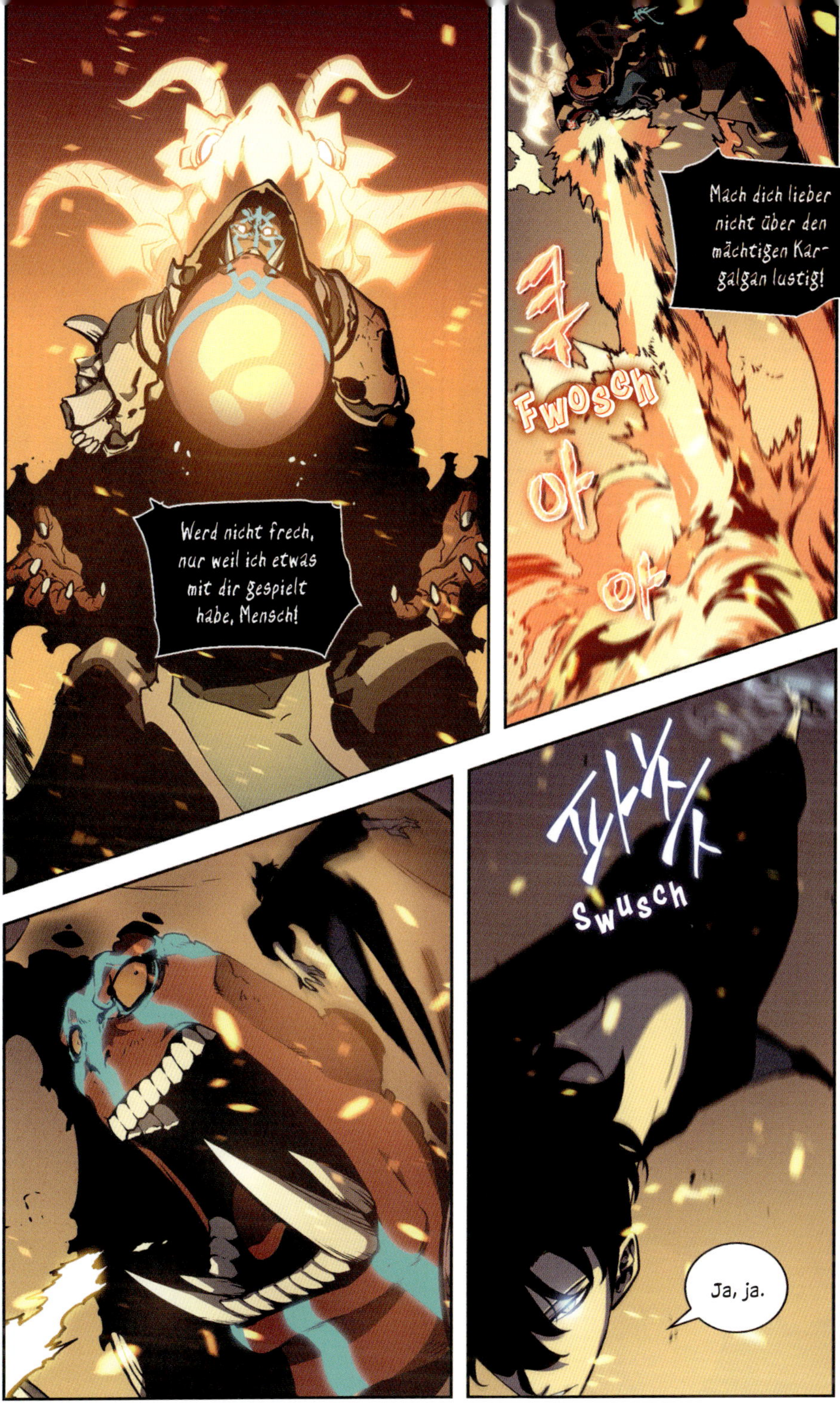
Werd nicht frech, nur weil ich etwas mit dir gespielt habe, Mensch!
Mach dich lieber nicht über den mächtigen Kargalgan lustig!
Fwosch
Swusch
Ja, ja.

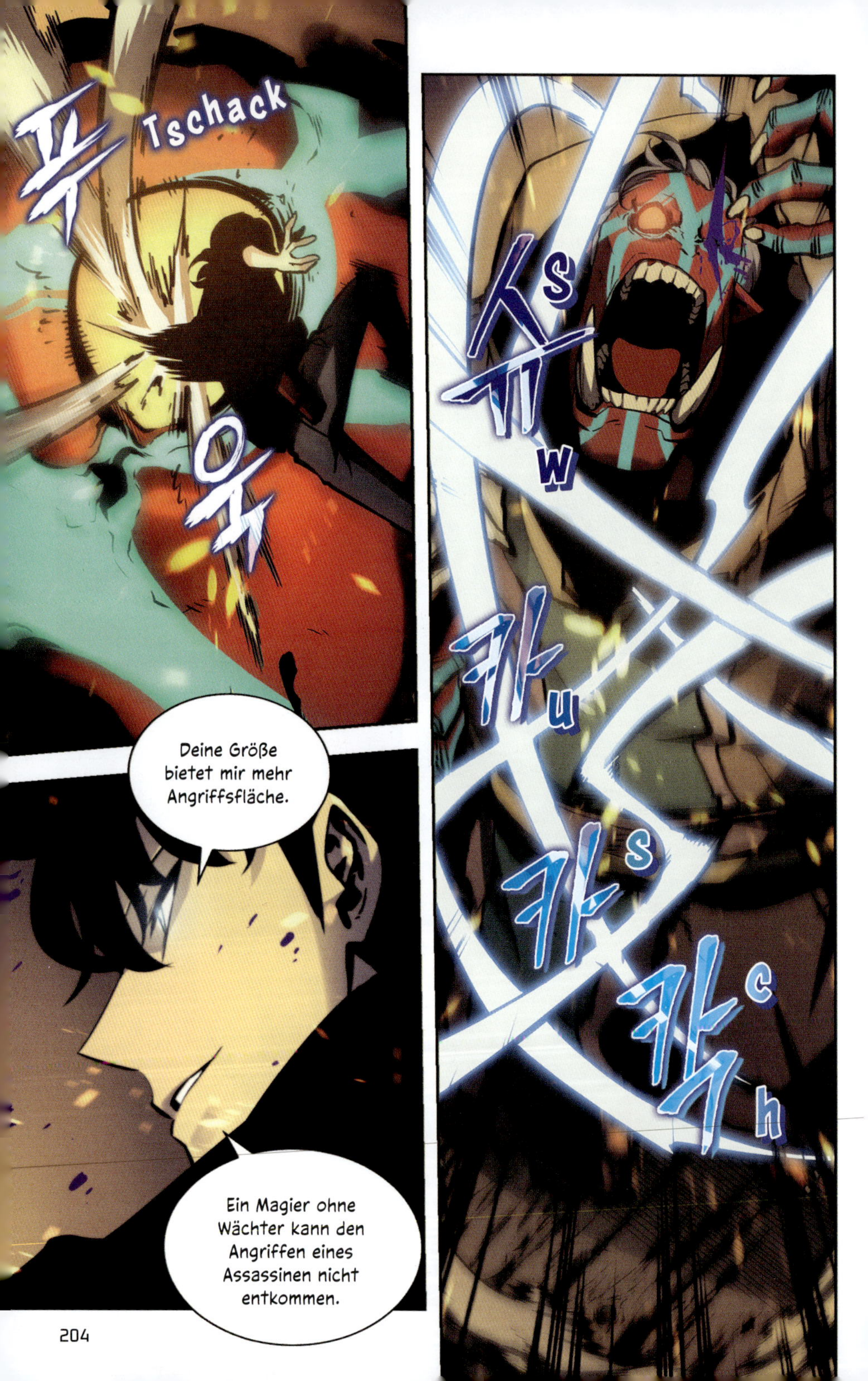
Tschack
Deine Größe bietet mir mehr Angriffsfläche.
Ein Magier ohne Wächter kann den Angriffen eines Assassinen nicht entkommen.
s
w
u
s
c
h

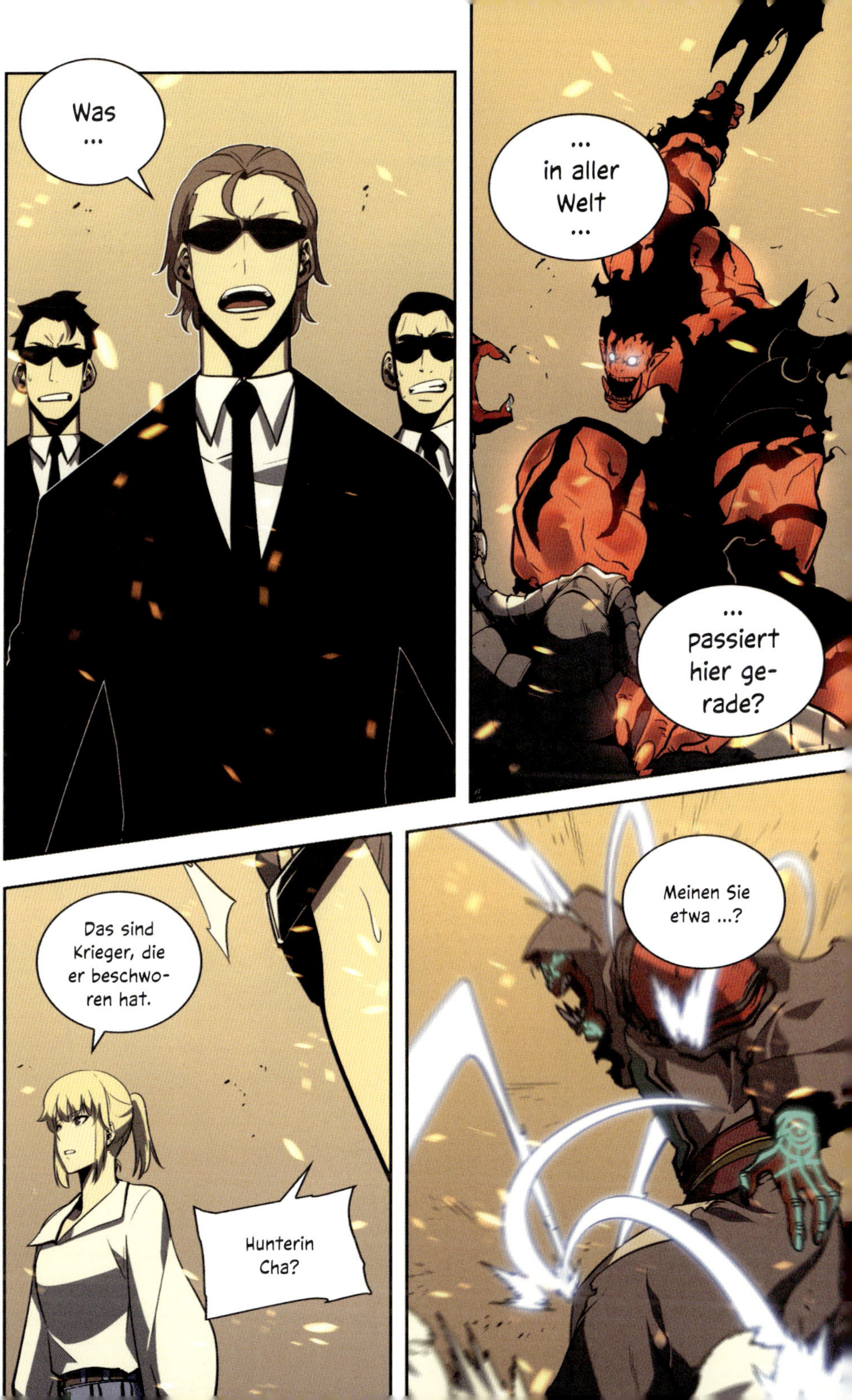
Was ...
... in aller Welt ...
... passiert hier gerade?
Das sind Krieger, die er beschworen hat.
Hunterin Cha?
Meinen Sie etwa ...?

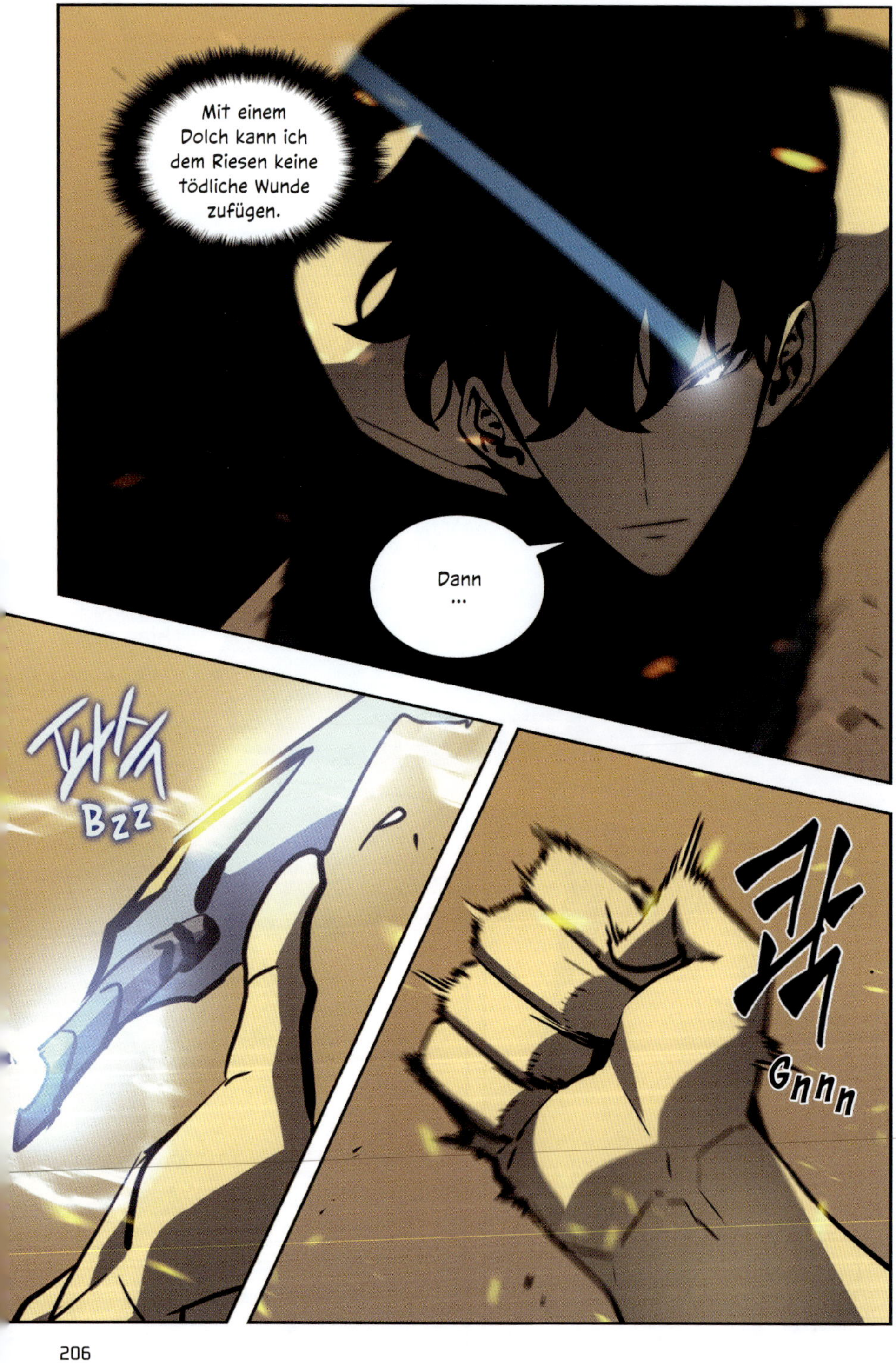
Mit einem Dolch kann ich dem Riesen keine tödliche Wunde zufügen.
Dann ...
Bzz
Gnnn

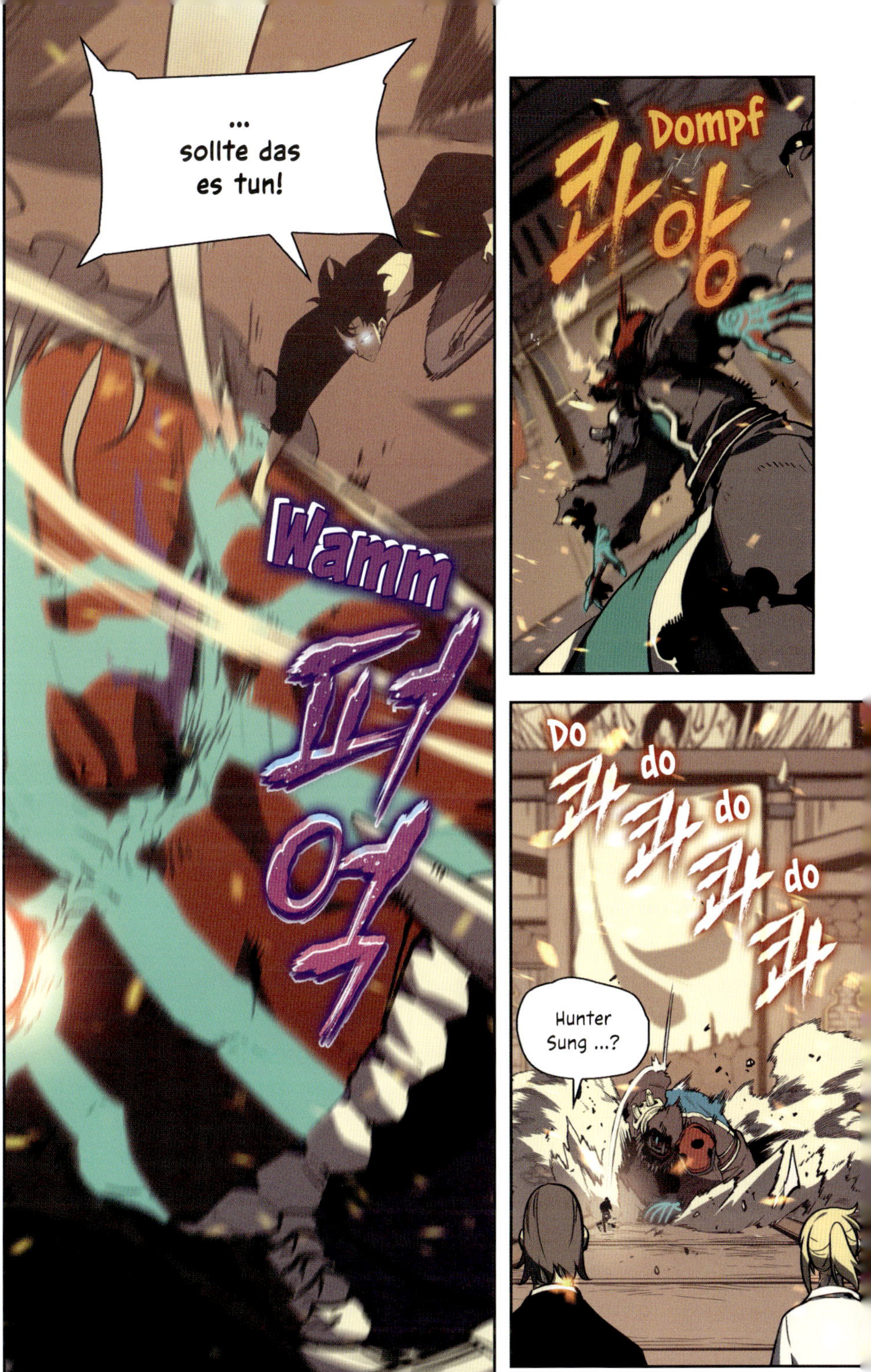

... sollte das es tun!
Wamm
퍼억
Dompf
콰앙
Do do do do
콰콰콰콰
Hunter Sung ...?

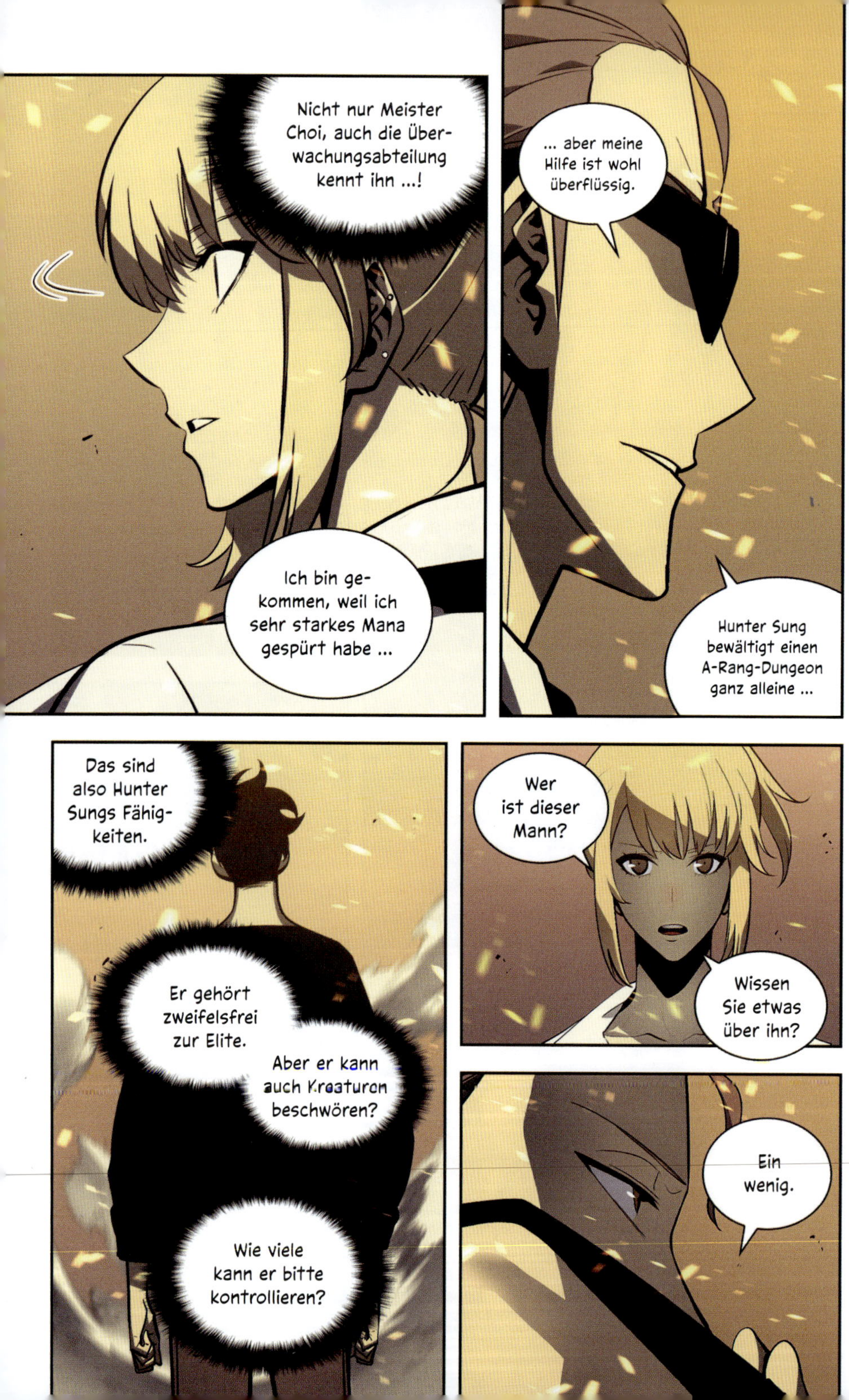
Nicht nur Meister Choi, auch die Überwachungsabteilung kennt ihn ...!
Ich bin gekommen, weil ich sehr starkes Mana gespürt habe ...
... aber meine Hilfe ist wohl überflüssig.
Hunter Sung bewältigt einen A-Rang-Dungeon ganz alleine ...
Das sind also Hunter Sungs Fähigkeiten.
Er gehört zweifelsfrei zur Elite.
Aber er kann auch Kreaturen beschwören?
Wie viele kann er bitte kontrollieren?
Wer ist dieser Mann?
Wissen Sie etwas über ihn?
Ein wenig.

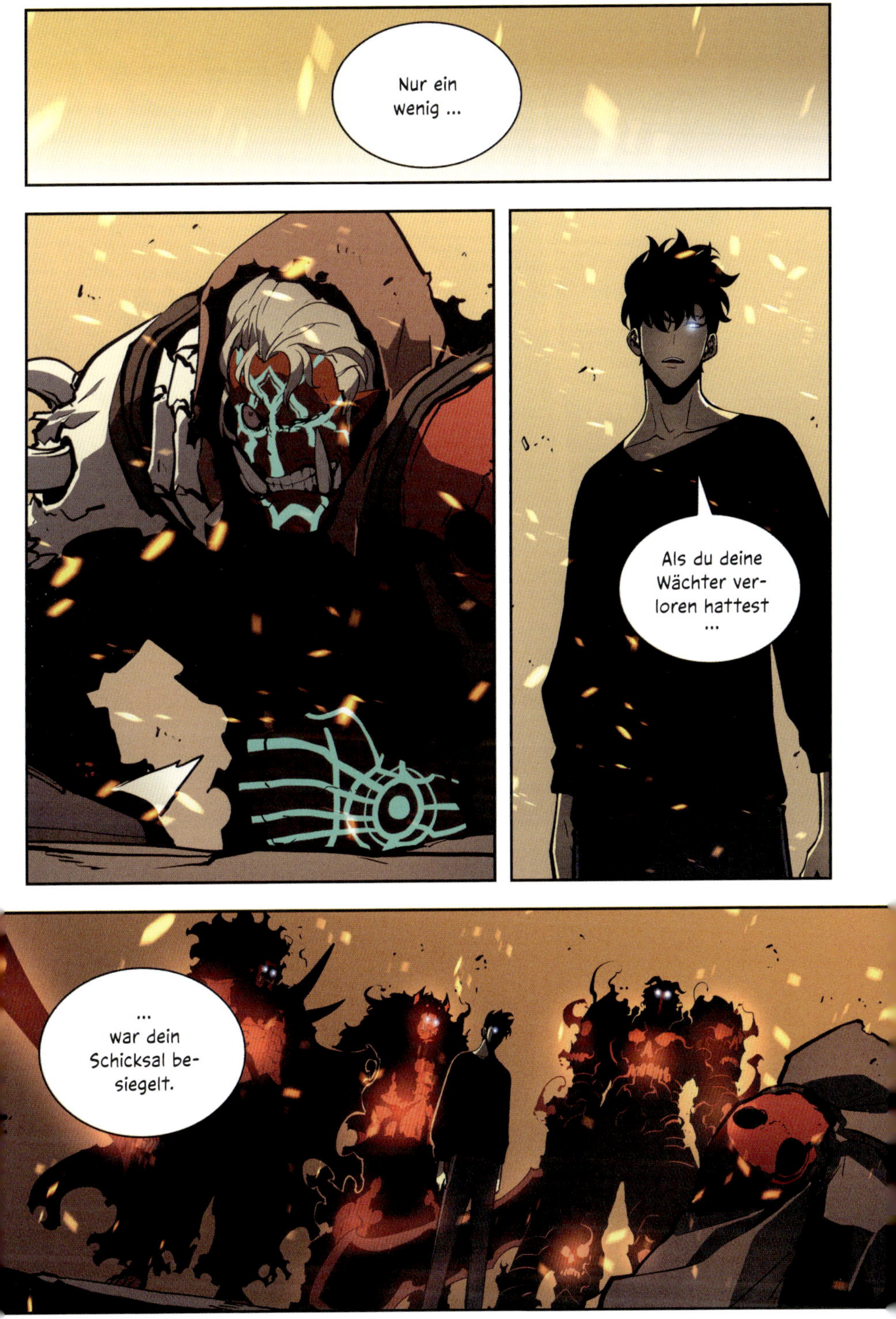
Nur ein wenig ...
Als du deine Wächter verloren hattest ...
... war dein Schicksal besiegelt.

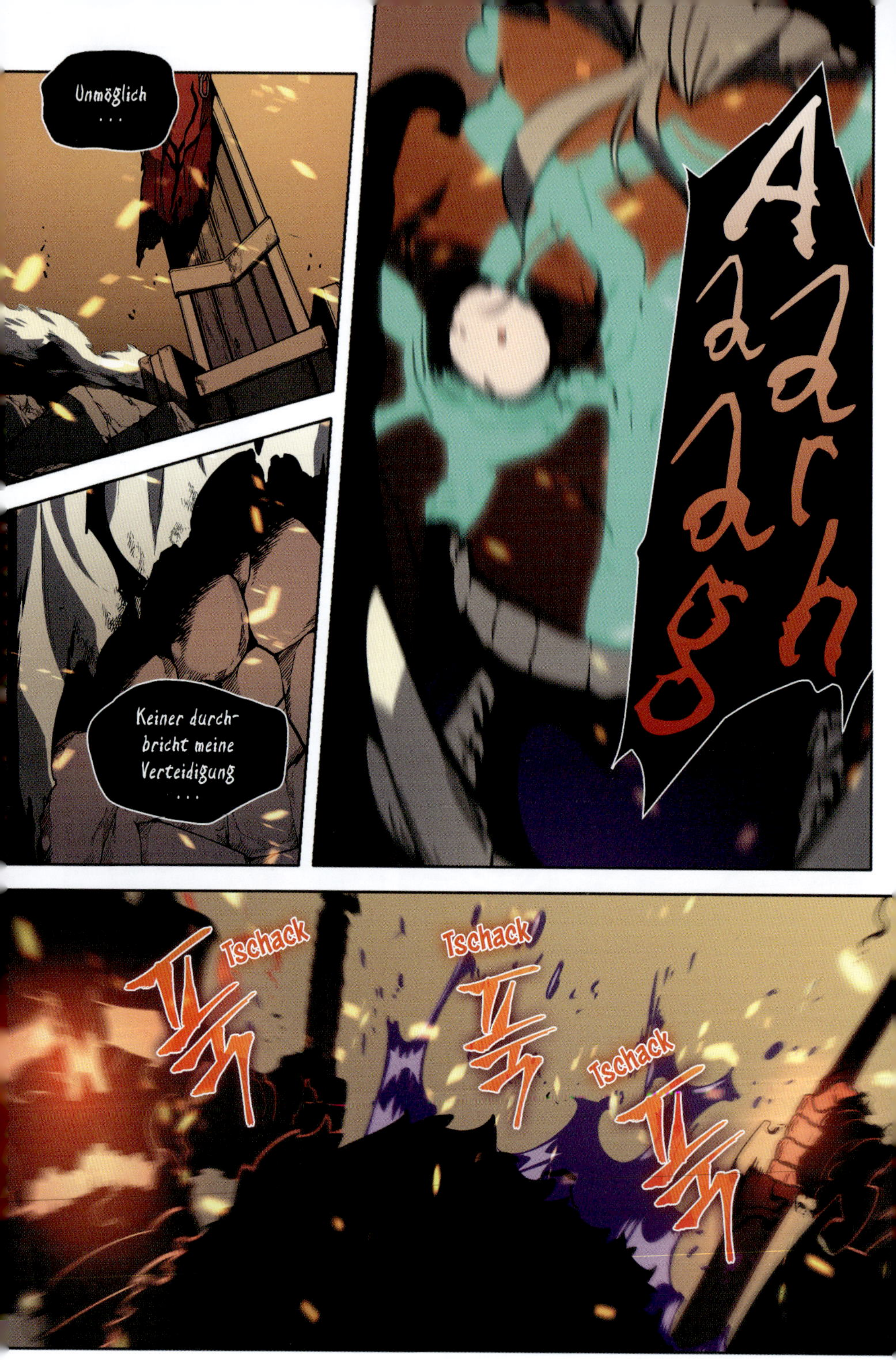

Unmöglich …
Keiner durchbricht meine Verteidigung …
Aaaaargh
Tschack
Tschack
Tschack

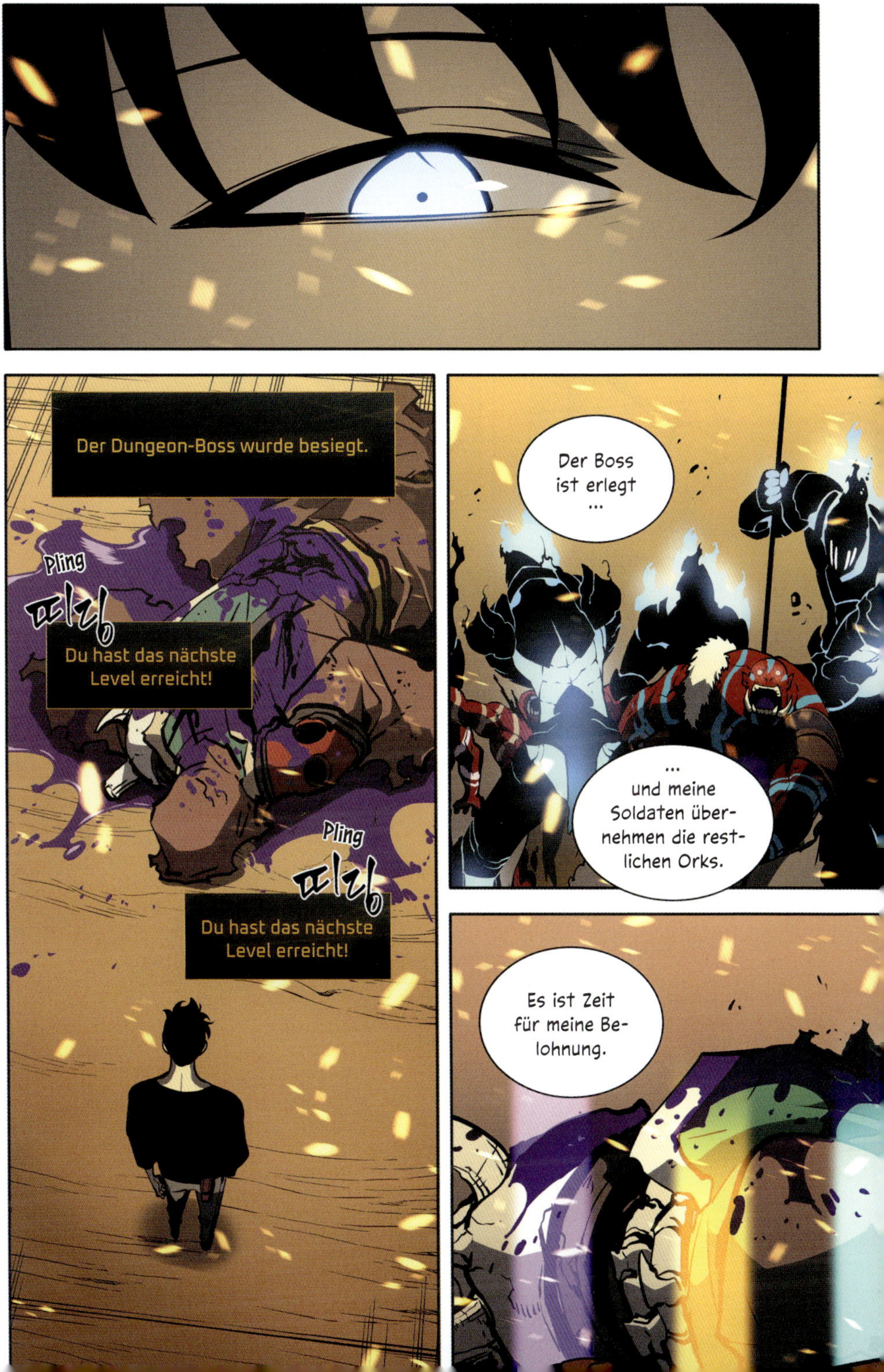
Der Dungeon-Boss wurde besiegt.
Pling
띠링
Du hast das nächste Level erreicht!
Pling
띠링
Du hast das nächste Level erreicht!
Der Boss ist erlegt …
… und meine Soldaten über-nehmen die rest-lichen Orks.
Es ist Zeit für meine Be-lohnung.

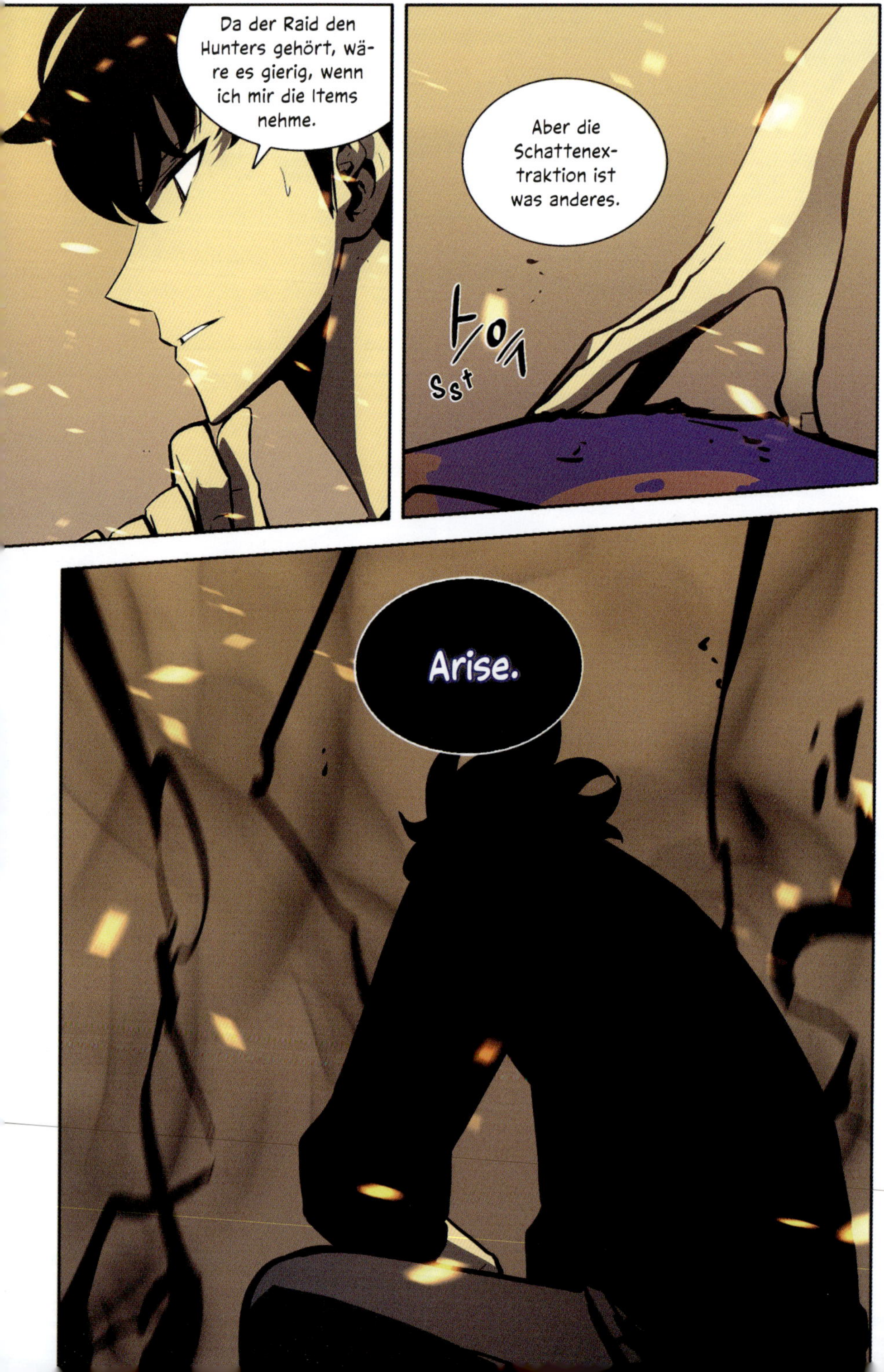
Da der Raid den Hunters gehört, wäre es gierig, wenn ich mir die Items nehme.
Aber die Schattenextraktion ist was anderes.
Sst
Arise.

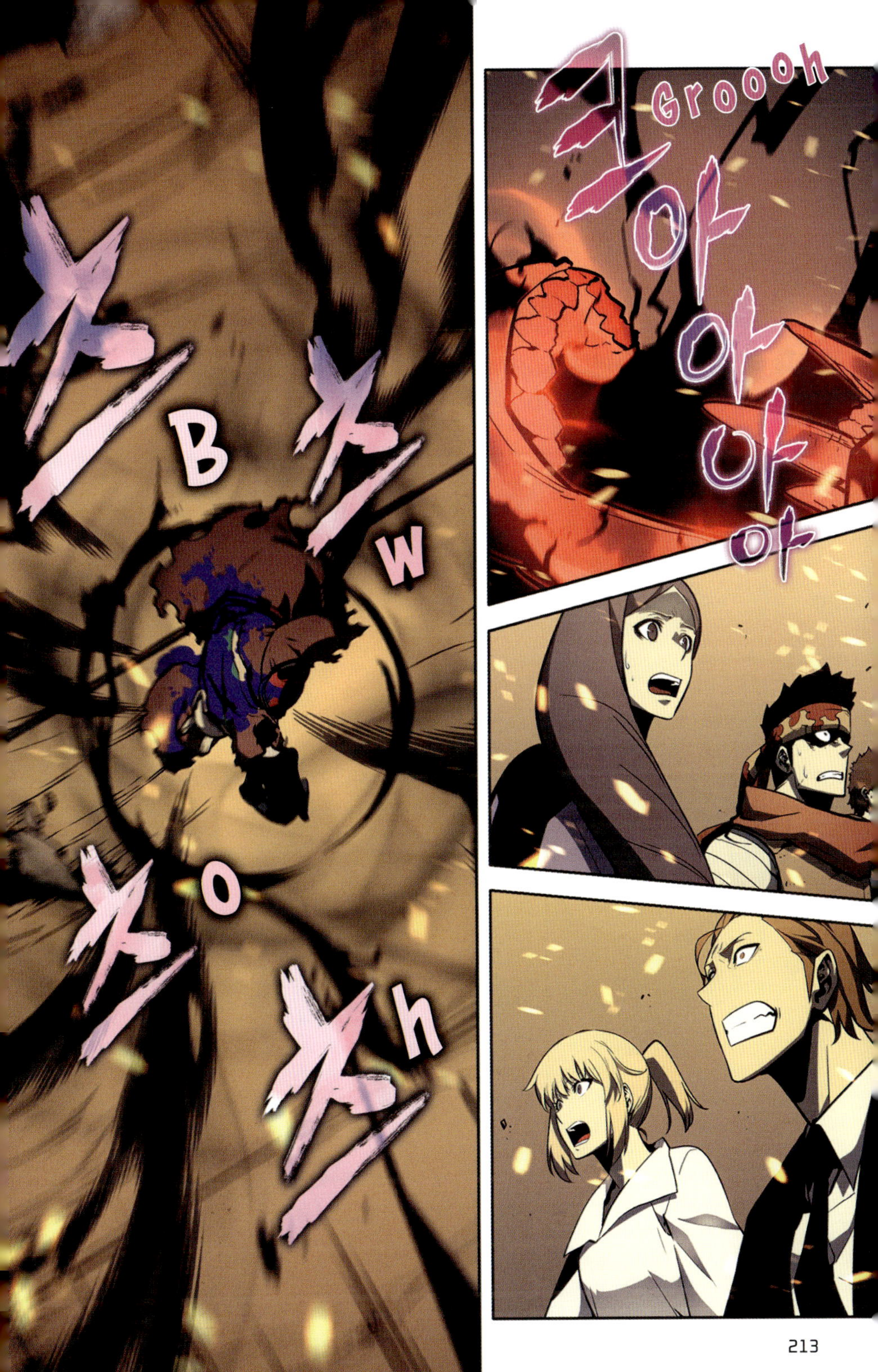

Bwoh
크야야야야
Groooh

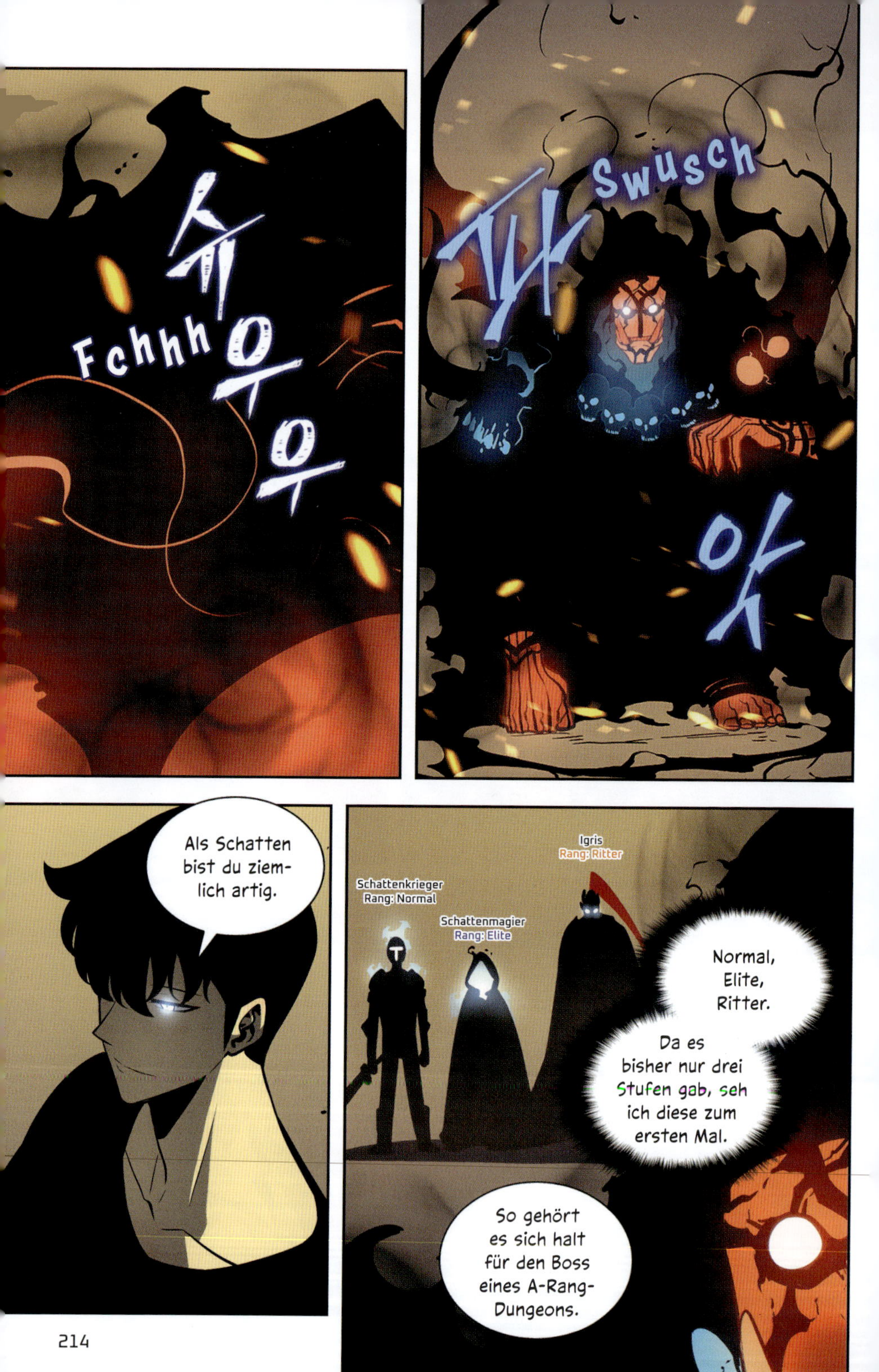
Fchhh
Swusch
Als Schatten bist du ziemlich artig.
Igris
Rang: Ritter
Schattenkrieger
Rang: Normal
Schattenmagier
Rang: Elite
Normal, Elite, Ritter.
Da es bisher nur drei Stufen gab, seh ich diese zum ersten Mal.
So gehört es sich halt für den Boss eines A-Rang-Dungeons.

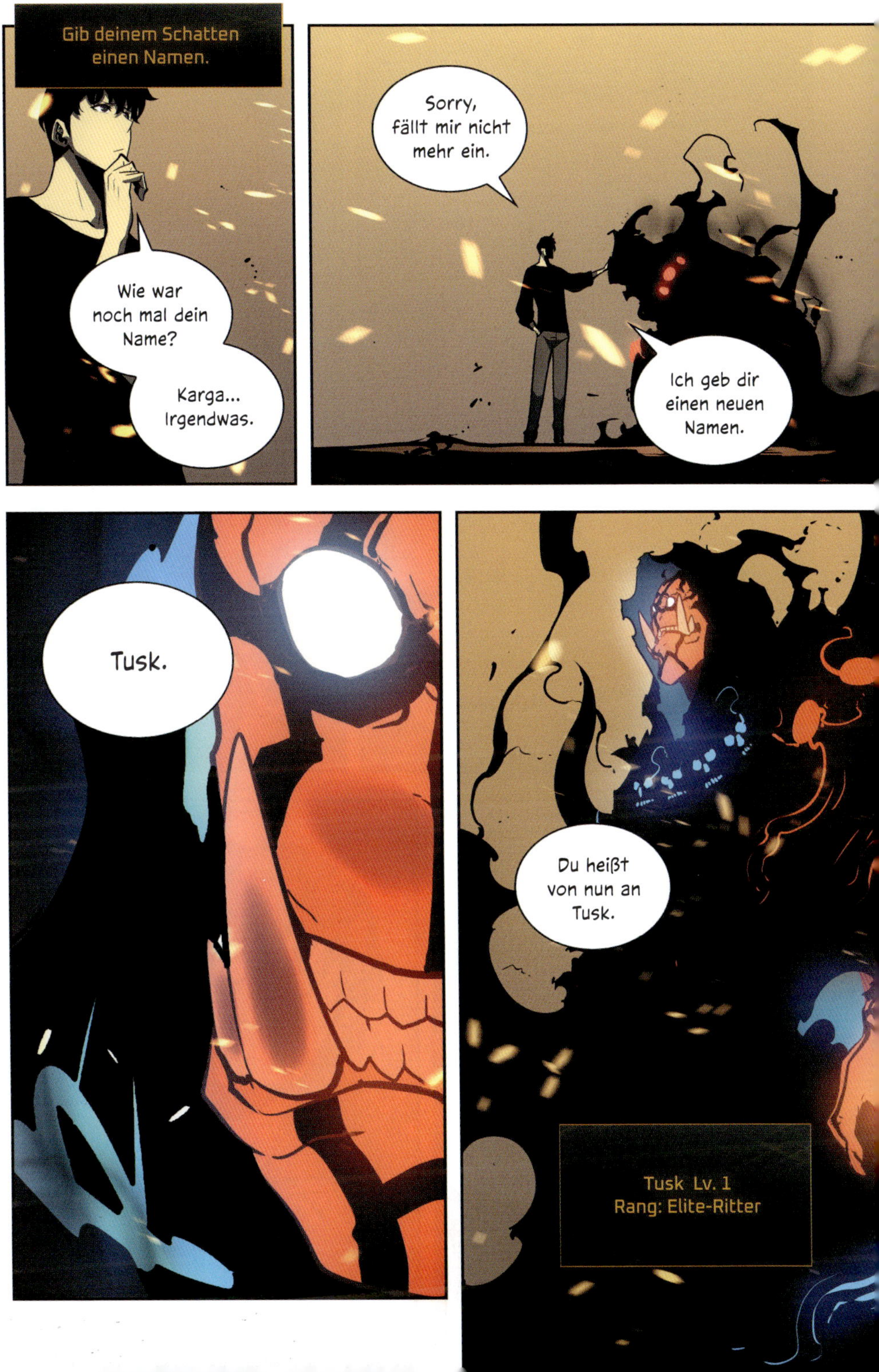

Gib deinem Schatten einen Namen.
Wie war noch mal dein Name?
Karga... Irgendwas.
Sorry, fällt mir nicht mehr ein.
Ich geb dir einen neuen Namen.
Tusk.
Du heißt von nun an Tusk.
Tusk Lv. 1
Rang: Elite-Ritter

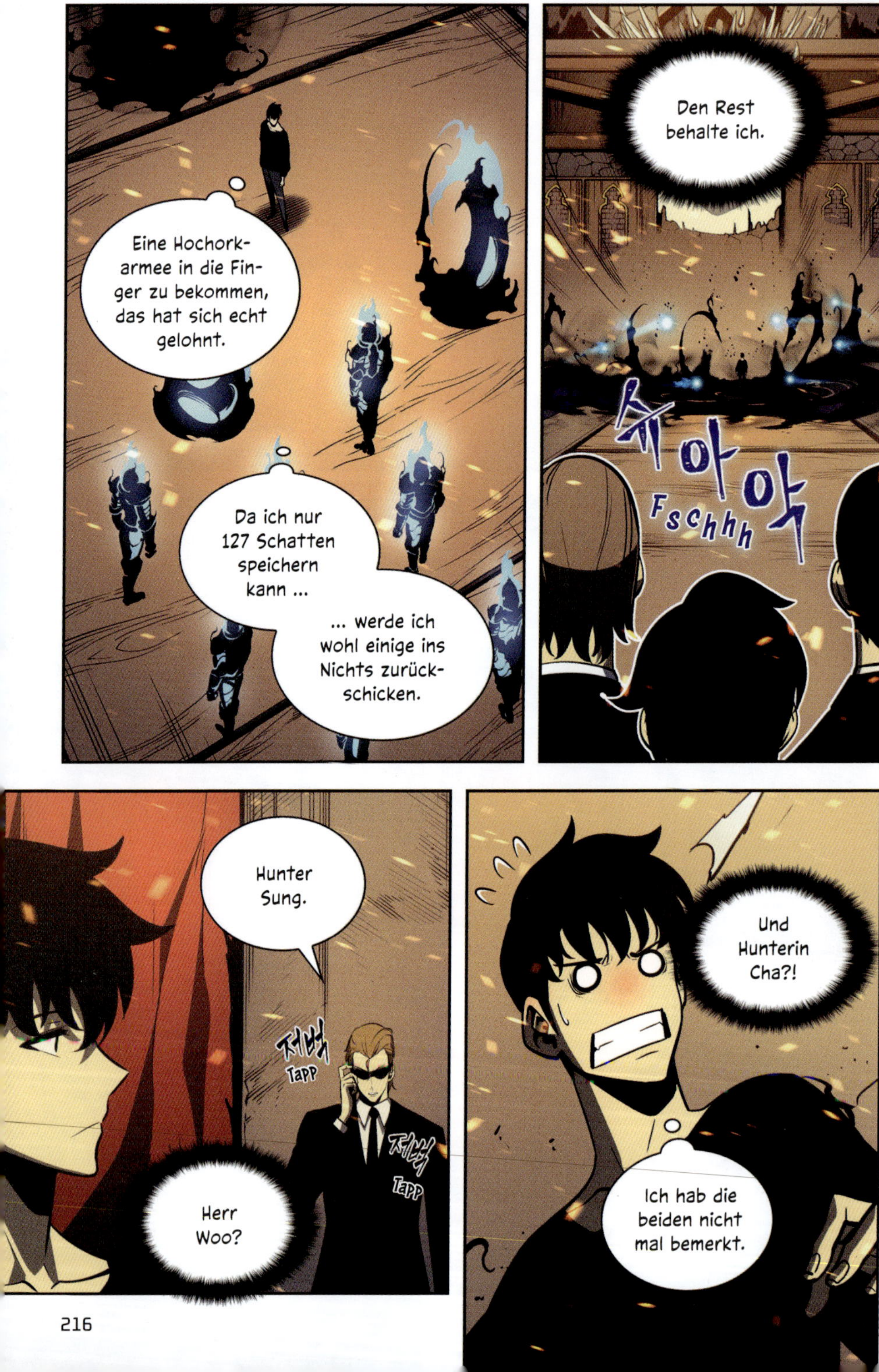
Eine Hochork-armee in die Finger zu bekommen, das hat sich echt gelohnt.
Da ich nur 127 Schatten speichern kann ...
... werde ich wohl einige ins Nichts zurückschicken.
Den Rest behalte ich.
슈아아악
Fschhh
Hunter Sung.
저벅
Tapp
저벅
Tapp
Herr Woo?
Und Hunterin Cha?!
Ich hab die beiden nicht mal bemerkt.

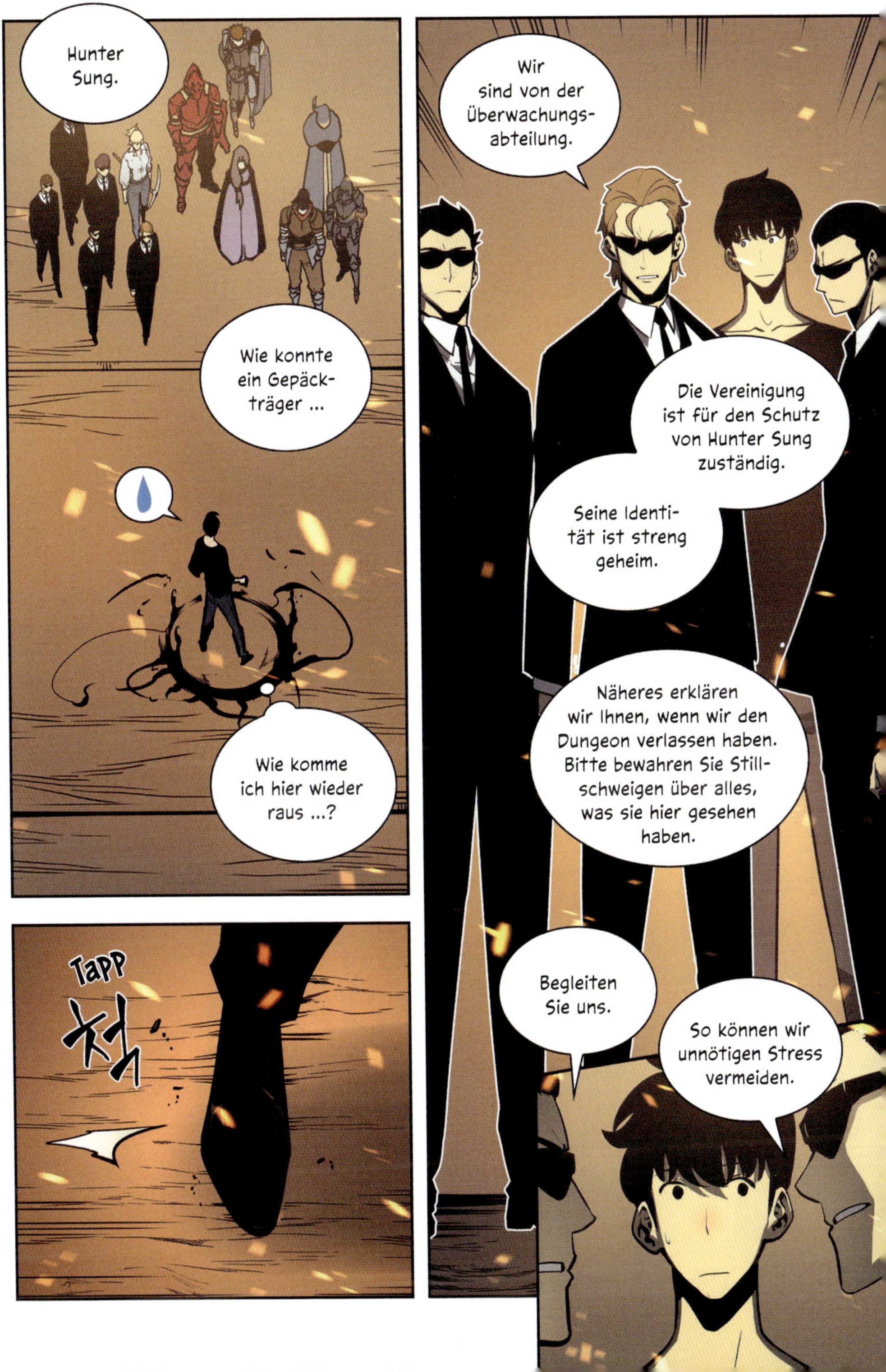
Hunter Sung.
Wie konnte ein Gepäckträger ...
Wie komme ich hier wieder raus ...?
Tapp
척
Wir sind von der Überwachungsabteilung.
Die Vereinigung ist für den Schutz von Hunter Sung zuständig.
Seine Identität ist streng geheim.
Näheres erklären wir Ihnen, wenn wir den Dungeon verlassen haben. Bitte bewahren Sie Stillschweigen über alles, was sie hier gesehen haben.
Begleiten Sie uns.
So können wir unnötigen Stress vermeiden.

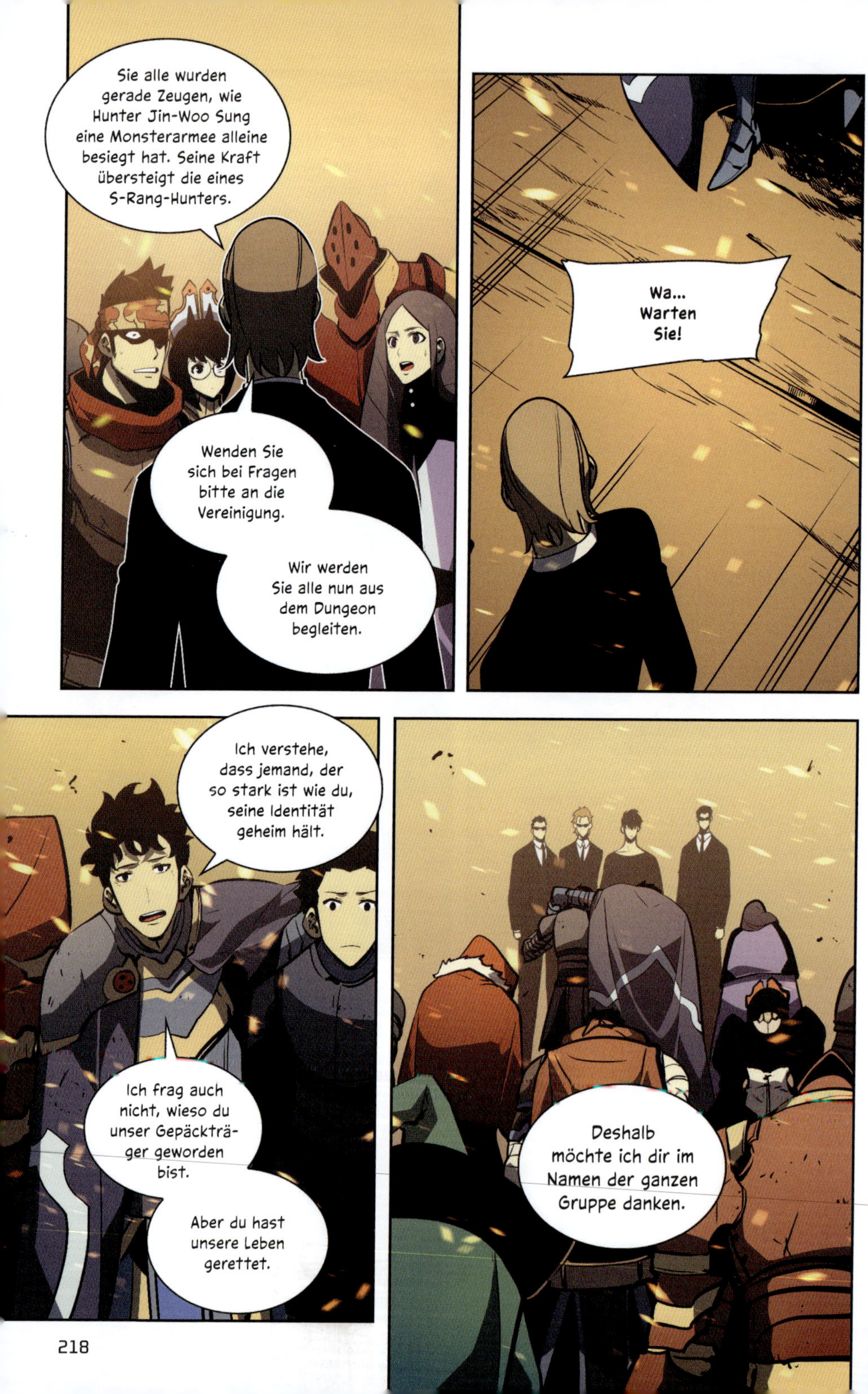
Sie alle wurden gerade Zeugen, wie Hunter Jin-Woo Sung eine Monsterarmee alleine besiegt hat. Seine Kraft übersteigt die eines S-Rang-Hunters.
Wenden Sie sich bei Fragen bitte an die Vereinigung.
Wir werden Sie alle nun aus dem Dungeon begleiten.
Wa... Warten Sie!
Ich verstehe, dass jemand, der so stark ist wie du, seine Identität geheim hält.
Ich frag auch nicht, wieso du unser Gepäckträger geworden bist.
Aber du hast unsere Leben gerettet.
Deshalb möchte ich dir im Namen der ganzen Gruppe danken.

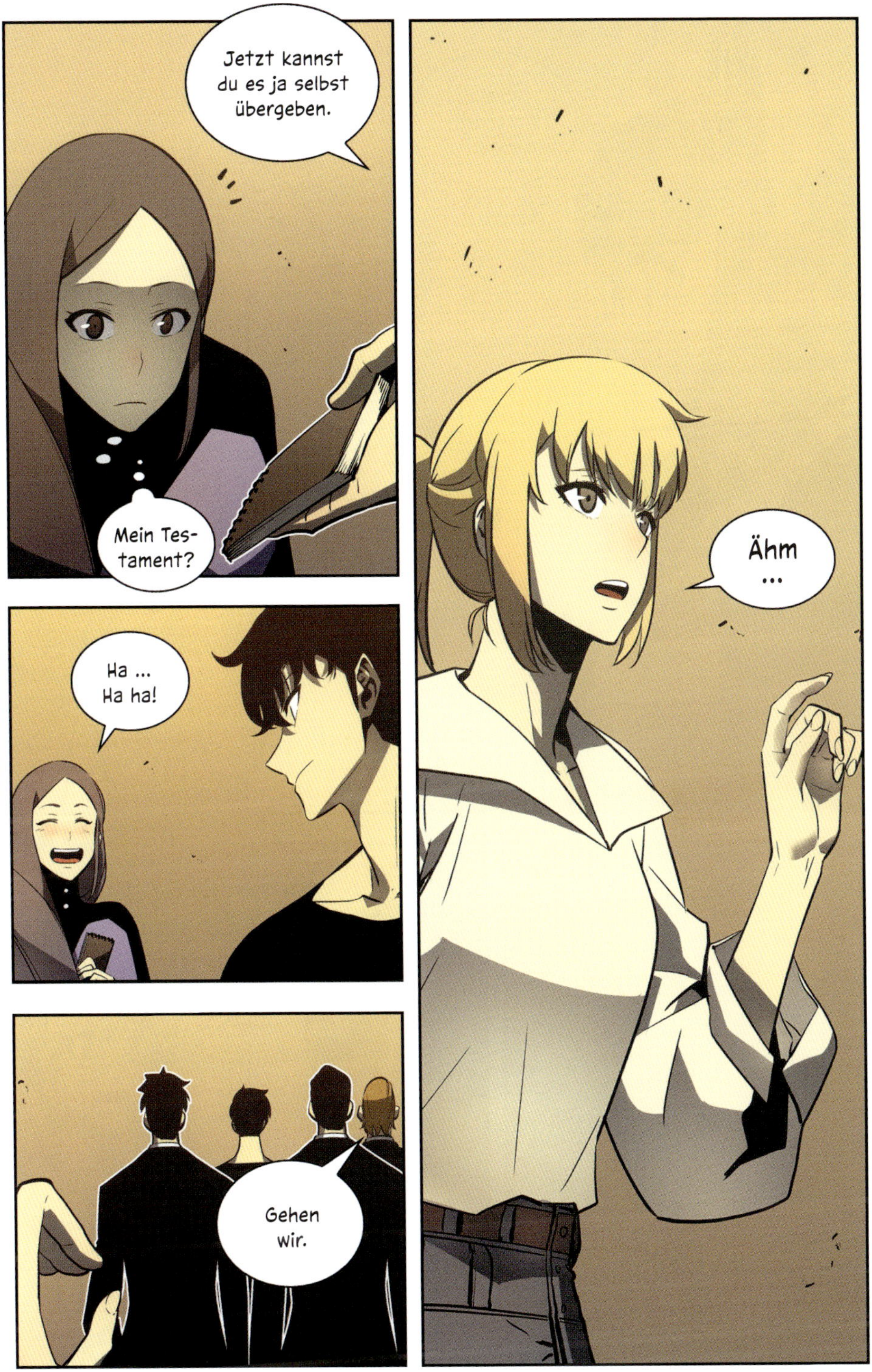

Jetzt kannst du es ja selbst übergeben.
Mein Testament?
Ha ... Ha ha!
Gehen wir.
Ähm ...

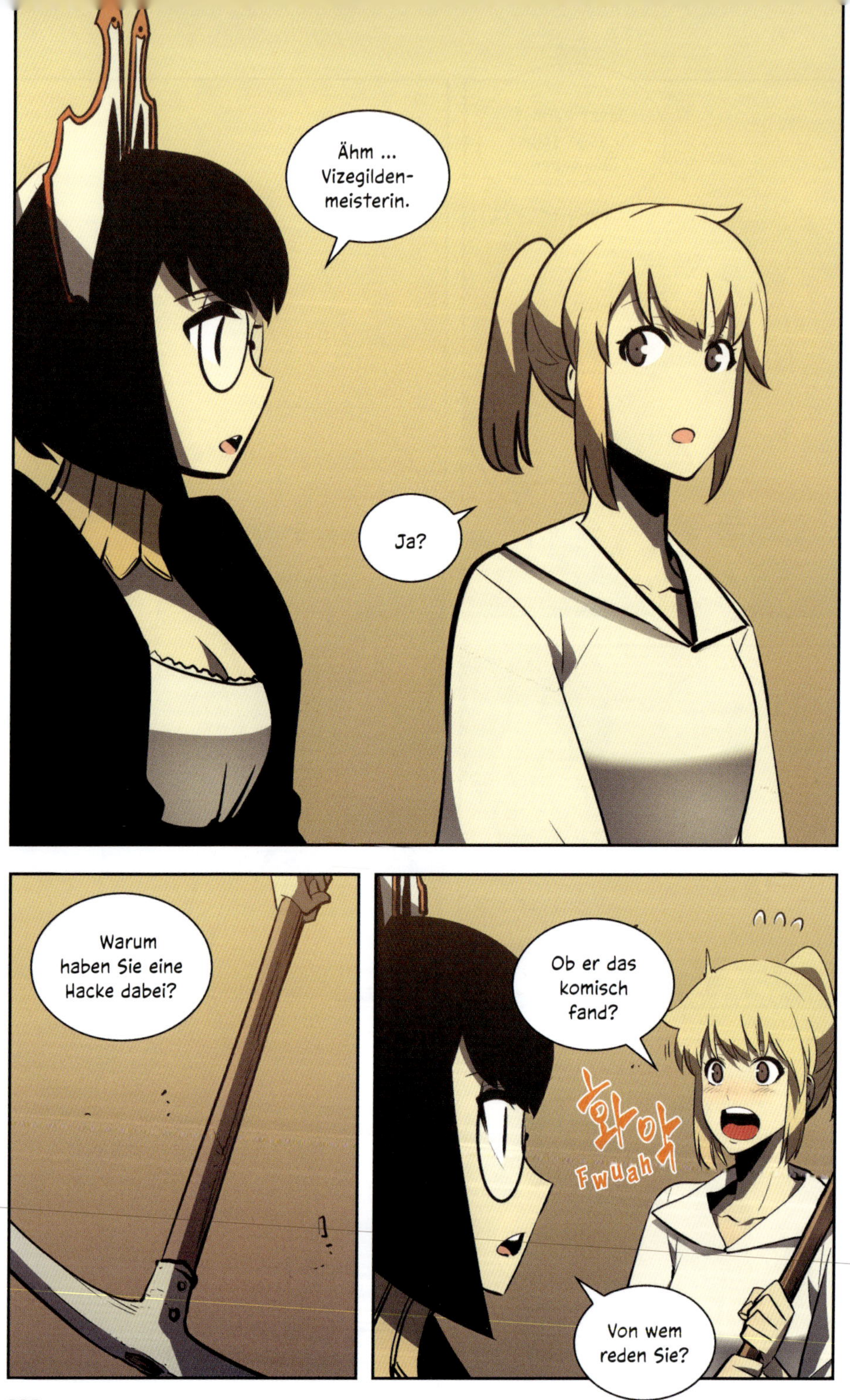
Ähm ... Vizegilden-meisterin.
Ja?
Warum haben Sie eine Hacke dabei?
Ob er das komisch fand?
화악
Fwuah
Von wem reden Sie?

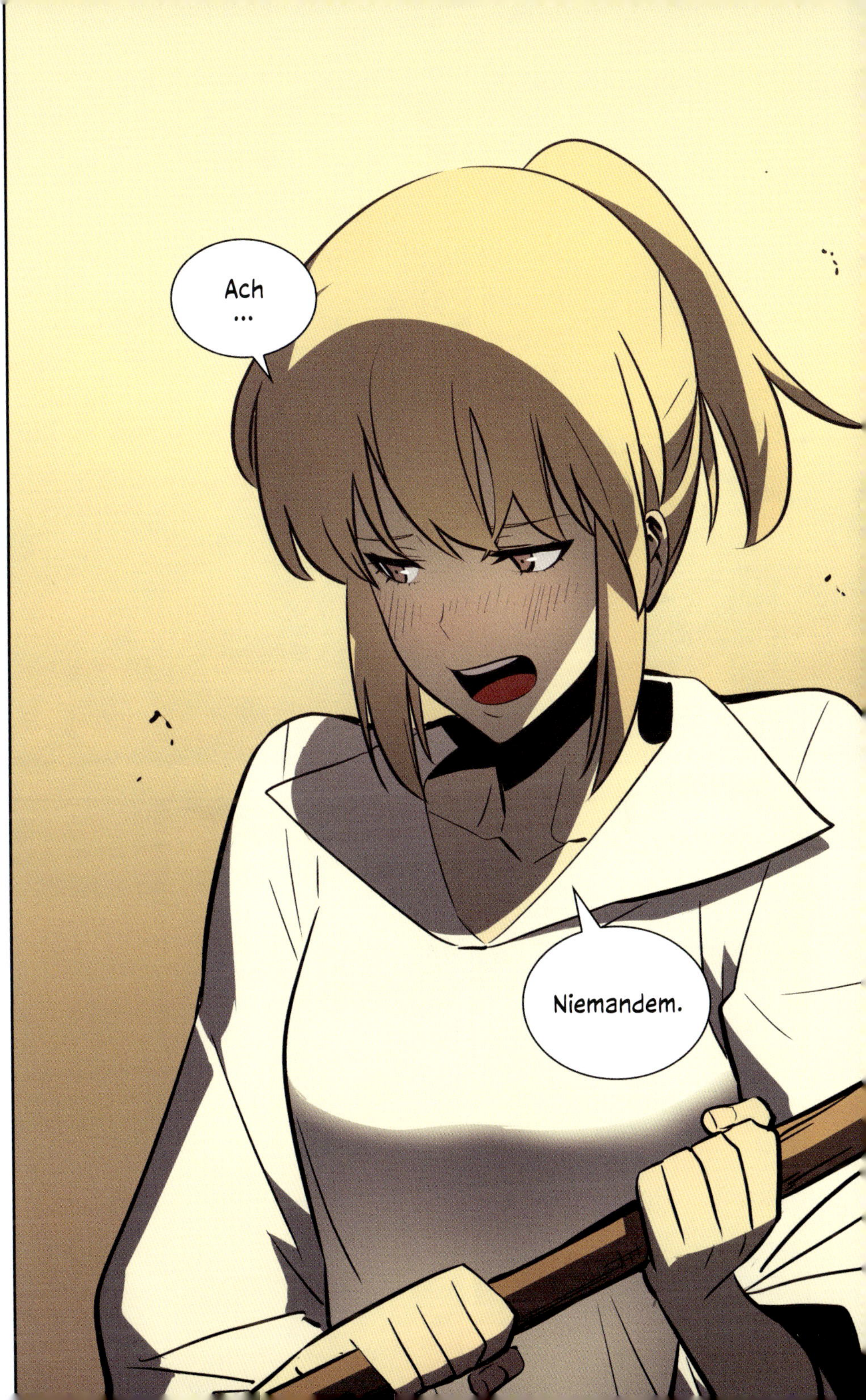
Ach
...
Niemandem.

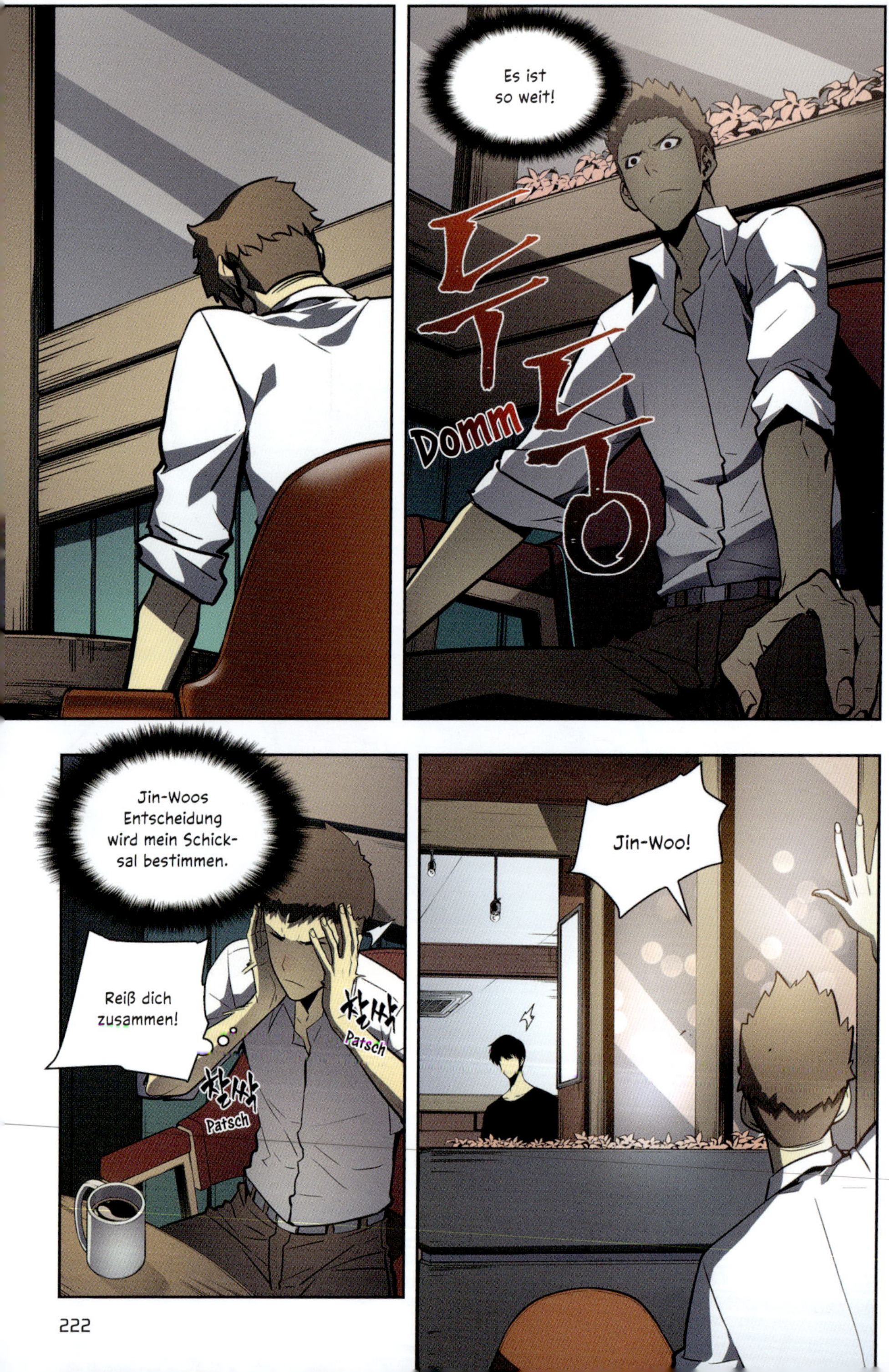
Es ist so weit!
Domm
Jin-Woos Entscheidung wird mein Schicksal bestimmen.
Reiß dich zusammen!
Patsch
Patsch
Jin-Woo!

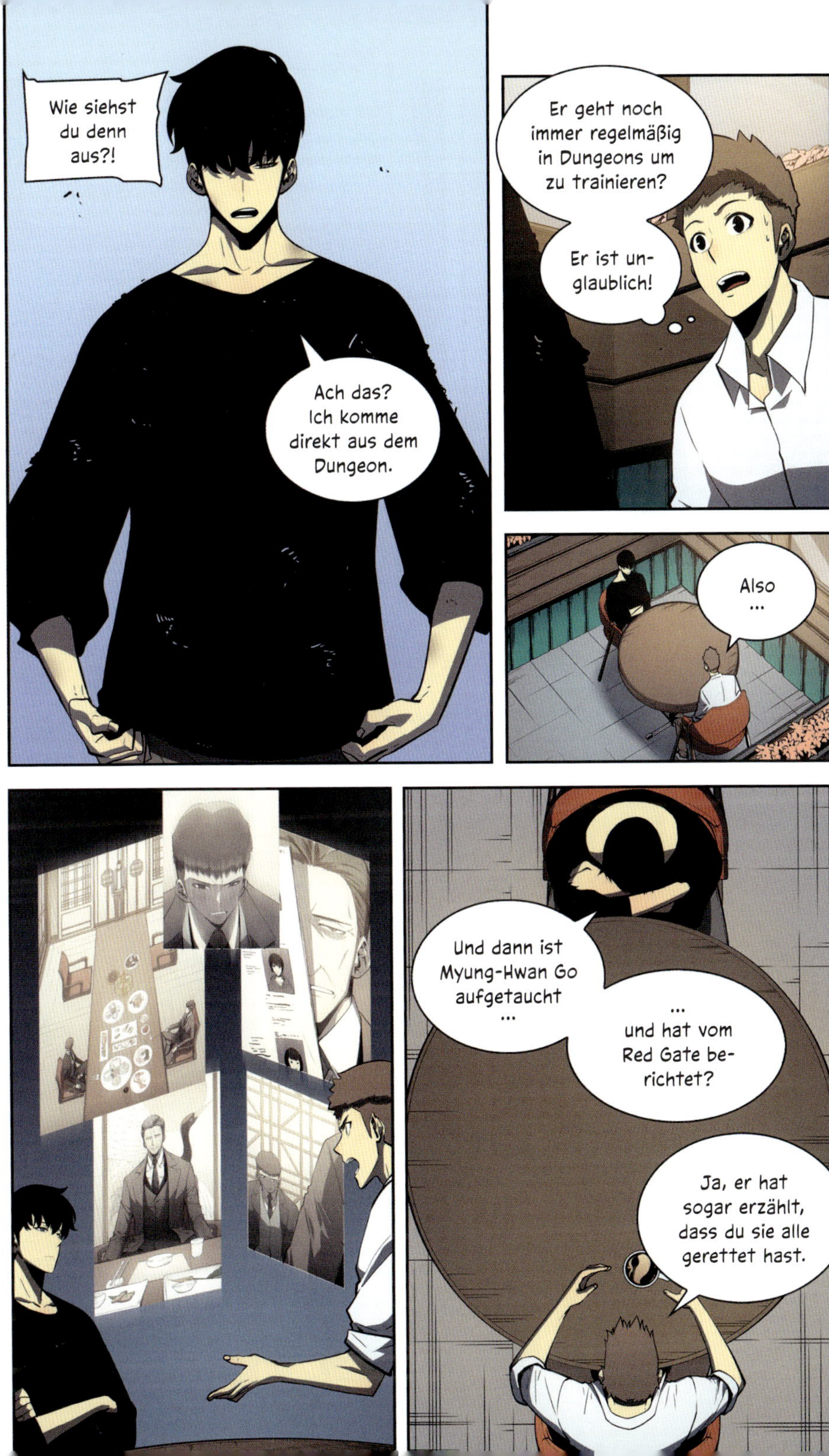
Wie siehst du denn aus?!
Ach das? Ich komme direkt aus dem Dungeon.
Er geht noch immer regelmäßig in Dungeons um zu trainieren?
Er ist unglaublich!
Also …
Und dann ist Myung-Hwan Go aufgetaucht …
… und hat vom Red Gate berichtet?
Ja, er hat sogar erzählt, dass du sie alle gerettet hast.

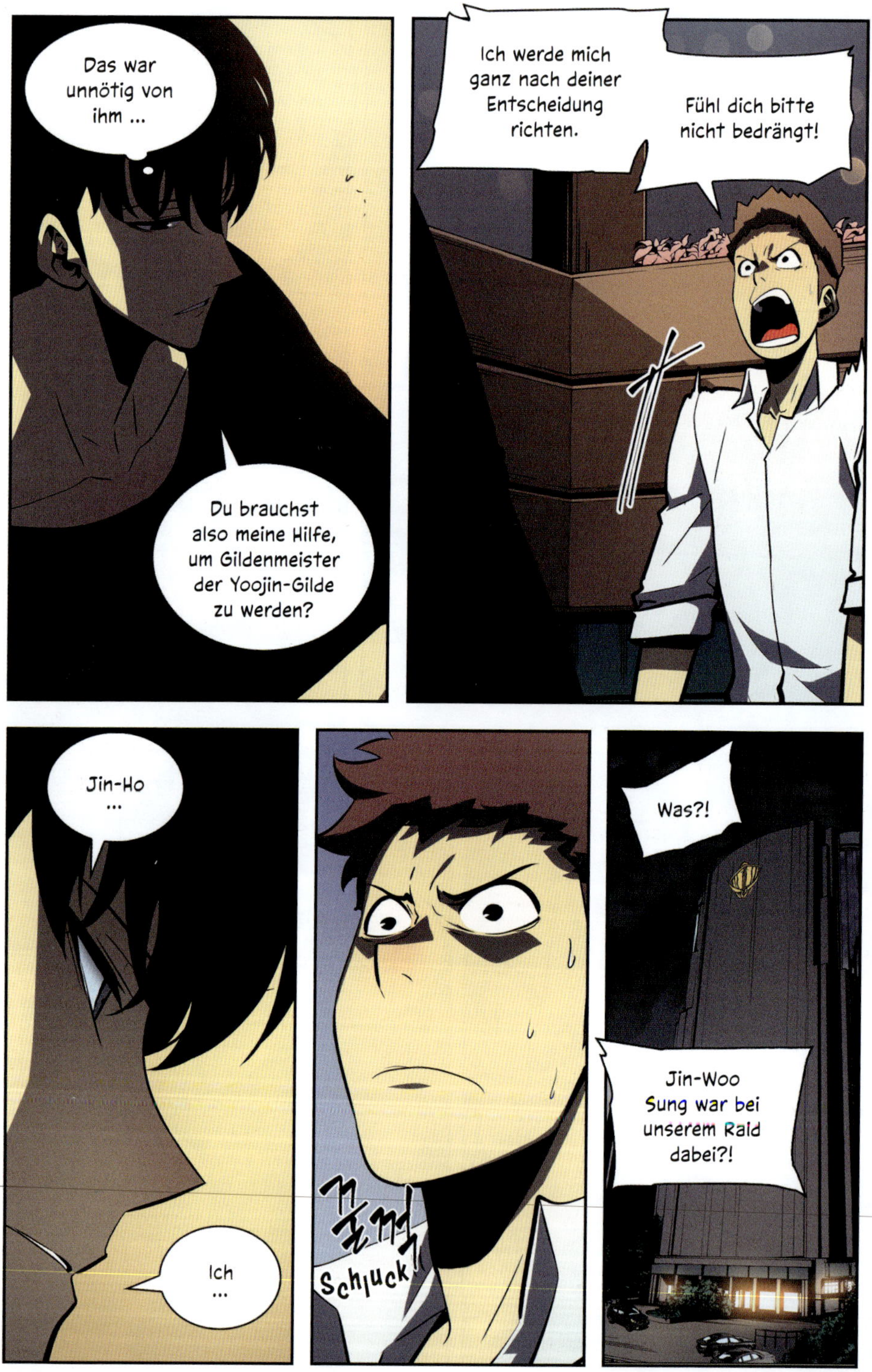
Das war unnötig von ihm ...
Du brauchst also meine Hilfe, um Gildenmeister der Yoojin-Gilde zu werden?
Ich werde mich ganz nach deiner Entscheidung richten.
Fühl dich bitte nicht bedrängt!
Jin-Ho ...
Ich ...
Schluck
Was?!
Jin-Woo Sung war bei unserem Raid dabei?!

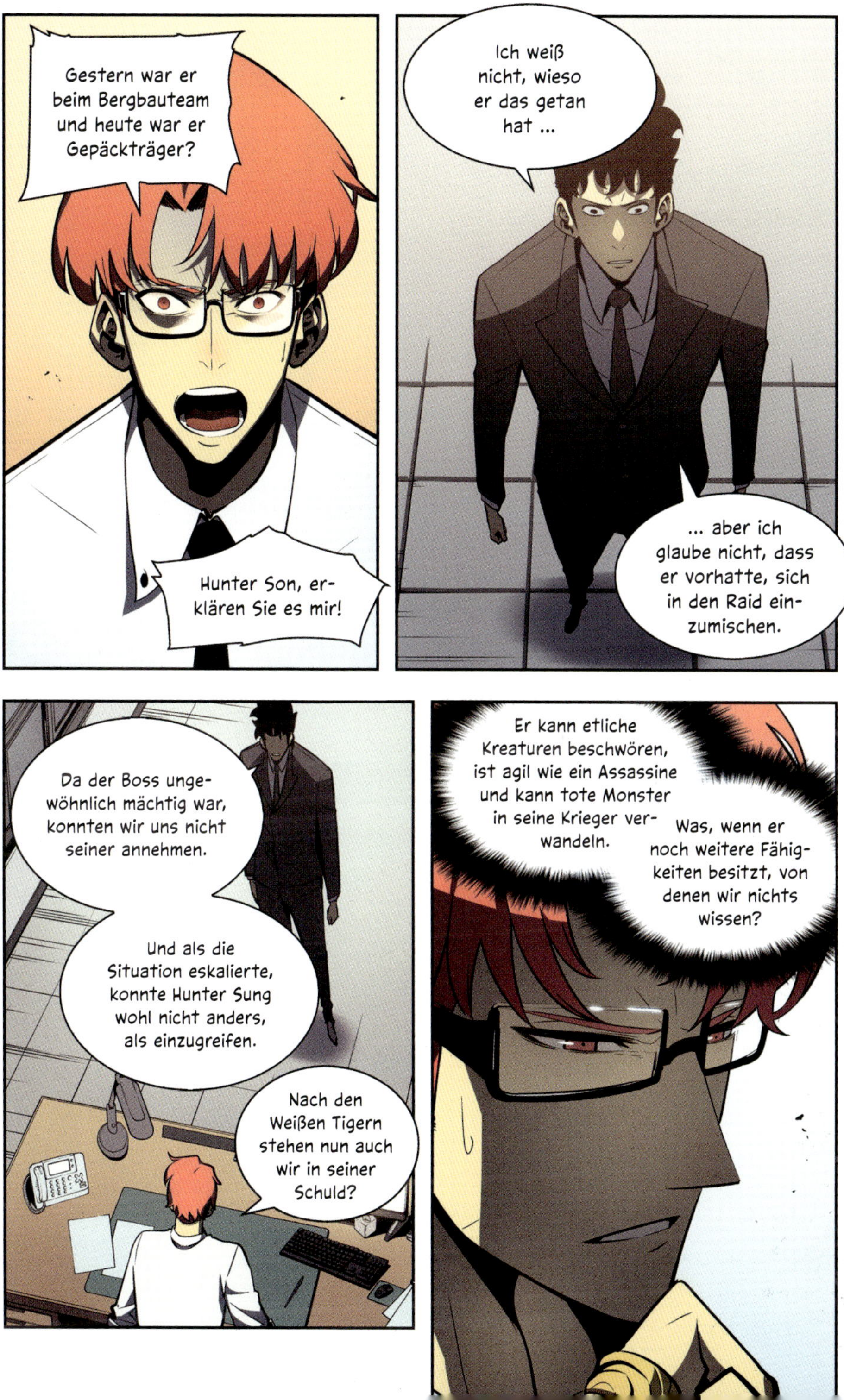

Gestern war er beim Bergbauteam und heute war er Gepäckträger?
Hunter Son, erklären Sie es mir!
Ich weiß nicht, wieso er das getan hat ...
... aber ich glaube nicht, dass er vorhatte, sich in den Raid einzumischen.
Da der Boss ungewöhnlich mächtig war, konnten wir uns nicht seiner annehmen.
Und als die Situation eskalierte, konnte Hunter Sung wohl nicht anders, als einzugreifen.
Nach den Weißen Tigern stehen nun auch wir in seiner Schuld?
Er kann etliche Kreaturen beschwören, ist agil wie ein Assassine und kann tote Monster in seine Krieger verwandeln.
Was, wenn er noch weitere Fähigkeiten besitzt, von denen wir nichts wissen?

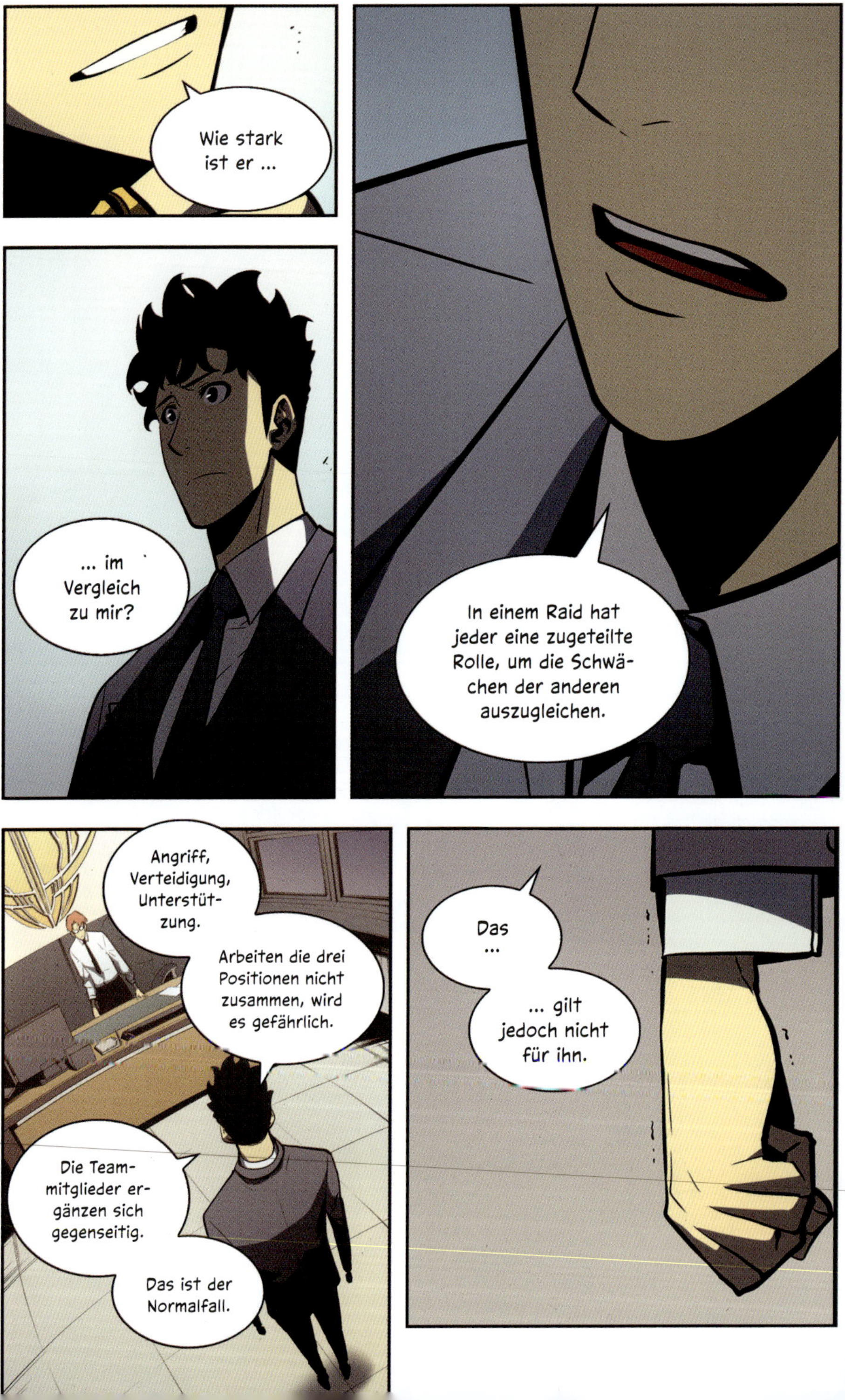
Wie stark ist er ...
... im Vergleich zu mir?
In einem Raid hat jeder eine zugeteilte Rolle, um die Schwächen der anderen auszugleichen.
Angriff, Verteidigung, Unterstützung.
Arbeiten die drei Positionen nicht zusammen, wird es gefährlich.
Die Teammitglieder ergänzen sich gegenseitig.
Das ist der Normalfall.
Das ...
... gilt jedoch nicht für ihn.

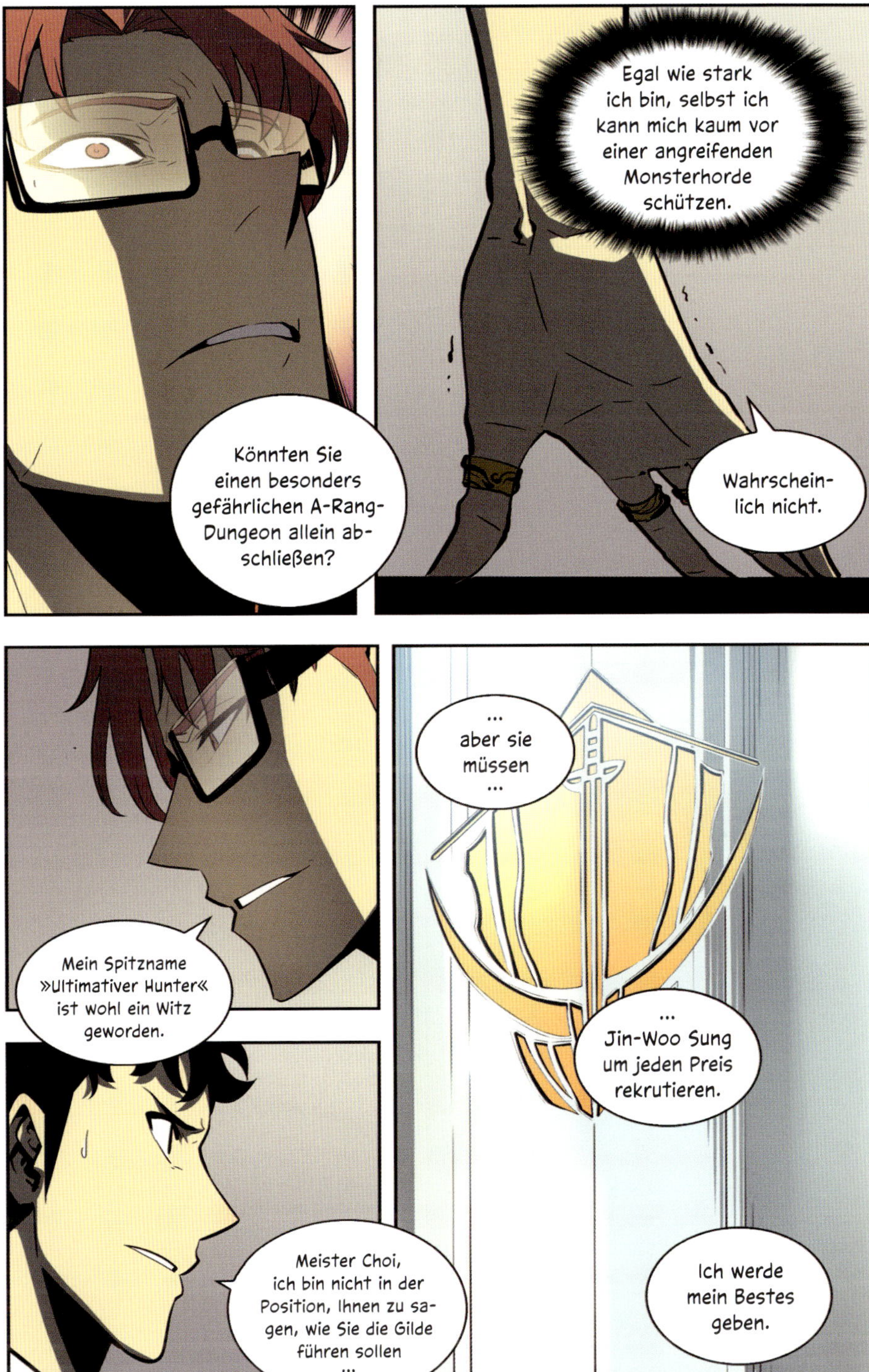
Könnten Sie einen besonders gefährlichen A-Rang-Dungeon allein abschließen?
Wahrscheinlich nicht.
Egal wie stark ich bin, selbst ich kann mich kaum vor einer angreifenden Monsterhorde schützen.
Mein Spitzname »Ultimativer Hunter« ist wohl ein Witz geworden.
... aber sie müssen ...
... Jin-Woo Sung um jeden Preis rekrutieren.
Meister Choi, ich bin nicht in der Position, Ihnen zu sagen, wie Sie die Gilde führen sollen ...
Ich werde mein Bestes geben.

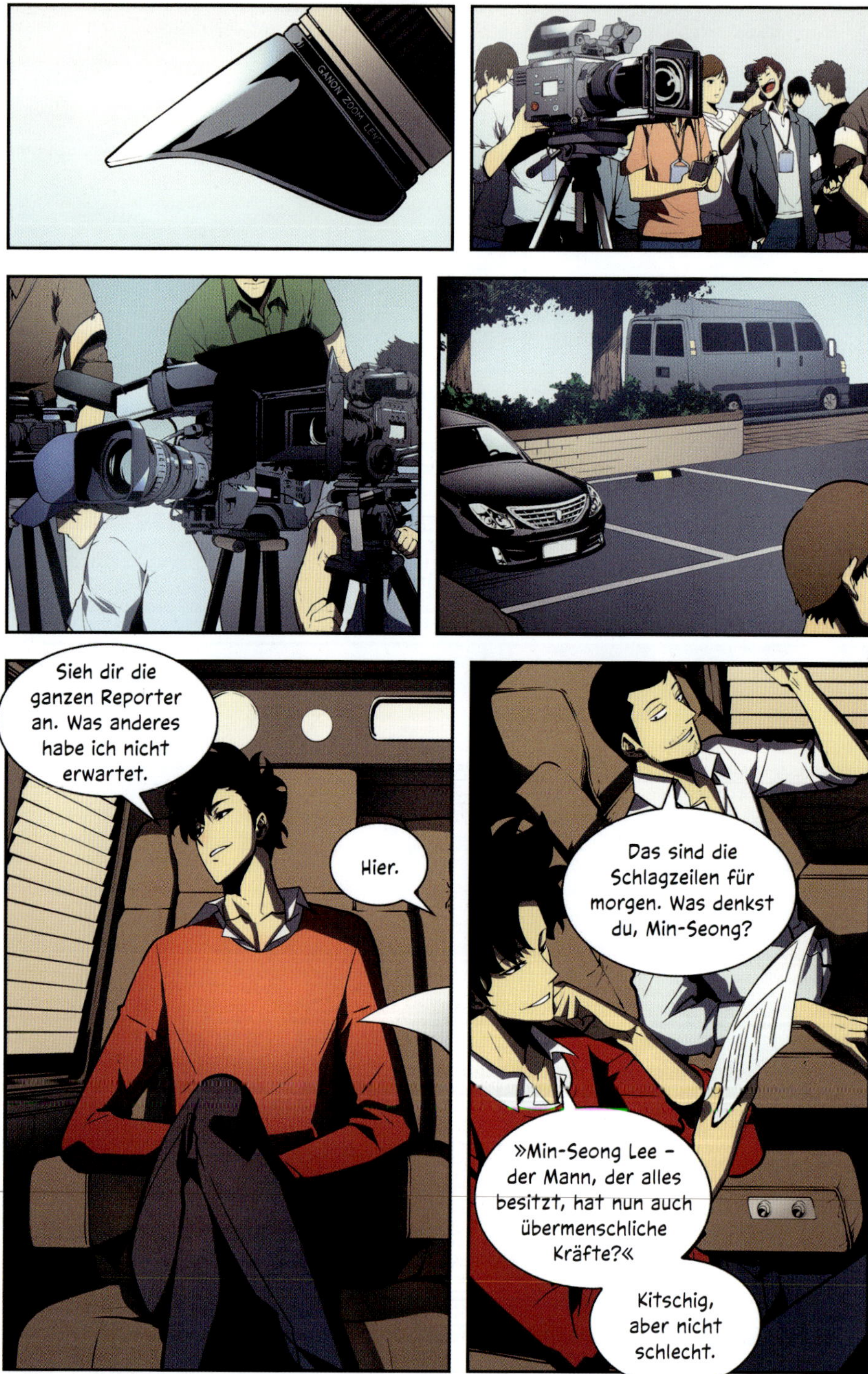
CANON ZOOM LENS
Sieh dir die ganzen Reporter an. Was anderes habe ich nicht erwartet.
Hier.
Das sind die Schlagzeilen für morgen. Was denkst du, Min-Seong?
»Min-Seong Lee – der Mann, der alles besitzt, hat nun auch übermenschliche Kräfte?«
Kitschig, aber nicht schlecht.

Kapitel 13

Der zehnte S-Rang-Hunter

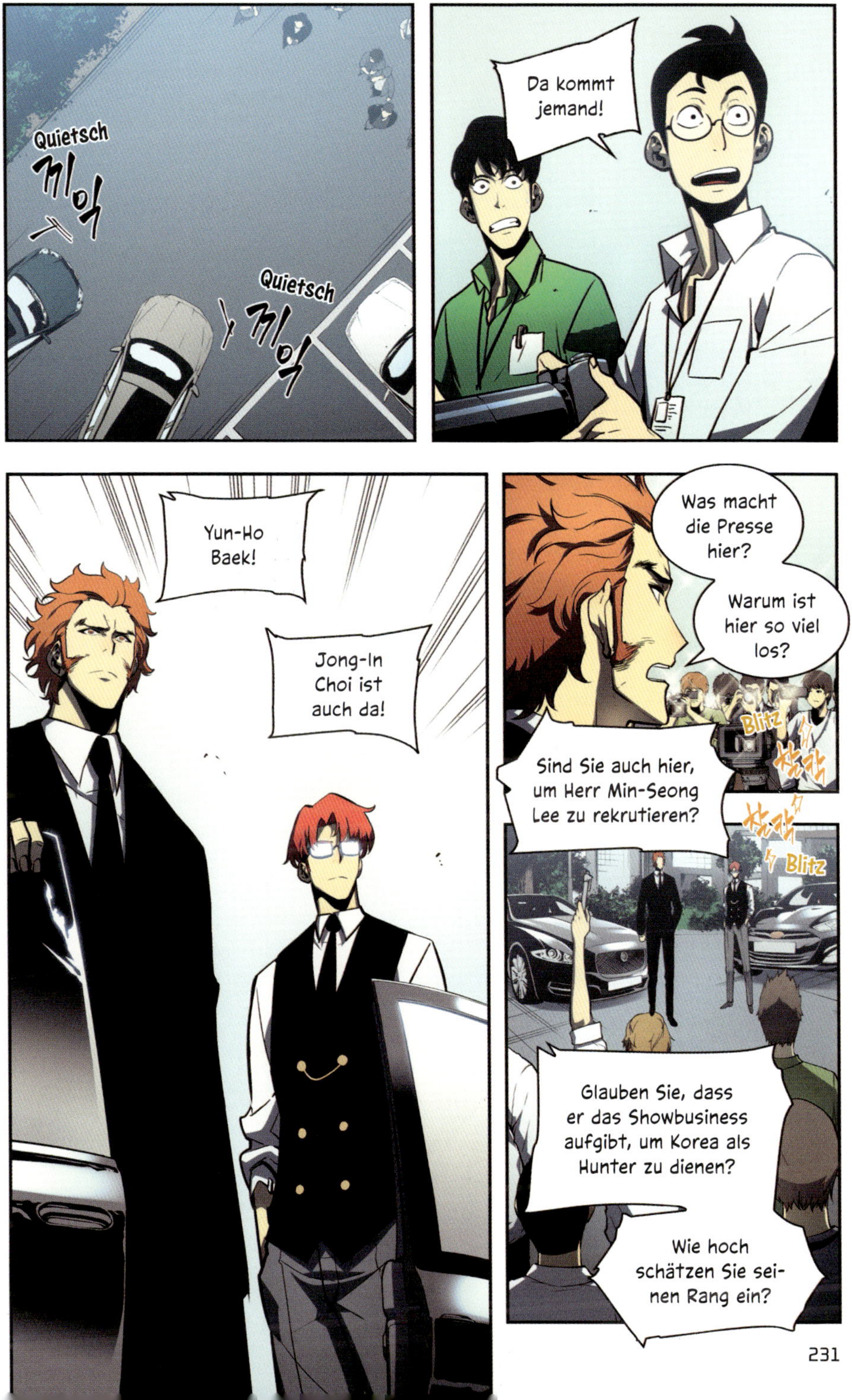
Quietsch
끼익
Quietsch
끼익
Da kommt jemand!
Yun-Ho Baek!
Jong-In Choi ist auch da!
Was macht die Presse hier?
Warum ist hier so viel los?
Blitz
Sind Sie auch hier, um Herr Min-Seong Lee zu rekrutieren?
Blitz
Glauben Sie, dass er das Showbusiness aufgibt, um Korea als Hunter zu dienen?
Wie hoch schätzen Sie seinen Rang ein?

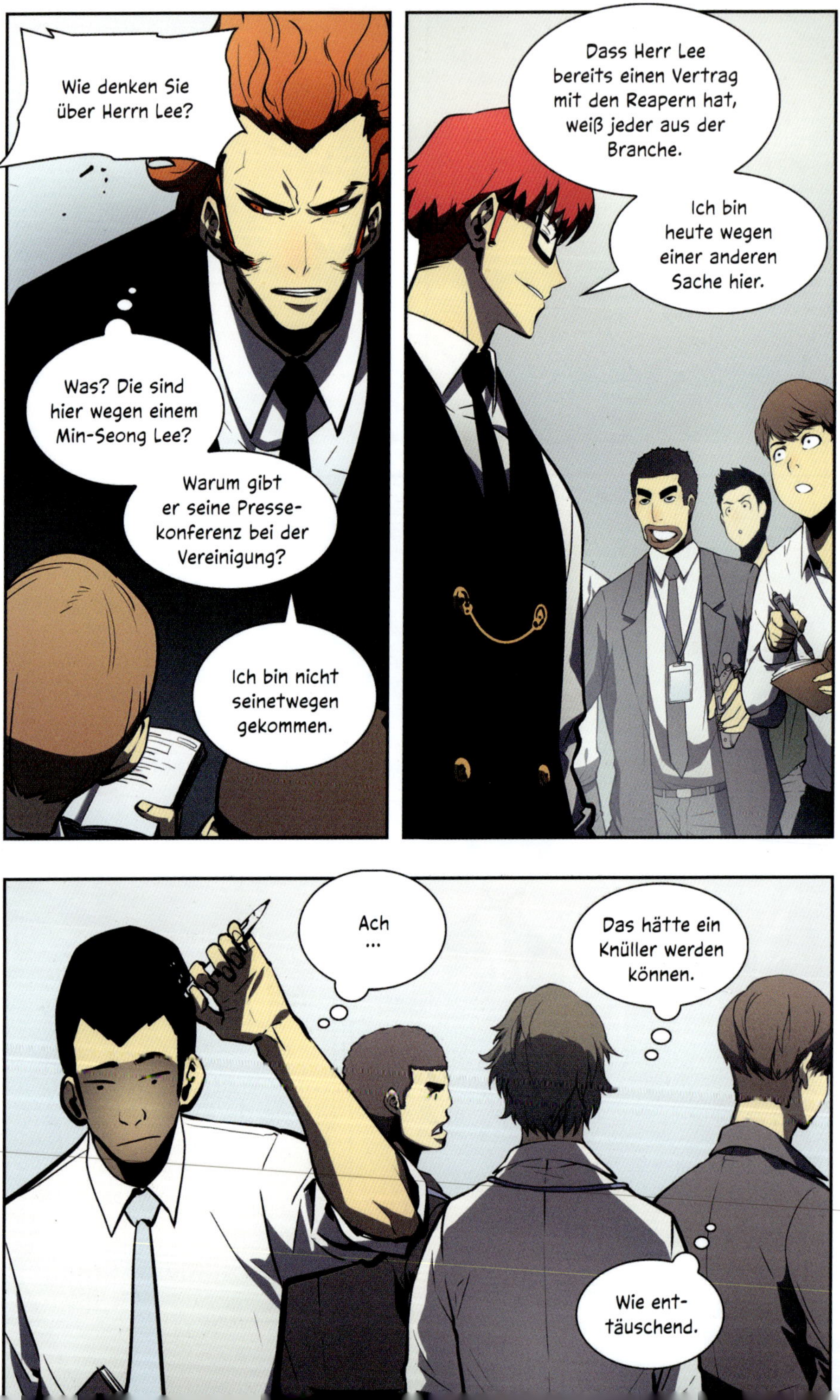
Wie denken Sie über Herrn Lee?
Was? Die sind hier wegen einem Min-Seong Lee?
Warum gibt er seine Pressekonferenz bei der Vereinigung?
Ich bin nicht seinetwegen gekommen.
Dass Herr Lee bereits einen Vertrag mit den Reapern hat, weiß jeder aus der Branche.
Ich bin heute wegen einer anderen Sache hier.
Ach …
Das hätte ein Knüller werden können.
Wie enttäuschend.

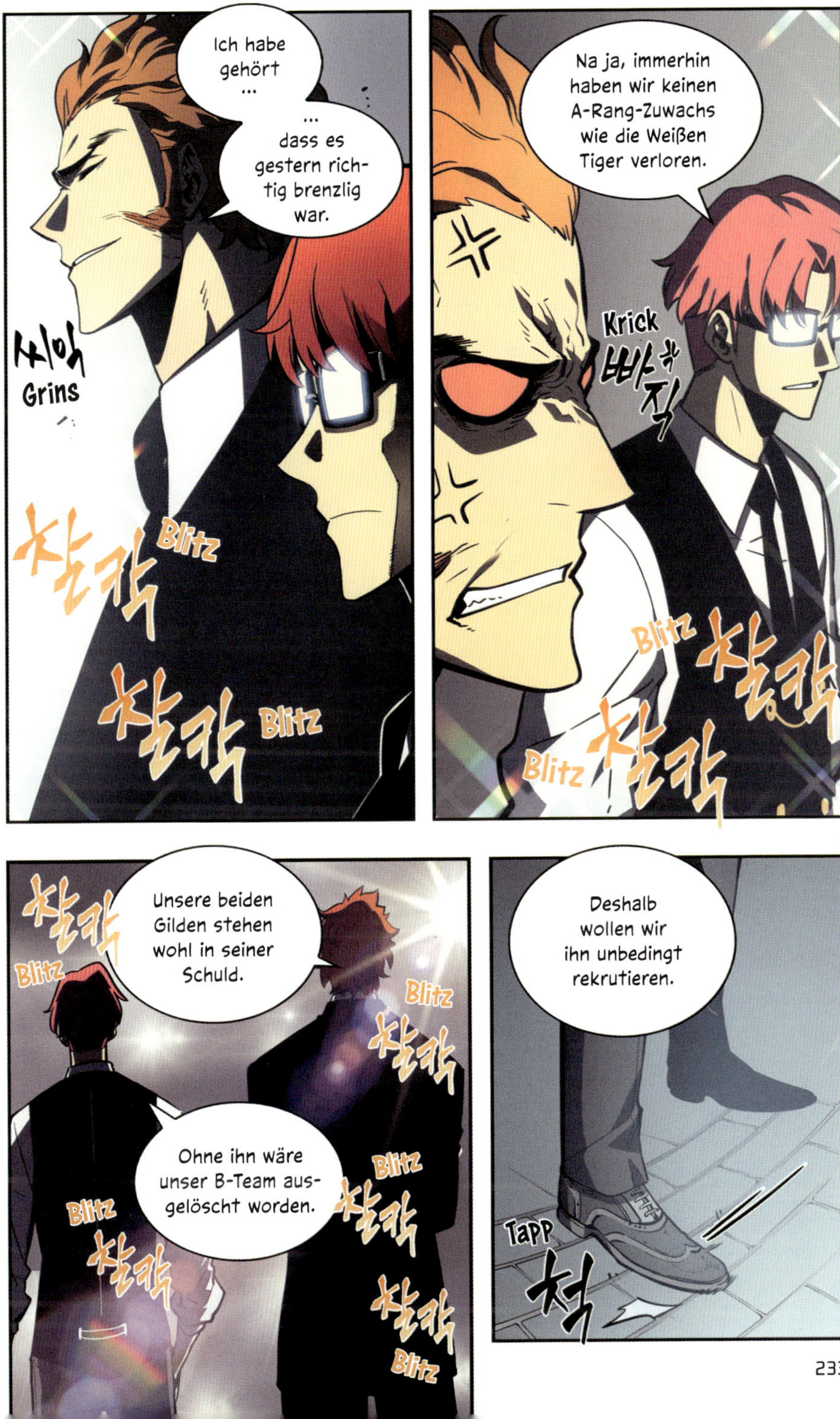

Ich habe gehört ...
... dass es gestern richtig brenzlig war.
쓰윽
Grins
촤르륵
Blitz
촤르륵
Blitz
Na ja, immerhin haben wir keinen A-Rang-Zuwachs wie die Weißen Tiger verloren.
Krick
빠직
Blitz
Blitz
Unsere beiden Gilden stehen wohl in seiner Schuld.
Blitz
Blitz
Ohne ihn wäre unser B-Team ausgelöscht worden.
Blitz
Blitz
Blitz
Deshalb wollen wir ihn unbedingt rekrutieren.
Tapp
척

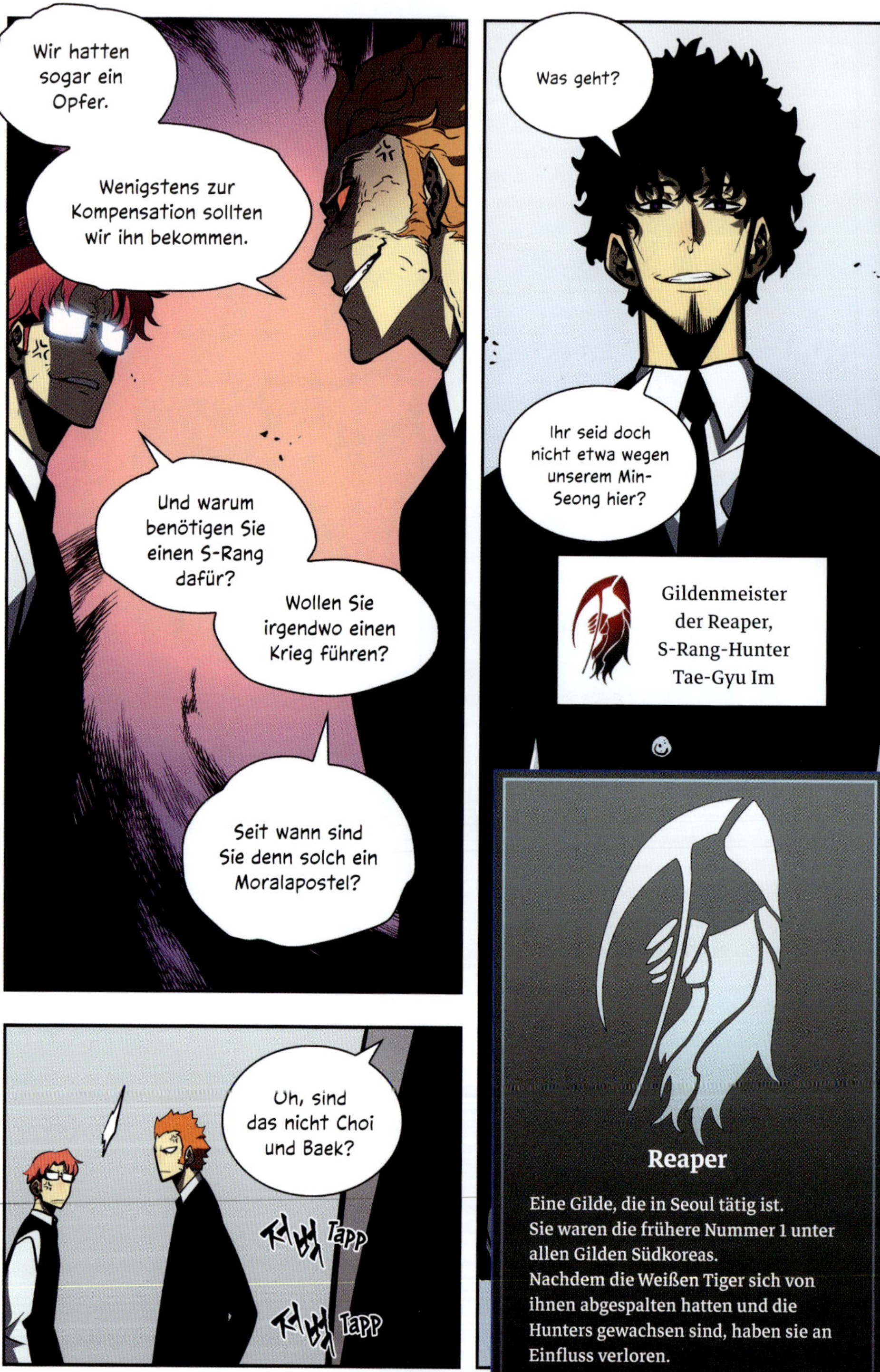
Wir hatten sogar ein Opfer.
Wenigstens zur Kompensation sollten wir ihn bekommen.
Und warum benötigen Sie einen S-Rang dafür?
Wollen Sie irgendwo einen Krieg führen?
Seit wann sind Sie denn solch ein Moralapostel?
Oh, sind das nicht Choi und Baek?
저벅 Tapp
저벅 Tapp
Was geht?
Ihr seid doch nicht etwa wegen unserem Min-Seong hier?
Gildenmeister der Reaper, S-Rang-Hunter Tae-Gyu Im
Reaper
Eine Gilde, die in Seoul tätig ist.
Sie waren die frühere Nummer 1 unter allen Gilden Südkoreas.
Nachdem die Weißen Tiger sich von ihnen abgespalten hatten und die Hunters gewachsen sind, haben sie an Einfluss verloren.

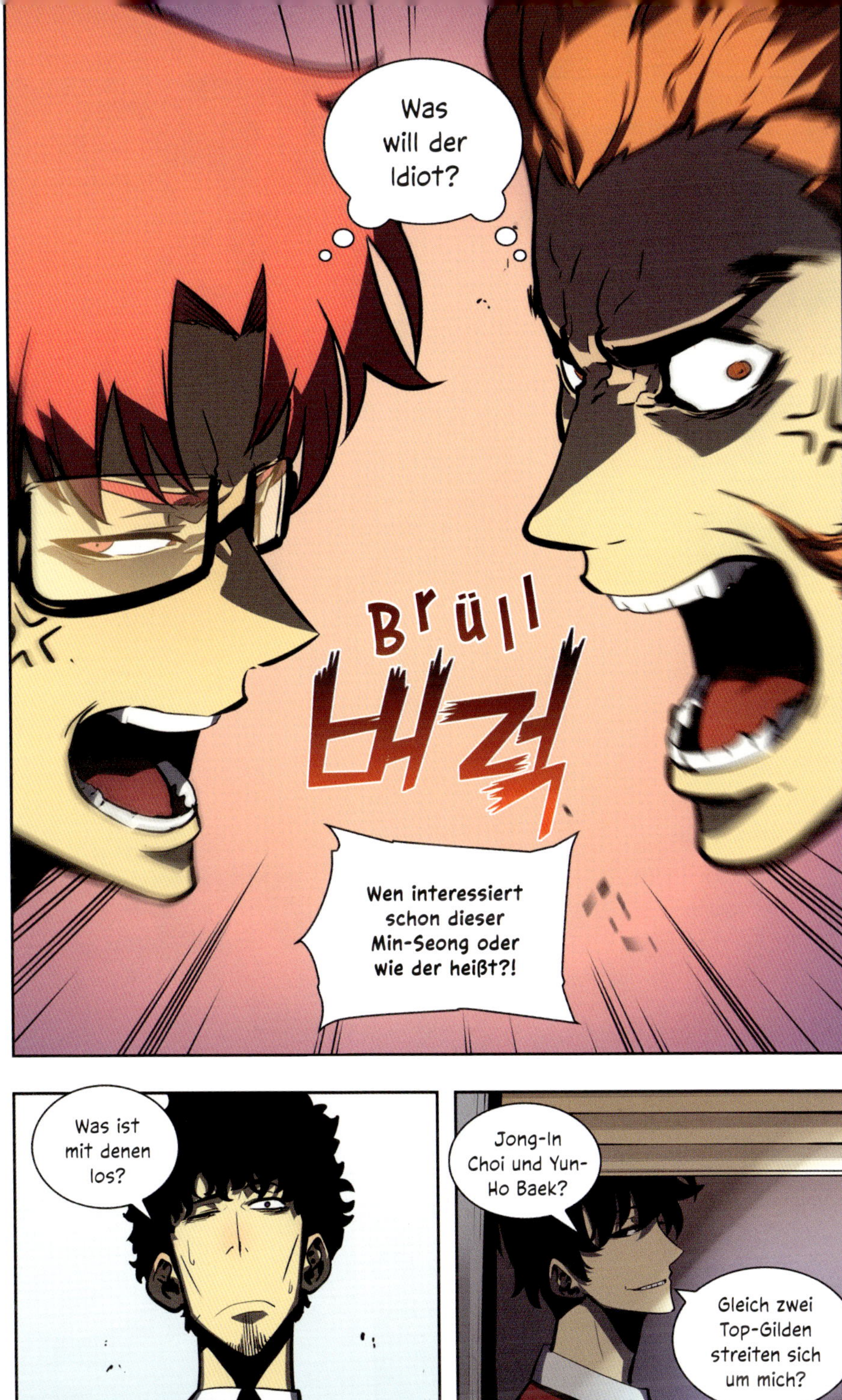
Was will der Idiot?
Brüll
버럭
Wen interessiert schon dieser Min-Seong oder wie der heißt?!
Was ist mit denen los?
Jong-In Choi und Yun-Ho Baek?
Gleich zwei Top-Gilden streiten sich um mich?

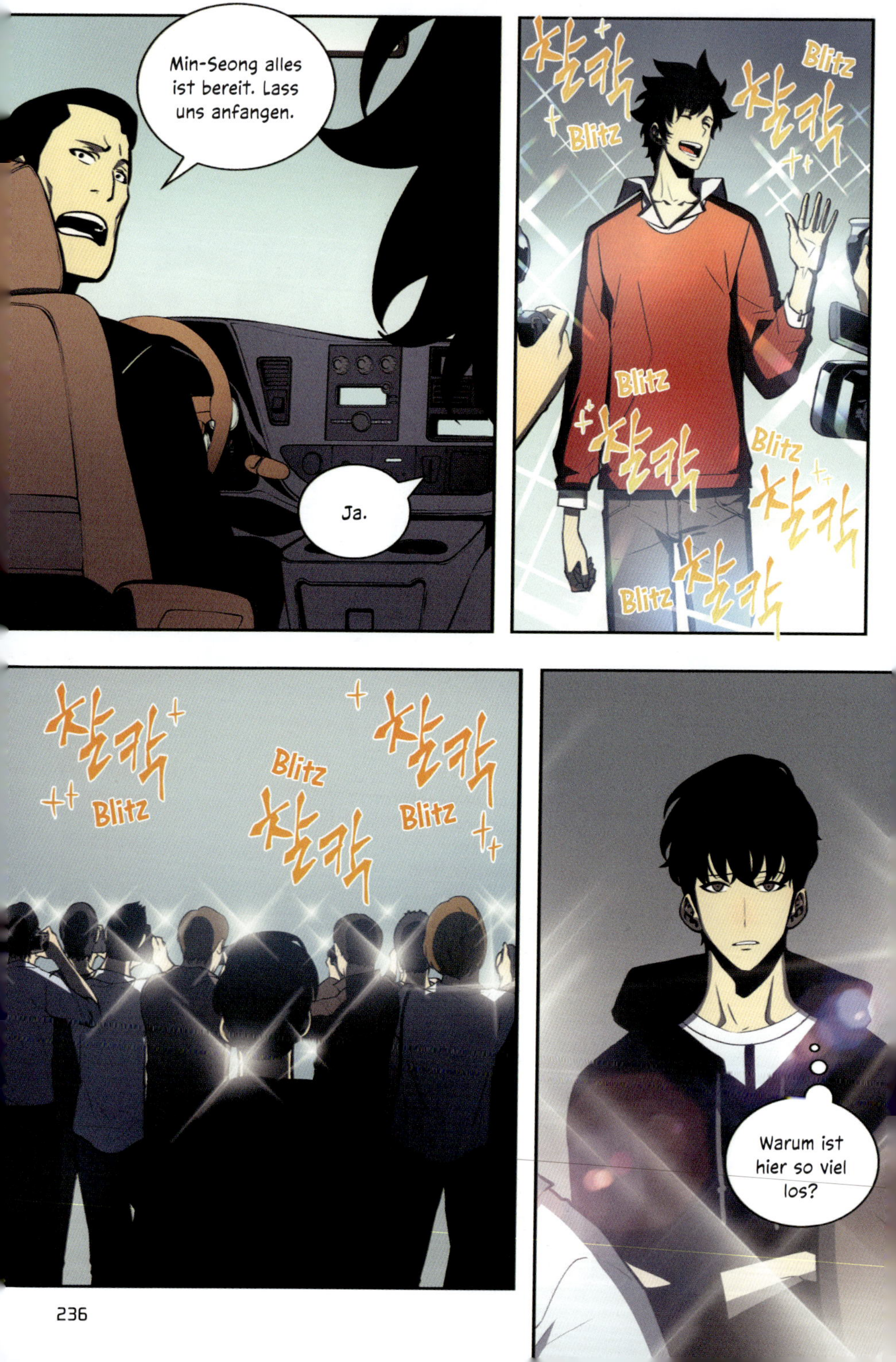
Min-Seong alles ist bereit. Lass uns anfangen.
Ja.
Blitz
Blitz
Blitz
Blitz
Blitz
Blitz
Blitz
Blitz
Warum ist hier so viel los?

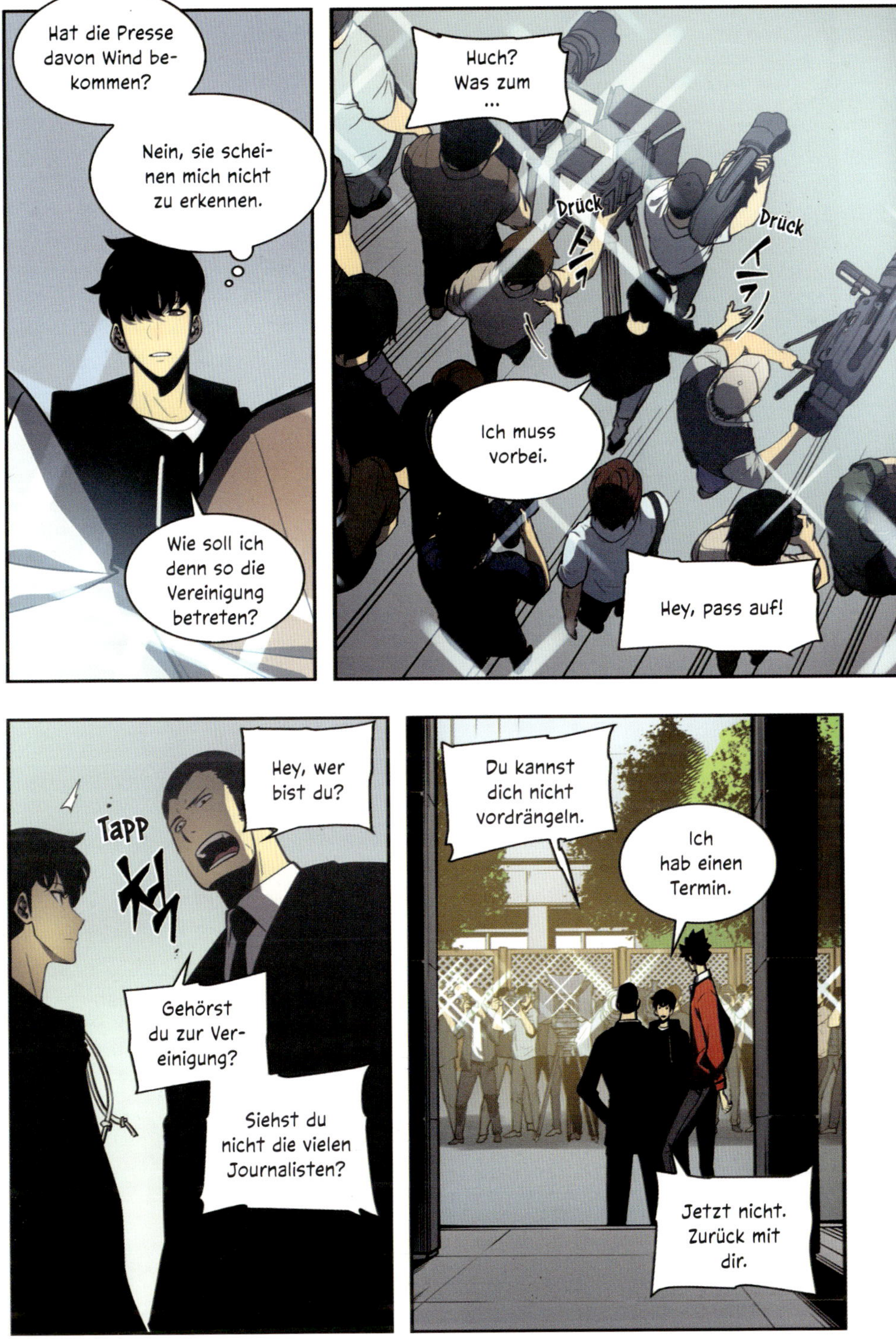
Hat die Presse davon Wind bekommen?
Nein, sie scheinen mich nicht zu erkennen.
Wie soll ich denn so die Vereinigung betreten?
Huch? Was zum ...
Drück
Drück
Ich muss vorbei.
Hey, pass auf!
Hey, wer bist du?
Tapp
Gehörst du zur Vereinigung?
Siehst du nicht die vielen Journalisten?
Du kannst dich nicht vordrängeln.
Ich hab einen Termin.
Jetzt nicht. Zurück mit dir.

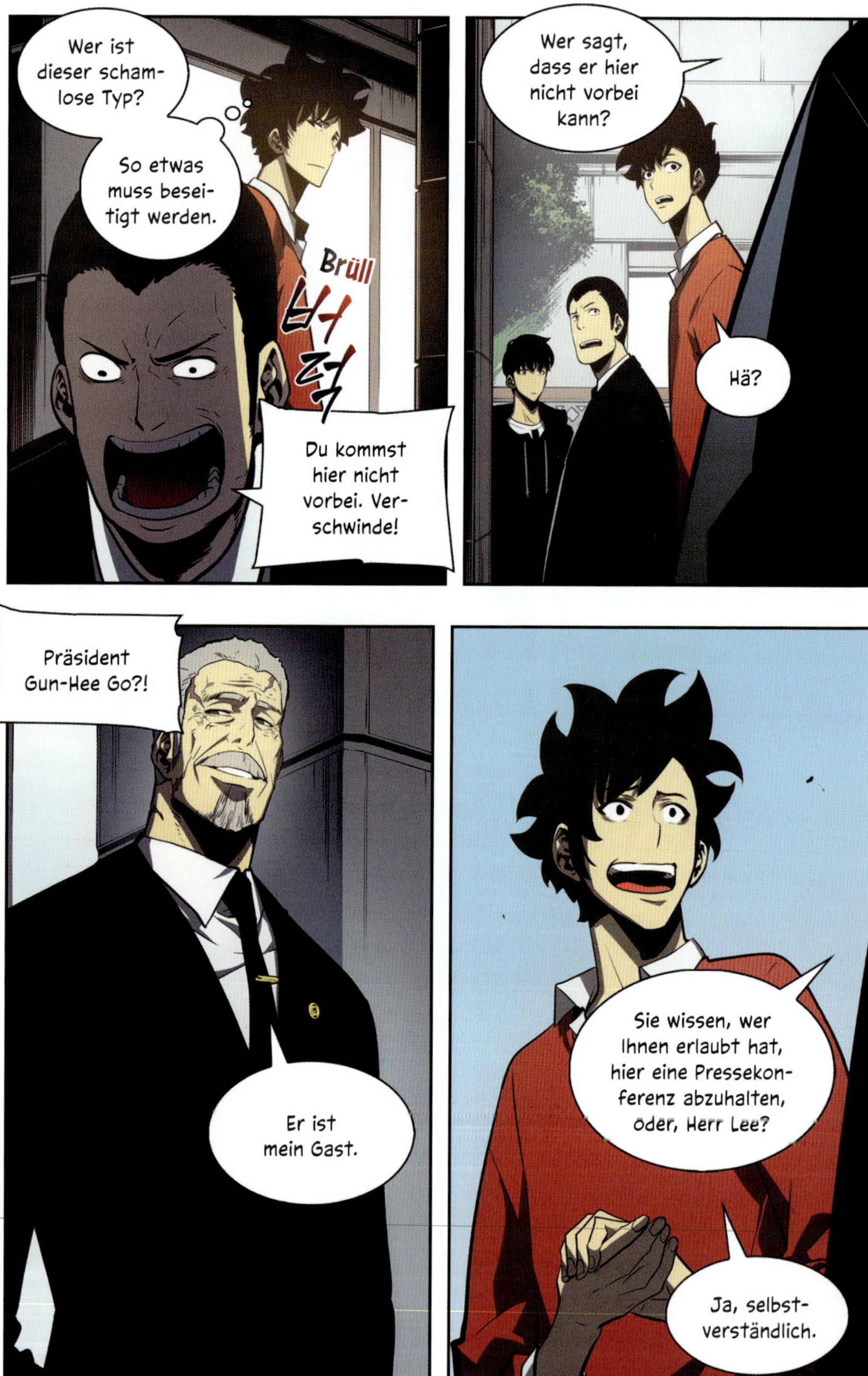
Wer ist dieser schamlose Typ?
So etwas muss beseitigt werden.
Brüll
버럭
Du kommst hier nicht vorbei. Verschwinde!
Wer sagt, dass er hier nicht vorbei kann?
Hä?
Präsident Gun-Hee Go?!
Er ist mein Gast.
Sie wissen, wer Ihnen erlaubt hat, hier eine Pressekonferenz abzuhalten, oder, Herr Lee?
Ja, selbstverständlich.

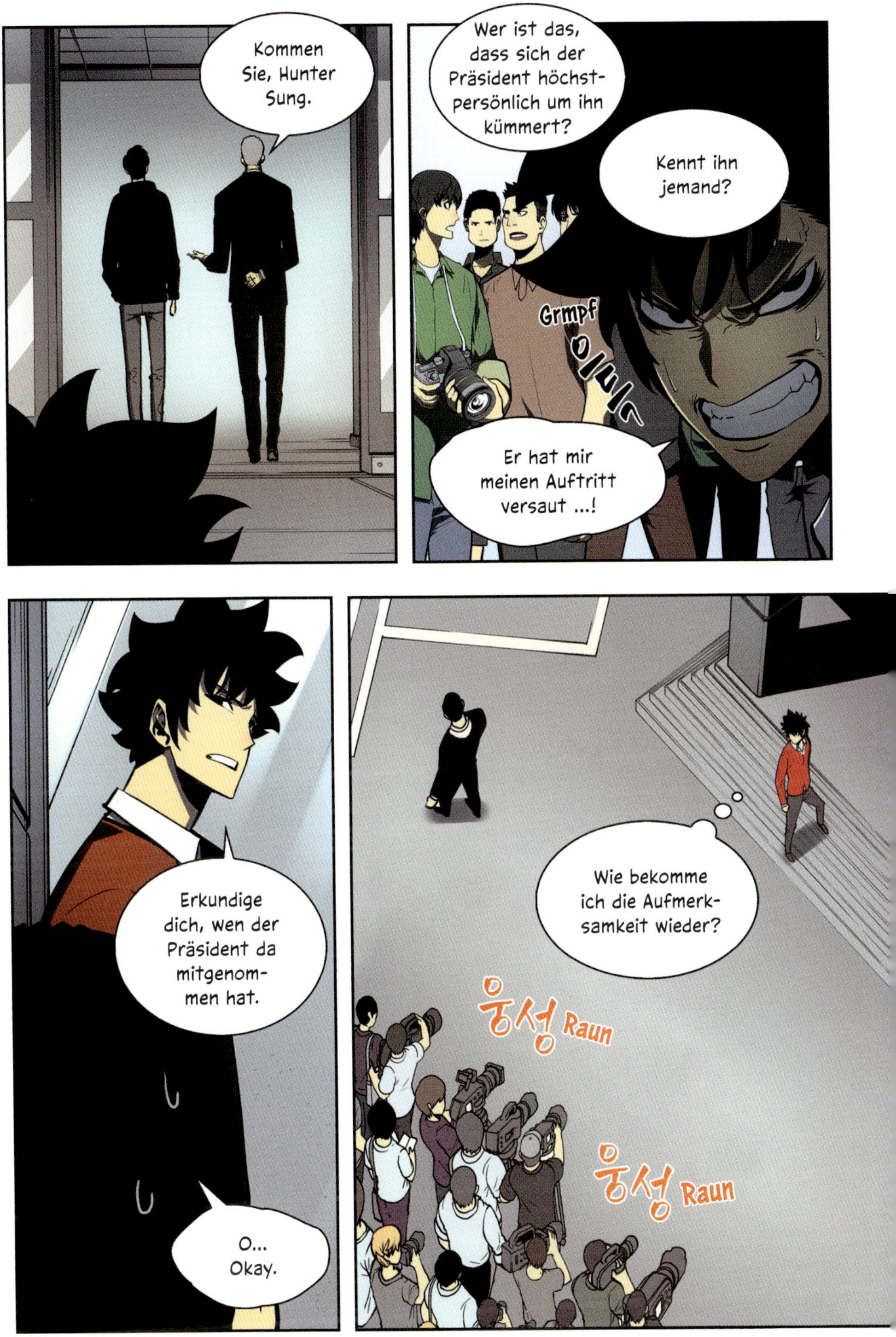
Kommen Sie, Hunter Sung.
Wer ist das, dass sich der Präsident höchst-persönlich um ihn kümmert?
Kennt ihn jemand?
Grmpf
이익~
Er hat mir meinen Auftritt versaut ...!
Erkundige dich, wen der Präsident da mitgenom-men hat.
O... Okay.
Wie bekomme ich die Aufmerk-samkeit wieder?
웅성 Raun
웅성 Raun

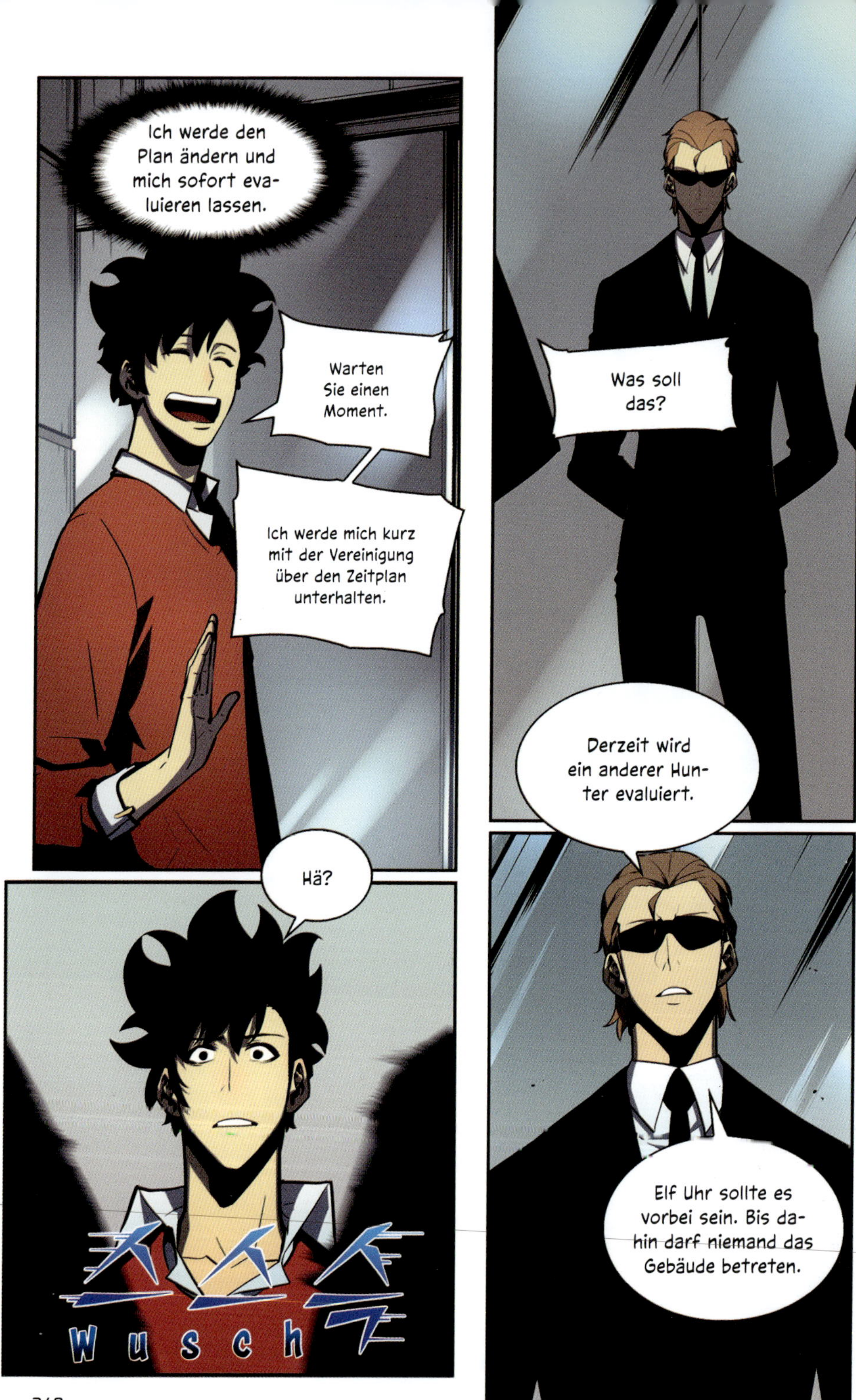
Ich werde den Plan ändern und mich sofort evaluieren lassen.
Warten Sie einen Moment.
Ich werde mich kurz mit der Vereinigung über den Zeitplan unterhalten.
Was soll das?
Derzeit wird ein anderer Hunter evaluiert.
Hä?
Wusch
Elf Uhr sollte es vorbei sein. Bis dahin darf niemand das Gebäude betreten.

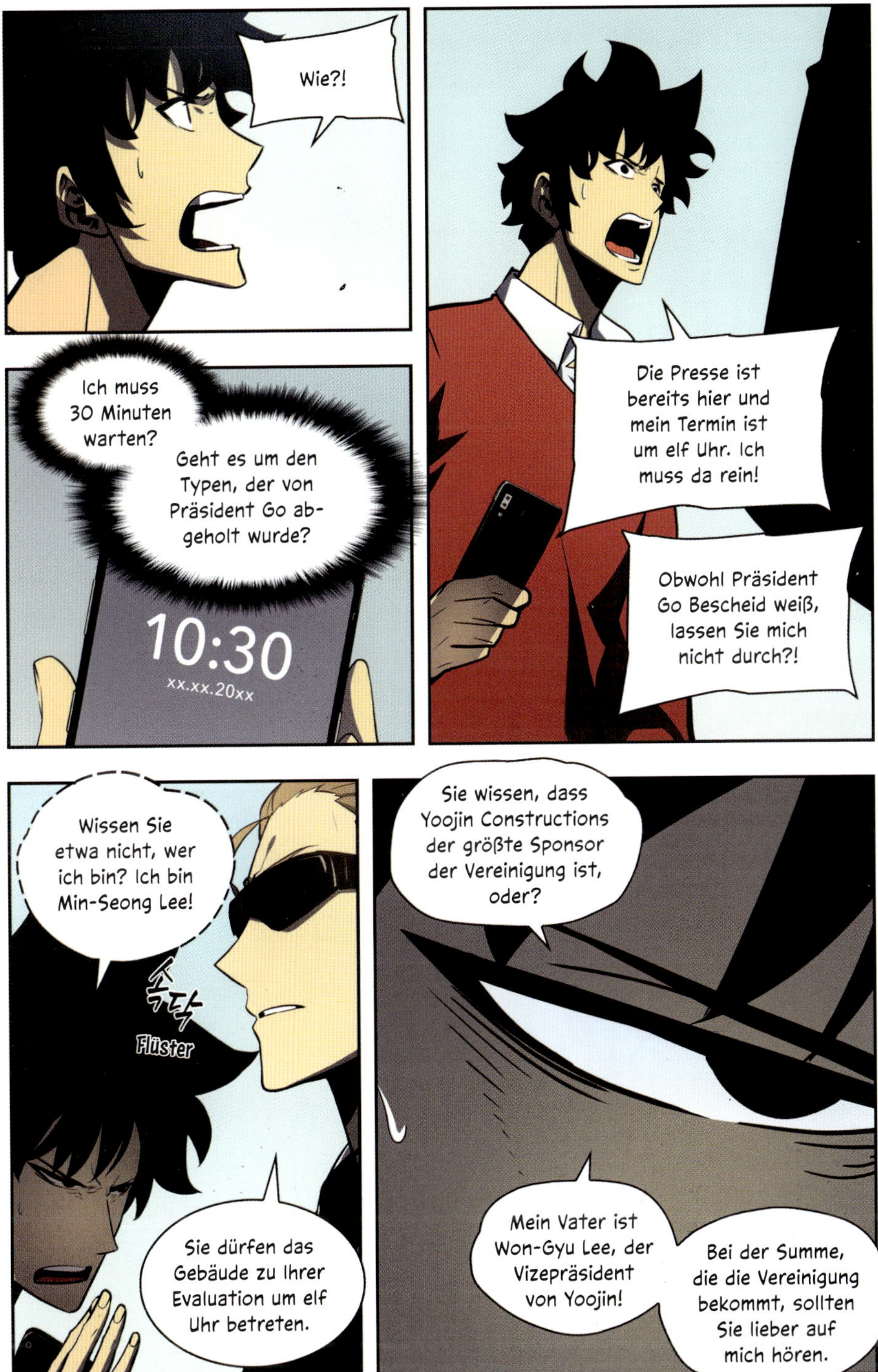
Wie?!
Die Presse ist bereits hier und mein Termin ist um elf Uhr. Ich muss da rein!
Ich muss 30 Minuten warten?
Geht es um den Typen, der von Präsident Go abgeholt wurde?
10:30
xx.xx.20xx
Obwohl Präsident Go Bescheid weiß, lassen Sie mich nicht durch?!
Wissen Sie etwa nicht, wer ich bin? Ich bin Min-Seong Lee!
Flüster
Sie dürfen das Gebäude zu Ihrer Evaluation um elf Uhr betreten.
Sie wissen, dass Yoojin Constructions der größte Sponsor der Vereinigung ist, oder?
Mein Vater ist Won-Gyu Lee, der Vizepräsident von Yoojin!
Bei der Summe, die die Vereinigung bekommt, sollten Sie lieber auf mich hören.

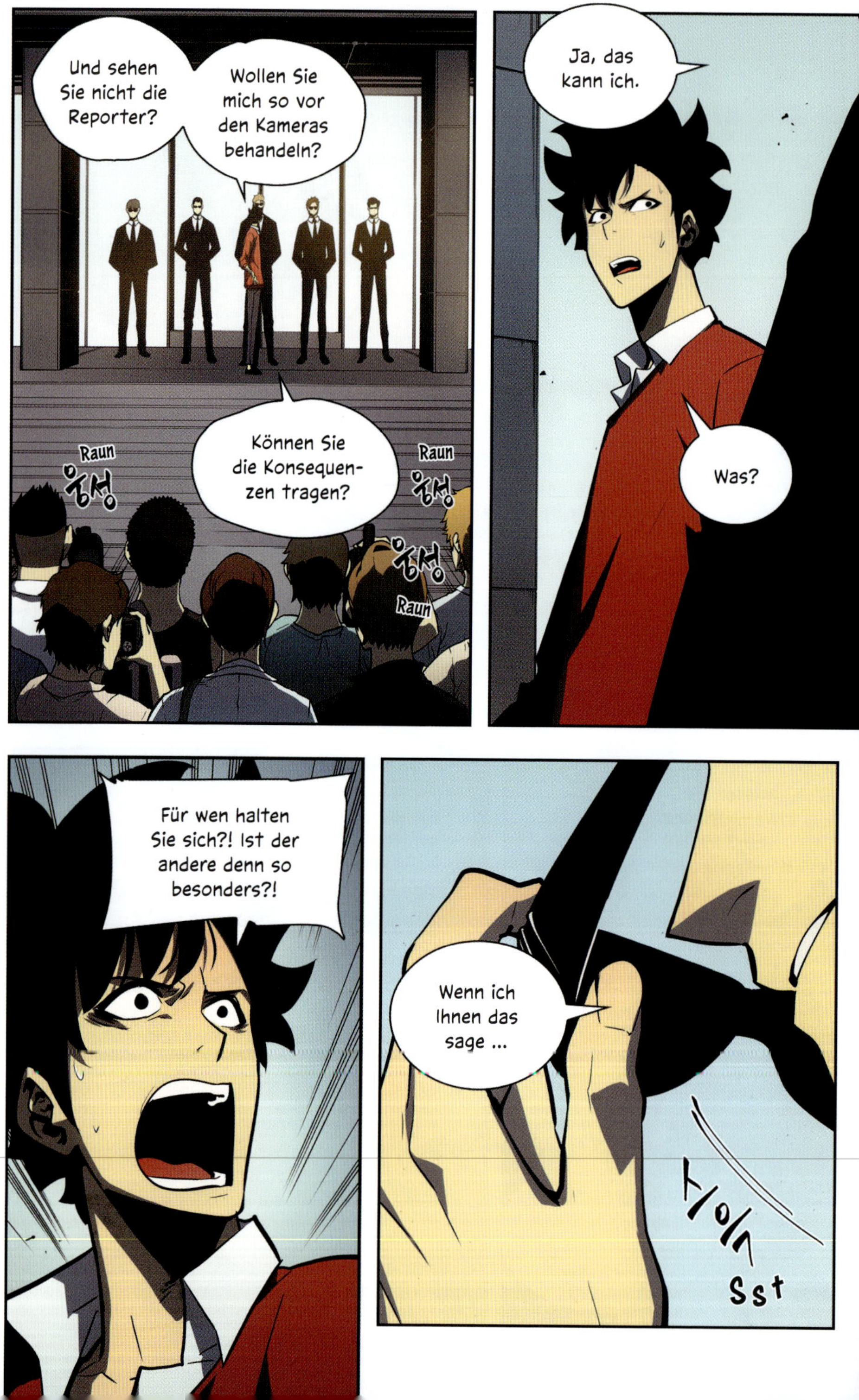
Und sehen Sie nicht die Reporter?
Wollen Sie mich so vor den Kameras behandeln?
Können Sie die Konsequenzen tragen?
Raun
웅성
Raun
웅성
웅성
Raun
Ja, das kann ich.
Was?
Für wen halten Sie sich?! Ist der andere denn so besonders?!
Wenn ich Ihnen das sage ...
Sst

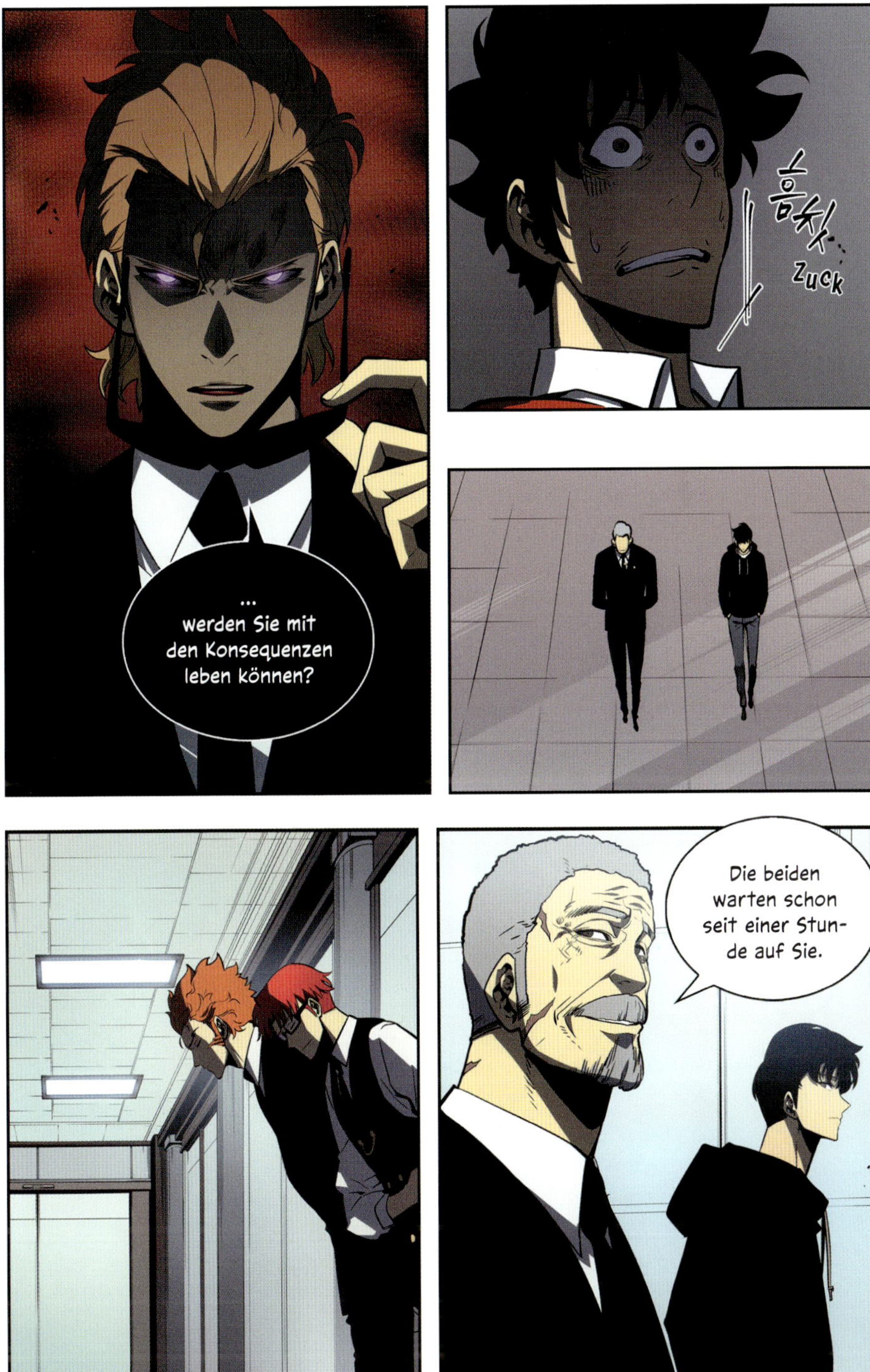
...
werden Sie mit
den Konsequenzen
leben können?
흠칫
Zuck
Die beiden
warten schon
seit einer Stun-
de auf Sie.

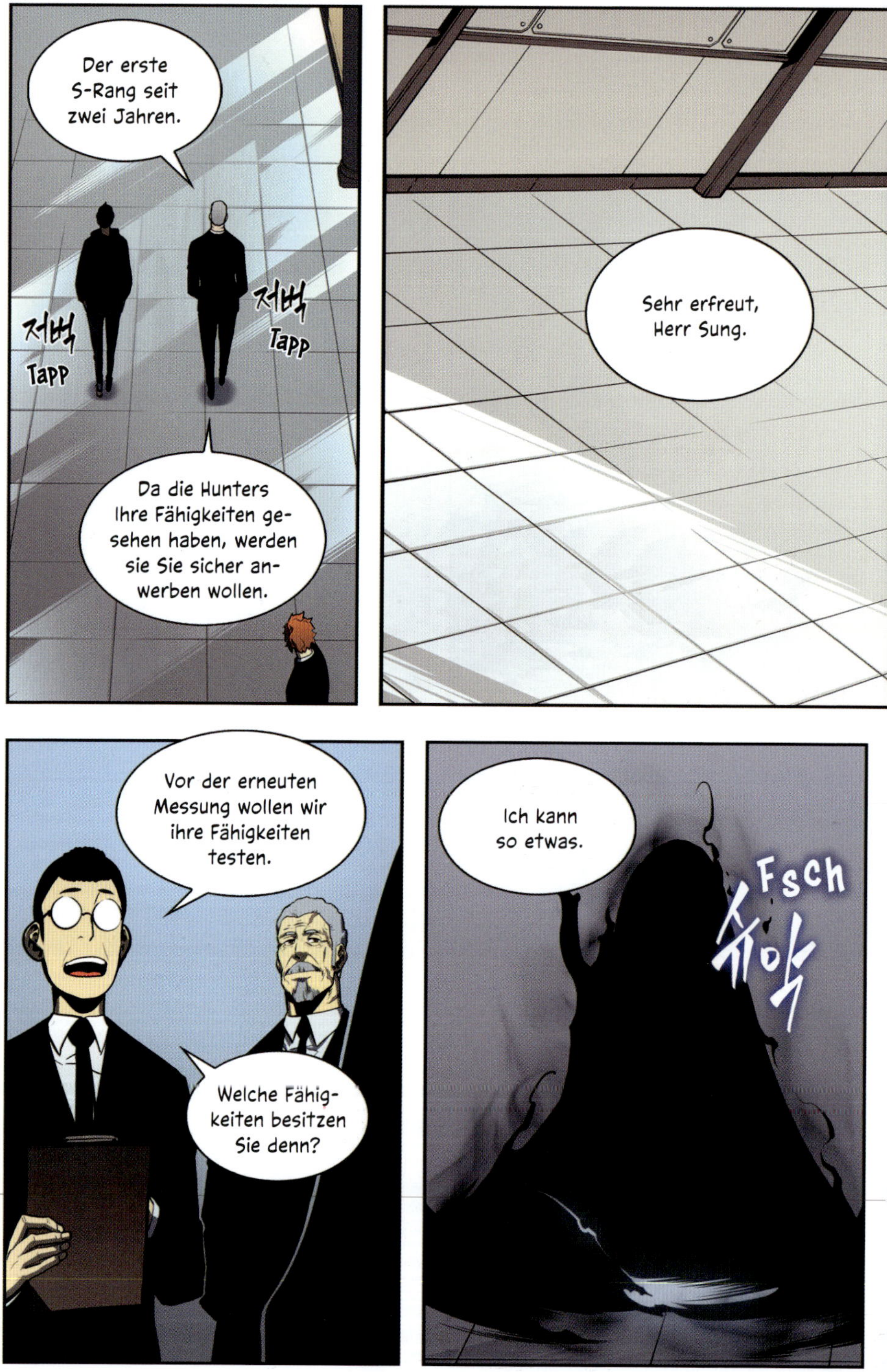
Der erste S-Rang seit zwei Jahren.
저벅
Tapp
저벅
Tapp
Da die Hunters Ihre Fähigkeiten gesehen haben, werden sie Sie sicher anwerben wollen.
Sehr erfreut, Herr Sung.
Vor der erneuten Messung wollen wir ihre Fähigkeiten testen.
Welche Fähigkeiten besitzen Sie denn?
Ich kann so etwas.
Fsch
슈아

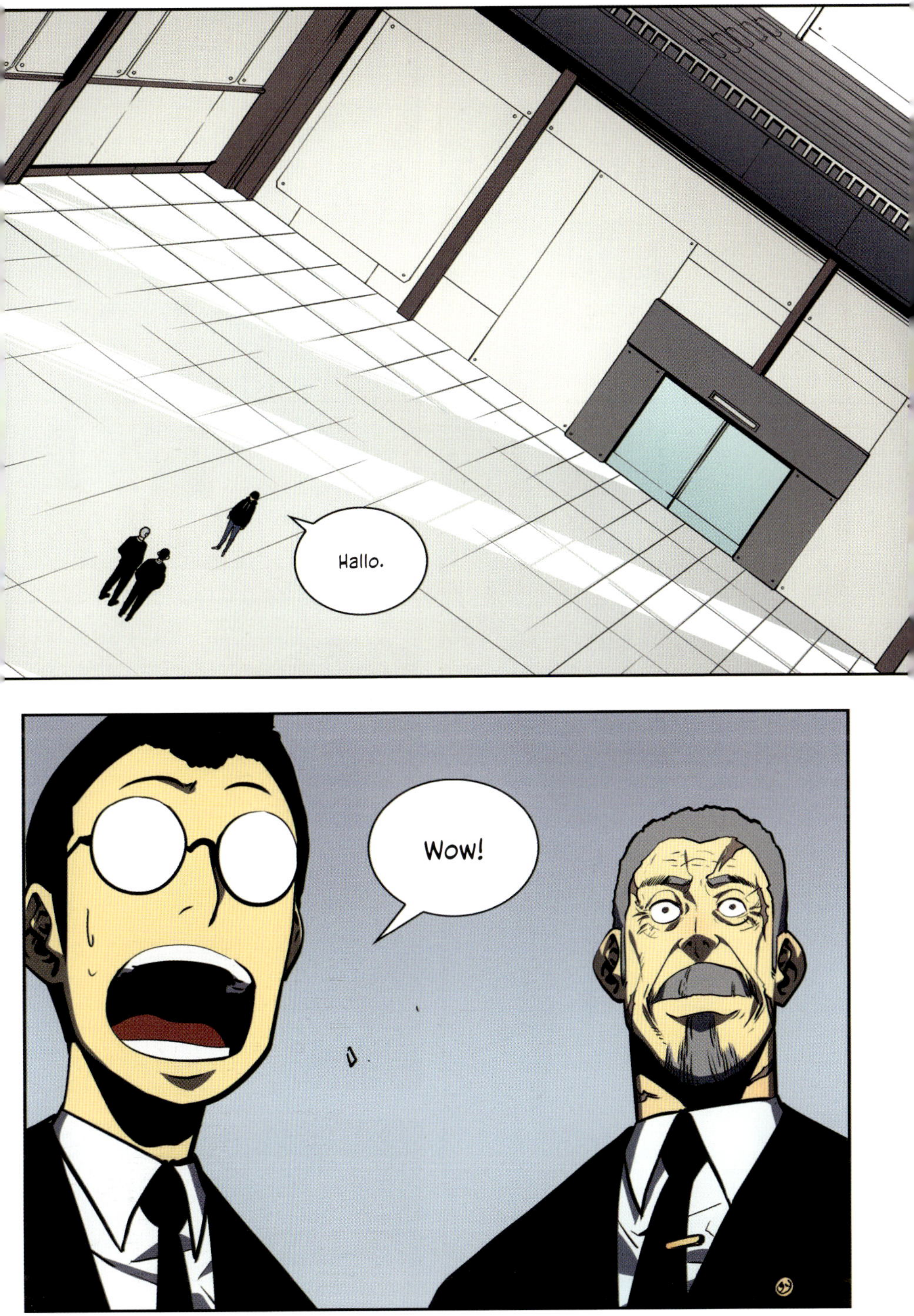
Hallo.
Wow!

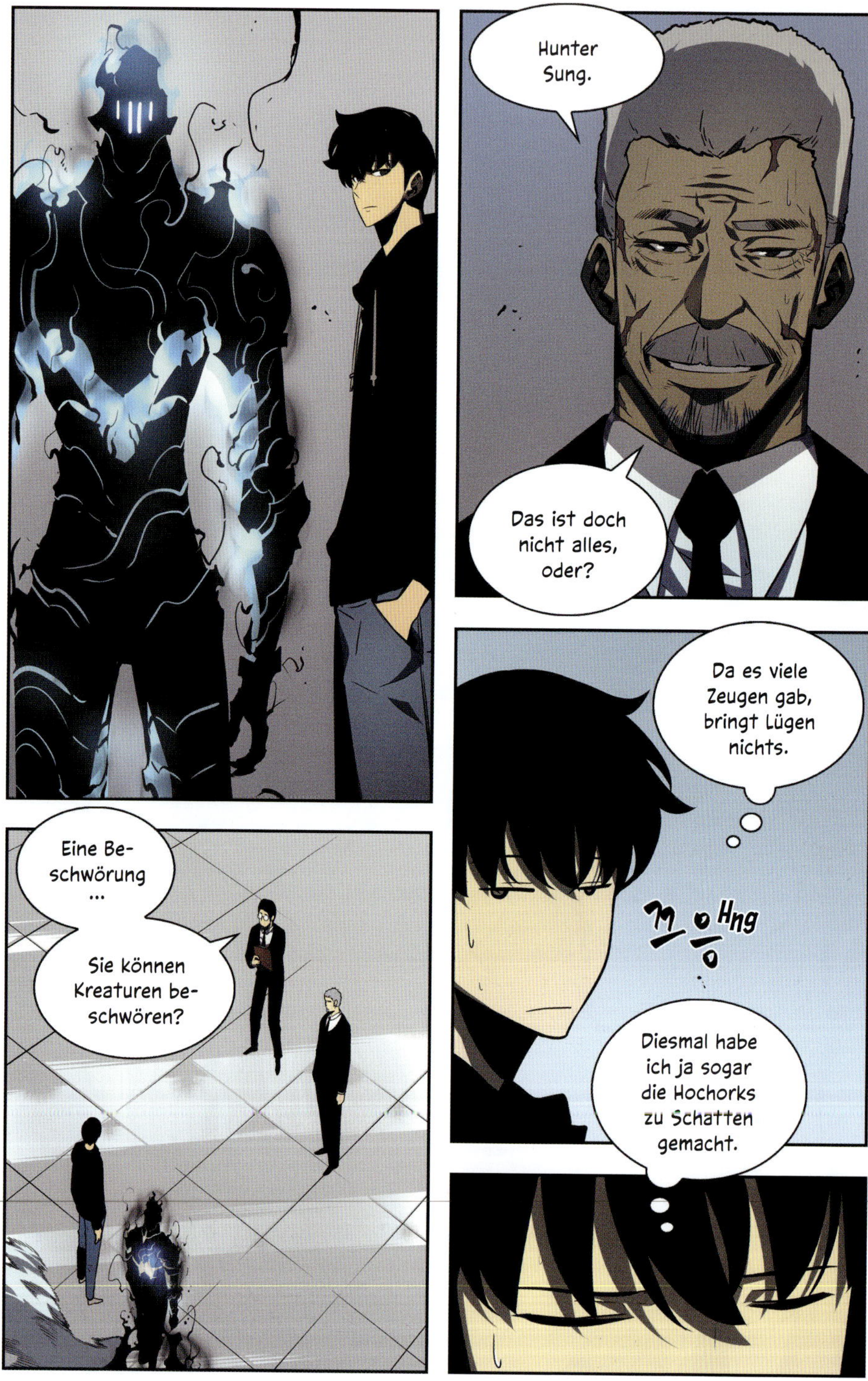
Hunter Sung.
Das ist doch nicht alles, oder?
Da es viele Zeugen gab, bringt Lügen nichts.
Hng
Diesmal habe ich ja sogar die Hochorks zu Schatten gemacht.
Eine Beschwörung …
Sie können Kreaturen beschwören?

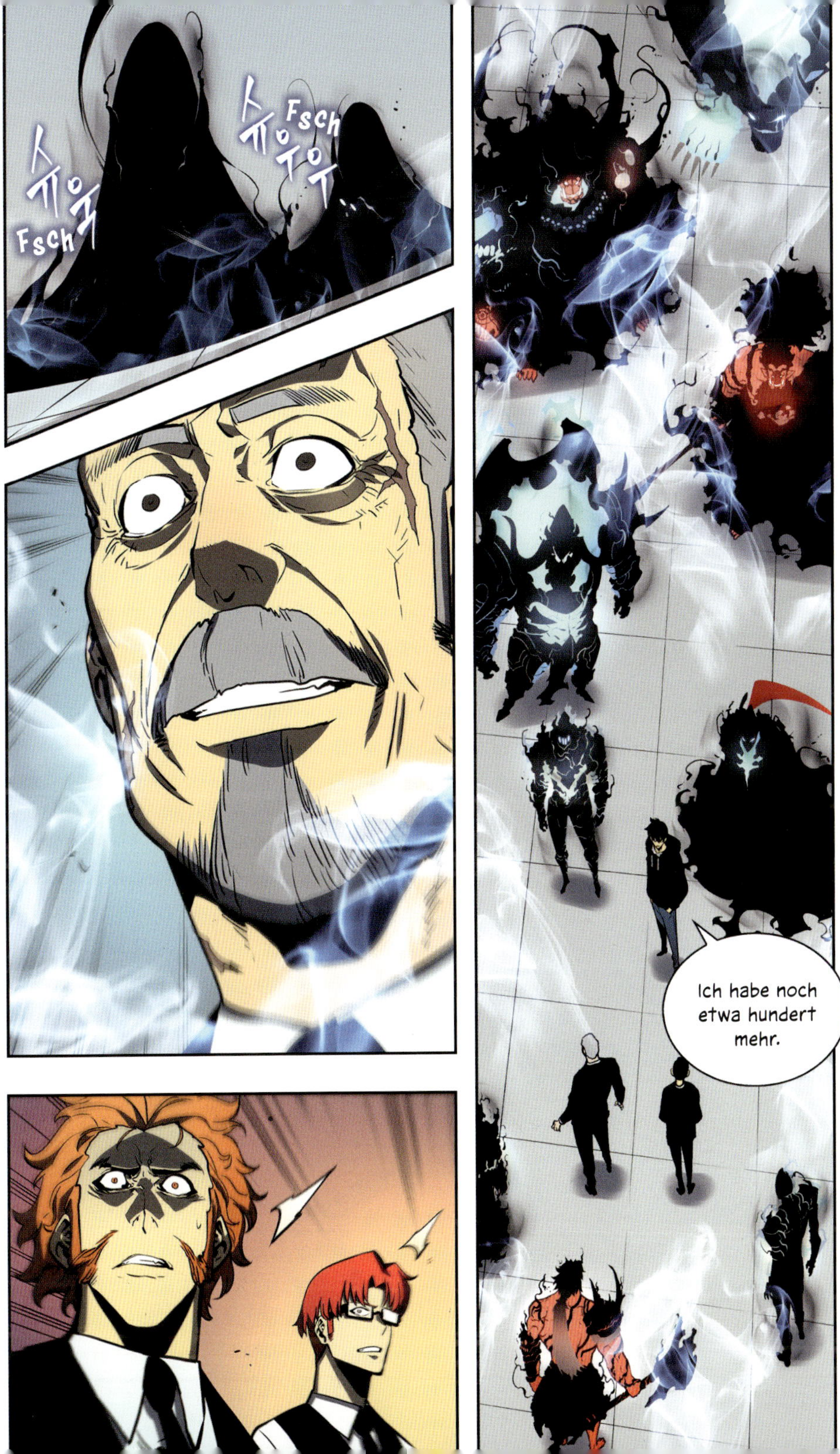
Fsch
Fsch
Ich habe noch etwa hundert mehr.

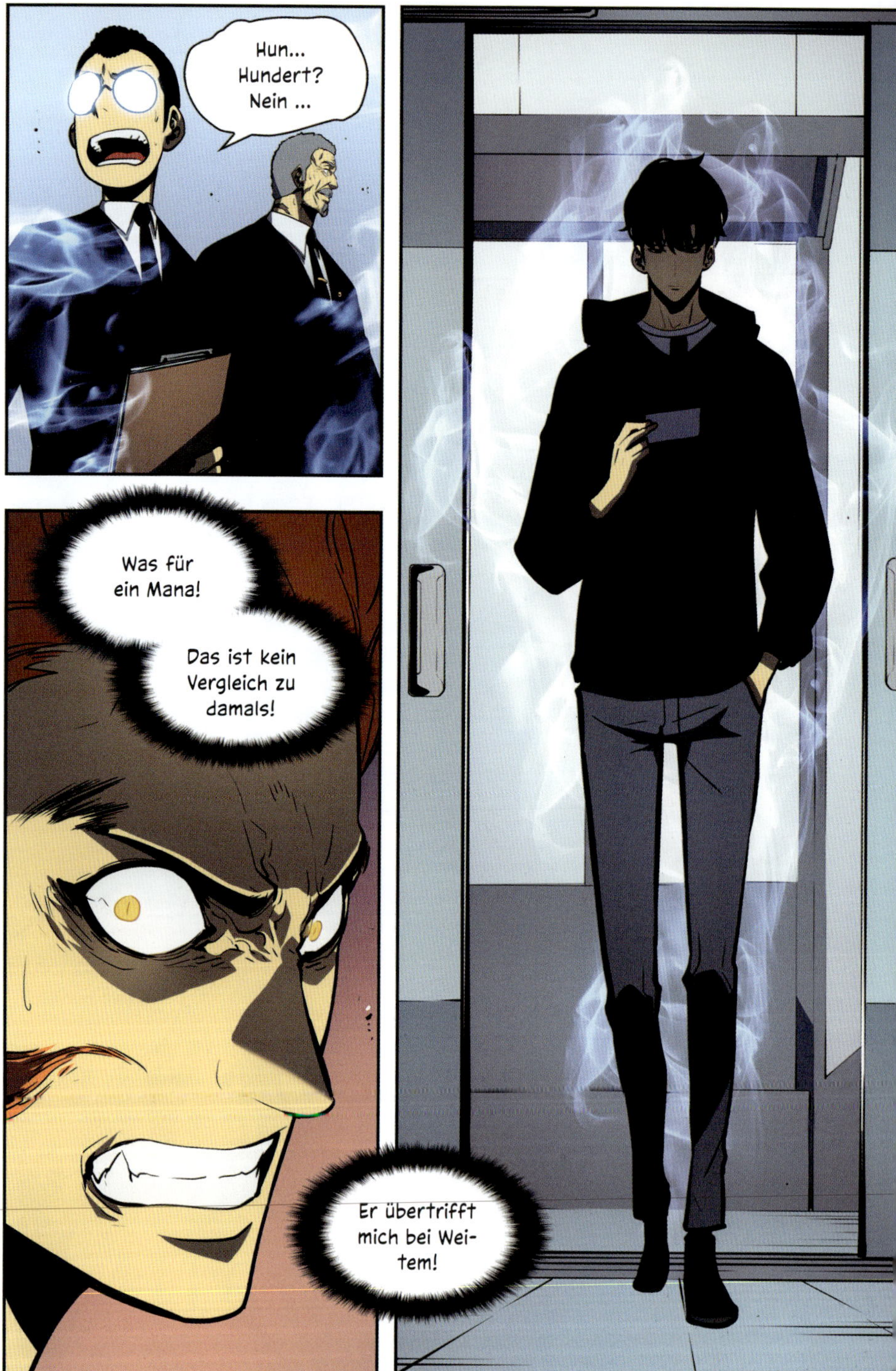
Hun...
Hundert?
Nein ...
Was für
ein Mana!
Das ist kein
Vergleich zu
damals!
Er übertrifft
mich bei Wei-
tem!

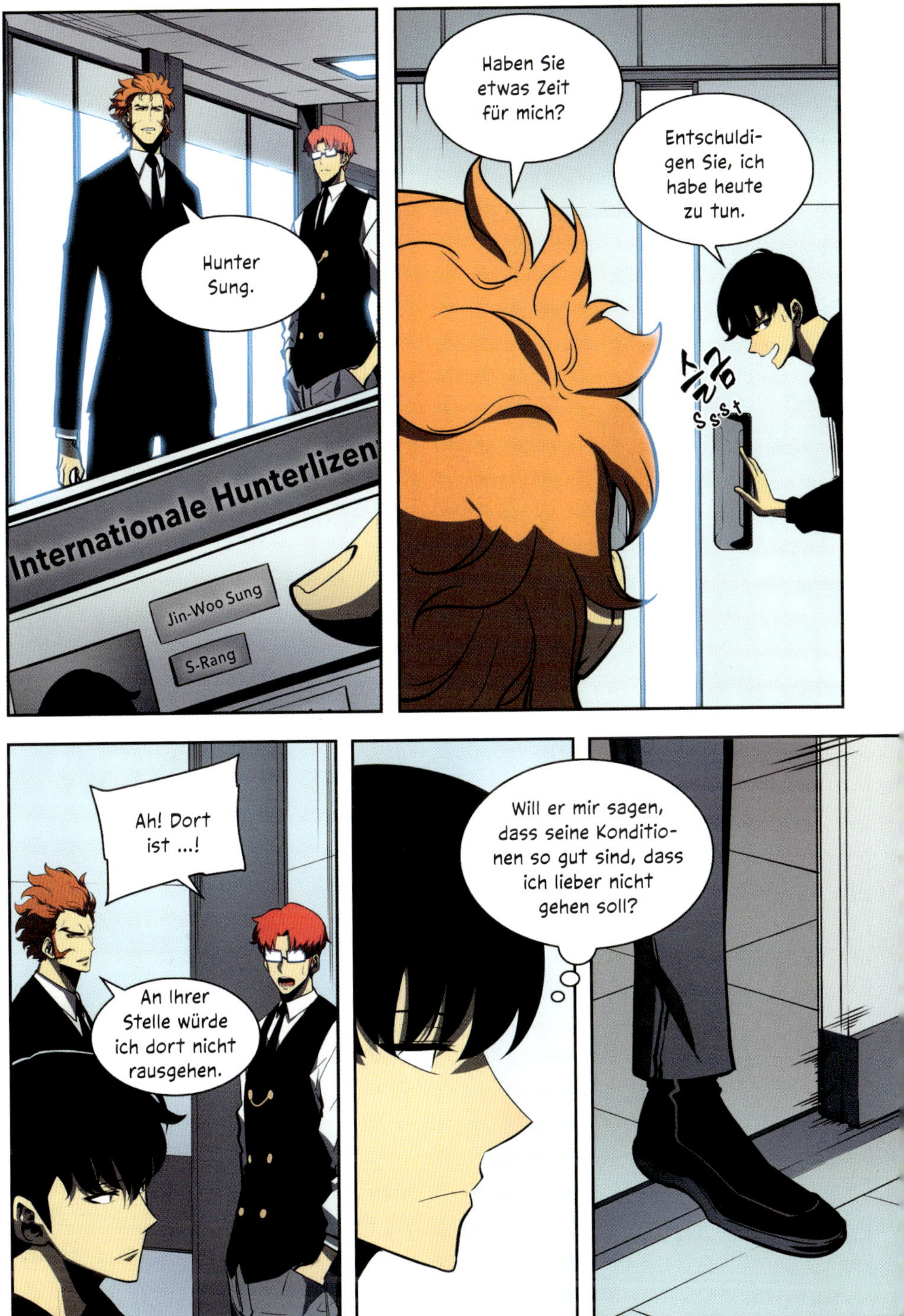
Internationale Hunterlizen
Jin-Woo Sung
S-Rang
Hunter Sung.
Haben Sie etwas Zeit für mich?
Entschuldigen Sie, ich habe heute zu tun.
Sssst
Ah! Dort ist ...!
An Ihrer Stelle würde ich dort nicht rausgehen.
Will er mir sagen, dass seine Konditionen so gut sind, dass ich lieber nicht gehen soll?

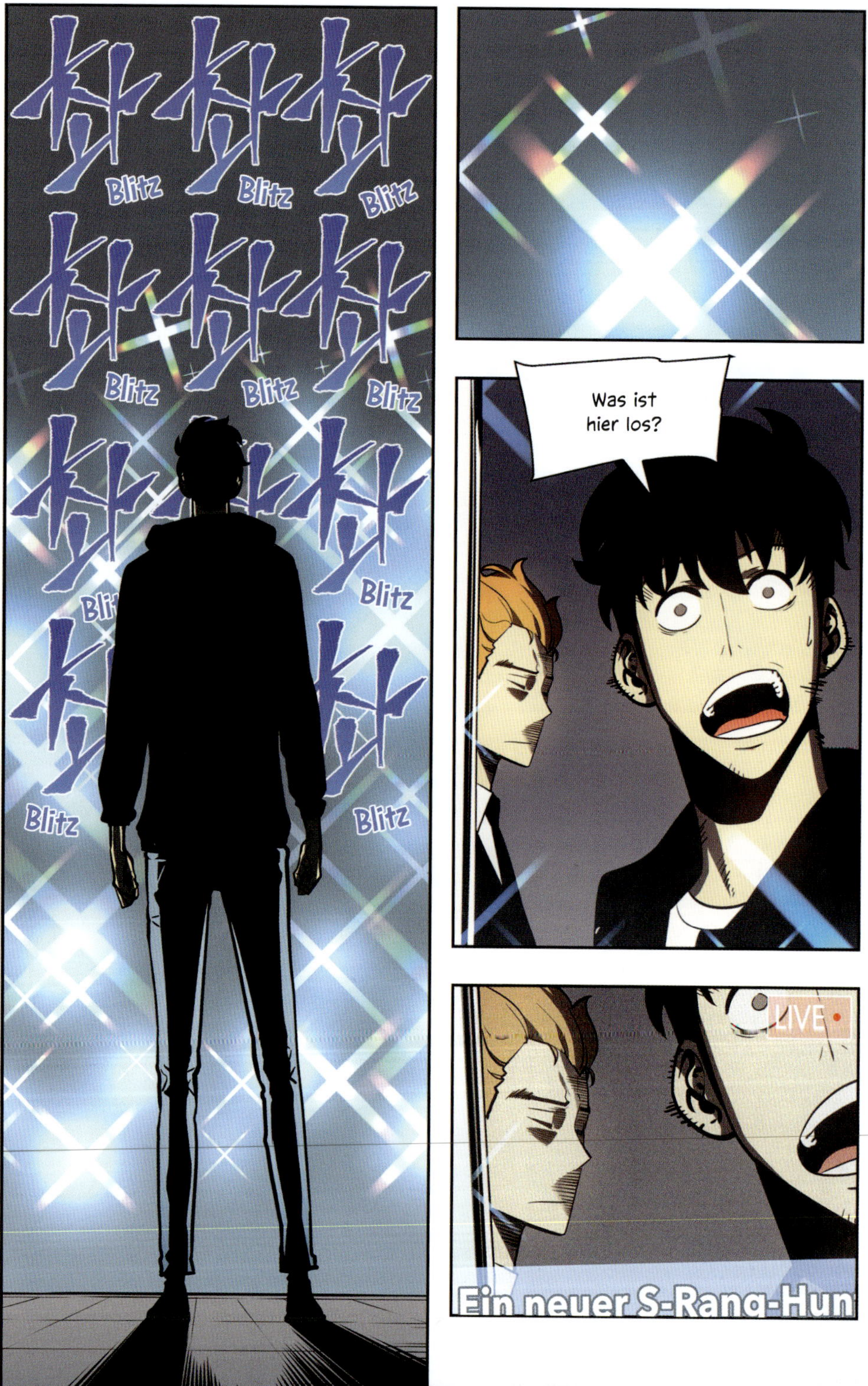

Blitz
Blitz
Blitz
Blitz
Blitz
Blitz
Blitz
Blitz
Blitz
Was ist hier los?
LIVE
Ein neuer S-Rang-Hun

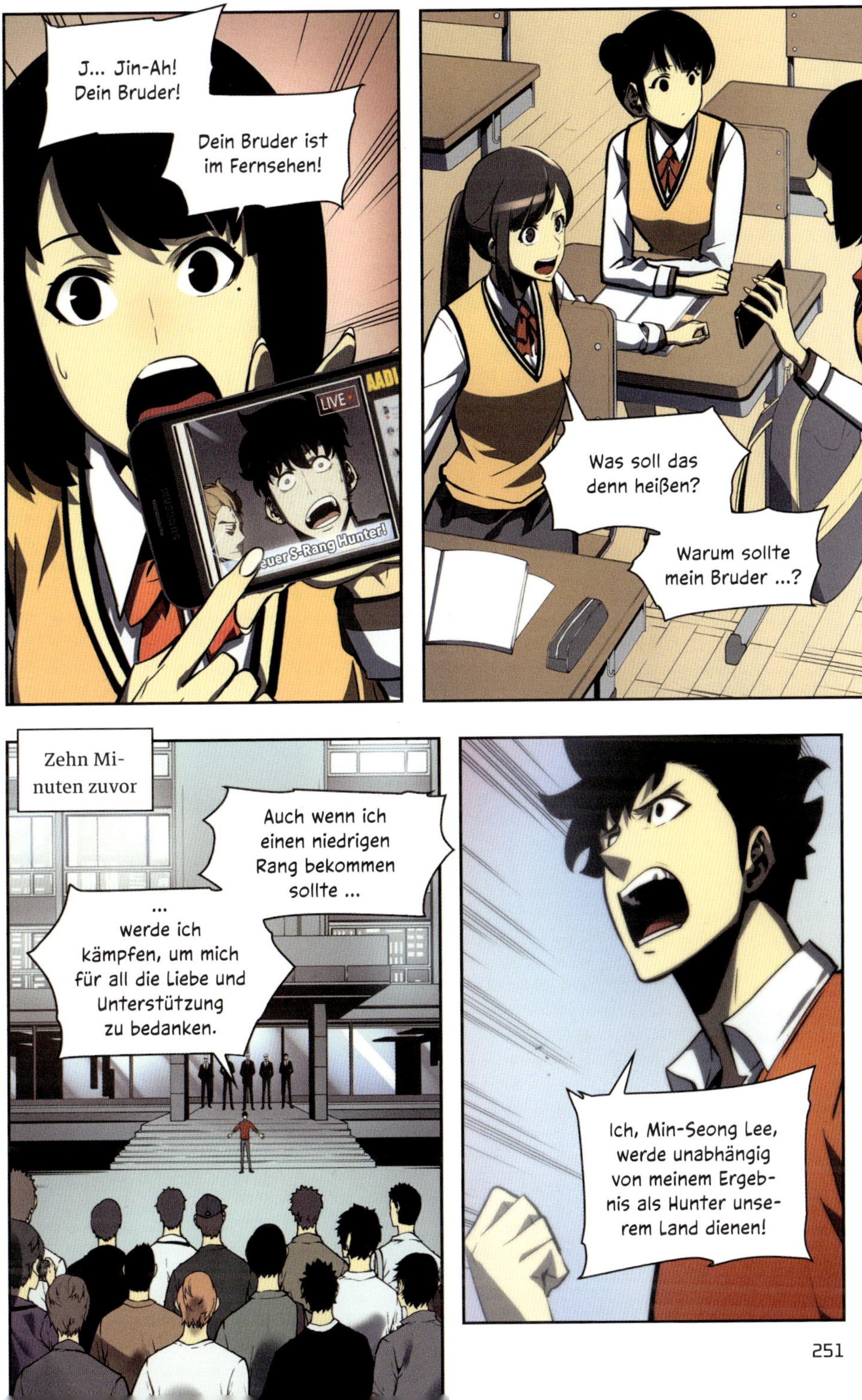
J... Jin-Ah!
Dein Bruder!
Dein Bruder ist im Fernsehen!
LIVE
euer S-Rang Hunter!
Was soll das denn heißen?
Warum sollte mein Bruder ...?
Zehn Minuten zuvor
Auch wenn ich einen niedrigen Rang bekommen sollte ...
... werde ich kämpfen, um mich für all die Liebe und Unterstützung zu bedanken.
Ich, Min-Seong Lee, werde unabhängig von meinem Ergebnis als Hunter unserem Land dienen!

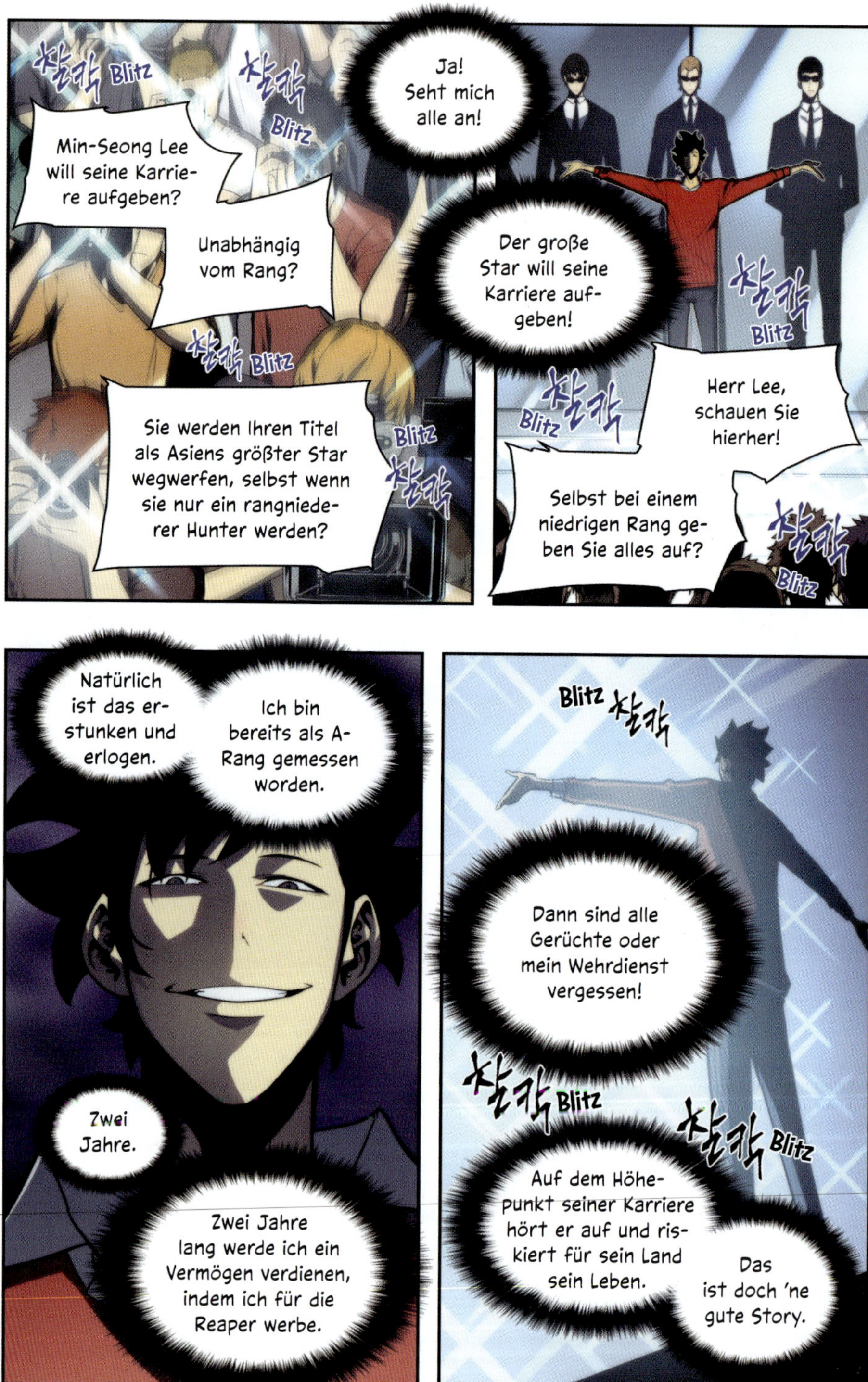

Blitz
Blitz
Min-Seong Lee will seine Karriere aufgeben?
Unabhängig vom Rang?
Blitz
Sie werden Ihren Titel als Asiens größter Star wegwerfen, selbst wenn sie nur ein rangniederer Hunter werden?
Blitz
Ja! Seht mich alle an!
Der große Star will seine Karriere aufgeben!
Blitz
Blitz
Herr Lee, schauen Sie hierher!
Selbst bei einem niedrigen Rang geben Sie alles auf?
Blitz
Natürlich ist das erstunken und erlogen.
Ich bin bereits als A-Rang gemessen worden.
Zwei Jahre.
Zwei Jahre lang werde ich ein Vermögen verdienen, indem ich für die Reaper werbe.
Blitz
Dann sind alle Gerüchte oder mein Wehrdienst vergessen!
Blitz
Blitz
Auf dem Höhepunkt seiner Karriere hört er auf und riskiert für sein Land sein Leben.
Das ist doch 'ne gute Story.

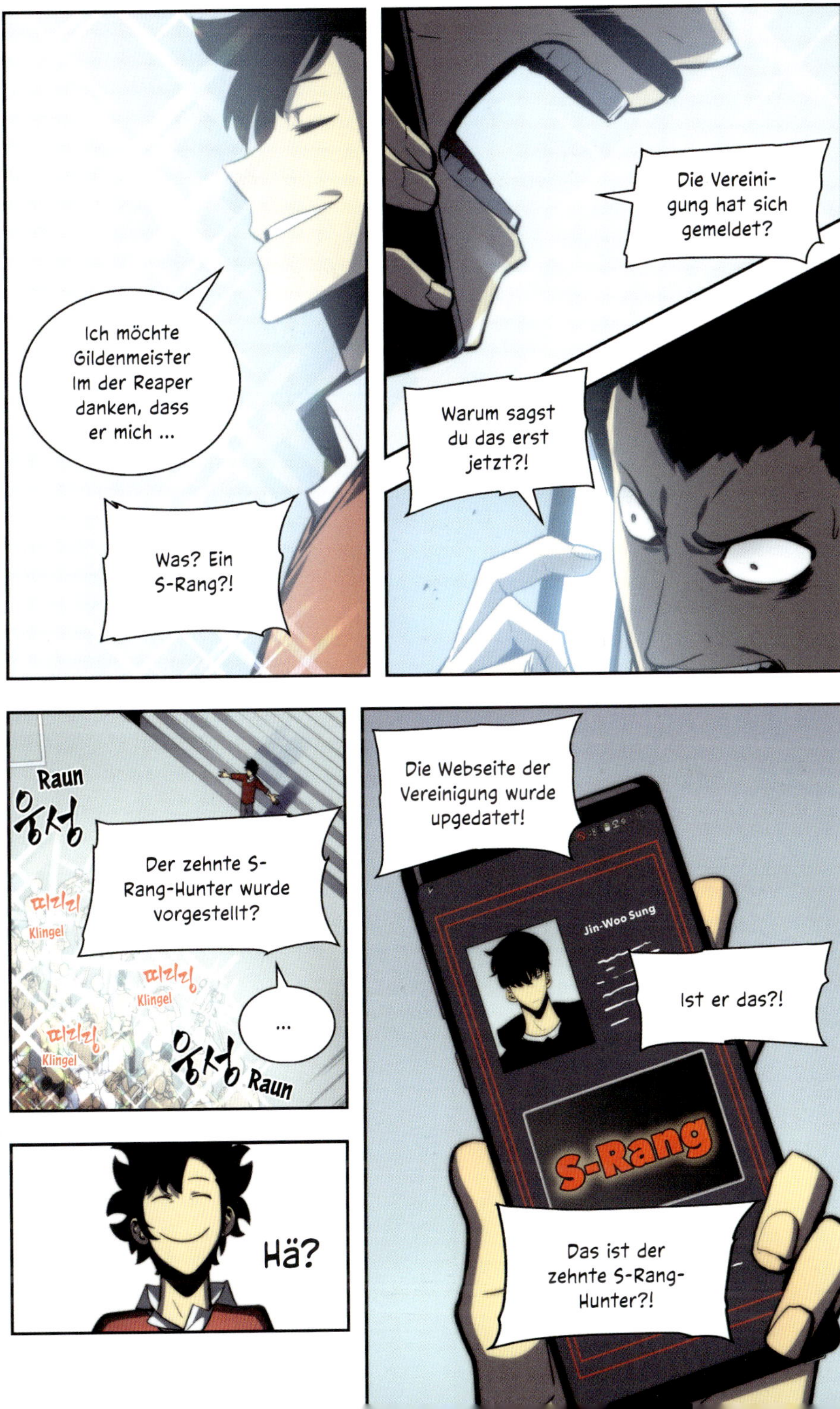

Ich möchte Gildenmeister Im der Reaper danken, dass er mich ...
Was? Ein S-Rang?!
Die Vereinigung hat sich gemeldet?
Warum sagst du das erst jetzt?!
Raun
웅성
Der zehnte S-Rang-Hunter wurde vorgestellt?
띠리리
Klingel
띠리링
Klingel
띠리링
Klingel
...
웅성
Raun
Hä?
Die Webseite der Vereinigung wurde upgedatet!
Jin-Woo Sung
S-Rang
Ist er das?!
Das ist der zehnte S-Rang-Hunter?!

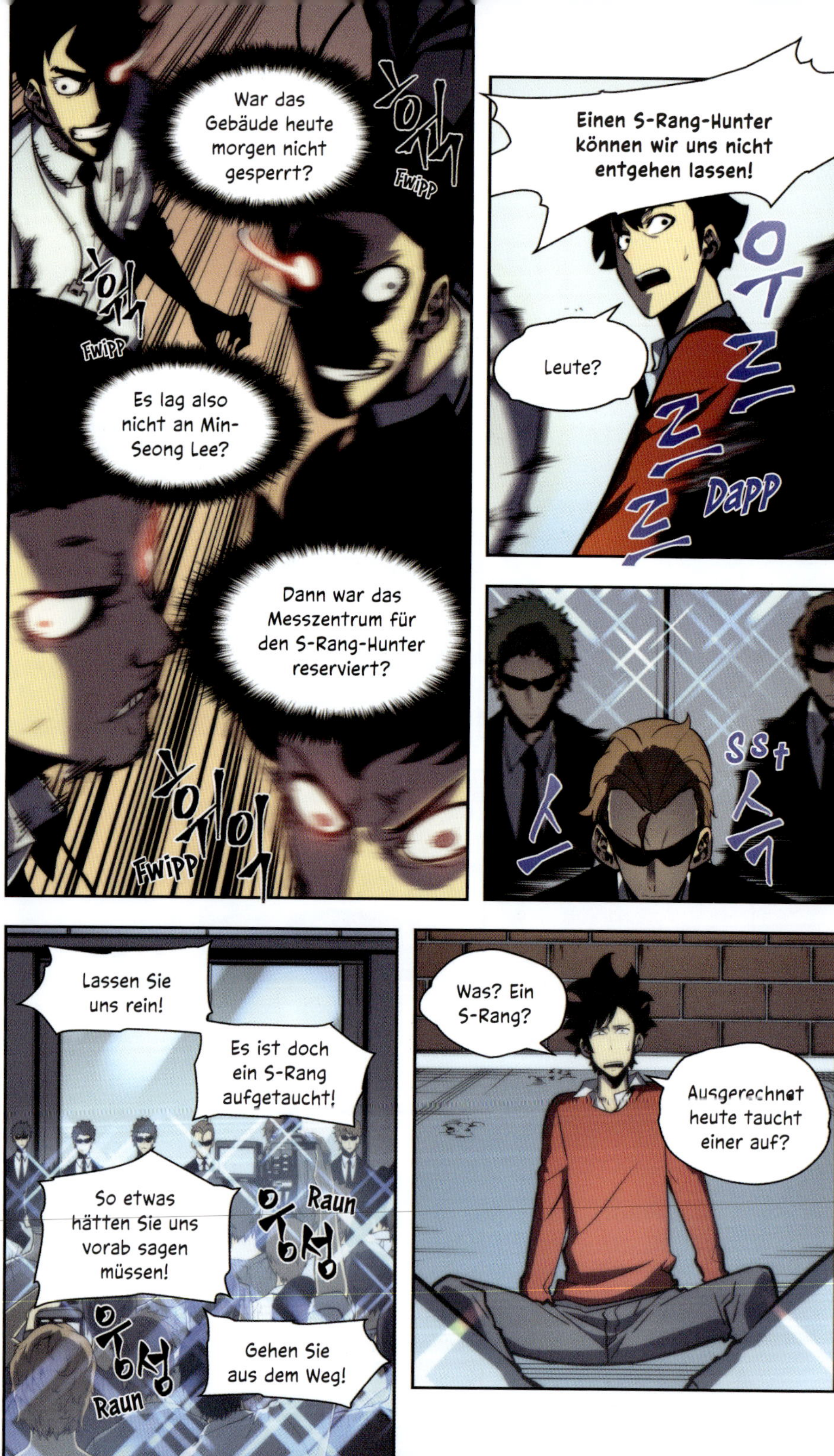

War das Gebäude heute morgen nicht gesperrt?
Fwipp
Fwipp
Es lag also nicht an Min-Seong Lee?
Dann war das Messzentrum für den S-Rang-Hunter reserviert?
Fwipp
Einen S-Rang-Hunter können wir uns nicht entgehen lassen!
Leute?
Dapp
Sst
Lassen Sie uns rein!
Es ist doch ein S-Rang aufgetaucht!
So etwas hätten Sie uns vorab sagen müssen!
웅성
Raun
웅성
Raun
Gehen Sie aus dem Weg!
Was? Ein S-Rang?
Ausgerechnet heute taucht einer auf?

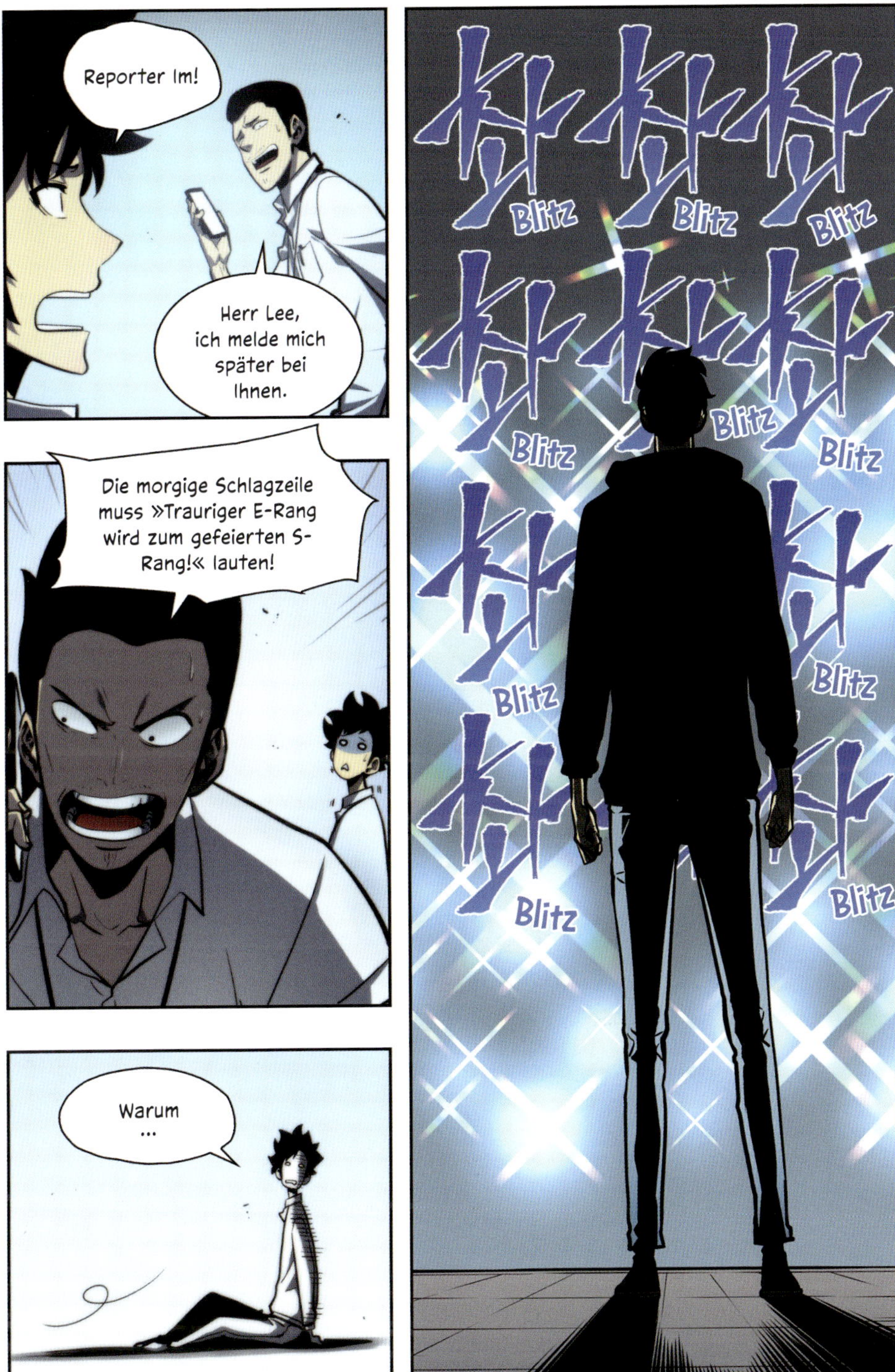
Reporter Im!
Herr Lee, ich melde mich später bei Ihnen.
Die morgige Schlagzeile muss »Trauriger E-Rang wird zum gefeierten S-Rang!« lauten!
Warum …
Blitz
Blitz
Blitz
Blitz
Blitz
Blitz
Blitz
Blitz
Blitz
Blitz

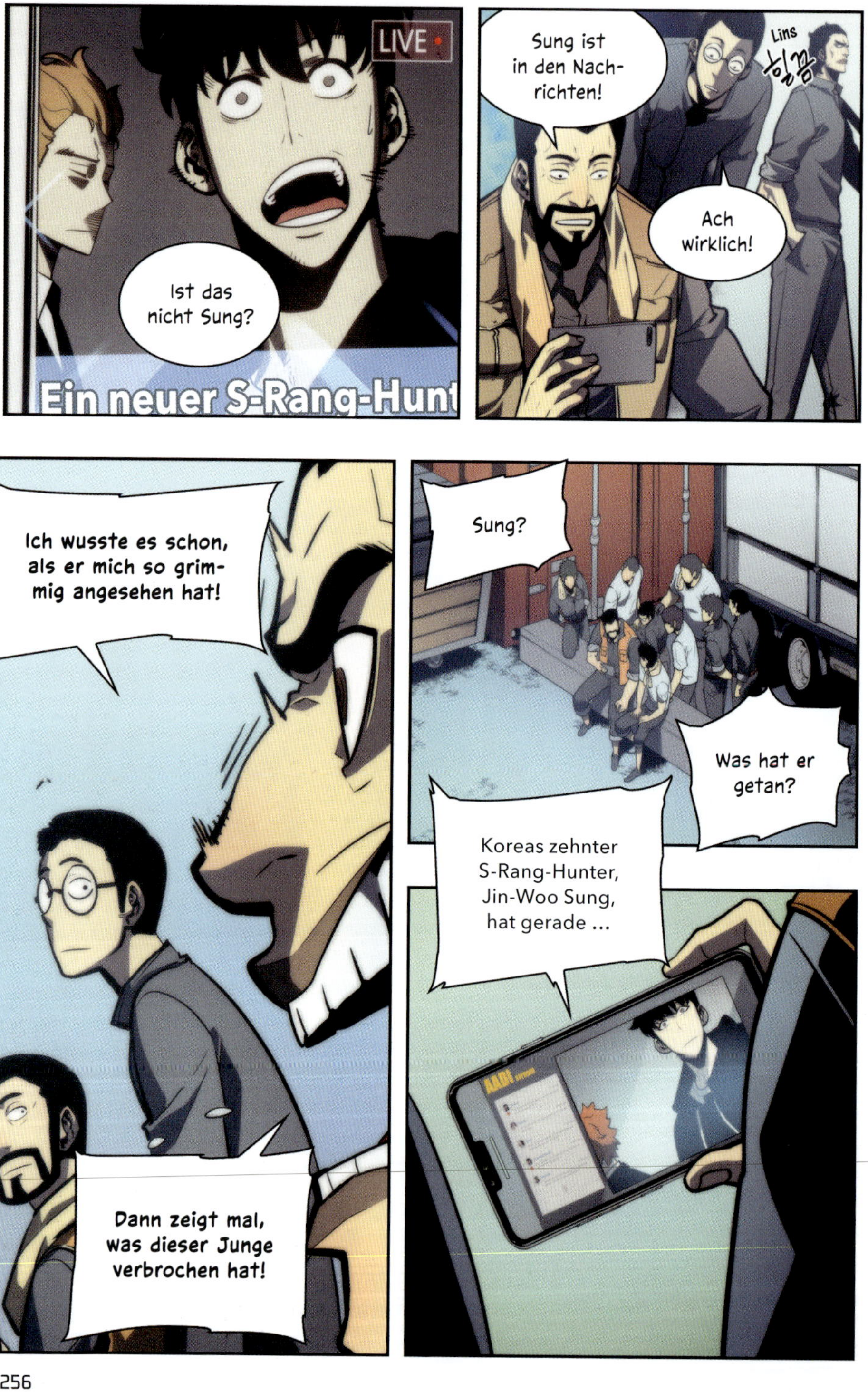
LIVE
Ist das nicht Sung?
Ein neuer S-Rang-Hunt
Sung ist in den Nachrichten!
Lins
Ach wirklich!
Ich wusste es schon, als er mich so grimmig angesehen hat!
Sung?
Was hat er getan?
Koreas zehnter S-Rang-Hunter, Jin-Woo Sung, hat gerade ...
Dann zeigt mal, was dieser Junge verbrochen hat!

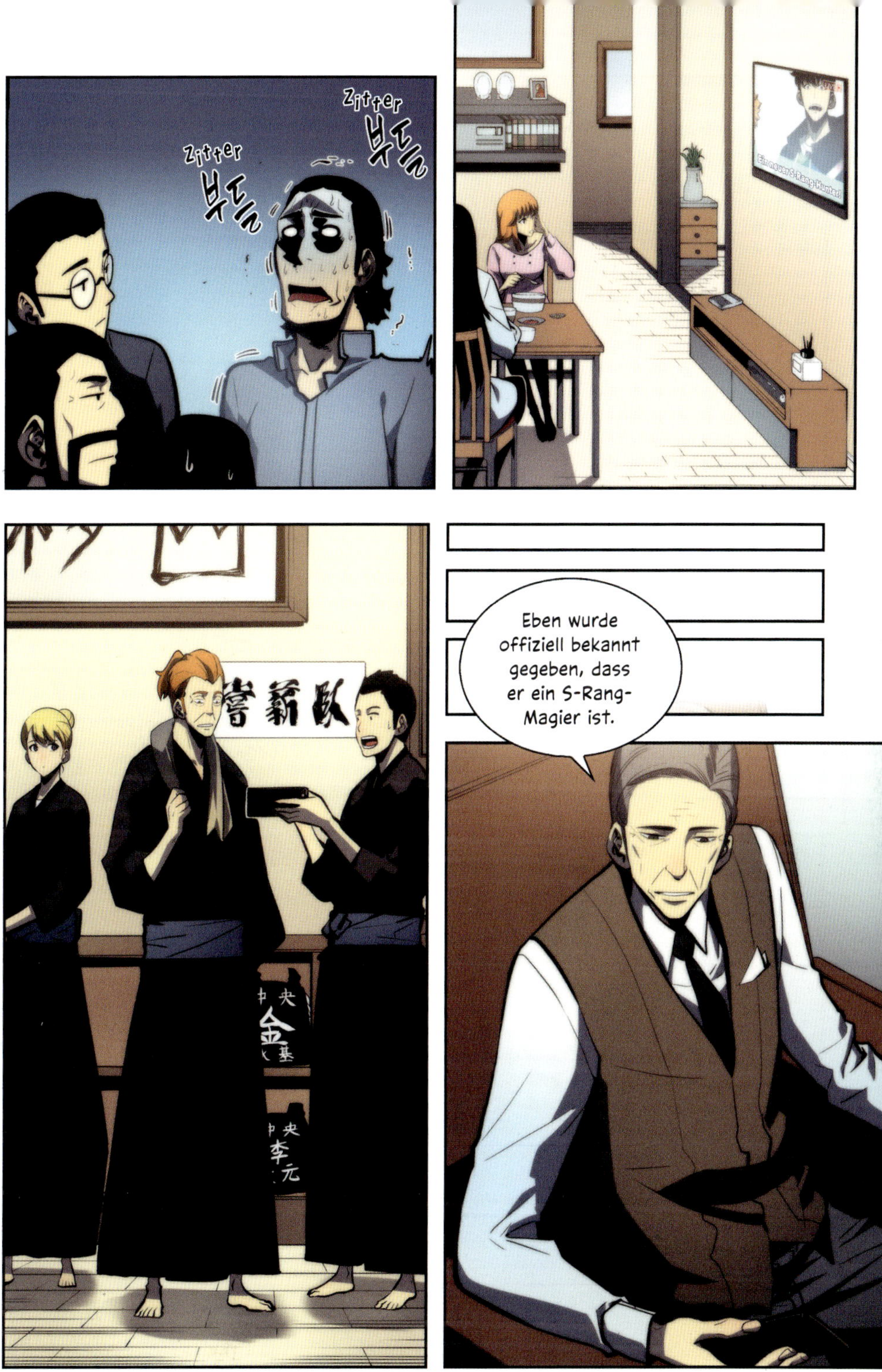
Zitter
부들
Zitter
부들
Ein neuer S-Rang-Hunter!
Eben wurde offiziell bekannt gegeben, dass er ein S-Rang-Magier ist.

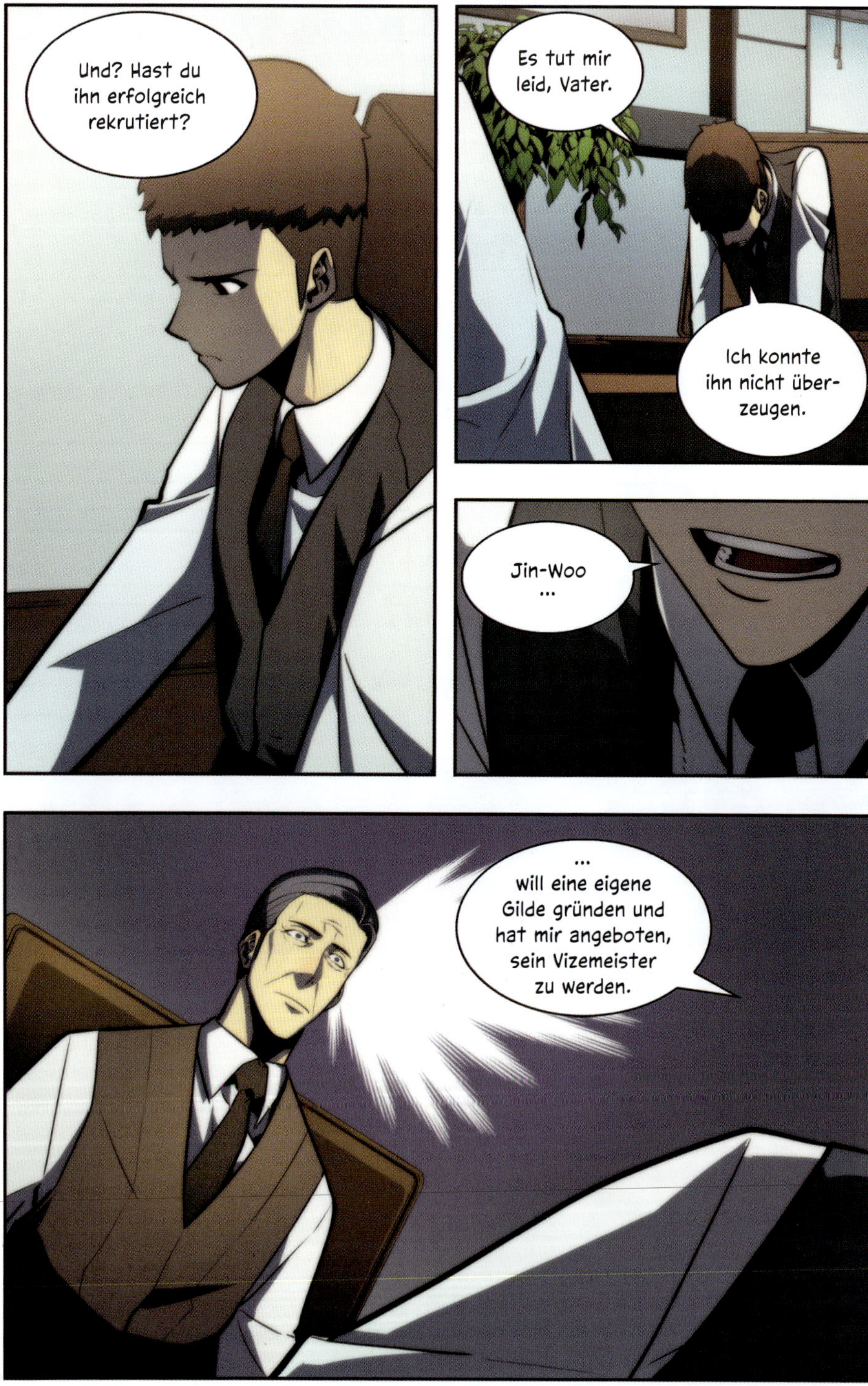

Und? Hast du ihn erfolgreich rekrutiert?
Es tut mir leid, Vater.
Ich konnte ihn nicht über-zeugen.
Jin-Woo …
… will eine eigene Gilde gründen und hat mir angeboten, sein Vizemeister zu werden.

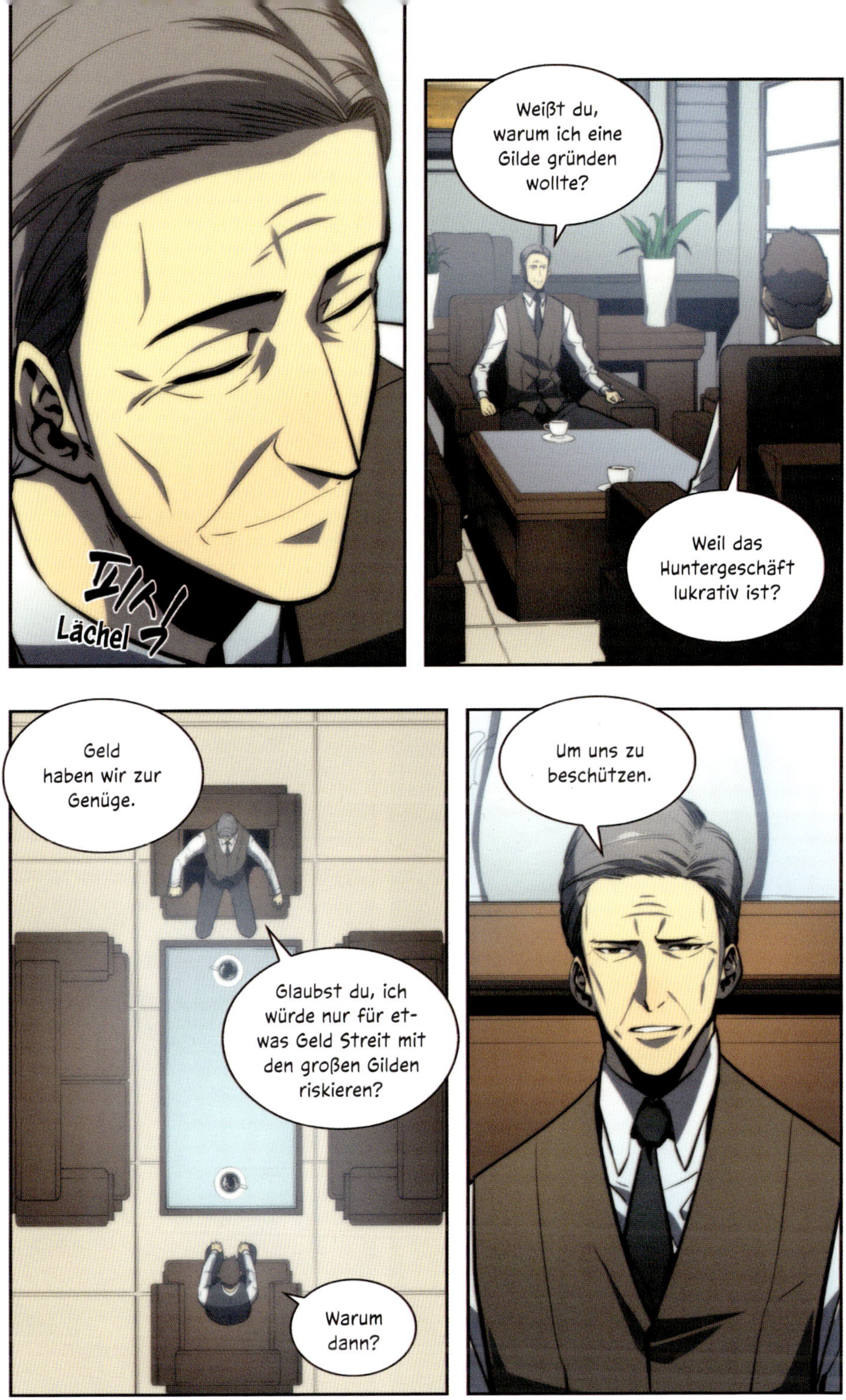
피식
Lächel
Weißt du, warum ich eine Gilde gründen wollte?
Weil das Huntergeschäft lukrativ ist?
Geld haben wir zur Genüge.
Glaubst du, ich würde nur für etwas Geld Streit mit den großen Gilden riskieren?
Warum dann?
Um uns zu beschützen.

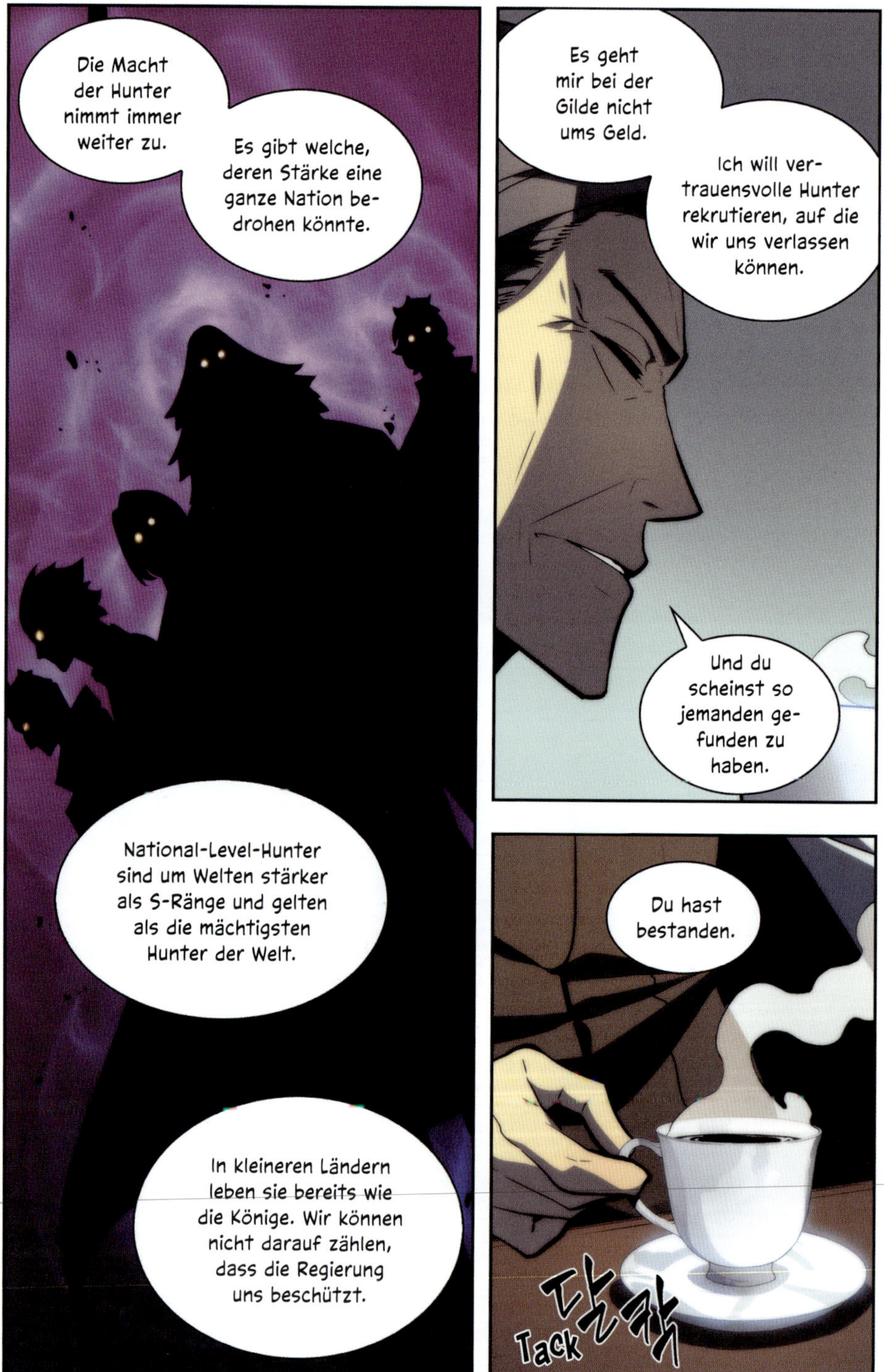
Die Macht der Hunter nimmt immer weiter zu.
Es gibt welche, deren Stärke eine ganze Nation bedrohen könnte.
National-Level-Hunter sind um Welten stärker als S-Ränge und gelten als die mächtigsten Hunter der Welt.
In kleineren Ländern leben sie bereits wie die Könige. Wir können nicht darauf zählen, dass die Regierung uns beschützt.
Es geht mir bei der Gilde nicht ums Geld.
Ich will vertrauensvolle Hunter rekrutieren, auf die wir uns verlassen können.
Und du scheinst so jemanden gefunden zu haben.
Du hast bestanden.
달칵
Tack

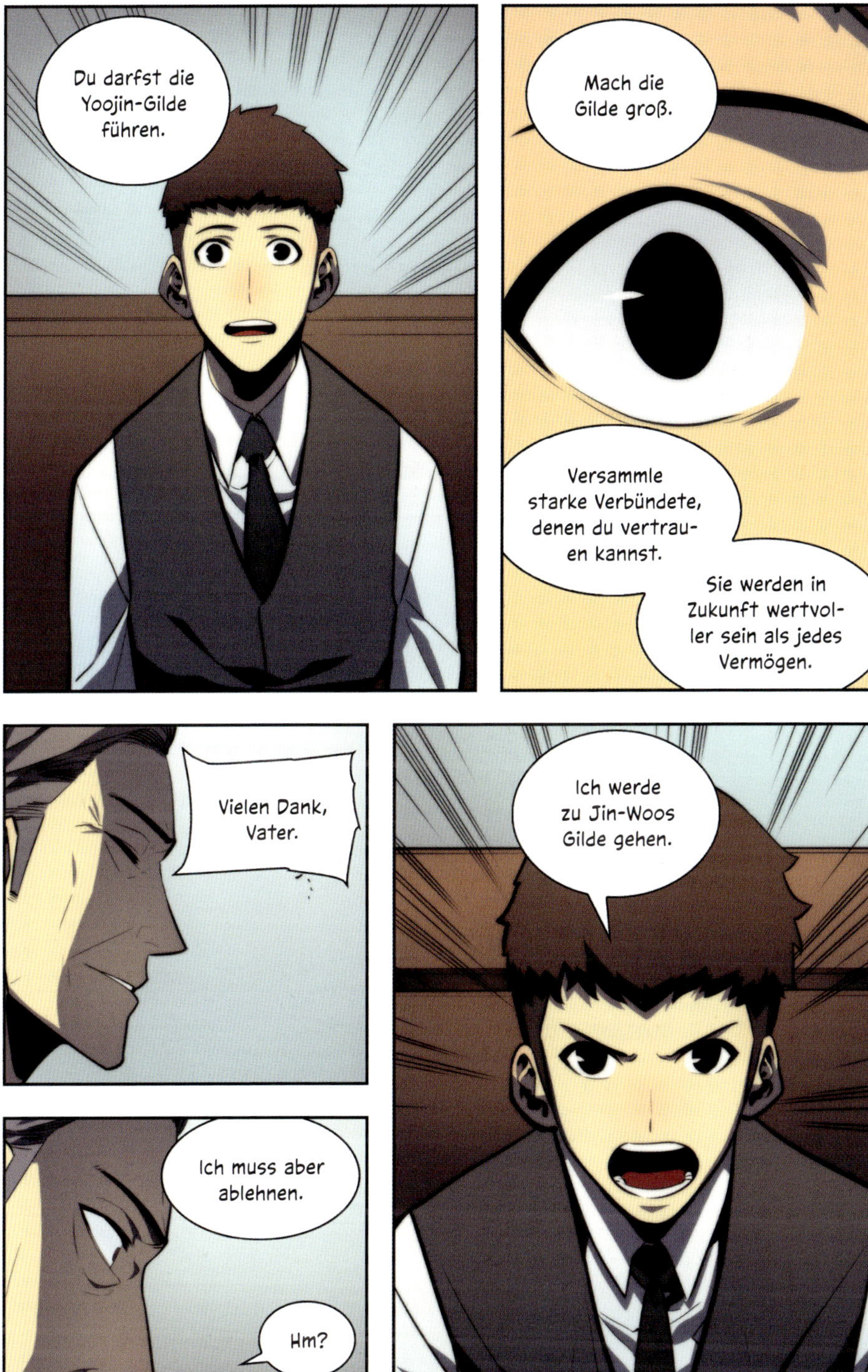
Du darfst die Yoojin-Gilde führen.
Mach die Gilde groß.
Versammle starke Verbündete, denen du vertrauen kannst.
Sie werden in Zukunft wertvoller sein als jedes Vermögen.
Vielen Dank, Vater.
Ich muss aber ablehnen.
Hm?
Ich werde zu Jin-Woos Gilde gehen.

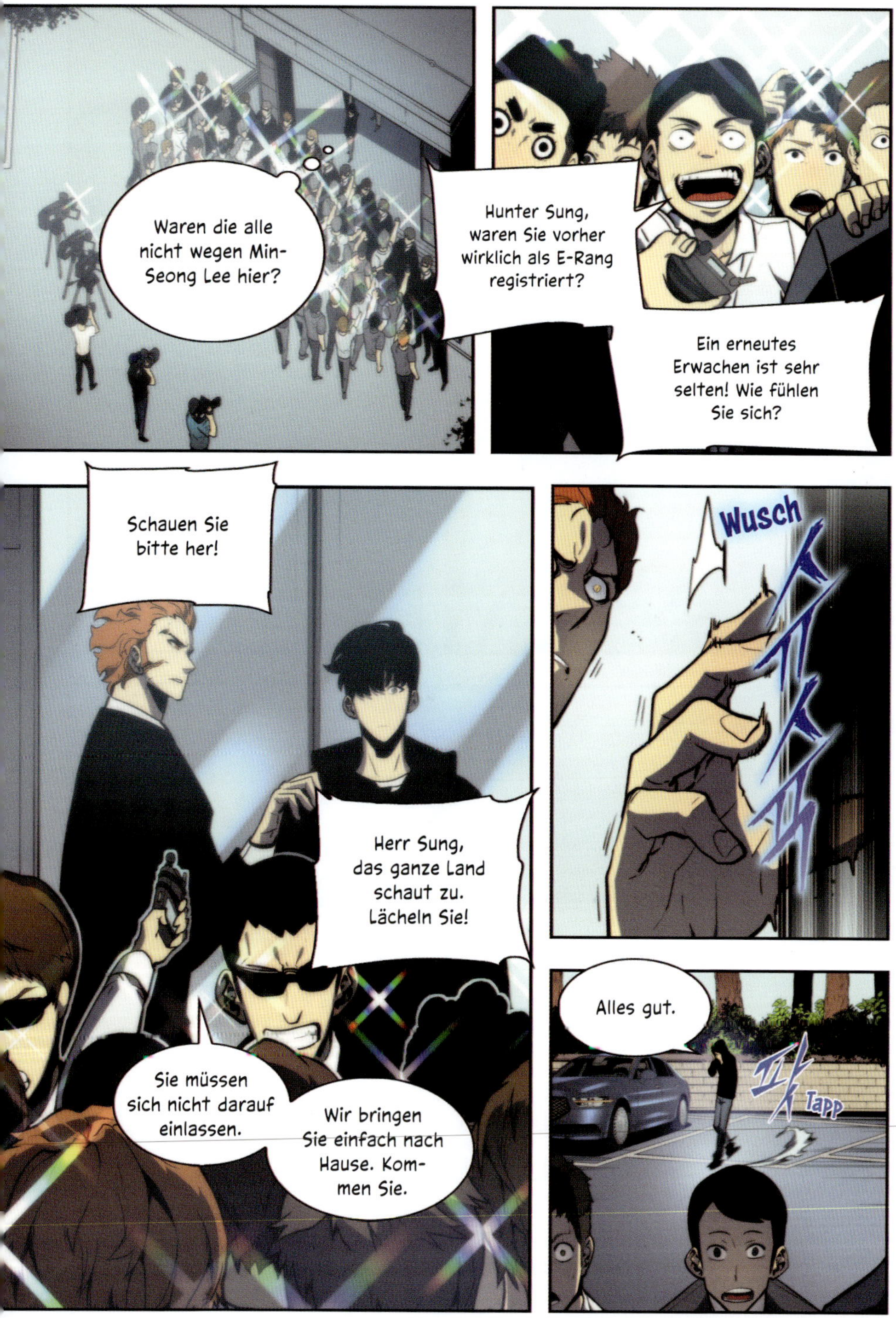
Waren die alle nicht wegen Min-Seong Lee hier?
Hunter Sung, waren Sie vorher wirklich als E-Rang registriert?
Ein erneutes Erwachen ist sehr selten! Wie fühlen Sie sich?
Schauen Sie bitte her!
Herr Sung, das ganze Land schaut zu. Lächeln Sie!
Sie müssen sich nicht darauf einlassen.
Wir bringen Sie einfach nach Hause. Kommen Sie.
Wusch
Alles gut.
Tapp

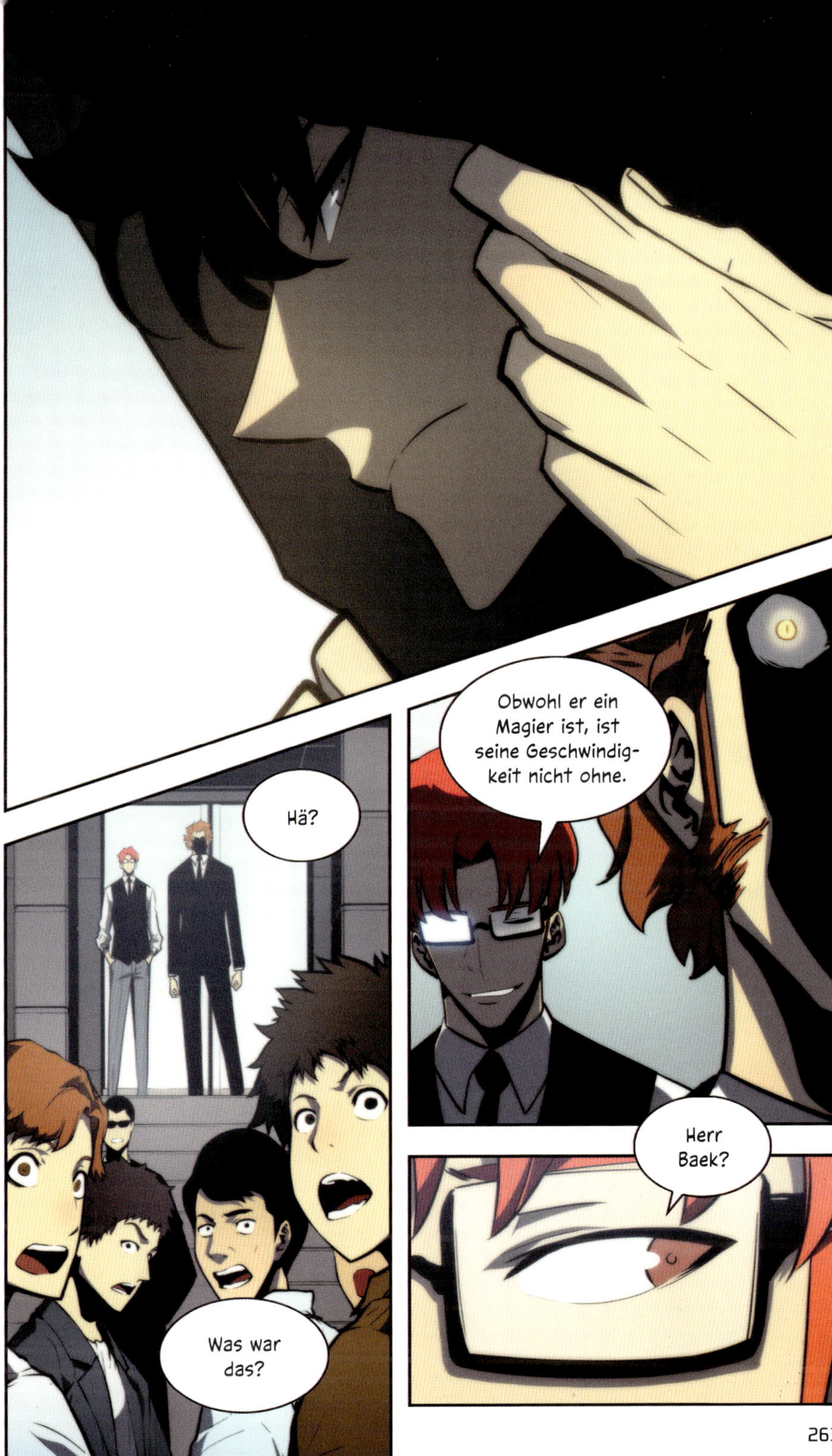
Obwohl er ein Magier ist, ist seine Geschwindig- keit nicht ohne.
Hä?
Was war das?
Herr Baek?

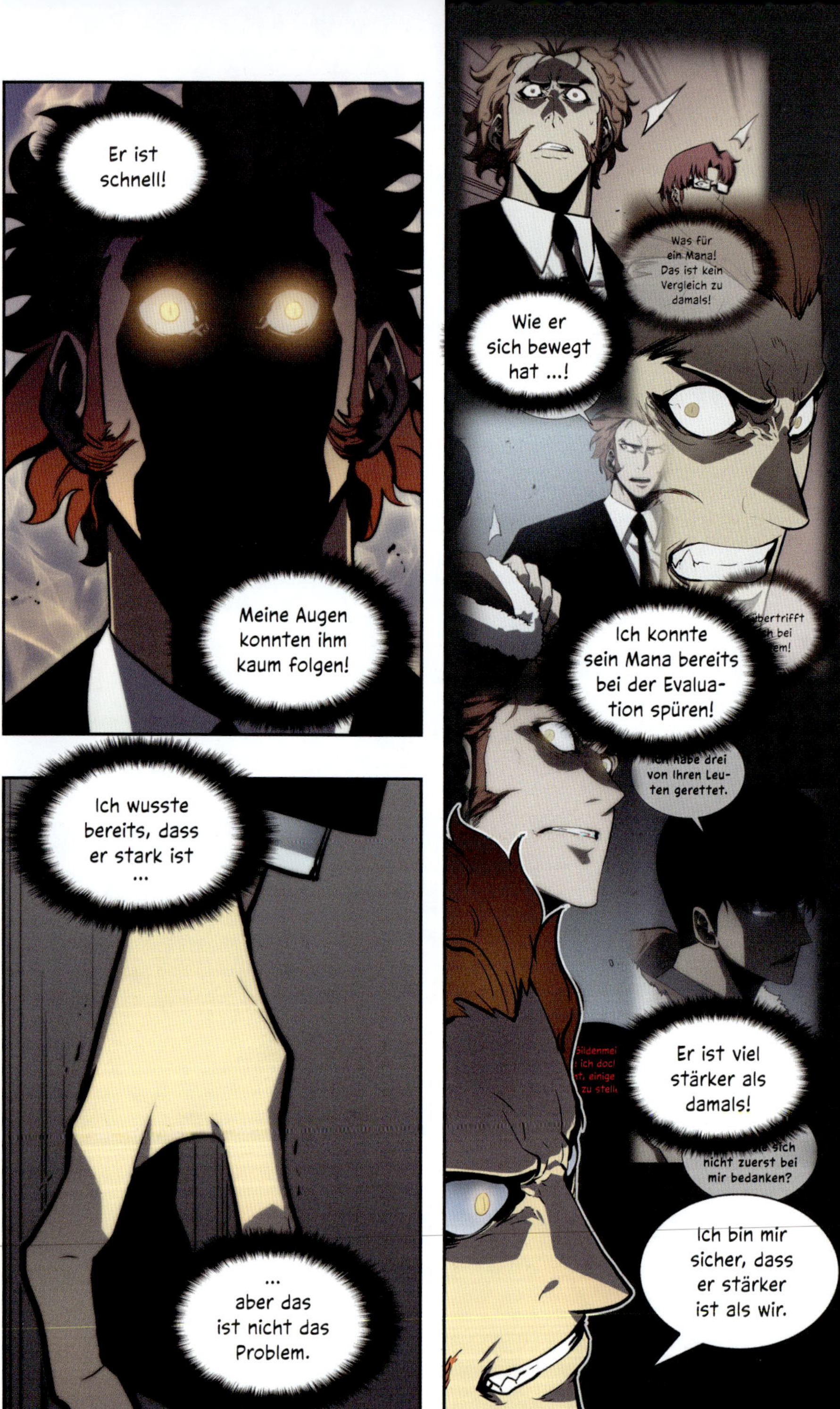

Er ist schnell!
Meine Augen konnten ihm kaum folgen!
Ich wusste bereits, dass er stark ist ...
... aber das ist nicht das Problem.
Was für ein Mana! Das ist kein Vergleich zu damals!
Wie er sich bewegt hat ...!
Ich konnte sein Mana bereits bei der Evaluation spüren!
von Ihren Leuten gerettet.
Er ist viel stärker als damals!
nicht zuerst bei mir bedanken?
Ich bin mir sicher, dass er stärker ist als wir.

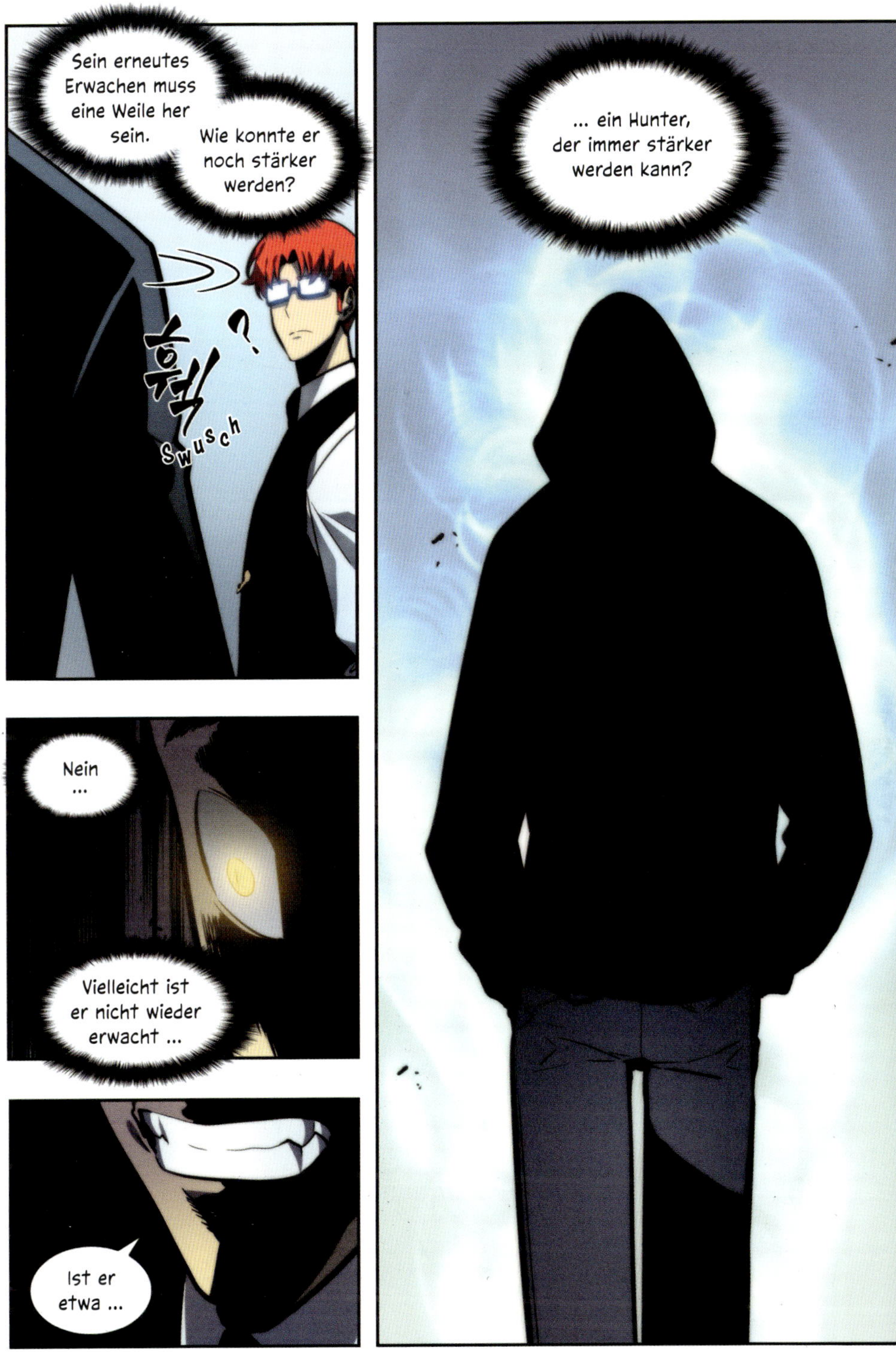
Sein erneutes Erwachen muss eine Weile her sein.
Wie konnte er noch stärker werden?
Swusch
Nein …
Vielleicht ist er nicht wieder erwacht …
Ist er etwa …
… ein Hunter, der immer stärker werden kann?

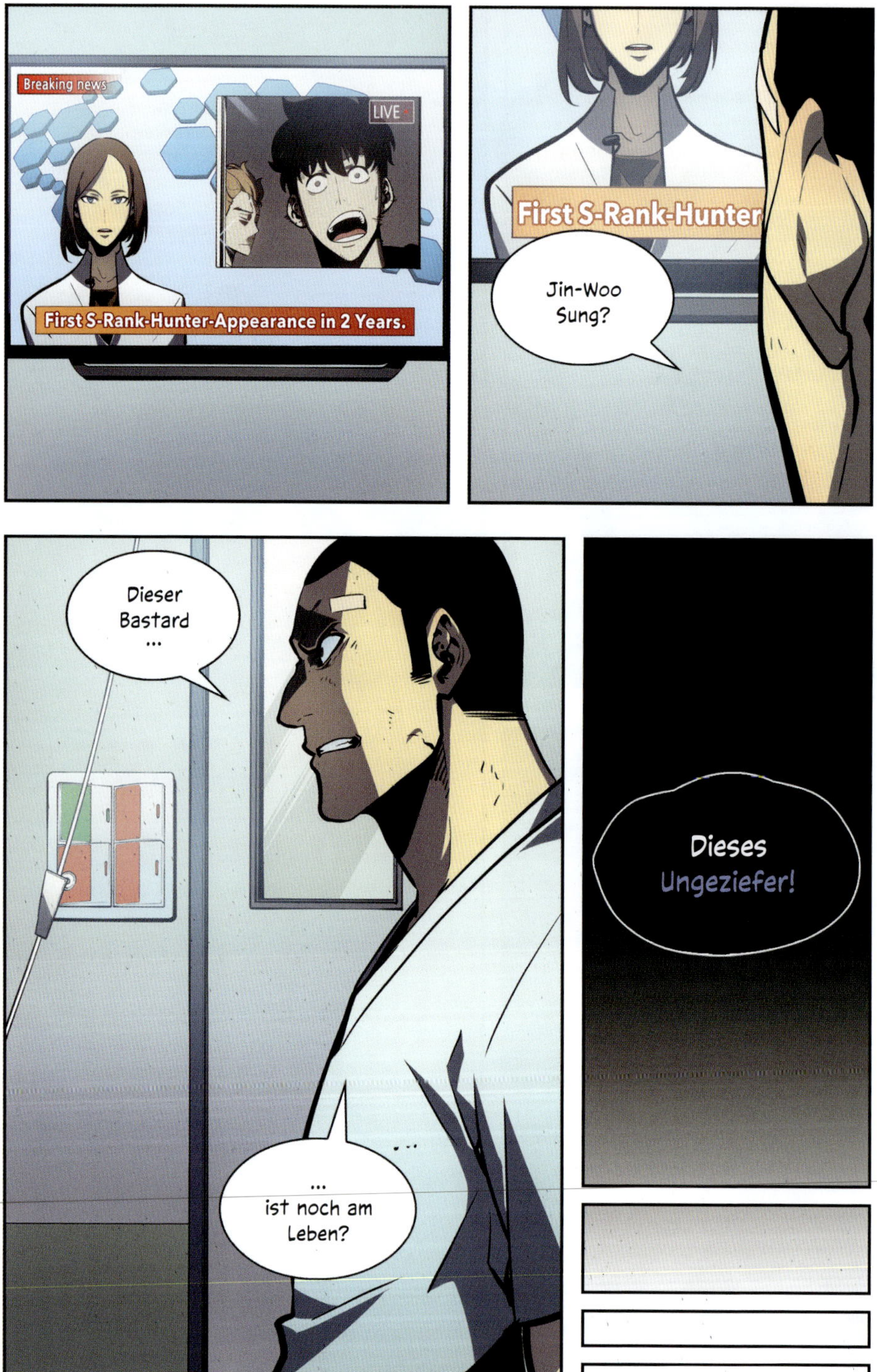
Breaking news
LIVE
First S-Rank-Hunter-Appearance in 2 Years.
First S-Rank-Hunter
Jin-Woo Sung?
Dieser Bastard ...
... ist noch am Leben?
Dieses Ungeziefer!

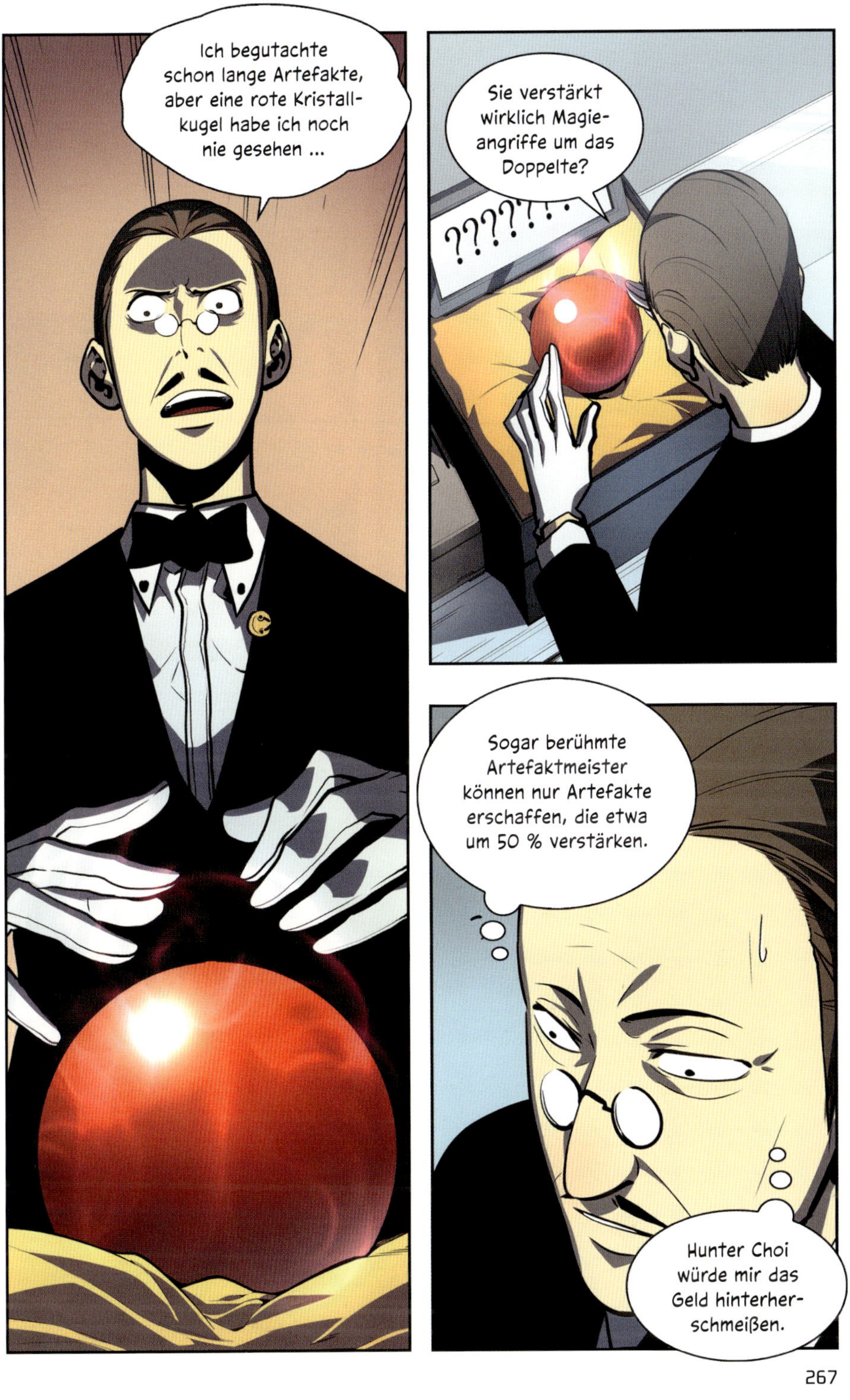
Ich begutachte schon lange Artefakte, aber eine rote Kristall-kugel habe ich noch nie gesehen ...
Sie verstärkt wirklich Magie-angriffe um das Doppelte?
???????
Sogar berühmte Artefaktmeister können nur Artefakte erschaffen, die etwa um 50 % verstärken.
Hunter Choi würde mir das Geld hinterher-schmeißen.

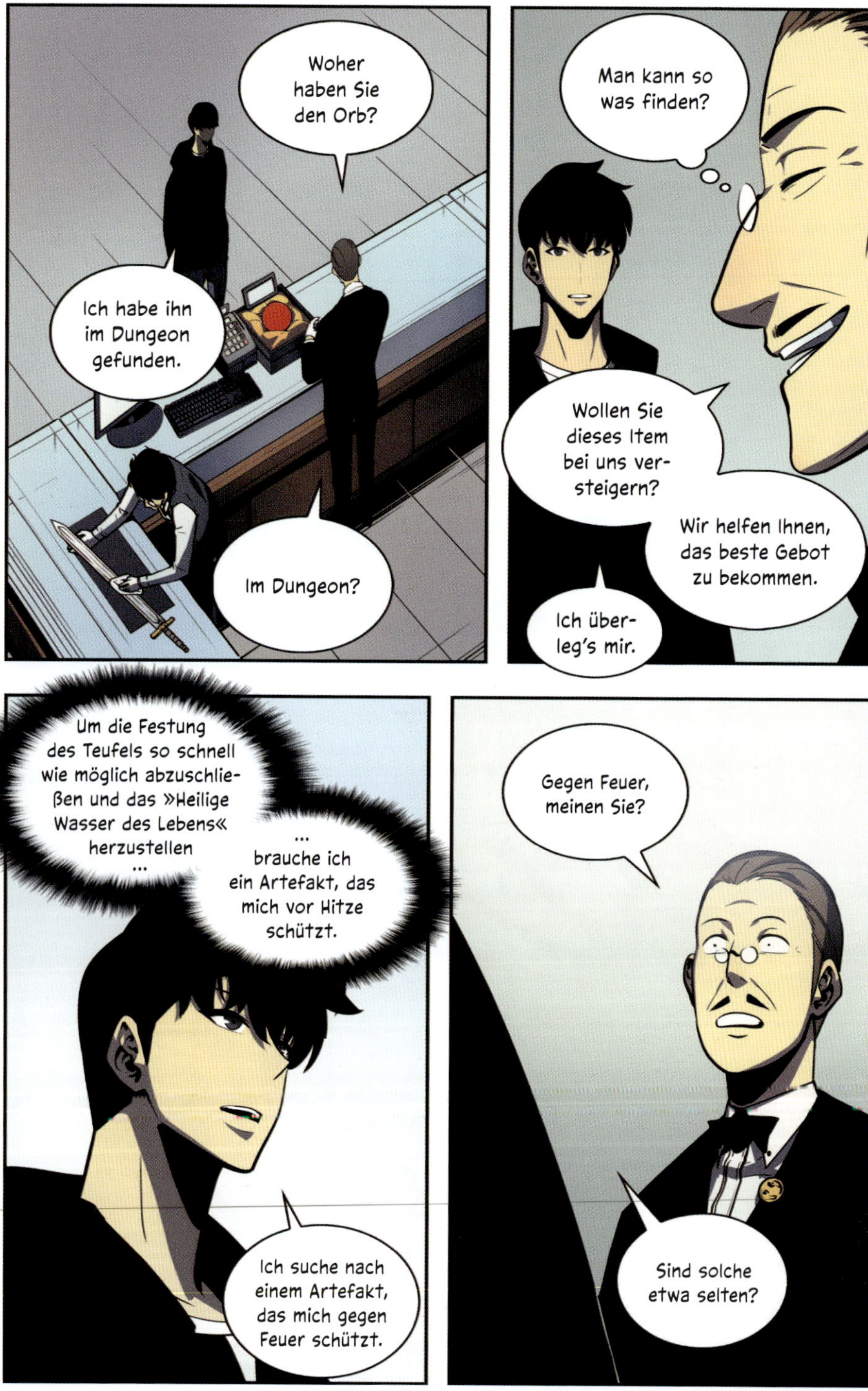
Woher haben Sie den Orb?
Ich habe ihn im Dungeon gefunden.
Im Dungeon?
Man kann so was finden?
Wollen Sie dieses Item bei uns versteigern?
Wir helfen Ihnen, das beste Gebot zu bekommen.
Ich überleg's mir.
Um die Festung des Teufels so schnell wie möglich abzuschließen und das »Heilige Wasser des Lebens« herzustellen …
… brauche ich ein Artefakt, das mich vor Hitze schützt.
Ich suche nach einem Artefakt, das mich gegen Feuer schützt.
Gegen Feuer, meinen Sie?
Sind solche etwa selten?

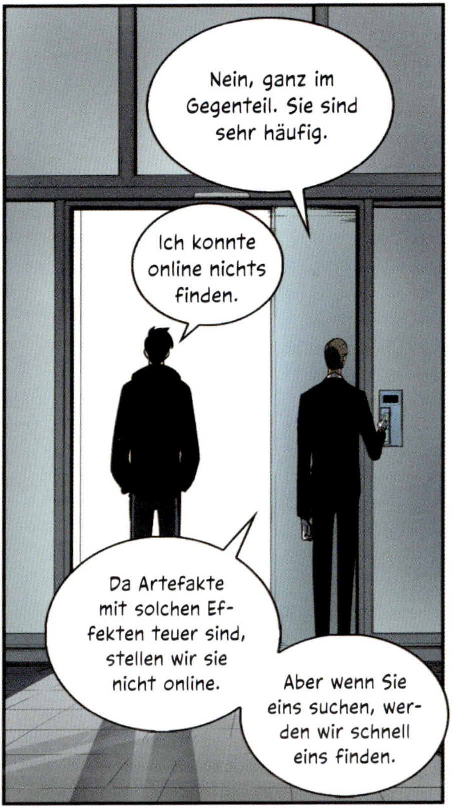
Nein, ganz im Gegenteil. Sie sind sehr häufig.
Ich konnte online nichts finden.
Da Artefakte mit solchen Effekten teuer sind, stellen wir sie nicht online.
Aber wenn Sie eins suchen, werden wir schnell eins finden.

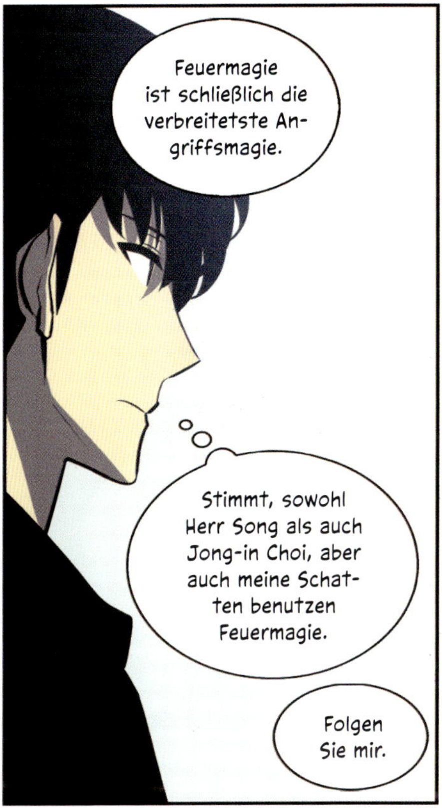
Feuermagie ist schließlich die verbreitetste Angriffsmagie.
Stimmt, sowohl Herr Song als auch Jong-in Choi, aber auch meine Schatten benutzen Feuermagie.
Folgen Sie mir.

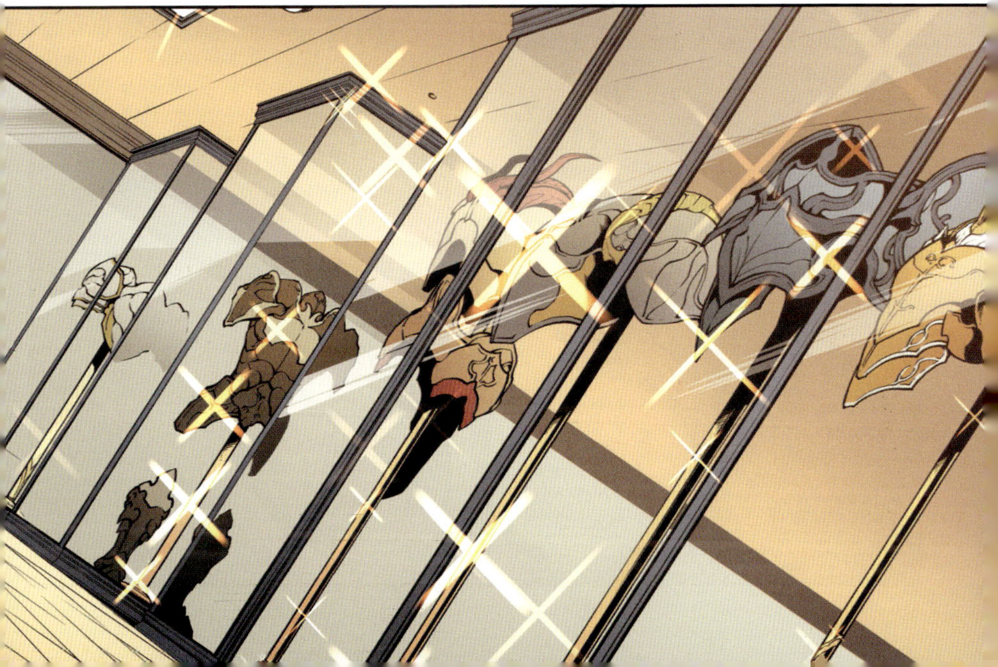

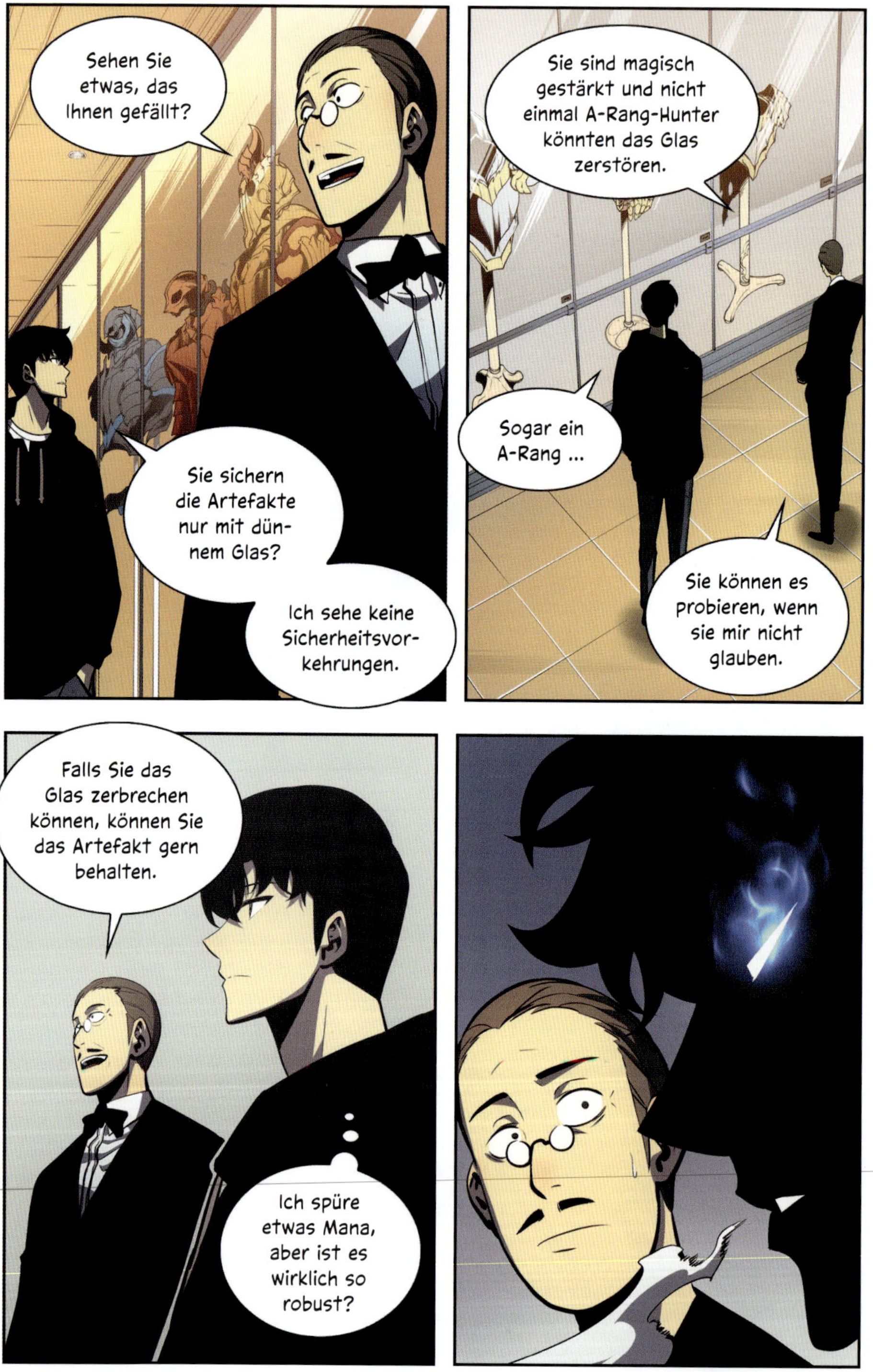
Sehen Sie etwas, das Ihnen gefällt?
Sie sichern die Artefakte nur mit dünnem Glas?
Ich sehe keine Sicherheitsvorkehrungen.
Sie sind magisch gestärkt und nicht einmal A-Rang-Hunter könnten das Glas zerstören.
Sogar ein A-Rang ...
Sie können es probieren, wenn sie mir nicht glauben.
Falls Sie das Glas zerbrechen können, können Sie das Artefakt gern behalten.
Ich spüre etwas Mana, aber ist es wirklich so robust?

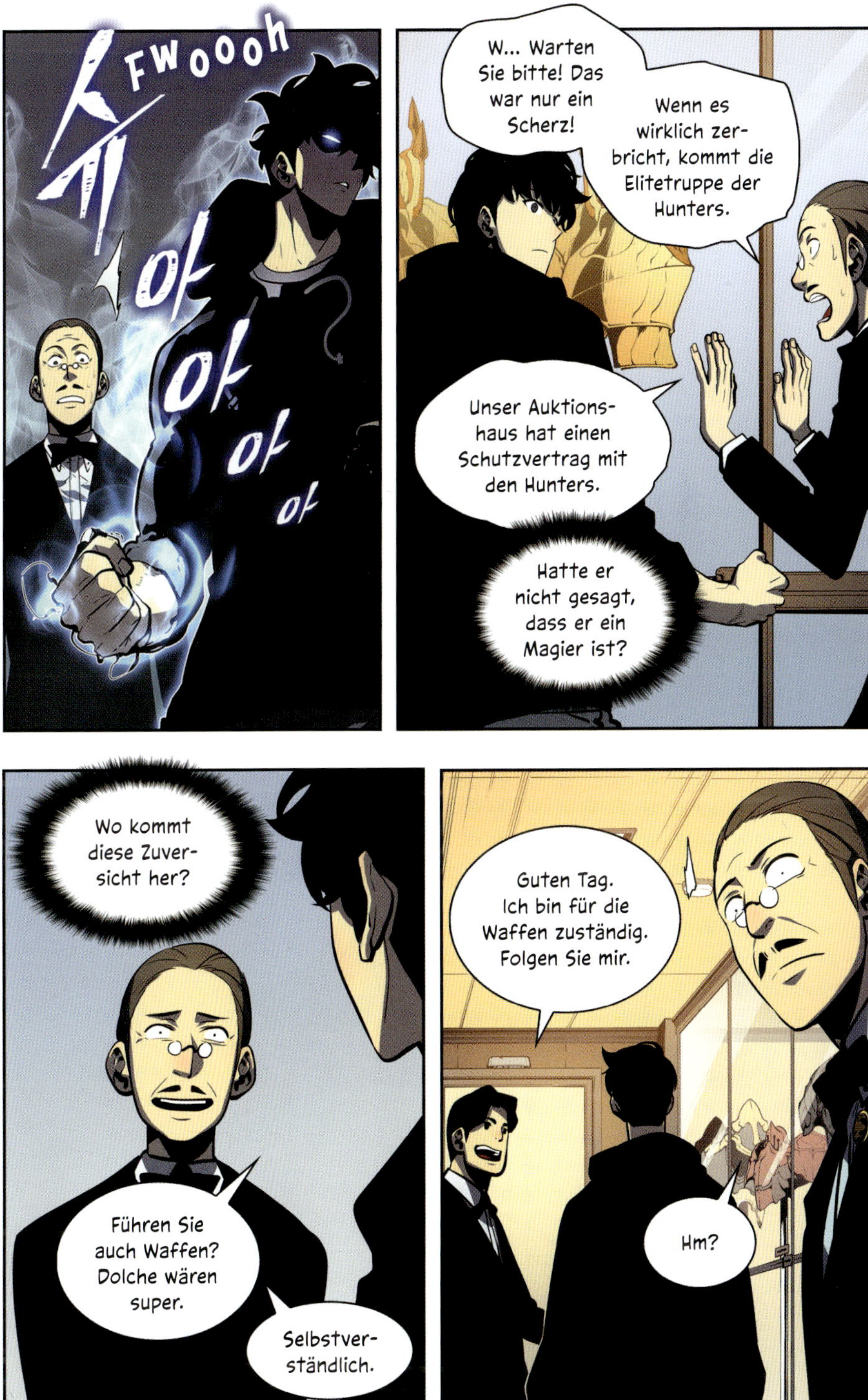
FWOooh
W... Warten Sie bitte! Das war nur ein Scherz!
Wenn es wirklich zerbricht, kommt die Elitetruppe der Hunters.
Unser Auktionshaus hat einen Schutzvertrag mit den Hunters.
Hatte er nicht gesagt, dass er ein Magier ist?
Wo kommt diese Zuversicht her?
Führen Sie auch Waffen? Dolche wären super.
Selbstverständlich.
Guten Tag. Ich bin für die Waffen zuständig. Folgen Sie mir.
Hm?

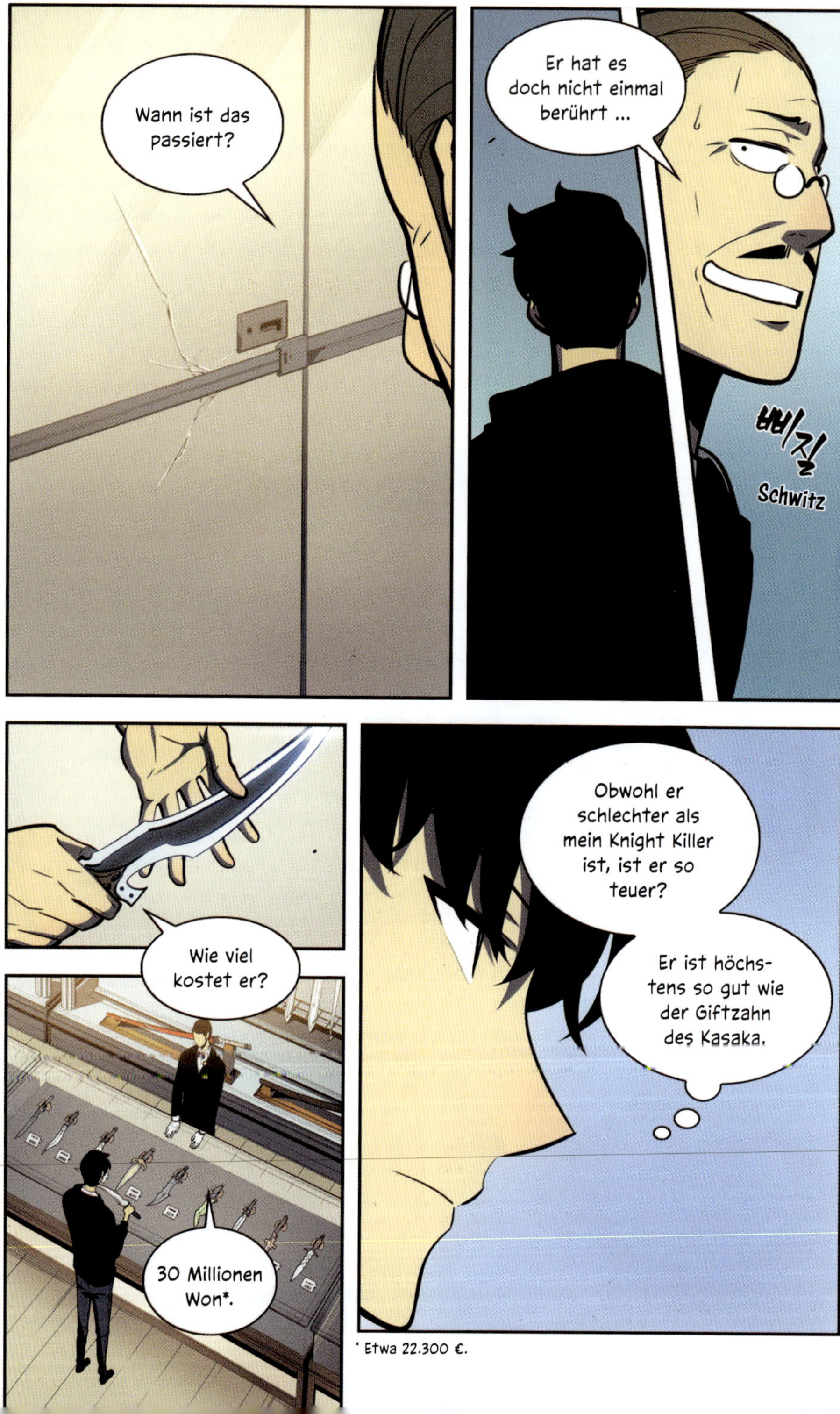
Wann ist das passiert?
Er hat es doch nicht einmal berührt ...
빼질
Schwitz
Wie viel kostet er?
30 Millionen Won*.
Obwohl er schlechter als mein Knight Killer ist, ist er so teuer?
Er ist höchstens so gut wie der Giftzahn des Kasaka.

* Etwa 22.300 €.

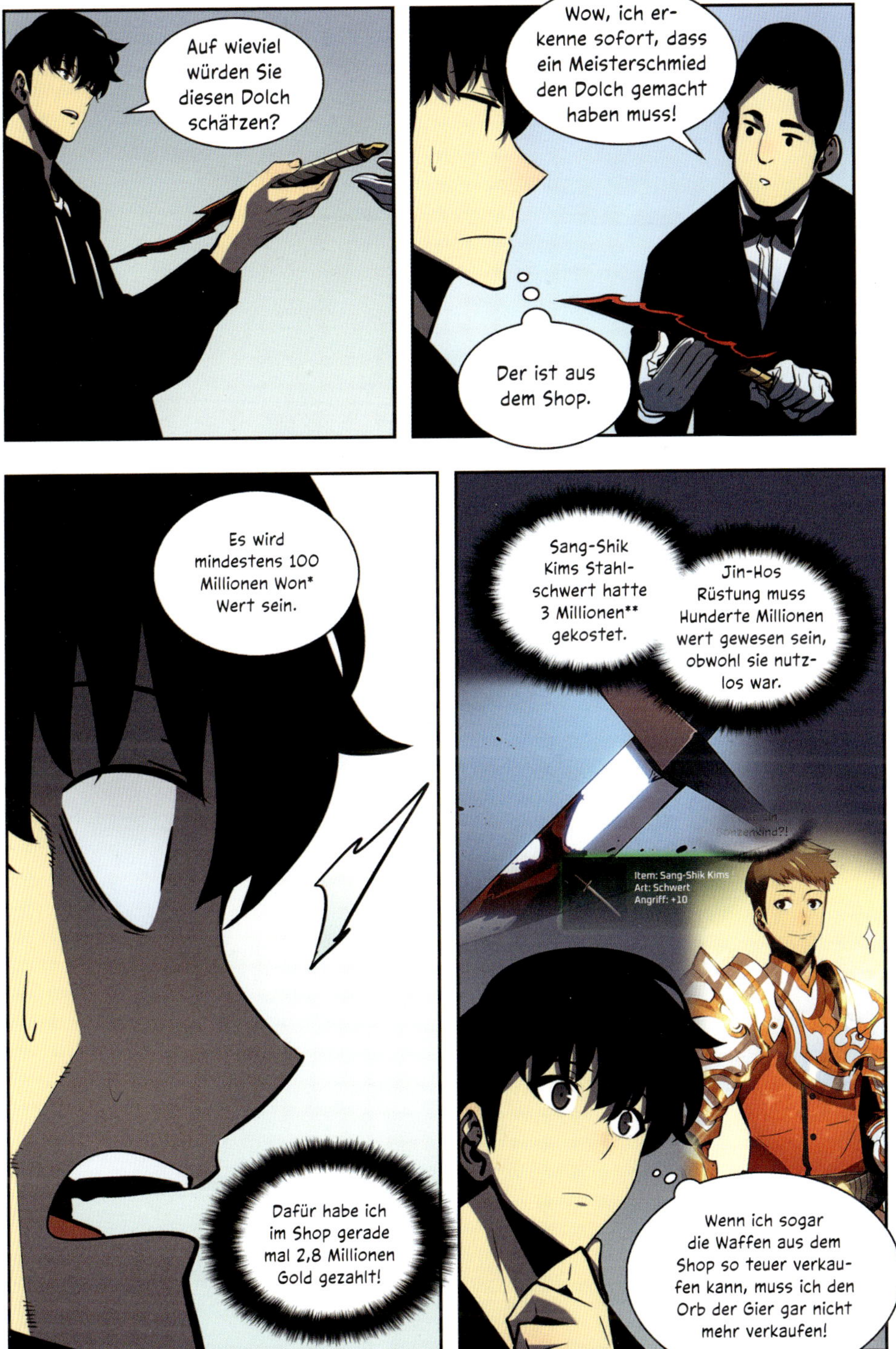

* Etwa 73.000 €.
** Etwa 2.100 €.

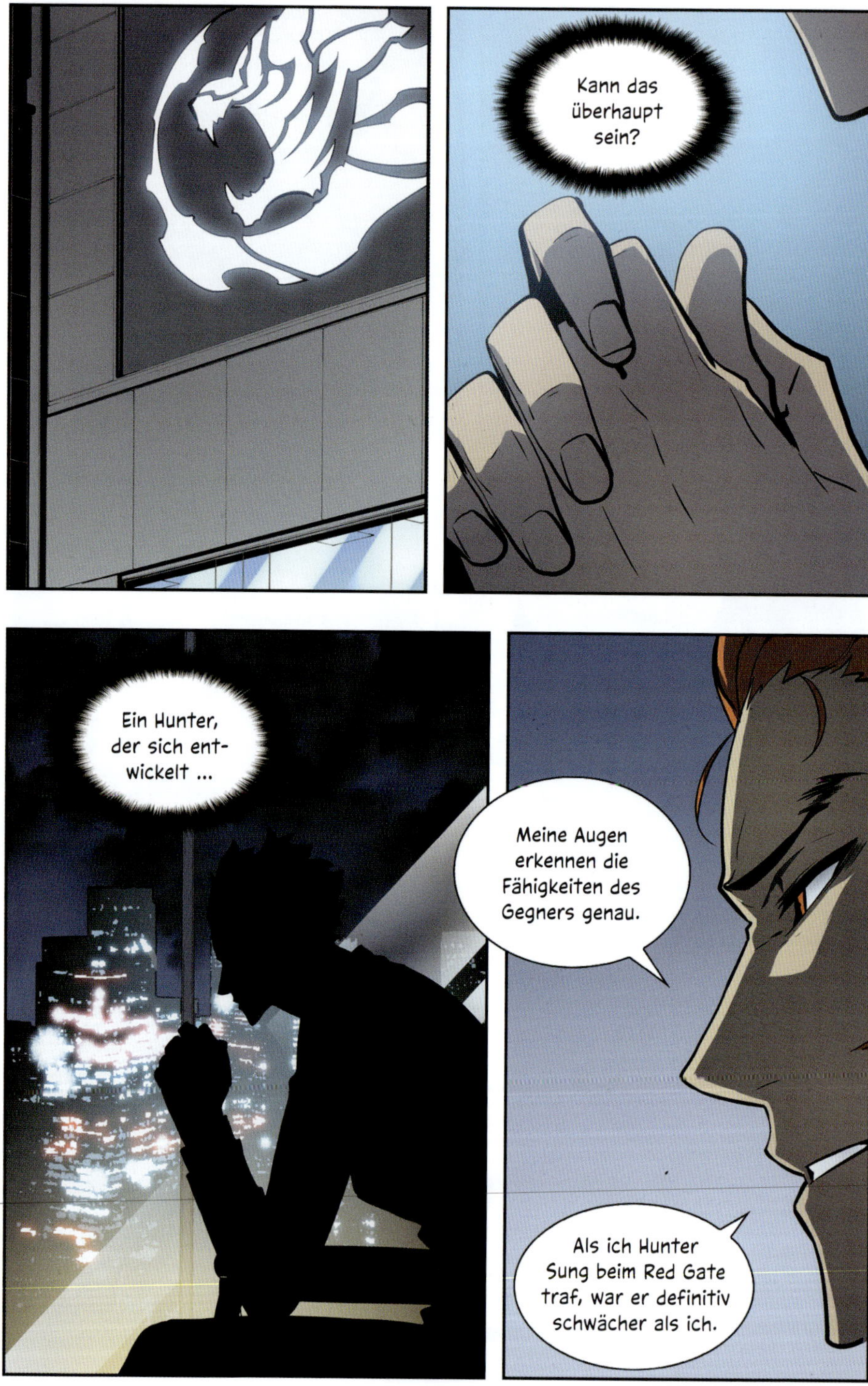
Kann das überhaupt sein?
Ein Hunter, der sich ent-wickelt ...
Meine Augen erkennen die Fähigkeiten des Gegners genau.
Als ich Hunter Sung beim Red Gate traf, war er definitiv schwächer als ich.

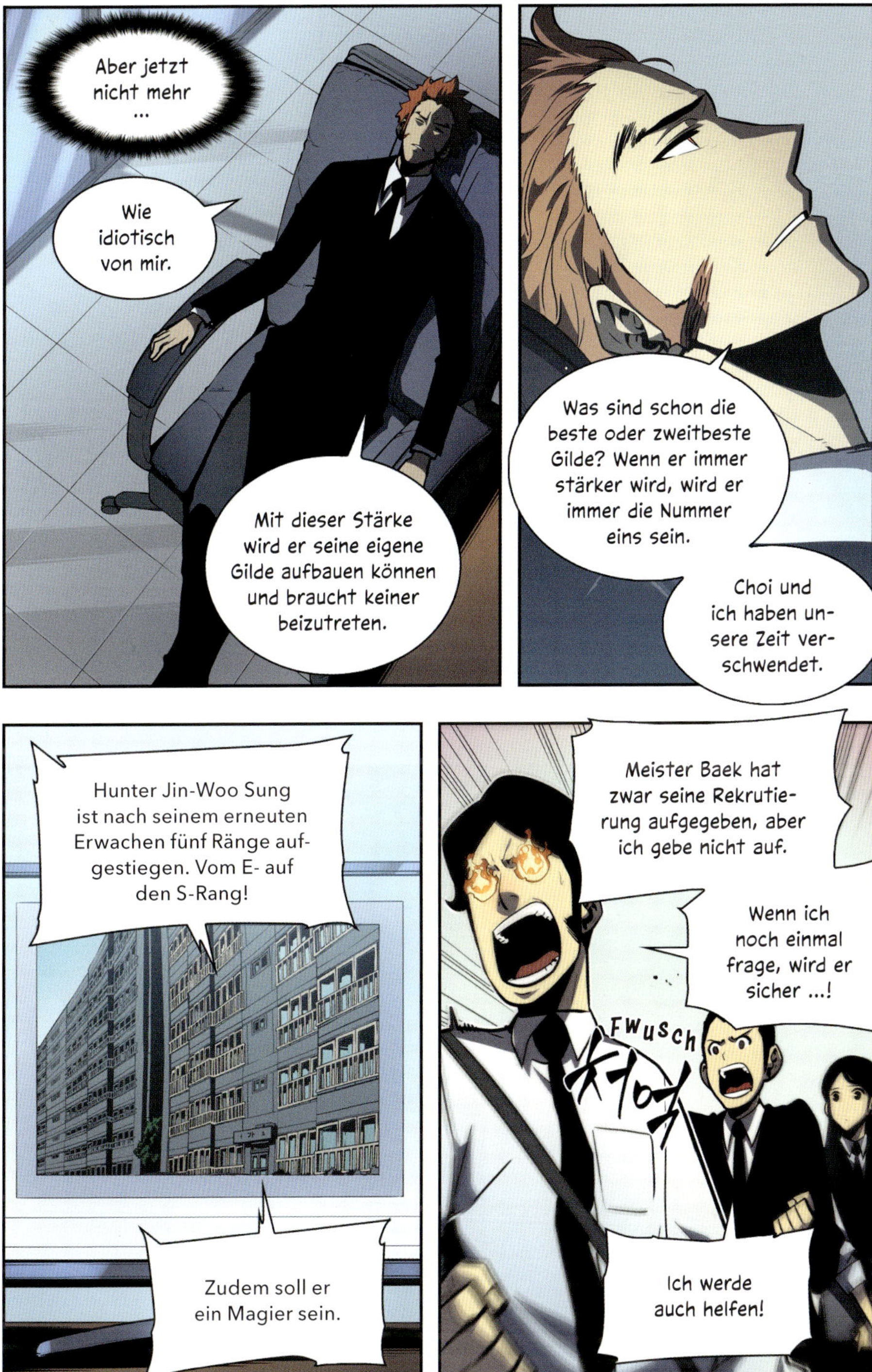
Aber jetzt nicht mehr ...
Wie idiotisch von mir.
Mit dieser Stärke wird er seine eigene Gilde aufbauen können und braucht keiner beizutreten.
Was sind schon die beste oder zweitbeste Gilde? Wenn er immer stärker wird, wird er immer die Nummer eins sein.
Choi und ich haben unsere Zeit verschwendet.
Hunter Jin-Woo Sung ist nach seinem erneuten Erwachen fünf Ränge aufgestiegen. Vom E- auf den S-Rang!
Zudem soll er ein Magier sein.
Meister Baek hat zwar seine Rekrutierung aufgegeben, aber ich gebe nicht auf.
Wenn ich noch einmal frage, wird er sicher ...!
FWUSCH
Ich werde auch helfen!

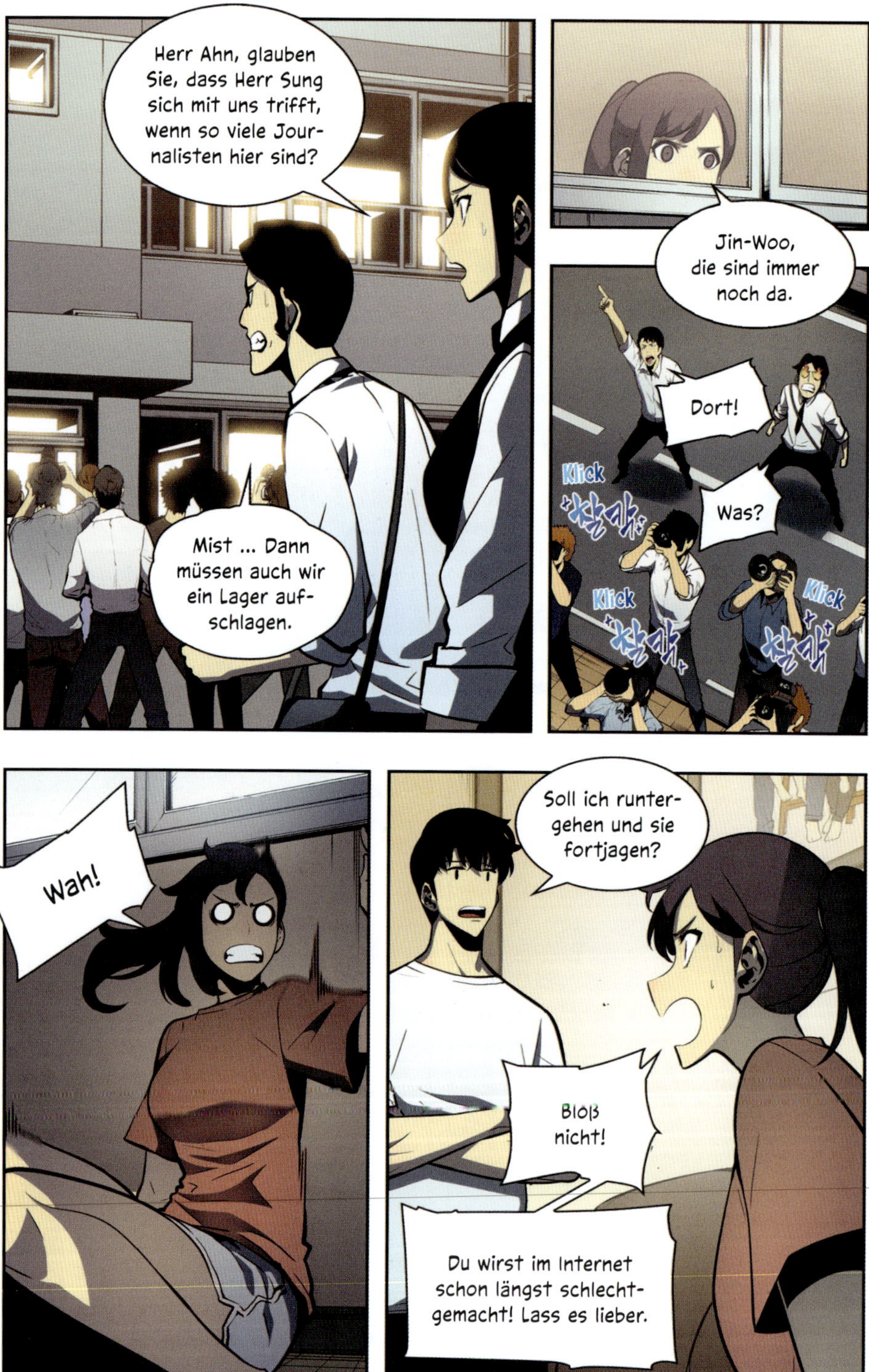
Herr Ahn, glauben Sie, dass Herr Sung sich mit uns trifft, wenn so viele Journalisten hier sind?
Mist ... Dann müssen auch wir ein Lager aufschlagen.
Jin-Woo, die sind immer noch da.
Dort!
Was?
Klick
Klick
Klick
Wah!
Soll ich runtergehen und sie fortjagen?
Bloß nicht!
Du wirst im Internet schon längst schlechtgemacht! Lass es lieber.

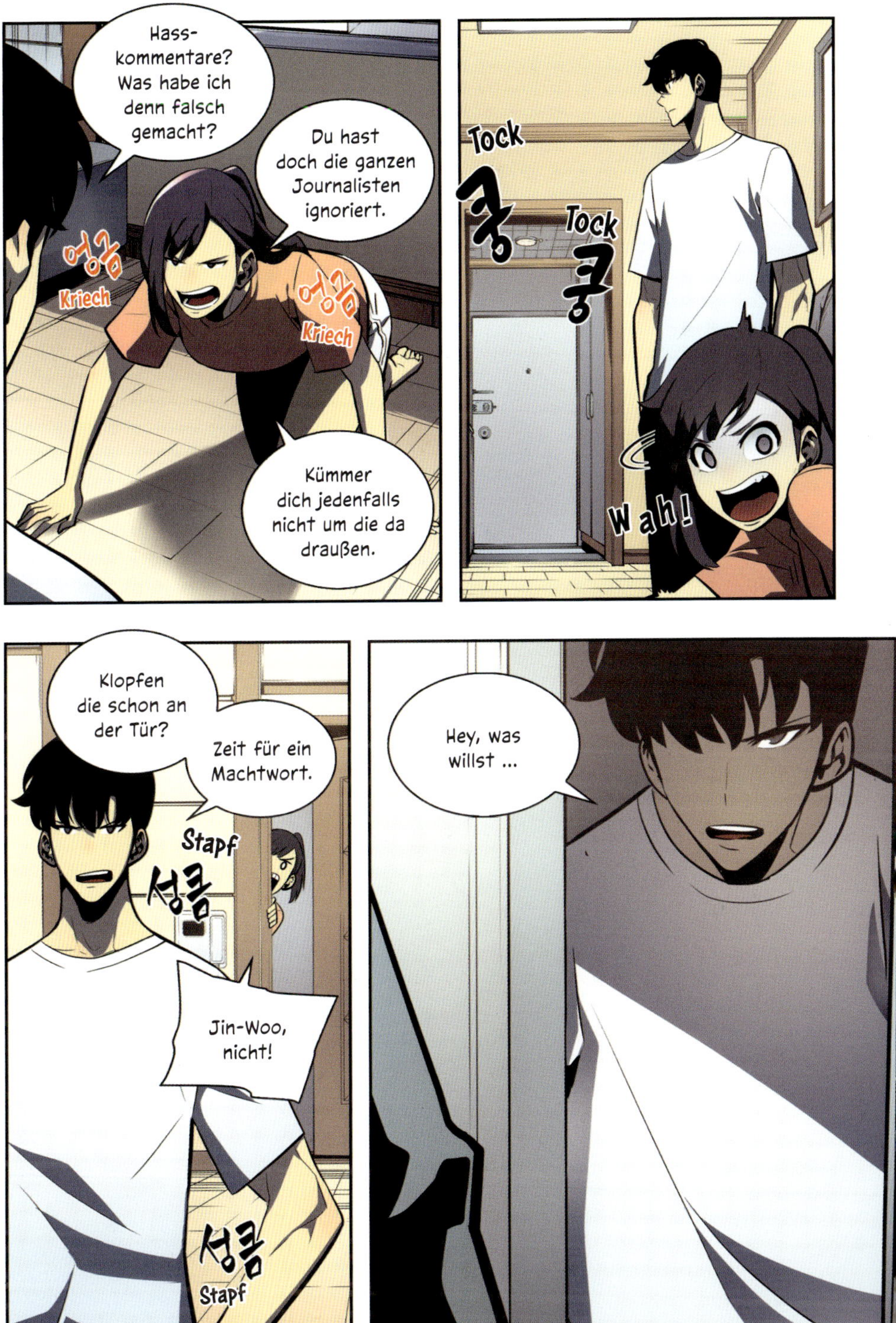
Hass-kommentare? Was habe ich denn falsch gemacht?
Du hast doch die ganzen Journalisten ignoriert.
Kriech
Kriech
Kümmer dich jedenfalls nicht um die da draußen.
Tock
Tock
Wah!
Klopfen die schon an der Tür?
Zeit für ein Machtwort.
Stapf
Jin-Woo, nicht!
Stapf
Hey, was willst ...

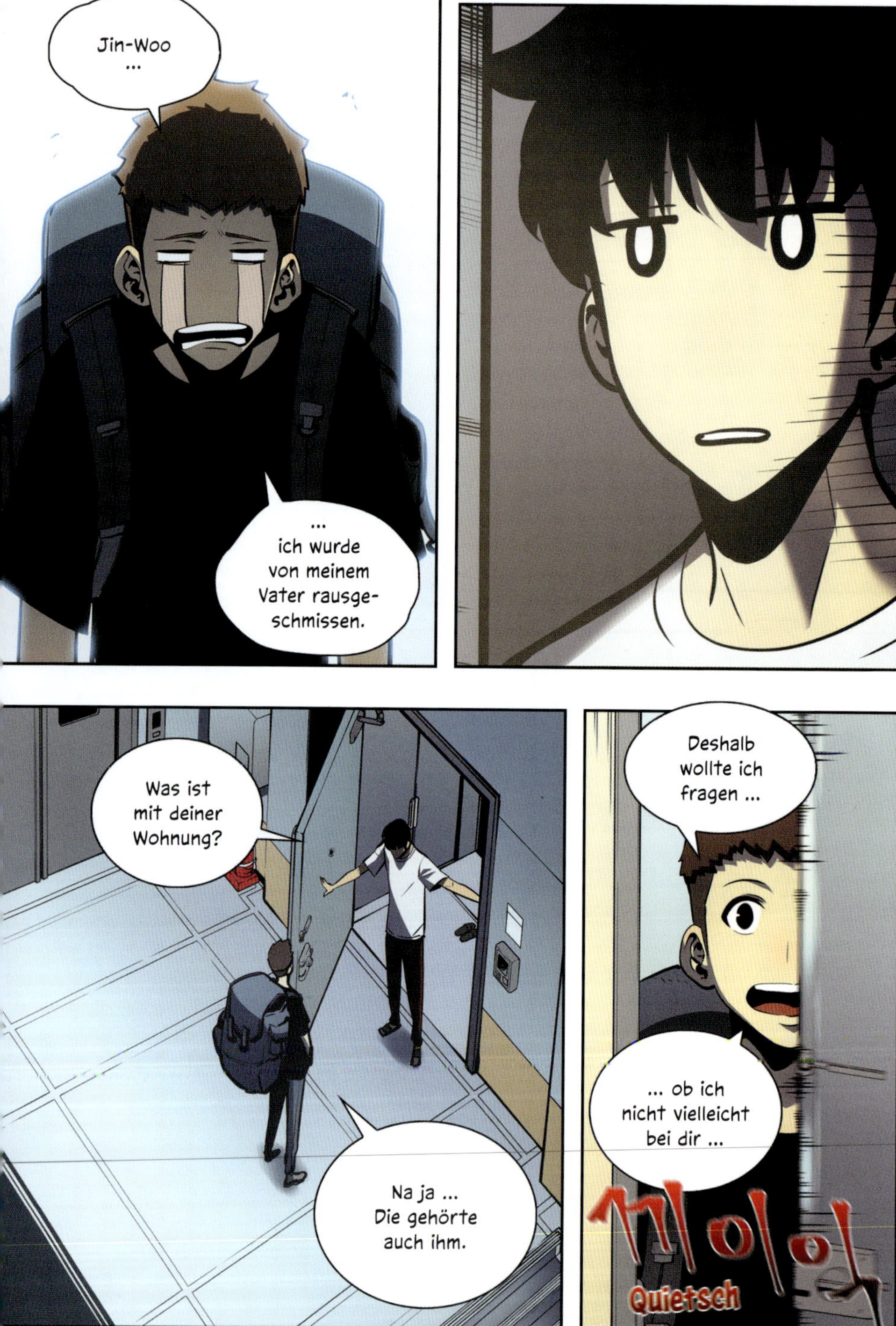
Jin-Woo ...
... ich wurde von meinem Vater rausgeschmissen.
Was ist mit deiner Wohnung?
Na ja ... Die gehörte auch ihm.
Deshalb wollte ich fragen ...
... ob ich nicht vielleicht bei dir ...
Quietsch

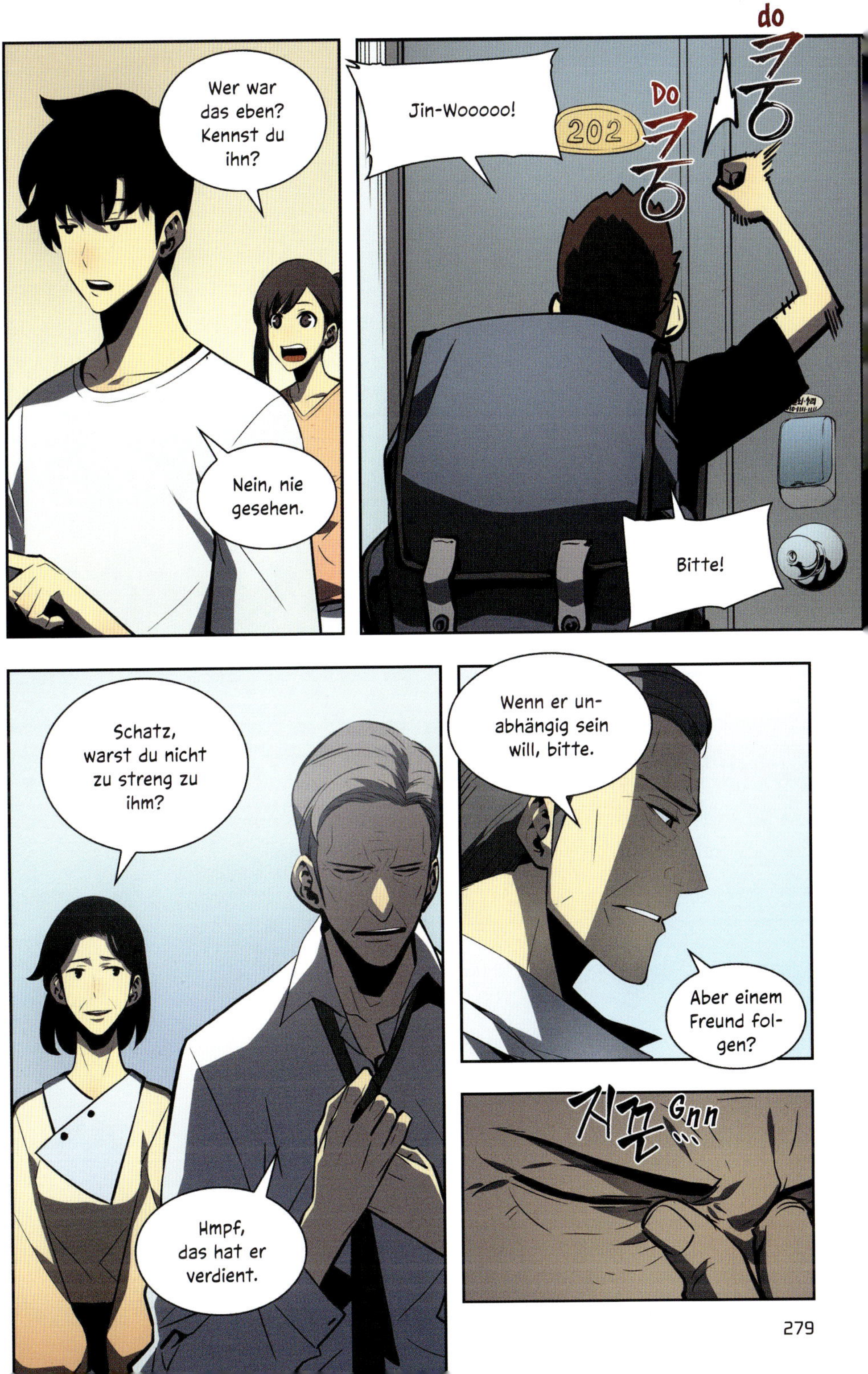

Wer war das eben? Kennst du ihn?
Nein, nie gesehen.
Jin-Wooooo!
Do
do
202
Bitte!
Schatz, warst du nicht zu streng zu ihm?
Hmpf, das hat er verdient.
Wenn er unabhängig sein will, bitte.
Aber einem Freund folgen?
Gnn

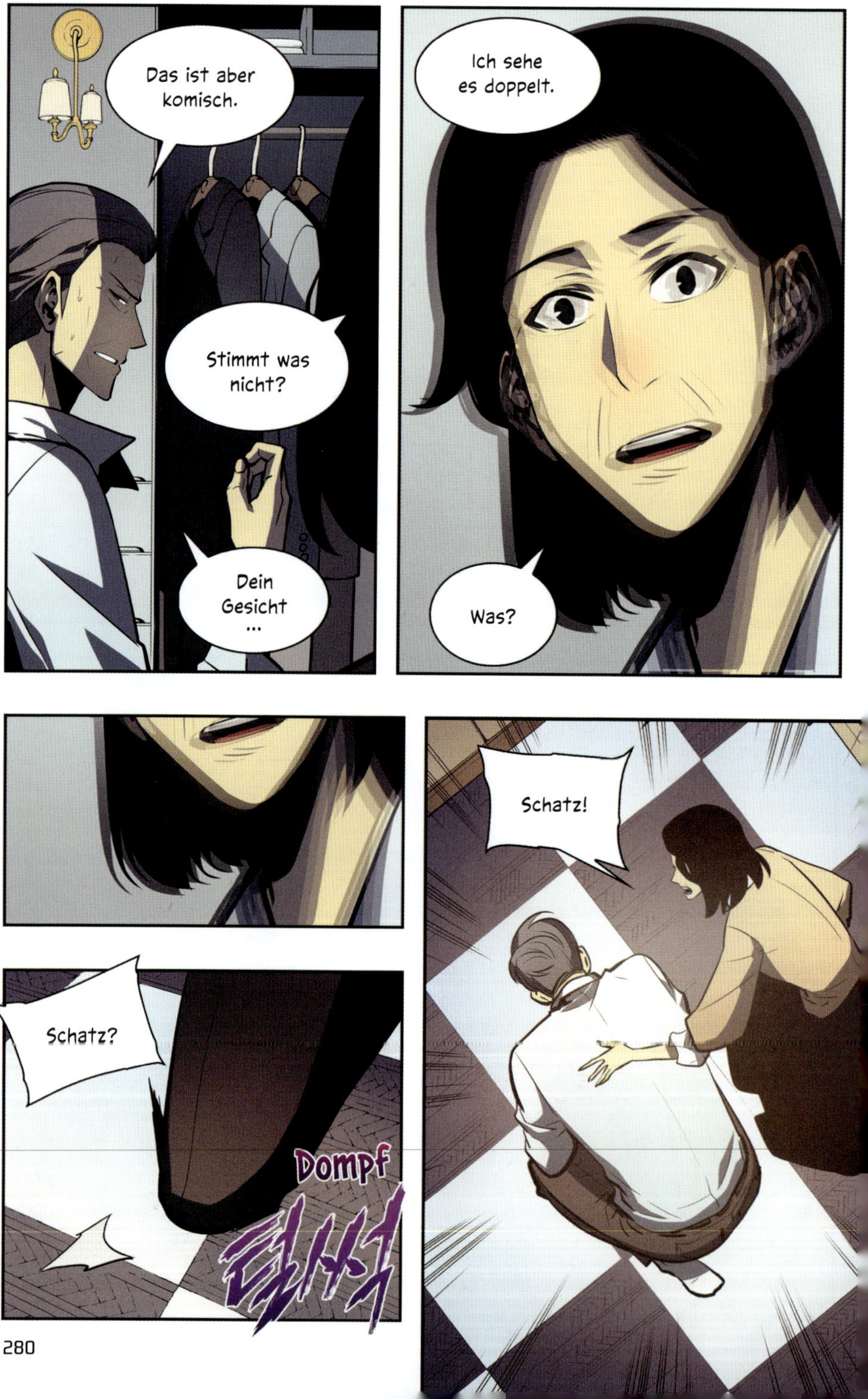
Das ist aber komisch.
Ich sehe es doppelt.
Stimmt was nicht?
Dein Gesicht ...
Was?
Schatz!
Schatz?
Dompf
털썩

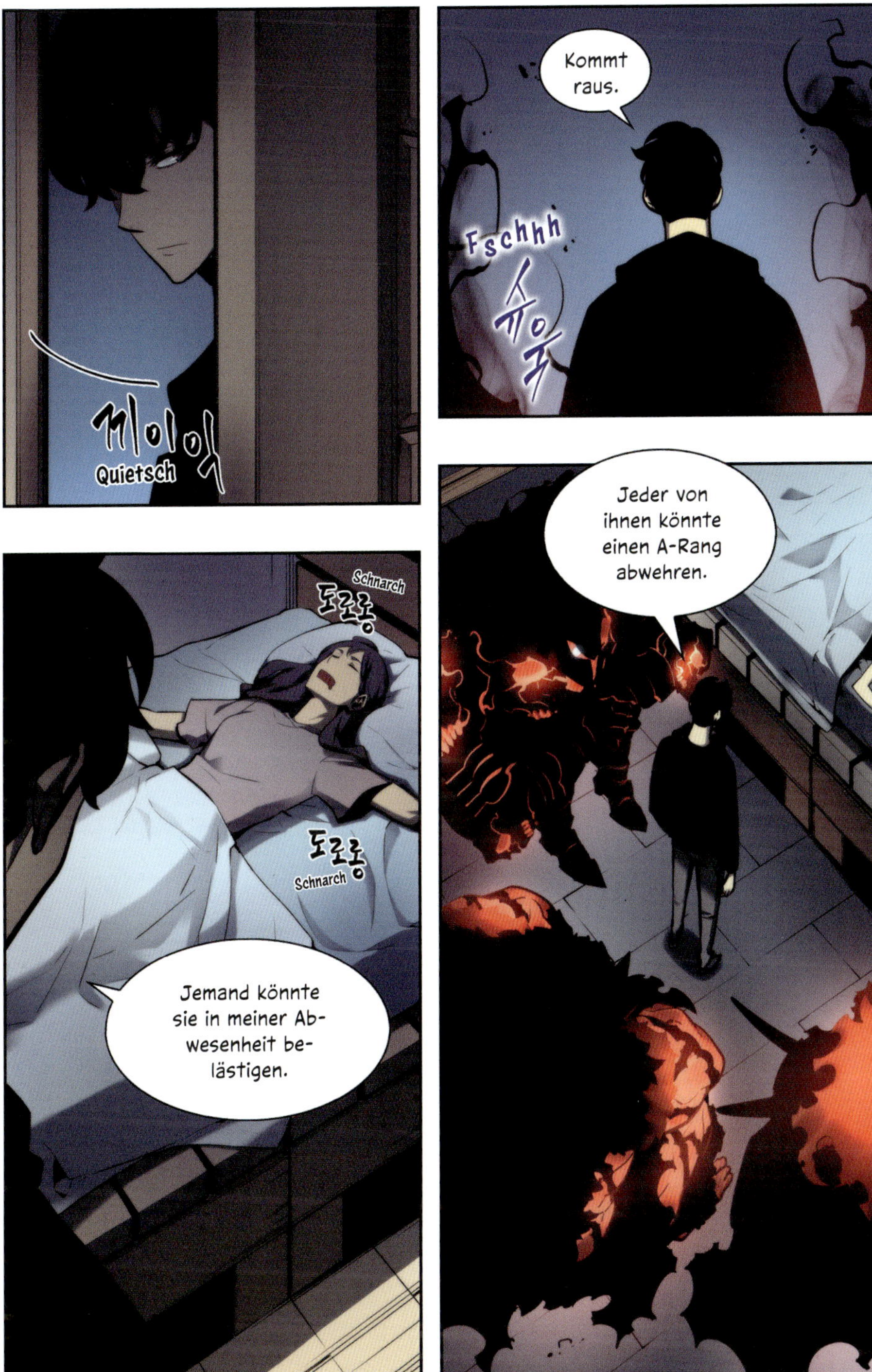
Quietsch
Kommt raus.
Fschhh
Schnarch
Schnarch
Jemand könnte sie in meiner Abwesenheit belästigen.
Jeder von ihnen könnte einen A-Rang abwehren.

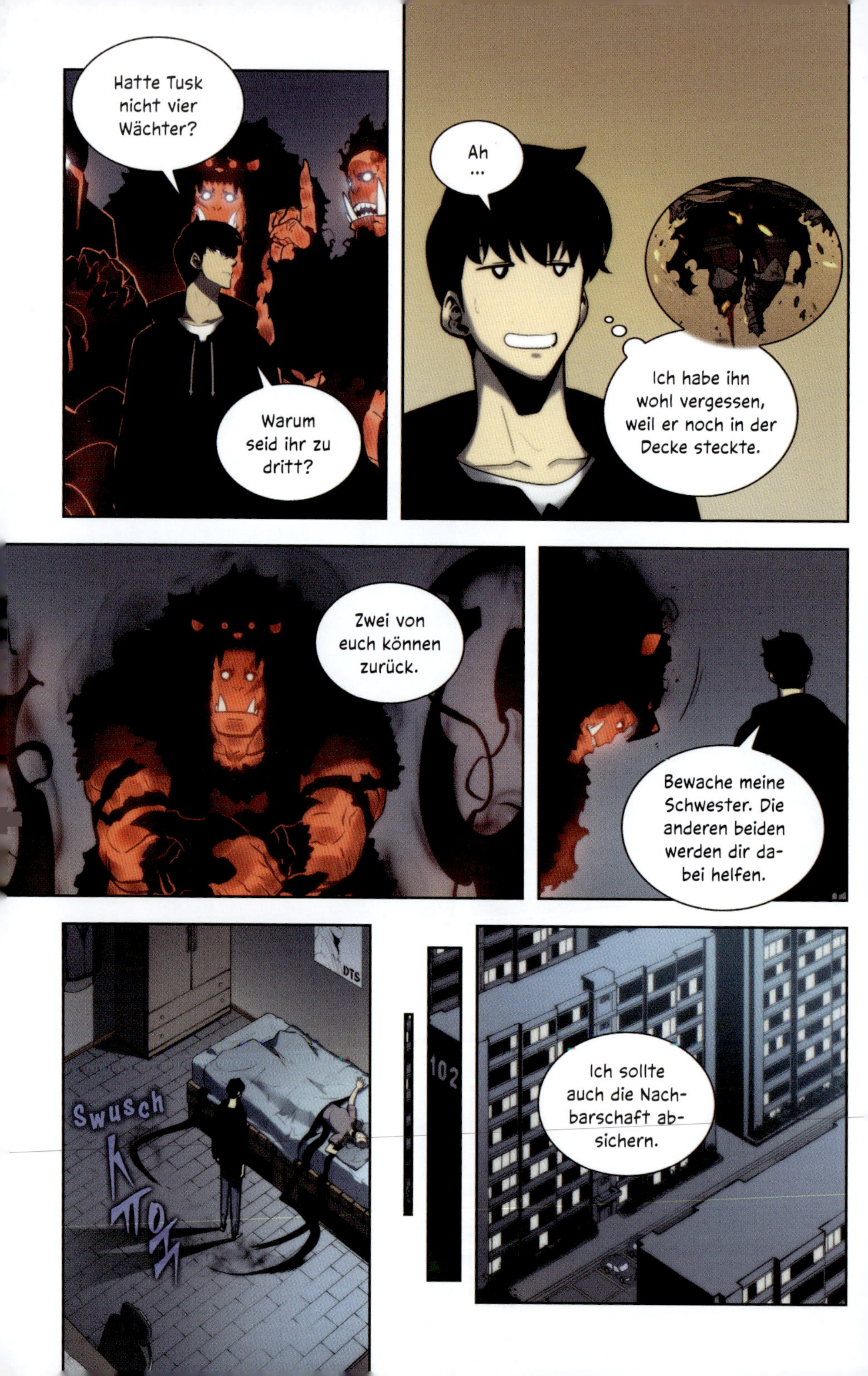
Hatte Tusk nicht vier Wächter?
Warum seid ihr zu dritt?
Ah …
Ich habe ihn wohl vergessen, weil er noch in der Decke steckte.
Zwei von euch können zurück.
Bewache meine Schwester. Die anderen beiden werden dir dabei helfen.
Swusch
KTOK
102
Ich sollte auch die Nachbarschaft absichern.

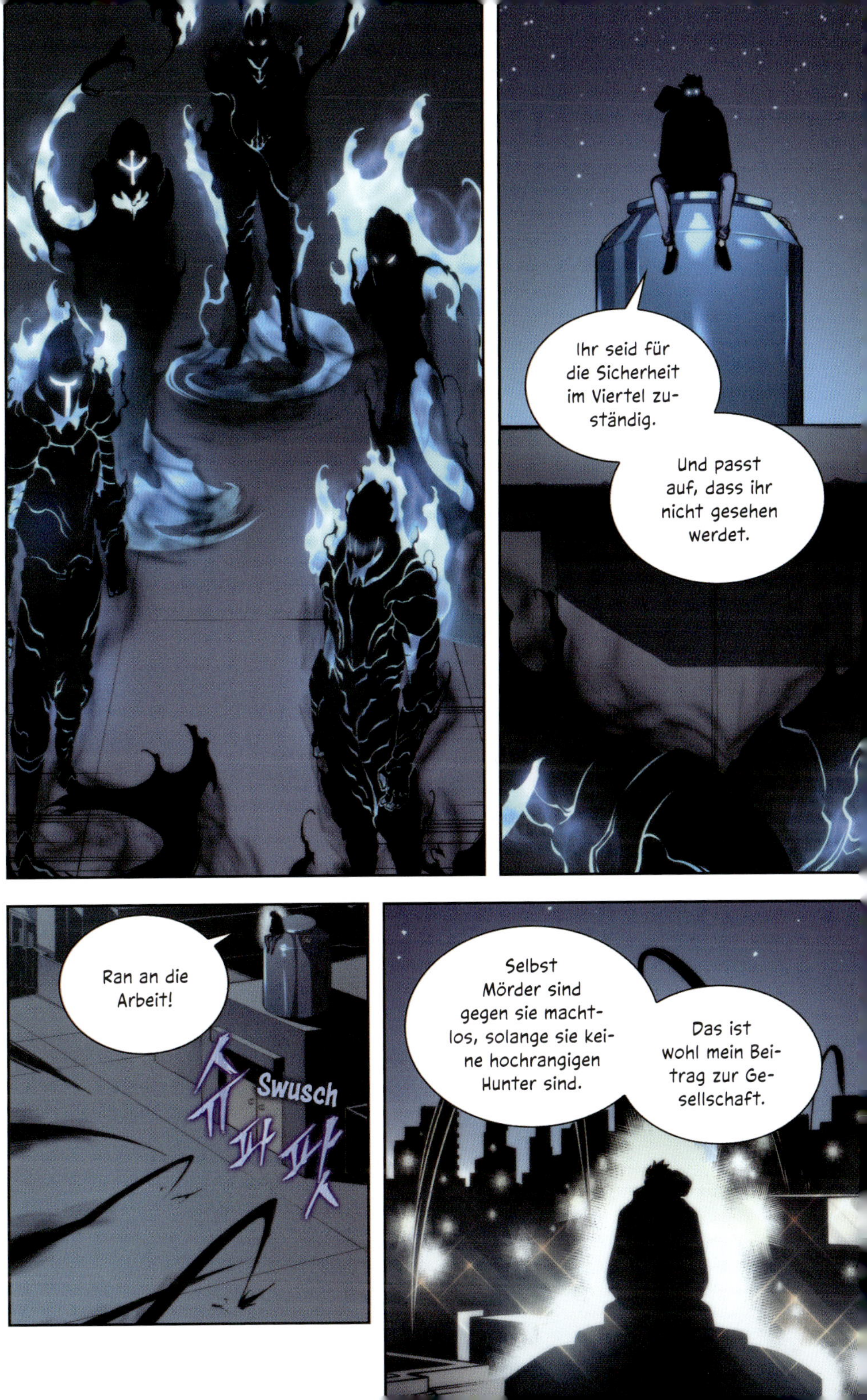
Ihr seid für die Sicherheit im Viertel zuständig.
Und passt auf, dass ihr nicht gesehen werdet.
Ran an die Arbeit!
Swusch
Selbst Mörder sind gegen sie machtlos, solange sie keine hochrangigen Hunter sind.
Das ist wohl mein Beitrag zur Gesellschaft.

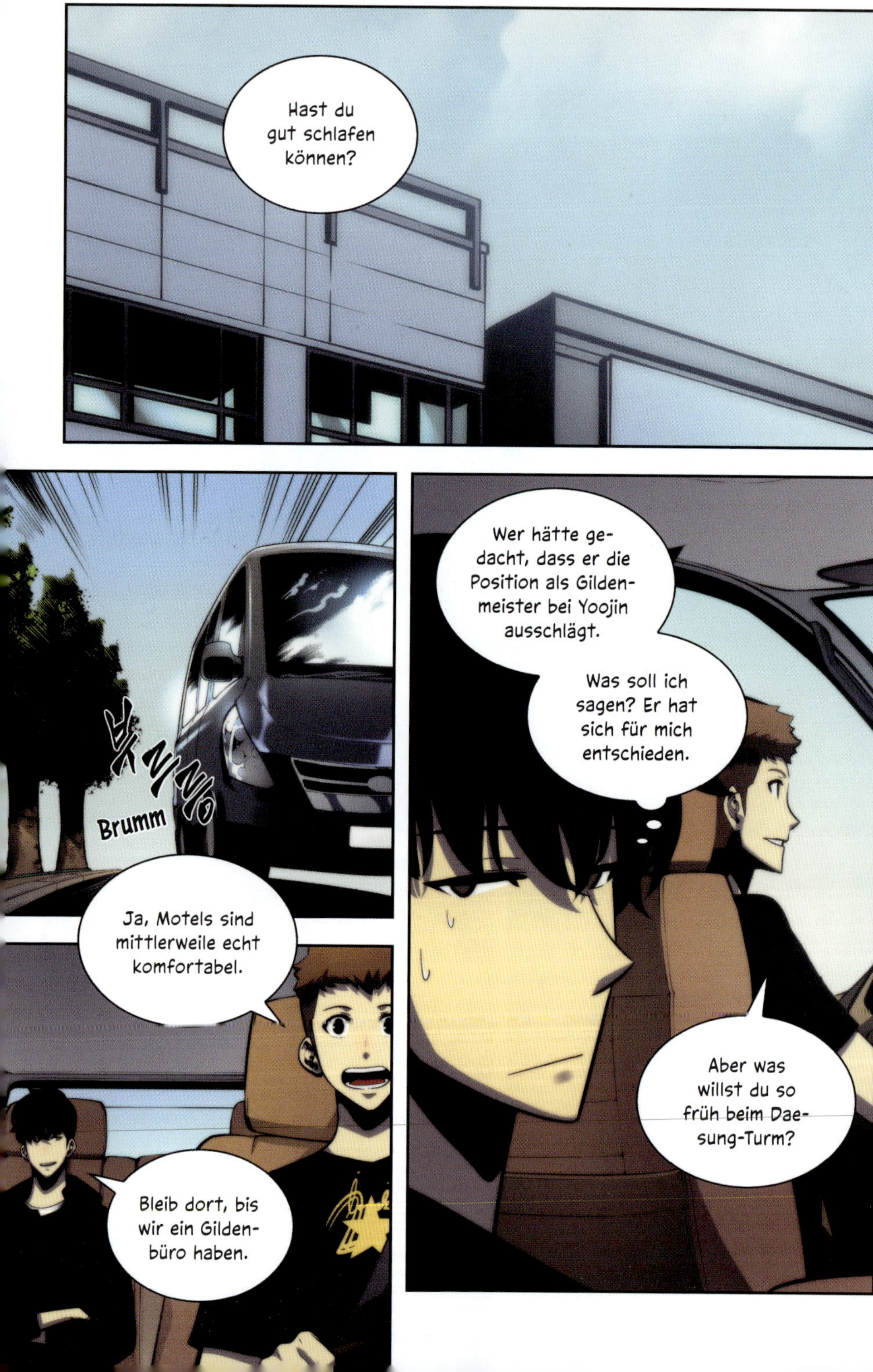
Hast du gut schlafen können?
Brumm
Ja, Motels sind mittlerweile echt komfortabel.
Bleib dort, bis wir ein Gildenbüro haben.
Wer hätte gedacht, dass er die Position als Gildenmeister bei Yoojin ausschlägt.
Was soll ich sagen? Er hat sich für mich entschieden.
Aber was willst du so früh beim Daesung-Turm?

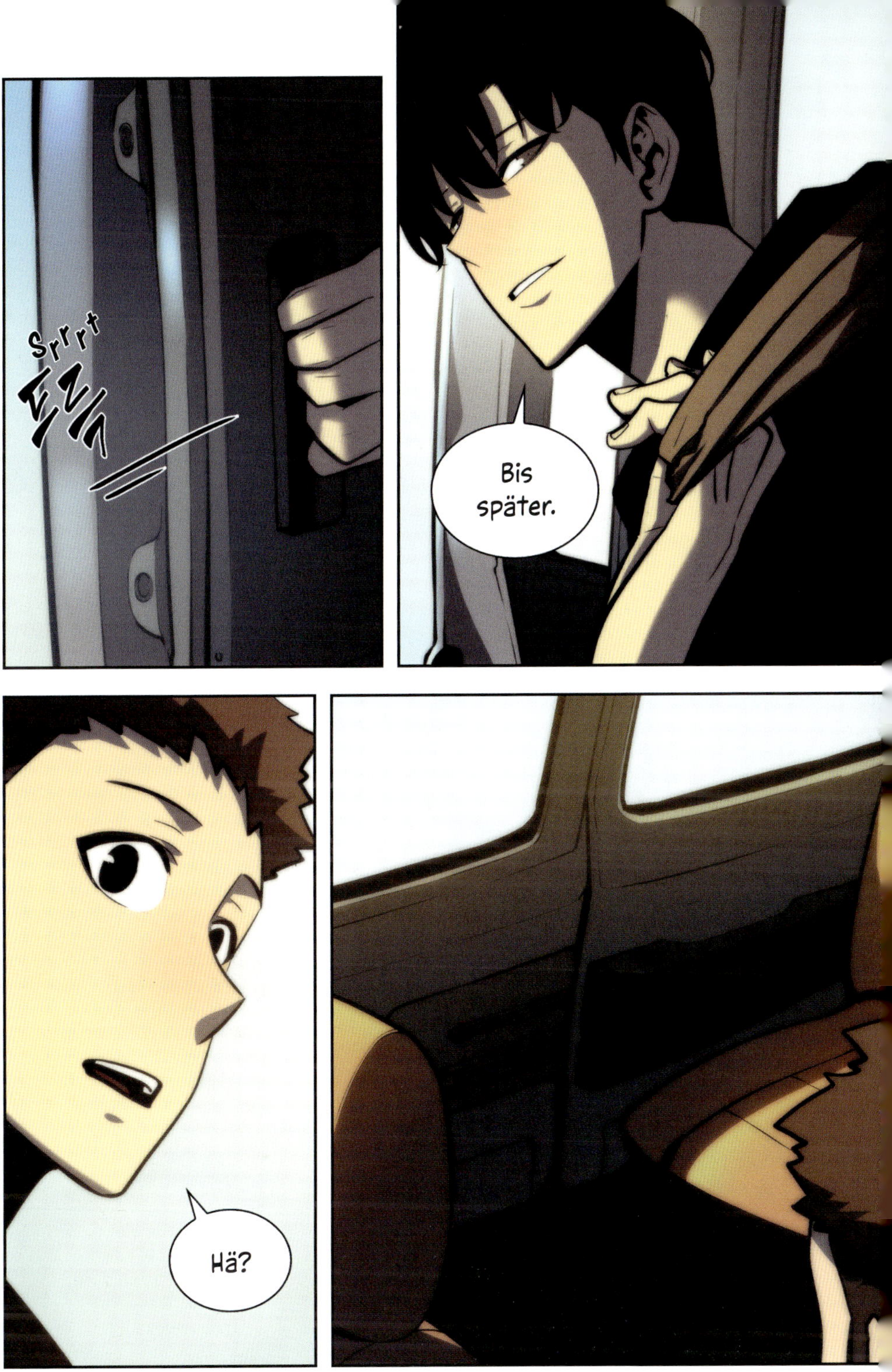
Srrrt
Bis später.
Hä?

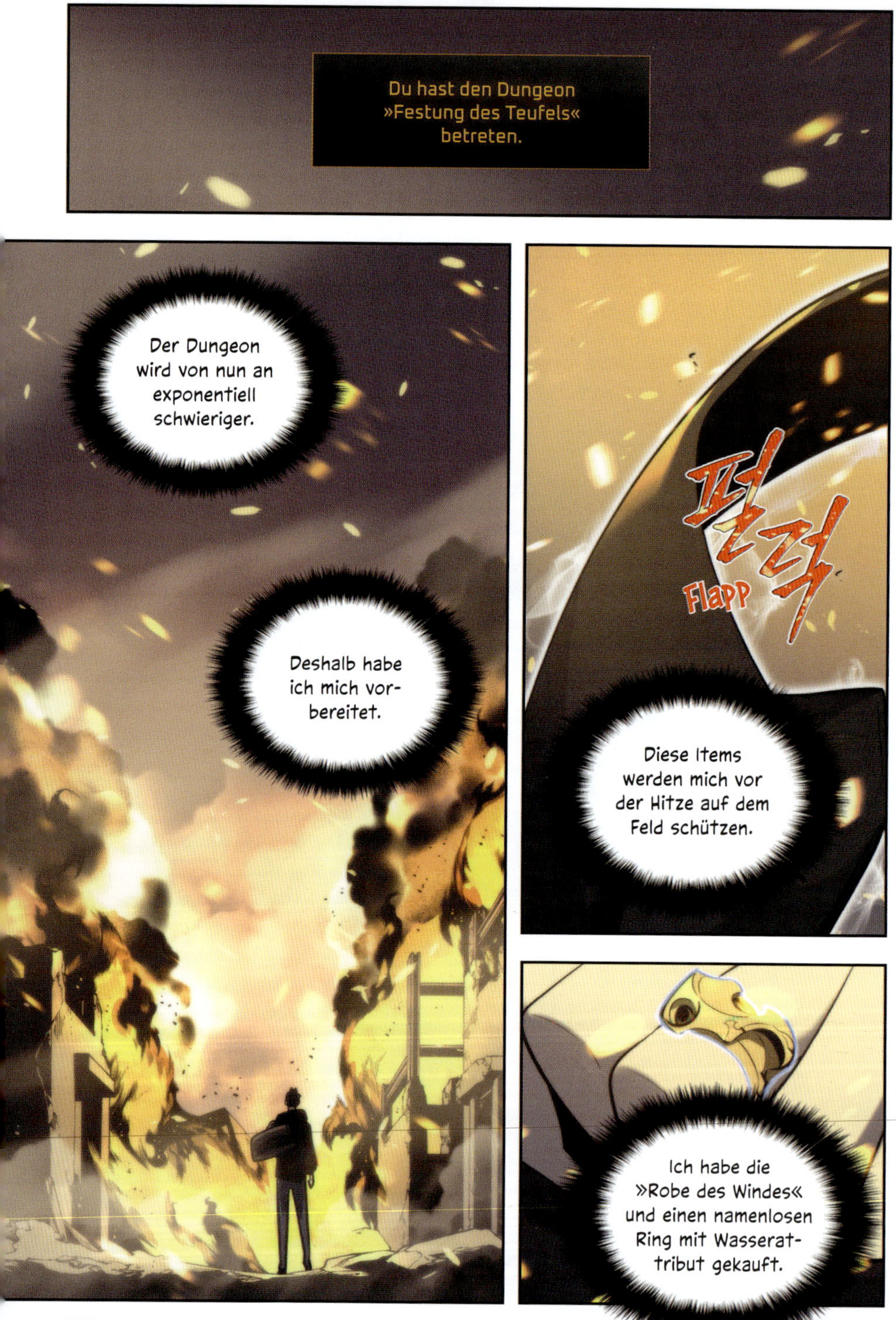

Du hast den Dungeon »Festung des Teufels« betreten.
Der Dungeon wird von nun an exponentiell schwieriger.
Deshalb habe ich mich vorbereitet.
펄럭
Flapp
Diese Items werden mich vor der Hitze auf dem Feld schützen.
Ich habe die »Robe des Windes« und einen namenlosen Ring mit Wasserattribut gekauft.

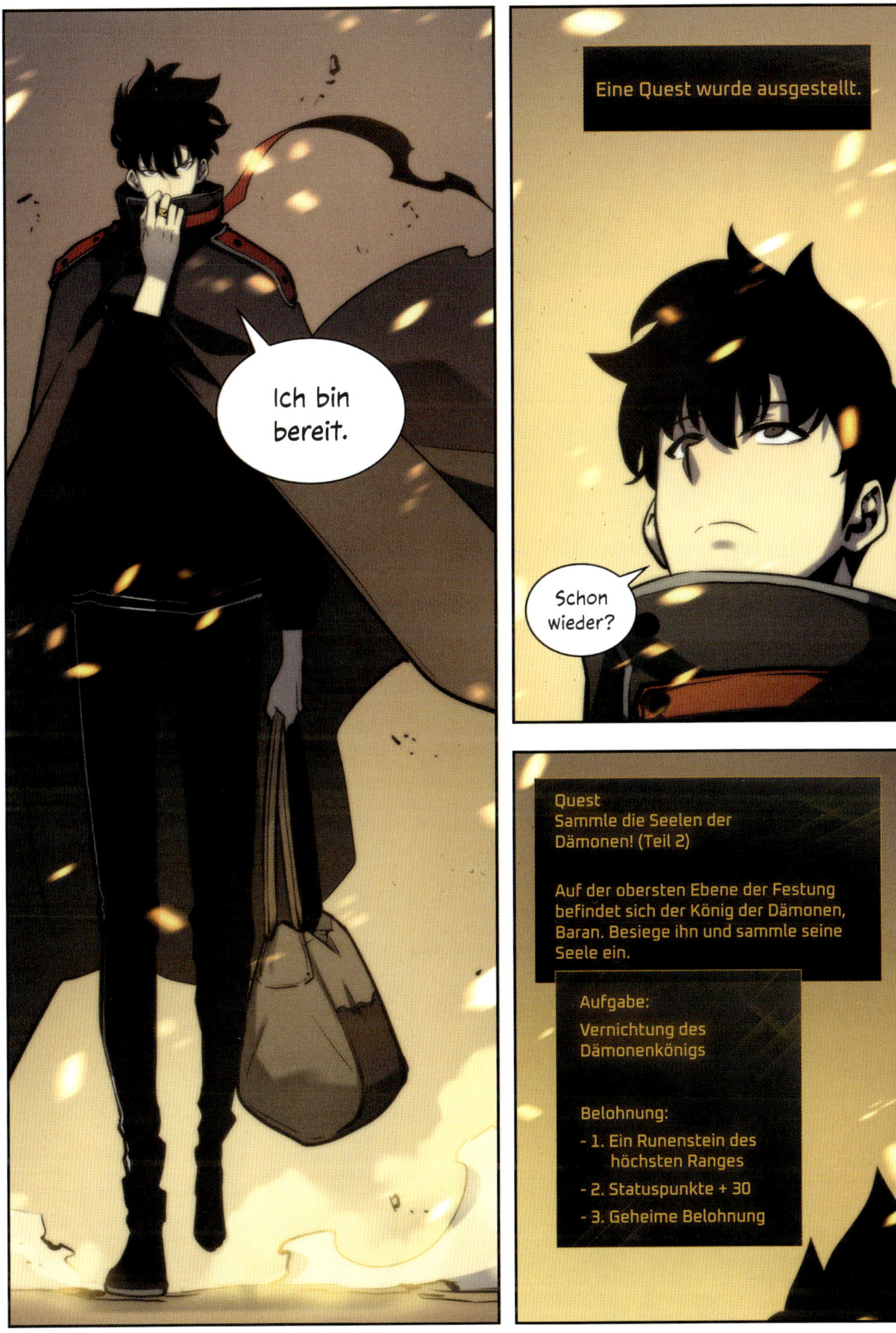
Ich bin bereit.
Eine Quest wurde ausgestellt.
Schon wieder?
Quest
Sammle die Seelen der Dämonen! (Teil 2)
Auf der obersten Ebene der Festung befindet sich der König der Dämonen, Baran. Besiege ihn und sammle seine Seele ein.
Aufgabe:
Vernichtung des Dämonenkönigs
Belohnung:
- 1. Ein Runenstein des höchsten Ranges
- 2. Statuspunkte + 30
- 3. Geheime Belohnung

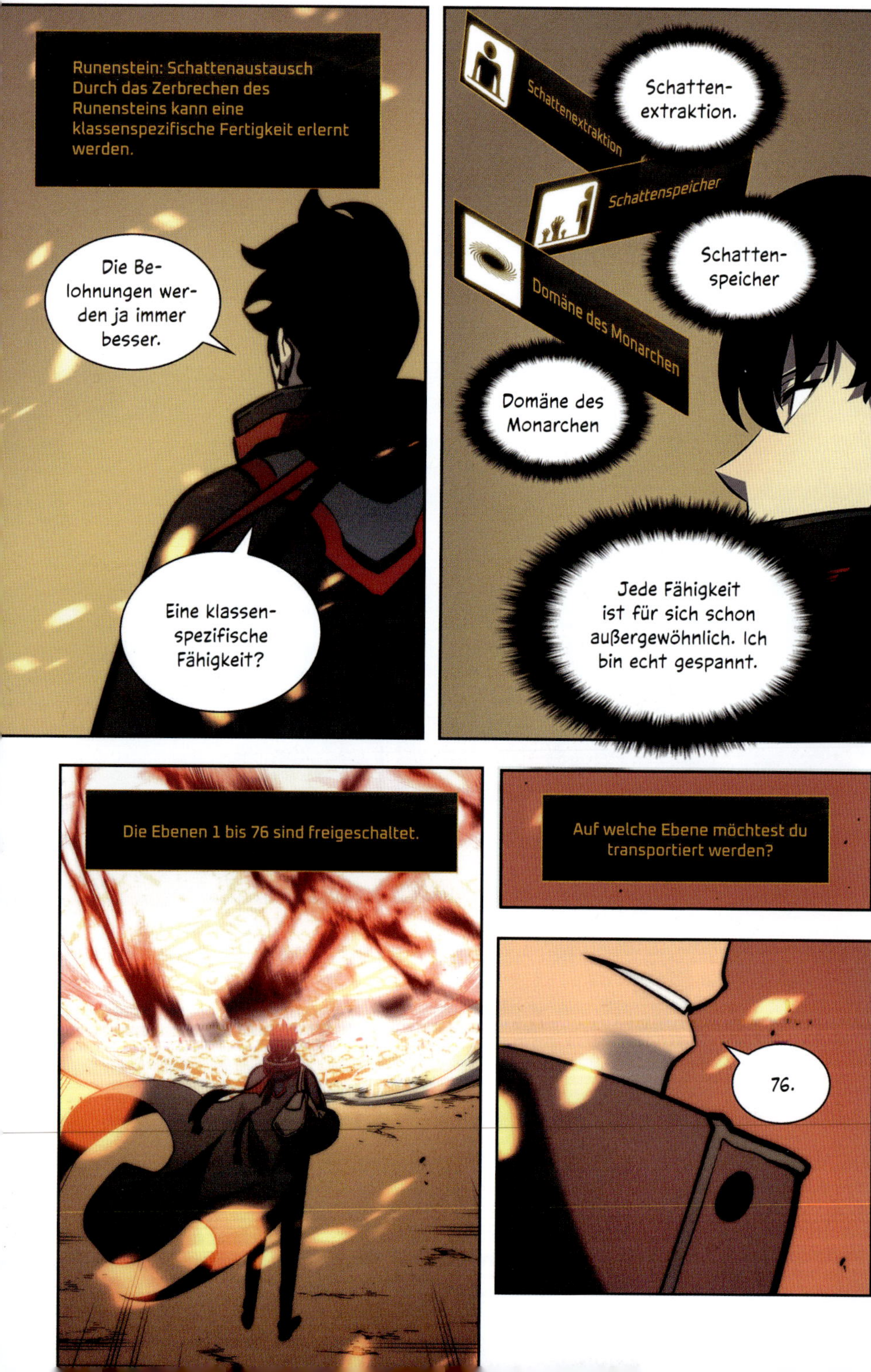
Runenstein: Schattenaustausch
Durch das Zerbrechen des Runensteins kann eine klassenspezifische Fertigkeit erlernt werden.
Die Belohnungen werden ja immer besser.
Eine klassenspezifische Fähigkeit?
Schattenextraktion
Schattenextraktion.
Schattenspeicher
Schattenspeicher
Domäne des Monarchen
Domäne des Monarchen
Jede Fähigkeit ist für sich schon außergewöhnlich. Ich bin echt gespannt.
Die Ebenen 1 bis 76 sind freigeschaltet.
Auf welche Ebene möchtest du transportiert werden?
76.

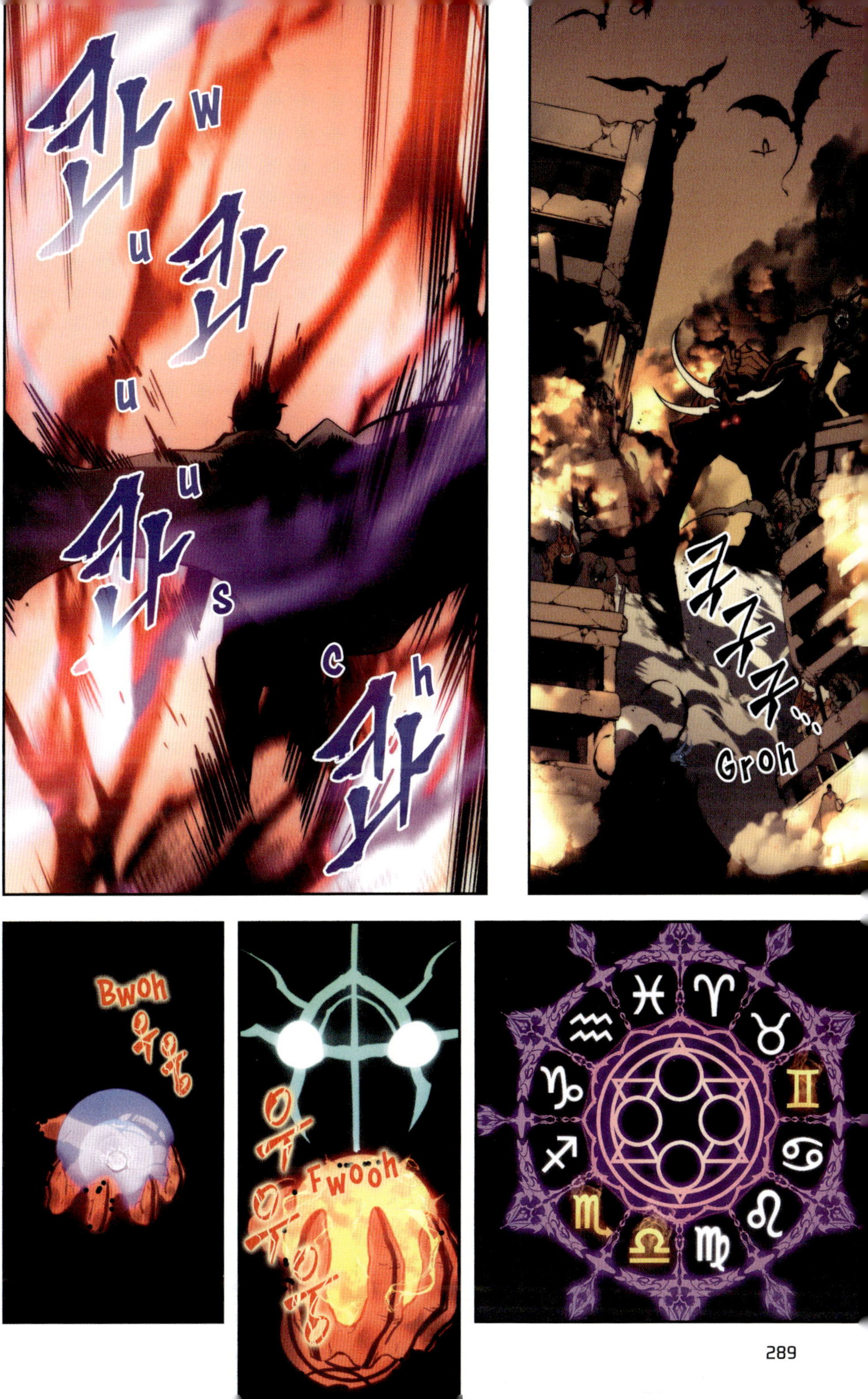
Wuuusch
Groh
Bwoh
Fwooh

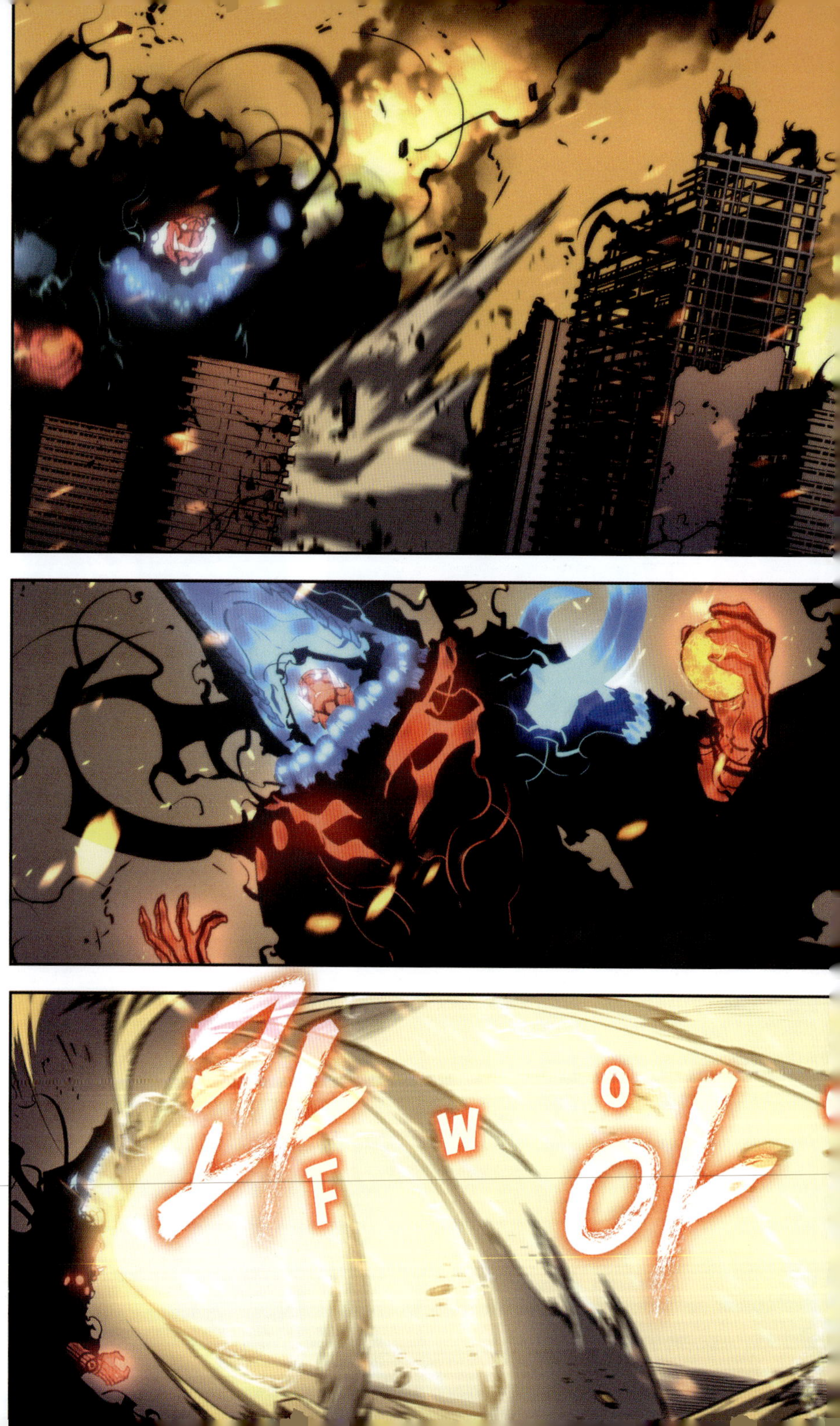

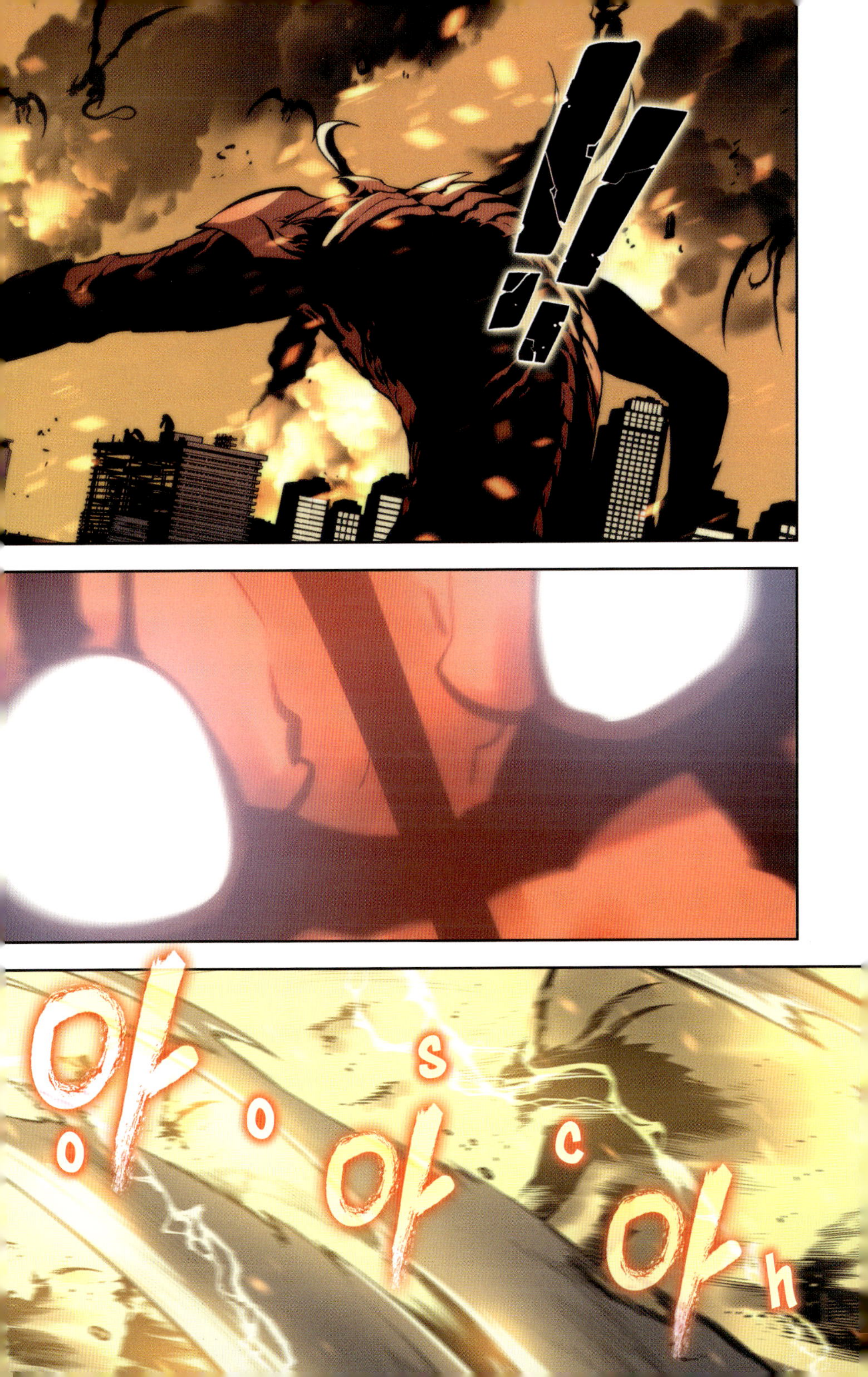

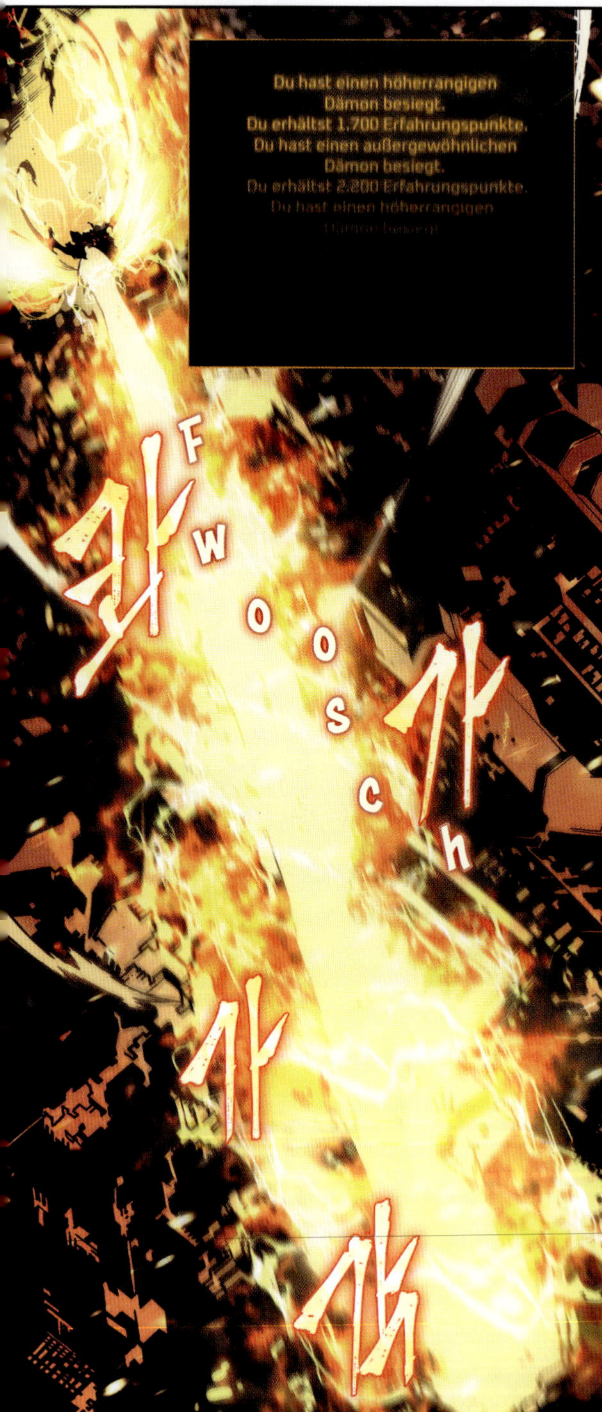
Du hast einen höherrangigen Dämon besiegt.
Du erhältst 1.700 Erfahrungspunkte.
Du hast einen außergewöhnlichen Dämon besiegt.
Du erhältst 2.200 Erfahrungspunkte.
Du hast einen höherrangigen
Fwoosch

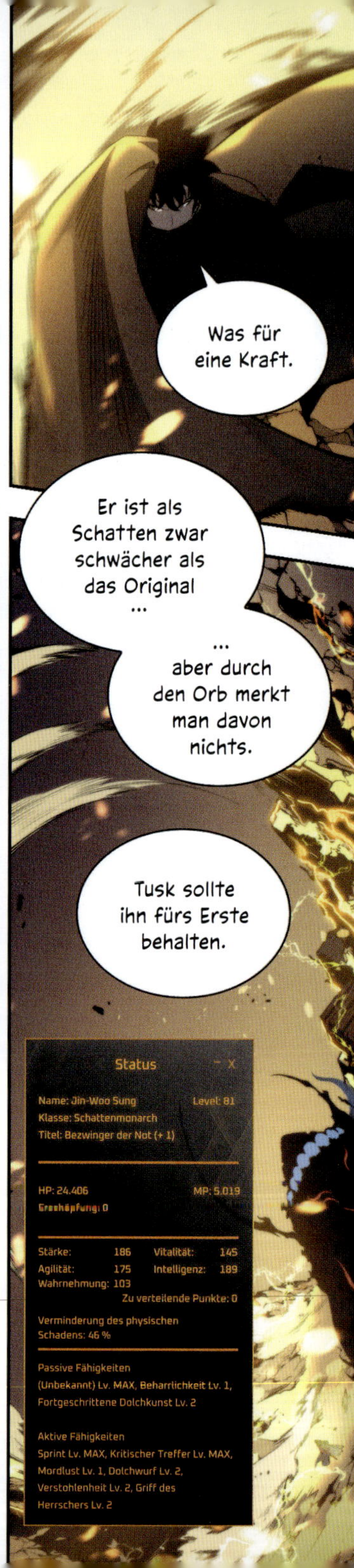
Was für eine Kraft.
Er ist als Schatten zwar schwächer als das Original ...
... aber durch den Orb merkt man davon nichts.
Tusk sollte ihn fürs Erste behalten.
Status
Name: Jin-Woo Sung Level: 81
Klasse: Schattenmonarch
Titel: Bezwinger der Not (+ 1)
HP: 24.406 MP: 5.019
Erschöpfung: 0
Stärke: 186 Vitalität: 145
Agilität: 175 Intelligenz: 189
Wahrnehmung: 103
Zu verteilende Punkte: 0
Verminderung des physischen Schadens: 46 %
Passive Fähigkeiten
(Unbekannt) Lv. MAX, Beharrlichkeit Lv. 1, Fortgeschrittene Dolchkunst Lv. 2
Aktive Fähigkeiten
Sprint Lv. MAX, Kritischer Treffer Lv. MAX, Mordlust Lv. 1, Dolchwurf Lv. 2, Verstohlenheit Lv. 2, Griff des Herrschers Lv. 2

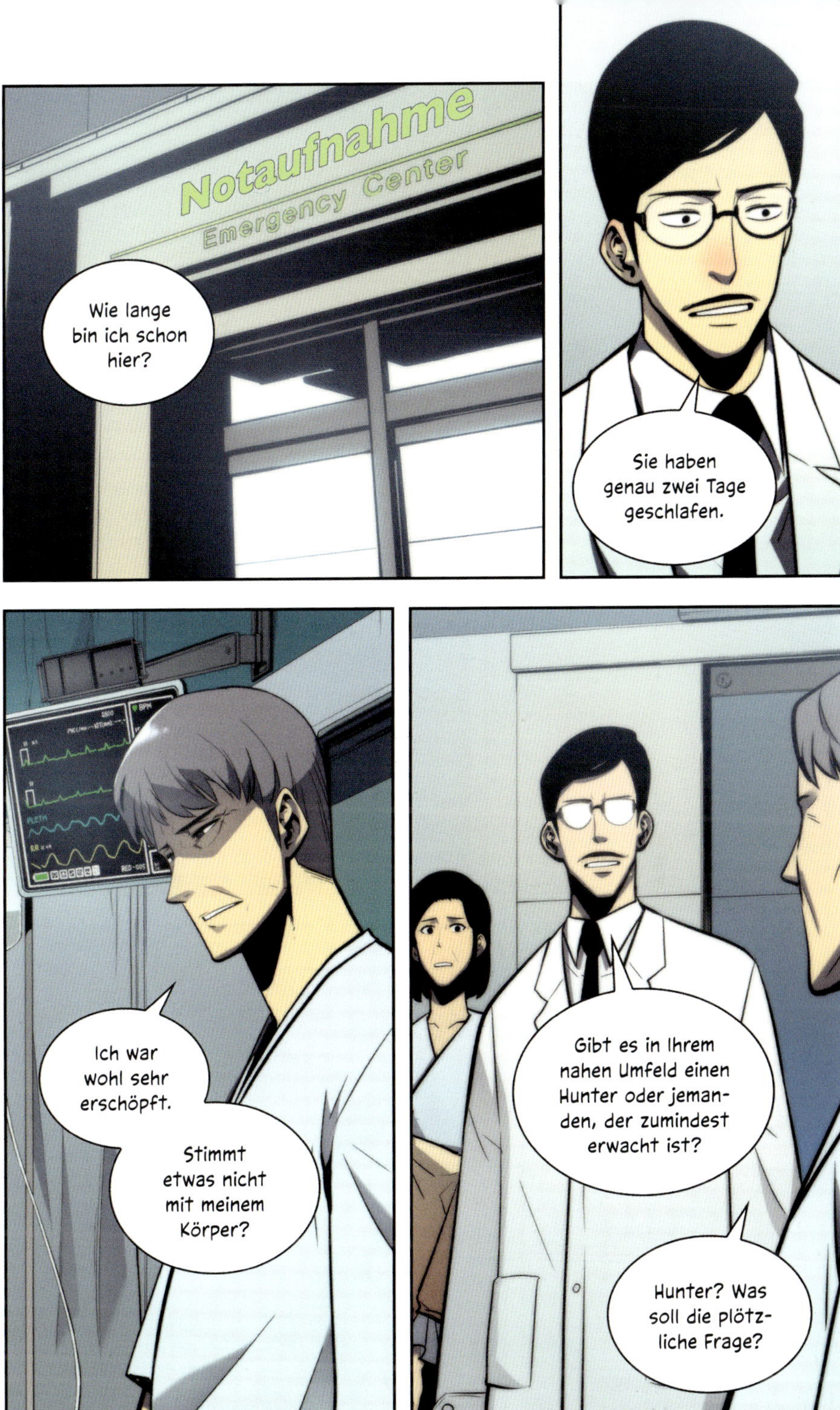
Notaufnahme
Emergency Center
Wie lange bin ich schon hier?
Sie haben genau zwei Tage geschlafen.
Ich war wohl sehr erschöpft.
Stimmt etwas nicht mit meinem Körper?
Gibt es in Ihrem nahen Umfeld einen Hunter oder jemanden, der zumindest erwacht ist?
Hunter? Was soll die plötzliche Frage?

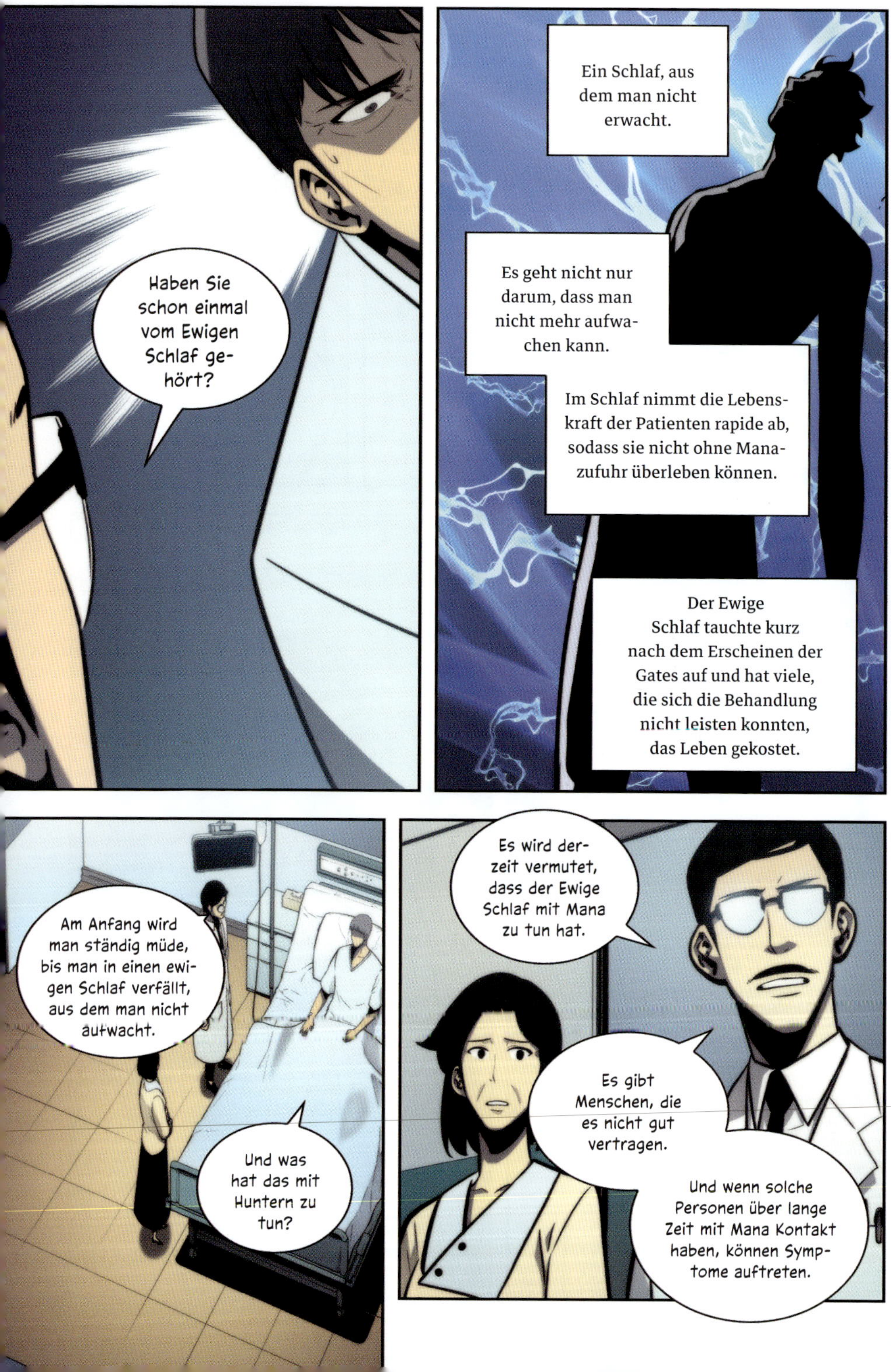
Haben Sie schon einmal vom Ewigen Schlaf gehört?
Ein Schlaf, aus dem man nicht erwacht.
Es geht nicht nur darum, dass man nicht mehr aufwachen kann.
Im Schlaf nimmt die Lebenskraft der Patienten rapide ab, sodass sie nicht ohne Manazufuhr überleben können.
Der Ewige Schlaf tauchte kurz nach dem Erscheinen der Gates auf und hat viele, die sich die Behandlung nicht leisten konnten, das Leben gekostet.
Am Anfang wird man ständig müde, bis man in einen ewigen Schlaf verfällt, aus dem man nicht aufwacht.
Und was hat das mit Huntern zu tun?
Es wird derzeit vermutet, dass der Ewige Schlaf mit Mana zu tun hat.
Es gibt Menschen, die es nicht gut vertragen.
Und wenn solche Personen über lange Zeit mit Mana Kontakt haben, können Symptome auftreten.

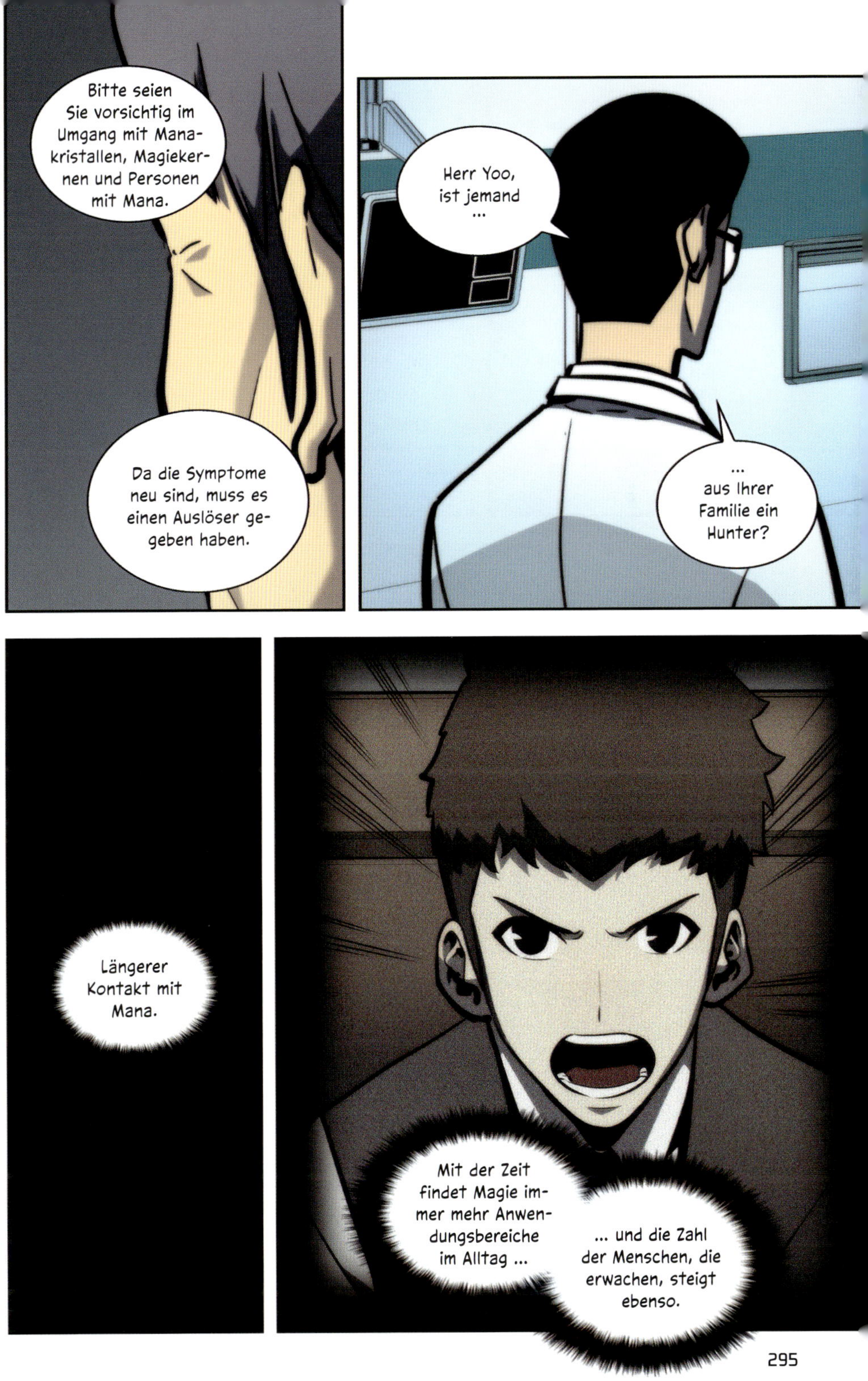
Bitte seien Sie vorsichtig im Umgang mit Manakristallen, Magiekernen und Personen mit Mana.
Da die Symptome neu sind, muss es einen Auslöser gegeben haben.
Herr Yoo, ist jemand ...
... aus Ihrer Familie ein Hunter?
Längerer Kontakt mit Mana.
Mit der Zeit findet Magie immer mehr Anwendungsbereiche im Alltag ...
... und die Zahl der Menschen, die erwachen, steigt ebenso.

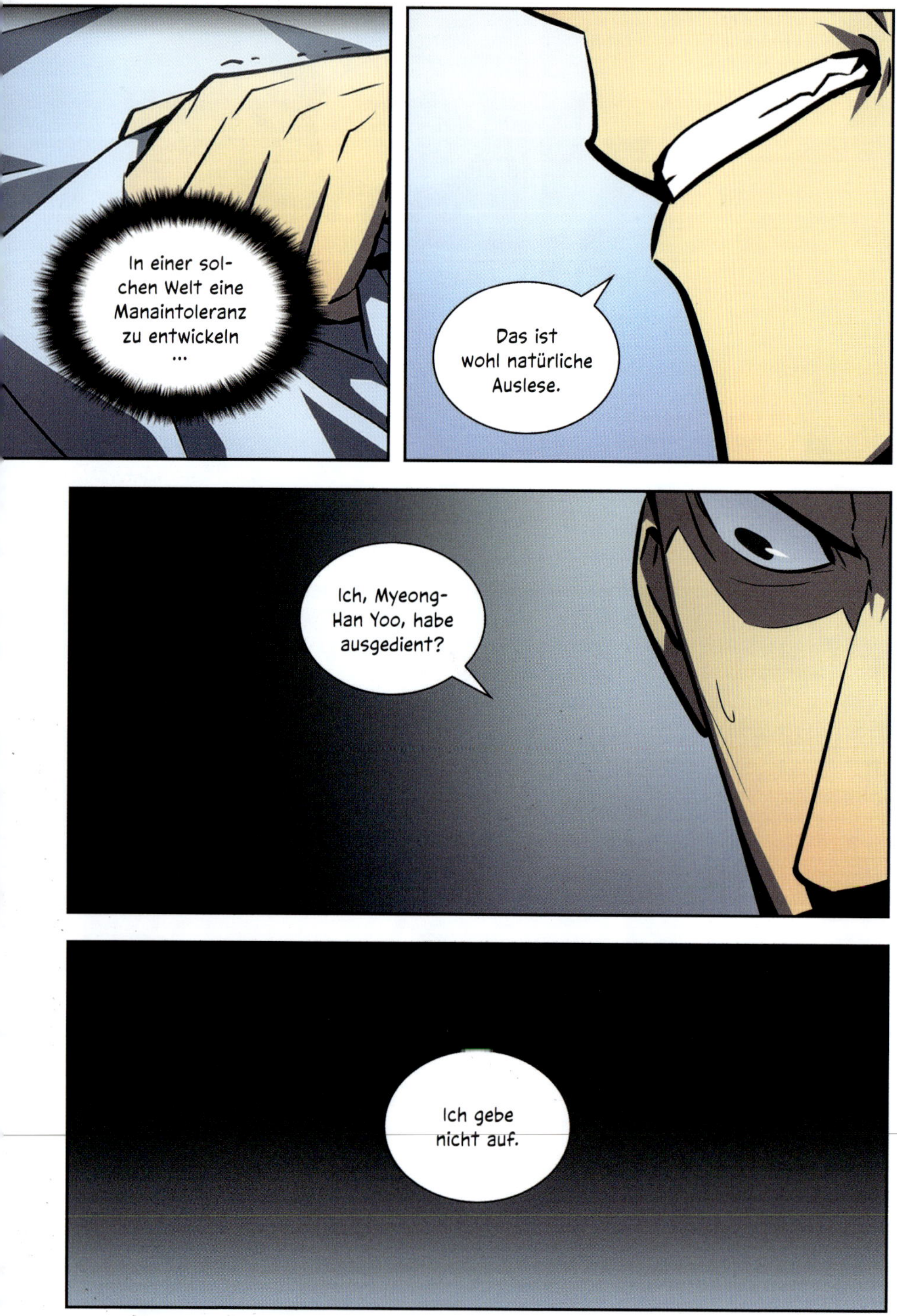
In einer solchen Welt eine Manaintoleranz zu entwickeln ...
Das ist wohl natürliche Auslese.
Ich, Myeong-Han Yoo, habe ausgedient?
Ich gebe nicht auf.

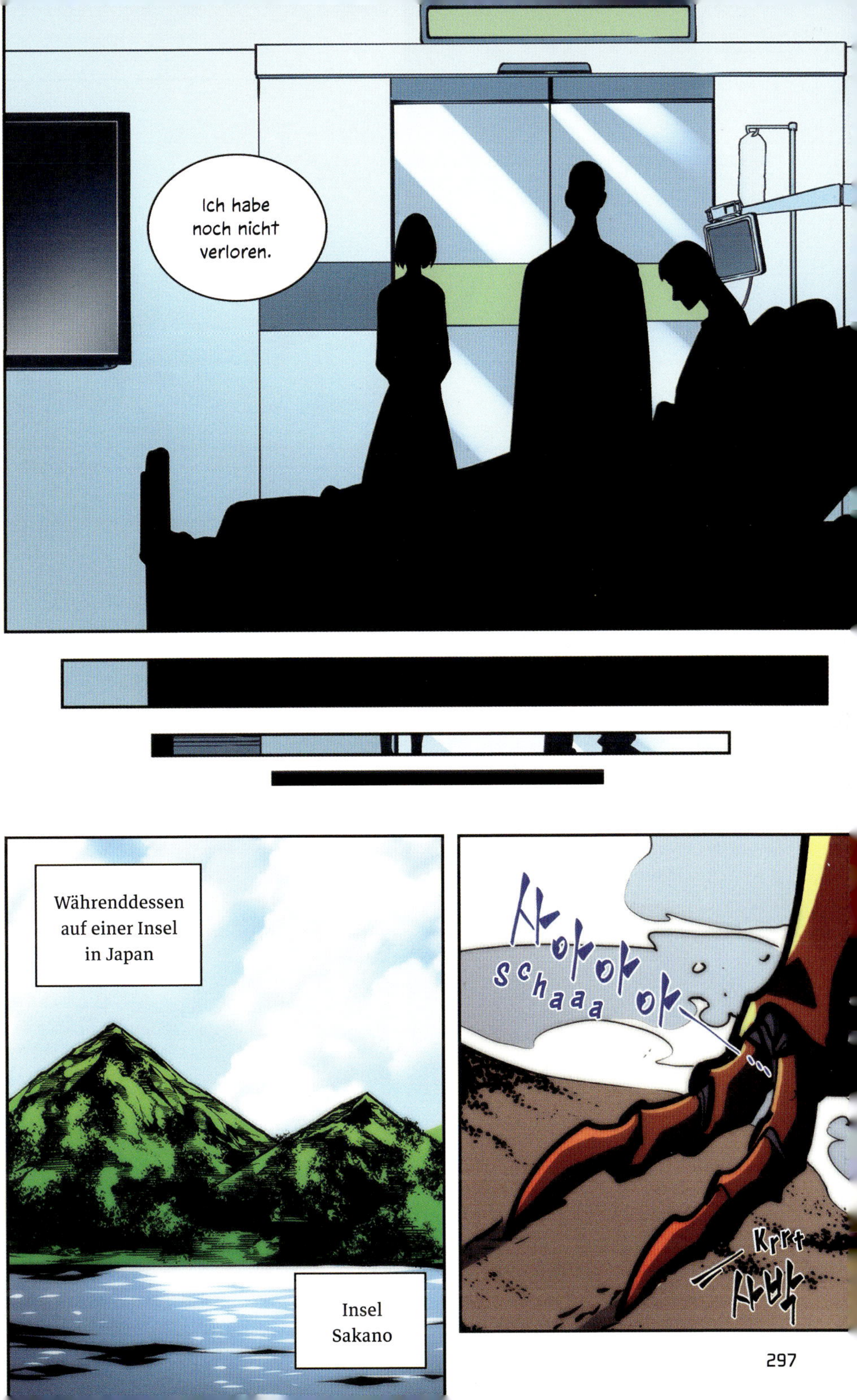
Ich habe noch nicht verloren.
Währenddessen auf einer Insel in Japan
Insel Sakano
사아아아아
Schaaa
Krrt
사박

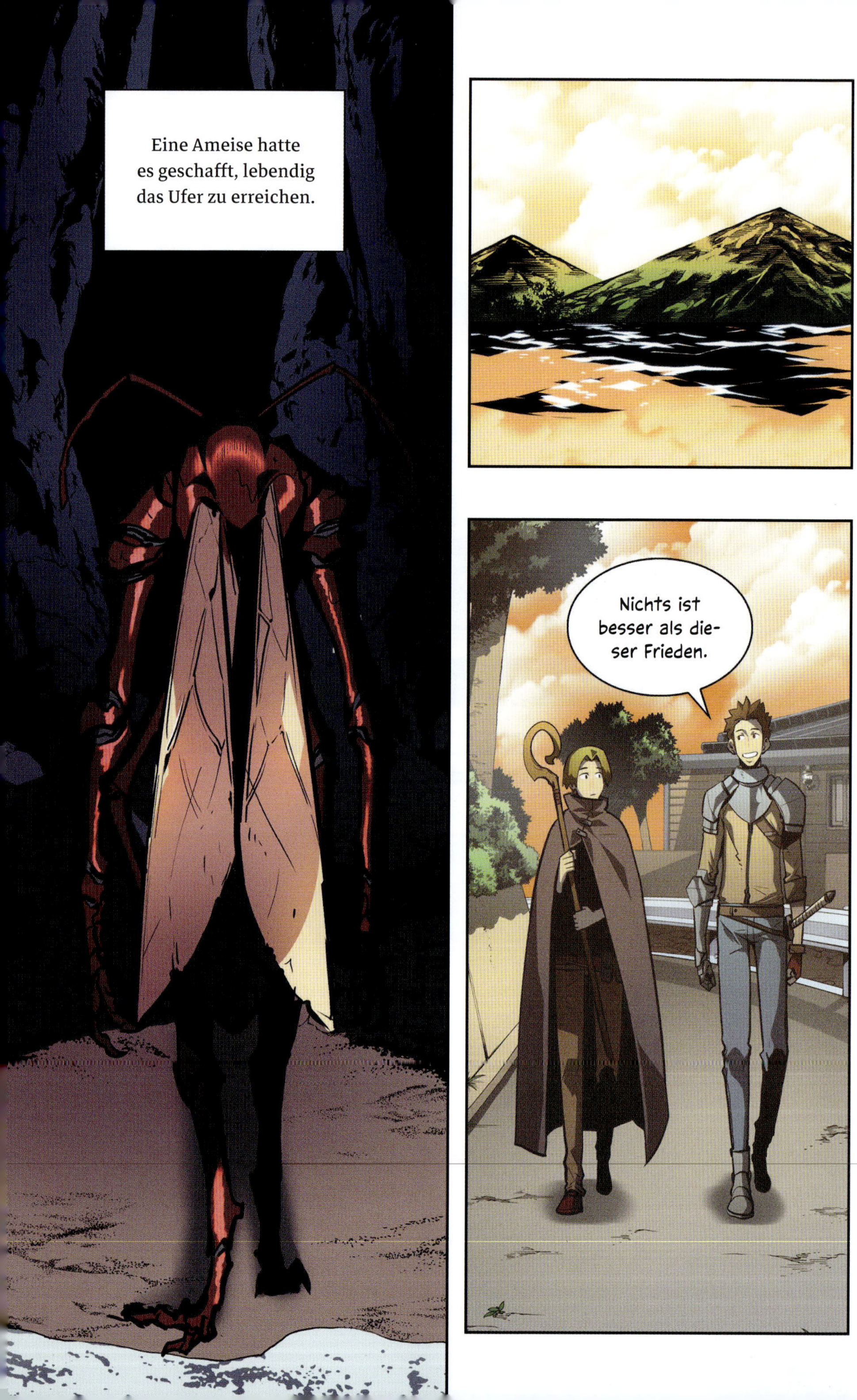
Eine Ameise hatte es geschafft, lebendig das Ufer zu erreichen.
Nichts ist besser als die-ser Frieden.

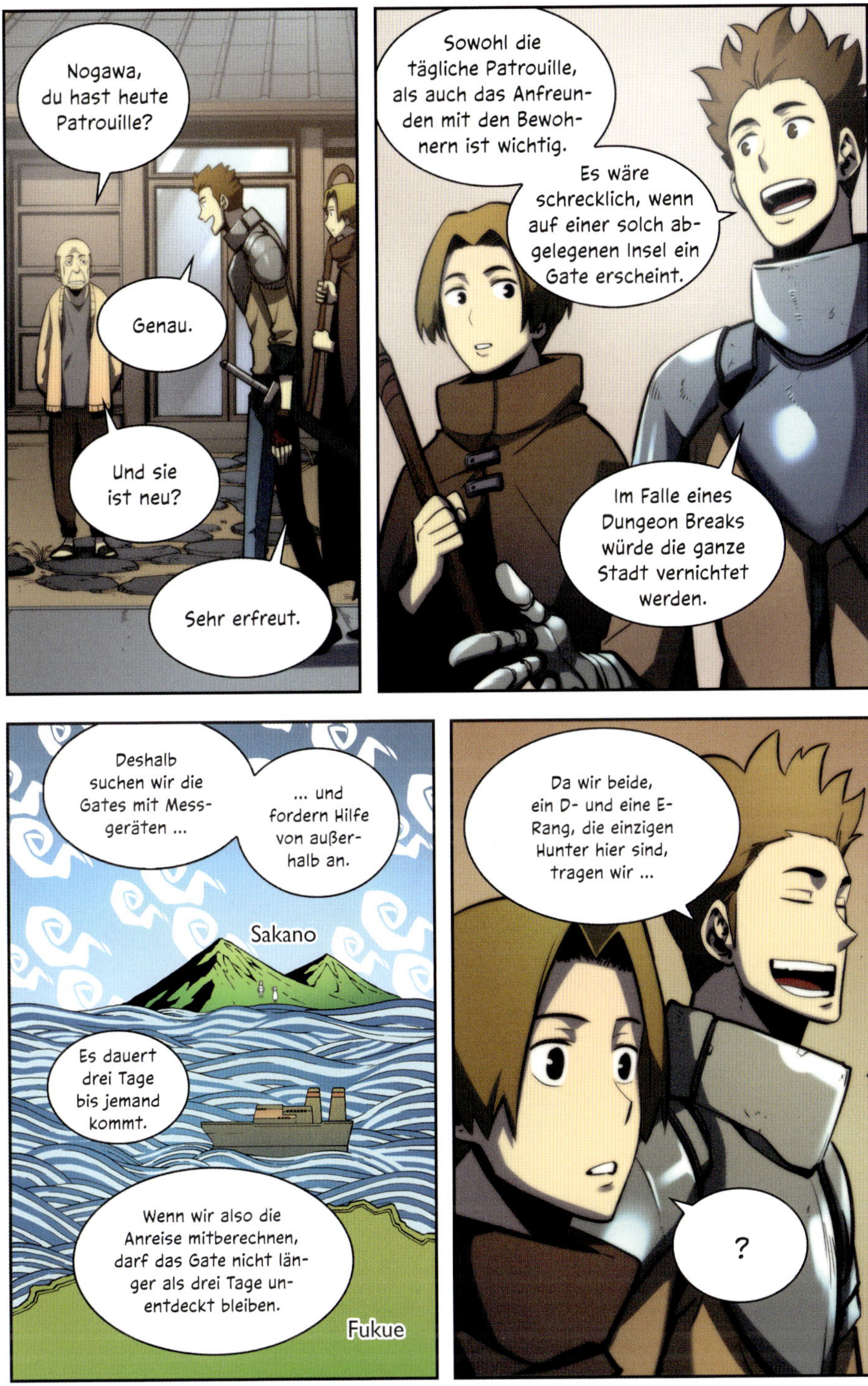

Nogawa, du hast heute Patrouille?
Genau.
Und sie ist neu?
Sehr erfreut.
Sowohl die tägliche Patrouille, als auch das Anfreunden mit den Bewohnern ist wichtig.
Es wäre schrecklich, wenn auf einer solch abgelegenen Insel ein Gate erscheint.
Im Falle eines Dungeon Breaks würde die ganze Stadt vernichtet werden.
Deshalb suchen wir die Gates mit Messgeräten ...
... und fordern Hilfe von außerhalb an.
Sakano
Es dauert drei Tage bis jemand kommt.
Wenn wir also die Anreise mitberechnen, darf das Gate nicht länger als drei Tage unentdeckt bleiben.
Fukue
Da wir beide, ein D- und eine E-Rang, die einzigen Hunter hier sind, tragen wir ...
?

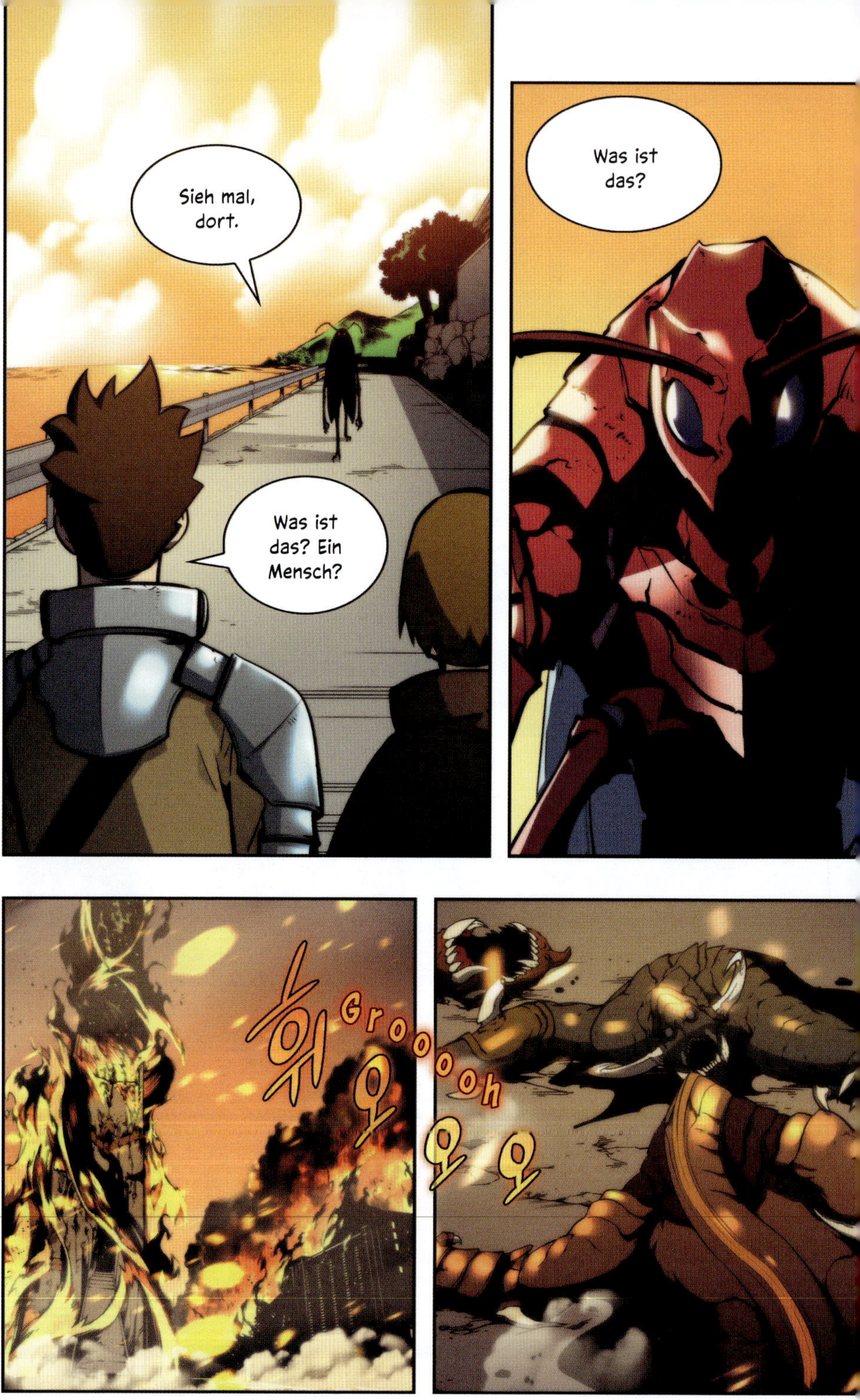
Sieh mal, dort.
Was ist das? Ein Mensch?
Was ist das?
Grooooh
휘오오오

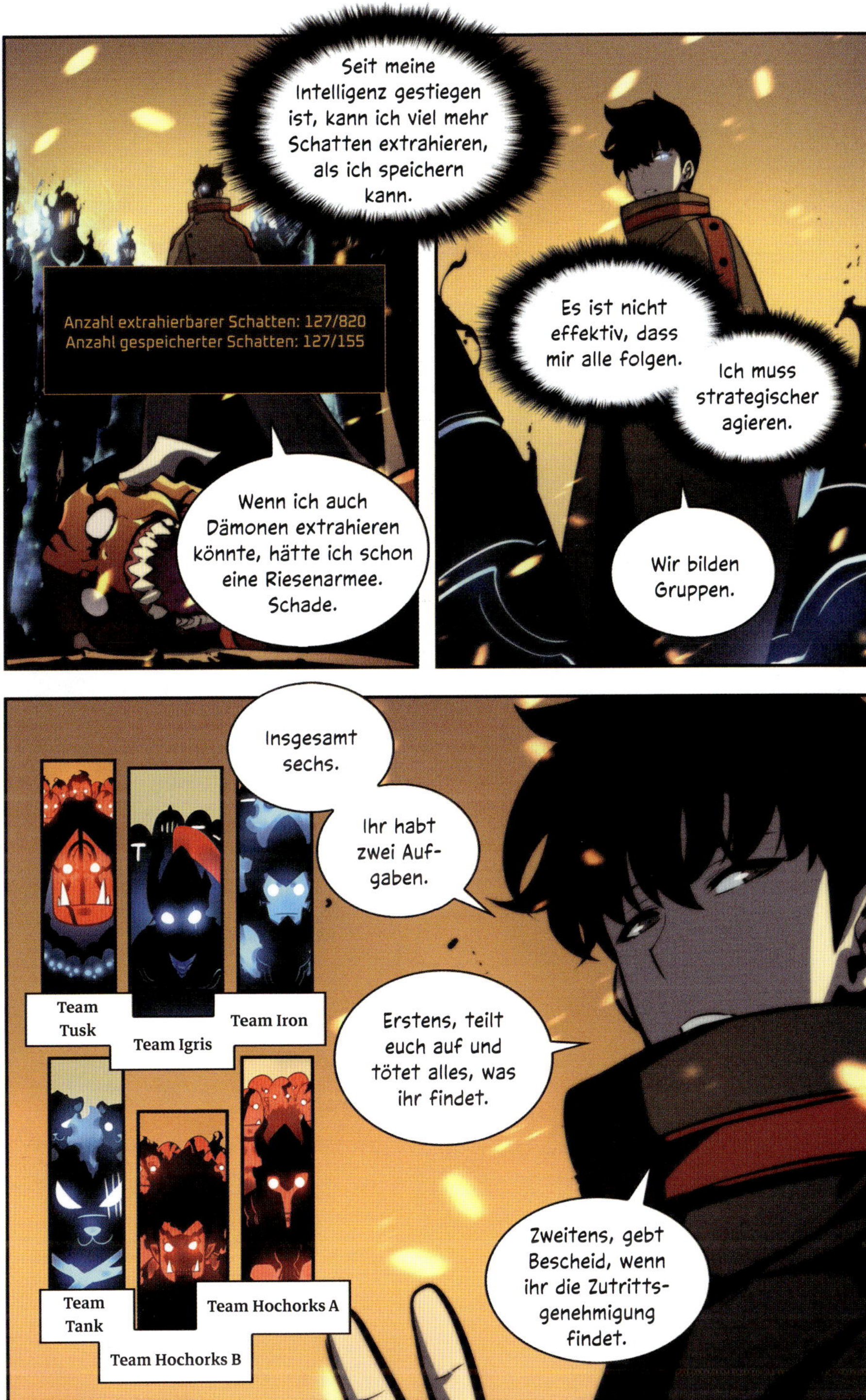
Seit meine Intelligenz gestiegen ist, kann ich viel mehr Schatten extrahieren, als ich speichern kann.
Anzahl extrahierbarer Schatten: 127/820
Anzahl gespeicherter Schatten: 127/155
Wenn ich auch Dämonen extrahieren könnte, hätte ich schon eine Riesenarmee. Schade.
Es ist nicht effektiv, dass mir alle folgen.
Ich muss strategischer agieren.
Wir bilden Gruppen.
Insgesamt sechs.
Ihr habt zwei Aufgaben.
Team Tusk
Team Igris
Team Iron
Team Tank
Team Hochorks B
Team Hochorks A
Erstens, teilt euch auf und tötet alles, was ihr findet.
Zweitens, gebt Bescheid, wenn ihr die Zutrittsgenehmigung findet.

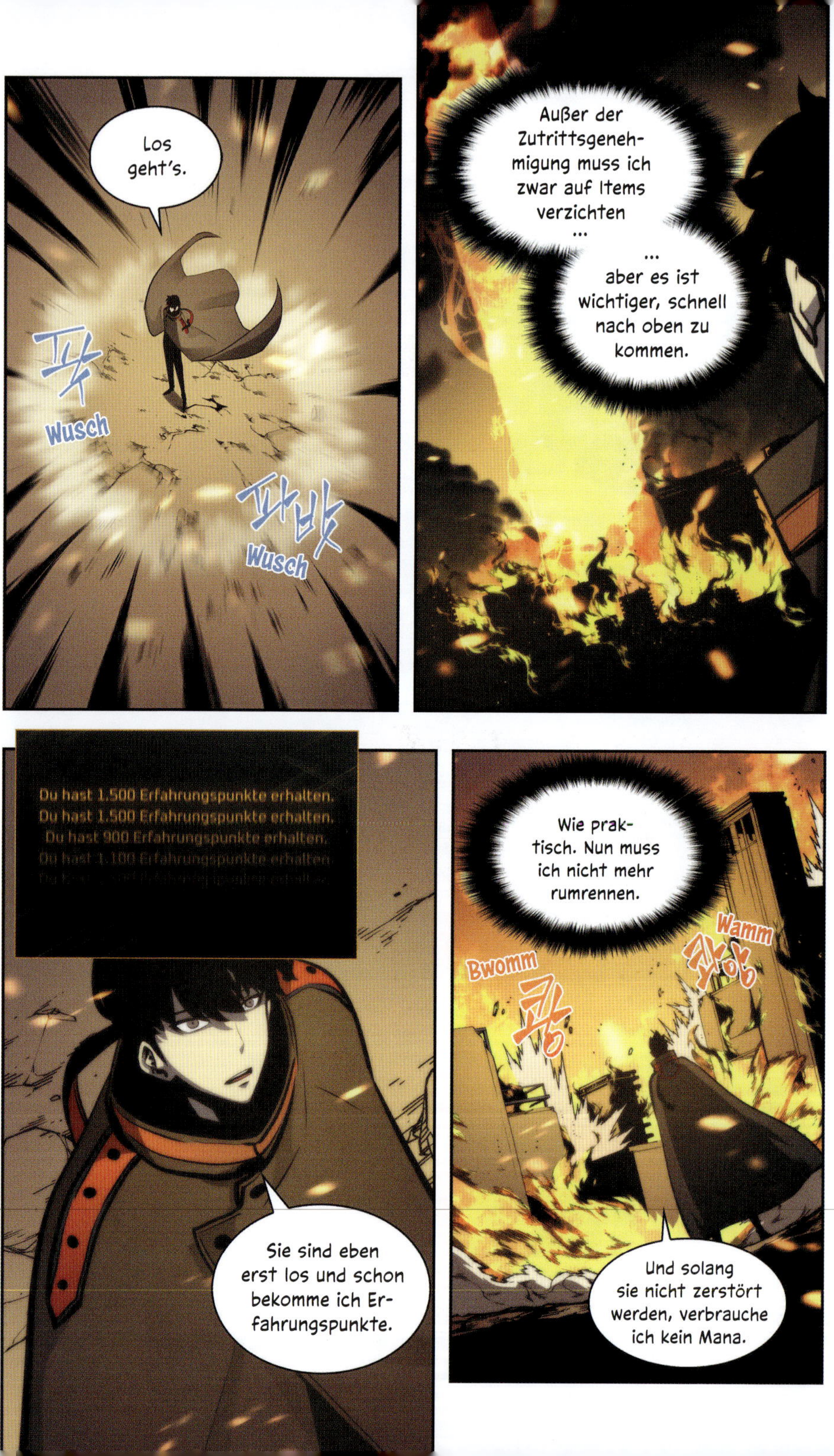
Los geht's.
Wusch
Wusch
Außer der Zutrittsgenehmigung muss ich zwar auf Items verzichten ...
... aber es ist wichtiger, schnell nach oben zu kommen.
Du hast 1.500 Erfahrungspunkte erhalten.
Du hast 1.500 Erfahrungspunkte erhalten.
Du hast 900 Erfahrungspunkte erhalten.
Du hast 1.100 Erfahrungspunkte erhalten.
Sie sind eben erst los und schon bekomme ich Erfahrungspunkte.
Wie praktisch. Nun muss ich nicht mehr rumrennen.
Wamm
Bwomm
Und solang sie nicht zerstört werden, verbrauche ich kein Mana.

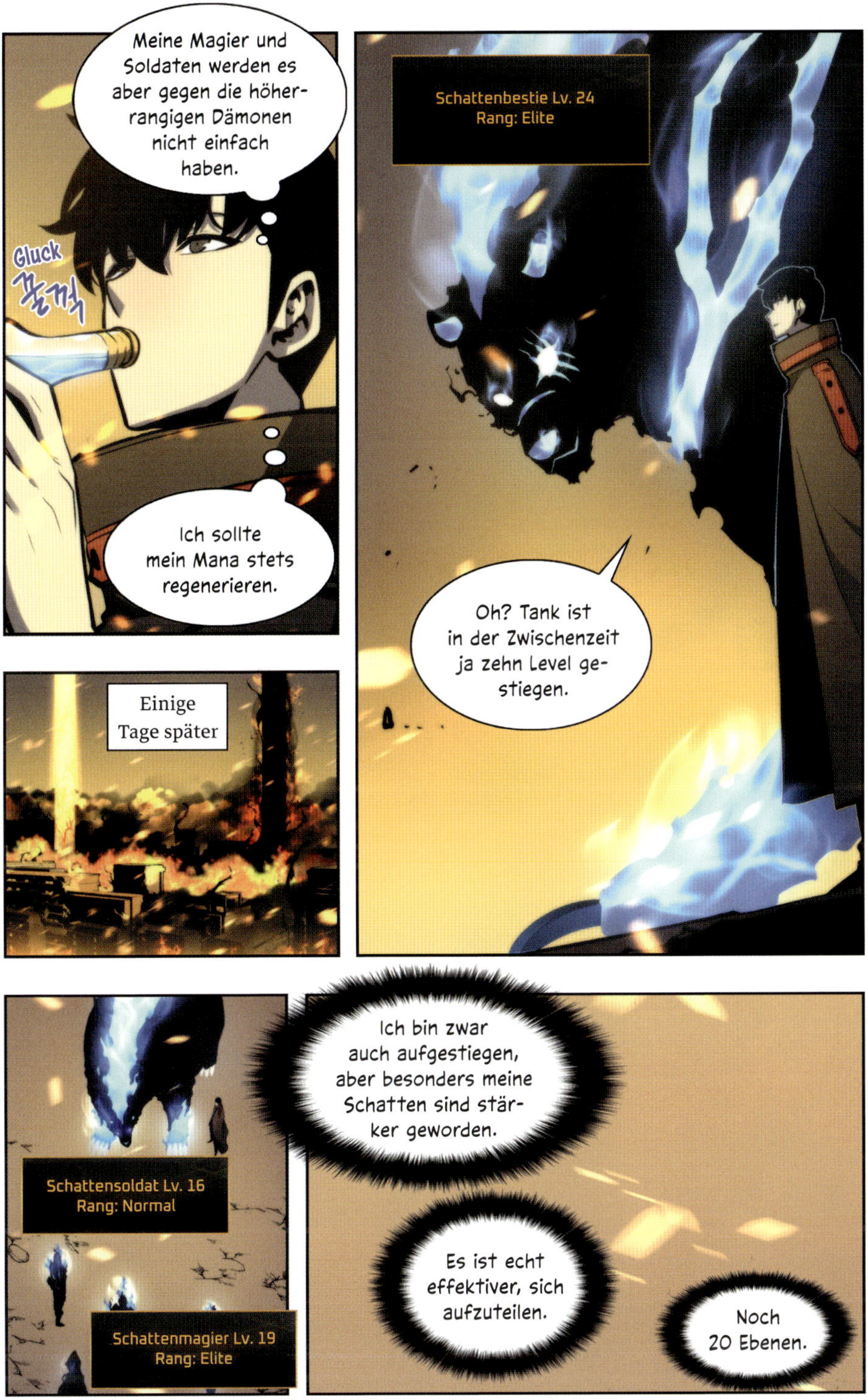
Meine Magier und Soldaten werden es aber gegen die höherrangigen Dämonen nicht einfach haben.
Gluck
꿀꺽
Ich sollte mein Mana stets regenerieren.
Schattenbestie Lv. 24
Rang: Elite
Einige Tage später
Oh? Tank ist in der Zwischenzeit ja zehn Level gestiegen.
Schattensoldat Lv. 16
Rang: Normal
Schattenmagier Lv. 19
Rang: Elite
Ich bin zwar auch aufgestiegen, aber besonders meine Schatten sind stärker geworden.
Es ist echt effektiver, sich aufzuteilen.
Noch 20 Ebenen.

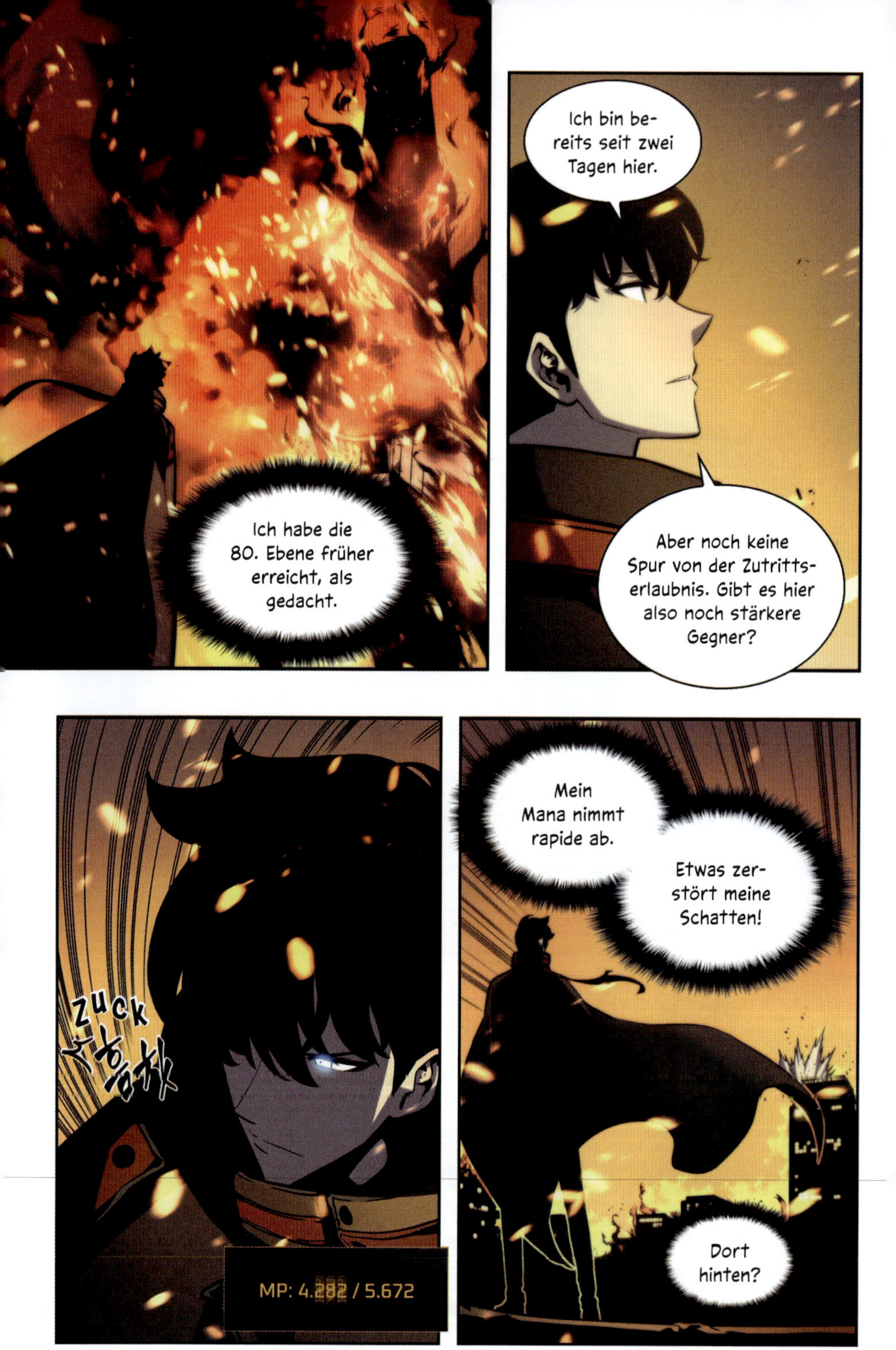
Ich habe die 80. Ebene früher erreicht, als gedacht.
Ich bin bereits seit zwei Tagen hier.
Aber noch keine Spur von der Zutrittserlaubnis. Gibt es hier also noch stärkere Gegner?
ZUCK
MP: 4.282 / 5.672
Mein Mana nimmt rapide ab.
Etwas zerstört meine Schatten!
Dort hinten?

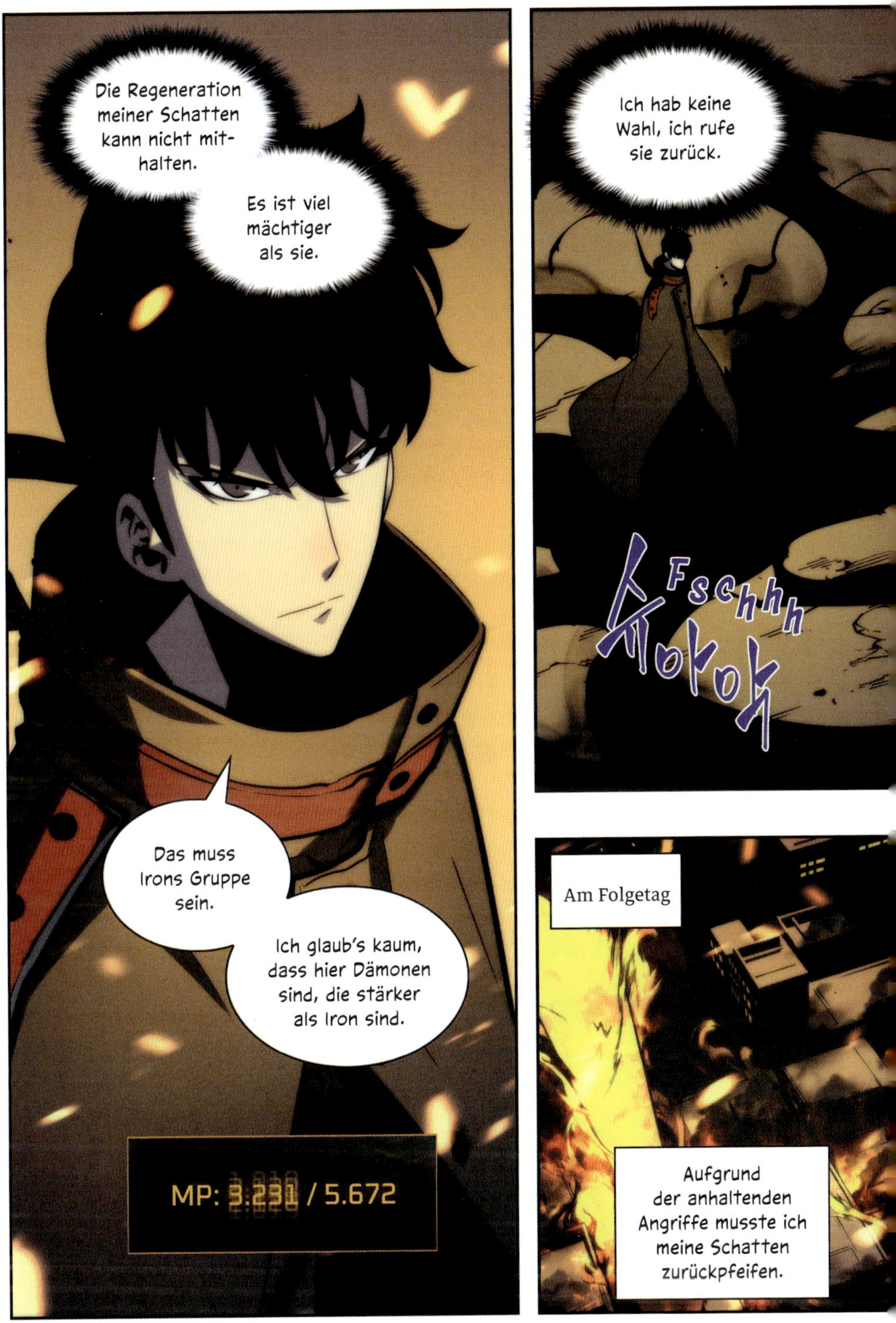
Die Regeneration meiner Schatten kann nicht mithalten.
Es ist viel mächtiger als sie.
Das muss Irons Gruppe sein.
Ich glaub's kaum, dass hier Dämonen sind, die stärker als Iron sind.
MP: 3.231 / 5.672
Ich hab keine Wahl, ich rufe sie zurück.
Fschhh
Am Folgetag
Aufgrund der anhaltenden Angriffe musste ich meine Schatten zurückpfeifen.

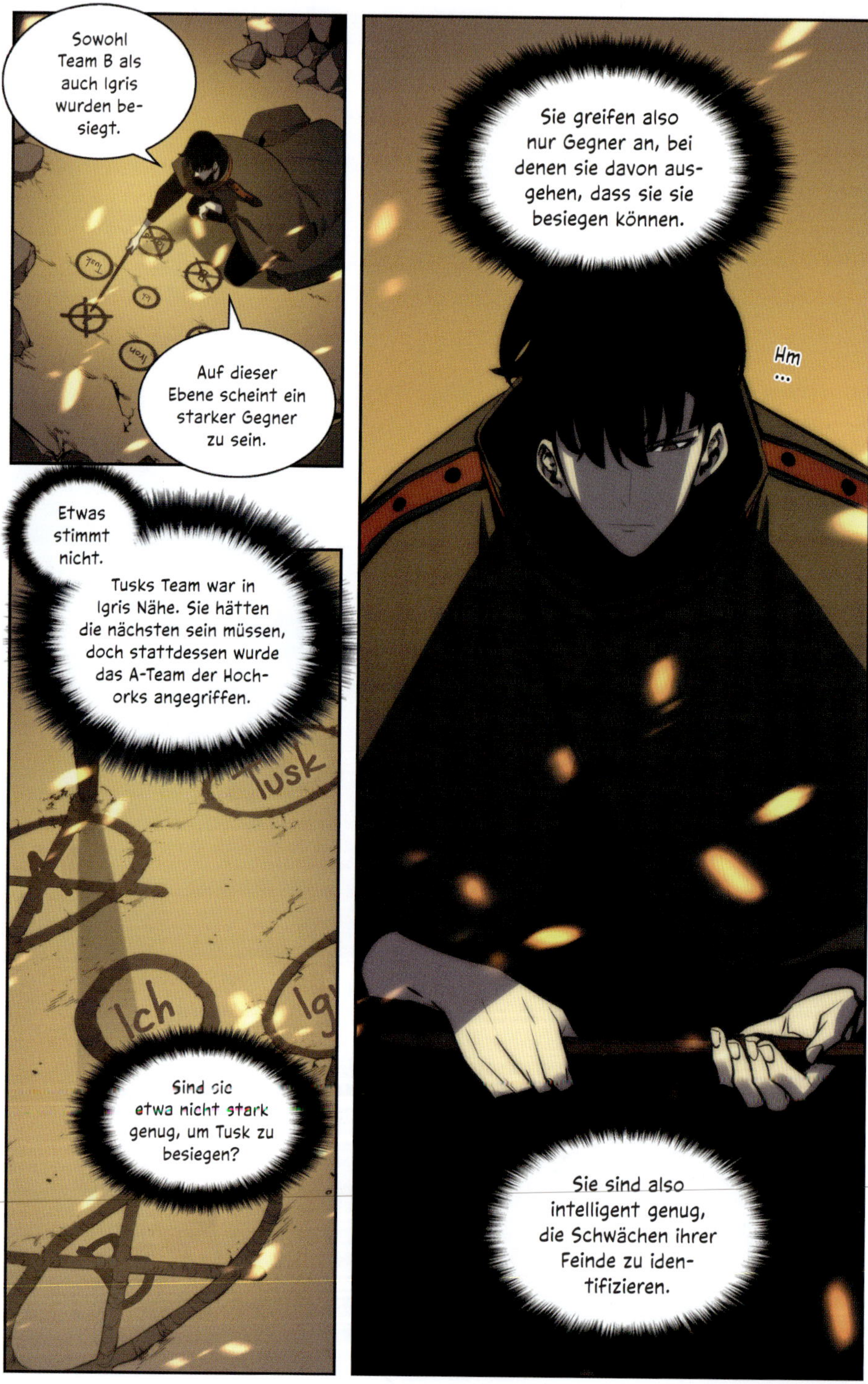
Sowohl Team B als auch Igris wurden be-siegt.
Auf dieser Ebene scheint ein starker Gegner zu sein.
Etwas stimmt nicht.
Tusks Team war in Igris Nähe. Sie hätten die nächsten sein müssen, doch stattdessen wurde das A-Team der Hoch-orks angegriffen.
Tusk
Ich
Sind sie etwa nicht stark genug, um Tusk zu besiegen?
Sie greifen also nur Gegner an, bei denen sie davon aus-gehen, dass sie sie besiegen können.
Hm …
Sie sind also intelligent genug, die Schwächen ihrer Feinde zu iden-tifizieren.

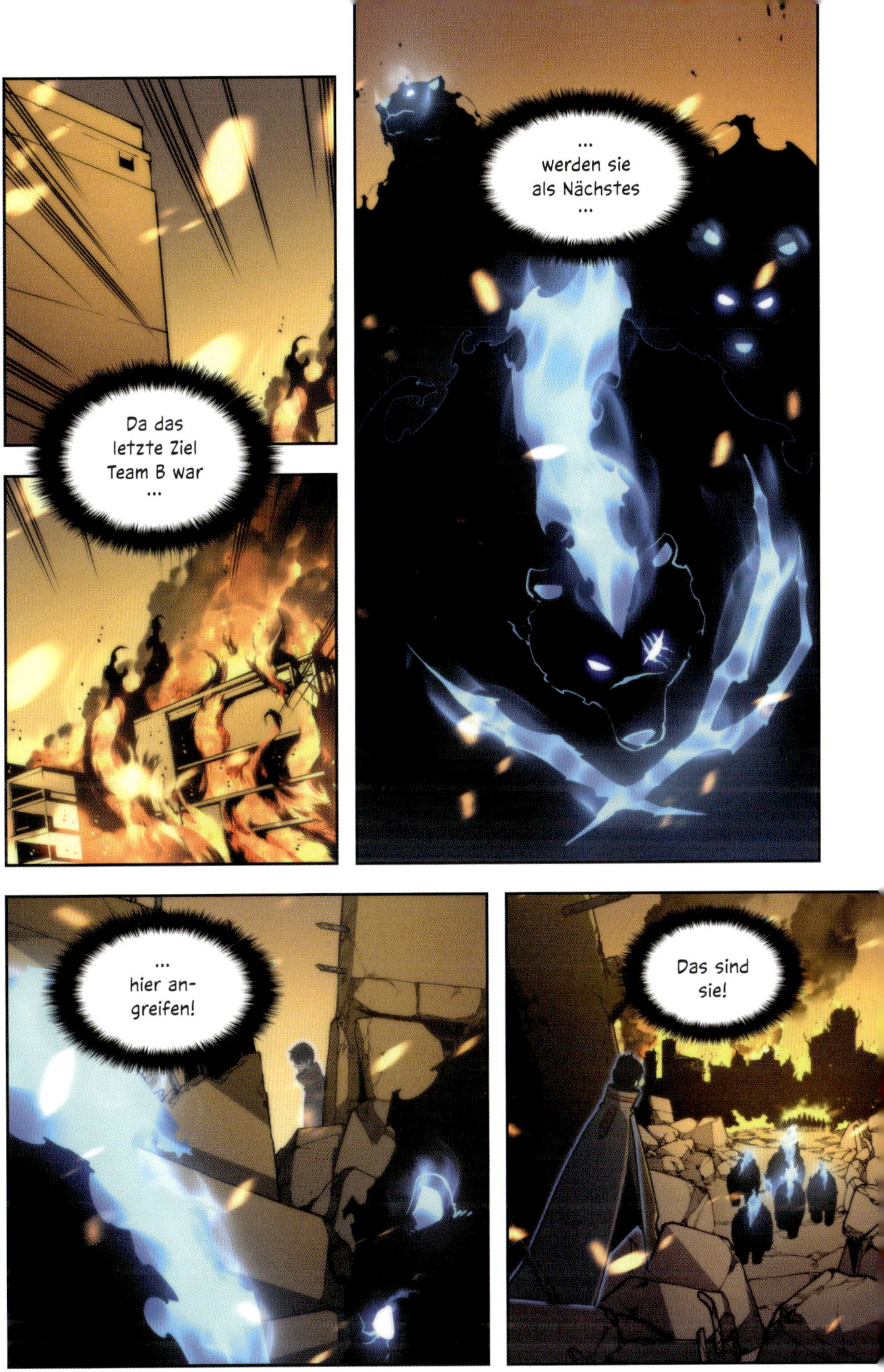
Da das letzte Ziel Team B war ...
... werden sie als Nächstes ...
... hier an-greifen!
Das sind sie!

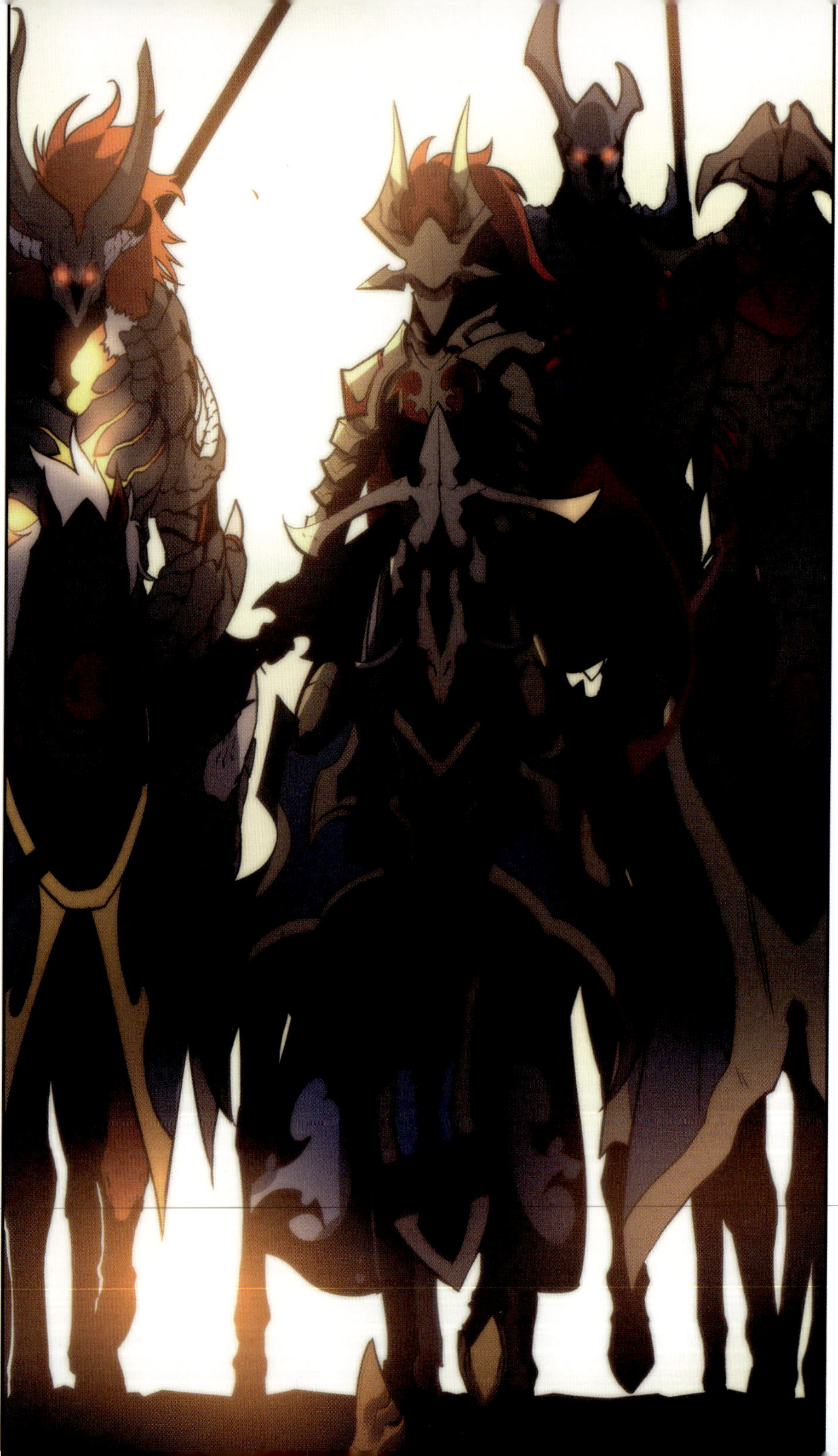

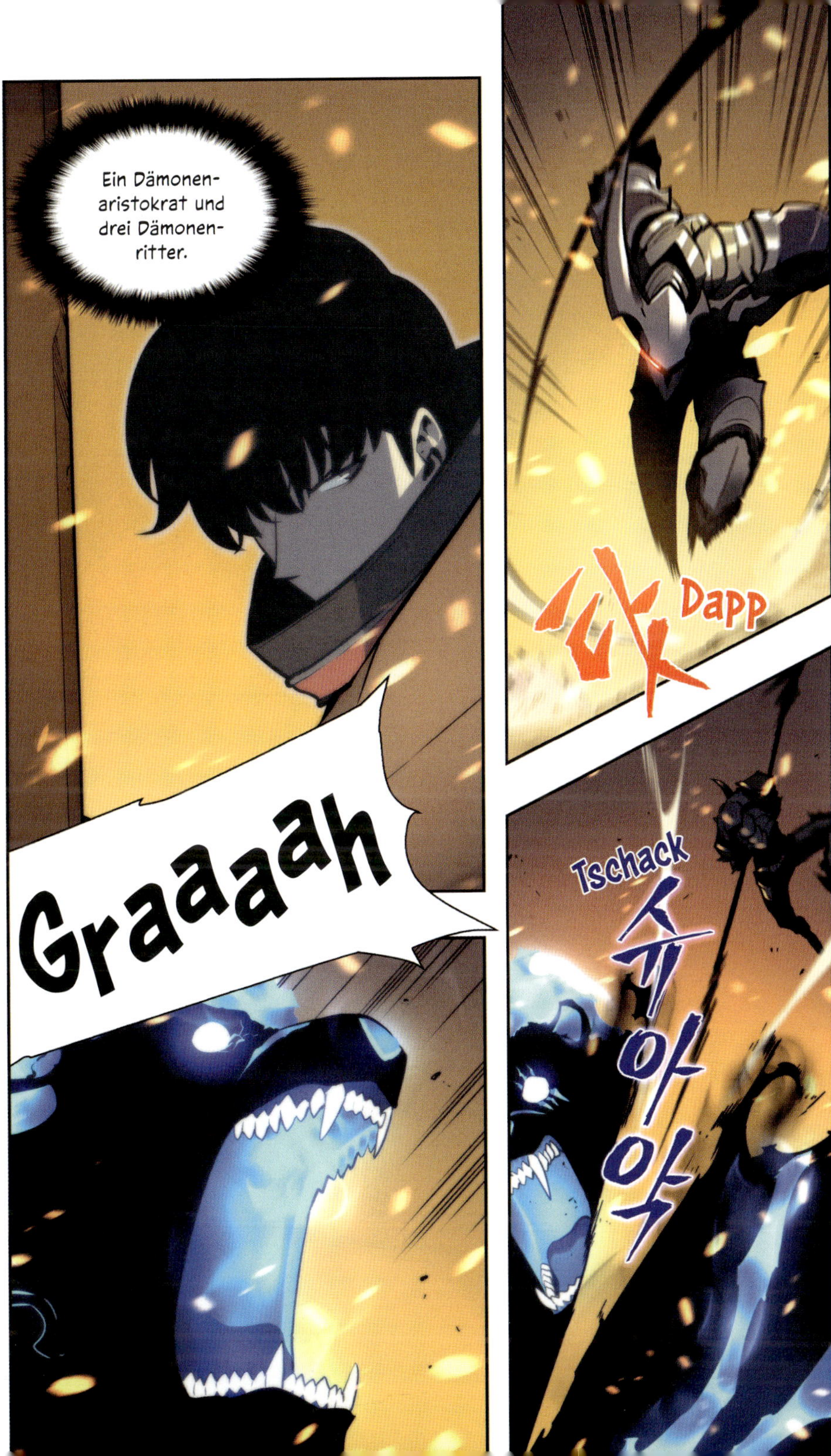

Ein Dämonenaristokrat und drei Dämonenritter.
Dapp
Graaaah
Tschack

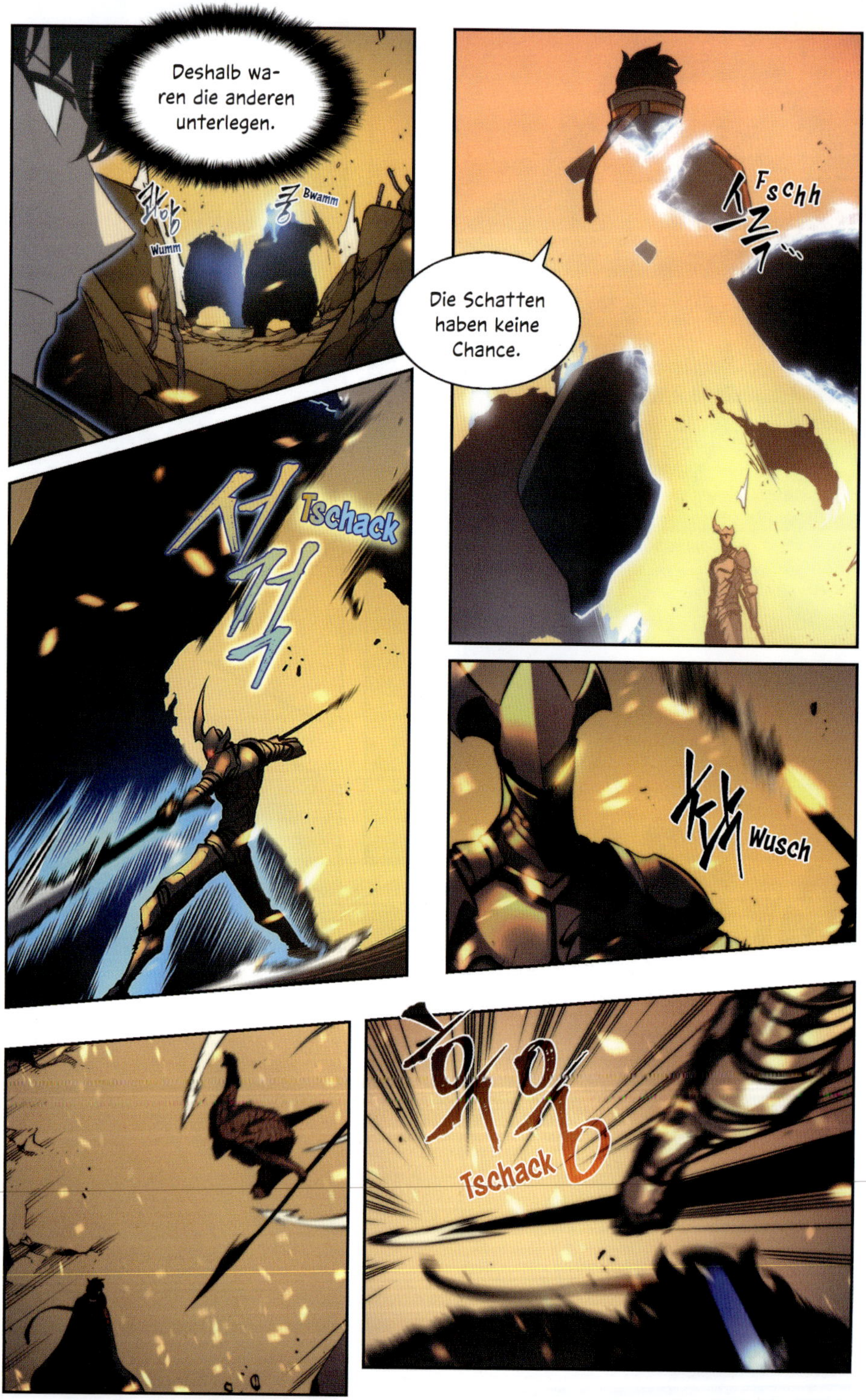
Deshalb wa-
ren die anderen
unterlegen.
콰앙
Wumm
쿵
Bwamm
Die Schatten
haben keine
Chance.
스르륵
Fschh
서걱
Tschack
쉬익
Wusch
휘익
Tschack

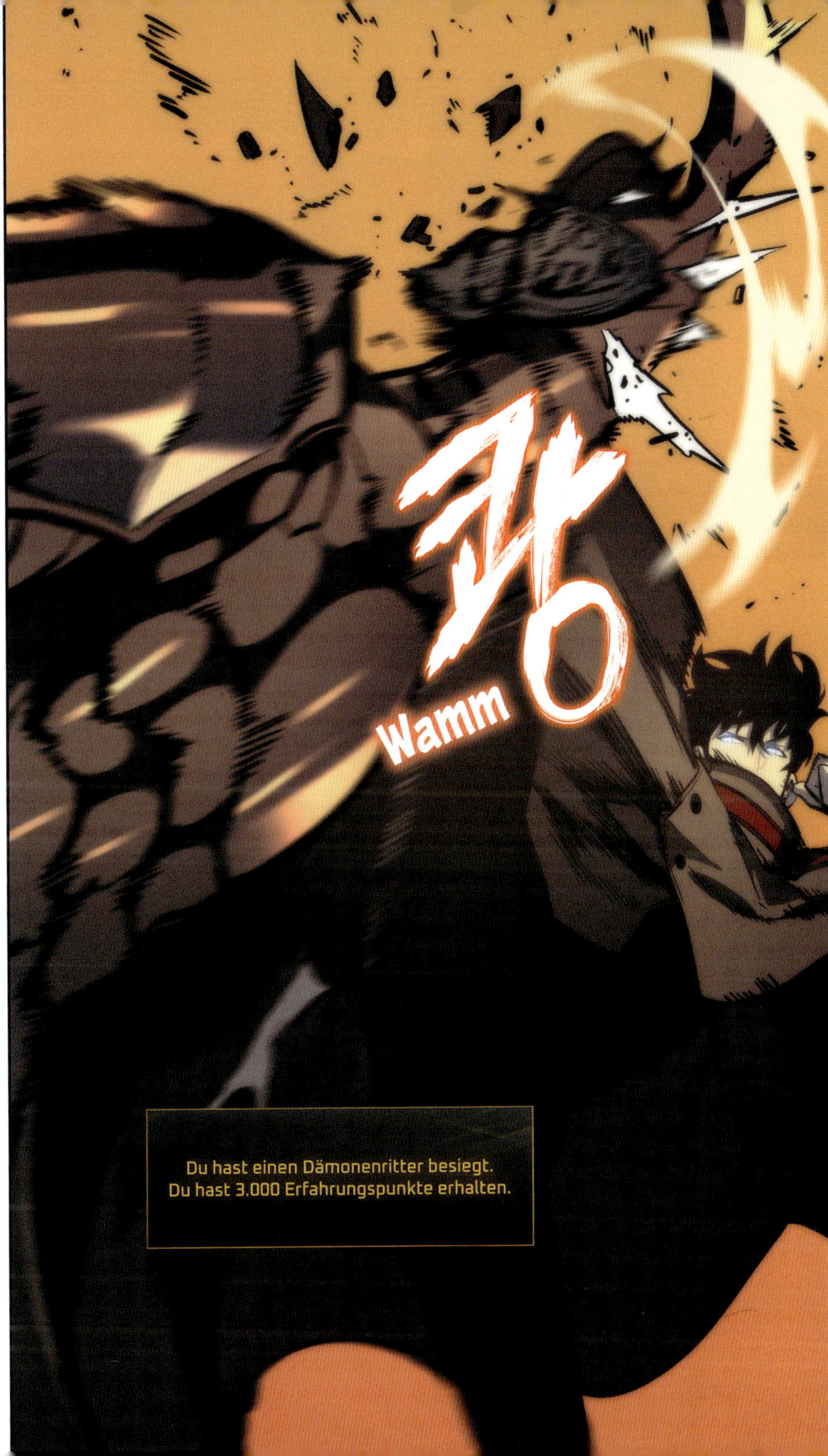
콰
Wamm
Du hast einen Dämonenritter besiegt.
Du hast 3.000 Erfahrungspunkte erhalten.

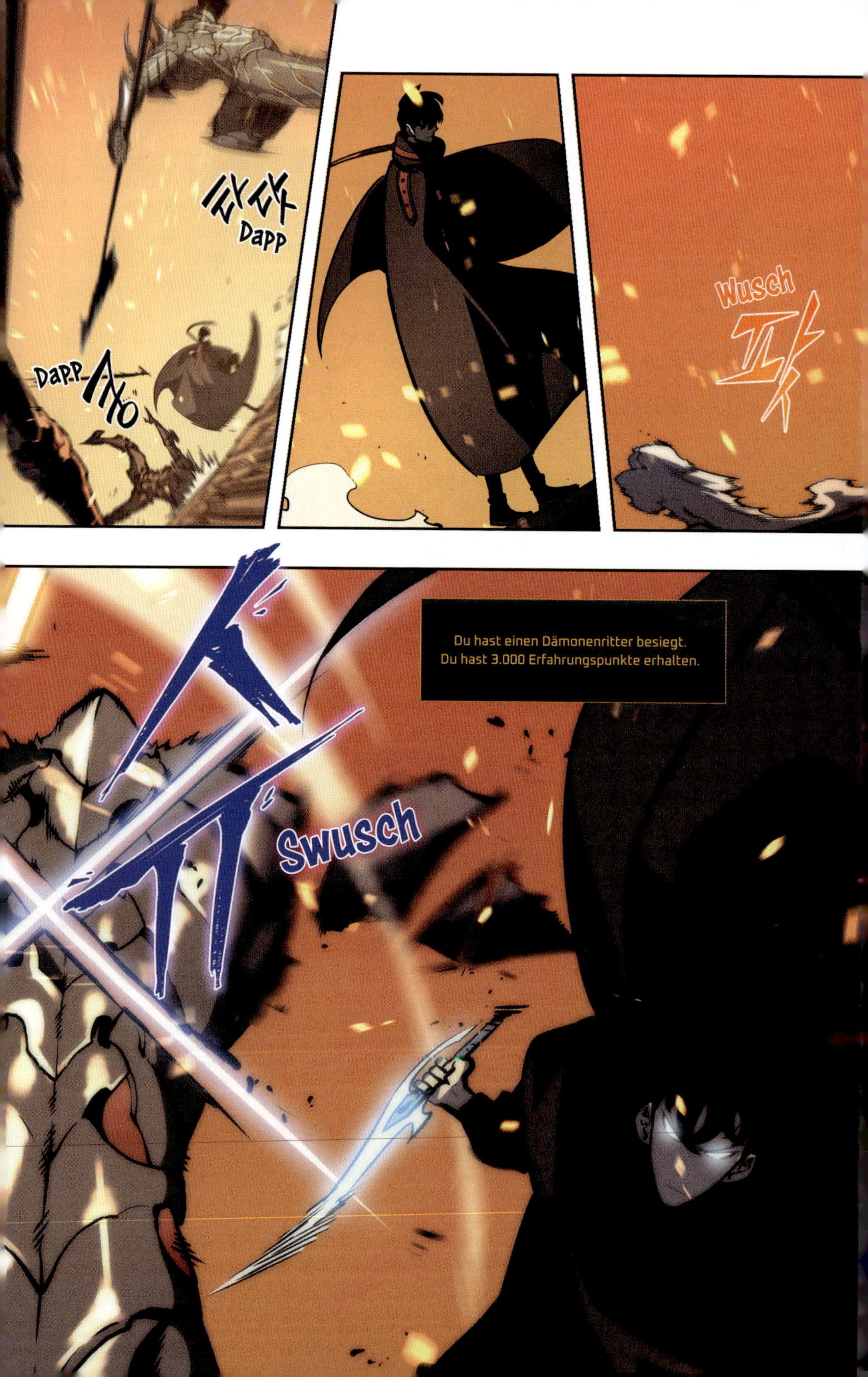
Dapp
Dapp
Wusch
Du hast einen Dämonenritter besiegt.
Du hast 3.000 Erfahrungspunkte erhalten.
Swusch

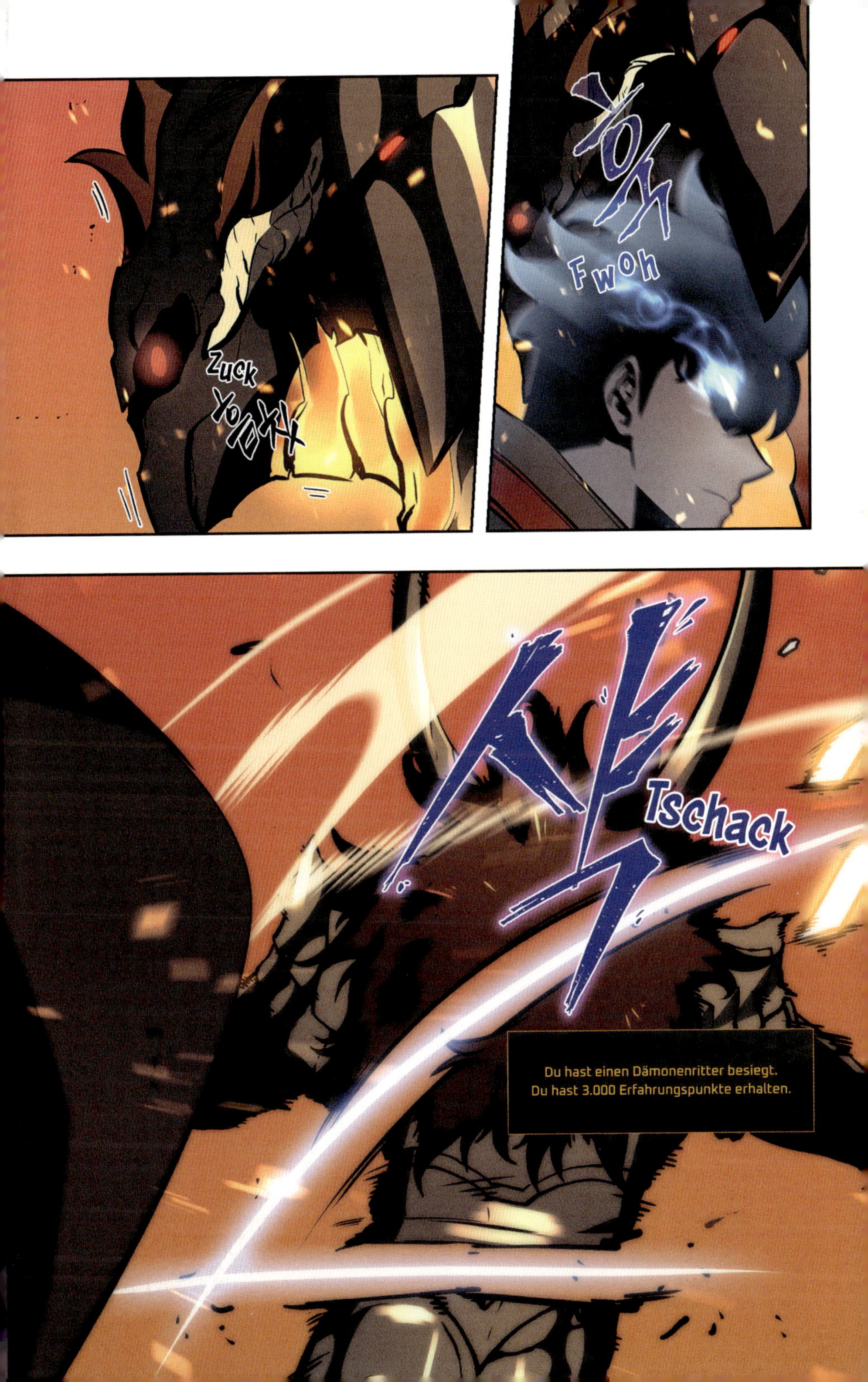
Zuck
Fwoh
Tschack
Du hast einen Dämonenritter besiegt.
Du hast 3.000 Erfahrungspunkte erhalten.

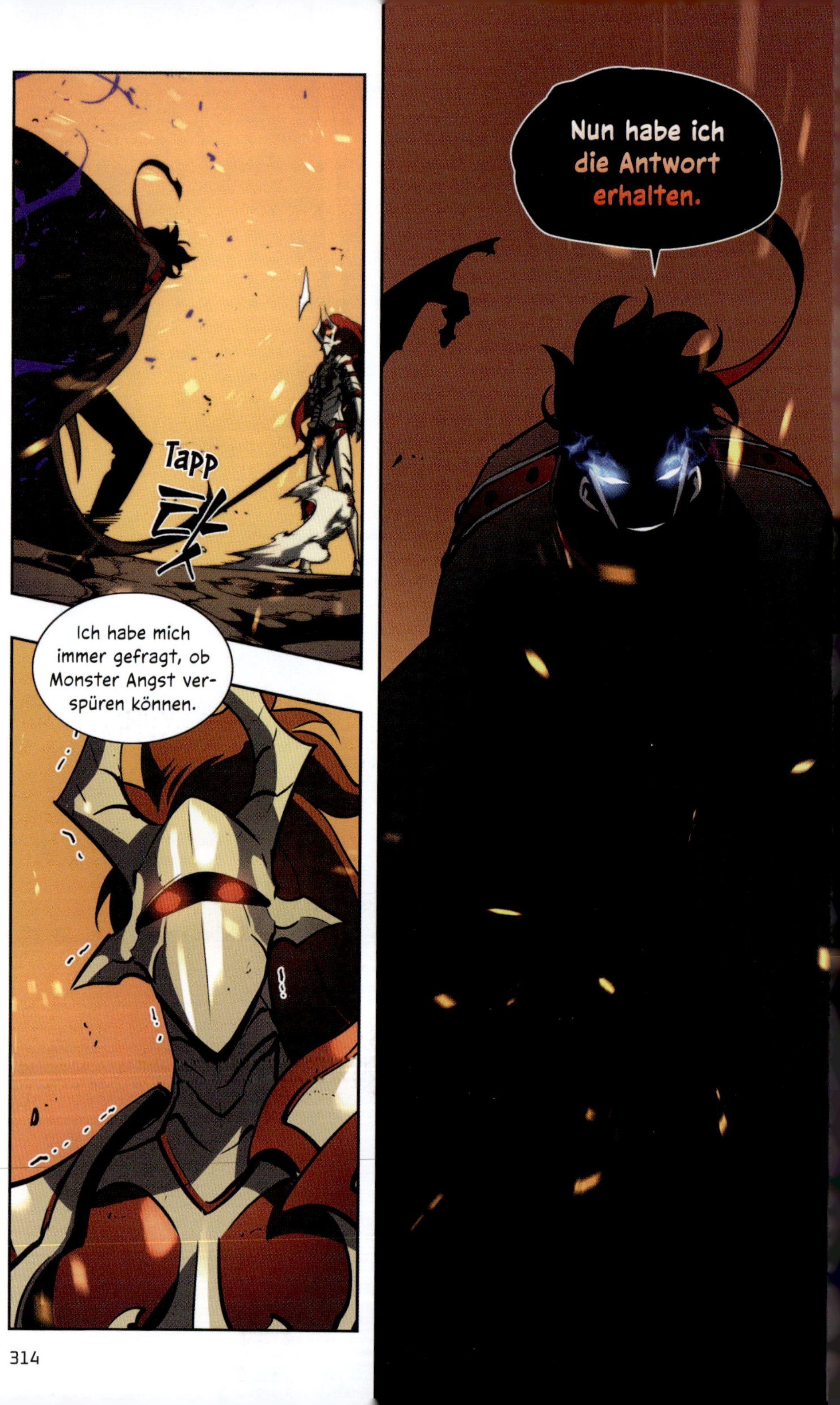
Tapp
Ich habe mich immer gefragt, ob Monster Angst verspüren können.
Nun habe ich die Antwort erhalten.

Solo Leveling 5 – Ende

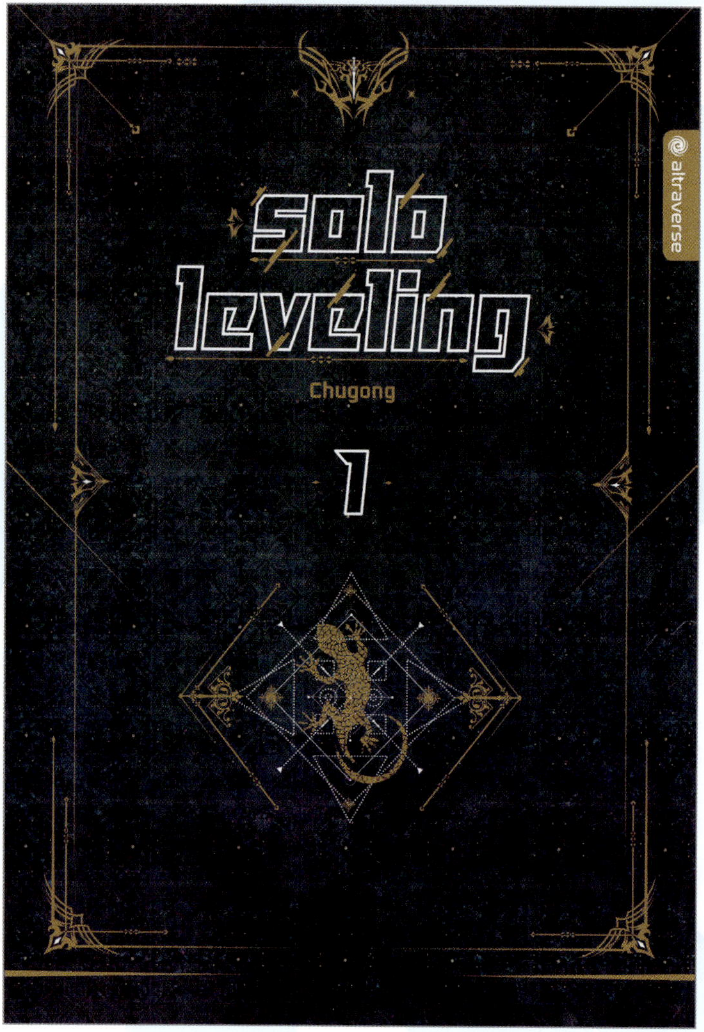

Solo Leveling – Roman

Chugong

Als Portale begannen, die Welt mit Dungeons voller Monster zu verbinden, sind Menschen mit speziellen Fähigkeiten erwacht. Sie sind als Hunter bekannt und ihre Aufgabe ist es, die Dungeons unschädlich zu machen. Jin-Woo Sung ist einer von ihnen, wird aber immer nur als Schwächling bezeichnet. Kann er sich an die Spitze kämpfen?

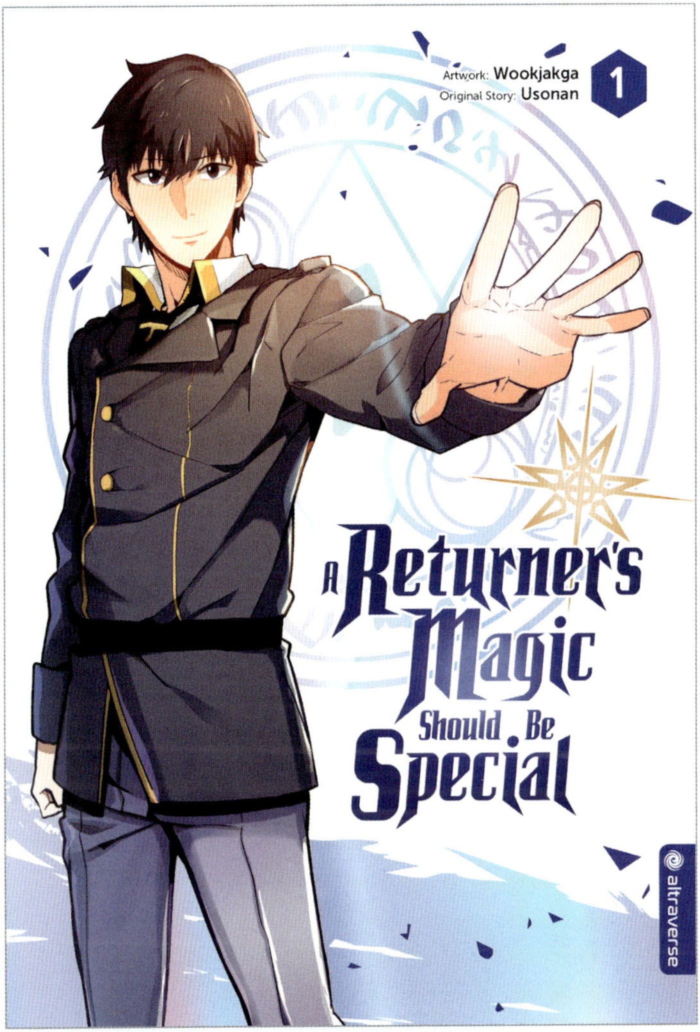

A Returner's Magic Should be Special

Usonan I Wookjakga

Das Schattenlabyrinth ist ein äußerst gefährlicher Ort. Seit zehn Jahren kämpfen dort die Menschen in einem brutalen Krieg gegen die Armee der Schatten. Als letztere jedoch die Überhand gewinnt und die Menschen bezwingt, findet sich Desir Herrman in der Vergangenheit wieder. Ihm bleiben dreizehn Jahre, um das Ende der Welt zu verhindern, doch wird es ihm gelingen?

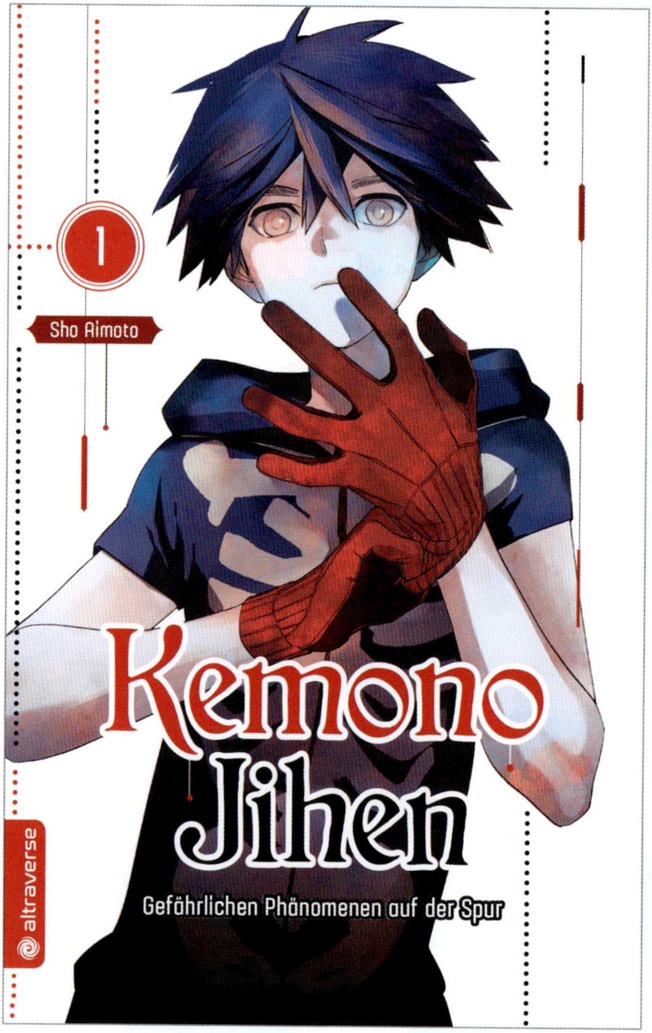

Kemono Jihen – Gefährlichen Phänomenen auf der Spur

Sho Aimoto

In einem ruhigen Dorf ereignet sich ein seltsamer Vorfall. Um diesen zu untersuchen, reist Inugami, ein Detektiv für okkulte Vorkommnisse, aus Tokio an. Im Laufe seiner Nachforschungen lernt er den jungen Dorotabo kennen und merkt schnell, dass nicht nur sein Name unmenschlich ist …

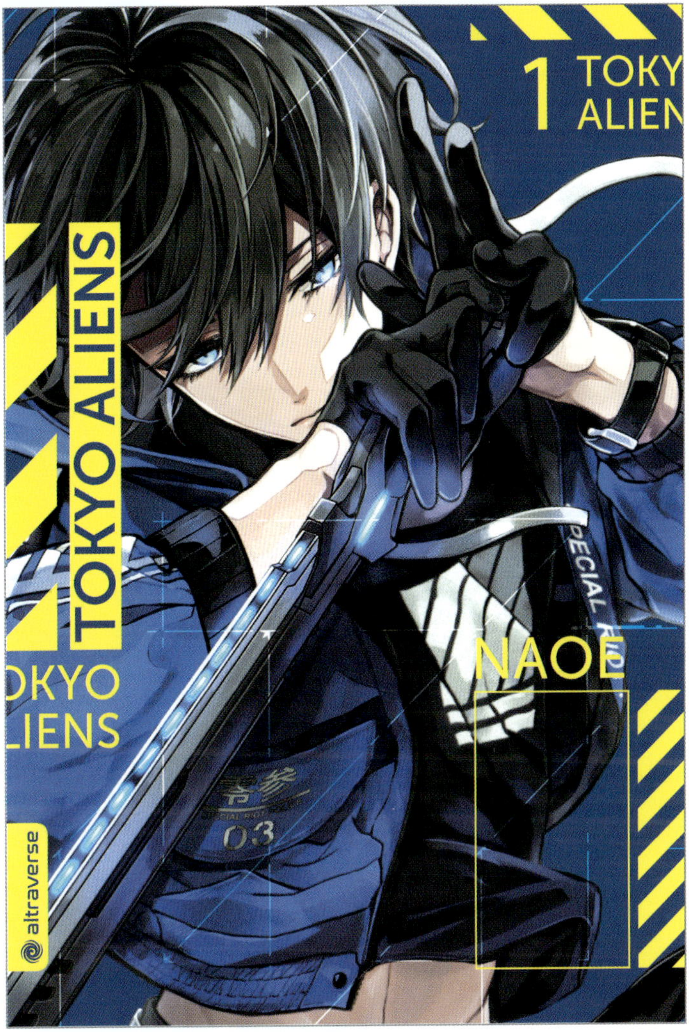

Tokyo Aliens

NAOE

Akira Gunji führt ein stinknormales Leben ... Zumindest bis ihn auf dem Heimweg von der Schule eine Oma mit Tentakeln entführt. Sie entpuppt sich als Außerirdische, und als ob das nicht genug wäre, taucht plötzlich Akiras Klassenkamerad Sho auf und will die Oma festnehmen? Akiras Leben steht mit einem Mal kopf.

altraverse

Deutsche Ausgabe / German Edition

Altraverse GmbH
Ruhrstr. 11 a
22761 Hamburg
kontakt@altraverse.de

Aus dem Koreanischen von Jiye Josephine Lee

Redaktion: Anh Tu Nguyen
Herstellung: Stephanie Gieck
Lettering: Vibrant Publishing Studio

Druck: Print Best OÜ, Viljandi
Printed in Estonia

FSC www.fsc.org MIX Papier | Fördert gute Waldnutzung FSC® C129413

ISBN 978-3-7539-0473-3
11. Auflage 2025

www.altraverse.de